普通高等教育“十一五”国家级规划教材

北京市高等教育精品教材立项项目

新编21世纪社会学系列教材

U0873851

# 社会心理学

第四版

Social Psychology

主　编　沙莲香

中国人民大学出版社

·北京·

## 主编简介

**沙莲香**，中国人民大学社会学系教授、博士生导师。2014 年，荣获中国社会心理学会颁发的“终身成就奖”。主要研究专长为社会心理学及中国人研究。代表作有《社会心理学》、《中国民族性》（3 卷）等。其民族性研究着力于“中庸”，并组织“中庸小组”探讨“中庸”的“量化”研究、“中庸”与“黄金分割”同义。使用多年问卷跟踪调查结果数据的统计分析，验证正态分布值近于“黄金分割”，从而揭示：“中庸”潜有统计学和数学上的正态分布及其依照“幂次律”变化的原理；处于正态分布两端的尾部肥大则是少数异数的出现；少数“优秀”的锋芒毕露是势不可当的。创造性主体从来是这种少数“优秀”。保护和珍惜少数“优秀”是社会的宽容大度。少数“优秀”是提升中国人心理品质及民族性质素的优异力量。研究还揭示：正态分布的“变化”发生在边缘即发生在此与彼之间。创造性产生在“边缘”、在“之间”。重视“边缘性”和重视“均衡性”是两种思维。前者为间性思维，具有创新功能；后者为中庸思维，具有稳定功能。“中庸曲线”和“间性思维”是另种视角下解读“中庸”所提出来的两个概念。

## 内容简介

本教材包括两个部分：社会心理学基本原理和体现中国人心理需要的几种社会心理分析，各占全书的半部篇幅。前者为基本原理及其新变化，是为人们提供一种“知识”，使之成为有知识而不盲目之人；后者体现中国人心理生活需要的几个方面，试图使教材逐步映照中国人的某些心理与行为的特点。希冀本教材能够成为这样一本书：大学生和喜欢社会心理学的人们通过阅读本书，能比较有效地认知和提升其心理品质，进而改善社会的或公共的行为习性。

# 第四版序

社会心理学作为普通高等教育教材于2002年撰写并由中国人民大学出版社出版发行。2006年出版第二版。2011年出版第三版。2015年出版第四版。

第四版在保持教材字数与内容相对稳定的前提下做了较多的删改和增加。删改了部分较为陈旧的内容，以新的研究成果取代。另有部分章节增加了对新问题的探讨和研究，力图反映学科的不断深入发展，反映教材使用上教师、学生的需求或学者的学术追求。

第四版与前三个版本保持了教材构成的一致。教材在构成上仍然分为前后两块，前半部是对这门学科已有基本原理的讲解，后半部仍然是中国学者对中国社会生活特点所进行的较为成熟的研究成就，以反映国人社会心理的某些特点。

希冀这本社会心理学教材能够在“使用”中不断地稳而有新，写作人不断探索、不断接纳使用人的需求与要求。

**沙莲香**

2014年9月

于万寿园

# 第三版序

本书是《社会心理学》的第三版。作为高等院校社会心理学课程的教材，本书兼顾了稳定性和不断更新两方面考虑。在内容的安排上，保留了前一个版次的基本内容并作了一些补充（这也是社会心理学在西方社会语境下成熟起来的研究理路和成果），同时增加了应用性的内容，对我国现实生活中出现的社会问题做出社会心理学的回应和解释。由此，这部教材在构成上有两个板块，前半部分的第三、四、五、六、七、八章为一个板块，基本上沿着西方社会心理学传统内容写就，同时增加了国人的研究成果。杨国枢教授20世纪50年代已开始的“本土化”研究是我国社会心理学在较长时间里遵循的研究志愿，已在“教材”中有所摄取，至于后现代理论视野下的西方社会心理学，有待补充。后半部分的第九、十、十一、十二、十三、十四章为另外一个板块，基本上是依据改革开放后出现的某些社会现象或社会需要给以社会心理学分析，具有很强的理论阐释力量。

这本教材的第一版论述社会心理学是一门学科的时候，从社会心理是人类文明中的一种精神性存在开始，其用意就是针对我国长期的“斗争哲学”产生的一个观念后果，即“政治泛化”，不大承认或者不够正视“社会心理”，以为“思想政治”可以替代“社会心理”。现在，社会心理学已不再有被替代之虞，但对社会心理学的认知仍然是一个重要问题。

社会心理学作为一门学科，归根结底是现实的、时代的和实践的，或说，它是反映现实、反映时代和反映实践行动者的，这才让它成为一种“社会需要”。我们需要这门学科去“说话”、去“表达”和去“诉求”。它在本质上不制造假话，它要人敞开心胸，真言相待。这就要“人相与”（钱穆）始于伦理，相互承认，相互尊重，不人为制造压力，这样才能够有“真言”，有了“真言”便会得到支持，这样才不至于对“直言”说三道四，给以压迫。网络时代，破天荒地打开了“真言”的窗口，也破天荒地为“众说纷纭”或“冷嘲热讽”打通了渠道。这又牵涉到了文明问题。“文明”之于社会心理生活，简直成了当今的社会心理学议题，因此，第二版和第三版把这个“文明”的问题提了出来。

感谢中国人民大学出版社和策划编辑潘宇博士对本书的举荐与推进。

沙莲香

2011 年 5 月

于万寿园

# 第三版前言

本教材初版于2002年8月，2006年10月第二版，2011年7月第三版。

初版前言主要是从社会心理学的责任来强调“文化自觉与文化认同”的必要，特别是从我国改革开放的“文化大革命”背景和全球经济的冲击背景看，文化自觉与文化认同是伴随中国改革开放发展全程的社会心理准备。因为，“文化大革命”造成的文化断裂达十年之久，殃及几代人，而文化断裂中的人格损伤，却不是几代人的工夫就可以调适过来的，群体记忆会将其社会心理效应推向很远的历史。20世纪80年代特别是90年代的改革开放和经济、社会发展所带来的巨大变化，都是在我们还没有来得及回味和反省自己的文化与人格的状况下，扑面而来的。因此，中国的改革开放发展本身表明中国人在改革开放发展中必须自省和自知。改革开放发展中的中国，证明了中华民族的才智和能力，同时也证实了发展背后的教训和代价，以及压力和痛苦。

第二版进一步提出对待文化自觉与文化认同的思维方式转换问题。这个问题对于社会心理学研究而言，首先表现在对待传统文化的认知上有盲点，思维方式出现了问题。导论用了一点篇幅讨论“善端”认知中的盲点问题，就是试图逾越以往评价上的二分法，换用另一思路来解释中国文化中关于善恶之争的问题。试想，如果首先肯定“善”是人性理念的主张之一，那么我们大概就可以这样理解和解释孟子与荀子的人性善恶之辩：孟子“善端”说与荀子“性恶”（性伪）说，实质上是孟子与荀子对“善”的共同偏爱和共同守护，只是对儒家仁学中人性之美的预设有所不同。他们的善恶之争是战国时期百家争鸣中的重要论战。如果肯定“善”是人性之美，那么就会痛感我们今天在“关系”端点上丢失了太多的“善”，丢失了孟子“善端”说闪烁的人性美。

对待社会心理学本土化问题也有个思维方式转换的问题。通常看待本土化问题时，是将本土化与全球化作为两个侧面看待，本土化的另一面是全球化，同样，全球化的另一面也是本土化，这是能够成立的命题。但还必须看到，本土化实际上一开始就是以全球化中那个主导力量和主流价值观所提供的“框架”为参照系去思考和应对的，因此，在思考和建设中国应有的社会心理学时，对美国社会心理学设定的“框架”，一方面是必须学习，把已经创建的学科理论和方法同样写入历史，成为必备的科学知识库，另一方面又必须进行超越，跳出那个框架去思考。导论把被美国社会心理学所忽视甚至否定的早期社会心理学重新提出来给予必要的提问和反思，即是跳出美国社会心理学框架的一种尝试。

第二版对初版有较大修改的是“社会认知”和“社会感情”两章。前者更多地增加了社会认同的内容，包括自我认同、群体认同、文化认同和民族认同；后者着重梳理和分析了社会感情的群体特征以及社会情绪与社会生活的关系，分析了中国人社会感情表达的特点。

第二版增加了“经济心理”和“宗教心理”两章。增加这两章的必要性，一个是社会心理生活提出了相关的社会需要，另一个是从基本理论到现实问题都有了一定的研究基础和研究成果。

第三版增加了“性别社会心理”一章，由性别研究专家、浙江省社会科学院社会学所所长王金铃教授撰稿。性关系是人类最普遍的关系，黄仁宇先生把生与死、性、经济三大关系称为人类千万重关系的基本关系（黄仁宇，《关系千万重》）。性关系是人类“美好”与“丑恶”、“善良”与“憎恨”的根源，是“唯美主义”的源泉。这个关系不断地演绎人间悲喜，简直成为一种永恒。在我国“性革命”的风潮中，在“公权力”对“性”的横行强暴下，“性别无知”问题已经无法避开。对一批又一批年轻人的健康成长，要担当责任的是今天的社会，是家庭，是父母。第三版增加“性别社会心理”一章只是为承担起这些责任而做的一个发言。期待着性的审美与神圣成为我们现实生活魅力的重要一环。

本教材坚持把视野和探索逐步深入到中国人社会心理生活及其历史的、文化的、社会的根源性研究中去。在这个意义上，这部社会心理学教材，一方面把这门学问的来龙去脉及基本内容告诉学生和读者，另一方面又向学生和读者也是向写作者自己提出问题。而后者对于观察和思考我们的现实生活并给予理论回答，或许更为重要一些。也正是在这个意义上，这部社会心理学教材是献给那个不断向我们提问的社会生活的。

**沙莲香**

2011 年 5 月

于万寿园

# 第二版序

摆在面前的这本《社会心理学》是第二版，仍然是作为高等院校社会心理学的教材使用。

初版的写作力图照顾两个方面的因素：一方面照顾它是一本教材，在内容方面尽量交代得完整些，吸取目前国内外社会心理学的研究成果和教材的优异之处；另一方面照顾教材重在培养学生提出问题并阐释问题的能力，启发学生的理论论辩能力和应用能力。因此，书中包括了应用方面的章节。总之，希望贯彻博学、审问、慎思、明辨、笃行的学风，学而不问、不思、不辨、不行，就不能把所学的内容变为自己的东西。第一版序言曾经言明，本教材负有一种责任，引导学生思考和论辩，好在多数作者是长期执教的大学教师，是大学生喜欢和尊敬的良师益友。利用教材进行对话和论争，将是一件格外有意义的事。

第二版力图更多地结合中国人社会心理问题进行探讨，以期逐步形成能够反映和突出中国社会、文化特点的社会心理学。为此，第二版变动最多的是导论和经济心理、宗教心理的部分，较多地探讨了中国人社会心理生活的某些特点。

自知这一版本仍有不足，仍然存在着社会心理个体化的问题。社会心理学的发展经历和我国现实生活中的社会心理问题，都表明对群体心理的特点和力量进行研究，是很重要的。

感谢中国人民大学出版社和本书的策划编辑潘宇博士对本书的宽容与推进。

**沙莲香**

2006 年 5 月

于北京

# 第二版前言

这本教材的第一版书稿是 2002 年 5 月完成的。时隔 4 年，才有第二版修订稿。4 年里，中国社会生活状况、中国人对待社会生活的态度和对重大社会事件的参与等，都发生了很大的变化。其中，最重要的社会生活变化是，随着中国经济力量的迅速增长而出现了社会财富配置上的“两极分化”现象和社会问题，以及中共中央做出关于构建“和谐社会”的决策。广大民众对待这种变化的社会态度受到“两极”现象的影响，比以往更明显地出现积极与消极这种“两极”情绪性的社会表现，也比以往更明显地表现出态度活力。一方面，民众的意志表达渠道多了，尤其是传媒和网络的作用更大了，比以往更活跃；另一方面，就民众而言，对待自己劳动角色的态度带有固守性，不轻易放弃或执意怠慢，因为，必须劳动才能有其酬。而正是后者，凸显了中国民众社会态度的基本特点，即在态度表达方面基本上是采用正面的积极的态度应对社会生活变化，消极的不满的情绪性态度容易通过正面的积极的态度得到化解。社会生活的另一个重要变化是环境保护和公共文明问题，这个问题已向全国上下尖锐地提了出来，这里有社会管理制度上的缺损问题，有人们的急功近利的社会心态问题，有对人类生态的无知问题，也有对人际—群际—人天“关系”管理的认知方式问题。对环境生态的破坏、对公共文明的践踏，让我们损失掉了宝贵的文化传统。这几年，通过对改革 25 年来六大群体（即知识分子群体、企业家群体、工人群体、农民工群体、网民群体和休闲群体）的社会心理分析，对人文奥运与北京市民公共文明的多次调查，不仅感到创造 25 年成就的基本力量来源，也感觉到了社会问题的尖锐性，同时感觉到在对问题的认知方面思维方式的缺失。

第一版前言主要是从社会心理学的责任来强调“文化自觉与文化认同”的必要性，特别是从我国改革开放和全球经济发展冲击背景来看，文化自觉与文化认同是伴随中国改革发展全程的社会心理准备。因为，“文化大革命”造成的文化断裂达十年之久，殃及几代人，如果以“老三届”一代人为界，至少是三代人，他们上有父母，下有儿女，三代人纵贯大约 50 个年头，而文化断裂中的人格损伤，却不是50年工夫就可以调适过来的，群体记忆会将其社会心理效应推向很远的历史。20世纪80年代特别是90年代的改革开放和经济、社会发展所带来的巨大变化，都是在我们还没有来得及回味和反省自己文化与人格的状况下，扑面而来的。因此，中国的改革发展本身表明中国人在改革发展中必须自省和自知。中国25年的改革发展，更加证明了中华民族是一个有才智有能力的民族，同时也证实了发展背后的教训和代价、压力和痛苦。现在看来，讨论关于文化自觉与文化认同的社会心理学话题仍然是必要的。

第二版希望进一步提出对待文化自觉与文化认同的思维方式转换问题。这个问题对于社会心理学研究而言，首先表现在以往对待传统文化的认知上有盲点，比较多地按照某种观念去给以解释，结果自以为“知之”了的，但却可能是“未知”或知之偏颇。盲点背后是思维方式有了什么问题。导论用了一点篇幅讨论“善端”认知中的盲点问题，就是试图逾越以往评价上的“是与非”二分法观念，换用另一思路来解释中国文化中关于善恶之争的问题。我在想，如果首先肯定“善”是人性理念的主张之一，我们大概就可以这样理解和解释孟子与荀子的人性善恶之辩：孟子“善端”说与荀子“性恶”（性伪）说，实质上是孟子与荀子对“善”的共同偏爱和共同守护，只是对儒家仁学中人性之美的预设有所不同。他们的善恶之争是战国时期百家争鸣中的认真论战。如果肯定“善”是人性之美，就会痛感我们今天在“关系”端点上丢失了太多的“善”，丢失了孟子“善端”闪烁的人性美。

对待社会心理学本土化问题也有个思维方式转换的问题。通常看待本土化问题时，是将本土化与全球化作为两个侧面看待，本土化的另一面是全球化，同样，全球化的另一面是本土化，这是能够成立的命题。这个命题将全球化与本土化作为两极对应起来看待，表示两者不可须臾分离，两者既对峙又不是不可协调的；但还必须看到，本土化在实际上一开始就是以全球化中那个主导力量和主流价值观所提供的“框架”为参照系去思考和提出对策的。因此，在思考和建设中国应有的社会心理学时，对美国社会心理学设定的“框架”，一方面是必须学习，把已经创建的学科理论和方法同样写入历史、成为必备的科学知识库，另一方面又必须给予一种超越，跳出那个框架去思考。导论把被美国社会心理学所忽视甚至否定的早期社会心理学重新提出来给予必要的提问和反思，就是跳出美国社会心理学框架的一种尝试。

第二版对第一版有较大修改的是社会认知和社会感情两章。社会认知这一章更多地增加了社会性认同的内容，包括自我认同、群体认同、文化认同和民族认同。社会感情这一章着重梳理和分析了社会感情的群体特征以及社会情绪与社会生活和谐的关系，分析了中国人社会感情表达的特点。

第二版增加了经济心理和宗教心理两章。增加这两章的必要性，一个是社会心理生活提出了相关的社会需要，另一个是从基本理论到现实问题都有了一定的研究基础。

经济心理学自1902年塔尔德的《经济心理学》问世时起就是从对人和社会的研究开始的。社会学家、社会心理学家塔尔德关心的是“经济现象的主观方面，并证明这是真正能对经济现象做出解释的方面”。后来，保罗·阿尔布在其1984年的《经济心理学》中强调“经济行为首先是处在制度和文化的环境中”。可见，经济心理学始终将社会心理学融入对经济行为的观察和研究。本书增加的经济心理一章是作者较长时间研究的成果，从中可以看到，一旦把“不确定性因素”纳入社会认知领域，就立即凸显了心理预期、市场（人际—群际）信任、创业精神和创造性等主体品质的重要性以及可以信赖的制度与文化环境的重要性。作者又专门分析了中国人的经济心理特点，提出中国人经济心理的特殊保守性首先在于其特殊的社会背景，从经济观念的基本特点看，首先是对未来的心理预期时限的问题；并分析了实用理性下，君子理想得不到实现，纯粹的实际利益追求则成为经济行为的工具手段；分析了经济行为中的公共精神缺失现象。

宗教生活，从古到今，伴随着人类大群体走过漫长的道路，是人类的精神力量表现。在这一章，作者对宗教心理做了细致的分析，能让人从中看出，宗教性心理生活是人类共有的；也能让人从中看出，儒家文化不是宗教文化，但在儒学中“有一种东西同宗教一样，能够给人们以安全感和永恒感”（辜鸿铭，《中国人的精神》）。作者在研究中，对以太原地区为主要对象的当代中国人宗教心理做了长达5年的跟踪研究，是理解中国人宗教心理的宝贵而又重要的依据。

今后的研究，仍将坚持把视野和脚步逐步深入到对中国人社会心理生活及其历史的、文化的、社会的根源性研究中去。在这个意义上，这本社会心理学教材，一方面把这门学问的来龙去脉及基本内容告诉学生和读者，另一方面又向学生和读者同时也是向写作者自己提出问题。而对后者的提问，对于观察和思考我们的现实生活并给予理论回答，或许更为重要一些。也是在这个意义上，这本社会心理学教材是献给那不断向我们提问的社会生活的。

**沙莲香**

2006年5月

于北京

# 第一版序

这是一本高等院校社会心理学教材，与我以前所写的社会心理学教材相比较，考虑了客观需要的因素，使这本书具有了一些新的特点。

首先，考虑它是一本教材，在内容方面尽量交代得完整些，并力图吸取目前国内外社会心理学的最新研究成果和社会心理学教材的优异之处。

其次，考虑教材重在培养学生提出问题并阐释问题的思考能力，启发学生的理论论辨思路和应用能力。学而不问、不思、不辨、不行，就不能把所学的变为自己的东西，还是要提倡“博学之，审问之，慎思之，明辨之，笃行之”（《中庸》）的学风。

最后，考虑现代大学生面临“学习—就业”的生命阶段的需要，尽量提供些应用内容。正是在这个想法下，增加了人力资源管理、人格培育和心理健康等章节，都是大学生管理自己、发展自己所应当明白的一些知识和做法，也是人们走上社会，成为职业人所应当懂得的社会心理学道理，既可用于调适人际关系和工作压力，也可以用于工作，如若有兴趣和有余力的话，还可以再加深学习，逐步发展为自己的一技之长。

这本教材负有一种责任，不是让学生知道些什么就算了事，而是在知道了些什么的基础上，让学生去应用。因此，书里讲的东西，要有科学依据，要能讲得通，否则，不符合某方面的道理，理论上和实际上都讲不通，就不能成学科之理。这一点，作者已尽力而为之。好在今日的大学生肯于思考和提出自己的见解，在这个意义上，本教材是与学生共勉的书。

参与写作的作者，无一不是与教学打交道的“教师爷”，并在所写章节方面有专长研究，不少作者长期以来是大学生喜欢和尊敬的良师益友。当初，邀请他们参与写作，正是由于看中了他山“卧虎藏龙”之才，硬是采用了近乎“逼”的方式，邀请加盟，并按时交稿。可想而知，他们是繁忙到了何种程度。

教育部、北京市教委和中国人民大学出版社对这本教材寄予厚爱并提出了较高的要求，实际上是责任委托，我不敢怠慢。

**沙莲香**

2002 年 7 月

于万寿园

# 第一版前言

为了六十五周年校庆，中国人民大学社会心理学研究所正在筹办“心理学论坛”和“人文奥运论坛”，前者主题是“中国人比任何时期都需要心理学”，后者主题是“人文奥运与心态环境建设”，于是，我想，借机写几句话，可能会更贴近思绪，更顺手，更经济一些。

一

20 世纪 80 年代特别是 90 年代以来的中国社会变迁，以其迅速而又壮观的巨变，牵动着国人的心魂，也引起了世人的兴趣和注目。这种牵动、兴趣和注目，提醒我们要自省和自知。

而“心理学”这只眼睛从中看到了什么，想到了什么，应当和可能做些什么呢？这就是说，对上面提到的中国人应当自省什么和自知什么的问题，“心理学”的应对选择和应有的责任与义务在哪里。对于中国迅速而又壮观的社会变迁，心理学应当做出自己的解释、理解和推动。

二

这样做，需要看看中国心理学的状况，它的过去和现在，以便用过去和现在的发展脉络帮助我们梳理心理学与社会生活的关系。

如果使用心理学史上常用的一个说法，即人类的心理与人类一样的古老，而心理学却只有很短的历史来形容心理学的话，那么，中国心理学史虽然也只有短短的历史，但心理学思想源远流长，伴随着中国文化共生共长，最早解说了天性与人性，仁与人，己与人，情欲之未发与已发，中与和，知与行，修己与达成之间的关联性，并设定诸多命题：“天人合一”，“性相近也，习相远也”，“习与性成”，“发而中节”，“己所不欲，勿施于人”，“己欲立而立人，己欲达而达人”，“为仁由己”，“推己及人”，“中庸之道”，“知行合一”等等，都是心理学的宝贵财富。

1879 年冯特创建世界上第一个心理学实验室，标志着近代心理学的开始。

在中国，第一本心理学书籍，是由留美学习心理学的颜永京于1889年翻译的美国传教士海文的《心理学》（后来更名为《心灵学》）；在冯特那里学习心理学的中国第一人（唯一一人）是1907—1913年两度留学德国的蔡元培；第一个心理学实验室，是陈大齐在当时北京大学校长蔡元培的支持下于1917年成立的；心理学系是1920至1929年间，先后在南京高等师范（南京大学前身）、中央大学、北京大学、清华大学、燕京大学、辅仁大学、北京师范大学建立的，开设了各门心理学课程；而标志着中国心理学历史开始的事件，是1921年中华心理学会的成立和1922年《心理》杂志的创刊，这两件事，极大地推动了心理学界的联合和学术发展。到了30年代，中国心理测验学会（1931年）、中国心理卫生协会（1936年）、中国心理学会（1937年），相继成立并开展儿童行为指导、婚姻指导、心理健康咨询、心理卫生教育等社会服务工作，另有《心理》半年刊、《心理》附刊、《心理》季刊、《中国心理学报》、《教育心理研究》、《心理建设》等期刊陆续创建，所发文章中著文总量渐渐多于译文（见表1）。世界书局1929年出版了孙本文的《社会的文化基础》，1930年出版潘菽的《社会的心理基础》和吴景超的《社会的生物基础》。1946年中国第一本《社会心理学》（孙本文著）著作由商务印书馆出版。中国心理学有着为社会生活服务的夺目的过去。

中国社会的改革开放，使中国心理学获得从未有过的新生条件，在学科建设和项目研究中，有关中国人心理与行为特点的研究，渐成气候，根据网上检索：自1998年至2001年，国家自然科学基金项目中有关中国人心理与行为研究的项目有34项，国家社会科学基金项目中有关中国人心理与行为研究的项目有16项；1995年至2002年，全国期刊中有关中国人心理与行为的论文有715篇；港台学者对中国人心理与行为的研究尤为显著，检索中国人民大学图书馆有关港台学者中国人心理与行为研究的书籍有31部。改革发展中的中国人也被海外学者注意和研究，从英文 social science plus 数据库中检索有关中国人心理研究的文章有88篇。这个网上检索虽然有一定的限制，但也能从中看出关于中国人心理与行为研究的发展趋势。

## 三

现在，让我们把前面提出的新世纪心理学的角色问题再拿出来讨论。心理学在中国人应当自省和自知的事情上，能够提供什么样的解释、理解和推动？显然，回答是多种多样的。对于笔者，更喜欢采用自我认同和“文化自觉”的话题，作一种心理学解释、理解和推动。

认同（identity）是心理学中用来解释人格统合机制的概念，即人格与社会及文化之间怎样互动而维系人格统一性和一贯性，认同是维系人格与社会及文化

**表 1　1932—1939 年各刊物心理学文章统计**　　单位：篇

| | 心理半年刊 1934—1937 | | | 心理附刊 1934—1937 | | | 心理季刊 1936—1937 | | | 其他刊物* 1936—1937 | | | 中国心理学报 1936—1937 | | 测验 1936—1937 | | | 中央研究院心理所丛刊 1932—1934 | | 心理教育实验专篇 1934—1939 | | 总计 | | |
|---|---|---|---|---|---|---|---|---|---|---|---|---|---|---|---|---|---|---|---|---|---|---|---|---|
| | 著 | 译 | 总 | 著 | 译 | 总 | 著 | 译 | 总 | 著 | 译 | 总 | 著 | 总 | 著 | 译 | 总 | 著 | 总 | 著 | 总 | 著 | 译 | 总 |
| 普通心理 | 8 | 5 | 13 | 2 | 2 | 4 | 12 | 0 | 12 | 12 | 1 | 13 | 3 | 3 | 10 | 0 | 10 | 0 | 0 | 3 | 3 | 50 | 8 | 58 |
| 儿童心理 | 4 | 2 | 6 | 1 | 3 | 4 | 9 | 0 | 9 | 17 | 7 | 24 | 1 | 1 | 1 | 1 | 2 | 0 | 0 | 0 | 0 | 33 | 13 | 46 |
| 青年心理 | 1 | 3 | 4 | 0 | 0 | 0 | 1 | 0 | 1 | 2 | 0 | 2 | 0 | 0 | 0 | | 0 | 0 | 0 | 0 | 0 | 4 | 3 | 7 |
| 成人心理 | 0 | 0 | 0 | 0 | 0 | 0 | 1 | 0 | 1 | 1 | 1 | 2 | 0 | 0 | 0 | 0 | 0 | 0 | 0 | 0 | 0 | 2 | 1 | 3 |
| 教育心理 | 11 | 2 | 13 | 0 | 9 | 9 | 5 | 1 | 6 | 29 | 6 | 35 | 3 | 3 | 3 | 0 | 3 | 0 | 0 | 2 | 2 | 53 | 18 | 71 |
| 应用心理 | 21 | 1 | 22 | 4 | 24 | 28 | 8 | 0 | 8 | 12 | 2 | 14 | 1 | 1 | 1 | 3 | 4 | 0 | 0 | 1 | 1 | 48 | 30 | 78 |
| 社会心理 | 1 | 1 | 2 | 1 | 0 | 1 | 2 | 0 | 2 | 2 | 1 | 3 | 0 | 0 | 1 | 0 | 1 | 0 | 0 | 0 | 0 | 7 | 2 | 9 |
| 变态心理 | 4 | 4 | 8 | 1 | 1 | 2 | 5 | 0 | 5 | 3 | 2 | 5 | 0 | 0 | 0 | 0 | 0 | 0 | 0 | 0 | 0 | 13 | 7 | 20 |
| 心理卫生 | 4 | 2 | 6 | 0 | 1 | 1 | 6 | 0 | 6 | 30 | 9 | 39 | 0 | 0 | 0 | 0 | 0 | 0 | 0 | 0 | 0 | 40 | 12 | 52 |
| 生理心理 | 1 | 1 | 2 | 1 | 1 | 2 | 1 | 0 | 1 | 3 | 0 | 3 | 1 | 1 | 0 | 0 | 0 | 9 | 9 | 0 | 0 | 16 | 2 | 18 |
| 动物心理 | 2 | 0 | 2 | 0 | 0 | 0 | 1 | 2 | 3 | 0 | 0 | 0 | 11 | 11 | 0 | 0 | 0 | 5 | 5 | 0 | 0 | 19 | 2 | 21 |
| 心理学史 | 1 | 0 | 1 | 0 | 0 | 0 | 9 | 0 | 9 | 19 | 9 | 28 | 1 | 1 | 0 | 0 | 0 | 0 | 0 | 0 | 0 | 30 | 9 | 39 |
| 测　验 | 9 | 0 | 9 | 2 | 6 | 8 | 2 | 0 | 2 | 0 | 0 | 0 | 3 | 3 | 75 | 2 | 77 | 0 | 0 | 1 | 1 | 92 | 8 | 100 |
| 其　他 | 1 | 0 | 1 | 0 | 0 | 0 | 21 | 1 | 22 | 0 | 0 | 0 | 0 | 0 | 0 | 0 | 0 | 0 | 0 | 0 | 0 | 22 | 1 | 23 |
| 总　计 | 68 | 21 | 89 | 12 | 47 | 59 | 83 | 4 | 87 | 130 | 38 | 168 | 24 | 24 | 91 | 6 | 97 | 4 | 4 | 7 | 7 | 429 | 116 | 545 |

* 此为心理季刊中所载其他刊物的心理学论文摘要篇数。

资料来源：杨鑫辉：《心理学通史》，第二卷，221～222 页，济南，山东教育出版社，2000。

之间互动的内在力量，从而是维持人格统一性和一贯性的内在力量，因此，这个概念又用来表示主体性、归属感。这个概念在60年代得到广泛使用。西方现代社会的高速发展引起了人们的心理冲突和心理危机，尤其在青年人身上，出现强烈的心理反抗和危机感，这种心理现象表现在个人与他人的关系上，人际亲密程度弱化而产生出社会隔阂；表现在自我认知上，模糊性越来越强而产生自我丧失感。这两种情况都表明，现代科技和现代社会生活的高度发展，一方面给人自身和人类社会带来了从未有过的进步和文明，为人们的地位和角色提供了愈益增多的获取机会；另一方面人和社会在饱尝进步和文明的过程中，人的创造物又将人“异化”，使人变得与自己疏离，以至于变为自己的对立面。自我认同（ego identity）是用来解释自我的心理、社会统合功能的概念，重视心理力的人格维系作用。自我认同作为人格的动力，是个可以通过社会而映照心理、通过心理而映照社会的心理过程。自我认同感（ego identification）是这种心理过程的主体觉醒，是认同化的过程，也就是对自己周围及社会生活中他人的价值观、生活方式等等同化为自己的特征，因此可见，自我认同感又是基于喜欢、偏好、尊敬、期望等等的主体选择过程，正是从主体选择这个意义上说，自我认同感体现心理品质。

人格与文化分不开，从社会化的视角看，人格是人在社会化过程中不断接受文化规则而逐步形成的，从这个意义上说，人格是文化的复制品。

中国的文化传统极为厚重而又顽强，但纵使如此，也顶不住多灾多难的打击，文化断裂同社会动荡一样，频频不止，到了20世纪中下旬，仅就一场“文化大革命”而言，文化断裂达十年之久，殃及三代人，以当年的青少年、后来被冠以“老三届”的一代人为界，上有其父母一代，下有其儿女一代，至今，这三代人纵贯大约50年跨度，而文化断裂中的人格的分离和缺失，却不是50年工夫就可以调适过来的，群体记忆会将其心理、社会效应推向那很远的时空里。80年代特别是90年代的改革开放和经济、社会发展所带来的巨大变化，都是在我们还没有来得及回味自己文化与人格的状况下，扑面而来的。在这种状况下，把前辈费孝通近年多次提倡的“文化自觉”作为自我认同的相关话题予以思考，其目的在于提高心理品质，推动人格建设。

前面谈到中国文化中的心理学财富，其中“己”观念和与之相关的命题，在我们今天讨论“自省”、“自知”，进而讨论心理品质和人格建设话题时，尤其重要。中国文化的“己”，并不是孤立的“个”，而是以对关系（二人关系）为单元的关系体，“人”之不有，则“己”亦不成，不是单纯“义利”于“己”，也不是单纯“义利”于“人”，而是沿着“为仁由己”的命题逻辑，“为仁”之时亦“为己”，“行仁”之中亦“行己”。“修身”在“齐家”、“治国”、“平天下”之先。“为”、“行”、“修”，都含有做、实践、操作、管理的意义。每个人对自己，要像做什么、实践什么、操作什么、管理什么一样，也要并且首先要做自己、实践自己、操作自己、管理自己，这个意思，如果用笔者在这里的议题表述，就是自我认同与“文化自觉”的心理学解释、理解和推动，亦即提高心理品质和推动人格建设。

## 四

自我认同与“文化自觉”，提高心理品质与推动人格建设，是在“为”、“行”的过程中实现的，又在这一实现中显现心理品质与人格，以及自我认同水平与文化自觉，相互映照。当我们回首这20年，有多少事情是令人忧不自禁，又喜不自禁。记得，80年代初期，一些工艺精美的“中国造”商品在发达国家是被放在马路边上卖的，表示落后国商品不值钱的意思，一派蔑视。那个时候，谁叫我们既落后又知之甚少呢?！在20年尤在近10年里，事已“正名”。海尔集团1994年把商品推向美国等国市场，那时是通过经销商方式销售电冰箱，现在，通过沃尔玛超市这种大商场和上千家经销商，在美国销售250种不同型号的家电产品，海尔集团称：海尔小型电冰箱在美国市场的占有率达50%。① 在国外市场有大量的中国商品，已不只是“海尔”，而是很多商家和品牌。中国加入世界贸易组织，使关税降低之后的中国成为一个庞大的市场，“与此同时，最有头脑的中国制造商们也看到了机会，他们认为中国的品牌到美国、欧洲和其他国家的机会也成熟了”②。中国的改革发展，不是“人在愚昧中”能够做到的，相反，是与中国人的努力加聪慧分不开的，在发展的背后是无尽的教训和代价，压力和痛苦，但中国人在努力着、奋斗着。这也表明，中国人在改革发展中求得自省和自知，表明中国文化为中国人提供一种运作市场的心理活力和精神杠杆。

企业文化是以传统文化为基础、吸收并体现文化现代性的一种文化形态，企业文化的创建和营造，对于企业人员的自我认同和文化自觉起了重要作用，随着中国市场经济的发展，企业文化建设及其作用的发挥，将是文化自觉的一条必由之路，也是提升人格的一条必经之路。21世纪，中国迎来走向世界、与世界经济强手较量的发展时期，任重而道远。

---

①② 转引自《凤凰周刊》，6、7页，2002（15）。

# 目　录

## 第一章　导论　社会心理学学科特点



## 第二章　研究方法



## 第三章　人际关系



## 第四章　社会认知

## 第五章　社会动机



## 第六章　社会感情



## 第七章　社会态度



## 第八章　群体心理

## 第九章　传播与社会心理



## 第十章　经济心理



## 第十一章　宗教心理



## 第十二章　性别社会心理



## 第十三章　人格培育

## 第十四章　心理健康

第一章

# 导论
# 社会心理学学科特点

《社会心理学》第四版是在2002年初版、2006年第二版、2011年第三版的基础上修订、补充和完善而成的。第四版导论仍然主要讨论我国社会心理学学科建设的问题，期待对社会心理学学科的中国研究能够有所进展。导论标题是“社会心理学学科特点”，这是确立中国社会心理学学科性格的基础。第四版导论要探索和讨论的主要问题仍然是公众文明的问题，表明现实给我们提出的社会心理问题之不可忽视和本教材的现实思考之不可或缺，而第四版还是将这个问题放在本章的最后，试图将讨论引向更深处。同时，本章修订的重点是对勒朋群众心理研究的阐释。

# 第一节 社会心理学早期形态的学科意义

社会心理学产生于19世纪末欧洲的群体心理研究，到了1908年，英国心理学家麦独孤（W. McDougall，1871—1938）发表了以“社会心理学”命名的著作，标志着社会心理学的产生，但麦独孤是用社会本能论为其社会心理学奠定基础的，在这本书之后，他于1921年又发表了《群体心理》一书。1908年美国社会学家罗斯（E. A. Ross，1866—1951）不约而同地也出版了《社会心理学》，介绍欧洲社会心理学思想，其中包括社会学者塔尔德、涂尔干（又译迪尔凯姆）和勒朋的群体心理研究。可见，1908年前后，在社会学和心理学领域都出现了对群体生活的心理学分析，这使心理学与社会学在实践上走到了一起，揭示出社会心理学的原初形态出自对群体生活的深层解剖。

## 一、早期群体心理研究提出的群体特征问题

群体心理成为心理学、社会学所关注的问题，源自法国1789—1848年的两次革命。成为这场革命角色的“群众”及其变异几乎影响了欧洲社会以至于世界的不同发展路相。法国革命中的“群众”被称为“无套裤汉”（富人穿套裤，穷人无套裤可穿）的人群，大多是由贫民、小匠人、店铺老板、手工业者、小业主等组成的、无定形的人群；“无套裤汉”是实际的示威者、暴动者和街垒构筑人。① 勒朋在剖析两次革命的狂热者时详细揭示出参加虐杀事件的群众既有纯粹的无赖，又有商店的伙计，也有鞋匠、石匠、理发匠，还有邮差小吏等。② 不同

① 参见［英］霍布斯鲍姆：《革命的年代：1789—1848》，75页，北京，中信出版社，2014。

② 参见［法］勒朋：《群众心理学》（第5版），231页，上海，商务印书馆，1927。

学者研究和评析法国大革命的时候几乎都注意揭示这个“群众”的构成及其在法国大革命中的作用。重视群众心理的支撑实体，不仅在当时而且在今天都是理解和分析群众心理不能绕开的理路。

以这个“群众”为支撑力量，两次大革命中发生了惊天的“暴动行为”。1793 年 1 月 21 日把有着开明之举的路易十六国王送上断头台；1794 年 4 月和 7 月曾经的革命党人相继被送上断头台；1848 年 7 月 14 日攻克了巴士底狱这个王室权威的象征物，狱长被处决，狱吏和狱囚（其中有 12 岁至 17 岁青年 57 人）皆在“国民公敌”名义下惨遭杀戮。[①] 霎时间，暴戾几近席卷巴黎这座城市。1789—1848 年两次革命在付出了代价之后将法国推向现代。

最早从心理学角度研究并书写这个“群众”现象的有两个人，一人是西费尔（Sieffert），另一人是勒朋（G. Le Bon）。西费尔 1893 年出版《集合心理学》，勒朋 1895 年出版《群众心理学》，这两本书都与托克维尔 1866 年的《旧制度与大革命》相衔接。到了 20 世纪中期史学家和思想家霍布斯鲍姆发表了“年代四部曲”，四部巨著之首就是《革命的年代：1789—1848》。霍布斯鲍姆将这个年代发生的两次革命称为“双元革命”。法国大革命引起了巨大的震动与历史思考。在这种历史思考中，民国时期学界的反应不可不谓之迟缓。民国九年（1920）尚志学会丛书翻译了勒朋的《群众心理学》，由商务印书馆出版发行，并对《群众心理学》作了简介和评述，提出“欲知革命之利害者不可不读”；至民国十六年（1927）《群众心理学》出版发行了第五版。

西费尔 1893 年的《集合心理学》中提出群众为“原始社会的原生质”，一种心灵现象。[②] 勒朋 1895 年的《群众心理学》中提出群众是民族精神之外的一种心理现象，群众心理与民族精神两者有时相反相悖。勒朋在《群众心理学》序言中说，在一个民族中，“人人同承其先代之遗传，则必有其共同的特征，这就是民族之真精神。今有若干人聚集成群而有所作为，则于其民族特征之外，尚有其心理上的新特征，这个心理上的新特征与其民族特征有些时候竟然大相径庭”[③]。勒朋在书中用了相当的篇幅论述群众心理与法兰西民族精神的相悖和必需的文明教育。

勒朋的“群众”是心理学意义上的心理形态，他用“心理的群众”（psychological crowd）这个词表示。这种群众表现出来的特征与个人原来的特质亦不同，在群众的形态下各人自觉的人格不复出现；群众是一批无意识者，是情绪现象。群众心理（popular mind）是集群状态下的情绪性心理，因而具有巨大的“暴动力”。勒朋从法国两次革命中发现群众成了改变时代的力量，并认为一个“群众的时代”已经来临但却不为人们知晓。《群众心理学》的导言使用了“群众的时代”这个题目，提醒法国社会给予重视。他认为，“一般社会昧于群众心理，不

---

① 参见［法］勒朋：《群众心理学》（第 5 版），233～235 页。

② 参见［美］杨·琴巴尔：《社会心理学史》，6、7 页，上海，商务印书馆，1933。

③ ［法］勒朋：《群众心理学》（第 5 版），序，1 页。

知其特征，立法者与政治家则必须研究群众心理”。

勒朋认为，这个“群众”表现出四种特征：（1）失个性或恃众性。当一人独居之时，对其本能冲动不免有所抑制，而一旦集而成群则在扰攘之中，无人负其责。聚群状态下容易临事张皇溃散，如同枯叶遇疾风升之坠之散之于四方。[①]（2）传染性。由于群众情绪的激昂沸腾而相互传递遂使聚群内部信而不疑，判别之力愈加微弱，使情绪与行为趋于同一方向。[②]（3）被诱性。被诱惑的心理力量在暗示，暗示如同催眠，被催眠者一经暗示之鼓动便轻率躁进以赴其事，然而，群众之轻率躁进的程度却远甚于受催眠者，其势汹汹而莫之能御。暗示在群众内部的默然而喻可以使众人不言而动、感而遂通。故勒朋说“此为群众特征之显著要点”，前述“传染性不过是被诱结果之一耳”[③]。（4）极端性。群众对于所受暗示有立即施行之倾向而无怀疑之念，常趋于极端。勒朋指出，“群众情绪的激昂沸腾不趋于极端不止，或为非常壮烈之行为或为暴厉横行之举动，人人失其本性”[④]。

勒朋对法国1789—1848年两次革命中的“群众”进行的心理学研究，相当详尽地陈述了群众的表现及其心理特征。《群众心理学》一书首次明确提出群众心理基本特征，当为勒朋对社会心理学的出现及发展之所奉献。在这个奉献的背面，则是勒朋的学术精神。从这本书对群众的盲从、无理性、失个性及其暴虐行为的尖锐批评和对大革命领袖人物无端制造并利用群众情绪所给予的辛辣揭露，可以看出勒朋及其理论观点的严肃与勇气。在群众现象依然没有绝迹的当今时代来读《群众心理学》，重要的是，勒朋提出了群众心理的“问题”。在当代，勒朋《群众心理学》与中国社会心理学相遇。

随着社会生活的扩展和不断生成，人的群体活动也层出不穷，用以表达这种状况的概念不再止于“群众”，“群体”成为更具内涵与外延的概念。“群众”被包含于“群体”概念之中而成为其中之一种形态，是聚而成群，其心理功能达至极端则是破坏性的负面现象。

包括西费尔、勒朋在内所进行的早期群体心理学研究，虽然看到或察觉到了群众心理的基本特征，但是，差不多都在不同的表述中否定了社会现象中的群众，群众心理被描述为变态和病态的，是一种社会负面现象。这表明，社会心理学这门学问的出世，一方面是对广大劳动者成为一支社会力量登上社会舞台的反映，另一方面又顺应了社会上层某种社会的、政治的守成需要。正是由于这种需要，群众心理被裹在“原罪”般的社会角色中得到重视，从而使这门学科诞生了。

## 二、早期社会本能研究提出的群体内生的心理动力问题

1908年英国心理学家麦独孤的《社会心理学引论》（又译《社会心理学导

① 参见［法］勒朋：《群众心理学》（第5版），序，32～36页。

② 参见上书，26、37～38页。

③ 同上书，37～39页。

④ 同上书，282、286～287页。

论》）分为两部分：第一部分是“对于人在社会生活中有头等重要意义的心的性质”，专门论述本能、本能在人心底部组织中的位置和本能的构成、本能与情绪。第二部分是讲“人心的原始倾向在社会中的活动”，讲到生殖本能与亲的本能所造成的人口泛滥，斗的本能所造成的集合情绪与集合行动并对社会结构、法律制度产生的影响，结群本能导致群情过激造成的民众道德堕落。麦独孤的社会本能论开始得到了极多的拥护者，以至于社会本能论一度被泛化，后来也受到了许多批评，轰动当时的学术界。1911 年再版时，麦氏附有增刊“行为论”、“性的本能”、“习得情绪”三章。增刊的目的是把他的理论“说得更明确，引起更多人的广泛注意”，以及“将理论转换成辩论的形式，引起心理学和道德哲学家的注意”，也是“让伦理学学生知道这个行为论对于极流行的行为论之不同”①。1921 年麦独孤发表《群众心理学》，在他的社会本能论基础上，对群众心理学的一般原理作了具体表述，同时又引申出国民心与国民性问题的研究，但他的理论基础是社会本能论，而这个社会本能论影响远超过他的群体心理研究。

麦独孤认为，本能“是遗传而来的或是本有的一种心理而兼生理的倾向”，“是支持人们身心活动并且管束人们行为的本源”。由本能激动而引起的本能心理历程都有情的一面去唤起原始的情绪，本能与情绪的结合，成为人心底层组织的动力来源。②

尽管麦氏社会本能论有不少论述缺乏实据和有夸大之嫌，但不失为一种创见。本能作为一种动机，是行为背后的冲动力量。麦独孤理论的深刻性在于他揭示出本能是藏于社会活动底层内生性的心理力量。麦独孤在对本能与原始情绪的论述中，揭示了心理的底层结构藏有“本能·情绪组合”这一动力装置，揭示了行为的心理源泉。这种心理动力装置，是群体行为的内生心理动力。而后者揭示了由众多个人组成的群体，缘何有着方向一致的合力行动，这种心理动力对于社会组织与制度形式有何推动作用。这两个问题麦氏并没有给予多少合理的解释，他的解释甚至是牵强的，但重要的是他为我们提出了问题。

## 三、早期民族心理研究提出的民族精神凝聚作用的问题

冯特（W. Wundt，1832—1920）以他 1879 年首创心理学实验室而开启了心理学的可操作研究历史，他称这个心理学实验室像一块敲门砖，使他敲开了心理学的大门。在其后的学术研究中，冯特终觉实验室研究之外的复杂心理现象不能在实验室里研究，由此认为心理学有两大部门即实验心理学和民族心理学。实验

① ［英］麦独孤：《社会心理学引论》（增刊），297 页，上海，商务印书馆，1922。

② 麦独孤在《社会心理学引论》第三章专门论述本能与原始情绪，他提出逃的本能与怕的情绪、拒的本能与恶的情绪、求知的本能与惊奇的情绪、斗的本能与怒的情绪、卑炫本能与积极—消极的自感、亲的本能与柔情。另又提出有情绪不显的本能：生殖本能、结群本能、获取本能、创作本能。在此基础上，又提出复杂的情绪组织：赞美、惊惧、恭畏、感戴、厌怒、轻蔑、羡忌、羞耻、欢悦等。参见［英］麦独孤：《社会心理学引论》（增刊），50～104 页。

心理学是个人心理学。民族是大群体（德文 Gemeinschaft），民族心理属于贯穿社会群体发展及其共同精神产物的复杂的精神过程，民族心理学揭示了这一复杂精神过程的内在心理规则。

在冯特的民族心理研究中，对于民族在产生、发展、存续过程中的语言、风俗、宗教、神话、艺术、法律、亲族形态、社会结合形态、文化、历史的普遍规则性，提供了心理学的理解方式。冯特认为，对人类社会的发展规则之研究，应当重视横在人类群体生活的普遍发展和共同精神产物之底部的心理过程，并认为，共同精神基于普遍价值形成并具有交互作用的特性，而“对人类社会的精神交互作用事实进行发生、发展上的研究，是民族心理学的课题”[①]。

冯特关于“民族心”实体论的民族心理学思想得到了不同的评论，其中不乏尖锐的批评。用历史的眼光看冯特的学术思想，其固然有局限，但他创造了这门学科。当他依据史料提出并分析一个民族发生、发展的心理过程时，他比同时代人有更深刻的天才性发现，即关于民族精神在人类社会之政治发展上的凝聚作用与创造作用。

他的这种学术思想集中在《民族心理学》十卷本的第 8 卷《政治社会》（1917）一书，此书实际上是以民族心理学去透视政治社会。他在书中，通过对部族向国家转型过程中的政治发展及其合乎法则性秩序的形成的分析，揭示了政治秩序赖以确立的底层心理过程。与此同时，他提出民族精神和民族意志具有连续的统一的特性，是一种带有创造性的综合过程，即精神交互作用的结果具有新的性质和动因，出现新的意志过程，创造新的规范。基于此，他进而提出，人类社会在政治发展上的法则性、社会的政治秩序发展是以精神发展的内在心理规则为基础的，“民族精神”或“民族心”体现民族社会中精神生活的总体，国家是作为一个总体人格而存在的。可以说，冯特的民族心理学的核心概念“民族精神”或“民族心”，是在实体论的前提下，被涂上了黑格尔的“绝对精神”的色彩。然而，他以大量的史实分析为依据，对民族国家的政治秩序做出了非凡的心理学解释，敏锐地看到并论证了民族精神、民族意志在民族国家生成与发展中的作用。

冯特从个体心理实验室研究到民族大群体研究的心理学研究转变过程，逐步揭示了人类心理生活的复杂性和层次性特点。他被誉为实验心理学和民族心理学之父，当之无愧。

## 四、社会心理学在中国的产生

### （一）心理学家的社会心理学疑问

在中国，社会心理学产生的标志，应当说是陆志韦 1924 年的《社会心理学新论》。他在书中开宗明义宣布：本书的主张是行为派。他的书之所以命名为

① 冯特从 1900 年至 1920 年，用了 20 年心血完成了《民族心理学》十卷本，即第 1、2 卷语言篇，第 3 卷艺术篇，第 4、5、6、7 卷社会篇，第 8、9 卷法律篇，第 10 卷文化与历史篇。1912 年出版的《民族心理学纲要》，是对他民族心理研究的概括。

"新论"，而不是"绪论"或"导论"，是因为他对社会心理学无论可导，因此，只"不过是要指示一条或者可通之路而已"[①]。陆氏在书中着重介绍并质疑了包括麦独孤等在内的本能论学派和包括勒朋等模仿论在内的群众论学派，而提倡作为社会性习惯理论的学习论。之后，用一个单元的篇幅谈"何谓社会心理学"，明确说道："社会行为既不是特殊的现象，社会心理学当然不是专门的心理学"，"社会心理学的现象仍不外乎各个人的反应"，可见，他并没有接纳社会心理学，因此，陆氏主张"用寻常学习心理学的方法去研究社会心理学"。

陆氏是中国有名的心理学家，他以"心理学"的普遍性解释早期社会心理学，对社会心理学性质给予了"附属于普通心理学"的定论，但是他在书中对本能论、群众论的质疑却反映了20世纪二三十年代的学术状况，也让我们从中看到了社会心理学的困境，看到了陆志韦对社会心理学命运的困惑。

## （二）社会学家奠定的社会心理学

就理论与应用并重这一点看，当属孙本文1946年出版的《社会心理学》为开端，而孙本文的社会心理学研究与教学，早在1926年的大学讲课期间即已开始。他时为中央大学教授，为学生讲授社会心理学，随讲随编，20年后得以成书出版，他在"序"中说："书稿脱手，适逢抗日战争胜利、日本无条件投降，全面胜利，举世腾欢"，时在重庆沙坪坝。

实际上，在孙本文1929—1930年主持编写的社会学丛书中，有孙本文的《社会的文化基础》和潘菽的《社会的心理基础》两书，从不同角度讲到了社会心理学问题，甚至吴景超的《社会的生物基础》中也讲到人口中的心理差异问题。[②] 孙本文1935年的《社会学原理》一书用了较多篇幅讲心理要素与社会生活的关系，讲到社会成立的心理基础，讲到人性与人格、人类态度与社会生活，在讲社会过程时讲到互动在心理上的区分，又用相当多笔墨分析文化与社会生活的关系，暗示、模仿与社会生活的关系，这样，孙氏在论述社会学原理的过程中，同时揭示了社会生活的社会心理因素。

孙本文的《社会心理学》是一本专门论述社会心理学的著作，内容甚丰，归其特点，可以说是：美国社会心理学基本原理＋中国文化音韵。

孙氏开门见山指出："社会心理学研究个人在社会中的行为，或社会中个人的行为"[③]，"所谓社会心理，确切说，只是社会中各个人相互类似与相互感应的心理"。由此，他提出，社会心理应包括四个方面：社会中各个人相互类似的心理特质、社会中各个人相互感应的心理机制、社会对于个人心理的影响、个人对

---

① 陆志韦：《社会心理学新论》，1、155页，上海，商务印书馆，1924。

② 孙本文主持的"社会学丛书"主要有：《社会学的领域》（孙本文）、《社会的文化基础》（孙本文）、《社会的生物基础》（吴景超）、《社会的心理基础》（潘菽）、《社会的经济基础》（寿勉成）、《社会的地理基础》（黄国璋）、《社会组织》（吴景超）、《社会变迁》（孙本文）、《社会约制》（吴泽霖）、《农村社会学》（杨开道）、《都市社会学》（吴景超）、《社会统计》（赵人隽、黄孝贞）。该丛书由世界书局出版。

③ 孙本文：《社会心理学》，序，1页，上海，商务印书馆，1946。

于社会心理的影响。[1] 可见，奠定孙氏社会心理学思想的基本理论是以个人行为或个人心理为中心的理论原则，亦即个人在社会中或社会中个人的理论原则。在社会心理学学科性质方面，孙本文与当时的美国社会心理学主流理论是趋同的。

然而，他的社会学眼光和对中国社会的研究，又奠定了他的社会心理学本土（孙氏称之为国族化）性格的基础。

孙氏社会心理学本土（国族化）性格，集中表现在两个方面：一是依照中国学者的思维习惯，将诸多社会心理学观点进行梳理与系统化，形成一种体系，既有完整的理论构成，又有明确的应用领域；二是采用中国的历史典故和国学经典去解释或分析其在书中提出的那些社会心理学现象。而他的这种解释或分析的结果，实际上或多或少突破了美国社会心理学在中国的主流话语权威。

## （三）群众论的意义

陆志韦用学习论批判勒朋等人的模仿本能论，孙本文用个人行为论评析勒朋等人的群众行为论，两人对社会心理学上的“群众”，均有看法，但孙本文的论述更广泛且更具社会心理学的意义。

孙本文的《社学心理学》第十五章专论群众行为。孙氏一方面介绍了欧洲群众论和美国个体论相悖不融的情况，同时提出他的见解。在其见解中，有利于我们理解社会心理学学科性质的，主要在以下三点。第一，关于群众的性质。孙本文认为，包括广狭两义：广义的群众泛指一般的民众，与社会心理学称谓的群众，其意义颇不相同；狭义的群众即社会心理学上所谓的群众，是指“一致注意或应付一种共同对象并表示相当兴趣或热烈情绪作用而在同地暂时集合的一群人”[2]，就是说，群众行为、群众心理，是社会心理学的研究对象。第二，关于群众行为的性质。他认为，“群众行为是一种异常的行为。个人在群众中，除有预定计划或主张而处于领导地位的少数人以外，几乎不能自主，随群众的冲动而流动”[3]。第三，孙本文在分析群众行为对社会产生的各种影响的基础上，提出“群众行为”与“群众运动”的区别与联系。他说，群众行为如指导得宜，可借以振作社会精神，增强团结意识，表现一种英雄气概；群众行为如果目的正大，则可以纠正社会不平、促进社会改革等有益于社会之事；如果使用得当，则可加强宣传的效果。群众行为的短处亦很明显，比如，有可能造成不合理的事实，破坏社会秩序，引起社会纠纷。因此，孙本文提出对群众行为做补救与改造工作，使之成为有组织的集体力量。[4]

## （四）应有的思考

至此，我们看到，以往社会心理学所研究的群众是指集合在特定物理空间、有一致目标与相似情绪的人群。这些人群具有通过个体之间相互刺激形成、肉眼

---

① 参见孙本文：《社会心理学》，1～2 页。

② 同上书，284、286 页。

③ 同上书，308 页。

④ 参见上书，309～315 页。

可及的心理·行为集合状态。这种集合状态的特点，具有感染性与冲击性甚至破坏的多重性。这种集合状态，纵使在21世纪的今天，仍会以不同的形式出现并具有某些特点。

当我们站在现代社会生活的舞台，看社会心理学所研究的群众现象即群体心理与群体行为时，会看到，情况已经超出了孙本文时代，更是超出了勒朋时代提出的问题与见解。以往提出的群众，不论广义还是狭义的群众，都只是今天称谓的群体之一种形态，即使由大众传媒，尤其由互联网所形成的这种无组织的群体，亦会引发出群体情绪，而且，这种公众群体具有舆论的特点，成为推动社会生活发展的基础力量。总之，现代社会生活中的群体不论以何种形态出现，都是社会生活中不可忽视的现象。

从这个角度思考社会心理学这门学科，也已超出以往群体心理研究的学科视野与基本立足点。这就是笔者在上面说的了解社会心理学原初的形态，是为了帮助我们今天去进一步思考社会心理学应该遵循的学科视野与方法论这个议题。

（1）在学科性质的问题上，美国社会心理学的立足点是个人心理与行为，或者说，“社会心理学家通常关注个体现在所处的社会情境”（泰勒），或者个人受社会影响后形成的与他人共同的心理过程（阿伦森）。[①] 对于美国社会心理学，一方面应当看到它存在与发展的正当性，它的文化与社会的适当条件和学者群的科学精神以及它在社会心理学历史上的贡献，另一方面应当看到它在越过本土、扩张到全球后遇到的问题。

（2）至今美国社会心理学承袭的多是心理学取向，但在理论观点上开始突出社会文化理论，不过，这种理论侧重跨文化研究，并没有触及以个人心理—行为为立论基点的基本理论。[②] 这种情况表明，社会心理学家对社会心理学学科性质的规定是相对的，与学者对社会心理学研究对象的文化解读有关。这又表明，当我们读到美国社会心理学重视人际关系的作用时，会看到美国文化视野下的人际关系与中国文化视野下的人际关系是有很大差异的。因此，社会心理学在中国的生存与发展离不开对中国文化和社会生活特点的研究与理解。

# 第二节　社会心理学的发展

## 一、美国社会心理学对群体心理研究的改造

社会心理学在其百年发展历程中，发生了很多的变化，其中一次是带来学科

①② 参见［美］泰勒等：《社会心理学》（第10版），2、3～12页，北京，北京大学出版社，2005；［美］阿伦森等：《社会心理学》（第5版），3～10页，北京，中国轻工业出版社，2005。

质变的变化，这就是20世纪20年代随着社会心理学从欧洲转移到美国，社会心理学在美国的社会生活土壤中立足、发展，它的基本理论和方法论逐步成为这门学科的主流。这个过程，实际上是美国对欧洲社会心理学的改造与美国化，用美国的个人心理研究和实用理念改造了欧洲的群体心理研究，明确提出“社会心理学是研究个人行为及意识的科学”，注重“行为的观点与实验的方法”。

F. H. 奥尔波特（F. H. Allport，1890—1978）是美国20世纪20年代最具代表性的社会心理学家。他的《社会心理学》（*Social Psychology*，1924）在当时影响广泛。他在书中直接批判“群体心”，并称其为“群体谬误”（group fallacy），认为除了个人心理，不存在群体心理。社会心理学是心理学的一部分，社会心理学是研究个人行为中对他人有刺激或者接受他人刺激所发生的行为反应及意识，换言之，社会心理学研究个人的社会行为和社会意识。同时，F. H. 奥尔波特是实验社会心理学的开先河者。在社会心理学的学科定位和社会心理学的方法论开拓方面，F. H. 奥尔波特的影响，简直可以说是空前的，这个影响是对社会心理学发展的一种新的推动。在这一点上，他的社会心理学有一种从欧风转向美风的新学风，别开生面。但是，又不能不看到，把社会心理学作为个体心理学一部分的论断，社会心理学以个人为中心的研究倾向，否定来自群体以至于社会文脉的群体心理研究，对社会心理学的持续发展带来了许多不利的影响。

社会心理学在美国土壤和学术风土中得到了与欧洲不同的发展。概括起来说，社会心理学在20世纪30年代和40年代的主要话题和业绩，是关于态度尤其是态度测定的研究。50年代和60年代，是关于态度变化的形成及其概念化时期。到了70年代，由于生活方式迅速变化和社会问题凸显，社会心理学出现了危机及对理论、方法再探讨的要求。从70年代后美国社会心理学的发展实况看，构建一种吸纳并超越两个研究传统的宏观理论，仍然显得“先天”不足。这一点，从第二次世界大战后美国社会心理学理论和方法的传承过程可以看出来，虽然拓展了很多研究领域并有巨大贡献，但仍然有待通过重大的危机性经济、政治、社会问题的研究去突破以个人为中心的理论限制。

第二次世界大战期间，一批很有学术造诣的学者从欧洲流亡到美国，对社会心理学产生了重要影响，其中，勒温（K. Lewin，1890—1947）所起的影响作用尤其具有代表性。勒温的集团动力研究中心的成立和关于集团动力的实验研究，实际上是把相互依存原理用于社会心理学研究，更强调情境、生活空间、场的作用。他和弟子们的动力场实验研究，揭示了集团成员的集团行为、士气、意见及领导风格（leader-ship）等的变化特征及条件，不仅推动了实验社会心理学的发展，也开辟了组织心理学和产业心理学的领域，是继冯特之后值得称赞的实验研究。勒温学派的柯德拉依（D. Cartwright）、多伊奇（M. Deutsch）、费斯廷格（L. Festinger）、布莱奇（J. R. French）、萨赫特（S. Schachter）等是推动现代社会心理学的主力。此外，其他流亡美国的海德（F. Heider）、凯利（H. H. Kelley）、弗罗姆（E. Fromm）、拉扎斯菲尔德（P. F. Lazarsfeld）等一批学者，都推动了美国社会心理学和传播心理学的发展。

美国社会心理学理论的基本脉络是以个人为基础的，研究个人如何受他人的影响或者如何影响他人的行为，即个人行为如何受社会中他人的刺激而改变。研究所用的方法是心理学的实证方法，与诞生在欧洲的原初社会心理学迥然有别。这表明美国是使社会心理学成为“个人科学”的最肥沃的土壤，也表明社会心理学取向的问题、社会心理学立足点的问题，都有本国文化的社会根底，都是价值选择而非是非选择。

## 二、两种研究传统

从上述社会心理学产生之前的研究历史看，在树立理论旗帜时，不同学派之间既有某种连续性，又都突出了自己对社会心理现象的独特解释，逐步书写了社会心理学的史前史及其开篇史。现在，我们回头看去，会从中看到对后来社会心理学有着深刻影响的两种研究文脉、两种思路，致使社会心理学从一开始就存在心理学倾向和社会学倾向。而麦独孤和罗斯两本同名社会心理学著作的登场，使这两种文脉开始明朗化，并在其后演化出心理学性质的社会心理学和社会学性质的社会心理学。前者以个人心理为主线，研究个人的内在经验及行为的心理学文脉和思路；后者是以社会要因或人与人相互作用为主线，研究作为社会过程或群体现象心理基础的社会学文脉和思路。从社会心理学的发展过程看，沿着两种文脉的发展，是在社会心理学从欧洲东进美国之后愈益强化起来的。这种情况的发生，不能不说是有背景缘由的历史现象。从欧洲社会心理学的特点看，不论是属于心理学文脉的冯特、麦独孤的社会心理学思想，还是属于社会学文脉的塔尔德、涂尔干、勒朋的社会心理学思想，都在不同的表述（“民族心”、“本能心”、“集合心”、“群集心”）中将社会心理客观化为实体，这是美国社会心理学家F. H. 奥尔波特批判麦独孤、勒朋等人的最大的把柄。同时，第一次世界大战之后，资本主义的重心已不在欧洲，而在美国，从而，成为“个人科学”的社会心理学在美国找到了土壤。

## 三、两种研究倾向

第二次世界大战后，在社会心理学理论倾向上，出现了两个突出的变化：一是从行为理论向认知理论的变化；二是理论的微观化倾向。

行为理论产生于20世纪20年代初期的美国行为主义心理学。行为主义忽视以至于否定意识的作用，由此，受到了学界的批评，但是，行为主义的可操作性研究及其基本原理，在很长的时间里影响着美国心理学和社会心理学的发展。

认知心理学的产生及其对社会认知的研究，使社会心理学的发展迈出了关键的一步。认知心理学是伴随以计算机发展为动力的信息科学和传播学的发展而出现的。认知(cognition)概念是用来说明信息由某种精神性系统进行处理的一系列活动，即对信息的收集、选择、赋予意义、形成印象、储存和记忆等加工处理过程。把“认知”这个概念引入心理学，就有可能在比知觉心理学研究更加系统化的程度上去解释知觉过程及其复杂性和自致性。社会认知（social cognition）概念进一步揭示出认知的内容及过程的社会性质。就其内容来说，包括了与他人互动着的自己，他人和想象中的他人、人际关系、群体，社会信息和记忆中的社会信息，不同文化圈及其互动状态等；就其过程而言，社会认知得以形成并实现的装置和机理在于沟通（传播，communication）和互动（interaction），由于沟通，多种多样的信息和由信息载荷着的意义即价值，逐渐为一群人、一个集体、一个社会甚至国际社会所共有并逐步达成共识。社会认知研究，不论在理论上，还是在方法论上，都推进了认知领域的社会心理学研究，其中包括归因研究、态度的形成及变化研究、对人认知和沟通心理以及广大范围的传播心理研究等。

第二次世界大战后美国社会心理学理论的另一个突出变化是，随着应用研究的增多和研究领域的扩大，出现细分化和微观化倾向。这种倾向与由行为理论向认知理论转变的倾向有着密切的关系。在应用研究领域，引起社会心理学界强烈关注的是临床方面的问题。社会生活中出现的社会心理问题，在个人、家庭，抑或企业及社会等不同层面，都有不同形式的表现，迫切需要给予解释及帮助。因此，20 世纪 70 年代中期出现了临床社会心理学，是社会心理学与临床心理学相结合的产物；此外，社会心理学与生态学相结合的生态社会心理学，也于 70 年代中期在美国一些大学的课程中开始挂牌登场，在理论和实践方面逐渐走向成熟；产业心理学中的适应与临床也愈益受到重视并占有重要位置；等等。这样一些社会心理学的应用研究，其基础是社会认知研究及其理论，比如，社会心理问题涉及认知过程分析，即问题出现之后的归因、知觉、态度等，涉及人际关系中的自己与他人关系认知，自我表达与对人理解，人际过程和群体及集团过程中的心理作用等，还涉及人格实现中的情境因素与性格因素等问题。

认知心理学和社会认知研究在相当广泛的应用领域推动了美国社会心理学的发展，并且我们不难看出，美国的心理学取向的社会心理学传统依然是支配美国社会心理学发展的脉络，尚无“两个传统”有机结合的势头。

## 四、文化的社会心理构造功能

### （一）影响社会心理的文化因素和社会因素

文化特点和社会生活状况对社会心理的特点及变化都是起作用的因素，但是，起作用的形式有所不同。“文化”的作用是多姿多彩的，凡有人的心理与行为出现的场合，就有“文化”的“框子”伴随其中，不离左右，它影响你对问题的看法、对艺术创作的欣赏方式、对行为的选择或做事情的方式，还影响你对社会事件做出评价与表达态度的方式。这种社会心理反应“方式”，尤其在同西方人的接触或交往中会有比较明显的差别。尤其在与同为中国人不同年代出生（比如 20 世纪 80 年代出生的和 20 世纪 70 年代出生）的人群接触或交往中会发现既有“差异”又有“共同点”，其“差异”表示“变化”，其“共同点”则表示“固有”、“稳定”和“不易变化”，这两种场合出现的不同情况，会让我们意识到，我们同西方人的“不同”和我们自身变化中的“相同”，是源于中国人身上特有的认知“框子”、做事“框子”、行动“框子”。这个“框子”发生在我们身上，但你感觉不到，触不到，看不见，闻不见，这就是文化起作用时的特点。文化在其根本点上，是以“模式”、“框架”、“套子”起作用的形式，对社会心理具有“组织”、“构造”的功能。但是，这个被构造起来的社会心理状态，随着社会生活的发展或巨变、文化的冲突或变迁，是会不断被解构和重构的。也就是说，当后现代思潮足以带动现代人的社会心理生活时，后现代思潮就不可避免地产生它的心理效果；然而，这个心理效果不论有多么广大、多么强烈，中国人固有的民族的心理模式不仅不会彻底“毁掉”，而且还可能在解构过程中创生和提升。

## （二）文化的社会心理构造功能

文化作用的深刻性就在于对社会心理的模式化，这种“心理模式化”基于“文化思维”，是潜在的、深层的。社会生活及其发展是文化起作用的外部依据，“文化”自身是不能够“单纯”起作用的，文化需要社会生活为其提供发挥作用的“载体”及其“开放性”、“丰富性”和“空间性”。其中“载体”包含我们自己的“身体”，是越来越重要的载体，身体载体对于物质性生产性载体具有“创生”或“破坏”的作用。公共场合的设施如雕塑、坐椅、交通斑马线、路口指示灯，都是文化“秩序”的载体，我们人对待这样的载体有着“创生”或“破坏”的作用，这里的“对待”就是“社会心理”的一种，含有“认知”和“态度”以及“行动”的心理反应，换言之，在对待物质性文化载体的背后，归根到底是文化或者说身体这个文化载体对其他文化载体的“保护”或“反叛”。文化的物质性载体对身体载体以至于人的心理生活也是“强制性”或“感染性”的冲击力量，有审美感的建筑物让我们高兴地去欣赏，让世世代代都津津乐道，丑陋的建筑物让人不愉快，产生心理抗拒，从而引起和加重了“怀旧”情怀。这就意味着，社会的现代化对决文化传统，会加剧人们社会心理生活的激荡与变化。

在第二版导论部分，曾经介绍了台湾大学杨国枢教授从20世纪50年代中期开始进行的对中国人的理论与实证的研究。20世纪80年代中期杨国枢教授将他的社会取向研究引申到社会互动和性格特质两个层次，对其社会取向概念做了修改。杨氏的社会取向论是以阿盖尔（Argyle）关于人与环境的基本互动方式为基础的，界定社会取向与个我取向两种主要的生活适应或运作类型。① 杨氏将此两维及其表现力之强与弱交互为四个象限，并择取其中的两个象限：人境融合型

---

① 参见杨国枢：《中国人的心理与行为：本土化研究》，86～121页，北京，中国人民大学出版社，2004。

（社会取向）、个体支配型（个我取向）。① 他从人与文化—社会环境的相互关系区分心理—行为取向的类型，提出四个相互关联的“家族取向”、“关系取向”、“权威取向”和“他人取向”，将四个取向置于社会取向之下成为次级概念，且具有可操作性，这是一项中国人传统人格的研究，为人们理解中国人的心理与行为特点提供了一种理路与思考。

文化的变迁，文化赖以起作用的载体，十分丰富，以物质、语言文字、身体官能为基本形态的载体，有了变化无穷的表现，包括报刊、电视、广播等在内的大众传媒是对基本载体的综合与推进，计算机网络和手机网络是各种载体在虚拟空间的综合与再造。现代媒介以其迅速、多样化和多维度的发展，极大地动摇以至于改造了社会心理及其表达方式和行动能力。

## （三）社会心态和心理表达的问题

在第二版导论部分曾经强调过改革开放中的社会心态问题和心理表达问题，都是讲多数人的心理表现，讲多数人对某个社会事件或某种社会现象的心理反应，引起“利益攸关者”的呼应和共鸣，构筑一个时期内的一种社会氛围，成为社会评价和社会影响的力量。在互联网迅速进入家庭生活、个人生活和公共生活的今天，社会心态及其表现形式、心理表达的通道及其表达形式，发生了很大的变化，其社会力量显得更为强大、更加激荡迭起，是推动传统心理变异的一种组成部分。

“社会心态”属于社会心理，是社会心理的存在或表现“状态”。社会心理唯以心理“状态”出现才能“嵌入”生活，这种心理“状态”离不开人们的生活，它从生活中形成又回到生活中去。社会心态比社会心理有某种更明显的结构性和轮廓性。20 世纪 90 年代中期凸显出来的“浮躁”，反映了经济快速发展背景下相当多人寻找“脱贫”机会的急迫愿望与“急不可耐”的心理。21 世纪初期贫富差距愈益加大加深境况下，相当多人对贫困的弱势人群之社会同情和“抱打不平”的心态，以及对获取“不义财”的“权钱勾结”之社会反感和“集体反抗”的心态，都比生活中的“激情”、“起哄”、“快乐”、“微笑”等心理现象要更为复杂，“心态”含有多种心理质料并且相互促动、捆绑一体。具有不同心理质料的社会心态在表现形式上会有所不同。“浮躁”心态的表现形式更突出的是对自己和朋友或潜在他者的评价与态度。伴随某种“工具主义”手段，为弱者“抱打不平”的心态更突出的是对他者或潜在他者的“不公平”遭遇和遭遇背后的“制度性”规则给以评价与表明态度。伴随某种“舆论”手段或行动参与，“集体反抗”的心态则更突出表现在对“公权力”腐败的评价与态度上，常常以我们称之为“群体事件”的形式表现出来。社会心态更具社会“晴雨表”的功能。

---

① 阿盖尔“人—境”互动中由自主性趋势与融合性趋势两维构成的四个象限是：（1）强势均衡型；（2）个人支配型；（3）人境融合型；（4）弱势均衡型。参见杨国枢：《中国人的心理与行为：本土化研究》，86～90 页。

社会心理表达是社会心理的功能表现，心理表达能力的有与无或强与弱，可以说是“心理成熟”或“心理健康”与否的一种心理标志，也是社会生活尤其制度性规则为生活在其中的人们所设定的社会规范、社会舆论、思想自由度等程度如何的一种社会标志。“文革”中的“说假话”，大批判会上说的和回到家里说的或亲友之间说的“不是一回事”，也属于“心理表达”，是“伪装”下的“言论”自卫和对强大政治的心理“反抗”，但是终究逃脱不了“文革”驾驭下的悲剧。改革开放三十余年，公众的心理表达能力和社会环境都有很大变化，互联网提供的“公共空间”制造了特有的心理表达区域和对心理表达能力的培育，20 世纪伊始出现了对“说真话”的高度认同与舆论支持，并在这种进步起来的心理表达过程中，从不理性的甚至于“百无聊赖”的表达逐步走向言之有据的讨论式或对话式的表达。互联网将在未曾有过的广度和深度上推进公众对社会生活的意见表达以至于社会参与。

# 第三节 社会心理与公众文明

## 一、社会心理究竟是怎样的“现象”

社会心理现象属于心理现象，也属于社会现象。心理现象有很多方面的表现，比如，梦、恐惧、愤怒、恍惚、喜悦、激情、幻想、想象、期望等等。人的心理由于人的存在状态即现实载体的不同而区分为个体心理和群体心理。就群体而言，又由于生存状态的不同而有不同类型，进而形成不同类型的群体心理。民族这种类型的群体，则因地域（疆域或国界）与文化、信仰与习俗、语言与象征的不同，而具有裙带或纽带特性。民族心理是民族群体以及民族国家的心理基础，有其形成的历史源流和发展的历史过程，更需要将其置于历史纵轴上去考察，多一些纵向理解。社会心理是就社会生活领域的心理现象总体而言的，社会生活中个体和群体的心理现象有相通及相似之处，这种相通又相似的心理现象，都被包括在社会心理现象之中。一个个个体构成群体，群体心理则因心理共性或共鸣而具有感染性、鼓动性、动员性和集体性等特点。群体心理构成的“社会事实”，即涂尔干在那本有名的《自杀论》中说的“集体表象”，同样是一种存在着的现象，这就是说，社会心理也是一种社会现象。

从群体由个体构成的角度看，个体心理是群体心理的基础，群体心理寓于个体心理之中。社会心理作为一种社会现象，表现出层级性，有不同层面，就是通常所说的个体层面和群体层面及广大范围的大众或公众层面。这是通常讲的社会心理，它与民族心理既有关联又有区别，社会心理更多地表现在社会生活的横断面上，民族心理更多地表现在社会生活的纵向方面，带有社会记忆的性质，在社会生活的深层起作用。从社会生活的纵横双向看，具有纵向性的民族心理与具有横向性的社会心理始终是相互交接的，成为这个社会生活中共有或相似的心理现象和社会现象，就是说，社会心理与民族心理是分不开的，研究社会心理不能不研究民族心理，民族是最大范畴的群体。

社会心理更能够显露人的群体性、社会性的心理本源。但是，群体的单位是个体，个体心理及其表达能力的成熟是群体心理健康发展的基础，越来越不可忽视。

## 二、文明是社会心理的内核

### （一）文明所指

"文明"这个概念涵盖极其广泛，凡是人类生活含有的内容都存在"文明"与"不文明"的方式或形式。埃利亚斯（N. Elias）使用的"有教养的"、"有礼貌的"等是与文明非常接近的概念，埃利亚斯具体地探讨了餐桌上的语言和餐具使用等就餐行为，社交中姿势、手势、服饰、表情等礼仪行为，他说："'文明'使人类行为发生了特殊变化"，"在（'文明'）这个概念中，人们创造了一个普遍意义上与社会发展的另一阶段即'野蛮'状况相对的概念"[①]。"文明"是相对于"野蛮"而言的，"文明"的载体是人的"身体"，文明是人对自己身体的"修养"效果。

公众文明是指公共领域的文明，文明的主体是公众，与个人文明相对，但以个人文明为基础。汉娜·阿伦特（Hannah Arendt）使用"公共性"和"公开性"作为"公共领域"的两个向量，用以规定公共行为的空间特征。在阿伦特的语境中，"公共性"意味着一个事物的世界处于共同拥有这个世界的人们之间，它不为每一个人独有又为这每一个人所有，这个世界就像"在—之间"（in-between）的东西一样，让人们既相互联系又彼此分开。"公开性"意味着"公共场合出现的东西被所有人看到和听到"，表示这个空间或领域所发生的现象都"有他人在场"，出现在公共场合的东西都能为每个人所看见和听到，具有最广泛的公开性。[②] 在阿伦特那里，公共领域中人与人之间的个性品质和行动性能获得"在场"资格，成为公共生活的主体准则。哈贝马斯（J. Habermas）对公共领域的阐释，有与阿伦特相似又不同之处，推进了公共领域研究。哈贝马斯和阿伦特

---

① ［德］埃利亚斯：《文明的进程：文明的社会起源和心理起源的研究》，第1卷，62、103、113、121页，北京，三联书店，1998。

② 参见［美］阿伦特：《人的境况》，32～39页，上海，上海人民出版社，2009；蔡英文：《政治实践与公共空间：阿伦特的政治思想》，96～99页，北京，新星出版社，2006。

都重视公共领域语言的公开性特点，而哈贝马斯则把公众和公众意见引入公共领域，提出公众在公共领域对话中形成，是公共意见的载体。“公共领域的一部分由各种对话构成，在这些对话中，作为私人的人们来到一起，形成公众。”[①] 哈贝马斯凸显了“公众”在公共领域表达公共意见的“角色”位置和对公众可以寄予的社会期望。桑内特（R. Sennett）不同于阿伦特（也不同于哈贝马斯），他取用“角色”概念，做功能分析，认为“角色扮演是表达性的”。桑内特把社会当成角色扮演的戏台，“公共角色”在公共领域中进行“社会表达”，将不再是自我情感向他人的真实呈现，而是自我情感向他人的表述。桑内特合乎逻辑地论证了演员和陌生人都面临相同的观众，在这样的社会里，人们很可能以各种符号和姿态为标准来理解人类的表达，而不去管实际上使用这些符号和姿态的人到底是谁，“情感因而被表述了”。情感行为是自己人格的一部分，也是对自身的表达。[②] 桑内特提炼的“表达性”，是公共生活的重要特征，也是公众和公共文明的重要品性。

可以这样说，“公共性”和“公开性”是对公共领域特征的不同表述，它是“共同拥有的”，因而对于“在场”的每个人也就是公开的、可以分享的。“公共性”规定行为空间在个人之间的既相区别又“共同拥有”而彼此攸关，维系“公共性”的是心理“纽带”，它在人与人的相互体验、相互照应之中得到体现。“公共性”在本质上是公共领域的精神品质，而“公开性”则表示人的“在场”而不被忽视、不被遗忘、不被歧视，它对于在场的每个人，是可感受的，可以共觉、共鸣和共享的。“公开性”表明公共领域充满着多种姿态、多种心声和多种表达，是一个充满意愿、期望和要求的表象世界。公众对公共生活的“意志表达”和对公共生活的“志愿参与”是公共领域完善和健康的重要主体条件。

## （二）文明与礼貌

文明与礼貌分不开。在中华“礼”论中，对于“礼貌”、“教养”的最早规制，为孔子的“创造”。孔子从“周礼”开始又越出了“周礼”的限制，把“礼”同“人”直接联系起来，作为对“人”本质的一种外在规定。“凡人之所以为人者，礼义也。”（《礼记·冠义》）孔子又把“礼”引向“敬”，“礼者，敬而已也”（《孝经·广要道》）。所谓“有礼貌”，是指行为上对衣冠、容貌、举止、表情、言辞，有所要求，有所讲究。“礼义之始，在于正容体，齐颜色，顺辞令。”（《礼记·冠义》）这种容体的“正”，颜色的“齐”，辞令的“顺”，都是常说的讲究礼节，有礼貌。容貌、举止、表情神态和辞令话语，都是表现在外的东西，在内心存放的则是“敬”，“敬”表达内心的敬重、崇敬、爱戴，或者敬畏、敬仰。这就是说，“礼”在外、在行动，是多种多样的、易变的。“敬”在内、在情感，“敬”

---

① ［德］哈贝马斯：《公共领域》，125～126页，见汪晖、陈燕谷主编：《文化与公共性》，北京，三联书店，1998。

② 参见［美］桑内特：《公共人的衰落》，44～50页，上海，上海译文出版社，2008。

隐于行为深处，凝聚于“心”，“毋不敬”（《礼记·曲礼上》）。由“礼”引向“敬”，表现了中华礼仪的深刻性。“礼”与“敬”表示“人相与”的“相异”又“相同”，“乐者为同，礼者为异，同者相亲，异者相敬”（《礼记·乐记》）。中华“礼仪”经历恒久，不同时代有不同的作用和反响，其中有不同的评价与态度，有在批判中的进步或毁损，但孔子制礼却奠定了中华文明的基础，需要往前发展，需要用公众文明去推进和创生。

文明与礼貌之间的关联性在于两者相通相叠却不相等，“文明”以“礼貌”为基本内容又在形式上高于“礼貌”，比“礼貌”更抽象更深刻，文明是人的活动产物和人对这个产物所赋予的意义，而这个产物和它的意义又反映人的文明状况。“有礼貌”、“有教养”是“文明”的填充物，是对文明的一种意识与态度。只有“有礼貌”、“有教养”转变成一种“态度”及“参与”的场合，才能够说行为“文明”的真实到来。

### （三）文明是社会心理的内核

从上述关于文明与礼貌的讨论中，可以看出“文明”的广泛性和深刻性。用“文明”的视野观察社会心理现象，可以帮助我们进一步思考社会心理背后存在的理性价值。人们对社会生活做出的心理反应并非是“为所欲为”或“毫无存念”的，每人有每人的“所欲”、“所思”、“所为”，人与人之间总得有共同遵循的东西，才会有每个人可能得到的欲望满足、思想自由和有所作为。公众文明是不可或缺的。

“文明”与“心理”是互为“表里”的。当考察“心理”现象时，“文明”退居背后起作用，反之，当考察“文明”现象时，“心理”退居背后起作用。但是，“文明”与“心理”之间是有区别的，公众行为的“文明”之举以伦理规范为基本内容，是习惯的，更多是理性的。社会生活中的“心理”现象是以欲望为基本动力的，是习惯的，更多是非理性的。提倡公众“文明”或养成“文明”习惯，能够在实际上对非理性的心理表现起到约制或引诱的作用。例如，在大型的公共表演场合，观众的欢呼、掌声或群情激昂是必不可少的，是对表演的分享和积极回应，但若淆乱了表演场所的秩序，破坏了表演者的情绪和心态，则是一场麻烦或灾难，必须“文明”地欣赏表演。

文明是社会心理的内核说的是：“文明”的“理性”品质对“心理”的非理性欲望有制约或引渡作用，文明是存在于社会心理背后的理性价值。事实上，任何一种文明的和不文明的“举动”都有背后的“心态”。公共场合“礼让”和“给予”的背后一定是“亲和”的心态，让人与人之间的行动减少或免除“损失”。公共场合“好斗”和“占便宜”的背后一定是“失落”的心态。社会生活中纷然杂陈的心态都能够反映出我们的文明水平。公共生活中每个人遇事将“心态”调适得“理性”一些、“自省”一些，是必要的。

## 三、社会心理与人性理念中的“善”

### （一）一个“本体”的视角

我国社会心理学发展到今天讲一点文明问题是必要的，再讲一点人性的问题即社会心理生活中人性“善”的问题，也是必要的。可以从不同的视角来讲这个问题。第二版导论中曾使用“关系”视角，第三版导论拟以“人本体”视角看社会心理与人性“善”的相互关联且不可分割的关系。从“人本体”看问题就是把人视为其自身“存有”，人是自己的“物自体”；人本于其自身，身体承载的所有官能都是自己对自己的规定，这是本体论及其具有的方法论。[①] 从“人本体”研究或解释“人”的时候，人是自己对自己进行规定和反观，人的心理与行为是自己对自己的要求、表达和诉求。而文明则是自己对自己的肯定性评价与积极性动员。

### （二）一场有恒久性的对话

在中国的文化路数下，人性“善”的人性主张在孟子那里最早提出也最精彩，而荀子同孟子的“人性”对话同样精彩。那是一场缺场对话，给人以智慧的启迪而并不针锋相对。荀孟的“情境假设”不同，论点不同，最后，殊途同归，都证明了“善”之于“人”的不可毁弃和永恒。

孟子的情境假设是那个“今人乍见孺子将入于井”。在此种情境之中，人人“皆有怵惕恻隐之心”，有“不忍人之心”[②]。在这样的情境中，“不忍人之心”是出自人的“社会本能”，即孟子说的“非所以内交于孺子之父母也，非所以要誉于乡党朋友也，非恶其声而然也”。“人性善”命题的立论基础是人的“社会本能”。“社会本能”，人人皆有，是发自人自身的“能力”。[③] “善”是无须理由的、纯洁的。

荀子提出的假设是人间“利益博弈”中的“欲望相争”情境，在欲望驱动下

---

① 后现代思潮对当前中国人的观念和行为有不少的冲击和影响，但其解释学和解构主义所具有的“方法论”意义，对于我们理解和解释“身体”功能是有价值的。可参见高宣扬：《后现代论》，北京，中国人民大学出版社，2005。

② 孟子提出：“所谓人皆有不忍人之心者，今人乍见孺子将入于井，皆有怵惕恻隐之心，非所以内交于孺子之父母也，非所以要誉于乡党朋友也，非恶其声而然也。”由此，孟子说：“由是观之，无恻隐之心，非人也；无羞恶之心，非人也；无辞让之心，非人也；无是非之心，非人也。”由是，孟子提出人之四端：“恻隐之心，仁之端也；羞恶之心，义之端也；辞让之心，礼之端也；是非之心，智之端也。”（《孟子·公孙丑上》）

③ 可以说，孟子不仅是最早发现和提倡本能论的先哲，而且将人类本能安顿在“性善”这个博大心愿上。在这方面，孟子的“性善论”比起曾经轰动欧洲早期社会心理学界的麦独孤的“社会本能论”，更有人文意义从而更加深刻。

人与人之间“相恶”[①]；而“人之性恶，其善者伪也”，善为教化而得，故荀子主张“隆礼”。故荀子不同于孟子人生而“有不忍人之心”的立论，他转过身来把视线投向复杂的以至于残酷的社会生活，透析人之“恶”缘何而生：顺从“欲望”而不予以“克己”。这是异于孟子的另类思考：直面复杂的社会生活和对这个“复杂”给予的“应对心态”。这是从另一侧对“人性”理论的论说与补充。荀子对乱世有切肤之痛，他追求人之善而旁征博引地论证“恶”的存在，论证“人性”的可塑可育，提倡礼仪教化即“隆礼”。

## （三）善善恶恶和“善”的根本性

孟子“性善论”揭示出“性善”的普世价值。人类之所以有信仰、宗教感情，其人性根据在“善”。孟子“性善论”包含了人“不善”之可能，人有不同程度、不同形式的“人性削落”为“兽性”之可能。一次，孟子讲君子秉性，说道：有人横逆于我的话，我必不仁，必无礼，必不忠。“人之所以异于禽兽者几希。”[②] 因此，孟子主张“不忍人之政”（《孟子·公孙丑上》）。荀子“性恶论”连同他的“隆礼说”，同样反映出现实生活中的善善恶恶。今天，我们社会生活中的“恶”相丛生，倒也多少应了荀子的人性“恶”假设，却又忽视了荀子“隆礼”之说。

孟子“情境假设”的意义在于“人性善”命题及其情境假设对于人类现实生活的不可颠覆性和至关重要性上，在学理上的可观察和可体证又证明“善”的“扩充”和“传播”既是必要的又是可能的。孟子说：“推恩足以保四海，不推恩无以保妻子……善推其所为而已矣”（《孟子·梁惠王上》），“人性之善也，犹水之就下也。人无有不善，水无有不下”（《孟子·告子上》）。“行善”是人性所施，如同水向下流一样自然而然；“去恶”是“行善”的“人性”要求，人在现实生活中不能摆脱善恶，但却能够选择“行善去恶”。[③]“善”是人对自己的最根本规定，“善”的这种规定性是人与兽的“根本”分界、人之“高下”的“根本”归结点。这个“根本”既是底线又是境界。“底线”一旦被踏破则人兽不分，底线的存在是普遍的。境界是理想的形式，人不断追求这个“境界”，无止境，标志

---

① 荀子的论证是沿着“顺欲”这一心理偏好揭示“恶”的存在的，荀子说：“今人之性，生而有好利焉，顺是，故争夺生而辞让亡焉；生而有疾恶焉，顺是，故残贼生而忠信亡焉；生而有耳目之欲，有好声色焉，顺是，故淫乱生而礼义文理亡焉”，“故必将有师法之化，礼义之道，然后出于辞让，合于文理，而归于治。用此观之，然则人之性恶明矣，其善者伪也”（《荀子·性恶篇》）。

② 孟子曰：“君子所以异于人者，以其存心也。君子以仁存心，以礼存心。仁者爱人，有礼者敬人。爱人者人恒爱之，敬人者人恒敬之。有人于此，其待我以横逆，则君子必自反也：‘我必不仁也，必无礼也，此物奚宜至哉？其自反而仁矣，自反而有礼矣，其横逆由是也，君子必自反也，我必不忠。’自反而忠矣，其横逆由是也，君子曰：‘此亦妄人也已矣。如此，则与禽兽奚择哉？于禽兽又何难焉？’是故君子有终身之忧，无一朝之患也。”（《孟子·离娄下》）

③ 刘述先在《对话时代来临》一文中的“世界伦理与文化差异”部分，介绍了联合国教科文组织的《世界伦理宣言》，其中人性的基本原理第三条讲到“没有人、没有团体或组织、没有国家、没有军队或警察能够超越善恶，都得接受道德标准的衡量。人人有责任行善去恶”。参见刘述先：《全球伦理与宗教对话》，石家庄，河北人民出版社，2006。

着人对自己的要求和自我实现，因而也就有了人的高低分野，境界确保人的自身价值和内心向往。“善”相对于“恶”，两者纠葛，有“善”就有“恶”。各人有各人的一生，遭遇不同，路途相异，善善恶恶，不可能达到“至善”。

**本章要点**

导论是对社会心理学这门学科在中国应有特点的概要性论述。

1. 社会心理概念，书中突出了社会心理在比个体更高的社会层面上揭示人的本质，是人类文明中的一种精神性存在。社会心理表现在社会生活的不同层面，有个体心理、群体心理、大众心理和民族心理，四者之间的关联，构成社会心理学的基本轮廓。

2. 导论通过对社会心理学早期形态和我国早期研究的分析，强调群体心理研究的意义。社会心理学产生于欧洲，发展在美国，社会心理学基本理论带有美国人的性格特点。20世纪80年代以来，强调社会心理学研究的本土化，已逐渐成为潮流。

3. 影响社会心理的文化因素和社会因素，互有联系，但起作用的形式有所不同。文化的作用是深度的潜在的，对社会心理具有建构功能。文化对社会心理的作用必须借用载体——物质的、语言文字的、身体的等各种载体。包括报刊、电视、广播等在内的大众传媒是各种载体的综合，计算机网络和手机网络是各种载体在虚拟空间的综合。现代媒介以其迅速、多样化和多维度的发展，极大地动摇以至于改造了社会心理及其表达方式和行动能力。

4. 社会心理与文明是分不开的，文明是社会心理的内核。导论着重分析了中国文化资源中孟、荀关于人性的对话。荀子对于孟子的“性善论”所给的缺场对话，是一场有智慧的、有恒久意义的对话。同时，分析了人世间的善善恶恶，而性善是人性的“根本”，是人对自己的最根本规定。“善”的这种规定性是人与兽的“根本”分界、人之“高下”的“根本”归结点。

**基本概念**

社会心理　个体心理　群体心理　大众心理　民族心理　文明　人性

**复习思考题**

1. 请通过社会心理学的产生，说明人类对自己的认识。

2. 请通过社会心理学的发展，说明美国风土及社会个性对社会心理学理论的影响。

3. 请分析陆志韦和孙本文对社会心理学在中国发展的贡献。

4. 请结合你对中国人性格的认同与反思，分析文化—社会因素对社会心理的影响作用。

5. 请用你身边的变化，说明社会心理的文明本质。

6. 请通过某些社会问题，分析文明对社会心理生活的重要性。

7. 请通过某些社会问题，分析我国传统文化中“善”的理念对于社会心理生活的重要性。

**推荐阅读书目**


［美］F. H. 奥尔波特．社会心理学．上海：商务印书馆，1928.

［英］威廉·麦独孤．社会心理学导论．杭州：浙江教育出版社，1997.

［美］阿伦森等．社会心理学（第5版）．北京：中国轻工业出版社，2005.

［美］泰勒．社会心理学（第10版）．北京：北京大学出版社，2004.

［英］乔纳森·波特．话语和社会心理学．北京：中国人民大学出版社，2006.

孙本文．社会心理学．上海：商务印书馆，1946.

时蓉华．社会心理学．杭州：浙江教育出版社，1998.

孔令智．社会心理学新编．沈阳：辽宁人民出版社，1987.

沙莲香．社会心理学．北京：中国人民大学出版社，1987.

乐国安．社会心理学．北京：中国物资出版社，1988.

张德．社会心理学．北京：劳动人事出版社，1990.

周晓虹．现代社会心理学．南京：江苏人民出版社，1991.

吴江霖，戴健林．社会心理学．广州：广东高等教育出版社，2000.

杨鑫辉．心理学通史．济南：山东教育出版社，2000.

林秉贤．社会心理学．长春：吉林人民出版社，2003.

金盛华．社会心理学．北京：高等教育出版社，2005.

侯玉波．社会心理学．2版．北京：北京大学出版社，2007.

周晓虹．现代社会心理学名著菁华．北京：社会科学文献出版社，2007.

杨国枢．中国人的心理与行为：本土化研究．北京：中国人民大学出版社，2004.

沙莲香．中国民族性．一，二．北京：中国人民大学出版社，1989—1990；香港：三联书店（香港）公司，1999.

［德］埃利亚斯：文明的进程——文明的社会起源和心理起源的研究．北京：三联书店，1998.

［美］阿伦特．人的境况．上海：上海人民出版社，2009.

蔡英文．政治实践与公共空间：阿伦特的政治思想．北京：新星出版社，2006.

［美］桑内特．公共人的衰落．上海：上海译文出版社，2008.

汪晖，陈燕谷主编．文化与公共性．北京：三联书店，1998.

高宣扬．后现代论．北京：中国人民大学出版社，2005.

梁漱溟．人心与人生．上海：学林出版社，1984.

费孝通．个人·群·社会——一生学术历程的自我思考//中国社会科学院科研局组织编选．费孝通集．北京：中国社会科学出版社，2005.

金耀基．中国社会与文化．伦敦：牛津大学出版社，1992.
金耀基．从传统到现代．北京：中国人民大学出版社，1999.
刘述先．全球伦理与宗教对话．石家庄：河北人民出版社，2006.
诸子集成一：论语正义、孟子正义．北京：中华书局，1954.
诸子集成二：荀子正解．北京：中华书局，1954.

第二章

# 研究方法

任何一门学科的形成与发展都离不开一套不断完善的研究方法体系。学习社会心理学、研究社会心理学当然不能不学习和掌握社会心理学的研究方法。

本章介绍社会心理学的基本研究方法以及各种方法之间的关系，目的在于使学生在学习社会心理学的开始就对研究方法的概念、原理以及操作形成初步的整体的认识。同时，希望将这种认识融会到后面各章的学习中去。在学习每一章的具体理论知识尤其是涉及经典研究案例时，一定要思考下列问题：该研究选题是怎么确定的？为什么采取那样的研究设计？该研究设计属于哪一类型的研究？其资料收集和数据处理的方法为什么是合理的？然后再回到“研究方法”这一章，试图找到上述问题的答案。

# 第一节 社会心理学研究的特征

## 一、社会心理学研究的性质

社会心理学研究的对象是人。人的行为和心理活动本身的复杂性已是世间其他一切事物所无法比拟的，但同时还要再加上“社会”两字，也就是还要研究在社会情境之下社会的诸多因素对人的行为与心理的影响，其难度便可想而知了。归纳而言，社会心理学的研究具有以下几个方面的特点。

### （一）很难通过直接观察发现规律

人类心理活动与生理活动既有联系又有区别。生理活动有些可以肉眼直接观察，有些可以借助仪器直接观察；而心理活动即使借助仪器也无法直接观察，只能通过行为的观察来推测或判断其心理活动。人类的行为是极其复杂的，观察人的行为既要受到观察对象本身的动机、情绪、态度等内部因素的影响，又要被社会环境和自然条件等外部因素所制约，同时还与观察者的主观因素有密切的相关。所以单纯靠简单的观察或许可以积累许多事实资料，解释一些社会心理现象，但要证明某种假设，发现某些规律，从而形成理论是相当困难的。

### （二）无关变量不易控制

在社会心理学的研究中，常常面对许多变量。例如 $y$ 变量是研究者欲观测的变量，而与 $y$ 变量有关系的变量可能存在若干个，分别以 $x_1$，$x_2$，$x_3$，…，$x_n$ 表示，而且 $x_1$，$x_2$，$x_3$，…，$x_n$ 各变量之间也存在联系，研究者可能关心 $x_1$ 与 $y$ 的因果关系模式，但这种关系程度或因果模式受 $x_2$，$x_3$，…，$x_n$ 等其他若干变量的影响，这时 $x_2$，$x_3$，…，$x_n$ 等变量都被看作无关变量加以控制。虽然对无关变量的控制有多种方法，但并不是容易的事情。况且如果真能完全控制了无关变量，其研究结论具有的普遍意义又可能会大打折扣，因为现实中很难找到无关变量被控制好的自然情景。所以社会心理学的研究提倡多变量的研究方式。

与以物为对象的实验不同，以人为对象的实验具有主体性和前馈性。在进行社会心理学实验时，实验对象的兴趣、动机等中介变量也常常影响实验结果。美国芝加哥电力公司在霍桑的一个工厂曾进行过工作条件与生产效率的实验研究，结果发现随着照明强度的增加，工人的生产效率提高了，但是当照明强度减弱时，工人的生产效率不但未降低反而也有所增加，后来经过调查发现之所以照明条件变差仍然使生产效率提高，是因为工人们知道了自己在参加实验而提高了生产积极性。这就是著名的霍桑效应（Hawthorne effect）。为了尽量避免该效应的影响，社会心理学的实验（包括管理心理学、教育心理学等其他以人为对象的实验）一般以不让实验对象了解实验设计为宜，甚至设法不让其知道自己在参与实验，当然这必须是以不影响或损害其个人利益为前提的。

## （三）期待效应

研究者本身对研究结果的期待有时也影响研究结果。曾有人做过实验，向新任老师介绍情况时故意将本来差异不大的若干位中等学生一半说成是优秀的，另一半说成是不够好的。结果一个学期后这两部分学生果然发生了分化，说明新任教师的期待产生了作用。这种期待的作用也称作罗森塔尔效应（Rosenthal effect）。为了避免该效应的影响，有时研究者在进行实验时并不告诉主试有关实验的目的。如果既不让被试了解自己所参与的实验，也不让主试知道实验的有关目的和内容，那么这种实验设计称作“双盲”实验。

## （四）测量工具的误差不易控制

如前所述，人们的心理活动不能直接观察，只能通过行为的观测来进行推测或判断。对心理特征的测量同样也只能是间接的，即借助于对行为的测量达到对心理特征的间接测量。这种测量的间接性制约着测量工具的有效性，增加了心理测量工具控制误差的难度。

由于人的行为和心理活动极其复杂，依靠测量工具将它们完全数量化绝非易事，尤其是涉及动机、态度等受情景影响大、不太稳定的个性心理特征时，一些测量工具的可靠性与有效性都不十分理想。另外，心理测量的方式主要是采用自我陈述法，即由被试按照自己的实际情况来回答量表或问卷中的题目，这样回答的结果不仅受量表或问卷本身及被试与主试互动等多种因素的影响，还要受到社会文化因素的影响。例如，中国人在填答人格问卷时常表现出从众、尊礼、中庸的倾向，对一些能回答而不愿回答的问题多填写“不知道”。

## 二、社会心理学研究的一般步骤

一般而言，由于研究领域、研究性质及功能的差异，不同学科的研究步骤各有所侧重。但作为一个规范的研究，主要步骤应该是基本相同的。社会心理学的研究也不例外，也要按照下面几个主要步骤进行。当然，这几个步骤对于初学者而言只是一种一般遵循的研究法则，随着不断的实践和经验积累，研究者不应将其视为固定不变的“八股”，而要在规范的基础上有所创新。

### （一）研究问题的确定

善于提出问题是解决问题的基础。在研究步骤中，问题是目标和方向。研究问题从分析、提出、选择到最后的确定并不是一件容易的事情，它需要研究者的理论素养、实践经验以及价值判断能力。不少研究生做毕业论文时面临选题的困惑，就是因为他们缺少研究经验和独立判断能力，不知道哪些问题具有较高的研究价值。

一些研究者在选择研究问题时有种倾向，似乎觉得只有从文献（特别是西方文献）中发现的研究课题才是最有价值的。结果仿照文献中的研究方法，验证了外国的某些理论，但很难真正解释中国人的行为和心理。从文献中发现当前某领域的研究热点固然重要，但就社会心理学而言，一项研究成果的理论价值和应用价值最终要以它是否有助于本国社会发展的客观实际为依据。其实西方社会心理学走的正是与社会客观需求密切相关的发展道路。例如：美国社会心理学在20世纪30年代的研究许多是关于人类歧视与偏见的，这在很大程度上是由一大批为逃避纳粹迫害从欧洲来到美国的心理学家自身的经历所致；第二次世界大战中美军参战受到敌人强大的心理战宣传的影响，使态度改变又成为当时一个时期的研究热点。所以我们进行社会心理学研究应提倡和坚持针对当前社会现实及社会发展需要的选题方向。

选择和确定了研究问题的同时，对研究中所涉及的概念要做清晰的界定。如果拟采取定量研究，则各种变量须有操作性定义，最后对所研究的问题提出假设。

一般在确定研究问题时，研究者头脑中就已有了主要的假设。例如，研究者确定的研究问题是：不同的家庭教养方式是否对儿童的创造性产生影响。研究者在选择和确定这一问题进行研究的同时就对这个问题有个猜想，即教养方式对儿童创造性的培养有影响，这个猜想还可能更具体：民主式的教养方式有利于儿童创造性的提高。一个好的假设应该符合如下基本要求：

（1）假设必须是合理的，即与已知的事实或理论一致；

（2）假设应该是具体的，不可模棱两可或过于空泛；

（3）假设应该提出变量之间的关系；

（4）假设表述必须简明。

假设将研究问题更加具体化和条理化，它规定了研究的方向，在某种意义上可以认为研究设计基本上是围绕如何检验假设而进行的，因此研究假设应该在整个研究过程中都起到作用。

## （二）查阅参考文献

前面讲到，研究问题的确定不应仅仅出于文献研究结果，而应主要来源于社会需要。然而一旦确定了研究问题，查阅文献则是必不可少的步骤。人类对客观世界的认识是不断积累的过程，一项有意义的研究也应以已积累的知识为基础。查阅有关文献，可以了解自己的研究领域内已取得了哪些成果；可以进一步确定自己研究的内容和假设；可以借鉴他人的研究思路和方法；可以为解释自己的研究结果提供参考。因此每一位研究者都要充分重视查阅文献这一不可或缺的步骤。查阅文献可以和确定研究问题同步进行，甚至还可以提前。

查阅文献的主要途径为权威著作、核心期刊、光盘与网络以及政府出版物。值得注意的是社会心理学研究范围广泛，因而查阅文献时不仅要检索社会心理学的著作、期刊、光盘等，还要注意检索心理学的其他分支以及社会学、政治学、管理学、大众传播学等相关学科，有时还要扩大到教育、法律、经济等更广的范围。

为了提高查阅文献的效率，最好从与自己研究领域最有关系的文献来源开始检索，由近及远逐步扩大检索范围；从最新出版的文献开始，在发表时间上由后溯前。如果相关研究文献很多，则在查阅过程中首先阅读其摘要。若对自己的研究有较大参考价值则保留该文献全文（或设法查到该全文）；若对自己研究是否有价值不十分明确，则先保留该摘要，是否接着查其全文视研究进程的需要而定；若从摘要中马上可以判断对自己的研究参考价值不大则可滤掉。在浏览参考文献时注意重点把握其研究设计和研究结论两部分，这样可以大大提高浏览速度。此外对该文献后面所提供的参考文献不可轻易放过，可根据它提供的线索做滚雪球式的检索，这样有利于扩大和提升自己的查阅范围和效率。

## （三）研究设计

研究设计即根据自己研究的问题与假设所做的研究计划大纲，具体地列出研究方案。主要包括：

1. 方法

明确指出本研究采用哪种方法，如实验法、调查法、观察法、行动研究法等，或者几种方法的组合。

2. 对象

指明研究涉及的总体和具体的样本，包括样本结构（年龄、文化、性别等分布情况）以及抽样的方案与具体操作方式。

3. 时间

具体实施研究起始至结束的时间。

4. 工具

研究者收集数据资料的工具，包括量表、问卷或仪器等。如果是量表则应指出该量表的出处。若为自行编制的量表则需说明编制方法与信效度数据。如果研究中不使用工具，这一环节可省去。

5. 过程

具体说明研究中有关操作与收集数据的步骤。如果研究由若干个相关的研究组成，则应按“研究一”、“研究二”……分别叙述。涉及变量控制要介绍对自变量和无关变量的控制方法，同时表明对收集到的数据资料进行统计分析的方法。可以说，这一环节是研究步骤中最核心的步骤。

### （四）资料或数据结果的分析讨论

按照研究设计进行实际操作所获得的资料或数据需要进行分析和讨论。所谓分析就是对收集到的资料（如访谈观察记录、个案）进行归纳、提炼或逻辑分析；对收集到的数据进行统计处理与分析，目的都是为检验假设、得出研究结论寻求依据。所谓讨论就是对资料或数据反映出的变量之间的关系及发现的问题进一步分析其原因，同时与查阅的参考文献相结合对自己的研究结果做合乎逻辑、符合研究事实的解释。这部分的最后还可以说明本研究存在的不足或今后尚待研究的问题。

### （五）做出研究的结论

根据自己的研究结果是否验证了开始阶段的研究假设做出判断。

### （六）撰写研究报告

研究报告的内容基本上按照上述研究步骤撰写，即包括：问题的提出、文献综述、研究设计、结果分析与讨论、研究结论；同时将所查阅的文献中对本研究产生作用的作为“参考文献”列在研究结论后面。

### （七）研究的效度

一项较规范的研究必须在各个步骤都能尽量地控制和减少误差，只有这样才能提高研究的效度。所谓研究效度是指研究操作是否有把握解释研究结论以及研究结论是否具有普遍性的评价指标，其中研究结论能被有把握解释的程度叫内在效度，研究结论能被推广到研究情境以外的程度叫外在效度。内在效度是外在效度的必要条件。例如，某项关于改变激励方式对员工积极性影响的研究。选择两个企业作为研究对象，在A企业中实施新的奖励制度，在B企业中沿用原来的奖励制度，半年后对两个企业的员工进行工作积极性测量，结果A企业的测量分数高于B企业，于是结论认为新奖励制度能有效地提高员工的积极性。仔细分析这个研究就会发现它的内在效度不高，A企业工作积极性分数高于B企业是否能完全由新制度的实施来解释很值得怀疑。两个企业在实验前员工的积极性相等吗？除了奖励制度以外，企业的其他条件是否在半年中也发生了变化？如领导人是否更换了？两企业的产品是否相同？企业效益怎么样？这些都有可能造成员工积极性的变化。当一个研究在某一特定范围内进行时，它的结论是否在更大的范围内成立则是该研究的外在效度问题。

社会心理学的研究中存在着如前所述的种种不易控制的因素，所以在研究中提高内在、外在效度是研究者面临的较大难题。

## 三、社会心理学研究的分类

社会心理学的研究同其他社会科学一样，各种研究在目的、功能、哲学取向、方法论、复杂程度等各个方面存在较大差异，对它们很难有一个唯一的分类标准。这里介绍的是两种最基本的分类系统。

### （一）基础研究与应用研究

将研究划分为基础研究与应用研究是基于目标的不同。基础研究的目标在于获得普遍原理，发现、验证、发展理论，为本学科的知识体系不断增加和积累新的成果。基础研究并不以解决实际问题为导向，它的成果不一定解决目前的实际问题，但从长远的眼光看，其成果的积累终将对解决实际问题具有指导作用。应用研究的目标在于解决实际问题，在解决实际问题的研究中将基础研究的理论成果付诸实际并在实际中检验该成果的可行性，同时发现实际中的理论问题为基础研究提出新的课题。近年来被不少人所提倡的行动研究可以归为应用研究，行动研究强调的是更具体即时的应用而不过分重视理论应用的普遍性，其理念的核心为“研究即实践”，主张研究者即参与者并强调主被试之间的互动。这种研究在解决社会问题（如失业、妇女问题、劳资纠纷、老年问题等）和教育实践中的问题方面取得不小的进展，但也引起一些主张研究的规范性、可重复性的人的怀疑、批评。

基础研究与应用研究只是目标的取向不同，其研究的价值是不能仅仅从“基础”和“应用”来判断的。无论对社会发展还是对学科发展而言，两类研究都是不可或缺的。有些人错误地认为只有基础研究才是真正的研究，才能展示自己的科研水平和专业知识，而应用研究并不需要专业训练，其研究成果缺少学术价值；另外一些人则认为基础研究是书斋里的学问，不能解决实际问题，更不能提供经济效益，他们简单地将社会问题学与社会心理学画等号而排斥基础研究。这些将两类研究对立的观点都是极端片面的：如果没有应用研究，基础研究的成果永远不会对社会发展产生作用，因而也就没有了真正的价值；而应用研究如果没有基础研究的成果作为理论指导，没有基础研究成果的不断积累，它也不可能真正解决问题。

另外，由于基础研究的目标指向理论，因而有人也将研究划分为理论研究与应用研究，这种划分实质上与基础研究和应用研究的划分并无大的区别，但有使理论与应用过于对立之嫌，似乎应用研究并不涉及理论了，因此更多的人愿意将研究按其目标划分为基础与应用两类。

## （二）定量研究与定性研究

从一般方法论的角度将研究划分为定量与定性两类，在学术界并无分歧，但近来有人对“定量”与“定性”这两个词是否能准确地概括两类研究方法有不同的认识，可能考虑到从字面意义上定量容易使人认为仅仅是给事物一个数量，而定性给人一种对事物仅仅做性质判断的印象，因此提出以量化研究与质化研究取代定量与定性的说法。这种提法是有一定道理的，考虑到对初学者来说，把握两类方法实质上的区别与联系是最重要的，至于称之为“定量”还是“量化”，“定性”还是“质化”并不重要，而且定量与定性的提法已经沿用多年，所以这里仍用这种提法。

定量与定性两类研究方法的争论在西方已有三十多年了。从本质上讲，两类方法的哲学基础存在着很大的差异，定量方法基于实证主义而定性方法遵循现象学。定量研究注重概念、假设构成的模型及其演绎的结果，定性研究强调的是过程及对现象的整体解释，它并不强调在研究的开始阶段就有一个理论基础，理论是在研究过程中逐渐形成的。定量研究运用统计分析对所研究的对象进行数量的描述；而定性研究收集的资料主要是事件的语言描述，并非完全是数据，对所研究的问题主要以语言进行解释。定量研究的研究者一般采取中立的立场，而定性研究的研究者更多地介入到研究情境中去。

由于定量研究遵循实证主义，所以有人将研究依实证与非实证划分为实证研究和思辨研究，但是用思辨研究代表定性研究并不确切。至于还有人将研究划分为理论研究与实证研究，或理论研究与定量研究，实际上是对理论研究的误解。如前所述，理论研究在很大程度上属于基础研究，而理论研究与定量和实证并不对立。

在定量与定性研究方法的争论中，由于定量方法长期居于主要地位，因此定性方法仍没有争得与定量方法比肩的地位，有人形象地做过比喻，认为“定性研究仍是定量研究的一个穷亲戚”。但不可否认的是，随着人们对定量研究方法在许多问题上受到局限的认识的深入，定性方法不再受歧视，尤其是在社会心理学等领域，对许多情形量化是很难的。近来两类方法的争论趋于平缓，代之而起的是融合的呼声。

作为初学者，切不可人云亦云地简单判断两类方法的优劣，关键是对各种方法都要真正学到手，然后应用这些方法去解决问题，不要热衷于用自己先学的方法去贬低自己还未了解和掌握的其他方法。因此，虽然定量与定性存在着对立，但在使用这些方法时不妨将其看作一个连续体的两极，任何极端的观点和做法都是错误的。

# 第二节 定量研究的设计

## 一、定量研究设计的一般特点

定量研究的基础是实证，它通过分析变量之间的数量关系揭示事物之间的内在联系规律，因而在进行研究设计时着重解决的是对变量的控制，测量工具的正确选择与使用，以及对测量结果进行分析时统计方法的合理化。

### (一) 对变量的控制

(1) 对变量以操作定义来界定而不是以一般的概念来定义。例如，研究教养方式对儿童创造力的影响，如果教养方式分民主型与专断型，则民主型的操作定义为“在民主型量表中得分高的”，专断型则为“在专断型量表中得分高的”，儿童的创造力高低则以在创造力测验中得分高低来界定。

(2) 对无关变量进行有效的控制，同时尽量避免偶然事件对研究过程的影响。例如，实验中停电或噪声的干扰，调查中被调查者由于偶然原因中断填答或接受访谈。

(3) 调查对象的选取。在实验设计中为了保证实验组与控制组之间的差异完全是由实验处理引起的，需要将研究对象完全随机地安排到实验组和控制组中去。在调查研究中为了保证样本结果对总体的推断，需要从总体中严格按照随机原则进行抽样。另外无论是实验研究还是调查研究都常常选取上下两端的人进行比较，例如在选取创造力高的和低的两部分人进行比较研究时，则取在创造力测验中得分高的前三分之一的人作为高创造力组，得分低的后三分之一作为低创造力组，中间三分之一的人则不予选取。通常这种设计并无问题，但当进行前测—后测设计时，会有一种回归现象的发生，即前测时的低分组后测成绩上升，这种情况对于实验效果的解释起到干扰作用。

(4) 如果研究须经历较长一段时间，则在这期间研究对象在许多方面可能发生变化。例如，他们更成熟，因练习积累了经验等等影响研究结果。在设计时应考虑是否会发生这些情况。

(5) 避免霍桑效应、期望效应对研究结果的影响。

### (二) 控制调查或测量工具的误差

(1) 在实验中所使用的测量工具（包括物理观察仪器与心理测验）必须保证其可靠性与有效性（关于心理测验的可靠性与有效性参见本章第四节）。

（2）在调查研究中用的问卷也可以看作一种收集数据的工具，要克服由于问卷设计的不妥而导致数据不可靠现象的发生。例如，有些职业声望调查结果中，物理学家、文学家、生物学家等带有“家”的常常排在前几位，其实带了“家”字本身就已表示了声望，在职业词典中没有物理学家、生物学家这些职业，只有物理学研究者、生物学工作者等等。如果问卷中将这些“家”都变成“工作者”或“研究人员”，而用“劳动模范”取代“工人”，则他们的声望差距一定会缩小。

## （三）合理使用统计分析方法

定量研究离不开数据，在设计中无论是对无关变量的控制还是对测量工具与测量过程的控制，目的都在于能得到合理的、真实的数据，而一项好的研究除保证数据的真实合理外，还要正确地使用统计分析方法。所谓正确使用统计方法，一方面要根据数据的性质选择适当的统计方法，另一方面要对统计分析的结果有正确的解释。例如，在有实验组与控制组的实验研究中，需要对两组数据的差异进行统计检验。而在做这种检验时必须注意下面两个问题。

1. 要针对具体情况选择不同的检验方法

首先是检验方法的适用条件。当数据的总体服从正态分布或可以假定其服从正态分布时，还要看总体方差是否已知，再决定用 $Z$ 检验或 $t$ 检验；数据总体分布不能认为是正态分布，且样本容量又比较小的情况就不能使用 $t$ 检验，这时应当考虑非参数方法。

其次是检验方法应针对实验设计的假设。例如，在实验组与控制组有前测的实验设计中，实验组在实验前后的成绩以（$O_2-O_1$）表示，控制组的前后成绩以（$O_4-O_3$）表示，当两组在实验前的成绩不相等（即 $O_1\neq O_3$）时，显然不能通过 $O_2$ 与 $O_4$ 的差异来证明操作的有效性，有人可能立即想到对（$O_2-O_1$）和（$O_4-O_3$）这两个变化值进行 $t$ 检验，如果（$O_2-O_1$）显著地大于（$O_4-O_3$）不是也能说明实验操作起了作用吗？但是这时检验的结论只能证明实验操作的作用与实验对象的初始状态有关，不是针对实验设计中关于实验操作效果所做的假设的检验结论。由于两组初始状态不同（$O_1\neq O_3$），应想办法对这一情况进行控制，使 $O_2$ 与 $O_4$ 的差异建立在 $O_1=O_3$ 的基础上。这时适宜的方法是协方差分析。

2. 对差异检验的结果要有正确的解释

对实验组与控制组的差异进行 $t$ 检验的结果常常以 $p<0.05$、$p<0.01$ 等表示差异显著。这时一定要注意统计检验结果的“显著”并不意味着实验组与控制组真实差异很大，而是表示这个 $t$ 检验结果非常有把握证明实验组与控制组真实差异的存在。至于这个真实差异有多大是不知道的。如果某个 $t$ 检验统计检验力较强，总体的真实差异即使微乎其微，它仍然能够检验出来，而这微乎其微的差异并不能证明实验组实验操作效果的显著作用。

# 二、实验研究

## （一）实验设计的原则

1. 实验设计的概念、常用符号

（1）被试：参与实验研究的人。注意被试与研究对象严格讲是有区别的。例如，研究不同教学方法的效果，这时教学方法的效果从逻辑上是研究对象，而参加这一研究的学生不是研究对象。但一般习惯上将研究所面对的人称作被研究对象，所以用被试这一称谓可以避免概念的混淆。

（2）主试：研究者本人或研究者请来协助操作实验变量的人。

（3）自变量：主试为确定现象之间的关系而操作的条件、因素、特征称为自变量。在比较不同教学方式效果的实验中，教学方式从变量的角度称作自变量，从操作的角度称作实验处理。

（4）因变量：主试为检验实验处理的效果而设定的变量，或者说受自变量的影响而可能变化的观测变量。例如，接受不同教学方法后学生的成绩是主试用来检验不同教学方法是否产生不同效果的观测变量，因而学生成绩是因变量。

（5）实验组：接受实验处理的一组人。

（6）控制组：与实验组在性质上接近、不接受实验处理的一组人。控制组也称作对照组。

（7）常用符号：$X$ 表示自变量；$O$ 表示因变量的观测结果；$R$ 表示随机分派，即将被试随机分派到实验组或控制组；$C$ 表示由主试控制的无关变量，也称控制变量。

2. 实验设计的实质

实验设计的实质是考虑如何操作及控制变量。其主要目的和功能是使自变量的变异尽可能地大而误差变量的变异尽可能地小，同时对无关变量进行有效的控制。

被试的因变量观测结果的变异用 $S_O^2$ 表示，自变量的人为变动用 $S_X^2$ 表示，无关变量的变异以 $S_C^2$ 表示，误差的变异为 $S_E^2$，它们彼此的关系如下：

$$S_O^2=S_X^2+S_C^2+S_E^2$$

如果 $S_C^2=0$，$S_E^2=0$，即无关变量即使有但它们没有变动，是固定的，误差即使存在但误差分数几乎没有变动，则这种情况是最理想的。这表明因变量的变异全部都是由自变量的变异引起的，从而说明实验处理的效果是明显的。只可惜实际情况不可能这样，因为误差是随机的、不可预测的，只能最大限度地使其对 $S_O^2$ 的影响减小。例如，避免被试的疲劳，防止突发事件的干扰，增加测量工具的信度等。要使 $S_X^2$ 尽可能地大，还需 $S_C^2$ 变小，而 $S_C^2$ 是可以控制的，也就是说，为了使 $S_O^2$ 增大，应当控制无关变量，使其尽量在实际中保持恒定，亦即使 $S_C^2$ 趋于零。控制无关变量的主要途径有以下几个方面。

（1）排除无关变量或使其保持恒定。在教养方式对儿童创造力影响的研究中，考虑到家长的性别因素可能也起作用，这时，可以只选择父亲或只选择母亲进行教养方式的测量，当然这样的研究只是从一种性别的家长得到结论，其外在效度会降低。如果某项研究中噪声对实验有影响，但噪声又无法排除，则可设法使噪声大小保持恒定。

（2）将被试随机分组。在实验组与控制组设计中为充分证明两组在实验后的差异主要来自实验处理的作用，需要两组被试的初始状态相同，否则两组的差异究竟是实验处理的作用还是由初始状态不同引起的不容易说清楚，这种情况下会把所有被试在实验前随机分为两组，其中一组作为实验组，另一组作为控制组，由于是随机分组的，因此可以假设两组的初始状态相同。

（3）区组设计。如果比较三种不同说服方式对改变态度的效果，则可以将被试随机分为三组，分别接受三种说服方式，由于是随机分组，也就意味着假定三组的初始状态相同。但是实际上即使随机分组也较难保证三组被试实验前的初始态度是相同的，因此为了避免这种初始状况不同造成的影响，常常使用另一种实验设计，即让同一组人先后接受三种说服方式，测量每接受一种说服方式其态度的观测值，这样若三种说服方式得到的三个态度值之间有差异，则足以说明不同说服方式的效果是不一样的。但同一个人先后接受的三种说服方式彼此之间互相有影响，接受第一种说服方式后，再接受第二种方式，两次之间肯定有影响。这时可以设法把被试按三个人一小组的方式分成许多小组，小组中的三个人尽量在各方面尤其是初始的态度上相同（实际上将三个人看作一个人）。每一个人接受一种说服方式。这样对于小组而言，每个小组都先后接受了三种说服方式，统计时以小组为单位。这样的设计叫区组设计，上述的各个小组都叫作区组。区组设计又称作被试内设计，而前述把被试随机分派的方式称作完全随机设计，又称被试间设计。

（4）使无关变量成为实验中的一个自变量。如果各种方法都可能无法控制无关变量的影响，则可把它作为实验的一个自变量。这时实验就变成两个或两个以上自变量的设计，称作多因素设计，多因素设计重在检验多个自变量之间的交互作用。

实验法相对于其他科学研究方法的一个最突出特点是它能检验因果效应。唐纳德·罗宾将实验法是如何体现出因果效应的总结为一个模型，被称为罗宾因果模型（RCM）。RCM 将因果效应表示为：

$$\overline{Y_t}\text{（u）}-\overline{Y_c}\text{（u）}$$

其中 t 代表处理条件（实验组），c 代表控制条件（控制组或对照组），u 代表测量的单元，在社会心理学实验中即为被试，$Y$ 代表被试的反应。比如说，某实验想要研究不同类型的音乐对于侵犯行为的影响，分别给被试放激昂的音乐和舒缓的音乐，然后比较之后被试在侵犯行为发生率上的差异。

但是，罗宾因果模型存在一个关键性问题，即很难对同一被试测量 $Y_t$（u）和 $Y_c$（u）。就拿音乐和侵犯行为相关的例子来说，任何被试在先听了任一类型的音乐之后，无论再听任何其他一类音乐，都不可能是纯粹意义上的 $Y_t$（u）和 $Y_c$（u）了，它们已经被破坏了。应对这个问题的方法主要有三种：第一种方法是采用被试内设计，即被试的反应与时间无关；同时注重短时性，处理和反应的测量不会使得被试出现疲劳或练习效应。第二种方法是同质性设计，即假设所有的被试都是同质的，所以让哪个被试接受处理都没有差异。但是，在社会心理学研究中，以上这两种方法的条件都很难满足，使用得最多的是第三种方法——随机化。随机化即让不同的被试具有相同的概率被分配到实验组与控制组中。在实验组和控制组内部，各个被试的反应会存在较大的差异，但是各组的平均反应水平则具有很高的稳定性。因此，在随机化方法之下，因果效应可被定义为：

$$\overline{Y}_t-\overline{Y}_c$$

## （二）实验的基本设计

1. 实验组控制组前测后测设计

$$\frac{RO_1XO_2}{RO_3\ \_\_\ O_4}$$

$R$ 表示实验组与控制组的被试是随机分派的，实验组有实验处理 $X$，控制组无实验处理以__表示。这个设计在前面已举例说明过，由于担心实验组、控制组的初始状态不同（即使被试是随机分派的），会对每个组都进行了前测。前面说过这个设计合适的统计方法为协方差分析。

2. 实验组控制组仅有后测设计

$$\frac{RXO_1}{R\ \_\_\ O_2}$$

与前面的设计相比，它不用前测，其理由是既然进行了随机分组，那么再对它们进行前测，本身就是对随机分组的不信任。这个设计的统计检验方法常常是对 $O_1$ 与 $O_2$ 进行独立样本的 $t$ 检验。

3. 所罗门四组设计

该设计由所罗门（Solomon）提出，它实际上是把前述的两个设计组合起来。

$$\frac{①RO_1XO_2}{②RO_3\ \_\_\ O_4}$$

$$\frac{③RXO_5}{④R\ \_\_\ O_6}$$

被试随机分为四组。第①、③两组均为实验组，第②、④两组均为控制组；第①、②组有前测，第③、④组无前测。这个设计为了确定自变量 $X$ 的效果可以进行多项比较：

（1）如果 $O_2>O_4$，且 $O_5>O_6$，即无论有无前测，实验组结果都大于控制组，则更有把握证明实验处理的效果。

（2）这个设计将“有无前测”作为变量，因而可以比较有无前测与实验处理之间的交互作用。

这种设计可以用 $t$ 检验对（$O_2-O_4$）及（$O_5-O_6$）进行检验，用方差分析对“有无前测”和实验处理的交互作用进行分析。

所罗门的设计对于分析实验处理的效果而言比前两种设计肯定要好，但是由于需要两个实验组和两个控制组，实验的投入很大，有时在应用上受到限制。

### （三）现场实验和准实验设计

社会心理学的实验可以在实验室中进行，但在很多情况下，实验可以放在现实的社会情境中，即作为现场实验。例如，某实验想研究不同种族之间的社会距离，故意在美国的某个白人占绝大多数的社区里遗失一些信封，这些信封都贴好了邮票，写上了收信人的地址和姓名，唯一的区别是一些信封上的收信人是明显的白人的名字，而另一些信封上的收信人是明显的少数族裔的名字，实验的结果是要检验这两种不同种类的信封各有多大比例被人拾起后投进邮筒而寄达。现场实验的明显优点是其情境更接近真实的社会活动，从而避免实验室情境对被试反应的干扰，其不利的方面是由于对实验的全过程不能全程控制，随机性可能会被破坏。如在上面的例子中，什么样的人会拾到信封、在哪些地方的信封更容易被人拾到、信封散落的地点距邮筒的远近等，都可能对随机性造成破坏。

同时，在很多情况下，尤其当实验不是短时间能完成，需要持续一段时间时，很难做到对被试的随机分组。在企业中只能以车间或部门为单位，整体地作为实验组或控制组，在学校中多数情况下也要以班为单位做实验。这种情况所做的实验设计称作准实验设计，即这时的实验设计不能算是真正的实验设计。

准实验可以采用与真正实验设计相同的设计，由于不是随机分组，较难实现实验组与控制组初始状态相同，这时一般只能人为地从各方面考察，尽量选取差不多的固定群体（部门、班级）分别作为实验组和控制组。一般而言在这种情况下有前测设计可能比无前测设计更好些。

准实验设计对实验处理效果进行分析时，除了根据统计检验以外，还需要对由于未随机分组可能导致的影响做深入细致的分析。

## 三、计算机模拟

计算机模拟（computer simulation），也被称为计算机仿真，就是利用计算机对研究系统的结构、功能和行为以及参与系统控制的主动者——人的思维过程和行为进行动态性的比较逼真的模仿。计算机模拟是数值分析方法的一种。它用计算机程序直接建立真实系统的模型，并且通过计算机的计算了解系统随着时间变化的行为或系统的特性。计算机模拟已发展成为一门与数学、系统科学、人工智能等学科密切相关的综合性、实用性的技术。

在社会心理学研究中对计算机模拟技术的应用主要有三个方面。

1. 计算机模拟实验

在社会心理学研究中运用实验法，无论是实验室实验还是现场实验，由于个人是最基本的被试单位，其主体性与反思性会导致实验的客观性无法像物理实验一样得到保证。而计算机模拟实验则可能保证模拟人的完全客观性。同时，对于一些出于科学研究伦理考虑无法进行实验的社会心理现象，也可以采用计算机模拟来进行。

2. 对复杂社会心理过程的模拟

社会心理过程是一个复杂的大系统过程，当一个过程中起作用的变量太多，且不是一个线性系统时，是无法通过连续计算来预测的，借助于计算模拟，则可以模拟各种可能性，探索社会心理系统的走向与规律。并且对复杂社会心理过程的模拟也可将现实中漫长的过程大大地缩短，从而大大提高预测的可能性。目前，国内社会心理学研究中应用对复杂社会心理过程模拟的有对公共危机过程的模拟以及对火灾疏散过程的模拟等。

3. 社会心理建模

社会心理过程是一个黑箱，要对一些社会心理机质和过程进行解释，则可以先把各种理论解释模型进行数学建模，再通过计算机模拟对各种可能的情况进行实验，并以实际的情况进行验证，以检验各种理论解释模型的有效性。

## 四、调查研究

调查研究有广义与狭义两方面的含义，一般在工作实践中了解情况、解决问题、搜集意见等行动研究式的调查研究，从研究性质分类的角度可以归为定性研究。如果旨在对事物的状况给予数量的描述或探究事物之间的数量关系，则属于定量研究。调查法研究变量之间的关系与实验法研究变量之间的关系有所不同。前者关心的是变量之间的关系程度，而后者目的在于确定变量之间的因果关系；前者又称相关研究，后者又称因果研究。社会心理学的定量研究中相关研究占有很重要的位置，常见的具体方法为访谈调查与问卷调查。

### （一）访谈调查

1. 访谈调查的特点

（1）访谈有助于取得完整的资料。由受过专门训练的访问员当面提问，不但可避免问卷调查中被调查者对题目的漏答，还能得到比预想更多的资料。

（2）有助于对问题做深入探讨。对一些深层次的问题或原因，填答问卷是不易表达的，而且对于一些深层问题被调查者在问卷中不愿回答，但面对访问员，尤其是双方经过沟通取得信任时愿意说出真心话。

（3）一般不会出现所答非所问现象。在问卷调查中，被调查者往往由于误解所提的问题，所答非所问。在访谈中访问员如果发现有此情况可以及时纠正。

（4）有利于控制调查情境。问卷调查时被调查者可能分几次才填答完一份问卷，或者几个人商量着一同填答。这些情况访谈调查都可以避免。

（5）访谈对访问员的依赖性大，容易使结果不客观。访问员在性别、年龄、文化、性格方面的差异会影响被调查者回答问题。

（6）访问员与被访者之间的互动有时是不利因素。访问员有期望得到某种回答的倾向；被访者有时会迎合访问者的期望，当然也有因为逆反而形成对立的可能。

（7）对一些敏感问题，被访者不愿意真实回答。这一点对于我国的社会调查研究者尤为重要。在一些研究者看来，访谈法比问卷填答法能更好地控制误差，因而偏爱访谈，但如果问题内容敏感或涉及个人隐私，访谈与问卷相比就不利了。有些研究对包括是否有过偷窃行为，是否看过三级片等内容的调查也坚持用访谈而不愿采用问卷，实在是一种僵化、教条的做法。

2. 访谈调查的类型

（1）无结构访谈。这种类型对被访者回答问题限制很小，有时还鼓励和引导被访者自由地表达自己的想法和观点。无结构访谈收集到的资料整理起来很困难，不易量化，一般在研究的探索阶段使用这种方法。

（2）结构化访谈。这种类型又称标准化访谈。严格的结构化访谈中每个问题都列有不同的答案供被访者选择，限制他们自由发挥，相当于口头填答问卷。有时甚至连开头和结束语都不允许访问员任意更改，目的是保证结果的数量化、客观化。

这种访谈一般在实际上都做些变通，标准化、客观化的程度要求低一些，称为半结构化访谈。

3. 访问调查的步骤

（1）根据研究目的编写访谈提纲或访谈问卷（即严格的结构化访谈）。编写时应按问卷设计的原则进行，如果访谈的内容相对复杂，则编写的访谈问题应事先进行小样本的预备性访问，目的是检查问题提得是否得当。

（2）抽取被访者（参见本章第四节）。

（3）培训访问员。培训时应有一个访问手册作为培训依据，一方面了解调查目的、题目内容，另一方面指导访问员解决访谈过程中可能发生的问题，同时宣布对访问员管理、监督的条例。

（4）访问的开始。访问员与被访者初次见面首先要自我介绍来访目的（有必要时出示身份证明）；告诉被访者为什么对他进行访问，是按地址随机抽取的还是按电话号码随机抽取的都要说清楚；承诺对被访者的回答保密。总之，访问者要以较好的亲和能力、应变能力，争取被访者的合作。

（5）访问的进行。在友好的实事求是的气氛中进行，任何情况下访问者都不要影响被访者。如果是结构化程度很高的访谈，则访问员在读题时不要随意改变题目顺序；如果是开放式问题，访问员记录下被访者的回答后应在可能的情况下与被访者核对一下，以保证结果的真实性。

（6）访谈结果的整理和分析。访谈结果的资料整理是相当复杂的事情。如果是开放式访谈的资料，需要编码进行内容分析；如果是封闭式问题的结果，要选择合适的统计方法进行统计分析。

## （二）问卷调查

问卷调查是社会心理学研究中最常用的方法之一，其突出的特点是可以在较短的时间内收集到大量的数据，而且调查结果的客观性强，但一些人对这种研究方法的误用，使它也面临许多的批评。

1. 问卷的功能

列出一系列的问题，通过一定数量的被试回答这些问题来收集有关事实、意见、态度等资料，这一系列的问题作为调查工具一般称作调查问卷。由于心理测验中的人格测验从形式上看也是通过被试回答一系列问题达到测量的目的的，因而人格测验也常被称作人格问卷，这时的问卷是指它的广义上的功能，也就是说无论是以纸笔形式还是在电脑上操作，只要是对文字叙述的问题作答则该问题系列都称为问卷。

在习惯使用方面，问卷、量表、测验是有区别的。问卷的结果侧重于回答“是什么”或“各种意见在人群中所占的比例”。例如，有的问题为“您一般临睡前都做什么”、“您所毕业的中学是重点中学、一般中学还是基础薄弱学校”等等，目的是了解睡前做的事是什么、毕业的学校属于哪种类别。又如：

您认为目前家中除日常生活必需开支外的余钱如何处置为好？

A. 存入银行　B. 买股票　C. 尽量消费掉　D. 现金放在家中备用

这样调查的结果，可以得到选择每种处置方式的人各占多大比例。用类似问题构成的调查工具应称之为问卷。可以看到，尽管用百分比表示调查结果，但严格地讲，这仅仅是一种分类。

量表是一种对事物赋值的尺度，或者说是将事物数量化的某种规则。按照这种规则可以对某些现象特征进行数量化的描述。量表侧重于回答“有多好”、“有多严重”、“一致性有多高”等程度性的问题。因此可以认为问卷用于调查，而量表用于测量。例如：

您对目前的工作满意吗？

A. 很满意　B. 比较满意　C. 一般　D. 比较不满意　E. 很不满意

这就是用五级量表的形式测量被试对工作的满意程度。它可以对“很满意”这种态度计 5 分，对“比较满意”计 4 分……达到对被试工作满意程度的等距测量。

目前在调查问卷中既包括那种“是什么”的问题，也包括一些量表，所以问卷调查的功能已含有心理测量的功能。

测验则泛指心理测量的程序或工具。它可用量表达到测量目的，也可以像罗夏墨迹测验那样不用量表而达到目的。

2. 问卷设计原则

（1）理解性原则。题目一定要清晰易懂，避免专业性词语出现，目的在于使被试真正理解题意而不发生偏差。例如：“您认为当前通货膨胀严重吗？”这样的问题如果对普通百姓提问是不适合的，因为普通百姓能准确理解“通货膨胀”这个概念的不多见。再如，某位研究者想调查小学生心目中的好老师具备哪些特征。设想“因材施教”应该是其中的一项。但考虑小学生不懂什么是因材施教，于是就将其通俗化为“能根据不同的学生采取不同的方式”，结果小学生却认为这不是好老师，因为这是“偏心”的表现。

（2）准确性原则。问题用语要准确，同时要能让被试准确回答，否则被试将无所适从。例如：“您赞成高考对少数民族考生和省级三好生照顾加分吗?”这实际上是一题双问，被试不易准确回答。如果有人赞成对少数民族考生加分而不赞成对三好生照顾则将无法回答这个问题。又如：“您的婚姻状况？A 已婚　B 未婚”。如果是离婚者究竟该填已婚还是未婚，不同的人可能有不同的理解。

（3）客观性原则。题目不能带有某种暗示和导向。例如：“您认为××厂周围的环境污染严重吗?”这个问题本身就已认定××厂周围有相当程度的污染，对被试是一种诱导。

（4）选项排他性原则和完备性原则。如果是一个题干下设若干选项的题目，则各个备选项之间应该是彼此独立的。例如：

您认为政协委员的主要职责是什么?

A. 参政议政　B. 为百姓说话　C. 监督政府部门的工作

D. 提有建设性的提案　　E. 反映社情民意

显然，备选项中彼此涵盖，并不独立。同时，问题给出的选项要穷尽所有的可能性，不能出现被调查者的情况或态度不适用于给出的任何一个选项的情况。当无法确定给出的选项覆盖了所有可能的情况时，一定要加上一个选项“其他，请注明”。

3. 问卷调查的操作方式

（1）访谈。由调查员按照问卷中的顺序向被访者提问，被访者的回答由调查员填写。这种方式可以体现访谈法的一些优点，而且遇到阅读能力较低的被访者，这种方式更具优势。但是当问卷中涉及敏感问题或问卷太长使被试不愿持续配合时，不适合采用该方式。

（2）置留或集中填答。将问卷发给被试，待其填毕再到他家去取是置留方式，这种方式不易控制被试的填答态度。集中填答是在有条件的情况下，将被试集中，由调查员讲清目的、要求后现场独立填答。这种方式对被试在填答中出现的问题可以及时予以解答。

（3）邮寄。邮寄的方式主要有三种：第一种是根据社区抽样，由调查员将问卷发到被试手中，被试填毕寄给调查员指定的地址；第二种是根据户籍资料将问卷寄给被试，填完后寄回；第三种将问卷刊载在媒体（报纸、杂志、网络等）上，被试填完寄回。其优点是适应大范围（全国）、大样本的情况，不受调查员的影响，在一定程度上减轻被试回答敏感问题的压力，但是这种方式最大的问题是回收率低。置留、集中填答及邮寄都属于被访者自我管理的方式，也称作自填式问卷。近些年来新出现的互联网问卷调查，也属于自填式问卷。

（4）电话。电话调查是时间效率最高的方式，而且回答结果可以自动输入，有时还可以利用语音系统自动提问，从而减轻调查员的工作负担。但是电话调查的最大限制是问卷不能太长，否则对方有可能中途挂断电话。

# 第三节 定性研究的设计

## 一、定性研究的基本特点

如前所述，定性研究针对定量研究的实证主义方法论，在许多方面与定量研究存在根本区别。对研究者与被研究者的关系、行为的因果关系等多方面都有不同的认识。

（1）对社会现实的看法基于被研究者的看法之上。研究者只有了解被研究者的个别经验与亲身感受，才能对世界进行描述。

（2）整体主义。定性研究重视把事件置于其发生的情境中做整体全面的了解，反对实证方法对事件、现象做脱离情境的抽象处理。

（3）定性研究者认为社会是动态的、相互关联的，应当重视和研究事件发生、变化的过程。

（4）定性研究者重视以第一手资料为依据建立理论，是探索性、发现式的。本身的研究设计往往是在研究过程中逐渐形成而不是事先设定的。

（5）定性研究对研究方法采取开放的策略，它们的报告中方法、过程、结果常常一同呈现。

当然，定性研究由于研究者受自身知识、经验等因素的影响，其观察结果的主观色彩过重。由此得到的理论成果是否具有普遍性确实值得怀疑。

## 二、定性研究的基本过程

定性研究强调在自然状态下进行，一般对研究情境并不进行操纵或控制，因而研究过程显得很灵活和变通。大致归纳一下，主要包括以下几个步骤，这些步骤并不严格按某种顺序进行，有时下一步完成后又回到上一步，环绕式进行。

1. 研究问题的界定

由于定性研究者本身并不超然于研究对象之外，或者说他就是研究工具，故虽然每个人有个人的理论偏爱，但要研究的问题一般在研究过程中以漏斗式的流程逐渐形成问题焦点。

2. 研究现场的选择

研究的现场不是在实验室而是在日常生活行为发生的自然情境，研究者对情境一般不做控制或干预。对研究对象的选择也不是随机抽样，而是根据研究的具体问题事先确定标准，凡符合标准的都可以作为研究对象。有人称之为“目的抽样”。

3. 进入研究现场

定性研究要求研究者在现场观察、访问、收集资料。取得研究对象的信任非常重要，往往在进入现场后机构负责人出于防卫心理，害怕家丑外扬，总是设法限制研究者与研究对象的自由接触。

4. 收集资料

待收集的资料很广泛，需要研究者采取观察、访谈、查阅文献、收集口述资料等多种方法。例如，研究少年罪犯改造问题，到监狱中去做现场研究，收集的资料大体上包括：

(1) 与罪犯、管教人员、其他工作人员交谈。

(2) 与前来探监的家长面谈。

(3) 观察罪犯与前来探监的家长会面。

(4) 观察罪犯与罪犯之间的交往、罪犯与管教人员的关系。

(5) 查阅罪犯的档案。

(6) 有可能的话查阅管教人员的工作日记。

(7) 观察罪犯的日常起居、劳动。

在收集资料时应注意研究对象参与的动机，配合使用录音、录像，选择合适的访谈地点和场合。

5. 资料分析

各种文字资料、数字资料可能很多，再加上录音、录像资料，系统整理分析是一项相当烦琐的工作，目前多数情况下是借助电脑来完成的。

## 三、参与观察法

观察是多种研究方法中的手段，在实验研究、调查研究等定量研究中也是收集数据资料的重要手段之一。但是定性研究中的观察方法由于研究者不仅仅是旁观者，更多情况下是介入研究情境中的参与者，所以又称参与观察法。

### (一) 参与观察法的一般特点

参与观察法与人类学研究有较深远的渊源关系，后来社会学、社会心理学、教育学等领域也采用了这种方法。

1. 什么是参与观察法

研究者深入到被观察者中间成为他们之中的一员，在团体中建立各种关系进行直接观察的方法一般称作参与观察法。顾名思义，参与观察法重在参与，研究者参与到被观察团体中是最基本的要求。参与观察与非参与观察相比，研究者的位置不同、角色不同，因而收集到的资料在性质上也有区别。由于研究者参与到团体中去，因而有利于从被观察者的眼光看待周围的事物。

依介入的程度不同，可能参与法有不同的名称，但乔根森（Jorgensen）主张，具有下面特征者都是参与观察法：

（1）开放式的。

（2）研究者作为被观察团体的成员之一。

（3）个案的深度访谈。

（4）直接观察。

2. 研究者的参与程度

高尔德（Gold）将参与者参与的程度分为四种：（1）完全的参与者；（2）作为参与者的观察者；（3）作为观察者的参与者；（4）完全的观察者。

在观察过程中被观察团体的成员并不知道完全的参与者的真实身份，也不知道他是研究者。这样的过程被人看作违背研究者伦理原则，因此高尔德认为作为参与者的观察者可能更好。他们也是完全的参与者，但是他们亮明了真实身份。当然亮明真实身份后能否收集到真实资料在某些研究中确实是个问题。

3. 参与有时会被限制

有的情况和场合是相对封闭的、排他的，由于担心团体的利益会被陌生人损害，陌生人介入会被认为是不受欢迎的，这时参与观察就受到限制。此外，当被观察团体的价值观及对事物的看法与参与者完全对立时，也不宜采用参与观察法。

## （二）参与观察法的步骤

参与观察法的步骤基本上按照前面介绍的定性研究的步骤进行，大致包括选题、决定研究场所、取得同意后进入观察场合、建立良好关系、直接观察、深度访谈、现场记录、整理资料等几个过程。下面重点谈直接观察和现场记录。

1. 观察什么

（1）观察对象是谁：谁在场，他们有何特征、是什么角色，谁是这个团体的负责人等等。

（2）观察内容：观察对象做了什么、说了什么、怎么表现的、某些行动过程、彼此的互动关系等等。

（3）发生的时间：观察的内容所发生的时间、持续了多久、何时结束的。

（4）发生的地点：事件发生的地点、是否其他地点也发生了、为什么在此地发生。

（5）发生的作用：事件发生的主要原因、相关原因，成员对事件发生的看法。

（6）发生的情形：事件是为何发生的、这个事件是否与其他事件有关联、事件与其他场合的事件有何不同。

2. 记录什么

直接观察或深度访谈过程中应记录的内容如下：

（1）行动者：事件参与者。

（2）时间：每个事件发生的时间。

（3）地点：事件发生的地点及其环境。

（4）主题：观察主题。

（5）行为：成员的单一性行动。

（6）活动：成员的系统性、相关性行动。

（7）目标：成员想做的事情。

（8）感受：成员的情绪表现、感受。

按照以上提纲详细描述，除了客观描述上述内容外，还应及时记录观察者的内心感受、对观察结果的即时分析、对观察方法的心得以及遇到的难题。

### （三）影响观察结果的因素

（1）参与者与观察对象的互动关系。观察者若没有与观察对象建立良好关系，则观察对象或者疏远观察者，或者由于戒备心而表现出一些假象，甚至产生对立情绪而使观察者记录时对事件进行了不真实的描述。疏远导致结果的肤浅，假象或对立影响观察结果的客观性、真实性。

（2）观察时间太短会造成观察的片面性。

（3）观察手段如果过于单一，也影响观察结果，一般在观察过程中如果对同一对象、同一内容综合运用观察、调查、访谈等多种手段将提高结果的全面性、深入性。

# 第四节 研究样本的选取与测量工具的使用

## 一、随机抽样

定量研究特别是问卷调查对样本的依赖性很强。如果样本不能很好地代表总体，则研究结果的外在效度会受很大影响。所以选取样本时应设法使样本的代表性得到保证，随机抽样是最常用的方法。

### （一）随机抽样的原理

随机抽样是概率抽样的应用。采用这种方法，总体中的每一个元素（抽样单位）被抽中的概率是相等的。例如，从容量为 $N$ 的总体中随机抽取容量为 $n$ 的样本，第一次抽取时指定的 $n$ 个单位中任一单位被抽中的概率为 $n/N$，第二次抽取时，剩下的任意一个单位被抽中的概率是（$n-1$）/（$N-1$）。照此下去，在 $n$ 次抽取中，这 $n$ 个单位被抽中的概率为：

$$\frac{n}{N}\cdot\frac{n-1}{N-1}\cdot\frac{n-2}{N-2}\cdot\cdots\cdot\frac{1}{N-n+1}=\frac{1}{C_N^n}$$

也就是说，任意一个容量为 $n$ 的样本被抽中的概率都是$\frac{1}{C_N^n}$，所以对于总体中每一个个体（元素）而言，被抽中的机会是相同的。

由于随机抽样使每个个体有同等机会被抽取，因而有相当大的可能性使样本和总体有相同的结构，或者说具有最大的可能性使总体的某些特征在样本中得以表现。所以说，随机抽样可以保证样本代表总体。

此外，随机抽样对于抽样误差的范围可以估计或控制。对于抽样误差的估计，意味着对研究结果的精确度能客观地评价，同时也能够按照所要求的精确度来决定样本应该具有多大容量。例如，以样本平均数估计总体均值时，从总体中随机抽取一个样本，其平均数 $\overline{X}$ 不一定等于总体均值 $\mu$，这时（$\overline{X}-\mu$）就叫抽样误差。图2—1为抽样误差示意图。

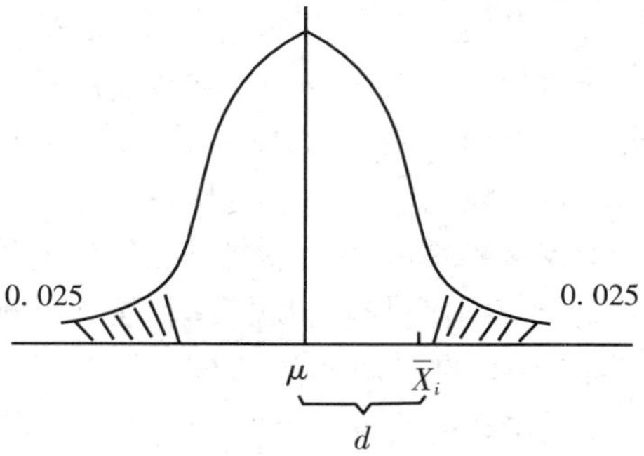


**图 2—1 抽样误差示意图**

对于任意一个样本平均数 $\overline{X}_i$，尽管存在抽样误差（$\overline{X}_i-\mu$），但是由于 $\overline{X}_i$ 基本上（95%的可能性）在临界值范围（$-Z_{0.05/2}$至 $Z_{0.05/2}$）之内，因而抽样误差的绝对值 $|\overline{X}_i-\mu|$ 不超过这个范围的一半（以 $d$ 表示），$d$ 即为最大允许抽样误差，简称最大允许误差 [如果 $|\overline{X}_i-\mu|$ 大于 $d$，统计上就认为 $\overline{X}_i$ 可能已不是来自总体 $\mu$ 的一个样本了，因而（$\overline{X}_i-\mu$）这时就不再叫抽样误差了]。

$d$ 值可以算出。如果 $d$ 值大，表明 $\overline{X}_i$ 围绕 $\mu$ 的离散程度大，以 $\overline{X}_i$ 估计 $\mu$ 时精确度就小；反之，$d$ 值小，则以 $\overline{X}_i$ 估计 $\mu$ 的精确度就大。因此，$d$ 值是评价抽样结果精确度的一个指标。

## （二）随机抽样的方法

1. 简单随机抽样

一般所说的随机抽样，就是指简单随机抽样，它是最基本的抽样方法，适用范围广，最能体现随机性原则，且原理简单。抽取时，总体中每个个体应有独立的、等概率被抽取的机会。常用的具体抽取方式有抽签法和随机数表法。总体很大时，一般都借助电脑来完成。

另外，要调查或研究的特征如果在总体中分布得比较均匀，则可以采用和简单随机抽样相似但实施简便的方法——等距抽样。

等距抽样也叫系统抽样。这种方法简便易行，将已编好号码的个体排成顺序，然后每隔若干抽取一个。例如，调查某大学一个系（$N=250$）学生的兴趣爱好。采用等距抽样，$n=50$，则每隔 4 个人抽一个，如 1 号、5 号、9 号……或 2 号、6 号、10 号……或 12 号、16 号、20 号……

究竟第一个进入样本的是哪一号，一般采取的方法是：如果像上例那样，$n=50$，每隔 4 个人抽一个，则先从前 50 号人中随机抽一个，如抽到 12 号，则以此为起点，隔 4 人抽一个，若从前 50 人中随机抽一个是 41 号，则从 41 号起，45、49、53……一般来说，这种抽样方法比简单随机抽样更为简便易行，而且它能比较均匀地抽到总体中各个部分的个体，样本的代表性比简单随机抽样好。

2. 分层随机抽样

分层随机抽样简称分层抽样。具体做法是按照总体已有的某些特征，将总体分成几个不同的部分（每一部分叫一个层）。再分别在每一部分中随机抽样。它充分利用了总体的已有的信息，因而是一种非常实用的抽样方法。

对于一个总体究竟应该如何分层，分几层，要视具体情况而定。总的一个原则是，各层内的变异要小，而层与层之间的变异越大越好，否则将失去分层的意义。例如，抽样调查学生逻辑推理能力。根据以往的研究结果，文科与理科学生的逻辑推理能力有显著差异。因而进行分层抽样就按文、理科分为两层（如果有事实说明，一些边缘学科学生的推理能力与文、理科均有差异，则可分成文、理、边缘学科三个层次）。在教育调查中常常按地区（城、乡）、学校类型（公办、民办，重点、非重点）、学校规模（大、小）、考生类别（应届、往届）等不同的要求进行分层。

3. 阶段抽样

总体经常由各级抽样单位一级一级地组成。例如，学生总体由不同城市的学生组成，城市中的学生又由不同学校的学生组成，每一学校再由学生个体组成。抽样时可分阶段来进行，这时的抽样方式叫阶段抽样。其中最简单的是两阶段抽样，例如第一阶段以学校为单位，第二阶段以学生个体为单位。第一阶段的抽样结果叫第一阶段样本，第二阶段的抽样结果叫第二阶段样本。在一个学校中抽样同样也可以用两阶段方式，如第一阶段以班级为单位，第二阶段再以学生为单位。

在阶段抽样时开始的阶段总是以“集团”为单位，这样的结果对下一阶段而言等于减小了总体，使下阶段的抽样更容易操作。但是它的抽样误差也随之增大，而且每一“集团”内的某种程度的同质性也影响着抽样误差。因此设计者要在阶段抽样的精确度损失与节省人力财力两者之间做到统筹兼顾。

一般而言，进行两阶段抽样时，首先将总体分成 $M$ 个部分，每一部分叫一个“集团”（或“群”），第一步从 $M$ 个集团中抽取 $m$ 个作为第一阶段样本，第二步是从所选取的 $m$ 个“集团”中分别抽取个体（$n_i$）构成第二阶段样本。可见第一阶段样本中的单位相对于第二阶段来说又是总体（分总体）。

初学者应注意两阶段抽样与分层抽样的根本区别。从形式上看，似乎都分成两步：第一步将总体分成若干部分，第二步再分别从部分中抽取个体。但二者在第一步中有着根本区别。在分层抽样中，对于每一个部分总体（即“层”）均需从中抽取个体，因而没有一个阶段样本的问题。而在两阶段抽样中，从总体分成若干个“集团”后，并不是对每一个集团都再进行第二阶段抽样，而是从所有的“集团”中先抽取一部分“集团”。这里实际上进行了第一阶段的抽样，构成了第一阶段样本，然后再对所选“集团”做第二阶段抽样。

4. 整群抽样

整群抽样在某种形式上与阶段抽样类似，分多步抽样，但不同的是，在抽样的最后一步是不需要再抽样的，需要把上一个抽样步骤中抽中的单元中的个体全部入样。比如，要调查某所中学的同学，先以班级为单位从全校抽取一些班，被抽中的班则不需要再抽同学了，而是将被抽中班级的同学作为一个整体，全部进行调查。

分层抽样和整群抽样都先要将被调查对象分成一些小组，先对这些组进行抽样。但是当组内差异大、组间差异小时，适用整群抽样；组间差异大、组内差异小时，则适用分层抽样。

## 二、非随机抽样

随机抽样是定量研究中的主要抽样方法，但在准实验研究中不可能满足随机抽样的要求，访谈、观察等定性研究中更不可能使用随机抽样。这时就要根据研究目的、可能的条件进行目标抽样。随机抽样是为了保证样本对总体的代表性，因此它必须使总体中每一个单元被抽中的概率相等；而目标抽样要保证研究者收集资料的真实性、丰富性，因此它以掌握丰富资料、能给研究提供最多信息的个体为抽样目标。目标抽样不从随机原则出发，因而称作非随机抽样。常用的非随机抽样主要有以下几种。

### （一）最大差异抽样

最大差异抽样关心不同单元（个案）之间的最大区别是什么，不同单元（个案）共同之处是什么。据此选择的单元是在某些特征上表现出最大差异的那部分。例如，以参与观察法研究管理体制在企业发展中的作用，最好分别选国有企业和独资企业作为观察的两个场所。

### （二）典型个案抽样

要研究某种特征则选择最能代表这种特征的单元作为研究对象。例如，研究企业的企业文化，一定要选最能代表企业文化特征的典型单元。

### （三）同质抽样

同质抽样是与最大差异抽样相对立的方法，它的抽样原则是选取总体中的同质性单元。具体操作有时采用“滚雪球”式，即由最初被选中的个体提供与他相似或观点相同的个体的名字、联系方式，然后设法将他们纳入研究样本。

## 三、测量工具的使用

在定量研究中数据的收集主要依赖测量工具，心理学的测量工具以心理测验为主。因此，这里所说的测量工具的使用是对心理测验而言的。在使用心理测验的过程中，有许多问题与自然科学的物理测量存在很大差别，其中信度、效度是心理测量过程中最值得重视的问题。

### （一）如何正确理解心理测量的信度与效度

1. 什么是心理测量的信度和效度

所谓信度是指测量的一致性程度，或者说是测验分数的可靠性程度。

所谓效度是根据测量结果对测量对象做解释的有效性程度，简单地说，它反映了在多大程度上真正测到了想测量的目标。第一节讲过的内在效度、外在效度中效度的意义与这里并无本质区别，只不过这里讲的效度针对测量而言，即使测量的效度得到了保证，但由于设计的原因、抽样的原因等并不一定能保证整个研究的内外效度。

信度和效度是心理测量特有的概念，之所以重视它们，是因为心理测量的对象太复杂。心理测量是间接测量，想测量的心理特征并不能直接去测量，只能从对看得见的行为表现的测量中去推测。人的行为受主客观多种因素影响，复杂而不稳定，测量过程中肯定会受到事先不可预估的因素的影响而产生误差。信度越高，说明这种误差越小。即使对行为的测量误差减小到零（当然实际上是不可能的），就能保证所测量的行为一定能代表对该心理特征的测量吗？例如，测量创造力时，实际测量的有关创造力的行为谁也没有把握说它们就代表了真正创造力的全部。这就是心理测量的效度问题。

2. 自然科学中物理测量的信度和效度问题（见图 2—2）

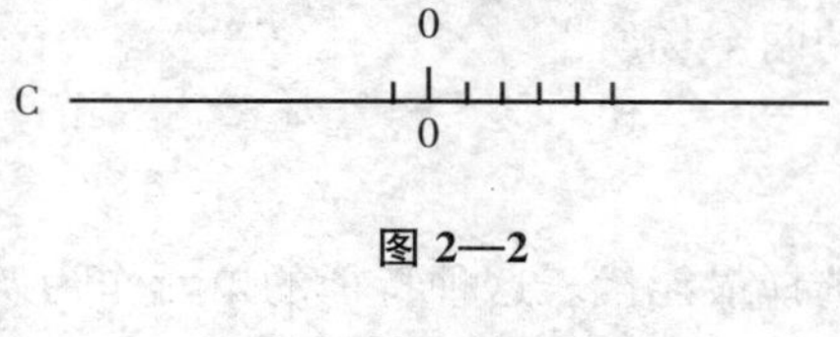


图 2—2

假设测量对象的真实值为0，实际对它测量了六次。A与B比较，A的情况误差较小，六次测量结果很密集，而B的情况误差大。这在物理测量中称为测量的精密度。精密度高说明随机误差小。再看C的情况，六次测量结果虽然精密度也高，但其平均值与0有差距。这差距反映测量的准确度。心理测量与物理测量相比较，信度相当于物理测量的精确度，而效度类似于物理测量的准确度。但值得注意的是：准确度可以靠克服系统误差而提高，甚至在理论上可以减小至零，而心理测量效度的提高谈何容易！因为人们对作为测量目标的心理特征根本不可能有完全符合真实情况的认识。在某种意义上可以认为，物理测量中精确度似乎更重要，而心理测量中由于研究对象无法直接测量，所以效度是最核心的问题。

3. 信度和效度是测量结果的指标

物理测量的精确度和准确度既可看成是反映测量结果好坏的指标，也可以看成是测量工具本身的技术参数，因为二者基本上是统一的。如果把它们看成测量工具的技术参数，当测量过程完全按标准操作程序进行时，则从测量结果得到的指标与工具固有的参数相差不会太大。

但是心理测量的信度与效度却不是这样。如果把它们看成是测量工具的性质或技术参数，例如“某心理测验的信度系数是0.85”，用该测验实际测量的结果计算，则信度系数与0.85往往相差不小。这是测量对象不稳定、测验情境不完全相同造成的。所以与其把信度、效度看成是测量工具的技术指标，不如将其理解为针对具体测量结果而言的指标。

## （二）如何提高测量的信度与效度

提高测量的信度、效度要从测验本身、使用、统计方法三方面入手。

（1）测验的长度（题量）越长，信度越高。

（2）测验过难或过易会降低信度，所以选择题目难度适当的测验可提高信度。

（3）编制测验时，对测量目标从理论和实证两方面分析其结构并使之可操作化，这样编出的测验有可能满足效度的要求。

（4）在测验的过程中控制情境、控制主被试之间的交互影响可能提高信度和效度。

（5）信度是效度的必要条件而非充分条件，因此必须在保证信度的前提下去努力提高效度。

（6）选择正确的统计方法计算信度、效度也是不可忽视的。例如，分半信度直接用相关系数表示，实际上这只是半个测验的信度，还应当用校正公式将其整个测验的信度估算出来。

**本章要点**

1. 本章介绍了社会心理学的基本研究方法及各种方法之间的关系，目的在于使初学者在学习社会心理学这门课程的开始就对研究方法的概念、原理，以及操作形成初步的整体的认识。

2. 在第一节中首先讲述了社会心理学研究的性质及研究的一般步骤。由于人的行为和心理活动的复杂性是其他事物无法相比的，再加上社会诸多因素的影响，因此社会心理学的研究难度之大也是必然的。在研究方法各种分类方式中定量与定性的划分是最基本的，也是最常见的。本节从整体上比较了两类研究方法的差别与联系，并要求初学者不要人云亦云地热衷于比较两类方法的优劣，关键是要学习两类研究各自具有的思想方法。

3. 在第二节中，先对定量研究的一般设计进行整体介绍，包括对变量的控制，对测量工具可能带来的误差的控制以及合理的统计方法。然后重点对定量方法中的实验研究和调查研究从设计到操作进行较详细的介绍，其中实验设计的无关变量控制和问卷设计的基本原则是重点。

4. 第三节对定性研究方法从方法论上做了介绍，指出定性方法在社会心理学研究中的重要性，对定性研究的一般步骤做了简要说明。然后重点讲述参与观察法的功能、特点、步骤。

5. 第四节对研究中的抽样以及测量工具的使用等有关知识做了阐述。无论是定量研究还是定性研究，研究样本的选择是落实研究设计的基础。而研究中不可避免要涉及收集资料或数据，测量工具的正确使用是使数据真实可靠的保障。因此对随机抽样的原理和方法，对目标抽样的意义，对心理测验信度、效度的含义，均不可忽视。它们是保证研究设计得以实施、产生功效的前提条件。

**基本概念**

期待效应　研究假设　内在效度　外在效度　基础研究　应用研究　行动研究　定量研究　定性研究　量化研究　质性研究　变量控制　无关变量　霍桑效应　实验组　控制组　被试　主试　自变量　因变量　实验设计　随机分组　区组设计　被试内设计　被试间设计　实验处理　准实验设计　调查研究　访谈　问卷　量表　测验　结构化访谈　参与观察　随机抽样　目标抽样　分层抽样　阶段抽样

**复习思考题**

1. 社会心理学的研究有哪些特点？
2. 实验设计的实质与功能是什么？
3. 问卷调查中题目设计的原则是什么？
4. 定性研究的基本过程如何？
5. 你是怎样理解心理测验的信度与效度的？

**推荐阅读书目**

王重鸣．心理学研究方法．北京：人民教育出版社，1990.
杨中芳．如何研究中国人．台北：桂冠图书公司，1996.

高敬文．质化研究方法论．台北：师大书苑有限公司，1996.

郑全全，赵立，谢天．社会心理学研究方法．北京：北京师范大学出版社，2010.

［美］哈里·T·赖斯，查尔斯·M·贾德．社会与人格心理学研究方法手册. 北京：中国人民大学出版社，2011.

# 第三章

# 人际关系

人是社会性的动物，在社会生活中，我们几乎每天都要和他人打交道。人际关系的好坏是影响人幸福感的关键因素之一。从动机上来说，人们会寻求与他人的关联，每个人都希望得到他（她）所关心和重视的个人和群体的支持、喜爱和接纳。在工作和生活中，人们都会投入大量的时间和精力来建立和维持良好的人际关系。但是，现代工业社会的特点、网络时代的来临都对维持良好的人际关系提出了挑战，一些人的社会孤立和孤独感在明显增加。[①] 理解人际关系的发生、发展过程及其丰富的表现形式是社会心理学的核心议题之一。[②]

在分析中国人的心理和行为时，对人际关系的理解尤为重要。传统中国社会被认为是一个"关系本位"或"关系中心"的社会，人际关系在中国人的社会生活中具有特别的重要性。[③] 而且，研究表明中国人的人际交往方式与西方人有很大不同，在本章中我们将特别注意介绍有关中国人的人际关系与交往行为的研究成果。

# 第一节 人际关系概述

## 一、人际关系研究概况

广义的人际关系是指人与人之间的各种关系，包括经济关系、政治关系、法律关系、角色关系、文化关系、心理关系等一切方面。社会心理学中所研究的人际关系是狭义的人际关系，是指人们在交往过程中所形成的心理关系。

### （一）西方社会心理学界的人际关系研究

西方社会心理学界对于人际关系的研究相当活跃，已经形成了很可观的知识积累。近年来，从关系的视角分析人们的心理和行为，考虑关系情境来发展社会心理学的理论和研究，已经成为一个趋势，甚至有学者提出了"关系科学"（relationship science）的概念。学者们从跨学科的角度，对人际关系过程中的生物进化特征、社会文化现象和内在心理历程都进行了深入的探讨。达克（Duck）、

① See J. Olds & R. Schwartz, *The Lonely American: Drifting Apart in the Twenty-First Century*, Beacon Press, 2009.

② See J. P. Forgas & J. Fitness (Eds.), *Social Relationships: Cognitive, Affective and Motivational Processes*, New York, Psychology Press, 2008.

③ 参见杨国枢：《华人社会取向的理论分析》，见杨国枢、黄光国、杨中芳主编：《华人本土心理学》，重庆，重庆大学出版社，2008。

伯西德（Berscheid）、佛格斯（Forgas）等人编著的一系列著作，可以反映近十几年来的研究状况。①

西方社会心理学家的人际关系研究也有一定的局限性。在1997年发表的著作中，达克等人对此前的研究提出了四点批评：(1) 往往局限于对大学生的友谊形成和异性恋爱关系的探讨，对其他领域的关系很少涉及；(2) 将关系看作包含着两个已定形的、完整的、稳定的、独立的个体的一个静态的、铁板一块的容器，忽视了人际关系是一个不断变化的动态过程，也忽视了关系中的个人是开放的、不稳定的、变化的特点；(3) 忽视了真实的关系是在社会文化情境下运作的，这种社会文化情境规定了一种什么才是正常的、可接受的观点，此观点影响人们对关系的知觉，也影响了研究者对关系的知觉；(4) 忽视了社会文化情境对人们建立关系的过程和关系本身的影响。② 这个评价虽然是十多年前作出的，但其中反映的问题仍然在一定程度上存在。西方心理学以个体为研究重心的传统，在一定程度上妨碍了关系研究的进展。③

值得注意的是，西方的组织行为学者对工作中的人际关系进行了大量的卓有成效的研究。在组织行为学者的视野中，人群互动关系包括组织内所有的互动形态，例如组织内部决策的形成、组织设计、领导行为、士气激励、团队运作、冲突管理、人群互动训练等，其核心在于沟通与说服。有效的人群互动关系，可以促使组织成员为实现组织的目标贡献心力，从而提高组织绩效。近年来，人际技能的训练已经成为许多大公司的共同行动，例如，在IBM公司中，每位员工每年平均接受共计32小时的人际互动关系训练或辅导。④

## (二) 中国文化视野中的人际关系研究

"关系"是理解中国社会结构的关键性的社会文化概念，是中国人用以处理其日常生活的基本储藏知识的一部分。⑤ 梁漱溟认为中国社会既不是个人本位，也不是社会本位，而是关系本位⑥，这一观点明确了关系在中国社会中的核心地

---

① See S. Duck (Ed.), *Handbook of Personal Relationships: Theory, Research and Interventions*, Second Edition, New York, John Wiley & Sons, 1997; E. Berscheid & P. Regan, *The Psychology of Interpersonal Relationships*, New York, Prentice-Hall, 2005; J. P. Forgas & J. Fitness (Eds.), *Social Relationships: Cognitive, Affective and Motivational Processes*, New York, Psychology Press, 2008; H. T. Reis, A. Aron, M. S. Clark & E. J. Finkel, Ellen Berscheid, Elaine Hatfield, and the Emergence of Relationship Science, *Perspectives on Psychological Science*, 2013 (8), pp. 558-571.

② See S. Duck, L. West & L. K. Acitelli, Sewing the Field: The Tapestry of Relationships in Life and Research, S. Duck (Ed.), *Handbook of Personal Relationships: Theory, Research and Interventions*, Second Edition, New York, John Wiley & Sons, 1997.

③ See H. T. Reis & W. A. Collins, Relationships, Human Behavior, and Psychological Science, *Current Directions in Psychological Science*, 2004 (13), pp. 233-237.

④ 参见蔡树培：《人群关系与组织管理》，3～4页，北京，九州出版社，2001。

⑤ 参见金耀基：《关系和网络的建构：一个社会学的诠释》，载《二十一世纪》，1992 (12)。

⑥ 参见梁漱溟：《中国文化要义》，上海，商务印书馆，1935。

位。近年来，对关系和人情的探讨已经成为研究中国人心理与行为的学者共同关注的一个中心课题。[①] 关系与人情是中国社会特有的本土现象，在英文中没有与它们对应的词汇。在以英文发表的社会科学文献中，“关系”常见的翻译有“personal relationship”、“interpersonal connection”、“particularistic tie”、“instrumental-personal ties”、“networks of personal connections”等。这些翻译虽然都反映了“关系”一词的一些含义，但是它们都没有完整地揭示中国人的关系概念的复杂丰富的蕴涵。[②] 因此，有人建议在英文文献中直接使用“*guanxi*”一词。现在，“*guanxi*”已经成为一个专有名词，经常出现在英文学术文献报刊中。

有关中国人的“关系”的研究很多。虽然“关系”是一个比较现代的词，在儒家经典中找不到，但是儒家思想的核心概念之一的“伦”指的正是关系。在儒家看来，人是一种关系的存在，“天地宇宙和人类社会都必须处在情感性的群体人际的和谐关系之中”[③]。除儒家之外，其他古代思想流派也都注重对人我关系的思考。在中国古代思想史中，存在着多种人我关系理论模式，如贵己论、不争论、仁爱论、兼爱论、无我论、内外交相成论等等。[④]

从社会和行为科学角度对关系和人情的实证研究是由人类学家和社会学家开创的。这方面的重要研究成果有：费孝通以农村调研为基础而提出的“差序格局”概念，胡先缙对中国人的面子和中国人的情感的剖析，杨联升对作为中国社会关系基础的“报”的概念的阐释等。这方面的研究始于20世纪三四十年代，20世纪80年代以来成为热门课题。研究者对人情的概念、关系的建立、请客送礼行为、社会关系网络、关系的作用、关系与宏观社会结构的关联等问题都有不少研究。

自20世纪80年代开始，心理学家和社会心理学家对关系和人情进行了大量研究。在理论方面，学者们提出了一些试图揭示中国人的人际关系和人际互动规则的理论模式，如黄光国的“人情与面子”模式，何友晖、陈淑娟、赵志裕的“关系取向”理论，杨国枢的“社会取向”理论等。还有学者对中国人的人际互动原理进行了历史探源。在实证研究方面，学者们探讨了中国人的人际苦痛、人际关系界限和不同关系中的交往法则、人际关系的分类及认知维度、人际冲突及关系运作的方法等。[⑤]

---

① 参见杨中芳、彭泗清：《人际交往中的人情与关系》，见杨国枢、黄光国、杨中芳主编：《华人本土心理学》，重庆，重庆大学出版社，2008。

② See A. Y. C. King, Kuan-hsi and Network Building: A Sociological Interpretation, *Daedalus*, 1991 (20), pp. 63-84.

③ 李泽厚：《中国古代思想史论》，310页，北京，人民出版社，1985。

④ 参见焦国成：《中国古代人我关系论》，北京，中国人民大学出版社，1991。

⑤ See S. Q. Peng, *Guanxi in Trust: An Indigenous Study of Chinese Interpersonal Trust*, unpublished doctoral dissertation, The University of Hong Kong, 1998.

## 二、人际关系的维度与模式

### (一) 人际关系的两个基本维度

确定人际关系到底包括哪些基本方面是研究人际关系的一个重要内容。对于这个问题，中外心理学家都做了相当深入的探索。除了理论上的分析之外，许多学者还进行了实证研究。研究发现，情感上的“亲疏”（love-hate）与地位上的“尊卑”（dominance-submission）是人际关系中两个最基本的维度（dimension）。其他次要一些的维度还有“特殊主义与普遍主义”（前者讲人情，做事因人而异；后者一视同仁）、“工作导向与非工作导向”等。①

研究表明，当互动双方在“尊卑”维度上表现出互补性（一方的支配行为引发另一方的顺从行为），而在“亲疏”维度上表现出对等性行为（如一方的友善引发另一方的友善）时，双方关系比较和谐；相反，当互动双方在“尊卑”维度上表现出对等性（双方都表现出支配或顺从），而在“亲疏”维度上表现出对立性（如一方友善，另一方却带有敌意）时，双方关系容易紧张。

尊卑与亲疏在中国人的人际关系中有非常明显的表现，不少研究中国人心理与行为的学者对此有很深入的分析。例如，在20世纪30年代，费孝通根据在中国农村的调查研究，提出了“差序格局”的概念。他发现中国人往往以自己为中心，把他人按亲疏远近分为几个同心圆圈，与自己越亲近的，处于与中心越贴近的小圆圈内。人们以不同的交往法则来对待属于不同圈层的人，跟中心越接近的，对他们越好。而且，尊卑有序也是中国乡土社会人际交往的一个特点。②

### (二) 社会关系的四种模式

美国心理学家费斯克（Alan P. Fiske）综合了社会学、社会心理学和文化人类学的理论与研究发现，提出了一个相当系统的社会关系模式。③ 他认为，社会互动主要有以下四种模式：

(1) 共享（communal sharing）：由团体成员共享情感与资源，不分彼此。在家人、亲密朋友等关系中往往遵循这种模式。

(2) 权威排序（authority ranking）：依据年龄、阶层、地位等形成不对等的权威与顺从关系，如长幼关系、上下级关系等。

(3) 对等互惠（equality matching）：双方平等，强调对等回报与交易的平衡。

---

① 参见庄耀嘉、杨国枢：《角色规范的认知结构》，载《本土心理学研究》，1997（7）。

② 参见费孝通：《乡土中国》，北京，三联书店，1985。

③ See A. P. Fiske, *Structures of Social Life*: *The Four Elementary Forms of Human Relations*, New York, Free Press, 1991.

（4）市场定价（market pricing）：双方基于理性，进行得失衡量，考虑成本与收益的比率，商业关系往往如此。

费斯克认为，这四种模式是存在于个人大脑中的关系原型，可以帮助人们理解和建构社会关系，决定与不同对象交往的方式。在社会生活中，人们会根据具体情况，灵活地组合这四种基本模式，建构出复杂的人际关系。费斯克还认为，这四种模式本身具有跨文化的普遍性，也就是说，在不同的文化中都存在这些模式，但是，到底哪种模式占主导，各种模式的应用范围如何，具体的实施细则是什么，则可能因文化而异。

### （三）交换关系与共享关系

与上述费斯克的理论关联密切的是克拉克（M. Clark）与米尔斯（J. Mills）的观点。[①] 他们区分了两种不同的人际关系：交换关系（exchange relationship）与共享关系（communal relationship）。前者强调礼尚往来，讲究平衡与对等；后者关心对方的幸福，讲究需求法则，而且不期望对方做出对等的回报。表 3—1 是这两种关系的一个对比。

需要注意的是，在共享关系中，人们并非对公平问题毫不在乎。研究表明，如果人们在共享关系（如密切关系）中感到不公平，可能会相当沮丧。与交换关系不同的是，在共享关系中，人们对于不公平的容忍时间要长一些、容忍程度要大一些。在共享关系中，人们相互信任程度比较高，相信对方不会故意占自己的便宜，认为最后会达到大致的平衡，所以能够容忍一时的不平衡。相反，如果对方立即对等回报，反而会给人“太见外”的感觉，甚至影响关系的发展。

**表 3—1　　交换关系与共享关系**

| 交换关系 | 共享关系 |
| --- | --- |
| 注重公平 | 注重对方的需求 |
| 帮助对方之后，希望对方立即有所回报 | 帮助对方之后，并不希望对方立即回报 |
| 如果没有得到即时回报，会产生被剥削的感觉 | 如果没有得到回报，也不会产生被剥削的感觉 |
| 关注对方对于双方关系作出了什么贡献 | 不会很在意对方对于双方关系作出了什么贡献 |
| 一般不会因为能够帮助对方而感到心情愉快 | 会因为能够帮助对方而感到心情愉快 |

## 三、人际关系的测量

人际关系的测量包括两个方面，其一是对一个群体的人际关系结构的量度，

① See M. S. Clark & J. Mills, Interpersonal Attraction in Exchange and Communal Relationships, *Journal of Personality and Social Psychology*, 1979 (37), pp. 12 - 24.

其二是对个体的人际关系状况的衡量。

## （一）社会测量法

社会测量法（sociometry）是由美国学者莫雷诺（J. Moreno）于 20 世纪 30 年代最先创立的。它从群体的角度，定量地了解整个群体的人际关系状况，以及每个成员个人的人际关系状况。问世之后，社会测量法得到了广泛的关注和应用，不少心理学家和社会学家都为这种方法的发展作出了贡献。

社会测量法的基本方法就是向群体成员提问题，请他们对其他成员进行选择。成员之间相互选择的情况，反映了他们之间的心理联系或心理距离。肯定的选择代表心理上的接纳，否定的选择代表心理上的排斥。其具体程序包括六个步骤。①

第一步，确定测量目的。社会测量法可以了解群体内部的许多信息，例如，群体中谁最受欢迎，谁最孤立，谁最受排斥，群体内部有没有自发形成的小团体，群体的凝聚力如何等等。对于不同的信息，可能需要采用不同的问题去收集。在一次测量中，我们没有必要面面俱到，因此，测量之前应该明确测量目的，找出测量要收集的关键信息是什么。

第二步，确定测量变量。在明确测量目的之后，我们就可以选择相应的测量变量，也就是确定问哪些问题。例如，如果想测量群体内部人际关系的状况，我们可以问："你目前与哪些人关系最好？你觉得跟哪些人较难相处？"如果想了解群体成员在人际关系上的期望或倾向，可以问："你愿意和谁在一起，首先是谁？其次是谁？第三是谁？"

第三步，确定选择方法。根据测量目的和群体大小等因素，可以确定问题的具体问法。例如，同样是要了解群体成员在人际关系上的期望或倾向，我们可以有不同的提问方法：

> 问题 1：列出你最愿意和他们一起工作的三位同伴，第一是________，第二是________，第三是________。
>
> 问题 2：你愿意与哪些人在一起工作？
>
> 问题 3：你与每一位群体成员一起工作的愿意程度如何？请对每个人用 5 点量尺打分，最愿意的打 5 分，最不愿意的打 1 分，以此类推。

问题 1 要求给出确定的人数和顺序，问题 2 则对人数和顺序都没有要求，问题 3 要求进行等级评定。在实际使用时，问题 1 比较适合于人数在 30～40 人的较大群体，问题 2 和问题 3 则既可以用于大群体，也可以用于小群体。

第四步，编制测量问卷。

第五步，实施测量。

第六步，测量结果的统计处理。最常用的资料整理方法有矩阵法和图形法两种，这里就不介绍了。

---

① 参见金盛华、张杰：《当代社会心理学导论》，276～286 页，北京，北京师范大学出版社，1995。

社会测量法的优点是简便易行，能直观地以数量化的形式表明团体的内部结构和人际间的吸引与拒斥关系。其主要缺点在于信度和效度有时比较低，而且测量本身不能了解人际吸引或拒斥的原因。

### （二）人际关系状况的自我诊断

心理学家还开发了一些对个体人际关系状况或人际交往能力进行测量的心理测验，比较有代表性的有如下几种。①

（1）人际交往类型测验。测量个体在人际交往中的主动性（题例：我在旅行时经常与不相识的人闲谈）、支配性（题例：我喜欢给别人出主意）、规范性（题例：约会迟到时，我会感到不安）、开放性（题例：我常常能够交上新的知心朋友）等方面的表现，从而确定一个人的交往类型。

（2）人际关系能力测验。包括建立关系的能力、与别人友好相处的能力、冲突管理的能力等。

（3）不良交往行为的自我测量。所谓不良交往行为是指在人际交往中最不受欢迎的行为。例如：过分以自我为中心，只对自己的事情感兴趣，不理会别人的感受和反应；态度偏激，言辞激烈；言语单调，态度漠然；言语过多，总是抢话说，不愿倾听别人的话；等等。进行不良交往行为的自我测量，可以让个体知晓自己的人际交往习惯，认识到自己的不足，从而改进自己的人际交往。

## 四、虚拟社区中的人际关系

技术的进步往往会戏剧性地改变人们的生活方式和人际交往方式。从电报的发明、电话的使用、电视的普及，到互联网的迅速扩散，人们的生活都随之发生了巨大变化。今天，互联网已经成为影响人们学习、工作、休闲、通信等方式的最有效、最主要的信息传播载体，很多人花费大量时间和精力，在“虚拟空间”里面冲浪、购物、写博客，与熟悉或陌生的人一起聊天、交易、玩游戏，体验自己的“第二人生”（second life）。调查表明，青少年对于网络尤为热衷，一些青少年甚至染上了相当严重的网瘾。②

基于互联网的沟通导致了“网络人际关系”的产生。中外学者对网络人际关系的性质、特征、这种关系对个人行为和实体人际关系的影响等方面进行了大量研究。③ 很多研究发现，网络人际沟通与实际的面对面交流的一个显著差异是：在网上人们可能无所顾忌，表现出更多不受约束的行为，其中与性有关的对话和

① 参见金盛华、张杰：《当代社会心理学导论》，287～295页。

② See A. L. Williams & M. J. Merten, A Review of Online Social Networking Profiles by Adolescents: Implications for Future Research and Intervention, *Adolescence*, Vol. 43, Iss. 170, 2008.

③ See J. A. Bargh & K. Y. A. McKenna, The Internet and Social Life, *Annual Review of Psychology*, Vol. 55, 2004. 另参见陈秋珠：《网络人际关系性质研究综述》，载《社会科学家》，2006（2）。

行为尤其突出[①]。

网络人际交往的特点可以总结为以下几个方面：

第一，匿名性。在网上，个人往往不披露自己的真实身份。一方面可以减少交往时的压力和焦虑，更加轻松自然，大胆表露自己的真实思想和情感，可以讨论深层次的问题；另一方面，匿名性也降低了道德约束，使一些人为所欲为，不顾后果。

第二，单面性。网络人际沟通大多通过文字进行，缺乏非言语线索。事实上，在人际沟通中，身体语言、语气等线索往往传递了比言语更多的信息。虽然，随着技术的发展，网络上可以进行语音和视频对话，但是，这跟实际的面对面交流还是有本质区别。这意味着，单纯通过网络交流，即使双方都以为已经很了解对方，其实还有很多盲区，这可能是一些“网恋”者“见光死”的原因之一。

第三，浅层性。在实际的人际交往中，人际信任对于关系的发展非常重要。而信任需要以彼此的了解和熟悉为基础。在网络交往中，由于上述匿名性和单面性的特点，熟悉和信任很难稳定地建立起来。

第四，随意性。实际生活中的人际关系往往是特定的角色关系，甚至是法定关系，受到各种相关的社会习俗和法规制度的约束与保护。但是，网络人际关系往往是随机的、短期的，很少约束，彼此没有责任和义务，要深入发展有很多困难。

第五，自主性。在实际生活中，一些人际关系是自主形成的，也有不少人际关系是被动接受、无法选择的。但是，在网络上，个人参与哪个虚拟社区、与谁交往都是自主自愿的，因此，网络上形成的一些兴趣团体往往互动频繁，也让参与者享受自由交往的乐趣。

第六，广泛性。实际的人际关系受到时间、空间、社会地位、工作性质等诸多限制，因此，大多数人只可能与身边为数有限的人交往，但是，互联网使地球村成为现实，在网络上，人们可以朋友遍天下，天涯若比邻。

由于上述特点，网络人际关系的性质比较复杂，很难作简单的判断。一方面，一些学者强调网络人际关系的浅层性、随意性，认为这种关系是肤浅的、脆弱的、不健康的，觉得网络上难以建立真诚的、亲密的、稳定的人际关系。另一方面，一些学者强调网络人际关系的自主性和广泛性，认为网络交往扩大了人们的社交范围，使人们可以与志趣相投的人自由沟通，对实体人际关系是一个有益的补充。除了理论上的分歧，实际调查的结果也反映了网络人际关系的双面影响。[②]

---

① See K. M. Hertlein & M. Webster, Technology, Relationships, and Problems: A Research Synthesis, *Journal of Marital and Family Therapy*, Vol. 34, Iss. 4, 2008.

② See J. Olds & R. Schwartz, *The Lonely American: Drifting Apart in the Twenty-First Century*, Beacon Press, 2009.

# 第二节 人际关系的形成与发展

## 一、人际吸引

自发性人际关系（voluntary relationship）形成的第一步是吸引或喜欢。研究表明，影响人际吸引的因素主要有三个：相貌、正面的交往、相似性与互补性。

### （一）相貌

虽然人们常说“人不可貌相”，“不要以貌取人”，但是，在实际生活中，相貌对于人际吸引具有十分突出的作用。一个人的相貌会影响我们对这个人的知觉和评价，也影响我们与他（她）的互动。

研究发现，人们对于貌美的人，有一个很强的刻板印象，即“美就是好”。[①]戴恩（Karen Dion）及其同事在实验中向大学生被试出示三张外表吸引力不同的照片，请他们对照片上的三个人在27项特质上打分，并预测其未来的幸福程度。结果发现，大多数的被试都给予外表最好看的人比较高的评价和预测。人们一般觉得外貌好看的人通常比较聪明、有趣、独立、会交际、能干等等。

美貌并不见得在所有情况下都好。在中国民间，就有所谓“红颜薄命”的说法，认为貌美的女子可能会遇到更多的坎坷。一些人也相信美丽的女人比较以自我为中心，而英俊的男人可能头脑简单等等。

对于相貌美的标准，人们通常有大体一致的看法。但是，也存在文化差异（例如东方与西方对美女的标准有所不同）、时代差异（例如唐朝的美女形象比较丰满，现代的美女形象则比较苗条）、个人差异（例如有人喜欢双眼皮，有人喜欢单眼皮）及关系差异（例如“情人眼里出西施”）。1997年，台湾学者吴静吉编制了“俊男美女量表”[②]。2005年，有人推出了号称“中国第一本美女标准粉皮书”的《中国美》一书，作者围绕着“什么是美”这个问题，从生理、心理、审美等不同的角度，阐释了中国美女的标准和内涵。[③]

### （二）正面的交往

人际交往行为有好坏之分。主动替别人着想，倾听别人的谈话，热情帮助他

---

① See K. Dion, E. Berscheid & E. Walster, What Is Beautiful Is Good, *Journal of Personality and Social Psychology*, 1972 (4), pp. 285－290.

② 参见吴静吉：《俊男美女量表之建立》，第四届华人心理学国际学术研讨会论文，台北，1997。

③ 参见张晓梅：《中国美：中国第一本美女标准粉皮书》，北京，新华出版社，2005。

人等，属于良好的交往行为；而钩心斗角、欺骗等，属于不良交往行为。正面的交往，如友好的问候、友善的帮助等可以促成人际吸引。

研究发现，交往本身就可以产生人际吸引，这是因为交往可以满足人们的一些基本心理需求。首先，交往可以帮助人掌握外部世界；其次，交往可以使人找到联系感和归属感。此外，熟悉本身可以增进喜欢——与我们接触及交往越频繁的人，越容易成为我们的朋友，这就是所谓的“曝光效应”（mere exposure effect）。前些年颇为流行的一首歌曲《同桌的你》，就反映了时空的接近性带来的熟悉与喜欢。当然，如果我们熟悉的对象在人格或行为上存在污点，越熟悉，我们反而会越不喜欢他。一般来说，如果没有这种负面的印象，熟悉是可以增加吸引与喜欢的。

对他人表达赞美、表现出喜欢是增进人际吸引的有效途径。卡耐基曾经指出，“大方地给予别人赞美”是赢得友谊的良策。这一点得到了心理学实验的证实：在大多数情况下，人们会比较喜欢那些对他们有正面评价而非负面评价的人。当然，尽管人们喜欢听到赞美，但是却不喜欢别有用心的赞美，如果人们对赞美者的动机有怀疑，就可能产生厌恶。相对而言，用行动表现出来的喜欢，如友善的对待，要比口头的赞美更容易产生人际吸引。

在研究赞美与人际吸引的关系时，心理学家还发现了一种“得失效应”（gain-loss effect）①。它表明，决定对赞美者的喜欢程度的，不只是赞美的总量，还有赞美的变化量。例如，假设有四种情况：（1）张三每次对你都给予正面评价；（2）张三每次对你都给予负面评价；（3）张三对你的评价逐渐由负面转为正面；（4）张三对你的评价逐渐由正面转为负面。请问在这四种情况下，你对张三的喜欢程度分别如何呢？是不是第一种情况最高？阿伦森（E. Aronson）等人的实验表明，被试在情况（3）比在情况（1）下更喜欢张三，在情况（4）比在情况（2）下更不喜欢张三。这就是得失效应的表现。

如何解释这种现象呢？可以从评价全过程中的得失变化来找原因。情况（3）属于“得”，情况（4）则属于“失”，情况（1）和（2）则没有得失方面的变化。“得”可能让人们喜出望外，“失”则可能使人感到愤怒，喜欢程度发生相应变化也就可以理解了。阿伦森等指出，得失效应并非在所有情况下都成立，它能够起作用，需要满足两个条件：第一，改变的应该属于同一属性。例如，如果原来认为你比较笨、不够诚实，后来却认为你比较聪明、诚实，这就属于同一属性上的变化，才有“得”可言；如果原来觉得你比较笨、不够诚实，后来却认为你很英俊、潇洒，那么不属于同一属性的变化，就不会出现得失效应。第二，改变必须是渐进的，如果发生突然的大转变，可能会使人产生怀疑，觉得评价者可能别有用心。

---

① See E. Aronson, T. Wilson & R. Akert, *Social Psychology*, Harper Collins College Publishers, 1994, pp. 391-392.

## （三）相似性与互补性

当人们开始交往时，个人特质也是影响人际吸引的重要因素。其中最主要的有两个：一是真诚，这是保证两人的交往能顺利进行的必要条件；二是两人的相似性，包括态度的相似性、行为偏好的相似性、价值观的相似性、个人建构（即个人形成问题、思考问题的方式）的相似性等。很多研究发现，相似性是产生人际吸引的重要因素。

为什么相似会导致吸引呢？至少有三个方面的原因。

第一，人们愿意和那些与自己相似的人交往，即所谓“物以类聚，人以群分”。相似使人们更加容易相互理解，有共同语言。例如：大学新生中，老乡之间会有几分亲近感；都来自农村的同学也因为生活背景的相似而多一些共同语言；都爱好足球的同学往往容易成为好朋友。

第二，相似的人可以为我们的信仰和态度提供支持，使我们感到自己不是孤立无援的，甚至感到自己的态度和信念是正确的：如果我的想法不对，为什么会有人支持呢？这时，相似者为我们提供了社会证实（social validation）的作用。在生活中，志同道合者往往会成为朋友，知己、知音更可能成为生死之交。另外，对于那些在重要问题上与我们意见不合的人，我们可能会对其人格做出负面的推断，认为他们道德感比较差、比较懦弱、思想没有深度等。

第三，人们以为与自己相似的人会喜欢自己。因为人们倾向于喜欢与自己相似的人，因此就想当然地认为人同此心，心同此理，觉得他们也会喜欢自己，这样就形成了一个良性循环。

一些研究发现，性格的互补也可能产生吸引。例如，依赖性比较强的人可能会吸引抚育性比较强（即乐于支持照料别人）的人，害羞的人可能会吸引外向的人。另外，当交往双方的需要与满足途径构成互补关系时，相互吸引程度也会增加。例如，一个好为人师的人与一个比较谦虚、善于倾听的人可能会相互吸引。

上面提到，相似可以产生吸引，互补也可以产生吸引，那么，这两种观点是否矛盾呢？对这个问题有不少讨论与研究。基本观点可以概括为三点：第一，相似是更加基本的导致人际吸引的因素。一方面，大多数研究都支持相似产生吸引的观点，而互补产生吸引的证据不多。另一方面，相似性涉及更加广泛的范围，包括各个方面的相似都可以促成吸引，但是只有某几个方面的互补才产生人际吸引，有些方面的互补并不会导致吸引。第二，二者有时是协同的。很多时候，导致吸引的互补是以基本面上的相似为基础的。例如，一个开拓精神比较弱但很细心的人与一个勇于开拓却比较马虎的人一般情况下并不会相互吸引，但是，当他们都想干一番事业，而且目标相同时，他们可能成为好的搭档。第三，有些研究发现，相似性在关系发展的早期很重要，而互补性在关系发展的后期比较重要。

## 二、关系的发展

在人际关系中，相互吸引只是关系发展的一部分。吸引可以增加人们相互交往的动机，但是它并不能保证关系的顺利发展。关系的进展，还要取决于人们的交往行为与交往动机。交往行为包括工具性的交换和情感性的交流，前者如互通有无、相互帮助等，后者如自我表露与内心交流、情感支持及相互陪伴等。交往动机则是指人们在交往中到底想得到什么。

### (一) 社会交换

在社会交换理论（social exchange theory）看来，人际交往是一个社会交换的过程，人们之间的所有活动都是交换，是一种准经济交易：当你与他人交往时，你希望获取一定的利益，作为回报，也准备给予他人某种东西，他人也是如此。这种理论假定交换中的个体都是自利的（self-interested)：人们试图使自己的收益最大化，并使自己的成本最小化，从而确保交换结果是一个正的净收益。在这里，交换的东西非常广泛，可以是物质的，也可以是“社会”性的，包括信息、金钱、地位、情感、服务和物品等。

交换关系中的每个个体都会评估自己和他人在贡献和收益两方面的相对大小。如果觉得自己的投入获得了大致相等的回报，他们就会认为这种社会关系是公平的。有学者指出，公平性的关系是比较稳定和愉快的关系，当关系中存在不公平时，双方都可能感到不舒服，产生恢复公平的动机。一些学者还讨论了权力对于交换结果的公平性的影响，他们认为，在其他条件相同的情况下，权力较大的人在社会交换中收益更多。需要注意的是，在实际生活中，人际关系是在特定的社会交换结构中展开的，关系的发展必然受到这种结构的制约。

### (二) 自我表露

广义地来说，社会交换过程也包含情感的交流，而情感交流是与自我表露分不开的。所谓自我表露（self-disclosure）就是我们常说的“敞开心扉”，即把有关自我的信息、自己内心的思想和情感暴露给对方。良好的人际关系是在交往双方的自我表露逐渐增加的过程中发展起来的。

适当的自我表露可以增加他人对你的喜欢。自我表露本身具有很强的象征性，它给对方一个强有力的信号：你对他（她）相当信任，愿意有进一步的交往。而且，对他人的自我表露往往可以引发他人做自我表露，由此可以增进相互理解，相互信任。

当然，自我表露也必须注意分寸，过分的表露会让人不舒服。一般来说，表露的范围和深度是随着关系的发展而逐步增加的，对于不同的关系对象，在不同的关系发展阶段，自我表露的广度和深度明显不同。在非常亲密的朋友中，自我表露往往十分深入，达到所谓无话不说的地步。但是，需要注意的是，无论关系多么亲密，人们都可能存在不愿意暴露的领域，这就是所谓的“隐私”问题。对个人隐私的尊重和保护是社会文明与进步的表现，相反，侵犯个人隐私可能导致严重的社会问题。

对隐私的看法，存在明显的文化差异。与“隐私”对应的英文单词是“privacy”。事实上，这两个词语背后的文化内涵有着不小的差异。在提倡“大公无私”、“开诚布公”的中国传统文化里，与“坦诚”相对的“隐”、与“公”相对的“私”都是受到贬抑的。因此，“隐私”一词难免给人一种不好的联想。在不少人的心目中，隐私要么是不可告人的阴谋诡计，要么是见不得人的丑事，要么就是羞于告人的“小秘密”。一个光明正大的人似乎是不应该有隐私的。那些窥探、传播他人隐私的人也多少有一种道德优越感。然而，在崇尚个人自由与权利的西方社会，隐私却被当作维护个人尊严与人格独立的必要条件，隐私权与自由一样被视为神圣不可侵犯的个人权利。“privacy”一词在某些场合相当于中文的“自在”、“清净”，是一种令人向往的境界，绝对没有贬义。

在西方历史上，对隐私权的哲学和法学思考主要源于洛克的自由主义思想。人是社会性的动物，一般人都不愿意也不可能离群索居，然而，人格独立的个人却绝对不等同于大海中的一滴水或机器上的一颗螺丝钉。一个人可以与他人生死相依，但是如果真的与别人共穿一条裤子，他就无法正常行走。个人毕竟是作为个人生活在人海之中。他需要保持自己的自主性，享有一定的个人空间，在自我与他人之间保持某种距离。这样就有了隐私和隐私权。隐私权是一种得到社会认可的个人控制自己的私人信息，限制他人对自己的思想行为进行观察或了解的合法权利。除了个人的隐秘情感，隐私还包括很多内容。个人独处、人际亲密行为、私人通信、个人信息（如收入、年龄、身份证号码、信用卡密码等）、个人心理偏好（如人格特点、职业偏好、性行为偏好等）都属于隐私。因此，隐私不是不可告人的东西，而是不想告人、不必告人甚至不应告人的东西。不是隐私见不得人，而是人不应该见他人的隐私。

有人认为，心里有隐私不说出来，就是不老实、不坦白；也有人觉得，隐私越多，心理负担就越重。这些想法都把隐私看偏了，甚至看歪了。在正常情况下，隐私并不是一种心理负担，更不是不堪回首的心灵隐痛，而是个人自主的栖居之地和个人情感放松的宁静港湾。一个自尊自主的人应该正视自己的隐私，认识到隐私的合法性和重要性，敢于并善于保护隐私，享受隐私带给自己的清净、自由和快乐。

当然，个人往往将部分隐私坦露给自己信任的亲友。除了隐私需求，人还有沟通的需求，需要向“知己”说一些私房话。亲密关系本身也要求人们坦诚相待。但是，这并不意味着关系亲密的人之间就不应该有任何隐私。只有在隐私需求和沟通需求之间保持适度的平衡，亲密关系才能正常发展。

### （三）关系的发展与变化

勒温格（G. Levinger）等人认为，人际关系的发展有三个阶段：第一是单向注意阶段，双方没有互动。第二是表面接触阶段，双方有初步的、浅层的互动，但是还没有相互卷入，也就是说没有走进彼此的私我领域。一般的泛泛之交就停留在这一阶段。第三是相互卷入（mutuality）阶段，双方向对方开放自我，分享信息和感情，这是友谊发展的阶段。①

阿特曼（I. Altman）等人提出了社会渗透理论（social penetration theory）来解释关系发展的过程。他们认为人际交往主要有两个维度：一是交往的广度，即交往或交换的范围；二是交往的深度，即交往的亲密水平。关系发展的过程由较窄范围内的表层交往，向较广范围的密切交往发展。人们根据对交换成本和回报的计算来决定是否增加对关系的投入。阿特曼等认为，良好的人际关系的发展，一般经过四个阶段：定向阶段、情感探索阶段、情感交流阶段、稳定交往阶段。②

（1）定向阶段。在人际交往中，人们对交往的对象具有很大的选择性。进入一个交往场合时，人们往往会选择性地注意某些人，而对另外一些人视而不见，或者只是礼貌性地打个招呼。对于注意到的对象，人们会进行初步的沟通，谈谈无关紧要的话题，这些活动，就是定向阶段的任务。在这个阶段，人们只有很表层的自我表露，例如谈谈自己的职业、工作、对最近发生的新闻事件的看法等等。

（2）情感探索阶段。如果在定向阶段双方有好感，产生了继续交往的兴趣，那么就可能有进一步的自我表露，例如谈谈工作、学习中的体验和感受，并开始探索在哪些方面双方可以进行更深的交往。这时，双方有一定程度的情感卷入，但是还不会涉及私密性的领域。双方的交往还会受到角色规范、社会礼仪等方面的制约，比较正式。

（3）情感交流阶段。如果在情感探索阶段双方能够谈得来，建立了基本的信任感，就可能发展到情感交流的阶段，彼此有比较深的情感卷入，谈论一些相对私人性的问题，例如相互诉说工作、生活中的烦恼，讨论家庭中的情况等。这时，双方的关系已经超越了正式规范的限制，比较放松，比较自由自在，如果有不同意见也能够坦率相告，没有多少拘束。

（4）稳定交往阶段。情感交流如果能够在一段时间内顺利进行，人们就有可能进入更加密切的阶段，双方成为亲密朋友，可以分享各自的生活空间、情感、财物等，自我表露更深更广，相互关心也更多。一般来说，能够达到这种境界的关系相当少，这也就是人们常说的“人生难得一知己，千古知音最难觅”。

还有一些研究探讨了关系退化的原因。综合起来，导致关系的亲密程度减弱的原因主要有：（1）空间上的分离，交往的一方迁徙到别的地方。虽然分离的双

---

① See G. Levinger, A Three-Level Approach to Attraction: Toward An Understand of Pair Relatedness, T. L. Huston (Ed.), *Foundations of Interpersonal Attraction*, New York, Academic Press, 1974, pp. 99 - 120.

② See I. Altman & D. A. Taylor, *Social Penetration: The Development of Interpersonal Relations*, New York, Holt, Rinehart and Winston, 1973.

方可以通过书信、电话、电子邮件等形式保持联系，但是最现代的通信工具也取代不了面对面的交往；（2）新朋友代替了老朋友；（3）逐渐不喜欢对方行为上或人格上的某些特点，一方面，个人的喜好标准可能发生变化，另一方面，交往中可能发现对方的一些新的特点，而这些特点恰恰是自己不欣赏的；（4）交换回报水平的变化，即一方没有按照另一方所期望的水平给予回报；（5）妒忌或批评；（6）对与第三方的关系不能容忍，在亲密关系中，这一点比较突出，因为亲密关系，尤其是异性之间的亲密关系往往有一定程度的排他性；（7）泄密，即将两人之间的秘密透露给其他人；（8）对方需要时不主动帮忙；（9）没表现出信任、积极肯定、情感支持等行为；（10）一方的“喜好标准”发生了改变。①

总的来说，在西方的研究中，关系发展被视为两个独立的个体之间的事情，主要由他们自己的个性和相互交往的情况决定，社会环境因素的影响似乎很小。个体之间的相似性是导致相互吸引，启动相互交往的重要因素。在交往过程中，自我表露、内心交流、情感性的支持及工具性的互助是促成关系往较深层面发展的关键行为，亲密的人际关系必须靠这些相互依赖的活动来维持，不履行这些行为就会使关系的亲密程度减弱。凯利（H. H. Kelley）认为，交往动机的转变是亲密关系形成的标志：由关注个人一时的得失，转变为关注双方共同的利益，对共同利益产生责任感。② 这个发现意味着人们对处于不同交往阶段的关系会有不同的期望，关系的双方往往会对他们关系的水平或类型以及与此对应的交往法则或期望达成默契。这种默契达不成的话，关系就不能顺利发展。如果一方突然不按照已经形成的默契来交往，关系就会发生改变。凯利的观点还表明，人们在亲密关系中有形成利益共同体的动机，这种动机所要求的并不只是相互帮助及合作，而是利益上的一体化，即你中有我、我中有你的高度的相互依赖，下面，我们将对亲密关系或密切关系做比较深入的讨论。

## 三、密切关系与爱情

### （一）密切关系的特征

前面提到，在双方有了深入、全面的情感交往之后，他们的关系就会发展到密切关系。在很多不同的生活领域中，都存在这种强烈的、频繁的、相互依赖的密切关系。这种关系的特征主要有以下几点：

（1）相互依赖，即双方的思想、情感和行为相互影响。例如，当一方生气

① See M. Argyle & M. Henderson, The Rules of Friendship, *Journal of Social and Personal Relationships*, 1984 (1), pp. 211 - 237; M. J. Rodin, Non-Engagement, Failure to Engage, and Disengagement, S. W. Duck (Ed.), *Personal Relationships 4: Dissolving Personal Relationships*, New York, Academic Press, 1982; S. M. Rose, How Friendship Ends: Patterns among Young Adults, *Journal of Personality and Social Psychology*, 1984 (1), pp. 267 - 277.

② See H. H. Kelley, *Personal Relationships: Their Structure and Processes*, NJ, Erlbaum, 1979.

时，另一方也会闷闷不乐。

（2）共同活动。关系密切的双方来往频繁，他们喜欢经常待在一起。

（3）自我与密切伙伴之间的界限被打破，对方成为自己个人心理自我的一部分。双方有很深的情感卷入和高度的相互依赖。

（4）交往动机的转变，由注重交易转变为追求共享。

（5）亲密感，即心理上的密切感，表现为广泛的自我表露，相互理解，相互关心，相互接纳。值得注意的是，亲密感有可能带来危险，给个人造成独特的伤害：由于我们对关系密切的伙伴没有任何防备，已经进行了深入的自我表露，如果他们要攻击我们，就很容易找到最致命的地方。而且，这种情感上的背叛也会使我们深感痛苦。

（6）承诺。双方对关系的投入与承担是关系延续的主要因素，双方都会表现出自己是可靠的、负责的、可以信任的方面。

## （二）爱情

爱情是一种特别的密切关系。对许多人来说，爱情是一个美妙、神奇的字眼，代表着许许多多美好的想象。但是，不少感受过爱情的喜悦的人，往往也品尝过爱情的苦涩。对于这种在诗人和作家的笔下神秘莫测的东西，要从心理学的角度进行科学的研究，难度可想而知。不过，不少心理学家已经进行了相当深入的探讨，取得了富有启发性的成果。

哈特菲尔德（E. Hatfield）等人区分了“友谊式爱情”（companionate love）与“狂热式爱情”（passionate love）。[①] 前者是指一种对特定对象的亲密感情，它不一定伴随有激情或生理性冲动。后者是一种对爱人的强烈渴望，伴随有明显的生理冲动，当爱情得到回报时，就充满狂喜与满足，否则就感到悲伤与失望。有些学者认为，相对而言，美国的配偶更加重视狂热式爱情，而中国的配偶更加重视友谊式爱情。[②]

斯腾伯格（R. J. Sternberg）提出了爱情的三因素理论（triangular theory of love）[③]。他认为，爱情有三个基本的成分：亲密（intimacy）、激情（passion）与承诺（commitment），分别反映爱情关系中的情感、动机和认知特征。亲密是指两个人相处的情况，即是否有相互理解、相互喜欢、紧密依存的感觉，体现爱情的“温暖”。激情是指关系中令人兴奋激动的部分，是在性的吸引及自尊、统治欲、服从、自我实现等动机的驱动下所体现出来的浪漫特征，反映爱情的“热

---

① See E. Hatfield，Passionate and Companionate Love，R. J. Sternberg & M. L. Barnes (Eds.)，*The Psychology of Love*，New Haven，CT，Yale University Press，1988，pp. 191-217；B. Fehr，C. Harasymchuk & S. Sprecher，Compassionate Love in Romantic Relationships：A Review and Some New Findings，*Journal of Social and Personal Relationships*，2014（31），pp. 575－600.

② See E. Aronson，T. Wilson & R. Akert，*Social Psychology*，Third Edition，New York，Longman，1999，p. 391.

③ See R. J. Sternberg，A Triangular Theory of Love，*Psychological Review*，1986（93），pp. 119－135.

度”。承诺是指愿意爱对方，并且做出保持关系、长相厮守的决策。承诺往往是双方对彼此的关系进行冷静审视和理性预期之后的结果，能鼓励关系双方同甘共苦，体现了爱情的“理智”一面。人类爱情中的亲密、激情和承诺彼此相关，相互影响，共同构成多种多样的爱情形式。斯腾伯格在1997年开发了一个多条目量表来测量爱情关系中的亲密、激情和承诺，并且通过一系列研究证实了该测量工具的结构效度。①

# 第三节 人际关系中的典型行为

## 一、人际冲突与合作

在社会生活中，冲突、竞争与合作是普遍存在的现象，对于人类的生存与发展具有重要的影响。在这一节中，我们主要讨论的是人际关系层面上的冲突与合作。

### （一）人际冲突

在人们开始交往，建立关系之后，分歧就难以避免，冲突也有可能出现。在各种人际关系中，都难免出现冲突。心理学家发现，从18个月开始，儿童就与父母之间存在冲突。对于青少年来说，冲突更是频繁。有一项针对美国高中生的研究发现，他们平均每天要感受到7次冲突。在成人之间，冲突也十分常见。有一项调查表明，非常满意和稳定的夫妻关系中，平均每5天发生1次冲突，而不愉快的婚姻关系中，平均每天1次冲突。有一项对美国经理人员的研究发现，管理者大约有20%以上的时间用于解决组织中的冲突。

冲突的结果可能是负面的、消极的，也可能是正面的、积极的，因此，如何管理冲突已经成为人类生活中的一个重要议题，也成为众多学科，包括哲学、社会学、心理学、管理学的研究领域。在人际冲突中，双方往往具有不一致的目标，如何在满足关系与情境的需求的同时，达到自己的目标，是一件需要较高技能的事情。②

管理好人际冲突对于个人成长非常重要。在社会化过程中，我们会经历许多

① See R. J. Sternberg, Construct Validation of A Triangular Love Scale, *European Journal of Social Psychology*, 1997 (27), pp. 313 - 335.

② See W. R. Cupach & D. J. Canary, *Competence in Interpersonal Conflict*, New York, McGraw-Hill, 1997, pp. 5 - 9.

人际冲突，包括与父母、老师、同伴等不同对象的冲突。正是在这些冲突中，我们学会了如何探询他人的思想和情感，如何了解他人的行为动机，如何理解社会规则的运作方式，如何运用谋略去达成自己的目标。经过人际冲突的历练，我们逐步成熟起来。

管理好人际冲突还有助于维持和改善个人健康、提高人际关系的质量和家庭生活的满意度。研究表明，人们处理冲突的方式与他们的身心健康之间存在直接的关系。美国的一些研究发现：在恋爱和婚姻关系中，大约有 20%的人曾经受到对方的暴力攻击；在有青少年的家庭中，有 20%到 25%的家庭曾经发生父母与子女之间的激烈冲突，导致情感上和心理上的伤害。在我国，父母与子女之间因为学习问题、交友问题而发生的冲突也相当普遍，前些年还曾经出现过子女杀死亲生父母的悲剧。在西方社会心理学中，有关亲密关系中的冲突研究是一个相当活跃的领域。

1. 冲突的实质

冲突是一种对立的状态，表现为两个或两个以上的相互关联的主体之间的紧张、不和谐、敌视，甚至争斗关系。冲突发生的原因多种多样，可能是各方的需要、利益不同，或者对问题的认识、看法不同，或者是价值观、宗教信仰不同，或者是行为方式、做事的风格不同等等，总之，当相互关联的两个个体或者多个个体之间的态度、动机、价值观、期望或实际行动是不兼容的，并且这些个体同时也意识到他们之间的矛盾时，个体间的冲突就发生了。与冲突密切相关的一个概念是竞争，它们的共同点是都希望取得胜利，但在竞争中，人们并不会主动去伤害别人，而在冲突中他们可能会这么做。在某种程度上，竞争是一场竞赛，而冲突是一场战争。

对于人际关系来说，冲突可以带来挑战，也可以带来机遇。冲突的负面功能主要表现在：由于心存芥蒂，双方沟通不良，情感隔膜，甚至相互诋毁，相互拆台，或者由于互不相让、恶意攻击导致双方关系破裂。但是，冲突也可以有很强的正面功能，这类似于俗话所说的“不打不相识”。正面功能主要有：一方面，双方把隐藏的不满、误解公开表达出来，可以通过辩论而得以澄清、化解，从而消除隔阂，增进理解，加深关系；另一方面，双方把各自的看法及其理由摆出来，通过建设性的争论，可以形成“头脑风暴”，彼此激发新思想，最后找到解决问题的更好的方案。

人际冲突有不同的层次和类型。布瑞克（H. B. Braiker）和凯利区分了三个层次的冲突。[①] 第一层次是特定行为（specific behaviors）上的冲突，即双方对于某个具体问题存在不同意见。例如，夫妻两人一起外出度假时，对搭乘什么交通工具意见不一，一个想坐飞机，一个想坐火车。第二层次是关系规则（relational

---

① See H. B. Braiker & H. H. Kelley, Conflict in the Development of Close Relationships, R. L. Burgess & T. L. Huston (Eds.), *Social Exchange in Developing Relationships*, New York, Academic Press, 1979, pp. 135 - 168.

rules）或角色上的冲突，即双方对于如何处理两个人的关系，在关系中各自的权利、义务有不同的理解。例如，一对夫妻可能在家务劳动怎样分工上存在分歧。在人际关系中，有些角色规范比较明确，也有一些角色规范比较模糊，如果两个人对于规则看法不同，就难免发生冲突。第三层次是个人性格与态度（personal characteristics and attitudes）上的冲突，这往往牵涉双方人格与价值观的差异，因此是比较深层次的冲突。例如，一对夫妻可能因为性格不合而闹矛盾：在周末，一方很喜欢找一大堆朋友来家里玩，另一方则喜欢两个人单独在一起。在人际交往中，这三个层次的冲突有可能是交织在一起的。行为上的分歧，可能引起关系规则上的矛盾，并进一步导致个性上的冲突。一般来说，冲突层次越深，涉及的因素就越多，情感卷入程度越高，矛盾就越复杂，解决起来也越困难。

冲突可能产生于客观存在的分歧，也可能根源于主观想象的矛盾。根据冲突的基础的不同，研究冲突的著名学者多伊奇（Deutsch）区分了五种类型的冲突，包括平行的冲突（parallel conflict）、错位的冲突（displaced conflict）、错误归因的冲突（misattributed conflict）、潜在的冲突（latent conflict）、虚假的冲突（false conflict）。①

在平行的冲突中，存在客观的分歧，而且双方都准确地知觉到了这种分歧。例如，你和你的朋友在一起看电视，你很想看一个电视连续剧，你的朋友却想看足球比赛的转播，你们俩都清楚地知道对方的愿望，但是却不愿意相让。

在错位的冲突中，一方可能有一个客观的理由，而且知觉到冲突的存在，但是却不直接针对真正的问题本身。例如，你觉得老师在期中考试时给你打的分数太低，心里不满，但是又不好直接去说，于是你就在课堂上故意提一些刁难他的问题。

在错误归因的冲突中，存在客观的分歧，但是双方对这种分歧并没有准确的知觉。一位母亲发现屋子里面有烟味，她很讨厌这种气味。她以为是女儿的男朋友吸了烟，所以见面时就警告他不要在家里吸烟，事实上，吸烟的是她女儿。

在潜在的冲突中，存在客观的分歧，但是双方对这种分歧并没有什么感觉。

在虚假的冲突中，双方有分歧，但是这种分歧并没有客观的基础。例如，你的朋友召集了一个聚会，你没有得到邀请，为此你很不高兴，而他也正在因为你没有去参加聚会而不满。事实上，他本来打电话邀请你，因为你不在，便托你的同事转告你，但是你的同事却忘记了这回事。这时，双方的冲突纯粹是因为误会。

在工作关系中，根据冲突的性质，可以区分工作性冲突与情绪性冲突。前者是因为对工作本身有不同的理解、思路和做事方法，后者则是因为情绪上的对立或敌意。一般来说，工作性冲突往往是良性的，也比较容易解决，而情绪性冲突往往比较复杂，可能带来不少负面影响。

---

① See W. R. Cupach & D. J. Canary, *Competence in Interpersonal Conflict*, New York, McGraw-Hill, 1997, pp. 14 - 19.

2. 冲突的过程

冲突是一个动态的过程，在这个过程中，冲突双方的认知、情绪和关系都可能发生变化。美国学者潘迪（L. R. Pondy）曾经提出冲突的五阶段模式：冲突潜伏阶段（latent conflict）、冲突知觉阶段（perceived conflict）、冲突感受阶段（felt conflict）、冲突外显阶段（overt conflict）和结果阶段（aftermath of conflict）。[①]

在冲突潜伏阶段，可能导致双方冲突的客观条件已经基本具备，也就是说，双方相互依赖，但是在某些方面存在差异，难以兼容，然而，双方还没有明确意识到这种不兼容。当双方认识到他们之间的差异，而且认为不能相容时，就进入了冲突知觉阶段。当双方开始分析冲突的性质，思考应对的策略，而且还出现一些情绪性的反应（如紧张不安、不舒服、愤怒等）时，就进入了冲突感受阶段。在这个阶段，双方都需要做出选择：是回避冲突，还是公开面对冲突？只要一方将冲突公开化，就会进入冲突外显的阶段，这时，双方可能发生言语上的争执、情绪上的对立，甚至行为上的对抗。在这个阶段，很容易出现冲突的升级，将矛盾扩大化、情绪化。

冲突意味着人际平衡关系的破坏，经过一段时间的互动，双方关系一般会达成一个新的平衡，这时就进入冲突的结果阶段。冲突的后果可能是两败俱伤，可能是一胜一负，如果处理得当，也可能双赢。当然，能否达到双赢的效果，要取决于冲突的性质与双方管理冲突的水平。

3. 冲突的管理

冲突管理指的是人们采取一定的行为来应对、处理冲突。研究发现，在处理冲突时，存在明显的个体差异，不同的人会有不同的“冲突风格”（conflict styles），即对于冲突的习惯性反应。

一些学者认为，人们处理冲突的方法可以从两个维度上来分析，一个是合作性（cooperativeness），即关注他人需求、愿意满足他人需求的程度。另一个是自持性（assertiveness），即关注自己的需求、坚持满足自己的需求的程度。根据人们在这两个维度上的表现，可以区分五种比较典型的冲突处理方式[②]，如图 3—1 所示。

（1）竞争模式（confrontation）。当一方比较关心自己的需求，对对方的需求并不在意时，他采用的就是竞争模式。竞争行为表现出比较强的权力意识和支配性，其结果往往是一胜一负。

（2）回避模式（avoidance）。对自己的需求与他人的需求都漠不关心，即运用逃避的方式来处理冲突。采用这种模式的人希望尽量不使冲突公开化。

---

① See L. R. Pondy，Organizational Conflict：Concepts and Models，*Administrative Science Quarterly*，1967（12），pp. 303－324. 另参见郭朝阳：《冲突管理：寻找矛盾的正面效应》，86～89 页，广州，广东经济出版社，2000。

② See W. R. Cupach & D. J. Canary，*Competence in Interpersonal Conflict*，New York，McGraw-Hill，1997，pp. 48－49.

（3）顺应模式（accommodation）。这是一种向对方让步的做法，它高度关注对方的需求，忽视自己的需求。

（4）妥协模式（compromise）。双方都放弃部分利益，以便在一定程度上满足部分需求，即双方都有所坚持，也有所退让，没有绝对的赢家，也没有绝对的输家。

（5）合作模式（collaboration）。将冲突作为需要双方来共同处理的问题，通力合作，努力寻求双赢的结果。

一般来说，前三种处理冲突的方式效果不佳。它们可能进一步加剧冲突，使人感到不舒服，或者使问题搁置起来、隐藏起来，得不到解决。后两种处理冲突的方法就比较有效，但是并不见得适用于所有情境。

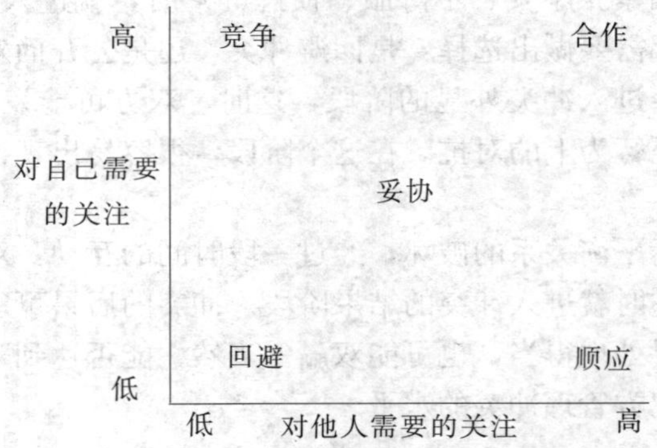


**图 3—1　五种处理冲突的模式**

一些研究发现，冲突处理的模式存在文化差异。例如，美国文化更注重竞争，在冲突管理中更倾向于采用竞争的方式。中国文化比较强调“和为贵”，推崇合作。在个人主义的文化中，像美国和一些欧洲国家，人们通常以一种相对直接的方式来处理冲突，他们比较关心自己的自尊与利益，并主动将自己与对方分离开来；而在集体主义的文化中，人们处理冲突的方式往往比较间接，所关注的是保全对方的面子并尽可能维持一团和气的关系。

## （二）人际合作

如上所述，合作是解决冲突的有效方式。事实上，在其他场合，合作行为也普遍存在。如何增进人们之间的合作，是学术界非常关注的一个问题，政治学家、社会学家、心理学家、管理学家都对此进行了大量研究。

美国密歇根大学政治学教授艾克斯罗德（R. Axelrod）长期从事人类合作行为的研究，取得了非常重要的成果。在《对策中的制胜之道——合作的进化》一书中，他从分析“重复囚徒困境”游戏的博弈对策出发，讨论了在一个以自利为行为动机的社会中，人们相互合作的可能性。[①] 在该书中，他还探讨了人类组织

① 参见［美］艾克斯罗德：《对策中的制胜之道——合作的进化》，上海，上海人民出版社，1996。

与自组织的形成问题。

根据艾克斯罗德的研究，在一个人人追求自我利益，而且没有中央集权（即没有外在的力量强制人们合作）的社会里，合作是可以出现的。合作的必要条件有两个：其一是关系持续，人们的交往不是一次性的。其二是相互回报。为了提高合作性，可以从以下几个方面去努力：第一，建立持久的关系；第二，增加识别对方行为的能力；第三，要维护自己的声誉，保证相互信任；第四，要保证对关系的控制力，分步合作，对对方的行为要奖罚分明。

一些管理学者探讨了组织中的人际合作问题。例如，阿盖尔等人的研究表明，在企业同事之间，有许多共同的规范促成他们之间的合作行为，表 3—2 是这些规范的一个清单。这些规范可能是隐含的、心照不宣的，虽然没有在公告栏中张贴，但是却具有很大的效力。[①] 需要注意的是，这种"同事间的规范"有文化的差异，也有组织的差异。例如，"用名字来称呼同事"在欧美企业中是合适的，在中国企业就不一定可行。在中国，于外资企业和新型的 IT 企业中可能以名字来称呼同事，但是在传统的国有企业和民营企业中，则往往以职位来称呼同事。

**表 3—2　　同事间的规范**

| | |
|---|---|
| 1. 承担公平的工作任务。 | 8. 用名字来称呼同事。 |
| 2. 尊重其他人的隐私。 | 9. 必要时，寻求建议与帮助。 |
| 3. 在共享的客观工作条件上表现出合作，例如办公室的温度、光线、噪音。 | 10. 交谈时，与同事保持目光接触。 |
| 4. 需要时愿意提供帮助。 | 11. 不要对他人的私生活过分好奇。 |
| 5. 保持自信。 | 12. 债务要偿还，对帮助和赞扬也要进行回报。 |
| 6. 尽管不喜欢，也要保持合作。 | 13. 不要与同事有性行为。 |
| 7. 不要诋毁上级。 | 14. 当同事缺勤时，承担他们的工作。 |
| | 15. 不要公开批评同事。 |

## 二、利他行为与侵犯行为

利他行为与侵犯行为（或称攻击行为）涉及人的本能或人性的善恶。单纯从人的天性本身去寻找利他或攻击的原因，没有多少实际意义，重要的是，我们需要了解导致利他行为或侵犯行为的社会因素与人格因素，由此探索让世界多一些关爱、少一些杀戮的有效方法。针对这个问题，社会心理学家对利他行为与侵犯行为进行了大量的研究。

### （一）利他行为

与利他行为（altruism）关系密切的有两个概念：助人行为（helping

① See M. Argyle & M. Henderson, *The Anatomy of Relationships*, Heinemann, London and Penguin Books, 1985.

behavior）与亲社会行为（prosocial behavior）。亲社会行为是指任何对他人、对社会有利的行为，例如帮助他人、自觉保护环境等。助人行为是指以个人为对象的亲社会行为。利他行为则是指不期待任何回报的亲社会行为。关于利他行为研究的最新进展，可以参见柯哲班（Kurzban）及其同事的综述文章。①

1. 利他行为概述

利他行为具有四个特征：第一，利他行为的目的是有益于他人，而不是为了自己的私利；第二，利他行为是一种自觉自愿的行为，不是迫于外界的压力而做出的；第三，利他行为不求任何回报，是一种真正的无私奉献；第四，利他行为具有自我牺牲性，它需要个人付出一定的代价，但是个人并不会计较。② 利他者往往不仅勇于奉献，而且乐于奉献，帮助他人可以使自己获得心理上的满足感。

利他者为什么会不求回报地帮助他人呢？巴特森（Batson）提出了一个“同情心—利他主义假说”（empathy-altruism）来解释这个现象。他认为，当我们看到某人需要帮助时，影响我们决策的首先是：我们对这个人是否感受到了同情心？当这个人显得很苦恼、很无助时，我们是否感同身受？如果产生了同情心，我们就会不计得失去帮助他（她）。如果我们并不同情他（她），交换心态就会主导一切，我们就可能计算提供帮助的利弊。当帮助他（她）能够获得好处时，例如并不费力就可以得到赞美，那么就会伸出援手；如果得不偿失，就可能袖手旁观。总之，按照这种假说，当人们对需要帮助的人产生强烈的同情心时，就会提供无私的帮助。

对于助人的动机，社会生物学和社会交换理论的观点与巴特森的假说不同。在社会生物学看来，助人是一种直觉反应，是基因进化的结果，是为了保护和促进那些在遗传上和我们相似的物种的利益。在社会交换论看来，助人是理性算计的结果，人们是为了利己而利人。对于这些观点，学术界讨论得相当热烈，但是还没有达成共识。③

2. 利他行为的影响因素

除了上述的动机因素之外，影响利他行为的还有情境因素与个人因素。个人因素包括可能提供帮助者的人格、性别、心情等，情境因素包括旁观者的人数、其他人的示范、需要帮助者的特点等。

研究发现，个人的价值观和个性特点是影响其是否愿意做出利他行为的重要因素。例如，在一些西方国家，信教的学生比不信教的学生更乐意从事公益活动。另外，一般来说，富有同情心而且自我效能感高的人帮助别人的可能性比较大。

在性别差异方面，有一些研究表明，男性在短期的需要冒险救助他人的场合

---

① See R. Kurzban, M. N. Burton-Chellew & S. A. West, The Evolution of Altruism in Humans, *Annual Review of Psychology*, 2015 (66).

② 参见郑全全、俞国良：《人际关系心理学》，299～300页，北京，人民教育出版社，1999。

③ See E. Aronson, T. Wilson & R. Akert, *Social Psychology*, Third Edition, New York, Longman, 1999, pp. 424 - 428.

表现比较突出，而女性在一些危险性比较小，但是承诺性比较大的长期扶助行为中出力更多。例如，在美国，因为冒着生命危险抢救陌生人而获得“卡内基英雄基金会”颁发的勋章的人员中，有91%是男性，而志愿帮助残疾人、照顾孤寡老人的，以女性居多。

心情也是影响助人行为的一个因素。研究表明，当人们心情比较好时，做好事的积极性比较高。对此，一些学者认为有三个原因：第一，愉快的心情使人们更加注意人生的光明面，更加注意别人的优点，把人往好的方面想，因此帮助他人的动机更强。第二，做好事可以延长好心情，形成一个良性循环。第三，好心情可以增加人的自我注意，使人们更有可能按照自己的理想形象来表现自己。

一些研究发现，在需要助人的情境中，存在所谓的“旁观者效应”（the bystander effect）：在有人需要紧急救助时，在场目睹此情境的人数越多，任何一个人出面相助的可能性就越小。拉塔内（Latane）与达里（Darley）对此现象提出了一个解释。他们认为，旁观者是否伸手相救，有一个由五个步骤组成的认知决策过程。在每一步上，旁观者都可能停顿下来。

步骤一：是否注意到该紧急事件。如果没有注意到，当然助人行为无从谈起。

步骤二：如何解释该事件。例如，当人们看到一个人躺在地上时，可能以为他喝醉了，也可能以为他病倒了。如果将事件解释为无关紧要（有人喝醉了），就可能不放在心上。如果认识到是一个紧急情况（有人病倒了），就可能考虑是否相救。

步骤三：对个人责任的评估，即个人对于解决该紧急问题有多少责任。如果认为责任重大，就可能采取行动；如果觉得自己没有什么责任，就可能无动于衷。此时，旁观者的人数多寡影响很大。当只有一个旁观者时，他（她）可能意识到遇到危险者的命运掌握在自己的手中，自己责无旁贷，如果不相救，难免很内疚；当旁观者较多时，责任就分散了，没有人觉得自己有特别的责任，即使发生不幸，个人的内疚感也可能比较小。

步骤四：是否知道如何相救。如果对于遇到的紧急情境没有任何经验和相关知识，也没有必需的能力，那么，即使真心想相救，也可能是束手无策，心有余而力不足。

步骤五：决定是否采取行动。当人们经过了上述所有步骤，觉得有责任相助而且知道该如何帮忙时，他们就进入了最后的阶段。这时，还可能考虑一些问题，包括对代价的衡量。

由于旁观者的助人行为决策需要经历如此复杂的过程，所以，存在“旁观者效应”也就不难理解了。

在需要救助的情境中，如果有人挺身而出，可能会起到很好的带头作用，为他人提供榜样，增加其他人助人的可能性。另外，一些研究还发现，如果遇到危险的人与我们相似，我们帮助他（她）的可能性更大。

社会风气也是影响助人行为的一个重要因素。近些年，这一点在中国社会表现得比较明显。当社会风气不好，正义难以伸张，人与人之间充满不信任时，人际冷漠现象就比较普遍。当见义勇为行为得到推崇和表彰，人们对法律法规的公正性和执法者的廉洁程度比较有信心，人与人之间信任度比较高时，乐于助人的行为就更容易出现。

## (二) 侵犯行为

侵犯行为（aggression）又称为攻击行为，是一种有意伤害他人，引起他人生理上或心理上的痛苦的行为。

1. 侵犯行为的原因

研究表明，导致人们做出侵犯行为的原因是多种多样的。其中主要的有：因为被别人侵犯而反击、为了达到某种目的而侵犯、本能的表现、由于受到挫折而侵犯、基于模仿而侵犯等。

(1) 对侵犯行为的反击。“人不犯我，我不犯人；人若犯我，我必犯人”，这是不少人遵循的行为准则。由于受到别人的攻击而“以牙还牙”是侵犯行为最普遍的原因。当人们感到自己被侵犯，或者被不平等地对待时，人们就可能即时地回应，或者在自己认为合适的时候反击。

(2) 工具性侵犯行为。有时，一些人的侵犯行为纯粹是一种手段——基于理性的算计，为了达到某种目的而去攻击他人。在竞争或冲突情境中，有些人认为“进攻是防守的最好形式”，于是采取攻击的手段来谋取自己的利益。

(3) 本能性侵犯行为。有些学者认为，许多动物往往为了争夺食物、领地和支配权而相互斗争，人类也是如此。而且，高级的需要也能够引起侵犯行为，例如为了自尊、为了宗教信仰，人们也可能攻击别人。然而，对于侵犯行为是不是本能的，还存在争论。

(4) 挫折引起的情绪性侵犯行为。当人们的目标行为受到阻碍或被打断时，就会产生挫折感。研究表明，挫折经历往往会增加侵犯行为的可能性。按照弗洛伊德等人的理论，如果个人积聚了过多的能量，这些能量就必须找到宣泄口。当自然的宣泄口——有目的的行为——被阻断时，能量将可能转移，找到其他替代性的宣泄口。对与目标有关或无关的物体或人的侵犯行为，也是宣泄的途径之一。一些学者指出，并非所有的挫折都导致攻击，当挫折是合理的、可以理解的时候（例如因为自己努力不够而没有通过考试），它通常不会引起攻击行为。研究还发现，除了挫折感之外，其他的负面情绪也可能导致攻击行为。

(5) 模仿引起的侵犯行为。研究表明，模仿可能导致侵犯行为，这一点在青少年身上尤其突出。例如，一些青少年看了有暴力镜头的电影或电视之后，就可能模仿其中的行为。

2. 对侵犯行为的应对

一些学者指出，在人际交往中，无论是为了有效地应对别人的侵犯行为，还是为了减少自己的侵犯行为，我们都需要学会采取自持行为。自持行为是指在不侵犯别人权利的情况下维护自己的权利。一方面，它不同于放弃自己权利的过分顺从行为，敢于坚持自己的正当权利；另一方面，它又不同于在追求自己的权利或利益时侵犯别人的权利的攻击行为。

需要自持行为的情境很多，例如：在“禁止吸烟”区要求某人熄灭烟头，买到不满意的商品后去商店退换，要求共用一个办公室的一位同事到别处聊私事，与和你争吵过的人重新开始讨论工作等。以下是一些学者总结的采取自持行为的几种技巧①：

(1) 基本的自持是对维护你的权利的简单表达。例如，当别人总是打断你的话时，你可以语气平和地告诉他：“对不起，我要说完我的话。”

(2) 当别人批评你的想法，却没有充分的理由时，可以采用模糊化的方法。即不对批评提出挑战，只是说：“你也许是对的，但是……”然后进一步说明你的主张。

(3) 如果你发现和对方在某件事上以前达成的约定被他忽略了，你可以用自持的陈述或通过提问提醒对方。

(4) 使用坚决而稳定的语音和以事实为基础的语气。

(5) 不要谴责或指责对方，也不要威胁对方。

# 第四节 中国社会中的人际关系

## 一、中国人的关系取向

人与环境的互动关系可以从两个维度来分析：一是自主性趋势，即人努力征服和支配环境以满足自己的欲望及兴趣；二是融合性趋势，即努力使自己配合或顺从环境，并分享及参与超越个我的较大事物或群体。基于这两种趋势，可以区分不同文化中的生活方式类型，其中最重要的两种类型分别是以自主性为重的个我取向（individual orientation）和以融合性为重的社会取向（social orientation）。研究表明，美国文化中个我取向比较突出，中国文化中社会取向占据主导。华人心理学家杨国枢对中国人的社会取向进行了比较系统的论述。②

杨国枢认为，中国人的社会取向表现在四个方面：家族取向、关系取向、权威取向和他人取向。关系取向是中国人在人际网络中的一种主要运作方式，具有五个重要特征：

(1) 关系形式化（或角色化）。传统中国人强调在人与人的社会关系中来界定自己的身份，例如，“我是某某的学生”，“我是某某的朋友”。关系形式化是以

① See M. Guirdham, *Interpersonal Skills at Work*, New York, Prentice Hall, 1995.

② 参见杨国枢：《华人社会取向的理论分析》，见杨国枢、黄光国、杨中芳主编：《华人本土心理学》，重庆，重庆大学出版社，2008。

关系角色化来落实的，将关系中双方的角色行为加以相当程度的定型化，其中最有代表性的就是五伦关系——父子、夫妻、兄弟姐妹（长幼）、君臣、朋友，其中的伦常规范是非常明确、不能违反的。

（2）关系互依性（或回报性）。每个人伦角色的行为规范，都与对应角色的行为规范密切配合，例如，父慈子孝、兄友弟恭、君仁臣忠等。对应角色的互依互惠，使人际关系成为一个共生的系统，在这个系统中，通过回报来达到关系的平衡是一个重要的规范。当然，当关系密切、人际信任程度比较高时，人们对于关系中临时的不平衡的容忍程度往往也比较高。

（3）关系和谐性。中国文化重视“和合”，强调天人合一，追求人际和谐。为了维护和谐，传统中国人提倡“忍让”，尽可能避免冲突。

（4）关系宿命论。传统中国人相信一切关系都是命中注定的，用“缘”的信念来强调各种现实人际关系及其发展变化的必然性。缘是一种宿命的信念，认为远在现实的关系发生之前，缘已经前定了某种特定人际关系的必然出现，而且还决定了关系的形态、长短及结局等。

（5）关系决定论。在社会互动中，对方与自己的关系决定了如何对待对方及其他相关事情。这也就是所谓的关系特殊主义，与一视同仁、对事不对人的普遍主义不同，关系特殊主义意味着对人不对事，关系不同，交往的法则也不同。

需要注意的是，随着社会的变迁，尤其是市场经济的发展，在中国人的社会行为中，个我取向的表现也在显著增加。

## 二、中国社会中的人际关系类型

对于华人社会中的人际关系类型，已经有许多研究。这里简要介绍几种比较有代表性的观点。

### （一）既有关系与交往关系

既有关系是指在某一时间点上两人关系中经由社会既定或认可的一些连带而形成的一个交往基础。例如，同乡、同事、校友等都属于既有关系。交往关系则是在某一时间点上两人实际交往的状态。雅各布斯（J. B. Jacobs）是较早提出类似的区分的学者。[①] 他曾经在台湾马祖实地观察当地居民如何在选举中运用关系。他认为人际关系包含关系基础及感情两个部分。关系基础是指两人通过一些共同点所建立的关联。感情则是由社会互动和相互帮忙而形成的联结。

### （二）情感性关系、工具性关系与混合性关系

在融合儒家思想和西方社会交换理论的基础上，黄光国提出了一个解释华人

---

① See J. B. Jacobs, The Concept of Guanxi and Local Politics in a Rural Chinese Cultural Setting, S. L. Greenblatt, R. W. Wilson & A. A. Wilson (Eds.), *Social Interaction in Chinese Society*, New York, Praeger, 1980, pp. 209 - 236.

社会人际交往的理论模式。① 按照这个模式，中国人将人际关系分为情感性关系、工具性关系与混合性关系三种类型，在不同的关系中，遵循不同的交往法则。

情感性关系通常存在于家人、亲密朋友之间，是一种长久、稳定的关系，它可以满足个人在关爱、温情、安全感、归属感等情感方面的需求。在情感性关系中，人们基本上是本着“各尽所能、各取所需”的“需求法则”交往的。不难看出，情感性关系与上面所说的共享关系很类似。

工具性关系通常存在于陌生人之间，是一种短暂的、不稳定的关系。人们与他人建立工具性关系的目的是以这种关系作为达成其他目标的手段或工具。例如，店员与顾客之间、公共汽车司机与乘客之间的关系就属于工具性关系。在工具性关系中，人们通常按照“公平法则”交往，所遵循的法则类似于前面所说的“市场定价”模式。

混合性关系介于情感性关系与工具性关系之间，双方有一定程度的情感，但是并不是很深厚，没有达到可以随意表现出真诚的行为的地步。一般来说，亲戚、邻居、师生、同学、同事等关系就属于混合性关系。混合性关系在时间上具有延续性，双方预期将来有进一步的交往。在混合性关系中，人们通常遵循“人情法则”。这种法则注重均等与互惠，类似于前面所说的“对等互惠”模式。

### （三）家人关系、熟人关系和生人关系

杨国枢认为，根据亲疏远近，中国人的人际关系可以分为三类，即家人关系、熟人关系和生人关系。② 在家人关系中，人们讲责任，不太在意对方是否回报；在熟人关系中，人们讲人情，做事能够通融；在生人关系中，人们讲利害，注重交换的公平和即时的平衡。

### （四）核心区域、可靠区域及有效区域

在《礼物的流动——一个中国村庄中的互惠原则与社会网络》一书中，阎云翔分析了一个中国村庄中的互惠原则与社会网络。③ 他发现，一个村民的私人关系可以根据可靠性程度的不同而划分为几个区域，分别是核心区域、可靠区域、有效区域和村庄共同体，再往外就是外部世界。在外部世界，关系是一种办事的手段，相应地，送礼也是一种短期的、工具性的活动。但是，在村庄边界以内，送礼和关系则有不同的含义。

核心区域由一个人的家庭成员构成，包括亲近的族亲与姻亲，这是一个人亲

① 参见黄光国：《人情与面子：中国人的权力游戏》，见黄光国编：《中国人的权力游戏》，7～66页，台北，巨流图书公司，1988；另参见黄光国编：《面子——中国人的权力游戏》，北京，中国人民大学出版社，2004。

② 参见杨国枢：《中国人的社会取向：社会互动的观点》，见杨国枢、余安邦主编：《中国人的心理与行为——理念及方法篇（一九九二）》，台北，桂冠图书公司，1994。

③ 参见阎云翔：《礼物的流动——一个中国村庄中的互惠原则与社会网络》，95～110页，上海，上海人民出版社，2000。

属网络的中心。可靠区域由一个人的好友们组成。核心区域与可靠区域之间的界限并非很严格，因为对一些人来说，最好的朋友可能比亲戚还亲近，从而可能进入核心区域。有效区域由一般亲友组成，包括的人数较多，在吸收新成员方面也更加开放。阎云翔的研究发现，个人与在核心区域的人交换的礼物最多，可靠区域次之，有效区域再次之。

## 三、中国社会中的人际交往方式

中国人的人际交往是在中国特定的社会文化情境中展开的，带有鲜明的文化特色，同时又受到现实环境的影响。因此，在分析中国人的交往行为时，我们一方面要分析中国文化传统在理想的层次上，给了我们什么有关人际交往的指导原则；另一方面要分析在此文化中生活的人，在从理想的应然层次降到现实的实然层次时，如何运用这些原则来处理人际关系。

对于人际交往，传统中国文化中的三个观念具有重要影响：(1) 和谐的天人和人际关系；(2)"牺牲小我完成大我"的人群关系；(3) 以君子为个人的楷模。[①] 这种理想的文化观念引导人们要表现克己无私的行为。在他人面前，人们要表现出"不自私"的、"为公"的"大我"，就像朋友聚餐时抢着付账一样。当"小我"尚未被完全消灭时，人们就会面对一个冲突：一方面要遵循文化要求不自私的"礼"，另一方面又要兼顾自己"小我"的需求。杨中芳曾提出一个她认为是中国人解决上述冲突最根本、最普遍的途径，即"人人为我、我为人人"的人际交往模式。[②]

在这个模式中，交往双方以相互合作、相互帮助、相互依赖的精神，各自在表层以关怀同时满足对方私下的心愿为目的，里层则主要期待对方以完成自己的私下心愿为回报。这个交往模式在表面上看来是一个相互礼让，相互体贴，相互回报，"绝对利他、毫不利己"，以忠、恕为基本价值的"礼让"系统，完全符合文化的指引。然而，在更深的一层，则通过交往中另一套内隐的、含蓄的沟通方式，互通款曲，让对方知道自己的"小我"心愿，逐渐建立一个以相互满足对方"小我"需求为目的的工具性"交换"系统。

这个模式下的双层人际交往系统所依靠的心理基础本来应该是不同的：前者是应然的，情感表达的，是以道德修养而产生的"仁"为出发点的，对对方所引发的本性之情；后者则是实然的，是理性计算的，是以对方对自己来说的利用价值为出发点的。个人的道德修养是这两层次交往之间的桥梁。在个人修养达到"圣人"的境界时，两层次合而为一，以上层的"仁"为一切行事准则。在个人

---

① 参见杨中芳：《人际关系与人际情感的构念化》，载《本土心理学研究》，1999 (12)。

② See C. F. Yang, Psychocultural Foundations of Informal Groups: The Issues of Loyalty, Sincerity, and Trust, paper presented at the 47th Annual Meeting of the Association of Asian Studies, Washington, D.C., 1995.

道德修养尚未达到至善之时，前一系统之心理依凭很可能并不是由心底里引发的本性，而是一种“礼”的义务，或是要“济私”的“假公”。随着个人道德的发展，“大我”逐渐扩大，“小我”逐渐缩小，与其他人的交往也会越来越趋向表里合一的“礼让化”。

基于此模式，中国人的人际交往系统表现出以下特点：第一，自我表达的双层性。“公我”（在公众面前所表现的“大我”）与“私我”（自己心中自发的“小我”）距离比较大，使外在的行为与内心的想法之间往往不互相配合，所谓的言不由衷就是如此。第二，人际沟通的间接性。双方都必须在“礼让”的大前提之下，用一些间接、隐晦的方式把自己的需求传达给对方。一个人的言辞以及外表行为，往往不能代表他（她）真正所想的及所要的，双方必须不断地去猜测、体会对方到底想要什么。如果无法达成“默契”，人际关系就可能出现问题。第三，需求达成的间接性与互赖性。由于主动为自己争取或要求什么会被认为是自私自利的，所以要靠他人来完成自己的愿望，自己的行为也多半集中在去完成他人的愿望上。因此，从表面上看来，大家好像都是在为他人、为集体而行动，但是，内里双方依赖对方来完成自己的愿望。第四，以人际信任为交往的基础。在这个交往模式中，“回报”是最关键的一个概念。然而，由于个人私底的意愿必须靠对方来满足，而双方对这样的交换又不能言明，只能“期望”对方能履行其“回报”的义务，给予自己所需之物。这样一来，双方都必须寻找一些他们认为最会履行“回报”义务的人来交往。这样才不会令自己的“期望”落空，才能确保自己在人际交往中得以满足自己的需求。这就使“人际信任”变成人际交往的基础，而这个“信任”是一种“保证”。①

上述杨氏的人际交往模式为我们理解中国人的关系行为提供了一个很好的视角。当然，实际的人际交往行为还受到多种因素的影响，包括交往情境（是工作情境，还是社交情境）、双方关系（亲疏远近、关系是否平等）、个人价值观念、所在社会网络的性质等等。另外，社会变迁也在显著地改变着中国人的交往模式。

**本章要点**

1. 社会心理学所研究的人际关系是狭义的人际关系，是指人们在交往过程中所形成的心理关系。情感上的“亲疏”与地位上的“尊卑”是人际关系中两个最基本的维度。

2. 人际关系是一个涉及面很广的研究领域，许多学者从不同的角度提出了自己的理论和观点。费斯克认为，社会互动主要有四种模式：共享、权威排序、对等互惠、市场定价。这四种模式是存在于个人大脑中的关系原型，可以帮助人们理解和建构社会关系，决定与不同对象交往的方式。在社会生活中，人们会根

---

① 本部分主要参考和引用了以下文献：杨中芳、彭泗清：《人际交往中的人情与关系》，见杨国枢、黄光国、杨中芳主编：《华人本土心理学》，重庆，重庆大学出版社，2008。

据具体情况，灵活地组合这四种基本模式，建构出复杂的人际关系。克拉克与米尔斯区分了两种不同的人际关系：交换关系与共享关系。前者强调礼尚往来，讲究平衡与对等；后者关心对方的幸福，讲究需求法则，而且不期望对方做出对等的回报。

3. 采用社会测量法，可以定量地了解整个群体的人际关系状况，以及每个成员个人的人际关系状况。

4. 技术的发展对人际关系的形态有显著影响。互联网的普及造就了虚拟人际关系。这种人际关系具有一系列不同于实际人际关系的特征。

5. 影响人际吸引的因素主要有三个：相貌、正面的交往、相似性与互补性。相互吸引只是关系发展的一部分，关系的进展，还要取决于人们的交往行为与交往动机。交往行为包括工具性的交换和情感性的交流，交往动机则是指人们在交往中到底想得到什么。良好的人际关系是在交往双方的自我表露逐渐增加的过程中发展起来的。勒温格等人认为，关系的发展有三个阶段：单向注意阶段、表面接触阶段、相互卷入阶段。阿特曼等人提出了社会渗透理论，认为关系发展的过程是由较窄范围的表层交往，向较广范围的密切交往发展，良好的人际关系的发展，一般经过四个阶段：定向阶段、情感探索阶段、情感交流阶段、稳定交往阶段。

6. 在密切关系中，人们来往频繁，双方有很深的情感卷入和高度的相互依赖，交往动机由注重交易转变为追求共享，双方有心理上的密切感，表现为广泛的自我表露、相互理解、相互关心、相互接纳。

7. 爱情是一种特别的密切关系。哈特菲尔德等人区分了“友谊式爱情”与“狂热式爱情”。斯腾伯格提出了爱情的三因素理论，他认为爱情有三个基本的成分：亲密、激情与承诺。

8. 在各种人际关系中，都难免出现冲突。冲突是一种对立的状态，表现为两个或两个以上的相互关联的主体之间的紧张、不和谐、敌视，甚至争斗关系。冲突可能产生于客观存在的分歧，也可能根源于主观想象的矛盾。冲突的结果可能是负面的、消极的，也可能是正面的、积极的，因此，如何管理冲突已经成为人类生活中的一个重要议题。在处理冲突时，存在明显的个体差异，不同的人有不同的“冲突风格”。人们处理冲突的方法可以从两个维度上来分析：一个是合作性，即关注他人需求、愿意满足他人需求的程度；另一个是自持性，即关注自己的需求、坚持满足自己的需求的程度。根据人们在这两个维度上的表现，可以区分五种比较典型的冲突处理方式：竞争模式、回避模式、顺应模式、妥协模式、合作模式。冲突处理的模式存在文化差异。

9. 如何增进人们之间的合作，是学术界非常关注的一个问题。根据艾克斯罗德的研究，在一个人人追求自我利益，而且没有中央集权的社会里，合作是可以出现的。合作的必要条件有两个：其一是关系持续；其二是相互回报。

10. 亲社会行为是指任何对他人、对社会有利的行为。助人行为是指以个人为对象的亲社会行为。利他行为则是指不期待任何回报的亲社会行为。影响利他行为的有动机因素、情境因素与个人因素。一些研究发现，在需要助人的情境中，存在所谓的“旁观者效应”：在有人需要紧急救助时，在场目睹此情境的人数越多，任何一个人出面相助的可能性就越小。

11. 侵犯行为是一种有意伤害他人，引起他人生理上或心理上的痛苦的行为。研究表明，导致人们做出侵犯行为的原因是多种多样的。其中主要的有：因为被别人侵犯而反击、为了达到某种目的而侵犯、本能的表现、由于受到挫折而侵犯、基于模仿而侵犯等。在人际交往中，无论是为了有效地应对别人的侵犯行为，还是为了减少自己的侵犯行为，我们都需要学会采取自持行为，即在不侵犯别人权利的情况下维护自己的权利。

12. 美国文化中个我取向比较突出，中国文化中社会取向占据主导。中国人的社会取向表现在四个方面：家族取向、关系取向、权威取向和他人取向。关系取向是中国人在人际网络中的一种主要运作方式。

13. 黄光国将中国人的人际关系分为情感性关系、工具性关系与混合性关系三种类型。杨国枢认为，根据亲疏远近，中国人的人际关系可以分为三类，即家人关系、熟人关系和生人关系。在不同的关系中，人们遵循不同的交往法则。

14. 杨中芳提出了中国人“人人为我、我为人人”的人际交往模式，以解释人们如何协调文化规范和现实需求之间的关系，进行富有中国特色的人际交往。

**基本概念**

交换关系　共享关系　社会测量法　自我表露　爱情的三因素理论　旁观者效应　情感性关系　工具性关系　利他行为　侵犯行为　关系取向

**复习思考题**

1. 说明社会关系的四种模式。
2. 影响人际吸引的因素主要有哪些？
3. 简述社会渗透理论。
4. 密切关系有哪些特征？
5. 谈谈你对于冲突管理方式的理解。
6. 侵犯行为的原因有哪些？
7. 如何采取自持行为？
8. 评述爱情的三因素理论。
9. 分析中国人人际关系和人际交往的特点。

**推荐阅读书目**

费孝通．乡土中国．北京：三联书店，1985.

黄光国．中国人的权力游戏．台北：巨流图书公司，1988.

郑全全，俞国良．人际关系心理学．北京：人民教育出版社，1999.

蔡树培．人群关系与组织管理．北京：九州出版社，2001.

阎云翔．礼物的流动——一个中国村庄中的互惠原则与社会网络．上海：上海人民出版社，2000.

［美］艾克斯罗德．对策中的制胜之道——合作的进化．上海：上海人民出版社，1996.

Altman I，Taylor D A. Social penetration：The development of interpersonal relations. New York：Holt，Rinehart and Winston，1973.

Batson C D，Thompson E R. Why don't moral people act morally? Motivational considerations. Current Directions in Psychological Science，2001（10）：54－57.

Berscheid E，Regan P. The psychology of interpersonal relationships. New York：Prentice-Hall，2005.

Decety J，Jackson P L. A social-neuroscience perspective on empathy. Current Directions in Psychological Science，2006（15）：54－58.

Diamond L M. Emerging perspectives on distinction between romantic love and sexual desire. Current Directions in Psychological Science，2004（13）：116－119.

Fiske A P. Structures of social life：The four elementary forms of human relations. New York：Free Press，1991.

Forgas J P，Fitness J，eds. Social relationships：Cognitive，affective and motivational processes. New York：Psychology Press，2008.

Furman W. The emerging field of adolescent romantic relationships. Current Directions in Psychological Science，2002（11）：177－180.

Guirdham M. Interpersonal skills at work. New York：Prentice Hall，1995.

Kelley H H. Personal relationships：Their structure and processes. NJ：Erlbaum，1979.

Kruglanski A W，Fishman S. Terrorism between "syndrome" and "tool". Current Directions in Psychological Science，2006（15）：45－48.

LeBlanc M M，Barling J. Workplace aggression. Current Directions in Psychological Science，2004（13）：9－12.

Mikulincer M，Shaver P R. Attachment security，compassion，and altruism. Current Directions in Psychological Science，2006（14）：34－38.

Olds J，Schwartz R. The lonely American：Drifting apart in the twenty-first century. Beacon Press，2009.

Reis H T，Collins W A. Relationships，human behavior，and psychological science. Current Directions in Psychological Science，2004（13）：233－237.

第四章

# 社会认知

# 第一节 社会知觉

## 一、社会知觉的含义

社会知觉是对人和社会群体的知觉。社会知觉是主体的一种特殊的社会意识。它影响着主体的心理活动，调节主体的社会行为。

作用于人的信息有两大类：一类是自然界中的机械、物理、化学和生物方面的信息；另一类是由人的实践所构成的社会现象的信息，这包括担任社会角色并具有人性的人、人际关系和群体，以及各种社会结构和社会事件等。如果说后者是社会性信息，那么前者则为非社会性信息。对非社会性信息和社会性信息所形成的知觉，通称为知觉，而对社会性信息所形成的知觉就叫作社会知觉。所以，社会知觉就是指个人在社会环境中对他人（某个个体或某个群体）的心理状态、行为动机和意向（社会特征和社会现象）做出推测与判断的过程。

人对社会客体的感知和认识过程，与对自然客体的感知和认识过程相对应。包括对他人、对自己和对群体的知觉，原来这个术语主要用来指人际知觉，即个人对个人的知觉。苏联社会心理学家安德烈耶娃（Г. М. Андреева）认为，社会知觉的内涵更加广泛。从知觉客体来看，它不仅指个人对个人的知觉，而且也包括对群体的知觉。从知觉主体来看，不仅个体，而且群体也可以视为知觉主体，如群体对其成员的知觉、群体对其他群体的知觉、群体对其他群体成员的知觉、群体对自身的知觉等。

社会知觉的概念是美国心理学家 J. 布鲁纳（J. Bruner）于 1947 年在知觉研究中采用的，用来指知觉的社会决定性，即知觉不仅仅取决于客体本身，也取决于主体的目的、态度、价值观和过去的经验。这种用法与社会心理学中的用法有所不同。在社会心理学中，社会知觉主要用来表示对人、对己和对社会群体的知觉。

社会心理学中社会知觉的“知觉”一词，其含义与传统普通心理学中的“知觉”也有所不同。在传统普通心理学中，知觉不包括判断、推理等认识过程。而这里的知觉既包括对人的外部特征的知觉，也包括对人的个性特点的理解、对人的行为的判断和解释。这里的知觉相当于认识，因此在社会心理学书籍中有人主张用“社会认识”一词来代替“社会知觉”。

苏联社会心理学家包达列夫（А. А. Бодалев）认为，人际知觉过程具有两个层次，表现为反映社会现实的两个水平，即感知水平和逻辑水平。前者指形成关于某人外貌的形象，如外表、衣着、表情等；后者指在感知基础上对该人个性特点的推论。苏联的研究查明，在感知水平上对人知觉和对物知觉也有所不同，如人面辨认阈限低于物体辨认阈限。

海德在其《人际关系心理学》一书中指出对人知觉和对物知觉的三个差别：(1) 人能体验其内部生活，而物不能。每个人都能体验到其思想和感情，认为别人也是如此。(2) 物不被认为是其自身活动的原因，而人则往往被认为是第一原因。责任感就意味着个人的行动有其内部原因，而不只是对环境的反应。(3) 人可以有意识地操纵和利用知觉者，而物则不能。对人知觉的目的就是使观察者预测作为刺激之人的可能的行动，以便预先计划自己的行动。

社会知觉包括四个方面的内容：

(1) 对人知觉（包括对他人和自我的知觉）：是指通过对他人外部形态和行为特征的知觉，进而了解其心理活动。

(2) 人际知觉：是指对人与人之间关系的知觉。

(3) 角色知觉：是指对人们所表现的角色行为的知觉。

(4) 因果关系知觉：是指对社会事件因果关系的知觉，在有关的一系列社会知觉中对其因果关系的知觉。

人们如何感知与判断自己和他人的性格、能力？如何形成对他人或群体的印象？如何推断自己和他人的行动及某些事件发生的原因？这些都是社会知觉与认知领域要研究和回答的问题。

与对物的知觉相比，社会知觉有一些独特性：

(1) 认知对象的独特性。人能体验其内部世界，而物不能，所以社会知觉的主体可能同时还是社会知觉的对象。换句话说，社会知觉的对象是有意识的人、复杂的社会环境和人际关系，而人们对这些对象的知觉又是通过一些特殊的介质进行的。例如，通过他人的言行、表情、态度等来认识、判断，但是，无论是知觉的主体，还是知觉的对象，都会掩饰自己的内在动机，所以，人们的社会知觉判断常常可能是不准确的。

(2) 对他人行为的期望会影响社会知觉过程。社会知觉的主客体能够理解彼此间的行为对对方的利害关系，于是知觉者和被知觉者都可以有意识地操纵和利用彼此。当个体能够预测他人可能做出的行动时，自己便可以预先计划自己的行动。因此相互间的期望会影响彼此的知觉。

(3) 社会知觉加工过程的特殊性。进行社会知觉也需要对知觉对象的各种信息加以组织和分类，但社会知觉往往根据他人的外表和行为进行概括和判断，而且在加工过程中，对信息的处理也更容易采用以点代面的策略，所以，个人的经验会严重影响社会知觉的过程。另外，人总是在不断变化，人与人之间的差异很大。因此，获得对人的知觉要比获得对物的知觉更为困难。

近年来，现代认知心理学介入社会心理学，出现了“社会认知”这个词，社会认知的含义与社会知觉相当，但侧重从认知结构的角度探讨社会知觉的过程。

社会认知（social cognition）是与社会知觉（social perception）相互联系的概念，两者都研究个体及群体如何感知与理解自己、他人及日常生活事件等。在早期的传统社会心理学中，常用社会知觉这一术语；但随着认知心理学的兴起及其概念、研究方法等向其他领域的渗透，到了20世纪80年代，社会认知已成为社会心理学的一个主要研究领域，并被当作独立的章节出现在一些现代的社会心理学教科书中。至于社会知觉与社会认知之间的关系，目前还没有统一的认识。一种倾向认为，社会认知是社会知觉中“人知觉”的其中一项，社会知觉是个人对社会中的人、事、物的了解、认识和判断。而社会认知是以既有的认知结构为基础，对别人所形成的知觉，不过此种认知未必正确。这从各教科书在有关章节的安排上可窥一斑。如泰勒等编著的《社会心理学》（第8版）把对人的知觉（person perception，是社会知觉的同义词，因社会知觉的具体对象是人）与社会认知并列成为各自独立的一章。[①] 而沃切尔等编著的《了解社会心理学》（第4版）则把社会认知与自我知觉并列成为各自独立的一章，在“社会认知”一章中主要讲的是刻板印象、印象形成与归因等，也就是说把社会认知基本上等同于社会知觉。[②] 另一种倾向认为，社会认知与社会知觉研究的对象，内容是相似的，甚至可以说是相同的，都是研究个体对自己、他人及群体的看法，对行为、事件的解释、推断等。社会认知与其说是社会心理学的一个分支领域，不如说是一种研究思路与趋向，即用认知心理学研究实验室中无或少社会意义的图形、字母、音节等刺激的概念（如表征、图式等）与方法（如反应时、启动）来研究更具社会意义的、与人有关的刺激与信息，即探讨个体是如何加工、组织、提取与利用信息来形成对自己、他人与群体的印象与看法，来解释社会行为与事件的。可见，社会认知的研究给传统的社会知觉这一社会心理学研究领域注入了新的活力，使我们更能了解社会知觉背后的认知过程。

## 二、自我知觉及自我概念的形成

自我知觉是社会知觉的原点，任何社会知觉都由自我知觉开始，都有自我知觉的参与过程。

试想一下在你向别人描述自己时，你首先提到的特征是什么？是你的性格特征（如内、外向）、外表特征（如高矮胖瘦），还是社会类别（如男女）？除这些具体的特征之外，你可能还会向别人大致介绍一下你对自己的总体评价，如“我这个人还不错”。这种个体对自己的认识与评价就是自我知觉要研究的内容，它们在现代社会心理学中备受重视。传统的社会心理学对自我的研究关注的是个体

---

① See S. E. Taylor, L. A. Peplau & D. O. Sears, *Social Psychology*, Eight Edition, Prentice Hall Inc., 1994.

② See S. Worchel, J. Cooper & G. R. Goethals, *Understanding Social Psychology*, Fourth Edition, The Dorsey Press, 1998.

如何受情境影响，所以，传统的研究方法是操纵情境的特征来看它对个人行为的影响。在这种研究背景下，个体被当作是相似的、可互换的。

现代社会心理学意识到个体特定特征（如人格特质）的重要性，意识到不仅某一情境可使所有个体表现相似，而且有些人不管情境如何变化总倾向于表现出一致的行为。所以，现代的社会心理学对自我的研究极其重视，致力于了解人们如何获得对自己的认识，这些认识又是如何影响自己的想法、情绪与行为的，等等。

所谓的自我知觉（self-perception）就是个体对自己的认识与评价。自我知觉的内容主要有两个基本成分：自我概念与自尊。自我概念（self-concept，又叫自我认识，self-knowledge，或自我图式，self-schema）是指个体对自己所有特征的认识的集合，它包括个体对自己的社会角色、性格、能力、身体等方面的认识。自尊（self-esteem）是个体对自己的整体评价，它可以是积极的，也可以是消极的，它反映了个体对自己是否满意。个体对自己某一具体领域的能力的评价称为自我效能感（self-efficacy），与自尊虽有联系但有区别。

至于自我概念与自尊的关系，前者是后者形成的基础，即个体通过对自己的认识产生对自己的评价；反过来，对自己的正负性评价也会影响，甚至是歪曲对自己的认识与看法。两者的区别在于自我概念关注的是对自己的认识、看法（thoughts），其中的认识有好、有坏，也有中性的。自尊关注的是对自己品质、性格、能力等的评价，关注的是对自己的情感（feelings），正负性更明显些，主观性也更强些。同样的自我概念，如“好强”，对于某些男性可能强化他们的自尊，而对于某些女性，则可能会减弱她们的自尊。

需指出的是，也有一些学者[①]把自尊当作自我概念中的一个具有评价性质的成分，即认为“自我概念”是一个更广泛的名词，它既包括认知成分，也包括由评价而引起的情感成分。

### （一）自我概念形成的信息来源

自我概念是后天获得的，是个体在社会环境中、在与他人的互动中逐步形成的。一般说来，一个人对自己的认识可以通过下面四个主要渠道而逐渐形成。

1. 他人的反馈

有时，别人会对我们的品质、能力、性格等给予清晰的反馈，从而使我们增加了对自己的了解。如当父母告诉我们不要害羞、老师告诉我们在数学上要更加努力时，我们就会知道自己是一个害羞的人、数学成绩不好的人。特别是当许多人对自己的看法都一致时，我们就会相信这种看法是真的，从而确信自己就是这样的人。

2. 反射性的评价

有时，他人，特别是与我们无关系的人，并不会给予我们清晰的反馈，但我

① 参见杨中芳总校订：《性格与社会心理测量总揽》，上册，157～218页，台北，远流出版社，1997。

们可以从他们对我们的态度（如冷淡、瞧不起）及反应（如拒绝）中来了解自己。符号互动论学者库利（C. H. Cooley）提出了“镜中我”（looking-glass self）这一概念，认为我们感知自己就像别人感知我们一样，镜子中的我或别人眼中的我就是我们感知的对象。① 所以，我们常根据别人如何对待我们来了解自己，这一过程就叫反射性的评价。

3. 据自己的行为来推断

贝姆（D. Bem）提出的自我知觉理论（self-perception theory）认为，在内部线索（如想法、情绪）微弱或模糊的情况下，人们常根据自己的外在行为来推断自己的特征（如性格、态度、品质、爱好等等）。如当一个人去教堂时，就认为自己是虔诚的教徒。但在大多时候，人们常根据自己的内部线索，如想法、情绪来了解自己，而且比根据外显行为更准确，因为行为更易受外在压力的影响，更易伪装。②

4. 社会比较

费斯廷格（L. Festinger）于1954年提出了社会比较（social comparison）理论。他认为，人们非常想准确地认识、评估自己，为此，在缺乏明确的标准时，人们常和与自己相似的人比较。③

目前，费斯廷格有关“准确性是社会比较的唯一目的”这一观点已受到挑战，而且其理论已被扩展。如，伍德（J. V. Wood）把社会比较的动机概括为准确的自我评价、自我美化（self-enhancement）、自我保护（self-protection）与自我提高（self-improvement）；把社会比较的方式分向上比较（upward comparison）、相似比较（similar comparison）与向下比较（downward comparison）。④很多研究已表明，当个体的目的与动机不同时，所采用的社会比较策略、方式也不同。如自我美化的动机使个体倾向于与不如自己幸运、成功、幸福的人比较，即向下比较，以证明自己还不错。自我提高的动机常驱使人们与更成功的人比较，即向上比较，以激励自己更上一层楼。

社会比较至今仍是社会心理学中的一个重要研究领域（因此本书在此对它多作介绍）。在国内，也有一些学者探讨了性别、民族、独生子女与非独生子女、内外倾人格、社会与个人成就动机在社会比较倾向上的差异⑤，以及向上社会比较对个体能力评价的影响⑥等。

---

① See C. H. Cooley, *Human Order and the Social Order*, New York, Scribner's, 1902.

② See D. Bem, Self-Perception Theory, L. Berkowitz (Ed.), *Advances in Experimental Social Psychology*, Vol. 6, New York, Academic Press, 1972.

③ See L. Festinger, A Theory of Social Comparison Processes, *Human Relations*, 1954 (7), pp. 117-140.

④ See J. V. Wood, Theory and Research Concerning Social Comparisons of Personal Attributes, *Psychological Bulletin*, 1989, pp. 106, 231-248.

⑤ 参见王俊秀：《初中生同伴间社会比较研究》，载《社会心理研究》，1998（4）。

⑥ 参见付宗国、张承芬：《群际情境下向上社会比较信息对自我评价的影响》，载《心理科学》，2004（1）。

我们从以上各个渠道获得的对自我的认识还是零零碎碎的片断，还需要我们对它们进行加工，如去除不一致的、互相矛盾的信息，挑选出对我们重要的、核心的特质（如好心肠的、能干的），然后把这些片断整合成统一的、稳定的自我概念。自我概念一旦形成，就会拒绝变化，人们就不再根据自己的行为来推断自己是什么样的人。别人如何对待我们、对我们有什么评价，都很少能使我们改变已形成的自我概念。

## （二）自我概念的作用

如上所述，自我概念一旦形成就不会轻易改变，而且还影响着个体的想法、情绪与行为。如，当一个人认为自己画画有天赋而别人却说他画得不好时，他就可能不相信，认为对方外行，从而对这种批评产生愤怒的情绪，而且还可能报美术班或报考美术学院等。下面我们只详细地介绍自我概念对行为的作用。

有些时候，人们有一种自我表达（self-expression）的动机，即人们试图通过自己的行动来表达与反映自己对自己的认识，即自我概念。如果一个人认为自己是一个热心肠的、有爱心的人，他就有可能给希望工程捐款。研究表明，如果可以选择的话，大多数人都倾向于进入能允许他按与自我概念一致的方式行动的社会情境。① 正因自我表达性的行为是对自己认为的真我的反映，所以这就可能使他人对我们形成准确的印象，从而使他们按我们的意愿来对待我们。但是，我们生活在社会上，总要受社会规范与道德的制约，总不能按自己的真我为所欲为。如当一个人认为自己是一个凶恶的人时，那他就去杀人则是不被容许的。有些时候，为了获得别人的接受、称赞，为了获得金钱、权力等资源，我们不得不表现出一个好的形象，不管这个形象是不是我们所认为的真我。这种为了获得权力、赞许等而给别人留下好印象的动机称为自我表演（self-presentation）。② 大多数人都很想给别人留下一个好印象，毕竟一个好印象对恋爱的成功、找到如意的工作能起到关键的作用，进而影响着我们生活的好坏及幸福与否。不过，自我表演的痕迹不要太明显了，否则效果适得其反。

虽然人们有时会从事自我表达性的行为，有时会从事自我表现性的行为，但人们对两者之一会有一种稳定的偏好。至于偏好于哪一种，要据自我监控（self-monitoring）水平而定。自我监控是一种人格特征，是指个体对社会情境的需要及据此采取相应行动的敏感性及灵活性。③ 高自我监控的人常根据当前所处的情境及观众的需要而采取相应的行为，呈现出相应的形象；而低自我监控的人常根

① See M. Snyder & S. Gangestad, Choosing Social Situations: Two Investigations of Self-Monitoring Processes, *Journal of Personality and Social Psychology*, 1982 (43), pp. 123－135.

② See E. E. Jones & T. S. Pittman, Toward a General Theory of Strategic Self Presentation, J. Suls (Ed.), *Psychological Perspectives on the Self*, Hillsdale, NJ, Erlbaum, 1982.

③ See M. Snyder, Self-Monitoring of Expressive Behavior, *Journal of Personality and Social Psychology*, 1974 (30), pp. 526－537.

据自己内心的态度及自己的性格而行动，所以，在不同的情境中，在面对不同的观众时，都表现出一致的行为。

## （三）自我概念的测量

由于自我概念对人的情绪、行为有极大的影响，所以对它与其他变量（如年龄、学业成绩和工作业绩等）之间关系的研究颇多，对它进行测量的工具也较多。下面只介绍较流行的两种工具。①

1. 田纳西自我概念量表

田纳西自我概念量表（Tennessee Self-Concept Scale）是由费茨（W. H. Fitts）编制的，它适用于12岁以上的受测者。② 此量表由100个自我描述句组成，分别描述了身体自我、道德伦理自我、个人自我、家庭自我和社交自我五个方面。要求受测者在5点量尺上标明他们同意或不同意每一描述的程度。具体题目如“我有一个健康的身体”，“我对自己的品行感到满意”，“我是一个快乐家庭的成员”。此量表的分半信度为0.91，间隔6周的再测信度系数为0.62至0.94。

在国内，俞国良、翁亚君曾使用田纳西自我概念量表对10～15岁学习不良儿童的自我概念的发展特点进行过研究。③

2. 自我描述问卷Ⅰ、Ⅱ和Ⅲ

自我描述问卷（Self-Description Questionnaire，SDQ）试图多维度地测量自我概念，马什（H. W. Marsh）及其同事分别于1983年、1984年编制了三个版本，分别适用于儿童（SDQ—Ⅰ）④、青少年（SDQ—Ⅱ）⑤ 与成人（SDQ—Ⅲ）⑥。每个版本都包括评鉴这一年龄段构成自我概念的许多因素。SDQ—Ⅰ包括下列七个层面的内容：体能、外表、与同伴的关系、与父母的关系、阅读、数学和（其他）学校科目，它由66个题目构成。SDQ—Ⅱ由122个题目构成，包括以下层面：整体学业成绩、体能、外表、与同性同伴的关系、与异性同伴的关系、与父母的关系、诚实与否以及情绪稳定性。SDQ—Ⅲ比SDQ—Ⅱ增加了两个层面：问题解决和创造性、宗教。

---

① 详细的介绍与出处请参见杨中芳总校订：《性格与社会心理测量总揽》，上册，第4章。

② See W. H. Fitts, *Manual of Tennessee Self-Concept Scale*, Nashville, TN, Counselor Recordings & Tests, 1965.

③ 参见俞国良、翁亚君：《10～15岁学习不良儿童的自我概念发展特点的研究》，载《心理发展与教育》，1996（2）。

④ See H. W. Marsh, I. D. Smith & J. Barnes, Multitrait-Multimethod Analysis of the Self-Description Questionnaire: Student-Teacher Agreement on Multidimensional Rating of Student Self-Concept, *American Education Research Journal*, 1983 (20), pp. 333 - 357.

⑤ See H. W. Marsh, J. Parker & J. Barnes, Multidimensional Adolescent Self-Concepts: Their Relationship to Age, Sex and Academic Measures, *American Education Research Journal*, 1984 (22), pp. 422 -444.

⑥ See H. W. Marsh & R. O' Neill, Self-Description Questionnaire Ⅲ: The Construct Validity of Multidimensional Self-Concept Ratings by Late Adolescents, *Journal of Educational Measurement*, 1984 (21), pp. 153 - 174.

自我描述问卷的具体题目如用“我长得很好看”测外表，用“我与父母相处融洽”测与父母的关系，用“我易于结交朋友”测与同伴的关系。

自我描述问卷在国内被广泛使用，而且应用于青少年的问卷 SDQ—Ⅱ已经被华东师范大学心理学系的陈国鹏等人加以修订，信度、效度都不错。[①]

## 三、自尊及其测量

### （一）自尊的构建

就像我们利用多种信息来构建自我概念一样，我们也根据多种信息来评价自己，从而形成不同水平的自尊。总的说来，一个人自尊的高低主要受下面三种信息的影响。

1. 生活中的成败经验

成功常使我们感觉不错，信心倍增，从而形成高自尊；失败常使我们自己信心全无，从而形成低自尊。

2. 社会比较得来的信息

像自我概念一样，自尊的建构也依据社会比较。有时我们无法选择跟谁比。我们中间有许多人可能有这种不幸的经历：当我们参加一次演讲比赛、歌舞表演等的时候，在我们前一个出场的人表现非常好。这种无法逃避的比较常使我们嫉妒、怨恨，甚至导致自尊的降低。莫尔斯（S. J. Morse）等曾做了一项有关社会比较如何影响自尊的研究。[②] 在大学的研究中心，来应聘助理研究员的被试遇见了另外一个申请者，其实他的真实身份是主试的同伙。这位同伙或者是西装革履、潇洒深沉、满有学问的样子（称为洁先生），或者是不修边幅、慌慌乱乱、冷漠的样子（称为脏先生）。让被试在见到洁先生或脏先生的前与后分别填写测量自尊的问卷。结果发现，当他们见到自己的对手是洁先生时，自尊降低；当见到自己的对手是脏先生时，他们的自尊提升。由此可见，与他人的比较会影响我们对自己的评价。

有些时候，人们可以自由地选择比较的对象。这时，他们常倾向于做向下比较，即与不太幸运、不太成功的人比较，以维护自尊。还有一种策略就是把自己与成功的人的距离拉大，使自己与他们的相似性降低，与他们的联系割断。因我们常与自己熟悉的、有关系的、相似的人比较，而很少与同自己无关的、不相似的人比较，所以，在现实生活中，我们常发现这样的事：当同班的一个学生考上了名牌大学，而甲却名落孙山，甲可能会说：“他家条件多好啊，我哪能跟他比

---

① 参见陈国鹏、朱晓岚、叶澜澜等：《自我描述问卷上海常模的修订报告》，载《心理科学》，1997（6）。

② See S. J. Morse & K. J. Gergen, Social Comparison, Self-Consistency and the Concept of Self, *Journal of Personality and Social Psychology*, 1970 (16), pp. 149 - 156.

啊?”甲所使用的策略就是降低他与这个同学的相似之处（在同一班级，由同样的老师教），从而把自己排除在比较对象之外，进而避免了自尊的降低。

3. 自己的内部标准

在生活中，我们会发现有些人在我们看来已经很成功了，可他们仍觉得自己还不够好。可见，一个人对自己的评价、对自己是否满意与他（她）为自己设立的内部标准有关。

根据希金斯（E. T. Higgins）的自我差距理论（self-discrepancy theory），个体有两种内在的标准——理想自我（the ideal self）与应该自我（the ought self）。[①] 前者是指我们想成为的人，它激励我们实现我们的抱负；后者是指我们觉得自己应该成为的人，它引导我们尽职、尽责、尽义务。当实际自我（actual self）与理想自我产生差距时，个体就会产生负性的情绪——抑郁；当实际自我与应该自我产生差距时，个体就会产生负性的情绪——焦虑。这两种情况都会导致失望、悲伤、内疚或不安等心境，并导致自尊的降低。

在国内，王垒等人以98名大学生为被试，对希金斯的自我差距理论的跨文化适用性进行了验证。[②] 结果发现：实际自我与理想自我及应该自我的差异都与焦虑显著相关（相关系数分别为0.47与0.33，$p<0.001$），但与抑郁的相关都不显著（相关系数分别为0.19与0.17）。这种结果与希金斯的自我差距理论一半相符，一半不符。王垒等人把这种结果归于所使用问卷的差异及文化差异。另外，郭力平以中学生为被试的研究结果也部分支持了希金斯的自我差距理论。[③] 他的结果是：抑郁组、焦虑组与正常组相比较，都是实际自我与理想自我的差异较大，但实际自我与应该自我差异不大。根据自我差距理论，应该是焦虑组的实际自我与应该自我之间的差异比正常组的要大。郭氏认为造成这种结果的原因可能是中国人的理想自我与实际自我有很大重合，都含有较多的社会规范成分。

至于自尊的作用，它是个体行为的主要动力，是身心健康的决定因素。研究表明：高自尊的人能够树立合适的目标，能够以自我提高的心态来利用反馈，能成功地应对困难情境。而低自尊的人常选择不切实际的目标或不树立目标，对未来持悲观的态度，对批评与负性反馈产生更多的消极情绪及行为反应。低自尊的人会认为自己活着没有价值、没有意义，所以很多人在自杀前有自尊降低和丧失的情况。正因自尊对人如此重要，大多数人都认为自己不错，都认为自己在一般人之上。[④] 据此可以推断，人们对自己的评价并不全是准确的。

## （二）自尊的测量

由于自尊对人的行为与适应有极大影响，所以对自尊与其他变量（如父母的

① See E. T. Higgins, Self-Discrepancy: A Theory Relating Self and Affect, *Psychological Review*, 1987 (94), pp. 319 - 340.

② 参见王垒、郑英烨、高凡：《青年自我差异与情绪关系的实验研究——自我认知对情绪的启动效应》，载《心理发展与教育》，1994（1）。

③ 参见郭力平：《中学生抑郁、焦虑与自我差异的关系研究》，载《心理科学》，1996（6）。

④ See E. R. Smith & D. M. Mackie, *Social Psychology*, New York, Worth Publishers, 1995.

教养方式、身心健康等）之间关系的研究较多，对它进行测量的工具也较多。下面只简单介绍较流行的两种工具。

1. 罗森伯格自尊量表

罗森伯格（M. Rosenberg）的自尊量表（self-esteem scale，SES）是最常用的测量整体自尊的工具。[①] 该工具只包括 10 个定序等级题目，因此它易于施测、计分和解释。它最初是为青少年设计的，但也被广泛用于成年人。此量表的一个最大问题是易受社会赞许性反应倾向的影响，使受测者的分数分布倾向于正分偏斜，即大多数人的自尊分数都较高。

此量表的具体题目如“我觉得我有许多优点”，“总体而言，我对自己感到满意”。完整的量表题目参见《性格与社会心理量表总揽》（上）一书。

2. 得克萨斯社交行为调查量表

得克萨斯社交行为调查量表（Texas social behavior inventory，TSBI）是测量社交自尊的一个工具。[②] 尽管它不是对自尊的整体测量，但“社交自尊”是整体自尊的一个重要决定因素。此量表有两个各含 16 个题目的复本，两者之间的相关系数为 0.87。题目描述的是与他人交往时的自信程度、与陌生人说话时的恐惧感、在社交情境中的安全感，以测量社交信心、支配欲、社交能力、与权威人士的关系。

完整的得克萨斯社交行为调查量表题目参见《性格与社会心理量表总揽》（上）一书。

## 四、自我认同

### （一）认同的含义

认同理论主要有三大取向：生物取向、心理取向和社会取向。比如，弗洛伊德早期的认同理论多是个体方面，以生物取向为主的，后来是心理取向。其实这两者的目标是同一的。其他有些学者有关群体认同和文化认同的讨论更多的则是社会取向的。

认同（identification），起源于拉丁文 idem（即相同，the same），其含义主要有：一是使等同于、认为一致；二是同一性、一致；三是身份、正身、本体。从学理讨论基本上有两层意思：（1）在心理学上，指认识与情感的一致性。经过认同，帮助形成人的自我概念。（2）在社会学上，泛指个人与他人有共同的想法。在人们交往的过程中，为他人的感情和经验所同化，或者自己的感情和经验

① See M. Rosenberg，*Society and the Adolescent Self-Image*，Princeton，NJ，Princeton University Press，1965.

② See R. Helmreich & J. Stapp，Short Forms of the Texas Social Behavior Inventory（TSBI），An Objective Measure of Self-Esteem，*Bulletin of the Psychonomic Society*，1974（4），pp. 473 - 475.

足以同化他人，彼此间产生内在的默契。

从认同的定义出发，认同研究也可以分为两类：一类是表示赞同或同意，另一类是指确认或归属。

提出“认同”概念较早的是威廉·詹姆斯和弗洛伊德，詹姆斯曾用“性格”一词表示一个人的认同感受：“一个人的性格特征可以在精神或道德态度上看出，当这种情形突然发生在自己身上时，他会感到自己充满生机和活力。这一刻，有一种发自内心的声音在说，这才是真正的自我。”① 詹姆斯在这里说出了个体对自己“形象”的感悟，他把这个过程称作自我认同。弗洛伊德把认同“看作一个心理过程，是个人向另一个人或团体的价值、规范与面貌去模仿、内化并形成自己的行为模式的过程，认同是个体与他人有情感联系的原初形式”②。弗洛伊德认为个体的认同常常与对强大权力或权威的依恋和维护分不开。

詹金斯（Richard Jenkins）指出“认同”一词有两个含义：第一，同一性，即两者之间的相同或同一；第二，独特性，它表现为在时间跨度中所体现出来的一致性和连贯性。因此可见，“认同”揭示了“相似”（similarity）与“差别”（difference）的关系。“同一”与“差别”是认同的两个不同的方面。一个人的前后同一特性或一个群体成员之间的相似性，其实也就构成了与其他人或其他群体的差别。③

社会心理学家凯尔曼在描述态度变化理论时认为：认同是个人在想要同另一个人或群体建立或维系一种令人满意的关系而接受影响时发生的。简而言之，即它是指由于喜欢某人或某群体而自愿接受他人的态度，这虽然还不是自己的态度，但已接近自己的态度。

社会心理学者阿伦森认为，认同是一种对社会影响的反击，做出这种反应，是由于个人希望自己成为与施加影响者一样的人。由于在认同过程中个体满意地确定了自己与所认同的个人或团体的关系，因而采取了一种与他人相同的行动。认同区别于依从之处在于个体能够逐渐相信自己所采取的观点和准则，但对这些观点和准则的信仰还不够坚定。如果一个人发现某个团体或个人在某一方面对自己很有吸引力和感染力，他就会由于喜欢该团体或该人而倾向于接受其影响，采取与其类似的准则或态度，从而成为与施加影响者一样的人。认同的目的不是获得奖赏或免受惩罚（如依从那样），而是和那个人一样。

美国《心理学百科全书》对认同则做了如下解释：认同是精神分析理论中的一个核心概念，指的是主体同化、吸收其他人或事，以构建自身人格的过程。

张春兴认为，认同是一种社会学习的历程，人格发展的过程就是从社会认同转变为自我统合。社会认同是指个人的行为思想与社会规范或社会期待趋于一

① David. L. Sills（Ed.），*International Encyclopedia of the Social Sciences*，Vol. 15，Crowell Collier and Macmillan，Inc.，1968，p. 250.

② Ibid.

③ See Richard Jenkins，*Social Identity*，London，Routledge Publishing Group，1996，pp. 3-4.

致。具体包括价值认同、工作或职业认同和角色认同。[①] 沙莲香认为，认同是心理学中用来解释人格结合机制的概念，即人格与社会及文化之间怎样互动而维系人格的统一性和一贯性。认同是维系人格与社会及文化之间互动的内在力量，从而维系人格统一性和一贯性的内在力量，因此，这个概念又用来表示主体性、归属感。[②]

## （二）自我认同

在有关认同的各种研究中，自我认同总是先于其他社会认同并始终存在于其他社会认同的过程中。在自我认同研究中通常有如下几个理论视角：（1）心理动力论。强调的是儿童早期如何经验到主要照顾者对其性格塑造的重大影响，这些经验会影响到心智的深层结构（潜意识）并且持久不变，如在性别方面，认为性别认同是潜意识、部分生物基础的发展。（2）社会学习理论。强调自我认同的发展是通过环境，而不是通过潜意识，是由环境中直接受到不同的对待、筹赏和处罚，以及间接通过观察学习和模仿而形成的。（3）认知发展理论。强调自我认同的发展是配合认知发展阶段而自发性学习到的。（4）社会基模理论。整合了社会学习理论及认知发展理论，并强调其中文化因素的重要性。认为大部分自我认同的发展在社会基模的处理过程中产生。比如，性别认同发展是在性别基模的处理过程中产生的。而所谓性别基模是指由观察文化中所呈现的两性差异而产生的认知结构。如，男生是……女生是……而在性别基模产生的过程中，个人会学习去评估一个人的适应程度并进而产生性别认同。

学者李孟潮认为，出现认同之前的人是个生物学的人，这个人和动物的最大区别就在于其大脑构造中蕴含着一种功能，就是形成自我意识的功能。目前发展心理学的研究已经表明，只有人类、猩猩、黑猩猩的大脑具有这个功能。这个功能在生命早期要通过人际网络的体验得到激发，首先激发出来的便是黏附性认同，可以说，婴儿一出生就具备了建构人类心理学自我的能力。在黏附性认同后，随着神经系统的成熟和各种体验的刺激，婴儿依次出现了内摄认同（原始性的自恋认同），然后是内摄—外投认同，也就是个体水平上的投射性认同，然后是超我认同，然后是俄狄浦斯后的部分认同，接着是青春期的身份认同，到了大约四十岁，开始了一个解认的过程，我们可以观察到中、老年人的认同结构一步步分解消失，直到死前，如果他的认同结构完全解离，他的自我会消失，从而能够面对死亡。[③]

表 4—1 和表 4—2 可以说明这个认同进化过程和焦虑、心理发育分期的关系。

---

① 参见张春兴：《青年的认同与迷失》，26～29 页，台北，东华书局（世界图书出版公司北京公司，1993 年重印）。

② 参见沙莲香：《社会心理学》，1 版，2 页，北京，中国人民大学出版社，2002。

③ 参见 http：//sns. qzone. qq. com/cgi-bin/qzshare/cgi _ qzsharegget _ onedetail?uin＝619402829&itemid＝1296806813&spaceuin＝0&cginame＝cgi _ qzsharegetlist。

表 4—1　　青春期前的认同发育

| 心理发育期 | 认同模式 | 防御机制 | 焦虑模式 | 主—客体区分度 |
|---|---|---|---|---|
| 0～3个月或5个月 | 黏附性认同 | 无或不明 | 生物学焦虑 | 无自我，无客体 |
| 3～6个月至18个月 | 内摄认同（原始自恋） | 内摄，合并（incooperation）妄想性投射 | 存在焦虑、失整合焦虑 | 自我—客体融合状态，缺乏界限 |
| 18～36个月 | 内摄—外投认同（肛欲期自恋认同） | （个体内在的）投射认同，分裂、反向形成，抵消、仪式化，外化、攻击转向自身，与攻击者认同 | 被害焦虑，分离焦虑，丧失客体和丧失客体爱的焦虑 | 自我和客体出现模糊的界限 |
| 26～48个月或36个月至学龄前 | 超我认同 | 与攻击者认同，置换，象征化，喋喋不休，压抑，退行 | 阉割焦虑 | 自我和客体形成明确而不稳定的界限 |
| 6～12岁 | 部分认同、性别认同 | 升华，合理化、理智化 | 超我焦虑 | 不稳定的界限逐渐稳定 |

资料来源：李孟潮：《为什么要研究认同?》（演讲稿），见 http://sns.qzone.qq.com/cgi-bin/qzshare/cgi_qzshareget_onedetail?uin=619402829&itemid=1296806813&spaceuin=0&cginame=cgi_qzsharegetlist。

表 4—2　　青春期后的认同进化

| 心理发育期 | 认同模式 | 防御机制 | 焦虑模式 | 主—客体区分度 |
|---|---|---|---|---|
| 12～30岁 | 身份认同 | 理想化，贬低，克制，禁欲 | 道德焦虑 | 清晰而有灵活性的界限 |
| 30～60岁 | 解认，具体形式不明 | 不明 | 阉割焦虑 | 界限开始不稳定 |
| 60～80岁 | 解认，具体不明 | 不明 | 分离焦虑，丧失客体的焦虑，存在焦虑 | 界限模糊 |
| 80岁到死亡 | 解认，具体不明 | 不明 | 生物学焦虑或无焦虑 | 界限融合、消失 |

资料来源：李孟潮：《为什么要研究认同?》（演讲稿），见 http://sns.qzone.qq.com/cgi-bin/qzshare/cgi_qzshareget_onedetail?uin=619402829&itemid=1296806813&spaceuin=0&cginame=cgi_qzsharegetlist。

实际上，根据功能，很多认同形式都可分为两种类型，即发育性认同形式和防御性认同形式。发育性认同形式是正常发育过程中不可或缺的认同形式，随着儿童的心理发育，自我认同的形式依次为：黏附性认同—原始性认同—投射性认同—自恋性认同—超我认同—部分认同—身份认同。它们分别与心理发育分期和焦虑进化等级对应。而防御性认同是指人的心理退行到发育的早期，采用早期的认同模式进行防御。①

① 参见李孟潮：《为什么要研究认同?》（演讲稿），见 http://sns.qzone.qq.com/cgi-bin/qzshare/cgi_qzshareget_onedetail?uin=619402829&itemid=1296806813&spaceuin=0&cginame=cgi_qzsharegetlist。

## （三）自我认同中的性别认同

在自我认同中的性别认同方面，李孟潮认为，个人的性别认同（“我是男孩”或“我是女孩”）大约在18个月至3岁之间建立，然而这并不表示小孩已完全了解男性和女性的意义（见表4—3）。要肯定一个人的性别角色，要从他或她所说的、所做的每件事来看，使其他人可由此判断他或她是男性还是女性。这包括社会上认为男性或女性所应有的服装、发型、兴趣、职业等等的外表现象。因此，有的学者认为，小男孩或小女孩不应该被限制或鼓励只能在他（她）性别基础的特定方向上发展，女孩子应该了解她们长大后，也能够成为医生或消防队员，而男孩也知道他们可以成为舞蹈家或护士。

但就性别认同的观点而言，儿童应在生命之初即知道两性之间存在差异，以及这些差异是什么，这是非常重要的。假如你问一个小孩，请他解释为什么某人是男孩时，你大概会听到“因为他留短发”之类的回答，这是相当普遍的反应，但也是令人困惑的回答。儿童应该知道男女之间的区别，除了头发长短、打扮或服装等不同之外，还存在一些更真实而且不会改变的差异。

**表4—3　　儿童性别认同的阶段**

| 年龄 | 认知发展时期 | 性别认同发展 | 例如 |
|---|---|---|---|
| 学步期～2岁 | 感觉动作期<br>已发展使用原始符号来界定人物，并会预期结果 | 性别标志的使用 | 小明玩车是男孩，小美穿裙子是女孩 |
| 4岁左右 | 运思前期<br>单向思考，并集中在较明显的外观上、特定物之间的推理 | 性别是稳定的 | 小明是男生，长大了会变成父亲 |
| 5～7岁 | 具体运思期<br>具可逆性及衡存观念 | 性别是恒定的 | 即使小明穿裙子也还是男生 |
| 7岁以上 | 具体运思期<br>具可逆性及衡存观念，具可易（替代）概念 | 性别具有生殖器基础 | 小明因为有“那个”，所以是男生 |

## （四）自我认同的研究

心理学领域进行认同研究，主要是对自我认同的研究，从发展心理学，特别是青年发展角度进行研究的较多。这些研究都认为建立认同是个人在人生的某一个阶段的重要发展任务。

1. 埃里克森对自我认同的研究

自我认同又可称为“自我同一性”（self-identity），这是青少年自我发展的一个重点。埃里克森（Erikson）认为，人的一生可以分为既是连续的又各有独特发展课题的不同发展阶段，并提出了著名的“循序渐进的发展学说”。他认为人一生的发展要遵循胚胎的渐次生成原则（epigenetic principle）。据此，他将人的一生从婴儿期到老年期分为八个发展阶段，每个发展阶段都有其独特的发展课题，他称之为“心理—社会的危机”（psycho-social crisis）。

埃里克森认为，自我同一性的确立，对于青少年的健康成长，较好地适应社会和实现自身的价值都具有重要意义。“这种同一性的感觉也是一种不断增强的自信心，一种在过去的经历中形成的内在持续性和同一感，是一个人心理上的自我。如果这种自我感觉与一个人在他人心目中的感觉相称，很明显这将为一个人的生涯增添绚丽的色彩。”

埃里克森指出：自我同一性这种心理上的任务的实现问题，在传统社会里通常能够比较顺利地得以解决，因为传统社会是一个同质性较高的稳定延续的社会，而现代社会的一个重要特点则是它的异质性、与传统之间的断裂，因而现代青年想要迅速而明确地建立起自我同一性并非易事，因此，必须经历一个心理社会的“合法延缓期”。

2. 马西亚对自我认同的研究①

马西亚（Marcia）也主要将认同重点放在青少年身上，他将焦点放在认同发展的形成历程上。

马西亚具体整理了埃里克森的观点，认为认同发展中有两个心理社会指标：一是“危机”（crisis），即青少年会有危机感，是个人想要尝试不同角色和寻找美好理念的感觉；二是“承诺”（commitment），即青少年克服危机之后为自己找到自我定义，并为自己在社会上找到立足之地，也就是“我知道我是谁”并且“别人也知道我这个人是谁”的感受。

马西亚进一步定义了“承诺”的主要内容：一是职业上的承诺；另一个是政治上、宗教上等意识形态上的承诺。虽然个人需要承诺的内容很多，但马西亚认为职业和宗教承诺对青少年而言是最重要的。

根据上述两个心理社会标准，马西亚将认同发展的形成历程分为四种状态，这四种认同状态是认同形成的连续过程中不同程度的表现（见表 4—4）。

**表 4—4　　四种认同状态**

| 心理社会标准 | 认同状态 | | | |
|---|---|---|---|---|
| | 认同成功[a] | 认同延缓[b] | 认同闭锁[c] | 认同混淆[d] |
| 危机 | 通过危机 | 危机当中 | 缺乏危机 | 或许感到危机 |
| | 有承诺 | 缺乏承诺 | 有承诺 | 缺乏承诺 |

a 认同成功（identity achievement），已经经过一段危机历程，然后做决策，形成职业或意识形态上的承诺。

b 认同延缓（identity moratorium），目前处于认同危机阶段，尝试不同的承诺和角色。

c 认同闭锁（identity foreclosure），认同来源于父母的标准、价值和意识形态，可能只经验到短暂的危机，也已经有了承诺。

d 认同混淆（identity confusion），可能有些危机经验，但并没有形成明确的承诺（无论是职业或意识形态上），可能对承诺感到模糊。

## （五）自我认同的形成和确立②

认同的形成和确立受到个人的内在因素、群体因素和人际因素的影响。个人

① 这部分内容参见 http：//202.121.15.145/document/zxcg/c03014/c03014a.htm。

② 这部分内容及表 4—5 参见 http://blog.163.com/bjliyifei@126/blog/static/2471709120101068405130 8/。

的内在因素主要是个人的人格因素，群体因素主要是群体的文化氛围，人际因素包括个人所尊重的人，受到重要他人的影响等。

如同认同是在个体和环境的相互作用中建构形成的，认同的确立也是这几个方面达成动态平衡的过程。

埃里克森提出了认同确立的三因素模式（见表4—5），认为认同形成和确立从理论上可以区分为个人的、相互的、集体的三大因素，每个因素中又包含了认知、情感、行为和社会四个方面。

**表4—5　　自我认同的形成和确立**

<table>
<tr><th></th><th>个人的</th><th>相互的</th><th>集体的</th></tr>
<tr><td rowspan="2">认知</td><td>感知到作为独特个体的自我概念</td><td>感知到自尊并加入到人际交往中</td><td rowspan="2">感知到作为集体成员的集体自我</td></tr>
<tr><td>区别和个性化</td><td>和他人具有联系和角色间的关系</td></tr>
<tr><td rowspan="3">情感</td><td rowspan="3">不和团体在一起时仍具有积极的情感</td><td>积极的自尊</td><td rowspan="3">以最大的利益和最小的伤害来处理情感</td></tr>
<tr><td>信任</td></tr>
<tr><td>和别人一起很愉快</td></tr>
<tr><td rowspan="2">行为</td><td rowspan="2">依据自我兴趣和力求积极人格而行动</td><td>行动中考虑到他人的利益</td><td>依据集体中的自我兴趣而行动</td></tr>
<tr><td>行为素质高</td><td>在职业发展中建构认同</td></tr>
<tr><td rowspan="2">社会</td><td>洞察自身和他人的关系</td><td rowspan="2">与他人交往频繁</td><td>注意与他人交流的频率和质量</td></tr>
<tr><td>对自我去人格化的感觉</td><td>共同的集体认定</td></tr>
</table>

如前所述，马西亚为了了解青年人究竟带着什么样的自我概念迈入社会，曾经以年轻人为对象，详细询问他们对于价值、工作、爱情、政治的看法。所谓自我概念包含了自我定位、自我评价、自我期许，以及自我认同。他发现那些从高中或大学毕业即将踏入社会的年轻人，在自我认同的成熟度上，基本上可以分成四大类。①

（1）认同成功（identity achievement）：这些年轻人充分了解社会对个人在能力以及价值态度上的要求，并且能够忠实评估、审视自己的能力与价值观，不盲从，也不愤世嫉俗。他们能够发展出对社会的认同感，对于自己的工作、爱情、宗教、政治信仰，有明晰的价值观，但并不固执己见，能够保持开放的弹性，更愿意为自己的理想与社会共同的大目标奋斗。

（2）认同延缓（identity moratorium）：这些年轻人正在寻找自我定位，在工作、爱情、政治、宗教等某些领域，有些领域已达成认同，找到方向，有些领域则还在摸索、尝试、探寻。他们积极扩展经验、寻求知识上的导引，也十分渴盼

① 杨晶：《高师学生教师专业认同发展研究——以白城师范学院为例》，东北师范大学硕士学位论文，2007。

与其他年轻人分享心得。这些年轻人对未来的不确定性感到焦虑，却也对开放的各种可能性充满期待。

（3）认同闭锁（identity foreclosure）：这样的年轻人已经找到方向，并努力朝目标前进，因此并不会对未来感到迷惘或不安，但是他们的目标与方向主要是成人社会为他们设定的，换句话说，是权威的大人为他们安排的，而非经过他们自己去摸索、探寻得来的答案。由于这种认同感是一个相对而言较为被动、封闭的认同，在封闭、稳定的社会情境下，这样的认同一般也能够让个人顺利发展，但是一旦情境改变、权威消失，便可能面临崩溃的挑战。

（4）认同混淆（identity confusion）：有些年轻人对于大人为他们设定的目标并不真正认同，却也不积极找寻自己的方向，对周遭的一切都感觉无聊、提不起劲。又有些年轻人找不到自己能够认同的目标，对未来完全没有想法，对自己也没有信心，因此为了填补空虚、掩饰焦虑，只能抱着“今朝有酒今朝醉”的心态，寻找麻醉自己、让自己不必面对严肃人生课题的生活方式。

马西亚与埃里克森的看法相同，认为“自我认同”是每个人一辈子的功课，是永远的追寻。换句话说，是一个不断统合个人经历与基本信念的历程，也是一个持续调整自我与社会关系的过程。在个人经历中，马西亚认为婴幼儿期与父母或照顾者间的依附关系之质量，影响自我认同最为深远。因为自我认同程度高者在婴幼儿时很少有不安全依附关系，倒是认同闭锁型的年轻人在幼儿时期，常常经历的是不安全依附关系。这种家庭因素的影响会一直持续到青少年期，一个在鼓励探索、提供机会的家庭环境下长大的小孩，与一个在禁止探索、限制自由的家庭环境下长大的小孩，他们在认同课题的成绩单上通常有着很大的差异。

# 第二节 对人知觉

试着回忆一下，当你在开学的第一天第一次遇到你的大学同学时，你利用哪些信息对他们的性格、品质进行判断？经后来的长期接触，你对他们形成的第一印象是否正确？是否发生了改变？

在现实生活中，我们总是有意无意地对他人形成一定的印象或看法。如对一位与我们在街上擦肩而过的行人，我们只要匆匆一瞥，就能对他（她）是一个什么样的人猜个八九不离十。但在多数时候，我们是有意地、仔细地观察别人，以了解对方的性格、人品、能力等，从而决定是否与对方交往，交往的深度如何，是否该信任、重用对方等。那么，人们是利用哪些信息形成对他人的印象的呢？在印象形成过程中，人们的知觉有哪些特点与规律？形成的印象有哪些作用？下面就分别介绍这几方面的内容。

## 一、印象形成过程的要素和组织结构

### (一) 信息要素

1. 外表

一个人的外表常常是我们最先看到的信息，而且也常常是我们能得到的唯一线索。如从一个人的发型与装束，我们一眼就可看出他（她）是男还是女，进而就自动地想起对男女性别所形成的刻板印象（有关刻板印象的详细介绍见本章第三节）。如果看到一个女人梳着小平头，那她就会给我们留下时髦、另类的印象。有研究表明，人们认为有娃娃脸的成年男人比有成熟面孔的成年男子更天真、诚实、仁慈、热情，即更具有孩子式的心理特征。① 在现实生活中，我们也常常意识到，外表的美丽，尤其是美丽的面庞常唤起我们一系列正性的知觉，如热情、爱交往等，所以，“英雄难过美人关”也就不足为奇了。

2. 非言语线索

由于一个人所说的话能被人有意识地加以控制，特别是那些小心谨慎或圆滑的人，话到嘴边前不知在肚子里折腾、琢磨了多少回合，言不由衷的话已司空见惯。但言语之外的一些行为，如面部表情、目光接触、身体姿势、言语节奏等却很难被人有意识地加以控制，从而能更真实地揭露人们内心的想法、情绪、性格等。

一般来说，相同的面部表情通常表达相同的情绪状态，各民族大同大异，全人类具有较高的一致性。例如，一个人如果嘴角下垂，两颊拉长，皱眉呈八字形，那他（她）多是不愉快的；如果他（她）经常这副表情，那我们就可以推测他（她）可能是一个抑郁、悲观的人。

目光接触可以表示对对方感兴趣，被认为是诚实、直率的；而目光不接触，说明此人害羞或害怕；但长时间的目光接触可能是愤怒、敌意的信号。

一个人的身体姿势能够传递丰富的信息。如一个人在与我们交谈时，如果面对着我们，身体向我们倾斜，而且不断地向我们点头，那我们就会认为他（她）赞同、喜欢我们。同样，我们也就会对他（她）产生一个好的印象，从而也喜欢他（她）。

我们对他人的知觉，不仅取决于对方所说的话，也取决于他（她）怎么说，如说话的速度、节奏等。当一个人说话的速度很快时，我们常常会推断此人心直口快，是一个直率、没有心计的人。一个说话轻声慢语的女孩，常会给人留下温柔、恬静、有涵养、小鸟依人的印象。

---

① See D. S. Berry & L. Z. McArthur, Some Components and Consequences of a Babyface, *Journal of Personality and Social Psychology*, 1985 (48), pp. 312 - 323.

3. 行为

虽然外表与非言语线索是对他人形成印象时所利用的主要信息来源，但最有用处的信息还是他人的行为，因为许多行为与某些人格特质有着密切的联系。如一个平民百姓向希望工程捐了一笔钱，我们就会认为他（她）是一个有爱心的、利他的人。又如一个银行职员利用工作之便把大笔公款占为己有，那我们就会认为此人是一个不诚实、利欲熏心的人。

琼斯（E. E. Jones）和戴维斯（K. E. Davis）提出的对应推论理论（correspondent inference theory）认为，人们常假设他人的内在品质与他们的外在行为相对应。此理论还分析了人们在什么时候会根据一个人的行为来推断此人具有与他（她）的行为相对应的内在特质。①

（1）当一个人的行为不符合社会期望或不为社会所接受时。如当一个人做了不道德的事（如杀人），我们就可以从其行为推论出他（她）是一个不道德（如残忍、无人性）的人。

（2）当某人从事的行为是自由选择的而非在外在强大压力下才做出的时候，那我们就会认为此人的行为与其内在的品质相对应。如一个单位的领导命令每个人向灾区捐款 50 元，那从这种被迫的行为中我们无法得知哪些人有爱心，哪些人冷漠。

总之，人们会利用所能获得的各种线索对他人形成印象，但线索（如人的长相、穿戴、身体姿势等）本身并无意义，它们是根据知觉者记忆中所储存的有关人、行为、特质的知识来解释的。另外人们要把各种渠道得来的信息综合起来，形成对一个人的概括性认识。所谓的印象形成就是把一个人若干有意义的特征加以综合、概括，形成一个具有结论意义的特性。如一个女孩子脸上总是笑眯眯的，在车上常给老人让座，同学有什么问题她总是热心帮忙，那我们就可以推断出她是一个热情、善良的女孩子。那么人们是以怎样的方式知觉他人的？即对他人所形成的整体印象是由哪些内容构成的？在这个问题上，不同学者有不同的回答。

## （二）印象的组织结构

持维度观（dimensional view）的学者认为，人们对他人的认识包括几个概括性的潜在维度。其中评价（evaluation）维度，即一个人品质的好坏（good-bad）是印象中最重要的层面，因为它决定着我们喜不喜欢这个人及程度如何。另两个较重要的维度就是能量（即一个人是强有力的还是软弱的）与活动水平（即一个人是积极主动还是消极被动）。奥斯古德（C. E. Osgood）认为这三个维度具有高度的跨文化一致性。②

---

① See E. E. Jones & K. E. Davis，A Theory of Correspondent Inferences：From Acts to Dispositions，L. Berkowitz（Ed.），*Advances in Experimental Social Psychology*，Vol. 2，New York，Academic Press，1965，pp. 219－266.

② See C. E. Osgood，Objective Cross-National Indicators of Subjective Culture，Y. H. Poortinga（Ed.），*Basic Problems in Cross-Cultural Psychology*，Amsterdam，Swets & Zeitlinger，1977.

持类型观（typological view）的学者认为，人们是以类型的方式来知觉他人的。如我们把自己的朋友分类，认为张三是外向的，李四是成熟的，陈五是忧郁的。[①] 他们所具有的其他品质、特征都从属于他们的典型特征。

在日常生活中，人们在认识他人时，以上这两种方式都用，既按他人的典型特征把他们分类，也按较重要的几个维度对他人分别加以评估。

## 二、非言语交流中的对人知觉

理解周围的人要做出很多不同形式的努力，这个过程中有两个方面似乎更重要一些。第一，我们尝试着理解他人现在的感觉、心情和情绪——现在，此时此刻他们的感觉怎么样。除了言语交流，这样的信息经常是由非言语即对方的面部表情、眼神、身体姿势和动作提供的。第二，我们试图理解他人特性、动机和意图等行为背后的原因。通过归因——我们能观察他人行为，然后尝试着从多样的暗示中推断原因——获得一些和对方相关的信息。[②] 因为非言语交流和归因是社会知觉最基本的方面，所以本节将比较详细地讨论它们。但是，它们又不是社会知觉涉及的全部。此外，社会知觉包括很多他人形成统一深刻印象的努力。

我们通常先注意一个人的言语或文字，因为这是最方便判别的外显特征。但因为言语表达总是不够充分，所以我们会额外注意他（她）的非言语表达，这有助于我们理解对方的情绪、态度、个人特质，甚至是内心真正的想法。

非言语沟通发生在人们的日常生活中，而且通常是在无意识的状态下表现或接收的，因为人无法在每个沟通之前都先刻意思考才回答。相同情境下的非言语沟通会不断重复，以方便人们识别。在特殊状况下也会出现言语和非言语沟通不一致的状况，例如想要表现厌烦时，人们倾向于以非言语沟通传达“这让人厌烦”的信息。

### （一）非言语交流：不言而喻的语言

在很多情况下，临场因素或事件强烈影响着社会行为。变化中的心情、瞬间的情绪波动、疲劳、疾病和各种各样的药品等等都能影响我们思考和行为的方式。例如，很多人在心情好的时候比心情不好的时候更愿意做有益于他人的事情。[③] 相似

---

① See C. A. Anderson & C. Sedikides, Thinking about People: Contributions of a Typological Alternative to Associationistic and Dimensional Models of Person Perception, *Journal of Personality and Social Psychology*, 1991 (60), pp. 203 - 217.

② See H. H. Kelley, Attribution in Social Interaction, E. E. Jones et al. (Eds.), *Attribution, Perceiving the Causes of Behavior*, Morristown, NJ, General Learning Press, 1972.

③ See J. M. George, State or Trait: Effects of Positive Mood on Prosocial Behaviors at Work, *Journal of Applied Psychology*, 1991 (76), pp. 299—307; A. M. Isen, Positive Affect, Cognitive Processes, and Social Behavior, L. Berkowitz (Ed.), *Advances in Experimental Social Psychology*, Vol. 20, New York, Academic Press, 1987, pp. 203 - 253.

地，很多人在急躁的时候比平和的时候更容易以某种方式对他人发脾气。①

由于这种瞬时因素经常对社会行为和思想起到重要作用，所以了解这些因素及其如何影响行为是很有用的。但是我们怎样才能获得这些知识呢？怎样才能知道他人心情好坏呢？他们是生气、高兴还是悲伤？又或者他们受到了一些可能影响他们判断的药物的影响呢？一个答案很明显：直接问他们。很不幸，这种策略有时会失败，原因很简单：别人经常不愿透露他们内心的感觉或误导我们对他们的情感的理解。② 他们这么做的原因往往很有说服力。比如，一位对消费者偏爱的产品流露出反感的女销售员可能会获得较少的订单。一位向对手流露出他（她）的真实感觉的外交官与一位隐瞒这种情况的外交官相比行为更为不妥（不太有效）。

在这种情形下，当他人积极地尝试着对我们隐瞒他们真实的感觉或偏爱时，我们没必要失望而放弃去理解他们。相反，通过细心观察他们的非言语行为（面部表情、眼神、姿势、身体运动及其他表现性动作的变化）我们通常能获得他们内心透露出来的感觉。就像德保罗（DePaulo）记述的一样，比较而言这种行为是抑制不住的，换句话说，很难控制，所以就算他人想隐瞒自己的内心感觉，这些感觉也会通过非言语线索多种方式地表现出来。③ 所以，在某种重要意义上，非言语行为成了安静却富有表现力的语言。出于这个原因，他们所要传达的意义和我们努力去解释的这些意义，经常被非言语交流所描述。这样的交流很复杂，这是从许多不同的看法中总结出来的。

## （二）非言语交流的基本渠道

想一想，当你很得意的时候或有时心情不好的时候，你的行为是不是不一样？答案似乎很明显：当然。当人们正在经历截然不同的情感体验时，就会有不同的行为。进一步思考，怎么会做得如此不一致呢？人们行为的什么方面透露出了多样的内心感觉或反应？这是非言语交流方面的基本问题之一——或许这是一个人能问的最基本的问题。因此，它成了多年来细心研究的主题。这个研究的发现已经识别出了非言语交流的基本渠道——我们传达内心情感和实施感情行为的那些方面。

1. 面部表情是情感的暗示

两千多年前，罗马演说家西塞罗（Cicero）说过："脸是人灵魂的肖像。"他想通过这句话表明，人的情感和感觉经常反映在脸上，并能用特殊的方式去解读。西塞罗和许多研究人类行为的学者认为，从他人的面部表情获知其目前的心情和感觉是毋庸置疑的。事实上，面部能表现出人的六种不同的基本情感：生

---

① See J. L. Anderson, A Methodological Critique of the Evidence for Genetic Similarity Detection, *Behavioral and Brain Sciences*, 1989 (12), pp. 518-519; P. A. Bell, In Defense of the Negative Affect Escape Model of Heat and Aggression, *Psychological Bulletin*, 1992 (111), pp. 342-346.

②③ See B. M. DePaulo, Nonverbal Behavior and Self-Presentation, *Psychological Bulletin*, 1992 (111), pp. 230-243.

气、恐惧、悲伤、厌恶、快乐和惊讶（见图 4—1）。请记住，这并不意味着人类只能展示这六种不同的面部表情。相反，不同的表情经常结合在一起出现，例如，伴随着恐惧的生气、带有快乐的惊讶。更进一步来说，这些反应变化多端。

面部表情是人类最常用来进行非言语沟通的途径。人们对生气、快乐、惊讶、恐惧、厌恶和悲伤等主要情绪有既定的面部表情，例如生气时脸部会潮红、眼睛眯细、压低眉毛，并瞪视某人或某物。第一个研究此现象的是生物学家查尔斯·达尔文，他在《人类和动物的情绪表达》（*The Expression of the Emotions in Man and Animals*）中，认为人类面部表达的情绪有共通性，每个地方的人用来表现某一情绪的面部动作是相同的，而所有人也都能正确解读它们。达尔文认为这是受"物种特性"的影响，人类会记取远古时对求生有效的表情，这可以帮助物种维持繁衍生存。这在上述六种情绪中体现得特别明显，无论生长于欧美社会还是新几内亚原始部落的人，对同一情绪都有相同的反应。

**图 4—1　六种基本的面部表情**

这些是显示情感的有价值信息的面部表情。你能鉴别它们展现出来的是什么情感吗？

回答是：顶行从左至右分别是生气、恐惧和悲伤；底行从左至右依次是厌恶、快乐和惊讶。

研究者在观察多样的面部肌肉活动中，发现面部肌肉生物电的活动与面部表情有关系。首先，参与者描述和情感联系在一起的经历。然后，研究者向同一个人展示他自己面部表情的录像，要求其指出在不同情况下，他在想什么、有什么感觉或想象。当这些自我报告跟面部肌肉生物电的活动相关联时，显示模式出现了。比如，当参与者报告感觉悲伤的时候，特定的肌肉不时表现出了最大的生物电的活动，然而当参与者报告感觉高兴的时候，不同的肌肉不时表现出最大的生物电的活动。所以，潜在的情感经历和面部表情似乎有很密切的关系（见图 4—2）。

面部表情和潜在的情感经历相关联的第二种研究采取了不同的方法。在这些研究中，为了呈现自然表情的结构，会多样性地改变表情。比如，要求参与者张口的时候皱起鼻子（和厌恶的表情相似）或让额头起褶痕。再如，示意参与者不要表现出快乐、生气、恐惧等等表情，仅仅要求他们用不同的方法移动面部肌肉。当他们移动面部肌肉时，可以记录一些像心率、指间温度、呼吸和皮肤传导等生理反应。最后，让参与者同样对情感经历、想法，或者他们进行的面部肌肉移动经历作出报告。结果显示，生理活动模式的改变伴随着不同的面部表情变化。例如，恐惧的表情和心率加速与呼吸时间（呼吸间隔）短暂有联系，快乐的表情和呼吸时间的延长与心率放缓联系在一起。另外——这是一个关键的发现——有特殊情感经历的参与者面部表情越接近，他们报告相同情感经历的可能性越大。

总而言之，情感经历和面部表情之间的联系具有真实的物质基础。当个体经历了多样的情感时，特殊的面部肌肉生物电的活动会增加，并且当他们把这些肌肉活动置于特殊的面部表情的模式下时，在生理反应和情感经历报告上展示了相应的转变。以这种发现为基础，归结出情感经历和面部表情相关联似乎是很合理的。他们会这么做，就像德保罗陈述的那样，表情浮现在他们的脸上。甚至，有的时候，我们会反过来努力控制或管理面部表情。

**图 4—2 面部表情是反映潜在情感经历的证据**

当一个个体经历了多种多样的情感时，这些反应就体现在了特殊的面部肌肉的活动上面。当一个人做出了特殊的面部表情时，他（她）不仅仅展示了生理反应模式，而且报告显示特定的情感经历经常和这些面部表情联系在一起。

2. 眼睛的语言：注视

你和戴着有色眼镜的人谈过话吗？如果有，你就知道这是一种很不爽的情景了。因为你看不见对方的眼睛，你不确定他（她）有怎么样的反应。要注意，别人的眼睛暗示具有重要性，文学作品经常把眼睛描绘成“心灵的窗户”，可以说，这是正确的，我们的确经常从别人的眼睛里获知了他们的感觉。例如，我们从一个人的眼睛里看到了喜悦，这可以作为喜欢和亲切的信息。相比之下，如果他人避免与我们的眼神接触，我们就会认为他不友好，不喜欢我们或者只是害羞。[1]

---

① See P. G. Zimbardo, *Shyness: What It Is and What We Can Do about It*, Reading, MA, Addison-Wesley, 1977.

然而，我们也要谨慎地判断眼神接触。例如，在通常情况下，他人持续地与我们保持眼神接触经常被诠释为一种喜欢的信号或积极的感觉，不过，对这个一般的规则也有异议。比如，有的时候，有人持续地注视我们，这种注视可能意味着相反的方向，经常被理解为生气或敌意的标志——考虑一下人们常常提到的“冰冷的眼神”。当有人体验到这样的注视时，就会很快终止与注视他们的人的目光接触和社会交流，他们甚至可能离开这个现场。[①] 有了这些事实，很明显，在大多数场合下，注视是很谨慎地被使用的非言语交流形式之一。

3. 身体语言：手势、姿势和运动

尝试做一下这个简单的演示：试着回忆一些使你生气的事件——越生气越好。想几分钟。然后，试着回忆另一些使你悲伤的事件——越悲伤越好。

比较这两种情形下你的行为。当你的情感从第一类事件向第二类事件转变的时候，你改变你的姿势，如移动你的手或腿了吗？好了，你做得不错，因为我们现在的心情或情感经常被我们身体的位置、姿势和运动反映出来。总的来说，这样的非言语交流就被称为身体语言，它也能提供给我们一些他人的有效信息。

如上所述，身体语言经常透露出很多情感状态。大量的运动——尤其是身体的一个部位对另一部位发出的动作（比如，触摸、抓、擦）——暗示着情绪的唤起。这样的行为的频率越大，唤起和紧张的水平似乎越高。特殊的动作也能透露出情感状态。哈里根（Harrigan）和他同事的实验尤其证明了这种说法。[②] 在这个实验中，参与者观看了有关面试的录像带。其中，接受面试的人（被试）要么没有展现触摸自己身体的运动，要么展现了触摸自己身体的手部运动，如用一只手去触摸另一只手、触摸自己的鼻子或触摸自己的手臂。参与者基于几个维度评价了被试，结果表明，特定的手部运动会影响参与者对他们的评分。例如，没有表现自我触摸运动的被试被评为最平静的，自己用手触摸鼻子或触摸另一只手的被试被评为更不平静的，用手触摸自己手臂的被试被评为最不平静的。与此同时，用手触摸鼻子的被试还被评为最富有表现力的，而在一定控制条件下，无运动的被试却被看作是最缺乏表现力的。这些和其他相关的发现表明，这些运动不仅提供有关他人感觉或特征的大量信息，而且运动的模式和性质也很重要。

大量运动的模式，包括整个身体的运动似乎也是能透露一些信息的。像“他接受了一个威胁性的姿势”和“她张开手臂向他打招呼”这样的话语说明不同的身体姿势是能够与情感反应联系起来的暗示；并且，事实上，阿罗诺夫（Aronoff）等人的研究确定了这种可能性。[③] 为了研究身体姿势或运动对社会知觉的影响，这

---

① See P. Greenbaum & H. W. Rosenfield，Patterns of Avoidance in Responses to Interpersonal Staring and Proximity：Effects of Bystanders on Drivers at a Traffic Intersection，*Journal of Personality and Social Psychology*，1978（36），pp. 575 - 587.

② See J. A. Harrigan，Self Touching as an Indicator of Underlying and Language Processing，*Social Science and Medicine*，1985（20），pp. 1161 - 1168.

③ See J. Aronoff，B. A. Woike & L. M. Hyman，Which Are the Stimuli in Facial Displays of Anger and Happiness? Configurational Bases of Emotion Recognition，*Journal of Personality and Social Psychology*，1992（62），pp. 1050 - 1066.

些研究者采用了一种精巧的方法。首先，他们对古典芭蕾舞剧中的人物角色类型进行鉴别，区分出以危险性和威胁性而出名的角色即凶险的人物（如麦克白、里兹·波顿）和以同情性而走红的角色即温暖的人物（如罗密欧、朱丽叶）。然后，他们细心观察了在真实芭蕾舞剧里扮演这些人物的演员跳舞的样本。尤其是阿罗诺夫和他的同事考察了表演者展示的有角姿势和圆形姿势，测量了表演者通过手臂展示的圆形姿势与有角姿势的节拍比重，以及他们展现圆形运动与有角运动的节拍比重（见图 4—3）。

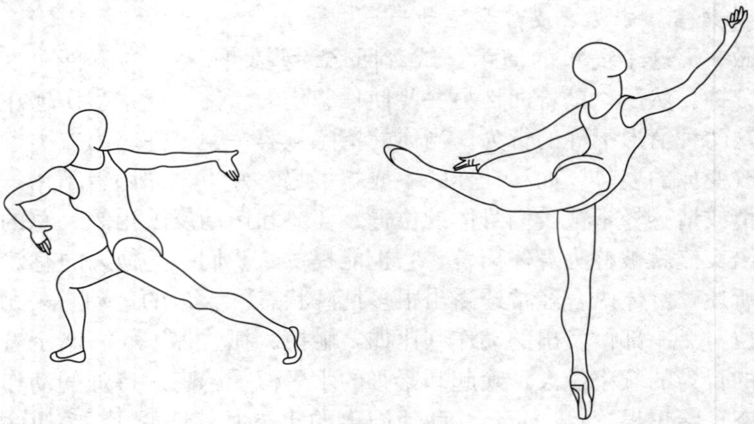

有角的姿势　　圆形的姿势

**图 4—3　圆形的和有角的姿势**

研究显示，圆形的身体姿势表达友好和温暖之感，而有角的身体姿势表达威胁和敌意之感。

资料来源：J. Aronoff，B. A. Woike & L. M. Hyman，Which Are the Stimuli in Facial Displays of Anger and Happiness? Configurational Bases of Emotion Recognition，*Journal of Personality and Social Psychology*，1992（62），pp. 1050 - 1066。

研究结果对这两组人物（凶险的和温暖的）事实上表现出身体姿态及运动截然不同的假设提供了有力支持。扮演凶险人物的表演者使用的有角姿势近三倍于扮演温暖人物的表演者。相比之下，扮演温暖人物的表演者表现的圆形体位（姿势）几乎四倍于扮演凶险人物的表演者。当然，重要的是，要注意由舞者（表演者）所表现出的姿势（体位）是由于精心造型而形成的，因此，并不能保证该研究结果能应用于现实生活中（非造型的）姿势。不过，结合阿罗诺夫等人进行的其他研究来看，对于了解他人的情感和特征，大范围的身体动作或姿势，有时可以作为重要的信息来源。

最后，我们应该补充说明一点，更多关于他人情感的信息经常是由姿势提供的。这些姿势具有不同的特点，但是最重要的大概是身势语言——在特殊文化中的身势语言具有特殊意义。比如，在一些国家，握住手、大拇指翘起来的意思是ok。相似地，用拇指和食指掐自己的鼻子是不愉快或厌恶的意思。身势语言在很大程度上改变了不同文化之间的交流，每个社会的人似乎都能发出这一类的信号，如表达打招呼、告别等多种身势语言。

另一个非言语交流的重要姿势是随着交谈出现的手势。这种手势被用来强调或说明，并且在面对面交流时出现的频率很高。有证据显示，手势有助于理解口语信息，尽管相关程度不是普遍那么高。[①]

甚至步态——个体行走的方式——也能充当他人非言语交流中信息的重要来源。蒙特佩尔（Montepare）等人的研究显示步态随着年龄而改变。[②] 年轻一点的人髋关节摆开，膝盖弯曲，关节松弛，行走起来比年长一点的人更为跳跃。所以一个人的步态是对他（她）年龄的重要的非言语暗示。

总之，身体语言确实有一套体现他人的感情、反应和特点的非言语暗示。凭借这样的身体语言，可以用来努力理解周围其他人。

4. 触摸/接触：最亲密的非言语暗示

假设在和另一个人的谈话中，他（她）暂时摸了你一下，你会有什么反应？这种行为隐藏着什么信息？这两个问题的答案都是：看情况了。你的反应跟是谁摸的（如一个朋友或一个陌生人，同性或异性）、这种生理接触的本性（如短暂的或长时间的，温和的或粗暴的）、这种事情发生的背景（如一个商业或社会环境，医生的办公室）有关系。根据这些因素，触摸会产生不同的影响，如性兴趣、支配、关爱，甚至侵略。

不管这些复杂性，越来越多的证据显示，当一个人以一种现在的背景下被认为能接受的行为触摸另一个人时，通常会引起积极的反应。[③] 一个由库斯科(Crusco)等人进行的研究证明了这个事实。[④] 这些研究者得到了两个女服务生的协助，这两个女服务生在两家餐厅工作，她们同意当消费者给她们小费的时候用几种不同的方式对待顾客的做法。她们也忍受了被他人以任何一种方式触摸，比如，短时间触摸她们的手或长时间触摸她们的肩膀等。研究者根据顾客留下的小费的多少，估量这些行为对女服务生的影响。结果很明显：不管是短暂地触摸手，还是长时间地触摸肩膀，诸如此类的，和早先的发现一致，也就是说，用一种没有敌意、没有压力的方法触摸，似乎对被触摸者产生了一种积极而不是消极的反应。但请记住，触摸不止产生这种影响。如果被感知为某种高压攻势，或触摸时间延长，或在不允许有亲密行为的情况下过于亲密，触摸可能会引起不安、生气以及其他的消极反应。

---

① See J. A. Graham & M. Argyle, A Cross-Cultural Study of the Communication of Extra-Verbal Meaning by Gestures, *International Journal of Psychology*, 1975 (10), pp. 57 - 67; R. M. Krauss, P. Morrel-Samuels & C. Colasante, Do Conversational Hand Gestures Communicate? *Journal of Personality and Social Psychology*, 1991 (61), 743 - 754.

② See J. M. Montepare & L. Zebrowitz-McArthur, Impressions of People Created by Age-Related Qualities of Their Gaits, *Journal of Personality and Social Psychology*, 1988 (54), pp. 547 - 556.

③ See F. J. Alagna, S. J. Whitcher & J. D. Fisher, Evaluative Reactions to Interpersonal Touch in a Counseling Interview, *Journal of Counseling Psychology*, 1979 (26), pp. 465 - 472; D. E. Smith, J. A. Gier & F. N. Willis, Interpersonal Touch and Compliance with a Marketing Request, *Basic and Applied Social Psychology*, 1982 (3), pp. 35 - 38.

④ See A. H. Crusco & C. G. Wetzel, The Midas Touch: The Effects of Interpersonal Touch on Restaurant Tipping, *Personality and Social Psychology Bulletin*, 1984 (10), pp. 512 - 517.

当接触强烈受到社会背景，以及和谁在什么时候能接触的文化规则的影响时，身体接触的另一方面应该特别引起注意，非言语交流形式下，性别差异所带来的触摸反应是不同的。一个早期并且频繁地在亨利（Henley）的假设中被引用的研究报告表明，在公共场合，男性更倾向于去接触女性，反之亦然。[①] 然而近期的一个研究显示，性别和接触之间的关系比这个复杂多了。在见面打招呼和告别时，性别接触的不同似乎并没有表现出来。[②] 而年龄段却成了谁更多接触谁的决定性因素。

在年龄影响接触这个问题上，最清楚的证据是霍尔（Hall）等人的报告。[③] 这些研究者对大型购物中心、演出现场、酒店大堂、飞机场等公共场合中成千上万人的大范围接触进行调查。研究者记录了手与手之间和身体其他部分之间的接触，也记录了这些接触者的年龄（范围是青年到中年）。他们观察到一些很有趣的性别差异。例如，所有年龄的接触者中男性趋向于比女性更频繁地用手臂左右接触，而女性挽着手臂接触的频率高。然而，总的来说，异性的频繁接触之间没什么不同：女性接触男性的频率和男性接触女性的频率是一样的。然而，当把年龄考虑进去的时候，观察结果却有些差异。年轻夫妇中，男性接触女性比女性接触男性更多。然而，在老年夫妇中则相反。

年龄增加后情况发生逆转的原因是什么呢？霍尔等人提出的一个可能性是年轻人（尤其是青年中）之间的关系还没有稳固；并且在这样的关系下，性角色鼓励男性呈现占有的姿势。然而，随着关系的发展，性角色可能要求更多女性呈现占有的姿势。[④] 不管霍尔等人对观察到的这种现象是怎样解释的，综观所有年龄被观察者的接触记录，男性和女性的接触没有自始至终的不同是很有意思的。

## （三）空间距离

霍尔（Edward. T. Hall），一位文化人类学家，在其《沉默的语言》这本书中辨别了我们与他人谈话时所保持的各种距离。他把这些距离划分为亲密距离、个人距离、社会距离、公共距离等四种基本类型。在许多情况下，由于上面所列的一些因素，这些距离会发生调整。

霍尔认为每种类型的距离有其自己的活动和关系特征，人们选择特定的距离进行互动，不仅反映着而且有时还塑造着他们之间的关系。霍尔将美国东北部健康的中产阶级成年人的人际距离分为如下四种基本类型。

1. 亲密距离

从实际接触到相距 18 英寸，46 厘米以内，是求爱、安慰和保护的距离。我

---

① See N. Henley，Status and Sex：Some Touching Observations，*Bulletin of the Psychonomic Society*，1973（2），pp. 91-93.

② See B. Major，A. M. Schmidlin & L. Williams，Gender Patterns in Social Touch：The Impact of Setting and Age，*Journal of Personality and Social Psychology*，1990（58），pp. 634-643.

③④ See J. A. Hall & E. M. Veccia，More "Touching" Observations：New Insights on Men，Women，and Interpersonal Touch，*Journal of Personality and Social Psychology*，1990（59），pp. 1155-1162.

们经常使用温柔得几乎不能听到的私语来分享亲密的或私密的信息。在这个距离中身体的接触变得容易。

2. 个人距离

从 18 英寸到 4 英尺，即从 46 厘米到 122 厘米，一般是与密友和相爱者进行互动的距离，霍尔把这个距离认定为个人距离。当我们向一个人展露我们自己时，我们就可能在这个范围之内进行。我们在这个范围内讨论的主题可能是有点私密性的，并通常是个人的和相互涉及的。在这个距离内，如果我们想的话，我们仍然能接触到对方。这很像在一个聚会上两个人之间的距离，或在一场普通的谈话中两个同学之间的距离。这个距离被认为处于一个已经确定的关系圈内。它对自由交流反馈来说，可能是使人感到最舒适的一个距离。

3. 社会距离

从 4 英尺到 12 英尺，即从 122 厘米到 366 厘米，一般处理一些非个人事务，或排除空间限制在偶然的交际场合保持的距离。我们许多的工作会谈都是发生在这个距离内的。据此，会议室的座位安排通常以谈话群体的椅子彼此相距 4 至 7 英尺为标准进行放置。霍尔把 4 至 7 英尺的距离叫作亲密状态的社会距离，而 7 至 12 英尺是较远的社会距离。距离越大，从事的事务或社会展示就可能越正式。重要人物的办公桌往往是足够宽的，以使拜访者与其相距 7 至 12 英尺。在这个距离内眼神的交流对于沟通就变得更加重要了，没有眼神的交流可能会让一方有被拒之门外的感觉，这个谈话可能就会停止。

4. 公共距离

12 英尺以上，即 366 厘米以外，如做公开演讲时的一般距离。公共距离是正好把另一人排除在社会距离之外的范围。在这个范围之内进行人际沟通是不现实的。在这个距离中，我们听到的和看到的东西都受到限制，谈话的主题相对来说是非个人的和礼仪上的，大部分信息是以公开讲话的形式产生的，它以提前计划好的主题和对反馈的机会进行限制等方式来进行。

霍尔指出，他的距离划分是对美国东北部的中产阶级以及受雇于商业领域和专业职业领域的人们的亲自考察为基础的。我们在把他的结论推广到处于其他地区的，社会的、职业的、不同种族的群体时应该特别谨慎。

亲密距离、个人距离、社会距离和公共距离的关键是空间的互动。我们在一个具体的互动中认定什么样的距离是正常的感觉，受我们文化的影响非常深。我们自动地做出空间的判断并对空间的暗示进行解释。例如，你能想象和你的一个老师在亲密距离内进行谈话的情景吗？如果你整个晚上和你最亲密的朋友一直保持社会距离，他（她）将会对你说什么呢？试着和与你每天都进行互动的人在公共距离内进行谈话，又会如何呢？注意到我们以及别人如何运用空间距离将有助于改善我们的沟通。

让我们简单地看一下，可能影响你与另一个人坐或站的距离的一些因素。这个距离很可能由社会规则和那些相互影响的个人癖好的模式这两个方面来确定。与异性站在一起的距离相比，与同性站在一起的距离更近。在一个会面过程中，由于讨论话题的变化或谈话的开始与结束，两个人之间的距离也可能发生变化。对参与者来说，被谈论的话题是否是令人愉快的、不带偏见的也可能影响两个人之间的空间距离。当一个话题是令人愉快的时，人们就会较近地站或坐在一起。一项调查研究还表明，亲密距离可能会减少两个同伴之间谈话的数量。毫无疑问，社会背景也可能使空间关系有很大的不同，可以利用的空间的数量也可能成为影响两个人之间距离的一个因素。两个人的生理特征也可能影响距离的变化。例如，一个矮小的人与一个篮球队的队长，如果彼此站得靠近，他们的谈话将可能令双方都感到非常不自在。态度倾向和情绪倾向对两个人之间的距离也会有重要的影响。难道你不选择与你认为是友好的人站得靠近一些，而与你认为是不友好的人离得较远一些吗？当我们看到一群人亲密地站在一起谈话时我们就会认为他们是更加热情的，更加能移情和体谅别人的，并且他们彼此比较喜欢对方。那么可以说我们与朋友的互动就比与熟人的互动所处的位置更靠近些。当人们有一个高度的自我概念和高度归属的需求（与别人结交的需求），以及人们对权力不感兴趣和能够自我控制的时候，较近的距离也可能被认同。

霍尔指出在其他文化中也存在着类似的个人空间，但文化之间的具体距离存在差别，欧洲大陆人通常采用的社会距离在美国则是亲密距离，霍尔所采访的一个美国人称："这些人离得太近了，眼睛都对上了。这样确实让我很紧张，他们把脸贴得太近了，让人觉得他们就在你身体里似的。"①

从霍尔的人际距离理论出发，我们可以发现1米的距离对于美国大多数人而言是自然而然的社会距离，这从一个方面解释了"一米线"在美国之所以深入人心的文化背景。而中国大多数人正常的社会距离在大多数美国人眼里，正如欧洲大陆人那样，是个人距离甚至亲密距离，小于1米，甚至小于0.5米。中国这种小于1米的社会距离意识无疑是抵制"一米线"的文化惯性。

## （四）非言语行为和社会交流：对自我表演和欺骗的发现

### 1. 自我表演

如上所述，非言语行为是他人信息的重要来源，在一些社会交流中扮演重要角色，其中自我表演是最重要的程序之一。② 自我表演包括为了给别人制造一个独特的印象（通常是有利的）而努力控制自己的行为。③ 人们为把他们自己放在有利的社会地位中，经常使用很多不同的策略。就像德保罗提到的那样，一个自我表演的策略是对非言语暗示进行很好的利用。如果你曾经（1）为一个你已经

---

① See Edward T. Hall, *The Silent Language*, Greenwich, Conn., Fawcett Publications, 1959, pp. 163-164; Edward T. Hall, *The Hidden Dimension*, Garden City, N. Y., Doubleday & Company, 1966, pp. 114-129.

② See B. R. Schlenker & M. F. Weigold, Goals and the Self-Identification Process: Constructing Desired Identities, L. Pervin (Ed.), *Goal Concepts in Personality and Social Psychology*, Hillsdale, NJ, Erlbaum, 1989, pp. 243-290.

③ See E. E. Jones & T. S. Pittman, Toward a General Theory of Strategic Self Presentation, J. Suls (Ed.), *Psychological Perspective on the Self*, Hillsdale, NJ, Erlbaum, 1982.

知道要来的“惊喜”假装惊讶，（2）对你事实上没有做的事情微笑或者假装喜欢某人某事，（3）当另一个人跌倒时试着压制取笑这个人，那么你已经对出于自我表演意图而运用非言语交流很熟悉了。在这些和很多其他情况下，我们试着管理我们的面部表情、和他人的眼神接触、身体运动和其他能描述印象的非言语暗示。不用说，不同的个人完成这项任务的能力有很大不同。有魅力的人比无魅力的人更能胜任这个任务①；女性比男性更有影响力②；很多人趋向于得到比他们现在有的更好的印象③。除此之外，个人的性格当然也在非言语行为中扮演重要角色。例如，非常善于表现的人，表现强烈的和清楚的非言语暗示的趋向，经常比不善于表现的人要好。那么，我们依靠什么来识别他人的真实感受和想法呢？

第一，我们依靠微笑表情——短暂的面部表情仅仅持续十分之一秒。感情激怒事件之后，这样的反应会很快表现在脸上，而且很难平复下来。④ 结果，它们会完全反映他人真实的感受和想法。第二，我们依靠被叫作信道间差异的这些与非言语暗示不同的基本渠道。比如，一个跟对手说谎的交易者可能在容易保持脸上公开诚实的表情上战胜对手，也可能在保持和对手高水平的眼神接触上战胜对手。然而，同时，他可能忙于转换姿势或调整向对手暗示一些事情即将上演的身体运动。第三，我们依靠人说话时的非言语特点的改变。当人说谎的时候，音调经常会升高而且语速很慢。⑤ 另外，他们忙于更多的咬文嚼字——他们会打断并一再地重复开场白。⑥ 第四，我们依靠眼神接触。欺骗经常通过多种多样的眼神接触表现出来。当说谎者试图通过看别人的眼睛假装诚实时，经常频繁地眨眼睛，其瞳孔会比说真话的人的瞳孔更为扩张。他们的眼神接触也会表现出不平常的水平，或者很反常的、不寻常的高水平。

通过对这些非言语暗示的仔细观察，当别人说谎时我们经常能识破。在这方面，当我们的表现很不完美时，高技巧的说谎者经常能成功地欺骗我们。但是我们通过对非言语暗示的广泛应用，会使说谎者达成欺骗的目标更艰难。就像刚才说过的一样，人们经常因为说谎而尝试着管理他们的非言语行为。

2. 识别欺骗模式的信号

我们把现实生活看作日常交往的沟通体系，每个人都是发信者和接收者。其中的信息传导障碍、信息甄别过程、信息选择过程，都回避不了对发信者和接收

---

① See B. M. DePaulo, S. E. Kirkendol, J. Tang & T. O'Brien, The Motivational Impairment Effect in the Communication of Deception: Replications and Extensions, *Journal of Nonverbal Behavior*, 1988 (12), pp. 177-202.

② See J. A. Hall, *Nonverbal Sex Difference: Communication Accuracy and Expressive Style*, Baltimore, Johns Hopkins University Press, 1984.

③ See C. Saarni, Children's Understanding of the Interpersonal Consequences of Dissemblance of Nonverbal Emotional-Expressive Behavior, *Journal of Nonverbal Behavior*, 1988 (12), pp. 275-294.

④ See P. Ekman, *Telling lies*, New York, Norton, 1985.

⑤ See M. Zuckerman, et al. (Ed.), *Advances in Experimental Social Psychology*, Vol. 14, New York, Academic Press, 1981, pp. 1-59.

⑥ See J. B. Stiff, et al., Explanations for Visual Cue Primacy in Judgments of Honesty and Deceit, *Journal of Personality and Social Psychology*, 1989 (56), pp. 555-564.

者的诚实与欺骗的识别问题。

其实，身份欺骗的例子大量存在于动物世界，而且行骗者对被骗者的伤害是相当严重的，它们可能会因此失去一顿食物甚至失去生命。动物身上基本都有保护色，比如蝗虫是绿色的，在草丛中与草色一致。佯装是生物进行防御的本能行为模式，这种战术的成功往往鼓励欺骗发展。在人类社会中，也是如此。对于成功的行骗者，那是获益的，他（她）可以获得食物或获得安全。

在这个“领域”的博弈中，欺骗方式可能随着反欺骗方式的发达而更加发达，反之亦然。也就是说，反欺骗方式使那些欺骗者付出了相当的代价，比如信誉成本的损失。因而为了避免这种情况，欺骗方式会变得更高明。如果一个人的信誉被周围人长时间怀疑的话，那么这个人在达成他（她）的预期目标所付出的成本会更高。这个成本包括一个人所动用的生理资源、心理资源和社会资源等。

在以往人类生存资源匮乏的历史时期中，对欺骗的激励往往更强；而在今天衣食住行基本满足的条件下，信誉的重要性更突出，生理资源、心理资源和社会资源非常重要，人们对欺骗的操作频率可能已经减少或转换成其他方式。

如何识别诚实与欺骗，对于这一问题没有一个简单的答案。在生物学家和心理学家那里甚至也不一致。然而，生物学家和游戏竞技理论家已经为人类沟通体系中诚实与欺骗之间的互动展示提出了一个分析框架。他们考察了什么使一个信号可靠。扎哈维（Zahavi）提出的“障碍原则（原理）”认为，“每个信息都有一个适宜的信号，它恰当地增强了诚实发信者与骗子之间的不对称性。相对于富有来说，乱花钱是一个可靠的信号。因为声称富翁的穷人是没有多少钱财可供挥霍的；强壮的信息通过承受重的负荷而展示出可靠性；自信可能通过向对方展示优势而呈现”①。

按照障碍原则，沟通中的信号有评定信号存在。它们的表达是高成本的，而且是直接与所展示的技巧相关的。鹿头上的大角是评定信号，意味着强壮有力，对动物来说，毕竟是强壮和健康来支持它们的成长。角是一个信号：潜在的对手不必直接测定鹿的强壮，可以直接看角的形状大小。在人类社会，在酒吧里，一个强有力的颈部传递了一个相似的信号。当然，很少有这样的顾客非要做一个强壮的个人展示。因此，我们可以说，评定信号是可靠的，因为传递一个评定信号要求传递者具有相关的特质。

在人际沟通中，没按照障碍原则传递的信号称作常规信号。这里的常规信号与习俗、常识相关。发信者不必具有特别的技能去展示信号。穿着写着“上帝的礼物”的衬衫可能是一个常规信号，但不是一个可靠的信号，因为任何人都可以穿这样的衬衫产品。常规信号对欺骗是开放的。许多人，不论强弱，都愿意选择穿标有“力量”的衬衫。不过，如果身体瘦弱者穿这种衬衫并流行起来的话，这个信号就失去了它作为强者标识的意义。常规信号因此是不稳定的，原因是具有欺骗性，甚至一度有意义的信号也会成为噪音或污染等。

---

① Marc A. Smith & Peter Kollock, *Communities in Cyberspace*, London, Routledge, 1999, p. 39.

如果我们认同了这一点：评定信号是可靠的，而常规信号则不那么可靠，那么为什么后者常常被一些人所使用呢？理由是，常规信号通常成本较低。对于发信者和接收者来说，由于欺骗要求的成本相对较低，与更多的可靠的、高成本的评定信号相比，常规信号可能更适宜些。比如一个工作申请，文字简历属于常规信号，那里可能写着一个令人印象深刻的工作历史，事实上应聘者根本没有经历过。而应聘者在面试时候所作的陈述更可能属于评定信号，因为他（她）事实上必须有一定的条件才能展示它。对雇主来说，仅仅看简历来甄选应聘者，那是较快和较容易的（即成本不是很高），但被欺骗的机会也较大。

欺骗的传播可能是有限的。在特定情况下，对欺骗的惩罚是一个威慑力量。回到我们上面的例子，当应聘者添加了“额外内容”在其简历上时，一经发现，就会受到相当严重的惩罚。通过对骗子的严厉惩罚，能促进社会的良性运作机制，所以，在一个社会体系中可以使常规信号更可靠些。

另外，实施惩罚也是有代价的。要揭穿一个欺骗性信号，需评定该信号的诚实性，要花费一定的时间和精力，因此这一过程本身是有代价的。例如，为了验证穿“力量”衬衫者的真实力量，让穿者参与一场战斗。如果穿者徒有其名，他（她）将不敢应战；但是，如果穿者名实相符，那损失的是验证的成本。[①]

在生活中，经常发现交流双方有不一致的特定信号，需要人们判断其是特殊的还是常规的，还要判断是偶然的还是有一定线索和依据的。当然，澄清生活中的真伪信息，是一个主观的过程，带有较大的个体差异性。以上的表述只是有助于使这方面的问题变清晰，事实上，识别诚实与欺骗仍然是个比较复杂的过程。

## （五）个体差异

在 1988 年冬奥会的男子花样滑冰中赢得金牌之后，波特诺（Brian Boitano）被广泛地描述为“魁梧和漂亮的冠军”。为什么他会得到这么多的赞美？一个原因就是当他上台领奖时他“得体的”行为举止。当波特诺接受颁奖的时候，他面无表情地和亚军奥瑟（Brian Orser）（他长期以来的对手）挨着站着。在解释他自己的行为时，波特诺说：“我要矜持一点，我的面部表情只会让他感觉很不爽。”

在这个事件中，理解非言语交流的信息和个体在社会行为中的角色很重要。个体在寻求控制或管理其面部表情和其他非言语行为的情况下，并没有试图欺骗他人，但是文化规则暗示着不应将某些真实情感公开表露出来。例如：获胜的运动员没有展现出他们胜利的喜悦以免有打击对手之嫌，而失败者也亲切地微笑着，以免被人误以为是嫉妒；内科医师不应该在检查病人时表现得很惊诧；孩子不应该在父母责骂他的时候喜笑颜开；等等。

然而，几乎每个人在某些场合中都试图管理他（她）自己的非言语行为的事实并不意味着所有的人都想获得成功。相反，在这种个体差别很大的情况下，会

① See Marc A. Smith & Peter Kollock, *Communities in Cyberspace*, London, Routledge, 1999, p. 50.

很明显地影响社会交流。有对自我控制效力有贡献的个人特质或特点吗？弗里德曼（Friedman）等人的研究表明有。

在一些明显的发现的基础上，研究者预测一些人会扮演这样的角色。这里，我们主要关注一下社会心理学越来越关注的自我控制。自我控制与那些能够适应目前社会形势而变通行为的人有关。自我控制能力强的人被形象地描述为社会“变色龙”——他们能很容易地在不同的情况下做出不同的社会行为。相反，自我控制能力弱的人趋向于表现为：他（她）的行为模式“死板”，在任何情形下的表现都相同。弗里德曼等人指出，在不合适表现出真实情感的状况下，自我控制力强的人在掩饰他们真实情感方面比自我控制能力弱的人更成功。

为了研究这个假设，研究者找到了自我控制能力各不相同的人，分别告诉他们胜利的消息以得到积极的反馈，并指出他们在解决这个问题上做得很好。在其他两个人（事实上是研究者的助手）到场的时候即社会条件下，研究者单单得到了被试的这个反馈。弗里德曼等人解释说，参与者在社会条件下愿意尝试压抑得知幸福和快乐的讯息。在没有旁人的时候即单独条件下，当一些被试听见或看见其得到胜利的消息时，的确会表现出幸福或快乐的样子。自我控制很大程度上与参与者能否成功控制面部表情有关系。当他们在对手前面（社会条件下）时，自控能力强的人比自控能力弱的人更少公开传递幸福的信息、更少做出胜利的姿势。反之，自控能力强的人忙于把自己的嘴扭到一边并咬着嘴唇，大概是为了阻止自己笑，或者避免显示自己赢了的欢乐。自控能力强的人比自控能力弱的人更关注自己的面部反应，能更好地管理自己的面部表情。

总之，在不适合表现情感反应的情况下，自控能力强的人比自控能力弱的人在压抑外在情感反应上做得更好。

## 三、印象形成过程中信息加工整合的一些规律

为了对他人形成一个整体性的认识，人们需要把所获得的各种零散信息加以整合。

### （一）规律

1. “中心特质”效应

不同特征在印象形成中所起的作用是不同的。阿希（S. E. Asch）的经典研究证实了这一点。[①] 他把大学生分为两组，每人拿到一张描写一个人特征的表格，上面有七个形容词。

A 组：聪明、灵巧、勤奋、热情、果断、实际、谨慎

B 组：聪明、灵巧、勤奋、冷淡、果断、实际、谨慎

---

① See S. E. Asch，Forming Impressions of Personality，*Journal of Abnormal and Social Psychology*，1946（41），pp. 258－290.

A、B两组表格唯一的不同就是A组中有一个形容词是“热情”，B组把“热情”换成了“冷淡”；其余六个形容词都一样。

阿希让两组大学生对具有表格中所述特征的人做一简单的描述，并在另一张特征表上挑选出能够最好地描述这个人的形容词。

这项研究的结果发现：当表中有“热情”这个词时，塑造出来的人物是“慷慨大方”、“快活”、“幽默”的形象；当表中有“冷淡”这个词时，塑造出来的人物则是“斤斤计较”、“毫无同情心”、“势利十足”的形象。但当“热情”与“冷淡”分别被“文雅”与“粗鲁”所替换时，两组被试所描述出来的人物差别就不那么明显了。

因此，阿希就把“热情”、“冷淡”这类对印象形成起重要作用的特征称为“中心特征”，把“文雅”与“粗鲁”这类对印象形成不起核心作用的特征称为“边缘特征”。但中心特征与边缘特征是相对的，无论什么时候遇到某个人，我们都会根据自己认为最重要的特征形成对他人的印象。所以说，人们对他人的知觉具有很大的主观性。

2. 首因效应和近因效应

信息出现的先后对印象形成的作用是不同的。许多学者就信息出现的次序对印象形成的作用进行了大量的研究，并提出了首因效应（primacy effects）与近因效应（recency effects）这两个现象。首因效应是指人们比较重视最先得到的信息，据此对他人做判断。近因效应则是指最新得到的信息对他人的印象形成起较强作用的现象。

鲁钦斯（A. Luchins）的实验证明了这两种效应的存在。[①] 他编写了两段文字，内容是一个叫吉姆的学生的生活片段。一段把他描写成热情外向的人，另一段把他描写成冷漠而内向的人。鲁钦斯把这两段短文发给被试，一组被试先读第一段，后读第二段，另一组被试正相反。结果发现，第一组被试有70%的人认为吉姆较外向、友好；而第二组被试只有12%的人认为吉姆外向、友好，但有82%的人认为吉姆较内向、孤独。

这一实验的结果表明，由于两部分材料呈现的顺序不同，对吉姆的判断就产生了很大的差异。而且，最先得到的信息对整体印象起着主要的影响，即首因起主要作用。

至于首因效应产生的原因，泰勒等把前人的观点归纳为两种：一是人们容易忽略、不注意后面的信息，因为一旦人们觉得自己有足够的信息来做判断，就不再或很少注意随后的信息。二是后面信息的重要性被打折扣，在知觉者的心目中，后面的信息不如开始的信息重要、有价值。[②]

---

① See A. Luchins，Primacy-Recency in Impression Formation，C. Hovland，W. Mandell & E. Campbell et al.（Eds.），*The Order of Presentation in Persuasion*，New Haven，CT，Yale University Press，1957.

② See S. E. Taylor，L. A. Peplau & D. O. Sears，*Social Psychology*，Eight Edition，Prentice Hall Inc.，1994.

如果首因效应的产生是由于对后来的信息不注意、不重视，那么事先告知被试在做出判断前，要对所有的信息加以注意，就可能避免、减少首因效应的产生。鲁钦斯的研究证明了这一点。他还是用上述有关吉姆的材料，只是在被试阅读材料前预先告知他们，材料分前后两部分，要求他们在阅读完全部材料后再对吉姆做出判断。在这种情况下，首因效应消失了。

至于近因效应的验证，鲁钦斯的实验方法是不让被试连续阅读两份材料，而是在中间插入其他活动，如做数学题。在这种情况下，大部分被试会根据间隔活动后看到的材料来评价吉姆，即产生了近因效应。

首因效应的存在表明第一印象至关重要。与陌生人交往的过程中，所得到的有关对方的最初印象称为第一印象（first impression）。第一印象在日常的社会生活中与工作中都有相当大的作用，即所谓的“先入为主”。“新官上任”之所以要点好“三把火”，踢好“前三脚”，就是要给下属留下深刻的、好的第一印象。当然，第一印象并非总是正确的，但却总是最鲜明的、最牢固的，并且决定着以后的交往，如对某人一开始就有好感，人们就愿意再和他（她）接触。当然，第一印象不是不可改变的，常言说得好：“路遥知马力，日久见人心。”

3. 晕轮效应（光环效应）

人们倾向于把有关的特质联系起来形成对他人较统一的认识。随着生活经验的积累，人们认识到有一些特质之间存在着密切的联系，如热心与利他，于是当了解到一个人具有某一特质时，就会自动地联想到与这一特质相关联的其他特质，从而认为此人也具有这些特质。如我们知道一个人很喜欢冒险，那我们就会想象他一定很强壮、敏捷、适应能力强等等。正因如此，人们常会歪曲信息，以减少不一致的信息，从而对他人形成统一的评价与认识。当我们认为某人具有某种特征时，就会推断他也具有其他相似的，或相互关联的特征，这种倾向被称为晕轮效应或光环效应（halo effect）。

该效应与背景作用相类似。人对他人的多数判断最初是根据好坏得出来的，一个人被认为是好的，他就被一种积极的光环所笼罩，从而也就被赋予其他好的特质。如果他被认为是坏的，他就被一种消极的光环所笼罩，从而也就被赋予其他不好的特质。这后一种效应又称为魔鬼效应。一个人对他人的评价，往往受他对被评价者的总体印象的影响。被评价者的特质越是模糊，越是难以测量，这种效应就表现得越明显。正因为这种泛化倾向的存在，当我们对一个人的某一方面有良好的评价时，就会认为这个人一切都好，反之，则认为他一切都坏。

戴恩等的研究证明了晕轮效应的存在。① 他们让大学生被试仔细观察三个与他们年龄相近的人的照片。其中一人外表很有魅力，一个中等，另一个缺乏魅力。要求被试在其他 27 种人格特质上逐个评价三个人，接着让他们估计三个人婚姻美满的可能性，三人中谁最有可能在事业上成功。结果表明被试对有魅力的

---

① See K. K. Dion，E. Berscheid & E. Walster，What Is Beautiful Is Good，*Journal of Personality and Social Psychology*，1972（24），pp. 285 - 290.

人比对无魅力的人赋予了更多的正性人格特质，如和蔼、沉着；而且认为有吸引力的人更容易有美满的婚姻，更容易在事业上取得成功。

晕轮效应是很难避免的，它是人们快速认识他人的一种策略、方式，但有时却可能会产生有害的结果。历史小说《三国演义》中有这样一个故事：

周瑜死后，鲁肃把凤雏庞统举荐给孙权。孙权见他“浓眉掀鼻，黑面短髯，形容古怪，心中不喜”，以至于孙权“誓不用之”。结果因以貌取人，把一个智囊推给了刘备。

因为晕轮效应不利于正确评价，所以使用评价量表的心理学家想出一些办法加以克服，如对评价者加以训练，评价人时采用一个特质一个特质地评定，使评价者知识均等。

4. 人们比较重视负性信息，但却倾向于对他人做正性评价

在知觉他人的过程中，人们比较关注与重视负性信息，即对负性信息比对正性信息给予更高的权重。[①] 但是人们却倾向于对他人做正性的评价[②]，这似乎是一个矛盾。人们之所以对他人的评价如此宽容，原因可能有：

（1）人们希望自己的周围都是好人好事，这样自己会感觉舒服些。

（2）在大多数文化中，正性词汇比负性词汇更常见。

（3）人们通过对他人的宽容来显示自己的大度与仁慈。

在日常生活中，当我们向别人打听某人怎样时，常会听到“这人不错”、“挺好的”之类的话。其实也许对方的脑海中正浮现出此人的负面信息，恨得咬牙切齿呢。

随着对社会知觉研究的深入，人们所了解的在印象形成过程中信息加工整合的规律会越来越多。

## （二）印象的作用

我们对他人的印象一旦形成，就很难改变，即使发现最初的印象是错的也仍然如此，这种倾向被称为保守性偏差（perseverance bias）。罗斯（L. Ross）与其同事的研究证明了此种偏差的存在。[③] 他们安排女大学生观察他人做“决策”作业。一些观察者被反馈告知，决策者 25 个问题做对了 24 题，另一些观察者被告知决策者只做对了 10 题。然后主试又告诉这些观察者上述反馈是随机决定的，与决策者的实际操作无关。最后让观察者评定决策者的能力及预测他们将来的操作成绩。结果表明，初期的反馈仍影响着观察者对决策者能力的评价及对他们将

---

① See F. Pratto & O. P. John, Automatic Vigilance: The Attention-Grabbing Power of Negative Social Information, *Journal of Personality and Social Psychology*, 1991 (61), pp. 380 - 391.

② See D. O. Sears, The Person-Positivity Bias, *Journal of Personality and Social Psychology*, 1983 (44), pp. 233 - 250.

③ See L. Ross, M. R. Lepper & M. Hubbard, Perseverance in Self-Perception and Social Perception: Biased Attributional Processes in the Debriefing Paradigm, *Journal of Personality and Social Psychology*, 1975 (32), pp. 880 - 892.

来操作水平的预期。

正由于印象的稳定性与渗透性，所以它构成了人们判断与行动的基础。

1. 所形成的印象影响我们对他人的判断

印象一旦形成就会左右我们对后获得的信息的解释，从而保持原有印象不变。假设我们在看《欢乐总动员》或《正大综艺》等节目，让两个嘉宾抢答 10 个问题。其中一个嘉宾前 5 个问题都抢到了且回答正确，然后开始穿插广告。这时，你会认为哪个嘉宾更聪明些？对广告后 5 个题目的回答谁会得分高些？可能大多数人都会认为是前 5 题都答对的第一位嘉宾。可是在广告后看到的却是第二位嘉宾后 5 道题全抢到且都答对了，两人一比一平。那人们就可能把第一位嘉宾的失利解释为谦让，或者是后面的题太简单，或者是他太得意了，但可能仍认为他非常聪明。也就是说，最初形成的印象会影响对后来不一致信息的解释，从而使最初的印象保持不变。

2. 产生与印象一致的行为——自我实现的预言

我们对他人形成一定的印象之后，就会对他人产生相应的期望，而此期望又引导我们采取相应的行为以证实此期望，这一现象就叫自我实现的预言（self-fulfilling prophecy）。罗森塔尔（R. Rosenthal）与雅各布森（L. Jacobson）等的一项经典研究证明了教师的期望对学生成绩的显著影响。[①] 他们以小学生为被试，先对他们做语言能力与推理能力的测验，然后随机抽出一部分学生，向老师说这部分学生有可能在几个月后有突飞猛进的进步。到了期末，罗森塔尔等对全体学生做了一次测查，发现这部分学生都显著提高了成绩，而且教师对他们的评语也比其他学生好。这种期望的作用也称为皮格马利翁效应。皮格马利翁是希腊神话中一个雕刻师的名字，他曾精心雕刻了一个美丽的象牙姑娘，并对她倾注了自己全部心血与感情。他的真情终于感动了上帝，他的愿望得到满足，雕像获得了生命。

在罗森塔尔等的实验里，自我实现的预言或皮格马利翁效应之所以会产生，是因为实验者的话使老师对这些学生产生了好的印象与期望，从而使他们更多地鼓励、帮助这些学生；而这些学生也因老师的所作所为而提高了学习积极性，学习更加努力，所以成绩提高得比其他学生快。

但是只有当人们对自己或他人缺乏认识或缺乏肯定的认识时，别人的评价与期望才会影响自己。如在罗森塔尔等的实验中，如果老师很了解自己的学生，而且很肯定自己的了解是正确的，那么实验者所提供的信息就不会改变他们原初对这些学生的印象，也就不会产生新的期望，当然也就不会改变他们的行为方式，那些学生的成绩也就不会有较大的提高。另外，若人们知道他人对自己的看法是负性的，如某一学生认为老师对自己的评价很不好，那么人们也不会让他人的这种期望得逞，自我实现的预言当然也不会实现。

---

① See R. Rosenthal & L. Jacobson, Pygmalion in The Classroom: Teacher Expectation and Pupils' Intellectual Development, New York, Holt, Rinehart & Winston, 1968.

# 四、情感与认知

## (一) 情感如何影响认知

我们的心境影响着我们的社会认知。正如我们日常生活所体验到的那样，当我们高兴的时候，这个世界是那样的美好，蓝天、白云、绿树，周围人都是那样可爱。大多数人都意识到，他们在积极的心态下能比在消极的心态下出现更好的思考状态。举例来说，当我们心态积极时，困难的任务或者情况就会比我们在心态消极下更容易解决。大量的证据表明，事实正是如此，我们当前的情绪状态的确对我们如何掌握信息具有很重要的影响。

首先，我们发现一个人的情感状态会影响他对不明刺激的认知。简单地说，当他处于一个积极的心态时，他能够更好地感受到这些刺激。举例说，有研究报告显示，当一个人在面对一个不确定的任务时，如果环境给他形成积极情绪（比如给他一块巧克力或者一个小礼品），那么在这种情况下这个人会增强解决这个不确定任务的能力。如果环境提供的是消极气氛（比如有人给他脸色看），那么这个人就会出现解决问题能力下降的现象。研究也表明，一个人在任务相当不确定的情况下，积极的情绪氛围或者消极的氛围对其影响表现强烈的话，那就说明这个人属于既不是那种非常适合该任务也不是那种完全不适合该任务的那类人。反之，当一个人完全适合或者完全不适合某项工作时，环境这种影响将会大大降低。

其次，积极或者消极的情绪对人的记忆力也有着很大的影响。一般说来，与我们的心情相一致的信息比那些与当时的情绪不相符的信息更容易让人记住。而且，情绪的这种作用不仅在信息最初录入记忆时有效，在回忆信息时也同样起作用。积极或者消极的情绪同样影响着信息在头脑中的组织结构。情绪积极的人比情绪消极的人更能从记忆中的广泛的信息种类中获得信息。同时，那些情绪积极的人比消极的人更多地对中性词汇产生不寻常的联想，而且更愿意把那些不能确定分类的事物归到比本身更具有代表性的一类事物中（比如说情绪积极的人就更愿意把电梯归类到交通工具中去）。①

最后，有证据显示人在情绪积极的情况下更具有创造性，或者说他们至少在需要创造性地解决问题时比别人表现得更好（比如探寻新颖的思路，为原有的事物开发新的用途等）。处在情绪积极的状态中，人们能自觉动用身体资源，容易形成多元联想。此时神经兴奋强烈，会积极地连接更多种类的神经元细胞，激活其功能，形成丰富的想象空间。

由此可见，大量的证据显示人的情感状态的确对人的社会认知有一定的影

---

① See Robert A. Baron & Donn Byrne, *Social Psychology*, Seventh Edition, Allyn and Bacon, 1994, pp. 115, 116.

响。由此又产生了一个问题：积极或者消极的心态是如何施加这种影响的呢？关于这个问题的研究才刚刚起步。然而佛格斯（J. P. Forgas）已经提出了一个令人欣喜的关于情感的影响的框架。根据他的理论，一个人可以通过以下的策略来获得社交信息。其中的一种就是直接策略，即将原先记忆中有的判断直接应用到当前的情形中去。比如说，假如我已经对英国人有比较好的印象，那么当我碰见一个英国人时，我就同样会对他有比较良好的印象。我们也考虑到了另外一个控制策略，即建立在启发性基础上的策略，这里我们采纳了心里拇指规则①，即以最小的努力来做出判断。然而佛格斯在关于情感影响社会认知的理论中强调最多的策略是动机处理策略。该理论解释道，我们心中原有的目标将指引我们搜寻和使用各种各样的信息。换句话说就是，我们去搜寻某种信息，是为了得出与该信息相关的某项结论。②

我们的情感状态和这种动机过程有着怎样的联系呢？佛格斯解释道，当一个人处于良好的情绪状态时，他就会努力维持这种状态。所以，他可能会去回避影响情绪的信息，同时这又反过来对我们的积极情绪有所作用。与此相反，当我们的情绪比较低落时，动机处理过程就会指引我们来消除这种感觉。在这种情形下，我们会去搜寻那些有利于提高情绪的信息，而且我们也会更精确地回忆起这些信息。然而，与此同时，我们也可能采取其他的策略，比如说倾向于关注那些与我们消除低落情绪想法一致的人。③

佛格斯对这些预测观点进行了一系列完整的测试。在实验中，参与者（起先没有看过任何能够影响他们情绪的电影）首先被安排来看那些极度搞笑或者极度悲伤的电影，比如说很成功的喜剧系列，或者是讲述一个妈妈死于癌症的故事。然后，这些参与者被要求从八个潜在的候选人中选择一个未来的合作伙伴，无论是为自己还是为别人挑选。为了挑选出最合适的人选，参与者都会查看包含着候选人信息的索引卡。其中的一些信息是涉及他们完成任务的能力的（比如说，才智、以前的表现），其他的信息是涉及个人的性格和喜好的。参与者还被告知他们可以按照任意顺序来挑选索引卡，并且把自己觉得与做决定没有任何关系的信息都挑选出来。④

研究者收集了许多参与者在挑选未来伙伴时所持有的不同标准策略。然而，在总结完这些标准后，研究者发现人的心理状态对这些策略有着很大的影响。比如说，如同预计的一样，那些情绪悲伤的人就倾向于关注伙伴的个人品质，大概这样的人能够帮助他们寻找到一个能够帮助他们恢复情绪的人。相反，那些情绪

---

① 又叫经验法则，是一种可用于许多情况的简单的、经验性的、探索性的，但不是很准确的原则，可引申为一种试探法、经验法、启发法。据说源于木工工人，他们不用尺子，而是以拇指来测量木材的长度或宽度。

② See J. P. Forgas, Affective Influences on Partner Choice: Role of Mood in Social Decisions, *Journal of Personality and Social Psychology*, 1991 (61), pp. 708 - 720.

③④ See J. P. Forgas, Affective and Social Perception: Research Evidence and an Integrative Theory, W. Stroebe & M. Newstone (Eds.), *European Review of Social Psychology*, New York, Wiley, 1991.

积极的人就倾向于关注伙伴的任务能力。同样，如同预期的一样，当他们在为自己挑选伙伴的时候这些倾向变得更强烈了。情绪低落的人更倾向于通过大致印象来选择自己的伙伴。这也是与情绪低落的人更有动机去选择一个能给自己带来益处的伙伴这一观点相符的。因此，他们依靠的是对人的总体印象而不是逐个性格特征比较来选择伙伴。

这些发现以及以前的一系列调查表明我们当前的情绪经常会影响到我们掌控信息，而这些信息会反过来影响我们所做的决定。很明显，我们的情感状态在我们的社会认知中扮演了很重要的角色，而且它还影响着我们和其他人之间的关系。

## （二）认知如何影响情感

许多关于情感和认知的研究都在关注情感是怎样影响认知的。然而，这里同样有引人注目的相反的证据——认知对情感的影响。我们在以前情感要素的讨论中已经提及过这种联系的一个方面了。我们通常不能直接知道我们自己的情感和心态，因为这些内在的反应是有点模糊的，我们通常是通过外界的行为来寻找自己内心情感的线索。在这种情况下，我们的情绪通常是由我们对自身选择的行为的相应解释来决定的。

认知影响情感的一种途径就是通过激活包含各种各样情感成分的结构或者说是认知框架来实现的。比如说，当我们把某个人归入某个群体时，通过这个群体的框架，我们就可以知道这个人的特性了。此外，这也可以让我们知道我们对这些人的感觉是怎样的。所以，某一种族、信仰、宗教的背景框架或者某些刻板印象被激活会对我们的情绪心态产生强烈的影响（参见本章中讨论刻板印象的部分）。

同时，我们的认知可以通过如何解释那些挑起我们情绪的事件来影响我们对这些事件的反应。比如说，假如你在一家电影院外排队买票的时候，一个女人从后面推了你一下，你会不会很生气呢？这在很大程度上就要看你内心是如何理解她这个举动的。假如你觉得她是想要抢到你前面去，你或许就会很生气，甚至会把她往后推。相反，假如你认为她只是在人行道上不小心绊倒了，你或许就不会觉得生气并且产生报复行动。越来越多的证据表明，我们对别人的具有刺激性的行为的反应很大程度上影响着我们对这些人的情绪以及行为反应。

认知影响情感还有一种途径，即通过我们心中对判断和反应的期待来起作用。越来越多的证据显示，如果一个人心中保留着对某件事情或者刺激的反应期望，那么当他们真正遇到这些事情的时候这些期望就会对他（她）看待事件和形成情感产生影响。这种影响的实例每天都可以见到。比如说，假如某个人预计他会不喜欢某种新的食物，他在没有品尝该食物的情况下就会表现出对它的反感。相反，当人们期望去看电影、听笑话或故事的时候，他们就会很乐意去做，即使他们此刻并不十分想去做这些。事实上，很多事件都表明，期望比某种事件或刺激本身的特性更能影响人们对它的反应。比如说，在一个关于这种影响的实验中，威尔逊和他的同事们让参与者看两类不同的卡通片。根据以前的经验，他们都知道第一类是非常搞笑的而第二类就没有那么搞笑了。在开始看第二类卡通片之前，有一部分参与者被告知他们很幸运地被选中去看非常搞笑的卡通片，而其他人则没有给予这些期望。当这些参与者看第二类卡通片时候，那些被给予了期望的人比那些没有被给予期望的人更觉得这部卡通片搞笑。所以，由此可见，他们的反应的确是很大程度上受到了自己对事件的预期的影响。

# 第三节 对群体的知觉——刻板印象

每天我们都要与许许多多形形色色的人打交道，如家人、邻居、同事、商贩、医生、乘务员等等。我们不可能也没必要把每个人都当作一个独立的个体来知觉与评价。为了更快速、有效地认识与应对他人，人类一个基本的认知策略就是分类。就像是把植物分为花、草、树、蔬菜等一样，我们也按年龄、性别、职业、出生地等把人分成各种社会群体（social groups）。所谓社会群体就是由具有某一共同的且具有社会意义的特征的两个及以上的人构成的集合。如碰巧在一个路口同时过一条街的人就不是一个社会群体，因这些人所具有的共同特征——同时同地——不具有社会意义。当然，有社会意义的特征是随着时间与文化而变化的。如在中东地区，宗教是划分群体的重要特征，也是战火不断的主要根源。而在中国，由于民族的统一、宗教的平等，职业、省份等成为划分群体的主要依据。所以，在日常生活中，陌生人见面第一句话往往是："您是干什么工作的?""您是哪地方的人?"不过，在大多数国家，性别、年龄、种族、社会经济地位、文化背景都是划分群体的重要特征。当然，一个个体可以按不同的标准划入不同的群体中。总之，正因为分类这种人类天生具有的认知策略的存在，社会才会被分为各种群体，刻板印象才会形成。所谓的刻板印象（stereotype，也有人译成定见），就是人们对一个社会群体所形成的印象。

对一个群体的刻板印象是由正、负性特征构成的，如大多数人认为女性是敏感的、热情的、依赖的、以家庭为中心的。另外，刻板印象既可能是正确的，也可能是不正确的，但大多数刻板印象的准确与否无法测量与验证，因为没有合适的效标。

## 一、刻板印象的形成

刻板印象的形成主要通过两种途径：一是个人的亲身经验；二是社会学习。

## （一）个人的亲身经验

当人们第一次与一个群体接触时，他们与一两个成员的互动就构成了刻板印象形成的基础。即使人们与一个群体内多个成员互动，以便形成准确的、无偏差的印象，但互动结果仍会产生夸大了的、不准确的刻板印象。原因有二：

（1）由于新奇的、极端的、突显的刺激容易引起人们的注意，所以，一个群体中特殊的成员对刻板印象的形成有着重要的影响。罗沙特（M. Rothart）及其同事的研究证明了这一点。① 在他们的实验中，一组被试看一张清单，上面列着50个男人所做的行为，其中有10人犯了非暴力性的罪；另一组被试看同样的清单，但其中10人所犯的罪是暴力性的。然后问被试他们所看到清单上所列的50人中，有多少人犯了罪。结果被试认为第二种清单所列的群体中有更多的人犯了罪。

（2）毫无疑问，一个群体所做的行为对我们的认知起着很大的作用，但一个群体的社会角色往往限制了我们所看到的行为。即一个群体所承担的社会角色、所要完成的工作往往决定了他们要如何做。如一个医生就要耐心地照顾病人。前文在讲述个体印象形成的来源时曾提到，人们常根据个体的外在行为来推断个体也具有相应的内在人格特质。这种对应推断的过程在刻板印象形成中也同样适用。所以，人们就把群体成员在一定的情境（如工作场合）中根据他们所承担的社会角色、所从事的行为当作他们内在品质的流露与表现，认为他们真的像行为所表现的那样，如医生都总是有耐心、有爱心、爱整洁的，女性都是以家庭为重的，男性都是以事业为中心的。正因如此，对群体的刻板印象极有可能是不准确的。

## （二）社会学习

刻板印象的获得不一定总是依据个人的亲身经验，也可以从父母、老师、同学、课本及大众媒体习得而来。例如，我国学者张德就认为，我国大中小学生对性别产生的刻板印象深受小学语文教材的影响。② 他以人民教育出版社1970年至1982年出版的十册全日制学校小学语文课本为分析素材，发现：

（1）各册语文书的人物数都是男高于女（781∶542）。

（2）教材给予不同性别的人以不同的职业。如保育员、营业员、纺织工人都是女性；而科学家、文学家都是男性。

（3）在课文中无知、低能的人物都是女人，而男人则知识渊博、能力高超。如《数星星的孩子》中，奶奶说："那么多星星一闪一闪地乱动……你能数得清吗？"而张衡的爷爷则开导说："天上的星星在动，而它们之间的距离是不变的。"

---

① See M. Rothart, S. Fulero, C. Jensen, et al., From Individual to Group Impressions: Availability Heuristics in Stereotype Formation, *Journal of Experimental Social Psychology*, 1978 (14), pp. 237-255.

② 参见张德：《关于性别偏见的调查报告》，载《社会心理研究》，1990（3）。

又如《看月食》一文中，奶奶说月食的形成是因为天狗吃了月亮，而爸爸则纠正说是因为地球转到了太阳与月亮之间。

(4) 教材在一些课文里往往让女性来表现人类的不良性格特征。如《蓝树叶》中不借给同学笔的林园园，《田寡妇看瓜》中小气的田寡妇，《西门豹治邺》中凶狠恶毒、草菅人命的老巫婆，《渔夫与金鱼》里贪婪的老太婆。

另外，关树文对初中语文课本中性别角色的分析，也得出了与张德相似的结论。①

## 二、影响刻板印象唤起与使用的因素

已有的研究表明，在下列情况下，人们易唤起及使用刻板印象：

(1) 一个人的类别特征越明显，与此类别相联系的刻板印象越易浮现在别人脑海中。如一个女人的长相越甜美，穿着越女性化，人们越易把她知觉为具有女性特征（如温柔、贤淑）的女人。

(2) 对待匿名的、可互换的群体成员易用刻板印象知觉他们，从而忽略了个人特征。我们在日常生活中常有这样的经验，到某一饭店吃饭时，有一位穿制服的小姐来打招呼，记下点的菜，送上碗筷、茶水。等我们想再多加一个菜时，看着穿梭着的、穿着制服的小姐，都不知刚才那位是哪一个。

(3) 当时间紧迫，需快速对他人做出判断时，易使用刻板印象。

(4) 当所获得的信息很复杂，不易分析加工时，也易使用刻板印象。

(5) 当人们处于极端的情绪状态，如勃然大怒时，也易使用刻板印象。

(6) 当人们意识到对个体的判断不太重要时，人们也许不会进一步收集有关个体的信息，而只用有关群体的刻板印象来认识个体。

## 三、刻板印象辨析

刻板印象作为关于各个群体的概括性知识牢固地储存在我们的记忆中，一看到或听到有关群体类别的线索，如一个群体的名称，一个人的年龄、性别、职业、籍贯、方言等，有关相应群体的刻板印象就会自动浮现在脑海中。所以，使用刻板印象的好处就是能快速地了解一个陌生或不太熟悉的人或群体的特征。但刻板印象的使用也有弊端：一是它夸大了群体内成员间的相似性，从而对个体的知觉产生先入为主、以偏概全的偏差；二是它夸大群体间的差异性，容易产生偏见与歧视。所谓偏见（prejudice），是对一个社会群体及其成员所作的正性或负性的评价；歧视（discrimination）是针对某一社会群体及其成员所采取的正性或负性的行为。“discrimination”一词本义是区别对待，但人们一般比较关注负性

---

① 参见关树文：《少年读物中的性别角色研究》，见李庆善编：《中国人社会心理研究论集·1992》，141～146页，香港，时代文化出版公司，1993。

的行为，所以该词在国内多译成歧视。

既然刻板印象有如此的弊病，那如何才能改变它呢？

## 四、改变刻板印象的方法

在讲述改变刻板印象的方法前，先分析了解一下人们使用哪些策略来抵制刻板印象的变化，然后再在此基础上讲述如何有效地改变刻板印象。

### （一）人们在抵制刻板印象变化时所使用的策略

即使人们获得了与一个群体的刻板印象完全不同的信息，人们仍然不改变原有的印象。那人们是怎样对待那些不一致信息的呢？

（1）把不一致的信息解释掉。当人们获得与自己的期望不一致的信息（如一位白人发现与他打交道的黑人并不粗鲁、暴躁）时，就会去找原因。但人们通常把这种不一致的信息归于特殊的环境（如是在一个重要的酒会上见到这位黑人的），认为这种信息不是行动者真实品质的反映。

（2）把不一致的信息区隔开来。当不一致的信息不能被如此解释掉时，人们就会把一个社会群体进一步分成各个亚群体，如把黑人分成有知识、有教养的黑人与无教养的黑人，然后把不一致的信息归属于其中一个特殊的亚群体，从而保持原有的刻板印象不变。

（3）把不一致的信息归于群体中不典型的成员。人们常认为不一致的信息是从特殊的、非典型的群体成员那儿获得的，而原有的刻板印象是典型的群体成员所具有的，所以更有代表性与概括性，当然也就不需要改变了。

### （二）改变刻板印象的方法

很多学者认为，通过在特定的条件下与一群体中的成员相互交往，就能够减少对此群体的刻板印象与偏见。那怎样的交往才有效呢？

（1）为了避免与刻板印象不一致的信息被归于特殊的环境与时间，要使不一致的信息不断重复，那么，这种稳定的信息就可以被解释为个体内在品质的反映，而对个体所归属的群体的刻板印象就可能改变。为此，人们就需要对有刻板印象的群体成员进行长期的、深入的、一对一的交往。

（2）为了避免与刻板印象不一致的信息被归于群体中的亚群体成员，要与有刻板印象的群体成员广泛交往，这样，所获得的普遍的不一致信息就会改变人们原有的对此群体的看法。

（3）为了避免把与刻板印象不一致的信息归于群体中非典型的成员，要与群体中有代表性的、典型的成员交往。

（4）由于刻板印象常是自动被唤醒的，又无意识地作为人们判断、评价与行为的基础，所以要想改变刻板印象，人们必须有意识地去寻找不一致的信息，有意识地校正自己的判断。这才是改变刻板印象的根本与前提；否则，即使不一致的信息反复地出现、广泛地出现，人们仍可以熟视无睹，充耳不闻。

国内有关群体知觉的研究已有很多。如韩向明让 252 名学生与成人在 100 个形容词中挑出五个来描述美国人、英国人、法国人、日本人、印度人、中国人等。结果得出：我国居民认为美国人是敢于冒险的、思想解放的、不拘小节的、外向的、开朗的；中国人是勤劳的、爱国的、聪明的、吃苦耐劳的、勇敢的等等。[①] 孙健敏以 25 对形容词为测量工具，比较了中美大学生对对方的刻板印象。结果发现：美国大学生评价中国大学生是“无攻击性的”、“忠诚的”、“关心别人的”、“聪明的”、“有耐心的”、“害羞的”、“虚弱的”、“消极的”、“保守的”；而中国大学生眼中的美国大学生是“幸福的”、“大方的”、“强壮的”、“干净的”、“主动的”、“吸引人的”、“聪明的”、“自信的”，“幽默的”、“勇敢的”、“不忠诚的”、“自私的”、“富有攻击性的”。[②] 另外，韩向明等人还利用县志、文学作品、问卷等来了解人们是如何对山西人的性格特征进行描述的。[③]

# 第四节 社会认同及群体认同

## 一、社会认同

### （一）早期社会认同研究

自我认同是个体体认我是什么、我是谁的过程；而社会认同则是个体归属于哪个群体、哪个社会位置、哪种文化的过程。对社会认同重要性的最早说明之一来自勒温。他断言，为了保持一种健康感，个体需要一种强烈的群体认同意识。这个观点在泰弗尔（Tajfel）和特纳（Turner）的社会认同理论中通过相当多的细节发展了起来。根据该理论，只要成为一个群体的成员就可以给个人提供一种有助于促成正面自我概念的归属感。泰弗尔于 20 世纪 80 年代大力提倡社会身份论，启发了很多有关社会认同历程研究的新思维。

在 20 世纪 90 年代，美国的社会心理学日趋国际化，文化心理学的兴起令美国心理学家注意到美国以外的心理学知识传统，随着研究人才的交流，贾尔斯

① 参见韩向明：《北方沿海省市居民国民刻板印象的调查研究》，见李庆善编：《中国人社会心理研究论集·1992》，147～157 页。

② 参见孙健敏：《中美大学生刻板印象的跨文化研究》，载《社会心理研究》，1990（2）。

③ 参见韩向明、辛志勇、刘丽：《山西人性格特征研究》，载《社会心理研究》，1998（2）。

(Giles)、霍格（Hogg）等社会认同论大师先后赴美，社会认同研究在美国本土生根，并迅速发展。在短短十几年间，美国成为社会认同研究的重镇之一，而社会认同论也成为美国社会心理学主流理论之一。在 2004 年，美国的《性格与社会心理学综论》以特刊形式介绍社会心理学的宏论（grand theories），其中有关社会认同和社群关系的论文就有三篇（全特刊共 14 篇）①，可见社会认同研究在美国主流社会心理学中的地位。

研究者最早是从社会心理学和哲学的概念来定义社会认同的。他们通常从米德的社会理论和埃里克森所做的研究入手，将重点集中于群体认同在社会情境下的形成上，认为群体认同是个人因素和社会因素共同作用的结果。社会认同不是一个固定的或是单一的实体，而是一种认识、一种态度、一种趋向、一个过程，认同不是预先设定的，它是从对自身的行为、语言和每日实践与社会情境和环境相互关系的解释和归因中引发的自己与环境之间复杂的动态平衡的过程。在某一些时候，认同让个体成为某社团的一员；在另外一些时候，认同又让个体成为自我的一部分，或者成为分享关系的一部分。

比如教师的认同包括教师的自我认同、职业认同、角色认同等多个方面，这些方面是互相联系在一起的，其中，教师对自我的认同是认同的核心。和埃里克森所认为的认同是人在青年某个阶段所面临的任务不同，对认同的研究认为：认同是一个持续的过程。在一个变化的环境中，教师的角色和认同会受到许多挑战和影响，教师对角色的认同是一个不断变化的长期过程，同时，在教师致力于建立职业认同的过程中，会面临一系列的困惑。

## （二）有关社会认同的观点

认同感是一种社会心理稳定感，具有群体性（即社群性）。心理学家埃里克森指出，一个成熟的心理认同的渐进发展是以人所属的团体为条件的，团体的传统价值对个人的成长意义重大。心理学家米勒指出“认同的本质不但是‘心理’的，它也包含‘群体’的概念，是一项‘自我的延伸，是将自我视为一个群体的一部分’。这是认同的核心”②。

一些社会学家和心理学家分析了认同的价值和认同的层次，还分析了认同几种层次之间的联系。社会学家帕森斯把认同定义为“个性模式保持代码系统”，他认为，认同是通过相连贯的组织内有关个体的信息来维持个体的连续性的。社会学家汉斯·摩尔（Hans J. Mol）认为，认同分为个人层次和社会层次。在个人层次方面，“认同是一个人在混沌环境中所占据的稳固方位，个人能够据之对外在环境做出积极的防御”；在社会层次方面，“认同是一个基本的及普遍拥有的

---

① See D. Abrams & M. A. Hogg, Metatheory: Lessons from Social Identity Research; M. B. Brewer, Taking the Social Origins of Human Nature Seriously: Toward a More Imperialist Social Psychology; J. Levine, Collaboration: The Social Context of Theory Development.

② See David L. Sills (Ed.), *International Encyclopedia of the Social Sciences*, Vol. 15, Crowell Collier and Macmillan, Inc., 1968, p. 250.

信仰、模范及价值之综合，它能抵抗外在事物对本身环境与成员的威胁及维续自身”。英国心理学家贝特-汉莱密（Beit-Hallahmi）认为，“认同由三个层次展开，即从群体认同经过社会认同到自我认同”[①]，即通过某种认同获得一种归属，从所在的群体获得一种信仰系统，通过这个所在的群体参与社会，得到某种社会认同感，而个人在获得某种社会认同之后，对自我认同有内在的动力，即它直接影响到个人的自我意识活动和把自己投入某项活动中。

一些学者从个体的心灵修养、心灵需要出发探讨了认同的产生、内涵和作用，认为认同是“关涉个人与群体隶属关系的一个概念，因此认同首先是个体对某种意义上的身份的一种心理肯定，认同给予个人以所在感，给人的个体性以稳固的核心”[②]。认同不仅是指较长时间的态度，还指个人对某群体的自我认同，对某群体的长期承诺是认同的重要表现形式。认同对人们的存在起着重要的作用，认同是人们精神稳固的源泉之一。

英国学者戴维·莫利（David Morley）等人在《认同的空间》中，分析了认同的概念，认为是“差异构成了认同”，认同涉及排斥和包含，“因此，界定种族集团至关重要的因素便成了该集团相对其他集团而言的社会边界……而不是边界线内的文化现实”[③]。认同是动态的、自然发生的集体行为。英国学者麦克盖根（Jim McGuigan）认为，“认同是一种集体现象，而绝不仅是个别现象。它最频繁地被从民族主义的方面考虑，指那些身处民族国家疆域之中的人们被认为共同拥有的特征”[④]。

一些研究者指出了认同的基本特点，即社会性、可塑造性和可共存性。安德森（Benedict Anderson）在《想象的共同体：民族主义的起源与散布》中分析，认同可以多种共存，认同是在行动者之间互动的过程中、在情境中建构的，它不是预先给定的，也不可能完全以自我利益为中心，受到共同规则的制约和导引。[⑤] 姚大力也认为某种认同并不纯粹是哪方面的认同，而是与别的认同相互融合相互共存的，他在论文《变化中的国家认同——读〈中国寻求民族国家认同〉札记》中，对“认同”做了分析：“所谓认同，不仅可以从适用于此处全部讨论的那种严格和相当正式的意义上加以理解，而且也可以在更加广泛的意义上把它看做是部分政治、部分文化和心理的‘现象’。”[⑥] 杨筱在博士论文《认同与国际

① David L. Sills (Ed.), *International Encyclopedia of the Social Sciences*, Vol. 15, Crowell Collier and Macmillan. Inc., 1968, p. 250.

② 梁丽萍：《中国人的宗教心理：宗教认同的理论分析与实证研究》，15页，北京，社会科学文献出版社，2004。

③ ［英］戴维·莫利：《认同的空间——全球媒介、电子世界景观和文化边界》，61页，南京，南京大学出版社，2001。

④ ［英］吉姆·麦克盖根：《文化民粹主义》，228页，南京，南京大学出版社，2001。

⑤ 参见［美］本尼迪克特·安德森：《想象的共同体：民族主义的起源与散布》，上海，上海人民出版社，2005。

⑥ 复旦大学历史系、复旦大学中外现代化进程研究中心编：《近代中国的国家形象与国家认同》，120页，上海，上海古籍出版社，2003。

关系：一种文化理论》中论述了认同的内容和特点："一、认同是复杂的社会过程的结果，个人和集体认同都是在复杂的社会语境中建构的。二、人处于政体之中。制度的变迁会改变个人和集体的政治文化认同。三、理解和解释认同问题需要考虑这些复杂现象。认同是在社会过程中建构的，认同随着社会制度、利益的改变可以得到重塑。由于社会生活的极端复杂性，多种认同集于一身是可能的。因此，认同概念具有三个基本特点：社会性、可塑造性和可共存性。"① 作者认为认同的特点和产生来源是紧密相关的："从个人领域来看，认同是家庭、住所、社区中人们之间的权力关系的产物。在公共领域，认同体现集团之间的权力关系。认同可以理解为记忆和当下之间的动态平衡。因此认同总是变化的。"②

## （三）社会认同的含义

"社会认同"一词，所指的是个人通过自己（或他人）在某社群的成员资格把自己（或他人）与其他人区分开来，并将该社群内典型成员的特征冠于自己（或他人）身上，让自己（或他人）的特性等同于社群内典型成员的特性。在广义的社会认同概念下的认同现象在社会生活中很常见，比如社会认同、群体认同、文化认同、民族认同等。

其中社会认同是指"个人的行为思想与社会规范或社会期待趋于一致"③，狭义的社会认同表现为三个层面，即价值认同、工作或职业认同和角色认同。

价值认同是指人们对社会的传统观念和道德习俗等的基本原则有趋于一致的倾向，比如人们认为社会应该实现公正，在各种竞争中保持公平合理，还有政治生活中追求政治民主也是人们普遍的一种价值认同。工作或职业认同是指一个人认为工作不仅出于谋生的需要，还出于一个人价值实现的需要。而最为大家所熟知的是角色认同。

1. 价值认同

在早期的社会认同研究中，特别强调类化对其他社会认同历程的影响。这些早期研究采用组成基础无可再薄弱的社群范式（minimal group paradigm），观察人们以生活和社会基础极薄弱的准则（例如他们对艺术品的审美角度）被编进两个团体后的行为。研究发现：即使在这种情况下，人们仍会比较两个团体的优劣，觉得自己所属的团体比另一团体优胜，并在分配利益时偏袒自己所属团体的成员，惩罚其他团体的成员。

相关研究说明了类化可以影响认同和比较历程，但由于分组的标准缺乏社会意义，容易令人忽略社会共识（social consensus）在社会认同历程中扮演的角色。这个偏差在后来的研究中被矫正过来。近期的研究显示：每个社群类别均具有丰富的社会内涵。在社会生活中，人们通过沟通对不同社群拥有哪些核心特征建立共识。这些核心特征往往反映在社群的典型成员身上。被社群成员公奉为楷

①② 杨筱：《认同与国际关系：一种文化理论》，中国社会科学院博士论文，2000。

③ 张春兴：《青年的认同与迷失》，27 页。

模的领袖是典型成员的例子，他们的言行实现了社群崇尚的核心价值。例如，雷锋是中国共产党党员的楷模，他的言行体现了共产党崇尚的牺牲精神。有时候，在社会上广泛流传的典型人物的故事，在传播过程中会被神话化，不一定完全符合事实，但却能反映出社群的核心价值。①

某价值能成为社群中的核心价值，可能是因为社群中大多数人重视该价值，也就是该价值在社群中具有客观共识（objective consensus）。此外，如果大多数社群成员相信一般成员也重视某价值，也就是该价值在社群中具有交互主观共识（intersubjective consensus），它也可能成为社群内的核心价值。例如，廉洁能成为中国官场中的核心价值，可能是因为大部分官员重视廉洁，也可能是因为大部分官员相信一般官员也重视廉洁。一般来说，具有客观共识的价值同时也具有交互主观共识。不过，在某些特殊情况下，具有交互主观共识的价值不一定是普遍被重视的价值，反之亦然。②

人们认同某一社群，其中一个原因是社群的核心价值与个人价值相符。这一原理有很大的应用价值。以建设公民意识为例，如果要让中国公民奉公守法，爱惜公物，注重环境卫生，尊重他人权益，仅仅提高人们对国家的认同是不够的。假如人们不普遍认为以上特征是附属于中国人身份的核心价值，即使国家认同提高了，人们也未必会内化这些规范。反之，如果能透过公议，建立共识，使上述行为态度成为个人价值和附属于中国人身份的核心价值，便能更有效促进公民意识的内化，并提高人们对国家的认同。③

价值认同是规范认同的一种基本类型，它是建立在对社会规范本身的必要性与意义的认识的基础上的。因而，其实现条件不同于偶像认同。研究表明，个体对某种规范的意义认知与必要性的价值评价，是与个体积累的社会经验密切相关的。若个体直接或间接的社会经历所产生的社会认知和情感体验与规范是一致的，那么便会接受社会规范，产生一致的价值意识。若个体已有的社会经历所产生的是与规范不一致的认知与情感体验，那么个体在规范学习中就会有意义障碍或情感障碍，便无法实现价值认同。例如，一个被社会所抛弃、从未得到过爱的孤儿，与一个在充满爱的环境中成长的人，对“乐于助人”这条社会规范的体验是很不一样的，从而影响其对规范的价值认同。因而，个体的原有社会经验影响其对规范的接受性。只有消除意义障碍与情感障碍，获得义情沟通，才能实现价值认同。偶像认同是通过对榜样的模仿而实现的，价值认同是通过义情沟通而实现的。因而研究认同学习的条件，必须揭示榜样与模仿的条件以及义情沟通的条件。④

2. 角色认同

所谓角色认同，是指人们在社会中必须在不同的时间和空间扮演不同的角

①②③ 参见赵志裕、温静、谭俭邦：《社会认同的基本心理历程——香港回归中国的研究范例》，载《社会学研究》，2005（5）。

④ 参见冯忠良、伍新春：《教育心理学》，北京，人民教育出版社，2004。

色，各种角色都有一种约定俗成的行为标准，一个人如果赞同社会对某个角色的行为标准，并按这个行为标准行事，就是角色认同。比如同一女性，在不同的时间空间中一身兼任母亲、妻子和医生的角色，那么她在家中和工作中就要分别按母亲、妻子和医生的社会行为标准去做，在态度观念上也要接受这些角色要求的标准，这样她就实现了所兼任的几种角色认同。如果后来她觉得医生只能治疗人们身体的疾病，对于减轻人们某些精神的痛苦无能为力，转而从事文学创作，成为一位作家的话，那么她就不再认同自己属于医生这个角色了，不会按社会对医生的行为标准行事，不再到医院工作也不再医治病人。她的职业角色认同的对象已经转换为作家。比如中国现代女作家毕淑敏，在从医二十余年后，转而从事创作，以作家为职业，那么她的职业角色认同就由医生转换为作家。对于一个人来说，有的角色认同是可以变化的，但有的角色认同终身难有变化，比如对母亲角色的认同、儿女角色的认同。由于血亲关系是客观存在的，所以不会随着一时主观感情的变化而变化。比如在戏剧小说中出现的父子关系断绝，由于天然血缘亲情的存在最后恢复了，或许在各自的内心深处，仍然存在认同，只是故意做出不认同而已。相对而言，职业角色认同则有可能变化，以前的职业行为规范会有潜移默化的影响，有时对人的行为还有作用力，但主要的职业行为标准已经发生变化，转变为新的职业角色认同。①

因此有的角色认同会有所变化，具有动态性，比如职业角色认同；有的角色认同却永远不会改变，甚至个人的主观意志也无力改变，比如血亲关系的角色认同。

3. 认同学习

所谓认同学习，指通过学习确立起对社会规范的认同心理，包括对规范必要性的认知（晓之以理）、对规范体现者（榜样或偶像）的崇拜仰慕情感（动之以情）以及行为趋同倾向（导之以行，助之以成）。

偶像认同是规范认同的典型类型，在认同学习中具有重要地位。在当代学习心理学中也有较多的研究。偶像认同即模仿学习，也称造型学习。依据美国心理学家 W. 阿诺夫（W. Arnof）的研究，模仿学习是指观察行为模式，然后做出与行为模式相同或相似行为的过程。由于模仿学习是一种较为复杂的学习形式，心理学家往往从不同角度进行描述，所以又有“观察学习”、“仿效学习”、“社会学习”与“替代学习”这些称号。当模仿学习被称为观察学习时，它所强调的是对刺激环境的注意及影响知觉的因素。当模仿学习被称为仿效学习时，它所强调的是行为反应的复制，这通常也叫纯模仿学习。当模仿学习被称为社会学习时，它所强调的是这种学习在人际关系的适应及人格发展中的作用。当模仿学习被称为替代学习时，通常强调的是对动作后果的模仿。

---

① 参见李素华：《对认同概念的理论述译》，载《兰州学刊》，2005（4）。

4. 社会认同的认知过程[1]

(1) 类化、认同和比较。建构社会身份包含了类化、认同和比较三个历程。类化是一个会随着类化环境变通的历程，因此，社会身份不是一个固定的个人特质。人们在特定处境中会将自己归类到某个社会类别，这主要受三种因素影响。第一种因素是一些被统称为可及性（accessibility，又译易取性）的个人因素。一个社会类别的可及性是指它是否容易在某一处境下从记忆中提取出来使用。可及性较高的社会类别，通常是人们惯用的类别，也是与人们的目标、利益、思考图式和生活经验有关的类别。例如对一位大学生来说，修习的专业有颇高的可及性，因为它与学生的日常学习、事业目标和前程有密切的关系。第二种因素是某类别是否能适当地描述在当时当地出现的人物的客观群际对比。如果一群中国男子聚在一起，其中一些来自农村，一些来自城市，两类人在衣着、仪表、谈吐、喜好上都有明显差异，用城市人和农民这两个类别来描述在该处境中的客观群际对比比较适当。这种因素一般被称为对比适用度（comparative fit）。一个对比适用度高的社会类别，被采用的机率较高。第三种因素是某类别能否适当地描述参与互动的人在行为期待上的不同。例如大学教授们与学生聚会，两类人在年龄上有明显分别，符合了对比适用度的要求。在聚会中，教授们要表现得有师道尊严，而学生则要表现得尊师重道。在这种情境下，师生这一类别能适当地描述社会对这两类人在互动中不同的行为期待。这一因素被称为规范切合度（normative fit）。一个规范切合度高的社会类别，被采用的机率也较高。

(2) 社会类别间的关系。社会类别间有几种不同的关系。有些社会类别完全没有重叠，例如小孩和老人，一个人不能既是小孩又是老人。有些类别有部分重叠，例如上海市民和共产党员，有些上海市民是共产党员，有些不是，也有些共产党员不是上海市民。有些类别具有上下关系，上层类别涵盖从属类别。例如中国公民是上层类别，而上海市民是从属类别：所有上海市民都是中国公民，反之却不然。此外，人们也可以主观地建构社会类别间的关系。

5. 社会认同的动机[2]

每个人都拥有多个社群的成员资格，但却只会使用其中一部分的成员资格来建立自己和他人相区别的社会身份。以一位中国大学生为例，他是中国人，就读于某所大学，修习某一门专业，来自某一省市，是某小学和某中学的毕业生，出生于某一社会阶层中的家庭，是校内某些学生团体的成员——在众多社群成员资格中，他只会选择其中一些来建立自己的社会身份。那么，人们在选择以某些社群成员资格来建立社会身份时，有什么心理动机呢？这是近代社会认同研究中最受关注的课题之一。

---

[1][2] 参见赵志裕、温静、谭俭邦：《社会认同的基本心理历程——香港回归中国的研究范例》，载《社会学研究》，2005（5）。

（1）提高自尊。泰弗尔在社会身份论中提出了一个对社会认同研究影响深远的假设：人们建立社会身份，是为了透过所认同的社群，提高自尊。以一位现任职于一家名不见经传的企业的北京大学毕业生为例，他自认为是北大的毕业生，而不甚认同自己所属的单位，因为他所属的工作单位不能让他感到光荣。反之，北大的社会声望高，作为北大毕业生，他感到出类拔萃。

从这一假设可以推断出社会认同的一些基本原理。社会认同与社会比较有非常密切的关系：人们会评价和比较各社群的优劣、社会地位和声誉，争取把自己编入较优越的社群，并觉得自己拥有该社群一般成员具有的良好特征。按社会身份论，社会认同由三个基本历程组成：类化、认同和比较。类化指人们将自己编入某一社群中；认同就是认为自己拥有该社群成员的普遍特征；比较是评价自己认同的社群相对于其他社群的优劣、地位和声誉。透过这三个历程，人们抬高自己的身价和自尊。

（2）降低无常感或提高认知安全感。人们除了希望借社会认同提高自尊外，也希望透过它降低在社会生活中的无常感。社会认同让人们觉得自己清楚自己是谁，自己和自己认同的社群的成员有哪些特征，其他人或社群又有哪些特征。有了这些知识，人们便感到可以在社会生活中从各人的社会身份，预测各人的行为，并懂得如何与这些人交往。因此，社会认同可以降低在社会生活中的无常感，赋予人们一种在社会认知上的安全感（epistemic security）。

从此又可推断出两条有关社会认同的原理。其一，不是所有的社群成员资格均能降低社会生活中的无常感。有些社群有较清晰的行为规范，而且社群成员拥有相同的特征，当知道了某人属于这个社群，便可预测他的行为和特征。同样，在认同这个社群后，自己也知道要遵守哪些规范，知道别人对自己有什么期待。这个类型的社群成员资格较能产生降低社会生活中无常感的作用。反之，一些规范模糊、成员混杂不清的社群，其成员资格对提高其社会认知的安全感便没有太大的作用了。因此，当人们需要借社会认同来降低社会生活中的无常感时，倾向认同规范清晰、成员组成单纯的社群。其二，人们对规范清晰、成员组成单纯的社群认同倾向的强弱会因人因时而异。有些人较能接受或容忍社会生活中的无常感，而有些人只能过着很有秩序和条理的生活。和前一类型的人相比，后一类型的人更倾向于认同规范清晰、成员组成单纯的社群。

（3）满足归属感与保存个性的需要。在社会生活中，人们一方面希望保存个性，一方面想透过依附群体取得归属感。在逻辑上，保存个性与取得归属感是两种独立的心理需要，两者并不相悖。可是，当它们落实在社会认同上时，彼此间便会呈现出一种紧张关系。当人们认同一个社群时，会觉得自己属于那个社群。社群的成员越多，便觉得同道的人越多，归属感也越强。可是，在社会认同历程中，又会出现非个人化（depersonalization）的情况，也就是说，个体将群体的典型特征加诸自己身上，结果再也看不出自己与其他社群成员有什么不同之处，有损保存个性的需要，而且所认同的社群的成员越多，便越觉得与他们没有分别。

从这里可以推断出另外两条有关社会认同的原理。其一，满足归属感的需要越大，或保存个性的需要越小，人们越倾向于认同能容纳较多成员的社群。反之，保存个性的需要越大，或满足归属感的需要越小，人们越倾向于认同较排外或成员较少的社群。其二，满足归属感的需要和保存个性的需要会因处境而改变。例如，当人们察觉到自己在性格和态度上与所认同的社群的其他成员颇为不同时，满足归属感的需要便会被激发。同样，当人们察觉到自己在性格和态度上与一般人（包括自己不认同的社群的成员）没有明显分别时，保存个性的需要便会被激发。当满足归属感的需要或保存个性的需要被激发时，其相应的社会认同行动也会随之被启动。例如，当一个以身为北大学生而自豪的人察觉到自己的思想行为与其他北大学生有很大差别时，便可能会因为归属感受损而加强对北大的认同。当他察觉到自己的思想行为与一般大学生没有明显分别时，也可能会因为保存个性的需要受损而更认同自己是北大的学生。当人们觉得个人力量可以改变社会制度时，便会较重视自己的个人权利和个性，保存个性的需要较强。反之，当人们觉得个人改变不了社会制度时，便会迎合社会和群体对个人的要求，满足归属感的需要较强。因此，相信个人可以改变社会制度的人，倾向于认同较排外或成员较少的社群，而相信个人改变不了社会制度的人，则倾向于认同能容纳较多成员的社群。

（4）找寻存在的意义。人和其他生物一样，难免一死。人与其他生物的不同之处在于人能意识到死之不可避免。因此，每想到自己难免一死，便感到一种存在的恐怖（existential terror）：如果人最终难逃一死，此生兢兢业业，所为者何？如果人的一生，不论功过，死后都烟消云散，那么生命还有什么意义？在面对存在意义的问题时，儒家先哲提出了死而不朽的见解，认为一个人能在生时立德、立言、立行，其死后则身虽灭、名不朽。

对一般人来说，当存在的恐怖被启动时，若能相信自己死后仍会长久地活在自己认同的社群的记忆中，存在的恐怖便会暂时得到舒解。因此，在想到自己的死亡时，人们便会更认同自己的社会身份，偏袒自己认同的社群，歧视其他社群。

综合来说，社会认同背后有不同的动机，其中包括提升自己的自尊，降低社会生活中的无常感，平衡满足归属感和保存个性两种需要间的矛盾，以及找寻生存的意义，舒解对死亡的恐惧。当这些动机被激发时，其相应的社会认同历程也随之启动。

## 二、文化认同

传统文化认同和民族认同具有某些和血亲关系角色认同相同的特点，比如源远流长性和很强的稳定性。它们对人们的影响是潜移默化的，不太明显，平常难以察觉，但是其深刻性、深远性和久远性却是其他类型的认同难以企及的。比如胡勇在《文化的乡愁——美国华裔文学的文化认同》中分析了美国华裔文学中的中国传统文化情结，指出，美国的华裔作家无论对中国传统文化是赞同还是否定，都带有强烈的中国情结，而且最有影响力的作品都与中国文化相关。无论是在美国再生顺利的作家，抑或是再生困难的作家，无一例外地缅怀祖国的文化，有强烈的国家和民族的认同。随着时间的推移，他们越来越怀念祖国的一切，到了美国后，在岁月的流逝中，中国文化和对中国的依恋在心中越渐浓厚。对于民族文化和个人出生的地方没有永远强烈的爱和恨，只有细细流淌的看似淡然实则深奥的文化情感记忆和延续。也许真正的认同就是在这强烈的情感和冲撞行动之后，经岁月沉淀而保留下来的记忆和有意无意的传承延续，无论对过去的肯定还是否定，都是对过去的认同，无非内容和形式相异而已。①

文化认同（cultural identity）意指个体对所属文化以及文化群体内化并产生归属感，从而获得、保持与创新自身文化的社会心理过程。② 文化认同包括社会价值规范认同、宗教信仰认同、风俗习惯认同、语言认同、艺术认同等。文化认同是形成“自我”的过程，蒙田说过：“世界上最重要的事情就是认识自我。”③ 自我是个体心理结构深层的构造，也是探寻一种文化时所能进入的最核心部分。

文化认同的心理机制包括文化比较（cultural comparison）、文化类属（cultural categorization）、文化辨识（cultural distinctiveness）和文化定位（cultural definition）四个基本过程。在个人层面上，文化认同影响着个人的社会身份认同和自我认同，引导着人们热爱和忠实于民族文化，从而保存和光大民族文化，并最终将其纳入个人的价值观这一深层心理结构之中。在社会层面上，文化认同以民族文化为凝聚力整合和辨识着多元文化中的人类群体，成为群体构成的一种类型——文化群体。④

社会心理学家发现，人类在社会生活中有两种认同的需要。其一是通过寻找“我”与“我群”的差异而获得“自我认同”，它使个体获得一种与众不同的独特性和唯一性；其二是通过寻找“我群”与“他群”的差异而获得“社会认同”，它使个体获得一种与众相同的一致性和同一性。为了同时满足这两种需要，个体总是在寻找二者之间的平衡。文化认同也是一种社会认同，是个体获得文化群体的“我们感”的途径和过程。⑤

---

①　参见胡勇：《文化的乡愁——美国华裔文学的文化认同》，北京，中国戏剧出版社，2003。

②④　参见陈世联：《文化认同、文化和谐与社会和谐》，载《西南民族大学学报》（社会科学版），2006(3)。

③　转引自［德］恩斯特·卡西尔：《人论》，3页，上海，上海译文出版社，2003。

⑤　参见杨宜音：《文化认同的独立性和动力性：以马来西亚华人文化认同的演进与创新为例》，见张存武主编：《海外华族研究论集》，第3卷，407～420页，台北，华侨协会总会出版社，2002。

## 三、民族认同[①]

### （一）民族认同的含义

大多数关于民族认同的研究是在由社会心理学家进行概念化的社会认同的框架中进行的。然而，民族群体对群体认同提供了一种特殊的情况。如果一个社会的主流群体贬低处于低自尊状态的一个民族群体的特质或特点，那么该民族群体的成员就潜在地面临着一种否定的社会认同。与一个处于低地位的群体有联系可能导致低自尊。

泰弗尔（1978）断言，低地位群体的成员通过不同的方式努力提高他们的地位。个人可能作为主流群体的成员而试图离开这个群体，但是这种解决途径可能具有负面的心理影响。此外，这种解决方法对在种族上不同并且被其他人归类为民族群体成员的人来说是不合适的。可供替代的解决方法是，发展出一个人对自己群体的自尊，重新解释被认为是“劣等的”（inferior）特征从而使他们不再显得劣等，并且强调一个人所属群体的特殊性。

社会认同理论也解决了从参与两种文化中而产生出来的潜在问题。勒温（1948）和泰弗尔（1978）都讨论了这种可能性，也就是说与两个不同的群体有联系可能对民族群体成员的认同形成带来问题，因为他们自己的群体和主流群体之间在态度、价值观和行为方面都存在着冲突。在这种情况下，问题是个人是否必须在两种互相冲突的认同上进行取舍或是否有可能建立一种双文化的民族认同，如果是这样的话这是不是合适的。

民族认同的一个不同的但是相关的方法是建立在符号互动论（symbolic interactionism）和认同理论基础上的。在这个框架中的研究强调对一个人的民族认同意义的共同理解的重要性，这来自一个人自己的群体和一个“对应群体”。

### （二）民族认同与文化适应

民族认同只有在两个或更多的民族群体在一段时间里相互接触的情境下才有意义。在一个民族或种族同质性高的社会中，民族认同是一个几乎毫无意义的概念。涉及相互接触群体方面的研究可参见文化适应方面的文献。

“民族认同”这个术语有时候几乎等同于“文化适应”，但是应该将这两个术语区分开。文化适应这个概念指的是从两个不同文化的接触中而产生出来的文化态度、价值观和行为的变化。它关心的水平一般是群体而不是个体，而且焦点是少数民族或移民群体如何同主流社会联系在一起的。可以把民族认同看成是文化适应的一个方面，在此情况下，关心的是个人，而且焦点是他们如何同作为大社

① 本段部分内容引自 *Psychological Bulletin*，1990，108（3），pp. 499 - 514。部分内容参见［意］琼·菲尼：《青少年与成人的民族认同：研究回顾》，载《社会心理研究》，2006（4）。

会的一个亚群体的他们自己的群体相联系。

## (三) 民族认同的形成

社会认同和文化适应这两个框架都承认民族认同是动态的，随着时间和环境而变化。几个早期采用的定义以相似的含义包含了这种思想，也就是说民族认同是通过决策和自我评价这样一种主动的过程而获得的。在一篇概念性文章中，魏茵莱什（Weinreich，1988）声称，民族认同并不是一个实体，而是人们建构他们民族的一个复杂过程。然而，在以社会认同或文化适应框架作为基础的研究中，研究者基本上没有在个体变化的水平上，也就是从发展的角度来研究民族认同。

民族认同的形成可以看成是与随着时间发生的自我认同的形成类似的一个过程，在这个过程中，人们对民族在他们的生活中的作用进行探索并做出决策。许多概念模型描述了在少数民族青年或成人中民族认同的发展。

在最近一篇文章中，菲尼（Phinney）考察了不同模型之间的共同点并且提出了一个三阶段进程，也就是从一个未经检验的民族认同通过一个探索期最后到达一个获得的或承诺的民族认同。根据这个模型，青少年早期和也许还没有出现民族认同问题的成人处于第一阶段，一个未经检验的民族认同。根据克罗斯（Cross）和其他人的观点，这个早期阶段的特征是少数群体对主流文化的偏好。然而，这种偏好并不是这个阶段的必然特征。年轻人可能只是对民族不感兴趣而且很少去考虑它（他们的民族认同是扩散的）。或者，他们可能已经从父母或其他成人那里获得了积极的民族态度，虽然他们并没有为他们自己考虑这个问题。第二阶段的特征是一个人对自己民族的探索，类似于由马西亚（1980）所描述的暂停状态。这可能是作为产生一个人的民族意识的重要经验的结果而发生的［克罗斯提出来的“相遇”，1978；金姆（Kim）提出来的“唤醒”，1981］。它指的是沉浸于一个人自己文化中的一个密集过程，包括像阅读、同人交谈、去民族博物馆、积极参与文化事件之类的活动。对一些人来说，它可能还包括拒绝主流文化的价值观。

作为这个过程的结果，阶段模型提出，人们开始对他们的民族有了更深层次的理解和欣赏，也就是民族认同的获得或内在化。对少数民族来说，到达这个结果可能要求解决两个基本问题：（1）他们自己的群体和主流群体之间的文化差异性；（2）他们的群体在社会上较低的或受到贬低的地位。对不同的个人和群体来说，因为他们不同的历史和个人经验，毫无疑问通过民族认同获得的意义是不一样的。然而，获得并不必然指高水平的民族参与。一个人可能对自己的民族很清楚和很自信，却不想保持民族语言或习惯。最近一篇概念性文章提出，这个过程并不必然随着民族认同的获得而结束，而是可能循环继续，包括进一步探索或重新思考对一个人来说民族的作用或意义。

## (四) 民族认同的组成

大部分研究关注的可能是同称之为民族认同状态的东西联系在一起的组成部

分，也就是一个人在一段固定时间内的认同。在这种类型的研究中，研究最多的组成部分是作为一个群体成员的自我认同，一种属于这个群体的意识，一个人对群体成员的态度，以及民族参与（社会参与、文化实践和态度）。研究非常少的是强调民族认同的阶段，或者是一个人的认同随着时间而发生的变化。下面我们来考察这些组成部分以及评价它们的方式。

1. 自我认定

自我认定（也被称为自我定义或自我归类）指的是一个人为自己所使用的民族标签。对儿童的研究主要关心的是儿童对他们自己“正确”归类的程度，也就是说他们所选择的称号是否同他们父母的民族一致。一个相关的问题是“不正确的”归类是不是同一个不好的自我概念有关。儿童期以后，关心的内容是不同的。可以假设青少年和成人知道他们的民族，因而，这个问题是一个人选择什么样的标签来使用的问题。虽然这看起来是一个简单的问题，事实上相当复杂，因为由血统（父母背景）所决定的一个人的民族可能同一个人如何从民族方面来看待他自己是不一样的。

2. 归属感

当具体问到一个人的时候，人们可能使用一个民族称号并且可能还没有对所选择的群体有一种强烈的归属感。所以，评价归属感是重要的。然而，回顾的研究中只有四分之一对归属感进行了评价，也许是因为精确处理这种微妙感情存在困难。研究者已经对这个问题设计了许多方法。一些例子如下：“我是一个（从来不，很少，有时候，经常，常常）对我自己的群体感到强烈联系的人。”“我的命运和未来是同我自己的群体联系在一起的。”“我感到对我自己的群体有一种巨大的依恋。”被试可能表示出了一种“人”的意识或者给自己贴上一个民族称号。这种态度的变化归于一个人对自己民族重要性的看法或一个人对自己文化关心的一种感情。

根据研究，自我认定、归属意识，以及一个人对群体的自尊可能是在不同程度上表现出来的民族认同的关键方面，而不管群体如何。此外，发展模型假定所有民族群体成员都有选择权来探索和决定与他们的民族有关的问题，尽管无论是在个体水平还是群体水平上，他们在参与这个过程的程度上可能会有所变化。对这些共同因素的关注将涉及群体之间的比较并且涉及一个人的决策能否被普遍认同。

从民族和种族方面来看，在一个大多数国家的人口日益多样化的世界上，理解这种多样性的心理影响是最重要的。尽管主要群体对少数民族群体的态度已经受到相当大的关注，但同样重要的是如何把一个民族群体成员视为一个群体的组成部分，这个群体可能会受到贬低或歧视，必须努力维护它自己的习惯和传统，而且在其他问题上，在媒体上没有很好地表现出来。由于区分每个群体和环境的独特性使得在不同群体之间得出普遍结论存在困难，因此理解民族认同的任务是复杂的。

## 四、中国人的自我认同与文化自觉①

认同是心理学中用来解释人格统合机制的概念，即人格与社会及文化之间怎样互动而维系人格的统一性和一贯性。认同是维系人格与社会及文化之间互动的内在力量，从而是维持人格统一性和一贯性的内在力量，因此这个概念又用来表示主体性、归属感。这个概念在20世纪60年代得到广泛使用。西方现代社会的高速发展引起了人们的心理冲突和心理危机，尤其在青年人身上，出现强烈的心理反抗和危机感。这种心理现象表现在个人与他人的关系上，人际亲密程度弱化而产生出社会隔阂；表现在自我认知上，模糊性越来越强而产生自我丧失感。这两种情况都表明，现代科技和现代社会生活的高度发展，一方面给人和人类社会带来了从未有过的进步和文明，为人们的地位和角色提供了愈益增多的获取机会。同时，人和社会在享受进步和文明的过程中，人的创造物又将人“异化”，使人变得与自己疏离，以至于变为自己的对立面。自我认同是用来解释自我的心理、社会统合功能的概念，重视心理力的人格维系作用。自我认同作为人格的动力，是个可以通过社会而映照心理、通过心理而映照社会的心理过程。自我认同感是这种心理过程的主体觉醒，是认同化的过程，也就是把自己周围及社会生活中他人的价值观、生活方式等等同化为自己的特征，因此，自我认同感又是基于喜欢、偏好、尊敬、期望等等的主体选择过程，正是从主体选择这个意义上说，自我认同感体现心理品质。

人格与文化分不开，从社会化的视角看，人格是人在社会化过程中不断接受文化规则而逐步形成的，从这个意义上说，人格是文化的复制品。

中国的文化传统极为厚重而又顽强，但纵使如此，也顶不住多灾多难的打击，文化断裂同社会动荡一样，频频不止。到了20世纪后半叶，仅就一场“文化大革命”而言，文化断裂达十年之久。20世纪80年代以来特别是90年代的改革和经济、社会发展所带来的巨大变化，都是在我们还没有来得及回味自己文化与人格的状况下，扑面而来的。在这种状况下，把前辈费孝通近年来多次提倡的“文化自觉”作为自我认同的相关话题予以思考，其目的在于提高心理品质，推动人格建设。

中国文化中的心理学财富中“己”观念和与之相关的命题，在我们今天谈论“自省”、“自知”，进而谈论心理品质和人格建设话题时，显得尤其重要。中国文化的“己”，并不是孤立的“个”，而是以对关系（二人关系）为单元的关系体，“人”不有，则“己”亦不成，不是单纯“义利”于“己”，也不是单纯“义利”于“人”，而是沿着“为仁由己”的命题逻辑，“为仁”之时亦“为己”，“行仁”

---

① 本部分参见沙莲香主编：《社会心理学》，1版，前言部分内容，北京，中国人民大学出版社，2002。

之中亦“行己”。“修身”在“齐家”、“治国”、“平天下”之先。“为”、“行”、“修”，都含有做、实践、操作、管理的意义。每个人对自己，要像做什么、实践什么、操作什么、管理什么一样，也要并且首先要做自己、实践自己、操作自己、管理自己。从这个意义来看，这就是自我认同与“文化自觉”的心理学解释、理解和推动，亦即提高心理品质和推动人格建设。

# 第五节 对行为与事件原因的推断——归因

所谓归因（attribution），就是人们利用信息对自己及他人行为的原因加以推断的过程。本章第二节在讲述印象形成时，曾提到人们常根据他人的行为来推断他们的内在品质，即认为行为是由他们的内在性格与品质决定的，这就是一种归因过程。现在，归因过程已成为社会心理学领域重要的研究课题。

## 一、何时归因

虽然人类是爱好奇的物种，但并不是对每件事都问为什么。如人们不会问太阳为什么每天早晨升起、晚上落下；车辆为什么红灯停、绿灯行。所以，对于大多数自然事件及人类的行为，人们都不会劳心费神地去探究原因。那在何种情况下，人们才会如此做呢?

1. 当出乎意料的、不寻常的事发生时

人们通常都希望自己对这个世界有一定的预测力，这样人们才会感到安全。当出乎意料的、不寻常的事发生时，人们就会感到惊奇，就会去寻找原因，以加强自己对世界的预测力，也增强自己的信心与安全感。

2. 负性的事件

糟糕的、痛苦的、不愉快的事件容易引起人们去探求原因，以便能找到解决问题的方法，使自己生活得更好。如幸福的小两口通常不会去找两人之所以会幸福的原因。不过，当两人感情出现危机时，双方通常会寻找原因，以试图弥补出现的裂痕。

3. 对个体很重要，但又不太了解、肯定的事

如当一个同事被“炒鱿鱼”了，其他人就会试图去了解为什么。除了听老板的解释外，他们还可能去寻找背后真正的原因，毕竟被“炒鱿鱼”这种事对他们至关重要。

## 二、归因理论

奥地利社会心理学家海德在其1958年出版的《人际关系心理学》中首先提出归因理论。以后一些学者，如维纳（B. Weiner）、阿伯拉姆森（L. Y. Abramson）、凯利、琼斯等人，在此基础上陆续提出一些新理论。20世纪70年代归因研究成为美国社会心理学研究的中心课题。有关人们如何推断行为原因的观点有很多，下面简单介绍几种有影响的归因理论。

1. 海德的归因理论

海德重视对人知觉的研究，认为对人知觉的研究实质就是考察一般人处理有关他人和自己的信息的方式。一个观察者对被观察者为何如此行动感兴趣，他像一个"朴素心理学家"那样去寻求对行为的因果解释。在海德看来，行为的原因或者在于环境或者在于个人。如果在于环境，则行动者对其行为不负什么责任；如果在于个人，则行动者就要对其行为负责。环境原因如他人、奖惩、运气、工作难易等；个人原因如人格、动机、情绪、态度、能力、努力等。如一个学生考试不及格，可能由于个人原因，如他不聪明、不努力等；也可能由于环境原因，如课程太难、试题设计不合理等。海德关于环境与个人、外因与内因的归因理论成为后来归因研究的基础。他认为，对人知觉在人际交往上的作用就在于使观察者能预测和控制他人的行为。

2. 维纳的归因理论

维纳及其同事在1972年发展了海德的归因理论。维纳认为，内因—外因方面只是归因判断的一个方面，还应当增加另一个方面，即暂时—稳定方面。这两个方面都是重要的，而且是彼此独立的。暂时—稳定方面在形成期望、预测未来的成败上至关重要。例如，如果我们认为甲工作做得出色是由于他的能力强或任务容易等稳定因素造成的，那么就可以期望，如果将来给予同样的任务他还会做得出色。如果我们认为其成功的原因是由于他心情好或机遇好等暂时因素造成的，那么就不会期望他将来还会做得出色。

人们可以把行为归因于许多因素，但无论什么因素大都可以纳入内因—外因、暂时—稳定这两个方面的四大类中。

维纳等人于1972年提出了成就归因模型（achievement attribution model），后来维纳于1979年又对此模型加以扩展。①

此模型认为人们用于解释成败的原因可用下列三个维度加以分类与描述：

（1）内因—外因。内因顾名思义即个人内在的原因，如人格、品质、动机、态度、情绪、能力、努力等。外因包括个人之外的所有原因，如环境因素、运气、任务难度、他人帮忙等。

---

① See B. Weiner, A Theory of Motivation for Some Classroom Experiences, *Journal of Educational Psychology*, 1979 (71), pp. 3－25.

（2）暂时—稳定。即原因是长期稳定的，还是变来变去的。如有些内在原因（如能力）就是稳定的、不会轻易改变的；而有些内在因素（如努力）则是可以通过人的意志而改变的。同样，有些外因，如“红灯停、绿灯行”这条规则就是多少年也没有变过的；而有些外因，如运气，则是变来变去的。

（3）可控制性。即一个原因是否在个人的控制范围之内。如不稳定的内因“努力”一般是可控的，而稳定的内因“能力”一般是不可控的。

维纳对原因三种维度的区分，使研究者能够更好地了解不同的归因结果对人的期望、情绪、动机、自信心、健康等方面的影响。如当一个人把成功归于内在的、稳定的因素“能力”时，他就会增强自信心，预期自己将来还会成功，并且更加积极努力；可当一个人把失败归于自己能力太差时，他就会消沉、自卑，认为自己无可救药，从而不再努力。

3. 三维理论

归因的三维理论（cube theory）是凯利于 1967 年提出的。[①] 此理论认为：

（1）行为的原因可分为三种：行动者、行动者知觉的对象及行动产生的环境。

（2）要找出行为的原因，主要使用三种信息：

A. 一致性（consistency）信息，即行动者的行为是否与其他人在这种情况下的行为相一致。若是，一致性就高。

B. 一贯性（consensus）信息，即行动者的行为在其他时间、地点是否也发生。若是，一贯性就高。

C. 特异性（distinctiveness）信息，即行动者对其他对象是否也以同样的方式做出反应。若是，特异性就低。

有了上述三种信息，就可进行归因判断。具体如何判断见表 4—6。

**表 4—6　　利用三种信息进行归因判断的方式**

| 一致性 | 一贯性 | 特异性 | 归因于 |
|---|---|---|---|
| 高 | 高 | 高 | 知觉对象 |
| 低 | 高 | 低 | 行动者 |
| 低 | 低 | 高 | 情境 |

以教授甲批评学生乙一事为例：我们既可归因于学生乙，如学生乙懒惰；也可归因于教授甲，如教授甲是个爱批评人的人；又可归因于环境，如环境使教授甲误解了学生乙。这三个原因都是可能的，问题在于要找出一个真正的原因。凯利认为，要找出真正的原因主要使用三种信息：一致性、一贯性和特异性。一致性是指该行为是否与其他人的行为相一致，如果每个教授都批评学生乙，则教授的行为是一致性高的。一贯性指行动者的行为是否一贯，如教授甲是否总是批评

① See H. H. Kelley，Attribution Theory in Social Psychology，D. Levine（Ed.），*Nebraska Symposium on Motivation*，1967（15），pp. 192 - 238.

学生乙，若是，则一贯性高。特异性指行动者的行为在不同情况下对不同的人是否相同，如教授甲是否在一定情况下对学生乙如此，而对其他学生则不如此，若是，则特异性高。凯利从这里引出结论：如果一致性低、一贯性高、特异性低，则应归因于行动者。也就是说，其他教授都不批评学生乙，教授甲总是批评学生乙，教授甲对其他学生也如此。此时应归因于教授甲。如果一致性高、一贯性高、特异性高，则应归因于知觉对象。也就是说，每个教授都批评学生乙，教授甲总是批评学生乙，教授甲不批评其他学生，此时应归因于学生乙。如果一致性低、一贯性低、特异性高，则应归因于情境。也就是说，其他教授都不批评学生乙，教授甲也不总是批评学生乙，教授甲只是在一定情况下批评了学生乙，对其他学生未加批评，此时应归因于情境。

凯利强调了三种信息的重要性，所以他的理论又称为三维理论。这个理论是个理想化的模型，人们实际上往往得不到这个模型所要求的全部信息。在这种情况下，人们如何解释行为呢？凯利提出了因果图式的概念。人们在生活经验中形成某种看法，即图式，以此解释特定的行为。如父亲拥抱儿子这件事，可能有几个原因，一个是父亲是个热情的人，另一个是儿子做了什么好事。如果我们知道儿子没做什么好事，那么我们会认为父亲是个热情的人。如果我们知道父亲不是个热情的人，那么我们会认为儿子做了什么好事。

三维归因理论也受到了一些批评。如：(1) 模型过于理想化，人们通常得不到一致性、一贯性与特异性三种信息；(2) 模型逻辑含糊不清，而且不必那么复杂；(3) 忽略了归因者对特定行为的知识所起的作用，如在听相声时，当听众捧腹大笑时，人们一般都会归于相声说得好、说得逗。

4. 反常条件关注模型

希尔顿（D. L. Hitlon）等人于 1986 年提出了反常条件关注模型（the abnormal conditions focus model）。[①] 此模型认为，一个行为或事件的可能原因有很多，要从中找出真正的原因常需已有知识的帮助。在与行为、事件的发生有关的所有条件中，如果某一条件比较突出，那归因者就会把行为事件的发生归于它。如小张期末考试不及格，其他人都及格了，那小张就突出了，他自身就是不及格的原因了。当小张数学不及格，其他科目都及格了，那数学这个科目就变得突出了，小张不及格的原因就可能是数学太难或老师教得不好。如果两个或更多的条件同时变得突出，那它们就一起成为行为与事件的原因。如全班只有小张没有及格，而且小张只有数学没有及格，那么小张数学能力太差就是原因了。

反常条件关注模型的优点就是它要求归因者利用一种信息只做一种归因，不像三维理论那么复杂；它还强调行为原因的多种可能性及归因者已有知识的作用。

5. 顺序阶段模型

吉尔伯特（D. T. Gilbert）等人于 1988 年提出了归因加工的顺序阶段模型

---

① See D. L. Hilton & B. R. Slugoski，Knowledge-Based Causal Attribution：The Abnormal Conditions Focus Model，*Psychological Bulletin*，1986 (107)，pp. 65 - 81.

(the sequential stage model of attribution processing)[①]，把整个归因过程分为三个阶段：

（1）行为的分类。这一阶段是自动进行的。

（2）自动的特质归因，即根据已有的知识与经验，自动地把此行为与相应的人格特质联系起来。如看到一个人随地吐痰，就认为此人没修养。

（3）校正，即利用当时的情境因素来调整最初的特质归因。如看到周围没有垃圾箱，就可能认为这个人随地吐痰是因公共设施不完备造成的。

前两个阶段都是自动地、无意识地进行的，而且非常快速。后一阶段需要意识的参与，需要较多的时间与努力。

归因加工的顺序阶段模型能够很好地解释为什么人们容易把别人的行为归于他们的内在品质而不是外在环境（即对应偏差，将在下文详细介绍），而且能够引起人们寻找及检验哪些因素（如加工时间的长短、行为的原因的复杂性、疲劳、已有的知识、加工准确性动机等）会影响人们归因的结果。

6. 琼斯和戴维斯的归因理论

在本章第二节中已介绍过的对应推论理论也是一个非常有名的归因理论，在此从归因理论的角度作进一步描述。这个理论主张，当人们进行个人归因时，会从行为及其结果推导出行为的意图和动机。推导出的行为的意图和动机与所观察到的行为及其结果相对应，即对应推论。一个人关于行为和行为原因所拥有的信息越多，他对该行为所做出的推论的对应性就越高。一个行为越是异乎寻常，则观察者对其原因推论的对应性就越大。

影响对应推论的因素主要有三个：（1）非共同性结果。指所选行动方案有不同于其他行动方案的特点。例如，一个人站起来，去关上窗户，穿上毛衣，此时我们可以推断他感到凉了。单是关上窗户的行动也可能表示防止窗外噪音，而穿上毛衣这个非共同性结果就可以使人推断这个行动是由于凉。（2）社会期望。当一个人表现出符合社会期望的行动时，我们很难推断他的真实态度。如一个参加晚会的人在离开时对主人说对晚会很感兴趣，这是符合社会期望的说法，从这个行动很难推断其真实态度。但是当一个人行为不符合社会期望或不为社会所公认时，该行为很可能与其真实态度相对应。如上述参加晚会的人在离开时对主人说晚会很糟糕，这是不符合社会期望的行为，它很可能反映出行动者的真实态度。（3）选择自由。如果我们知道某人从事某行动是自由选择的，我们便倾向于认为这个行为与某人的态度是对应的。如果不是自由选择的，则难以做出对应推论。

另外，还有第一节曾提到的贝姆的自我知觉理论也是一种归因理论，它认为人们对自己行为的归因过程与对他人行为的归因过程是一样的。

---

① See D. T. Gilbert, B. W. Pelham & D. S. Krull, On Cognitive Busyness: When Person Perceivers Meet Persons Perceived, *Journal of Personality and Social Psychology*, 1988 (54), pp. 733 - 740.

## 三、归因偏差

从以上介绍的归因理论或模型可以看出，它们的一个共同点就是认为：人是理性的、讲究逻辑的，就像科学家一样；当人们在对行为归因时，会客观地评价与利用各种信息。但在现实生活中，人们并非如此，人们的归因常是错误的、有偏差的。下面就介绍几种重要的归因偏差。

1. 基本归因错误

基本归因错误（fundamental attribution error）又叫对应偏差（correspondent bias），它是指人们在解释他人的行为时，夸大行动者的个人因素，低估环境因素的现象。如当学生甲去另一个大学找自己的同乡玩时，结果被楼长拦住盘问了半天，甲就可能认为这个楼长严厉而且不近人情。其实这个楼长可能是一个相当热心的人，只是他（她）的职责需要如此。

西方社会心理学一直认为对应偏差是一种泛文化的普遍现象，但近些年来的跨文化研究对这种观点提出了挑战，认为它是与欧美文化紧密相连的独特的心理现象。因为在欧美文化中，自我是独立的、自主的，个体的行为是由他（她）的内在特征所引导的。而在亚洲的一些强调人与人之间相互依赖的文化中，人们更倾向于把情境的、社会的因素当作事件与行为发生的主要原因。莫里斯（M. W. Morris）等人运用两个相继出现在美国的类似的悲剧事件为材料进行了归因研究。① 一个是：一个中国的博士后候选人枪杀了他的导师和几个旁观者。另一个是：一个底特律的邮政工人枪杀了他的上司及几个旁观者。他们分析了英文报纸和中文报纸对两个凶手行为的解释。英文报纸几乎都从两个凶手的心理与人格特征方面找原因；而中文报纸大多从情境、背景及社会因素上找原因。进一步的研究表明，美国与中国大学生对这两个事件的解释分别与英、中文报纸上的解释类似。

基本归因错误产生的原因有：（1）人们有一种信念，相信人们能对自己的行动负责，所以多以内因来解释人的行为，而忽略外因的影响。（2）情境中的行动者比情境中的其他因素往往更突出，所以，人们更容易注意行动者，而忽略背景因素、社会因素。

2. 行动者与观察者偏差

上面所讲的基本归因错误指的是人们对他人的归因特点，即观察者倾向于做内部归因，强调行动者内在特征的作用；而行动者对自己行为的归因则倾向于做情境归因，即强调情境的作用。行动者与观察者偏差（actor-observer bias）可能是由下列两种原因造成的：（1）行动者较注意周围的环境，观察者更注意行动

---

① See M. W. Morris, R. E. Nisbett & K. Peng, Causal Understanding Across Domains and Culture, D. Sperher, D. Premack & J. Premack (Eds.), *Causal Cognition: A Multidisciplinary Debate*, Oxford, Oxford University Press, 1995, pp. 577 - 612.

者；（2）观察者对行动者的过去了解少，只注意现时现地；行动者对自己的过去了解，知道自己之所以做出某一行为的前因后果、来龙去脉。

3. 自我服务归因偏差

即人们把功劳归于自己、把失败归于外因的倾向。在日常生活中，人们常会把失败归于运气不好、他人拆台等，以摆脱责任、免受责备。这种做法有利于个体的心理平衡，可以避免对自信心与自尊心的打击。

西方学者一般都认为自我服务归因偏差（self-serving attribution bias）具有跨文化的一致性。但从国内已有的对成败归因的研究来看，这种结论不一定站得住脚。如甘远英对 301 名初中生学习成败归因的研究得出，把成功归于内因，把失败归于外因的只有 18 人，仅占 6%，可见不存在自我服务归因偏差。[①] 但孙煜明对 387 名初、高中生考试成败归因的研究得出，把成功归于能力与努力的人数要高于把失败归于这两个内因的人数，似乎自我服务归因偏差在一定程度上是存在的。[②] 所以，这种归因偏差是否具有跨文化的一致性，还需进一步验证。

## 四、归因的个体差异

研究表明，人们对事件、结果（如成败）的归因存在稳定的倾向与个体差异。[③] 有的人总是认为自己是命运的主宰，恨不得相信是他让太阳从东方升起、从西方落下的；而有的人总认为自己的一切都是由命运、他人控制的，自己对一切都无能为力。罗特（J. B. Rotter）于 1966 年提出"控制源"（locus of control，以下简称 LOC）这一概念，旨在对个体的归因差异进行说明与测量。他把个体对结果的解释分为两种——内因与外因，相应地，个体也有内控者（internals）与外控者（externals）之分。内控者认为结果的产生取决于自己的行动、能力与努力；外控者认为是运气、命运，或强有力的他人控制着结果的好坏。这种不同的归因方式进而影响着个体的情绪、动机与行为。如内控者会更加努力，成就动机会更高，但失败时会责备自己；而外控者则可能会放弃努力，听天由命，会把失败的责任归于外部因素。

国外的研究表明：个体的内控程度越强，越易产生正性的情感体验，活动水平越高，他们的生活满意度、自理能力、婚姻质量越高，越易使用相对性思维与操作来解决问题，越易参加体育锻炼、休闲活动、减肥等有益于身体健康的活动。

目前已编制出许多 LOC 量表，常用的有：罗特（1966）的内外控量表、莱文森（H. Levenson，1981）的内控/他控/机控量表、婚姻控制源量表、多维健

① 参见甘远英：《初中学生成败归因的差异及其对学习目标与学习行为的影响》，载《社会心理研究》，1993（1）。

② 参见孙煜明：《中学生对考试成败结果的归因研究》，载《社会心理研究》，1993（2）。

③ See J. B. Rotter, Generalized Expectance for Internal Versus External Control of Reinforcement, *Psychological Monographs*, 1966, 80（1）.

康控制源量表等。[①] 这类量表题目的基本形式是：我/人们在某一（些）领域的成败取决于自己（的努力、能力）、有权势的他人、运气或任务难度等。如“我之所以能够实现自己的愿望，通常都是因为我很幸运”，“交到好朋友完全是一个人的社交技巧好”。

另外，阿伯拉姆森等人提出了习得性无助（learned helplessness）理论。[②] 此理论认为，当人们把失败归于内部、稳定且普遍的因素（如能力有限）时，就会产生结果不可控的期望，从而出现动机水平下降及抑郁、无助的情绪。他们进一步发展了维纳的理论，依据对习得的无能为力的研究对失败的归因做了补充，提出了第三个方面，即普遍—特殊方面。如一个学生由于数学老师的偏见在数学考试上总是得不到好的分数，于是他放弃对数学的努力，这是习得的无能为力的表现。他的这种无能为力如果只表现在数学一门课程上就属于特殊方面，如果扩散到其他课程上，则属于普遍方面。所以，阿伯拉姆森等把上述这种归因方式称为“悲观式的解释风格”（pessimistic explanatory style）。

正因为这种悲观的归因方式对个体的情绪、动机、行为与身心健康有害，所以许多学者试图通过归因训练或治疗，改变原有的归因方式，朝乐观、健康的方向变化（如把失败归于暂时的、局部的因素，把成功归于内部、稳定、普遍的因素），从而改变个体的期望、情绪与动机，进而改变行为，缓解问题（如失眠）与提高学业成绩等。

我国学者韩仁生通过对小学生的归因训练发现，这种训练确实能提高他们对成功的期望，更加自豪、欣慰、努力与坚持。[③]

**本章要点**

1. 社会知觉是探讨个体如何获得、加工、组织与利用信息来形成对自己、他人与群体的印象，来解释社会行为与事件的一个领域。

2. 自我知觉是个体对自己的认识与评价。对自己的所有特征的认识集合称为自我概念。

3. 自我概念的形成主要依赖他人的反馈、反射性的评价、对自己行为的推断及社会比较。

4. 我们对他人的知觉常开始于外在的、可见的线索，如长相、穿戴、面部表情、身体姿势、行为等。这些线索本身是无意义的，需要我们利用已知的有关人、社会情境、人格特质与行为等的知识来解释。

5. 在印象形成过程中，不同特征所起的作用是不同的，即存在中心特征与边缘特征；而且，出现次序不同的信息所起的作用也不同，即存在着首因效应与

---

① 参见《中国心理卫生杂志》1993年的增刊，上面有这些量表的简介与完整的题目译文。

② See L. Y. Abramson, M. E. P. Seligman & J. D. Teasdale, Learned Helplessness in Humans: Critique and Reformulation, *Journal of Abnormal Psychology*, 1978 (87), pp. 49-74.

③ 参见韩仁生：《小学生归因训练的实验研究》，载《心理科学》，1997（5）。

近因效应；另外，人们倾向于把有关的特质联系起来形成对他人较统一、一致的印象，即存在晕轮效应；最后，人们比较重视他人的负性信息，但却倾向于对他人做正性评价。

6. 刻板印象的使用能够快速地对一个陌生或不太熟悉的人或群体有个大致的了解，但其弊病是夸大了群体内成员间的相似性及群体间成员的差异性，容易产生偏见与歧视。

7. 与受歧视的群体的成员尤其是与此群体中典型的、有代表性的成员广泛而深入的交往有可能改变人们对此群体原有的刻板印象，而且人们更要自觉地、有意识地去寻找与刻板印象不一致的信息。

8. 归因是人们利用信息对自己及他人行为的原因加以推断的过程。人们通常会对那些出乎意料的、负性的、对个体重要但又不太了解的行为与事件寻找原因，加以解释。

9. 有关归因的理论已有很多，如维纳的成就归因模型、凯利的三维理论、希尔顿等人的反常条件关注模型、吉尔伯特等人的顺序阶段模型、琼斯等人的对应推论理论及贝姆的自我知觉理论。

10. 人们的归因并不总是正确的，存在着基本归因错误、行动者与观察者偏差及自我服务归因偏差。但这些偏差是否具有跨文化的一致性，还有待验证。

11. 认同基本上有两层意思：(1) 在心理学上，指认识与情感的一致性。经过认同，帮助形成人的自我概念。(2) 在社会学上，泛指个人与他人有共同的想法。在人们交往的过程中，为他人的感情和经验所同化，或者自己的感情和经验足以同化他人，彼此间产生内在的默契。

从认同的定义出发，认同研究也可以分为两类，一类认同是表示赞同或同意，另一类是指确认或归属。

12. “社会认同”一词，所指的是个人通过自己（或他人）在某社群的成员资格把自己（或他人）与其他人区分开来，并将该社群内典型成员的特征冠于自己（或他人）身上，让自己（或他人）的特性等同于社群内典型成员的特性。在广义的社会认同概念下的认同现象在社会生活中很常见，比如社会认同、群体认同、文化认同、民族认同等。

## 基本概念

社会知觉　自我知觉　自我概念　自我认同　第一印象　印象形成　首因效应　近因效应　晕轮效应　自我实现的预言　刻板印象　归因　社会认同　群体认同

## 复习思考题

1. 自我概念形成的信息来源有哪些？
2. 影响一个人自尊高低的因素有哪些？
3. 人们利用哪些信息对他人形成印象？

4. 简述对应推论理论的内容。
5. 在印象形成过程中人们对信息进行加工整合时有哪些规律?
6. 为什么一个人根据亲身经验对其他群体所产生的印象仍会有偏差?
7. 影响刻板印象唤起与使用的因素有哪些?
8. 简述刻板印象的利与弊。
9. 人们在抵制刻板印象变化时使用哪些策略?
10. 人们在何时才会归因?
11. 简述归因加工的顺序阶段模型。
12. 什么叫基本归因错误? 它产生的原因是什么?
13. 简述自我认同的含义。
14. 简述社会认同的组成部分。

**推荐阅读书目**

Barmeister R F. The self in social psychology. Taylor & Francis: Psychology Press, 1990.

Fiske S T. Social cognition and social perception//Annual Review of Psychology. v 44.

Hewstone M. Causal attribution. Cambridge, MA: Basic Blackwell, Inc, 1989.

Smith E R, Mackie D M. Social psychology. New York: Worth Publishers, 1995.

Taylor S E, Peplau L A, Sears D O. Social psychology. 8th ed. Prentice Hall Inc, 1994.

[英] 戴维·莫利. 认同的空间——全球媒介、电子世界景观和文化边界. 南京: 南京大学出版社, 2001.

[加] 查尔斯·泰勒. 自我的根源: 现代认同的形成. 南京: 译林出版社, 2001.

# 第五章

# 社会动机

# 第一节
# 社会动机的概念

## 一、动机的概念及特点

### （一）动机与社会动机

动机（motive，或 motivation）就是引起、维持和促进个体行动的内在力量。由于动机是一种内部心理过程，所以它无法观察，也不能直接测量。然而，了解人类动机，是我们理解人类行为不可或缺的途径。

人类动机有源于生理需要的生物性动机，更有在社会生活中形成的社会动机。在很多时候，社会动机对人类行为的作用比生物性动机更大，而且，人们处理生理需要的方式也会受到社会动机的影响。因此，本章重点讲述社会动机。

在心理学和社会心理学的文献中，有很多名词用来表示与动机相似或相近的生理与心理现象，这些名词包括均衡作用（homeostasis）、需求（need）、内驱力（drive）、本能（instinct）、诱因（incentive）等等。

关于社会动机，虽然一些学者认为动机就是内驱力，但是，严格地说，动机与内驱力是不同的。二者的主要不同在于："动机是受社会个体生活经验和社会生活条件调节的，是带有社会内容的。""动机是社会化了的内驱力。"① 例如，作为生理现象，性内驱力是没有特定条件的，各种各样的异性都可以用来满足性内驱力；但是，性动机的发展方向和满足方式却会打上文化的烙印，只有特定的对象才可以满足人的性动机。

在人类的各种动机中，有些动机是以生理内驱力为基础的，如饥渴动机与性动机，也有些动机与生理内驱力没有什么直接联系，如追求成功的动机、帮助他人的动机等。在心理学上，前者往往被称为原始性动机、生物性动机、生理性动机等，后者往往被称为衍生性动机、社会性动机、习得性动机、心理性动机等，这种个体在社会生活环境中，通过学习和经验而获得的动机，就是本章讨论的社会动机。②

---

① 吴江霖等：《社会心理学》，143 页，广州，广东高等教育出版社，2000。

② 参见上书，144 页。

## （二）人类动机的基本特点

要掌握动机的含义，我们需要了解动机的基本性质。在《动机与人格》一书中，马斯洛（A. H. Maslow）阐述了人类动机的一些基本特点。①

（1）人是一个一体化的、有组织的整体，动机是完整的个人的动机，而不是人的某个部分的动机。“不存在诸如肚子、嘴或生殖器的需要，而只有这个人的需要。是约翰·史密斯而不是他的肚子要吃东西。”当一个人感到饥饿时，他不仅在肠胃功能方面有所变化，他身体其他功能也可能发生变化。例如：“他的感觉改变了（他会比其他时候更容易发现食物）。他的记忆改变了（他会比其他时候更容易回忆起一顿美餐）。”② 更重要的是，人类的心理性动机更是不能躯体化的，即不会与一个具体的、孤立的、部位化的躯体基础相对应，而是整个人的需要，例如人对爱的需要，对金钱的需要都是如此。

（2）动机总是指向人类的一些基本目标或需求，有关动机的研究在某种程度上必须是人类的终极目的、欲望或需要的研究。例如，一个人需要钱，目的是买一辆小轿车。为什么要买车呢？原来是同事都有自己的轿车了，不买就没有面子。在这里，买车并不是动机，维护自尊才是动机。所以，动机关注的是人类行为的根本原因，是目的，而不是手段。

（3）人类学的研究表明，人类的基本动机是相同的，但是，用来满足这些动机或需求的方式可以因人而异、因文化而异。例如，同样是为了得到他人的尊重和好评，在集体主义文化里人们需要表现出谦卑、合群，在个人主义文化里人们则需要表现得比较进取、独立。有研究表明，在进行工作绩效评价时，西方国家的员工的自我考评存在“宽大偏差”，即自评绩效显著高于上司对他们的评定，但是，中国台湾员工却存在所谓的“自谦偏差”，即自评绩效显著低于上司对他们的评定。③

（4）人类的动机是复杂多样的，个体的动机与行为之间的关系不是一一对应的，而是错综复杂的。一方面，同样的动机可以通过不同的行为来表现。例如，为了表达对子女的关爱，一些父母呵护有加，一些父母则是异常严厉，甚至相信“打是疼，骂是爱”。另一方面，同样的行为，背后可能有不同的动机。此外，人们的行为往往同时受到多种动机支配。

（5）人类存在无意识动机（unconscious motivation），或潜意识动机。人们可以通过反省来了解自己的部分动机，但是不可能对自己的动机状态有全面的清晰的认识。有些动机是个体觉察不到的。因此，一种行为背后真正起作用的动机与个体本人明确意识到的动机可能并不一致。例如：“一个正在经历性欲、求爱、

---

① 参见［美］马斯洛：《动机与人格》，23～39页，北京，华夏出版社，1987。

② 同上书，23～24页。

③ 参见樊景立、郑伯壎：《华人自评式绩效考核中的自谦偏差：题意、谦虚价值及自尊之影响》，载《中华心理学报》，1997（2）。

完成性行为的全部过程的人，也许实际上是在寻求尊重，而不是性的满足。”① 又如，一些肥胖的人吃过多的食物并非因为饥饿，吃只是一种对于缺乏关注的防御性反应。

（6）动机是一个动态过程，它是连续不断的、无休止的。人是一种不断需求的动物，除短暂的时间外，极少达到完全满足的状态。

（7）并非所有行为或反应都是有动机的。人类行为可以区分为表现性行为与应对性行为两种。前者是个人自身特点的表现，与一般意义上的需求满足无关，例如说话的方式、自然的成熟过程等，不是动机性行为。后者是由匮乏状态引起的，如不断努力去达到目标的行为，属于动机性行为。

## 二、内在动机与外在动机

人类的动机相当复杂，对它们进行分类是动机研究的一个基本问题。但是，到底如何来分类，心理学家们的观点并不一致。有两种分类是值得特别注意的。一是将动机分为生理性动机与心理性动机，二是将动机分为内在动机与外在动机。前者我们已经提到过，生理性动机是指具有生理基础的行为动力，如饥渴动机、性动机、母性动机（即促使母亲表现出爱护其子女的行为的内在动力）等。心理性动机是人类心理性行为产生的内在原因，如成就动机、亲和动机、权力动机等。这里我们主要讨论内在动机与外在动机。

### （一）内在动机

在求学时，人们的动机往往是不一样的。一些人之所以努力学习，是为了增强自己的本领，将来能够找一个好工作；也有一些人之所以努力学习，是为了满足自己的求知欲。这两种人在学习时的表现可能有所不同。前者很关心什么样的专业比较热门、比较吃香，后者则很关心什么样的知识比较有趣、比较具有智力上的挑战性。从心理学的观点来看，前者的学习动机来自学习活动以外的刺激的推动力，是一种外在动机，后者则来自学习活动本身，是一种内在动机。

内在动机（intrinsic motivation）是指人们对某些活动感兴趣，从活动中得到了满足，活动本身成为人们从事该活动的推动力。例如，一些人可能为求知而求知，为艺术而艺术，为工作而工作，对他们来说，学习、艺术创作和工作已经成为内在满足的一种来源。研究表明，老鼠也会有自发性的行为，例如在转动的轮子上奔跑，享受运动的乐趣，或者探索有趣的迷宫。②

布鲁纳（Bruner）认为，内在动机主要由三种内驱力引起：一是好奇心，即对于求知和探索的兴趣；二是好胜心，即胜任工作、表现能力的欲望；三是互惠

---

① ［美］马斯洛：《动机与人格》，31页。

② 参见［英］M. 阿盖尔：《工作社会心理学》，121页，台北，巨流图书公司，1995。

的内驱力，即与他人和睦相处、相互协作的需求。①

对于内在动机的研究具有很现实的意义，其结果可以帮助人们找到影响人的行为积极性的内在因素。例如，如果我们知道什么样的学习任务和学习材料能够激发学生的学习动机，什么特性的工作能够给员工带来内在的满足，那么，我们就可以发现调动学生学习积极性和员工工作积极性的有效途径。哈克曼（Hackman）与奥尔德姆（Oldham）认为，有五种工作特性能够引发人们的内在动机：（1）技能多样性，即从事需要多种技能，有一定挑战性的工作；（2）任务多样性，即工作内容比较丰富，而不单调乏味；（3）任务重要性，即工作有意义，有影响；（4）自主性，即工作者在工作中能够自己做主，对工作结果负责；（5）回馈性，即人们能够及时知晓工作的结果。这些特性能够让人们感受到工作富有意义，带来内在的满足感，从而提高工作积极性。② 还有一些研究表明，强烈的内在动机会使人们更加关注工作本身，有利于创造力的发挥。

### （二）外在动机

外在动机（extrinsic motivation）是相对于内在动机而言的。当个体参加某种活动的动力不是基于对此活动本身的兴趣，而是因为外在的奖赏或压力时，他就是被外在动机所驱使。例如，一些人之所以努力工作，是为了赚钱，或是为了得到好评，或是为了避免挨批评，这时他们的工作动机就属于外在动机。

### （三）内在动机与外在动机的关系

在人类的行为中，内在动机和外在动机都会起作用，但是，二者之间并不是一个简单相加的关系。让我们看一个例子。一个小学生本来很喜欢学习数学，也就是说他有学数学的内在动机，假设这种内在动机能够给他 6 个单位的动力，现在，他的父母为了鼓励他更加努力学习，采取物质刺激的办法，当他正确解答一道课外数学题目时，奖励给他一元钱。奖金对这个学生是有吸引力的，因为有了钱他就可以去买自己喜欢的玩具和漫画书。所以，为了得到奖金，他会努力解题。在这里，获取奖金是一种外在动机。假设这种外在动机能够给他 4 个单位的动力，那么，现在他是否有了 10 个单位的动力呢？研究表明，事情没有这么简单。激发行为的外在动机可能会降低行为的内在动机。对这个小学生来说，物质刺激可能会改变他的心态，改变他对于自己的行为的知觉：在以前，解数学题是因为自己喜欢，现在，解数学题是为了得到奖赏，当外在动机取代了内在动机时，他可能对自己原来喜欢的活动失去兴趣。这种现象被称为“过度辩护效应”（overjustification effect），即当人们认为自己的行为是由于很强的外在原因引起时，他们会低估内在原因对行为的影响程度。

过度辩护效应已经得到许多实验研究的证实。这里我们介绍一下格瑞

---

① 参见时蓉华：《社会心理学》，225 页，杭州，浙江教育出版社，1998。

② 参见［英］M. 阿盖尔：《工作社会心理学》，123 页。

(Greene）等人的研究。[①] 他们以四五年级的小学生为实验对象，内容是玩数学游戏。老师向学生介绍了四种新的数学游戏。实验的第一阶段是基准期，即一个为期 13 天的基础练习时期，在没有奖赏的情况下，学生们来玩游戏。实验的第二阶段是为期 13 天的奖赏期，每个学生可以通过玩游戏获得奖赏（发给比萨饼的奖券），玩游戏的时间越长，奖励越多。第三阶段为后续期，也是 13 天，这时取消了奖励。每个阶段都由研究人员记录每位学生玩每种游戏的时间长短。实验发现，学生每天玩游戏的时间在三个阶段明显不同。在基准期，在 15 到 26 分钟之间；在奖赏期，在 23 到 30 分钟之间；在后续期的后半段，则由最高时的 22 分钟下降到 5 分钟。

在基准期没有奖励，学生还是花了不少时间来玩游戏，这表明他们对这些具有智力挑战性的数学游戏有一定的内在兴趣。进入奖赏期后，学生玩游戏的时间明显增加，这说明奖赏很有作用，提供了有效的外在动机诱因。在后续期，与基准期一样没有奖励，如果学生们对游戏的内在兴趣保持不变的话，他们玩游戏的时间应该与基准期差不多，但是实验表明后续期的游戏时间明显减少。如何解释这种现象呢？一种可能性是时间因素的影响，即学生们玩了一段时间以后，没有了新鲜感，觉得无聊，但格瑞等人的另外一个研究排除了这种可能性。他们认为这种现象是过度辩护效应的表现——奖赏期的体验，使学生们觉得自己之所以玩这些游戏，是为了得到奖励，这样一来就忽略了开始时的内在兴趣，因此到了后续期，学生们可能会想：我玩游戏已经不能得到奖励了，为什么还要玩呢？

这个实验表明，当外在动机凸显出来以后，内在动机可能因此而降低。这个发现很有现实意义。奖励是一个很有效的动机诱因，在实际生活中，它已经成为一种重要的普遍的社会机制。企业经常使用奖励来调动员工的工作积极性，家长也使用奖励来提高子女的学习积极性，但是，奖励并不是万能的，而且，奖励也有一定的负面作用，即它可能降低人们对于活动本身的兴趣。

在一个奖赏普遍存在，而且具有许多正面功能的社会环境中，我们不可能消除奖赏，那么，有什么办法可以保护人们的内在动机，使之免受社会奖励机制的损害呢？在研究的基础上，一些学者提出了几点看法。[②]

（1）奖励并非在所有的情况下都降低内在动机，只有内在动机本来就比较高的情况下，才有这种效果。如果内在动机本来就低，也就是说人们对于从事某项活动没有多少兴趣，那么，奖励就成为促使人们进行此活动的主要动力。例如，对于不爱学习的学生，奖励是一个促使他学习的好办法。在生活中，对于那些从事危险工作或工作环境恶劣的工人，都可能发给特殊的津贴（有的称为厌恶津贴），以弥补他们内在动机的不足。

（2）不同的奖励类型有不同的效果。奖励可以区分为任务性奖励（task-con-

---

① See Sternberg Greene & Lepper, Overjustification in a Token Economy, *Journal of Personality and Social Psychology*, 1976 (34), pp. 1219 - 1234.

② See E. Aronson, T. Wilson & R. Akert, *Social Psychology*, Third Edition, New York, Longman, 1999, pp. 169 - 170.

tingent rewards）和表现性奖励（performance-contingent rewards）。前者是指只要你做了事，不管干好干坏，都给奖励；后者是指根据完成任务的质量来决定如何奖励。由于表现性奖励与个人的内在特点（如能力和努力）有关，它可能增加人们对自己内在特性的关注，所以，这种奖励降低内在动机的可能性比较小，它甚至可能增加内在动机。

（3）适当的干预和培训可以减轻直至避免奖励的负面作用。亨尼施（Hennessey）等人的研究发现，如果让小学生参加旨在让他们专注于内在动机、思想上远离外在诱因的训练，可以保持他们对活动的内在兴趣。

# 第二节 主要的动机理论

在研究人类动机时，不少心理学家都提出过自己的理论，试图解释人类的动机体系，这里，我们介绍几种曾经对动机研究以及心理学体系产生过重要影响的理论。

## 一、本能理论

“本能”的概念来源于达尔文的生物学，该理论认为，动物的本能是一种先天的生物力量，它预先确定了动物按照一定的方式活动，使动物对外界刺激的反应表现为一种可以预见的、相对固定的行为模式。19 世纪末 20 世纪初，以桑代克、巴甫洛夫为代表的动物心理学家运用本能的概念来研究动物行为的心理倾向。后来，本能概念进一步被引入心理学对人类行为及其动机的研究过程之中。本能理论的主要代表人物有麦独孤和弗洛伊德等人，他们从人的生物本能出发来探寻人的行为方式及其根本动因。

### （一）麦独孤的本能论

麦独孤是英国心理学家，1871 年出生于英国的兰开夏，先后就读于曼彻斯特大学和剑桥大学，担任过伦敦大学、牛津大学、哈佛大学、杜克大学的教职。他是西方社会心理学的创始人之一，他于 1908 年出版的《社会心理学导论》与罗斯的《社会心理学》一起被当作社会心理学诞生的标志。

在《社会心理学导论》中，麦独孤构建了一套以遗传本能和相应的情绪以及后天形成的感情为基础的人类社会行为的学说。他认为，心理学应该以本能、情绪情操和意志作为主要研究对象。在他看来，本能不仅是天生的能力，而且是天生的行为推动力，是策动和维持人类行为的决定因素，而本能的核心是情绪体验，因此，各种本能都有相伴随的情绪，如表 5—1 所示。[①]

表 5—1　　麦独孤提出的主要本能及其相应的情绪

| 本能 | 相伴随的情绪 |
|---|---|
| 避害本能 | 惧怕情感 |
| 好斗本能 | 愤怒情感 |
| 拒绝本能 | 厌恶情感 |
| 哺育本能 | 母爱情感 |
| 求偶本能 | 妒忌情感 |
| 求新本能 | 好奇情感 |
| 服从本能 | 自卑情感 |
| 支配本能 | 自负情感 |
| 合群本能 | 怕孤独情感 |
| 求食本能 | 食欲情感 |
| 收集本能 | 占有欲情感 |
| 构造本能 | 创造欲情感 |

在麦独孤提出本能论时，心理学才刚刚诞生不久，今天意义上的动机概念还没有出现。麦独孤的著作引发了人们探讨人类行为动机的兴趣。但是，他的理论存在明显的缺陷，有不少难以自圆其说的地方，自 1919 年起，就受到了许多学者的批评。一些学者认为，本能论意味着无论什么行为都可以用本能去解释，这在一定程度上妨碍了理论的发展。行为主义的心理学家们批评本能论缺乏自然科学的根据，没有实验支持，是冥想的结果。有些行为主义的心理学家还通过实验来否定本能论。例如，中国心理学家郭任远在 1930 年做了一个很有趣的实验。他把小猫分成四组。第一组小猫出生后就与母猫隔离，不能看到母猫的捕鼠行为；第二组小猫与母猫一起生活，可以看到母猫的捕鼠行为；第三组小猫出生后就与母猫隔离，而与老鼠一起生活；第四组小猫看到老鼠时就受到电击，形成了逃避老鼠的条件反射。这些小猫长大以后，见到老鼠时的反应很不一样：第一组无动于衷；第二组表现出捕鼠行为；第三组即使见到别的猫抓老鼠，也不会去模仿；第四组则是猫怕老鼠，见到老鼠就逃跑。这个实验表明，即使是低级动物的本能，也会因为后天的生活条件而改变，人类的“本能”就更是如此了。[②]

## （二）弗洛伊德的性欲力学说

对人类的动机，精神分析学家弗洛伊德的观点也是一种本能论。不过，他认为动物仅有少数几种本能，人类具有和动物同样的本能。在早期，弗洛伊德认为，人有两种基本的本能，一是性本能，二是自我保存本能。相对而言，性本能更为重要。在性问题上，弗洛伊德发现了人类生活的主要动机。[③] 弗洛伊德“将

① 参见［英］麦独孤：《社会心理学导论》，译序，杭州，浙江教育出版社，1997。

② 参见吴江霖等：《社会心理学》，148 页。

③ 参见［美］T. H. 黎黑：《心理学史》，408 页，杭州，浙江教育出版社，1998。

每一种神经症状、每一个梦，以及每一类外显行为，皆归因于性”[①]。弗洛伊德还提出，儿童期性欲是神经症的根本原因。事实上儿童期性欲是精神分析解释人类行为的中心策略：一个人心理是否健康，取决于儿童期的性思想，首先是取决于俄狄浦斯情结的解决。

弗洛伊德把性本能称为性欲力（libido，力比多），认为这些性能量在人体内逐渐积累，必须通过某种途径发泄出来，从而构成了人类生活的原动力。在他看来，人类一些高尚的行为也只不过是性冲动的一种升华。这种泛性论的观点并没有严格的科学证据，有很大的思辨成分，受到了很多学者的批评。

### （三）洛伦兹的习性论

洛伦兹（K. Z. Lorenz）是奥地利动物行为学家，在研究动物的社会性行为的基础上，他于 1963 年出版了《论攻击》一书。[②] 他认为，攻击与食、性、逃跑一起构成动物的四种本能，在同类动物和异类动物之间都存在攻击，而且同类之间的攻击行为远远多于异类之间。攻击本能具有积极的功能：通过攻击，强者可以得到更多的异性，有利于种族的生存适应，同类之间的竞争可以使它们在空间上合理分布，不会因为动物密度太高而耗尽食物。

按照洛伦兹的观点，战争是人类侵犯本能的表现。人类之所以在每个时代都有大规模的战争爆发，是人类侵犯本能定期发泄的结果。在现代文明社会中，人们很难在日常生活中进行侵犯，于是战争就成为发泄攻击本能的重要途径。他指出，通过开展冒险性的体育活动来耗散侵犯本能，是避免战争的一种有效方式。

洛伦兹指出，每种动物都有该物种特有的行为，即其习性。例如，他发现，幼鹅在其幼年的关键期，会跟随在它们所看到的任何移动的大物体后面，就像跟随母鹅一样。人们经常说，“狗改不了吃屎”，也是指狗有这样一种习性。

洛伦兹对心理学的最大影响是提出了关键期这个概念。[③] 研究发现，动物行为的发育具有明显的阶段性，某些行为的发育需要在特定的时期完成。如果在此特定时期之内，外在条件具备，该行为就会出现或比较容易出现，如果错过了这个时期，该行为就不会出现或者很难出现。一些学者提出，人类的某些行为也有其关键期，这种观点如果能够成立，对于儿童青少年教育就具有重大的意义。但是这方面的研究还不成熟。

## 二、需要理论

在倡导需要理论的学者看来，动机是由需要引起的，需要是产生行为的原动力。所谓“需要”（needs，wants，desires），是人对某种目标的渴求或欲望，它

① ［美］T. H. 黎黑：《心理学史》，408 页。

② 参见［奥］洛伦兹：《攻击与人性》，北京，作家出版社，1987。

③ 参见吴江霖等：《社会心理学》，149～150 页。

是人缺乏某种物质时产生的一种主观状态，是人对客观事物需求的反映。人为了自身和社会的生存与发展，必然会对客观世界中的某些东西（如衣、食、住、行、婚配、安全等）产生需求，这种需求反映在个人的头脑中就形成了需要。主张需要理论的学者很多，马斯洛是其中最有影响的学者。下面我们比较详细地介绍马斯洛的需要层次论，并简要介绍其他的相关理论。

## （一）马斯洛的需要层次论

马斯洛是美国心理学家，他于1943年提出了需要层次论。他认为人类的动机可以区分为五个层次：生理需要、安全需要、归属和爱的需要、尊重需要以及自我实现的需要，它们构成一个有相对优势关系的等级体系，一种需要满足之后，另一个更高的需要就立刻产生，成为引导人行为的动力，因此，人很难得到完全的满足，总是处在不断的追求之中。

1. 人类的主要动机

（1）生理需要。生理需要是由生理决定的需要，是人最原始、最基本的需要，例如对食物、性和栖居场所的需要。生理需要是人类生活的基础，是“人的需要中最基本、最强烈、最明显的一种”①。当一个人的所有需要都没有得到满足时，生理需要最有可能成为主要动机。一个温饱问题没有解决的人，很难谈什么自我实现。但是，在基本的生理需要得到了长期的满足后，就不再成为决定行为的活跃因素，其他更高层的需要会凸显出来。

在工作中，生理需要通常被转化为对更多的金钱的需求和期待，有了钱，人们就可以在工作以外的时间更好地满足生理需要。不过，应该注意的是，获取更多报酬的雄心也可能反映了亲和需要以及得到更多尊重或更大权力的需要。正是后者使得人们可以在生理需要满足之后，仍然保持对金钱的欲求。

（2）安全需要。安全需要包括生理上的安全和心理上的安全，例如免受外物的伤害（如建筑工人要戴安全帽），免受病毒的侵袭，免于恐惧和焦虑等。对许多健康、正常的成人来说，生理上的安全通常不是一个问题。人们一般不必担心在生活中或工作中身体受到伤害。但是，在社会变迁年代，不少人心理上的安全需要没有得到很好的满足，心理上的安全需要是指工作有保障、收入稳定、情感安适等。

心理安全需要的程度与人的个性有关。一个有些神经质的人对秩序和稳定有迫切的需要，会力求避免变化或新奇的事物。一个成熟、健康、思想开放的人同样也需要基本的秩序和稳定，但是他可能并不喜欢四平八稳、毫无变化的生活，他乐于接受适当的挑战。

（3）归属和爱的需要。归属和爱的需要是指与其他人建立、维持、发展良好的关系的需要。这种关系可能是很强的联系，如友谊和爱，也可能是较弱的联系，如友善的、礼貌的、和睦的关系。马斯洛指出，缺乏爱就像缺乏维生素一

① ［美］戈布尔：《第三思潮：马斯洛心理学》，40页，上海，上海译文出版社，1987。

样，会抑制人的健康成长，影响人的潜力的发展。他认为，爱是两人之间一种健康的、亲热的关系，在这种关系中，两个人相互信赖，相互欣赏。他指出："爱的需要涉及给予爱和接受爱……我们必须懂得爱，我们必须能教会爱、创造爱、预测爱。否则，整个世界就会陷于敌意和猜忌之中。"①

（4）尊重需要。尊重需要包括两个方面：一是自尊，指对获得信心、能力、成就、独立和自由等的愿望；二是得到他人的尊重，如获得威望、承认、接纳、关心、地位、名誉、赏识等。在一定程度上，得到他人的尊重与权力动机有关，权力需要大的人会为自己处于一个有影响、有控制力的地位而得到满足。有学者认为，许多组织中的中高层管理人员的行为大都是被权力/尊重需要所驱动的。

（5）自我实现的需要。马斯洛认为，人类具有成长、发展、实现人的全部潜力的需要。"一个人能够成为什么，他就必须成为什么，他必忠实于他自己的本性。这一需要，我们就可以称为自我实现的需要。"②自我实现的需要是一种高级的精神需要，表现为人总是喜欢带有挑战性的工作，希望进行创造性的活动并取得成功。马斯洛还认为：在人自我实现的创造性过程中，可能出现"高峰体验"，这是人的存在的最高、最完美、最和谐的状态，此时人处于最激荡人心的时刻，具有一种欣喜若狂、如醉如痴、销魂的感觉。

在马斯洛看来，基本需要受到挫折会造成心理变态；基本需要得到满足，则有益于人的身心健康。

*2. 需要层次论*

马斯洛不仅对动机进行了分类，还提出了需要层次论。这就是说，低层次的需要（主要是生物性的需要）优先于高层次的社会需要和自我实现需要。例如，当你极度饥饿时，很难让你去写一份研究报告。与此同时，如果低层次需要能够长期得到满足，它们对行为就不再有激励作用，于是，人们的一举一动都与高层次需要有关。图 5—1 表示了马斯洛的需要层次论，各种动机排列成一个金字塔。③

马斯洛的理论受到一些人的批评。首先，所谓高层次需要与低层次需要不能同时激发行为的观点遭到了广泛的反对。例如，研究表明，在工作中，人们会试图同时满足金钱需要和自我实现的需要。虽然，如果强迫人们选择，他们或许能够选择一种，但是，在实际情境中，人们的行为并不受需要优势的影响。针对这个问题，美国学者奥德费（Clayton Alderfer）对需要层次论进行了改进。他认为，需要的重要性与它们未被满足的程度有关：当低层次需要得到较好的满足时，高层次需要就变得更加重要，而高层次需要得到的满足减少，低层次需要就越重要。例如，当人们在工作中尊重需要不能得到满足时，就可能更强调对金钱或良好的工作条件的需要。

---

① ［美］戈布尔：《第三思潮：马斯洛心理学》，44 页。

② ［美］马斯洛：《动机和人格》，53 页。

③ 参见［美］马斯洛：《动机与人格》，57 页。

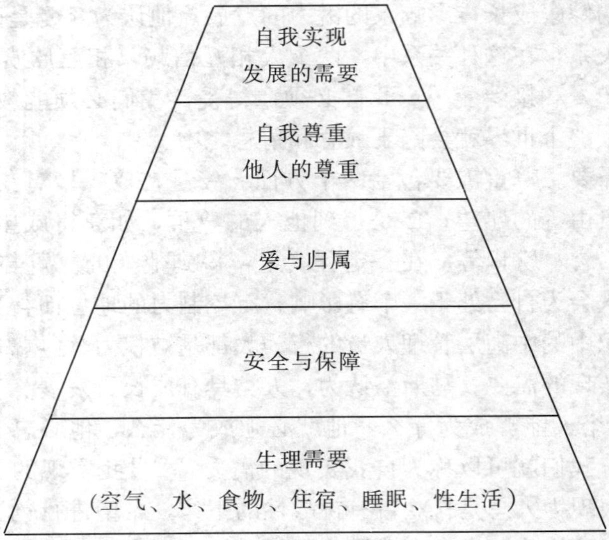


**图 5—1　马斯洛的需要层次论**

其次，他提出的各种需要并非都是普遍的。有人指出，对于权力、尊重和自我实现的高层次需要不是与生俱来的，而是社会交往的产物，因此并不是在所有文化中都可以找到这些需要。这一批评揭示了马斯洛理论的局限性：马斯洛的理论以美国社会为基础，所以他的动机分类只适用于那些与美国相似的文化社会。不过，在西方工业社会和后工业社会中，马斯洛的理论仍然得到不少支持的证据，可以作为理解一般行为的良好指南。

## （二）赫茨伯格的双因素理论

赫茨伯格（Frederick Herzberg）是美国管理学家，他基于对影响员工的工作满意度的因素的调查结果，提出了双因素理论（the dual structure theory），又称激励保健理论（motivator-hygiene theory）[①]。赫茨伯格的调查发现，员工感到不满的，大都属于工作环境或工作关系方面的因素，如公司的政策、行政管理、员工与上级的关系、工资、工作安全、工作环境等，这些方面如果达不到员工可接受的最低水平，就会引发员工的不满情绪。但是，具备了这些条件并不能使员工感到被激励。赫茨伯格把这些没有激励作用的外界因素称为"保健因素"（hygiene factors）。他还发现，能够使员工感到非常满意的因素，大都属于工作本身或工作内容方面，如从工作中获得成就感，工作成绩得到上司的认可，工作本身具有挑战性等。对这些因素的改善，能够激发员工的热情和积极性。赫茨伯格把这些因素称为"激励因素"（motivator）。

按照赫茨伯格的观点，在一个组织中，"保健因素"是必需的，不过它只能消除不满意，一旦不满意被中和以后，它就不能产生更积极的效果。只有"激励

① 参见［美］赫茨伯格等：《赫茨伯格的双因素理论》，北京，中国人民大学出版社，2009。

因素”才能使人们有更好的工作成绩。

## (三) 奥德费的 ERG 理论

奥德费以实际调研为基础，提出 ERG 理论，试图对马斯洛需要层次论进行改进和发展。

奥德费认为，人们的核心需要有三个方面，分别是生存需要（E，existence）、关系需要（R，relatedness）和成长需要（G，growth）。生存需要是人们最基本的需要，是指人在衣、食、住、行等物质方面的需要，这种需要包括了马斯洛的生理需要和安全需要，它只有通过金钱和物质才能得到满足；关系需要指人们对于保持重要的人际关系的需要，与马斯洛的爱与归属需要和部分尊重需要相对应；成长需要，即人们要求在事业、前途等方面得到发展的内在愿望，它包括马斯洛的部分尊重需要和自我实现的需要。

奥德费的贡献并不只是在于对马斯洛的五个需要层次重新分类，ERG 理论的关键在于对于三种需要之间的关系提供了一个更加动态的观点。ERG 理论并不强调需要层次的顺序，它认为，某种需要在一定时间内对行为起作用，在这种需要得到满足后，人们可能去追求更高层次的需要。也可能不去追求更高层次的需要。而且，某种需要在得到基本满足后，其强烈程度不仅不会减弱，还可能会增强。另外，当一个人的较高级需要受到挫折时，作为替代，他可能会退而求其次，其某一较低层次的需要可能会有所增强。

## (四) 麦克利兰的成就需要理论

麦克利兰（David C. McClelland）是研究成就动机的知名学者。他认为，在人的生存需要基本得到满足的前提下，人最主要的需要有三种：（1）成就需要（need for achievement），即根据适当的目标追求卓越、争取成功的一种内驱力；（2）权力需要（need for power），即影响或控制他人且不受他人控制的需要；（3）亲和需要（need for affiliation），即建立友好亲密的人际关系的需要。在第三节中，我们将结合中国文化的特点，进一步讨论这三种需要。

麦克利兰认为，了解和掌握这三种需要，对于管理人员的培养、使用和提拔均具有重要意义。他特别强调成就动机的重要性，认为成就动机对一个人、一个企业、一个国家的发展起着特别重要的作用。高明的领导者，要善于培养具有高成就感的人才。

## (五) 麦奎尔的动机类型说

麦奎尔（William J. McGuire）是美国耶鲁大学心理学教授，他对人类的动机进行了非常细致的整理和分析。他从两个维度来对动机分类：一个是内在中心—外在中心维度，另一个是认知取向—情感取向维度。内在性动机的目标是指向个人的；外在性动机的目标是指向外部的，主要是社会的。认知取向—情感取向维度区分了动机是指导性的（directive），还是动力性的（dynamic），认知性动机为个体提供向导，而情感性动机为个体提供能量驱动。对于理解或解释人类行为，麦奎尔罗列的动机清单相当有用。[①]

1. 认知性内在动机

（1）一致性需要。一个人的各个方面（包括态度、信仰、意见和自我形象）需要保持一致，达到一种内在的平衡。

（2）分类需要。人们往往要对事物和他人进行分类，通过内在的分类来使世界获得意义，变得简单。

（3）自主需要。人们希望能够控制和自己有关的事物，这种控制感与人的自我价值感关联密切。

（4）目的论的动机（the teleological motives）。目的论认为一切事物的发展和演变都是为了达到一定目的而发生的。在人们的头脑中，有一些目标状态类型，人们努力想将对外部世界的知觉与这些类型匹配起来，从而能够更好地理解外部世界。

2. 情感性内在动机

（1）减少紧张的需要。人可以被看作一个张力系统，紧张的减少可以带来满足，而紧张的增加会导致不舒服。因此减少紧张就成为人的一种情感需要。

（2）自我防御的需要。每个人都有自己的自我形象，如果人们的认同或自我形象受到威胁，就会产生自我防御的需要，出现防御性行为。

（3）自我维护的需要。人们要维护自己的自我价值感，增加自尊和他人对自己的尊重。

（4）认同的需要。人们希望通过巩固自我概念来寻求对自我的增进。

3. 认知性社会动机

（1）归因的需要。人们需要确定与自己有关的事物之所以发生的原因，从而可以较好地认识、把握甚至控制周围的环境。

（2）客观化（objectification）的需要。在认识自己和外部环境时，人们往往根据外在的事物，如自己的外显行为、他人的外显行为或各种情境因素来推断内在的特点，如人格、态度、情感、满意度等。

（3）刺激的需要。有时候，人们喜欢寻求刺激，探索新知识。

（4）功利性动机。人们希望能够解决实际问题，往往将外在情境看作一个获取新信息与新技能，从而去应对生活挑战的机会。

4. 情感性社会动机

（1）自我表达的需要。这是一种外向性的动机，其目的是要向他人表明自己的身份或特点。人们希望通过自己的行为来让他人了解自己，并由此得到满足。

（2）强化的需要。人们需要获得酬赏，如果某一行为在过去获得过酬赏，人们就会被鼓励去重复这一行为。

---

① See M. Guirdham, *Interpersonal Skills at Work*, New York, Prentice Hall, 1995.

（3）亲和需要。人们希望与他人建立和发展有益的、令人满足的人际关系，与他人分享，成为某个群体的一员。

（4）模仿的需要。人们往往自觉或不自觉地参照他人的行为来行动。有学者认为，人们喜欢那些看起来与自己相似的人，这种现象就是模仿需要的一种表现。

## （六）费斯克的核心社会动机理论

费斯克（S. T. Fiske）是美国普林斯顿大学的心理学教授。她提出，人类行为受到五种核心社会动机（five core social motives）的驱动。[①] 这些动机是：

（1）寻求归属（belonging）：人们希望与他人建立密切的联系。

（2）相互理解（understanding）：人们希望与他人之间达成足够准确的相互理解。

（3）寻求控制（controlling）：人们希望能够有效地应对社会环境和自然环境，处于主导和优势的地位。

（4）自我强化（enhancing self）：人们希望自己得到社会的认可和好评，保持自尊，得到尊重。

（5）安全可信（trusting）：人们希望世界是友善的，在团体中与他人交往时，可以免去过分的猜疑和顾忌。

## （七）赖斯的16种基本欲望理论

赖斯（Steven Reiss）是美国俄亥俄州立大学的心理学和精神病学教授。通过大量的实证研究，他于1998年提出了16种基本欲望理论（the 16 basic desires）。[②] 赖斯发现，人们行为的各种动因都可以归纳为16种基本欲望和价值观——权利、独立、好奇心、容忍、有序、储备、荣誉、理想主义、社交、家庭、身份、复仇、浪漫、吃、健身、安宁。16种基本欲望的不同组合造就了人们的不同个性。赖斯出版了《成就一生的16种欲望》一书，告诉人们在日常生活中怎样识别这16种基本欲望，怎样通过人际关系、工作、家庭、运动和精神生活来满足这些欲望，以及怎样更合理地安排自己的人际关系、家庭、工作和日常生活，以便获得长久的快乐。

## （八）自我决定理论

自我决定理论（self-determination theory，SDT）是由美国心理学家爱德华·德斯（Edward L. Deci）和瑞恩（Richard M. Ryan）等人在20世纪80年代提出的一种关于人类自我决定行为的动机过程理论。[③] 所谓“自我决定”，是指

---

① See S. T. Fiske，*Social Beings*：*Core Motives in Social Psychology*，New York，Wiley，2010.

② 参见［美］史蒂文·赖斯：《成就一生的16种欲望》，北京，机械工业出版社，2004。

③ 参见刘海燕、闫荣双、郭德俊：《认知动机理论的新进展——自我决定论》，载《心理科学》，2003（6）。

个人在充分认识自身需要和环境信息的基础上，对行动所做出的自由选择。自我决定理论认为，人是积极的有机体，具有先天的心理成长和发展的潜能。自我决定的潜能可以引导人们从事感兴趣的、有益于能力发展的行为。人们对自我决定的追求构成了人类行为的内部动机。

自我决定理论强调自我在动机过程中的能动作用，认为人的自我决定能力在于能够灵活地控制自己和环境之间的相互作用，同时也强调了社会环境对人潜能发挥的重要影响。自我决定理论有多个分支，主要有基本心理需要理论、认知评价理论、有机整合理论和因果定向理论。

基本心理需要理论（basic psychological need theory）识别了三种人类最基本的心理需要，即自主需要、能力需要和归属需要，并探讨了这些心理需要和主观幸福感的关系。瑞恩等人认为，如果人们的基本心理需要得到满足，那么就能够积极生活、健康成长、良性发展，体验到很强的幸福感。他们的研究还发现，以个人发展、亲密关系等内在抱负作为自己生活目标的人，比那些追求财富、名声等外在目标的人，更容易体验到幸福感。

认知评价理论（cognitive evaluation theory）主要探讨了内在动机的影响因素。根据这个理论，自主需要、能力需要和归属需要的满足，都可以促进内在动机。而且，人们在满足能力需要，体验到成就或效能的同时，还希望满足自主需要，即感觉到行为是由自我决定的，在这种条件下，才能真正地对内在动机有促进作用。在工作中，威胁、指令、最终期限、强制性目标等都对内在动机有削弱作用。研究发现，与具有控制性的教师相比，那些尊重学生自主性的教师更能促进学生产生强烈的内在动机、好奇心和迎接挑战的欲望。

有机整合理论（organismic integration theory）主要探讨了外在动机的类型和促进外在动机内化的条件。研究发现，自主需要、能力需要和归属需要的满足，都可以促进外在动机的内化。例如，如果人们从事某项活动，自我效能感比较强，就更有可能接受并重视这个活动。自主性体验是促进外在动机内化的关键性因素。

因果定向理论（causality orientation theory）认为个体具有对有利于自我决定的环境进行定向的发展倾向。一个具有高水平自主定向的人勇于承担责任，喜欢有趣的、有挑战性的、创新性的活动。

不难发现，虽然自我决定理论以人的基本心理需要为出发点，但是，它比一般的需要理论具有更加丰富的内涵，它揭示了各种需要之间的关系、需要满足与内在动机和幸福感的关系，因此，它也被看作一种认知动机理论。经过几十年的发展，自我决定论已逐渐形成了一套较完善的关于人类动机和人格的理论体系，并广泛应用于管理、教育、咨询等实践领域。

在心理学中，有关动机的理论观点还有很多，例如目标设定理论、期望理论、自我效能理论、心理抵触理论（reactance theory）、公平理论等等，限于篇幅，这里不作介绍，有兴趣的读者可以参看相关的文献。

# 第三节 有关中国人社会动机的研究

## 一、文化对动机的影响

如前文所述，社会动机是个体在社会生活环境中，通过学习和经验而获得的动机，因此，社会动机的内涵和表现形式，自然会受到个体所生活的社会文化情境的影响，打上文化的烙印。研究表明，人类动机虽然受到生物性因素的重要影响，但是，社会文化条件对人类动机的影响程度更加突出。

很多学者考察了人类动机的文化差异。研究发现，在攻击动机方面，存在所谓的“攻击性文化”（aggressive culture）和“非攻击性文化”（non-aggressive culture）之分。一般来说，农耕文明（farming cultures）中的人比游牧文明（pastoral cultures）中的人有更低的攻击性，受儒家文化和佛教文化影响的人比受西方文化影响的人有更低的攻击性。跨文化的研究表明，西方文化中的人比其他文化中的人的成就动机更高。不过，越来越多的研究发现，随着社会的发展变迁，东亚文化中的人的成就动机显著提升，已经比西方人更高。[①]

在社会生活中，对人们的行为影响比较大的社会动机主要有成就动机、亲和动机、利他动机、侵犯动机、权力动机等。在本书第三章讨论利他行为和侵犯行为时，我们已经涉及利他动机和侵犯动机的内容。在这里，我们讨论成就动机、亲和动机与权力动机及其在中国文化情境中的一些特殊表现。

## 二、中国人的成就动机

成就动机是个体为了取得较好成就、达到既定目标而积极努力的动机。莫瑞（Murray）是最早有系统地提出成就需求概念的学者。他认为，成就需求是指个人想要尽快地而且尽可能地把事情做好的一种欲望或倾向。他把成就需求定义为个人“为完成困难的工作；为操弄、控制或组织事物、人物或思想；为尽快且独立地做好；为克服障碍且达到高的标准；为超越自己；为胜过别人；以及为使得个人的才能透过成功的学习而增进自我尊重”的一种欲望。麦克利兰则认为，成

---

① See H. J. Kornadt, Social Motives and Their Development in Cultural Context, W. J. Lonner, D. L. Dinnel, S. A. Hayes & D. N. Sattler (Eds.), Online Readings in Psychology and Culture (Unit 15, Chapter 6) (http://www.wwu.edu/~culture), 2002.

就动机是“个人在做事时与自己所持有的良好或优秀标准相竞争的冲动或欲望”[①]。研究还表明，个人的成就动机并不是与生俱来的，成人也可以习得。麦克利兰报告了许多研究实例，发现一些成就动机本来很低的个体，参加完一系列旨在提高成就动机的课堂活动之后，成就动机明显提高。

影响成就动机的因素很多，在宏观层面上，有社会文化因素，在微观层面上，有个人的成长经历、教育程度、个性特征等。麦克利兰探讨了基督教新教伦理对西方人成就动机的影响。他认为，新教伦理所代表的价值观，使得父母在教育子女时，非常注重训练他们的独立能力和克服困难的能力。这种教养方式使子女形成了很高的成就动机。由于大部分社会成员都努力工作，追求成就，乐于创业，社会的经济发展就获得了强劲的动力。麦克利兰还分析了中国人成就动机的特点。他认为，中国传统社会是以农业为主的社会，是一种静态的、权威式的社会。在这种社会里面，对儿童的教养方式强调顺从训练、依赖训练和合作训练，因此，与注重自立、追求财富和成功的美国人相比，中国儿童的成就动机普遍较低。但是，麦克利兰也指出，在现代化的过程中，中国人的成就动机有了普遍提高。[②]

对麦克利兰等人的观点，有不少学者提出批评。麦克利兰认为，父母亲的独立训练是使子女具有高度成就动机的必要条件之一，对此，一些学者提出了相反的证据。另外，更有一些学者指出，麦克利兰的理论模式，并非有关成就动机的唯一的普遍的模式。成就动机的本质与内涵具有浓厚的文化色彩。华人心理学家杨国枢认为，在其他社会文化中，其成员的成就动机可能与强调新教伦理的西方社会中的成就动机有着不同的面貌。他进一步指出：在西方社会，家庭教养强调独立性训练，因此西方人具有较强的“个我取向成就动机”；在东方社会中，家庭教养强调依赖性训练，因此东方人具有较强的“社会取向成就动机”。[③]

根据中国社会文化的特点，余安邦与杨国枢建立了一个本土化的成就动机概念模式，并做了实证研究的检验。他们把成就动机区分为社会取向成就动机和个我取向成就动机，认为这两种成就动机在“成就目标”、“成就行为”、“结果评价”、“最终结果”和“整体特征”五个方面都有其独特的内涵。按照他们的观点，“社会取向成就动机是指一种个人想要超越某种外在决定的目标或优秀标准的动态心理倾向，而该目标或优秀标准的选择主要取决于社会（例如父母、师长、家庭、团体或其他重要他人）。个我取向成就动机则是指一种个人想要超越某种内在决定的目标或优秀标准的动态心理倾向，而该目标或优秀标准的选择主要决定于个人自己”[④]。

---

① 余安邦、杨国枢：《成就动机本土化的省思》，见杨中芳、高尚仁编：《中国人、中国心——人格与社会篇》，202～290页，台北，远流出版社，1991。

② 参见沙莲香主编：《社会心理学》，224～225页，北京，中国人民大学出版社，1992。

③ 参见余安邦、杨国枢：《成就动机本土化的省思》，见杨中芳、高尚仁编：《中国人、中国心——人格与社会篇》，233页。

④ 同上书，264页。

社会取向成就动机的特点有：

(1) 强调个人的成就目标和评价标准主要由他人或所属的团体来决定，例如，个人追求的可能是“不辜负组织的嘱托和人民的期望”、“光宗耀祖”、“为父母争气”等。

(2) 选择什么样的行为来达到成就目标，也是由重要他人或团体来决定。在20世纪六七十年代，中国流行的口号“听毛主席的话，跟共产党走”，就反映了这一点。在一些传统家庭里，子女努力考大学是为了达成父母的心愿，如果能够上大学，到底读什么专业，也往往听从父母的安排。在这种情况下，个人在追求成就的过程中，会比较依赖他人或团体的协助，也可能比较需要他人的关注和督促。

(3) 成就行为的效果如何，往往由他人或团体来评价，评价标准也是由他人或团体来制定的。

(4) 从总体上来说，个人对成就的价值观念的内化程度比较弱，相应地，成就的社会工具性比较强，即追求成就是一种手段，是为了让他人或团体高兴。

个我取向成就动机的特点是：

(1) 成就目标和评价标准主要由个人自己来决定，例如，个人追求的是“实现自己的梦想”、“发挥自己的潜能”等。

(2) 选择什么样的行为来达到成就目标，也由个人自己来做主。在这种情况下，个人在追求成就的过程中，就不怎么需要他人的关注和督促，个人行为的变通性比较高。

(3) 成就行为的效果如何，往往由个人自己来评价，评价标准也由个人自己来制定。

(4) 从总体上来说，个人对成就的价值观念的内化程度比较高，相应地，成就的功能自主性比较强，即追求成就本身是一种目的。

需要注意的是，这两种取向的成就动机各有短长。在社会生活中，如果一个人的成就动机过于偏向某个极端，可能会有一些不良的后果。例如，研究发现，个我取向成就动机过高的人在许多组织中往往表现得并不很出色。由于强调个我取向，这些人用自己个人的业绩标准来衡量成就，也因为个人目标的实现而得到满足。因此，他们更愿意独立工作，因为这样做可以使得任务的完成完全取决于他们自己的努力。这一特点可能会降低这些人在团队中的工作表现。在组织中，非常需要能够妥协、能够顺应、能够将自己的成就需求与组织目标结合起来的人，而这样的人正是社会取向成就动机比较高的人。另外，在不同的工作情境中，两种成就动机的作用可能不同。在工作目标和效果需要个别设定的环境中，个我取向成就动机高的人会表现得非常出色，例如，在一些学术研究中就是如此。但是，在诸如社会工作这种很难看出个人的具体工作结果，工作成效非常依赖于其他人的情境中，个我取向成就动机高的人就可能表现平平，而社会取向成就动机高的人则可能表现出色。

## 三、中国人的亲和动机

亲和动机又称为结群动机，是指个人要与他人在一起，或者有加入某个团体的需要。[①] 人是社会性的动物，每个人都会寻求得到他所关心和重视的个人和群体的支持、喜爱和接纳。达尔文曾经指出：“谁都会承认人是一个社会性的生物。不说别的，单说他不喜欢过孤独的生活，而喜欢生活在比他自己的家庭更大的群体之中，就使我们看到了这一点。独自一个人的禁闭是可以施加于一个人的最为严厉的刑罚的一种。”[②]

对于亲和动机的心理基础，学术界存在不同的看法。有的学者认为亲和或结群是人的一种本能。按照这种观点，结群是生物自然选择的结果：在远古时期，独立的人类个体势单力薄，不足以对抗巨大凶狠的野兽，结群使人类祖先可以互相警戒、互相支援，提高了生存的能力。也有的学者认为，结群是后天学习的结果，是在社会化过程中通过模仿、强化而形成的。例如，在大多数社会文化中，亲和和结群行为会得到奖赏，而“不合群”的人往往受到排斥。在现代心理学中，后者是占主流的观点。

在 1959 年出版的《亲和心理学》中，萨赫特（S. Schachter）提出了“焦虑—亲和”（anxiety-affiliation）假说，认为由焦虑导致的恐惧是促使人们结群的原因，经历过不安的人亲和倾向更强。按照这种观点，亲和动机不是一般地希望和他人在一起、建立友好的关系，而是在处于不安的恐惧状态时，希望同处境或地位或能力基本相当的人接近，以取得协作和友好的联系。因此，有学者认为，亲和动机事实上是指人们由于不安而接近、靠拢周围的人或群体的要求或愿望。这里的接近和靠拢包括空间距离上的靠近，也包括心理距离上的缩小。人们之所以倾向于和处境、地位、能力相当的人接近，原因之一在于相似性可以使人们容易产生共鸣和理解，所谓的同病相怜就是如此。[③] 需要注意的是，焦虑和恐惧并非人们产生结群动机的唯一原因，促使人们希望和他人相联系的还有很多因素。例如，享受交流的乐趣，找到自我评价的比较基准等。另外，结群也可能产生一些负面效果，如社会懈怠、屈从、团体集一思维（groupthinking）等。[④]

在第三章中，我们已经讨论了中国人的关系取向。关系取向的特点从一个角度表明：与西方人相比，中国人具有更强的亲和动机。很多有关中西文化比较的研究发现，以美国为代表的西方文化强调“个人主义”，推崇“独立性自我”（independent self），而以中国文化为代表的东方文化主张“集体主义”，推崇

---

① 参见吴江霖等：《社会心理学》，177 页。
② ［英］达尔文：《人类的由来》，163 页，北京，商务印书馆，1983。
③ 参见沙莲香主编：《社会心理学》，216 页，北京，中国人民大学出版社，1992。
④ 参见吴江霖等：《社会心理学》，179 页。

“互依性自我”（interdependent self）。[①] 中国传统文化的基本精神之一，是贵和持中，即注重和谐，坚持中道。儒家积极宣扬“礼之用，和为贵”（《论语·学而》），“均无贫，和无寡”（《论语·季氏》）。“和”不仅是处理人与人之间关系的一个基本准则，而且是调解人们之间利益冲突的一种处世方式和治国之术。

应该看到，中国古代贵和持中的和谐观，有其积极作用，也有很明显的局限性。一方面，贵和持中的观念得到广泛认同，使得中国人十分注重和谐局面的实现和保持。做事不走极端，着力维护集体利益，求大同存小异，成了人们的普遍思维原则。这不仅增添了生活中的人情味，而且对于民族精神的凝聚和扩展也具有积极作用。另一方面，贵和持中的观念也在一定程度上否认冲突、排斥竞争、压抑个性，可能出现为了和谐而和谐的局面，它可能造成个人创造性的萎缩，使人们回避冲突和竞争，不利于社会的发展进步。[②] 在现实生活中，这种局限性最典型的表现就是对“人情”和“面子”的顾虑。因为要注重人情，给人面子，一些人被迫放弃原则，徇私舞弊，结果破坏了社会公正，败坏了社会风气。

## 四、中国人的权力动机

权力是一种控制、支配或影响的力量。学术界有关权力概念的观点可以总结为以下几点：第一，权力是一种互动关系，是某个人或某些人具有对其他人产生他或他们所希望的影响的能力。在不同的情境、不同的关系中，人们拥有不同的权力。第二，权力一般与资源的控制和利用有关。权力资源是权力主体可以用来影响权力客体行为的基本手段，包括奖赏、惩罚、信息、专业知识等。权力资源的分配往往是由一定的社会关系结构决定的。例如：在工作上，上级比下级拥有更多的权力；在知识上，专业人士比非专业人士有更多的发言权；在学习上，教师比学生掌握更多的资源。第三，权力往往体现为一种价值控制，即一方通过控制他人认为有价值的事物，而控制他人的思想和行为。当对方不再认为那些事物有价值时，由此带来的权力就消失了。这一点可以用来解释人们常说的“无欲则刚”。第四，权力的表现形式往往是命令与服从的关系，不管这种服从是自愿的，还是被迫的。[③]

根据权力的来源，可以区分七种不同的权力类型，如表 5—2 所示。[④] 第一种是强迫性权力，是由优势力量或优势地位带来的惩罚的权力。第二种是合法性权力，是由法律或组织的规章制度所规定的，通过地位和正式的等级体现出来的权力，如上级指挥下级的权力。第三种是奖励性权力，以掌握有价值的资源，能够给予他人奖赏为基础。第四种是因为具有专门的知识和经验而形成的专家性权

---

① See H. R. Markus & S. Kitayama, Culture and the Self: Implications for Cognition, Emotion, and Motivation, *Psychological Review*, 1991, 98 (2), pp. 224 - 253.

② 参见李宗桂：《中国文化导论》，广州，广东人民出版社，2002。

③ 参见朱永新：《论中国人的恋权情结》，载《本土心理学研究》，1993 (1)。

④ See M. Guirdham, *Interpersonal Skills at Work*, New York, Prentice Hall, 1995.

力。第五种是因为与他人有良好的个人关系，具有领导魅力而形成的关系性权力。在组织中，它是一种非职务的影响力。第六种是因为能够接触一般人不能获取的内部信息而产生的信息性权力。第七种是由于认识有权力的重要人物而产生的联系性权力。赢得权力的主要方法是掌握更多的权力来源，例如，可以通过拥有更多的金钱而设法提高奖励其他人的能力，可以努力成为某些重要领域的专家，也可以提升自己的个人魅力，扩大个人联系的网络。当然，权力的获取与使用，应该在合情合理合法的范围内进行，如果滥用权力，就可能害人害己。

表 5—2　　权力来源

| 权力来源 | 权力类型 |
|---|---|
| 运用惩罚的权力 | 强迫性权力 |
| 地位和正式的等级 | 合法性权力 |
| 给予有价值的资源，如报酬等的权力 | 奖励性权力 |
| 专门的知识和经验 | 专家性权力 |
| 个人的关系，领导魅力 | 关系性权力 |
| 接触内部信息 | 信息性权力 |
| 认识重要人物 | 联系性权力 |

权力动机是指个体要在某些方面取得一定的支配地位的需要。在人际关系中，权力动机会驱使一个人总是力图说服他人、支配他人。许诺、威胁、引用权威人物的话、要求他人干这干那、容易与人对抗等行为都是权力动机的表现。

朱永新认为，传统中国人存在一种“恋权情结”，其本质是对权力的崇拜和趋从。它表现为一种复杂的心理现象，对权力又爱又怕。在权力面前，中国人表现出了千姿百态的正常与反常行为，上演了一幕幕惊心动魄的权力悲喜剧。恋权情结主要表现在五个方面：畏权、慕权、清官梦、升迁梦、滥用权。①

（1）畏权。对中国老百姓来说，权力是一种可怕的存在。不少人对“当官的”有一种畏惧的心态，认为“千万不能得罪当权的”。

（2）慕权。由于权力可以带来荣耀、威严和实惠，许多人都羡慕权贵，追逐权力。在封建宫廷中，充满了权力斗争，封建帝王想尽办法，运用各种权术来赢得或保住权力。为了争权，宫廷斗争往往演变为血淋淋的杀戮。在中国古代，许多知识分子也有很强的恋权情结，“学而优则仕”是他们孜孜以求的目标。

（3）清官梦。“清官”是中国文学作品讴歌赞颂的主题之一。当自己追逐权力无望时，一些人就把社会和个人的一切都寄托在“青天大老爷”的身上。

（4）升迁梦。对有权者来说，关心的是得到更大的权力。由于在古代官僚体制中，升迁主要靠上级的提拔，而不是下面的推选，所以，为了圆自己的升迁梦，许多官员不惜欺上瞒下，努力讨好上级官员，而不顾黎民百姓的死活。

（5）滥用权。在“权大于法”的封建社会，对权力没有有效的监督，官员滥

---

① 参见朱永新：《论中国人的恋权情结》，载《本土心理学研究》，1993（1）。

用权力的现象十分普遍。因为有了权就有了一切，所以也就加剧了人们对权力的羡慕与争夺。

朱永新指出，恋权情结有着正负两方面的效应和影响。就其负面影响来说，它“滋长了官本位的现象，一切是非曲直由官来评判，人们也用官的大小来衡量其社会地位的高低，这也在一定程度上给了权力滥用和权力腐化者以可乘之机。恋权情结刺激了人们的权力欲望……甚至促使某些人把整个精力和智慧聚焦在权力上”①。

需要注意的是，朱永新所说的“恋权情结”中的权主要是我们上面所谈的强迫性权力与合法性权力，恋权的实质是恋官。这种现象正好说明了在传统中国社会里，权力过分集中在官僚机构，分布在社会上的权力比较小。在市场经济的发展过程中，社会资源的分配方式必然会发生比较大的改变，官本位的客观基础就会逐渐削弱，人们的恋权情结也可能会有所变化。

**本章要点**

1. 动机是引起、维持和促进人们行动的内在力量。了解人类动机，是我们理解人类行为的一个重要途径。

2. 在人类的各种动机中，有些动机是以生理内驱力为基础的，也有些动机与生理内驱力没有什么直接联系。人们在社会生活环境中，通过学习和经验而获得的动机，就是社会动机。在很多时候，社会动机对人类行为的作用比生物性动机更大。

3. 内在动机是指人们对某些活动感兴趣，从活动中得到了满足，活动本身成为人们从事该活动的推动力。外在动机是相对于内在动机而言的。当个体参加某种活动的动力不是基于对此活动本身的兴趣，而是因为外在的奖赏或压力时，他就被外在动机所驱使。在人类的行为中，内在动机和外在动机都会起作用，但是，二者之间并不是一个简单相加的关系。激发行为的外在动机可能会降低行为的内在动机。当外在动机取代了内在动机时，人们可能对自己原来喜欢的活动失去兴趣。当人们认为自己的行为是由于很强的外在原因引起时，他们会低估内在原因对行为的影响程度，这种现象被称为“过度辩护效应”。

4. 在研究人类动机时，不少心理学家都提出过自己的理论，试图解释人类的动机体系。麦独孤构建了一套以遗传本能和相应的情绪以及后天形成的感情为基础的人类社会行为的学说。在他看来，本能不仅是天生的能力，而且是天生的行为推动力，是策动和维持人类行为的决定因素，而本能的核心是情绪体验。麦独孤的著作引发了人们探讨人类行为动机的兴趣。但是，他的理论具有明显的缺陷，有不少难以自圆其说的地方。

5. 精神分析学家弗洛伊德认为，人有两种基本的本能，一是性本能，二是

---

① 朱永新：《论中国人的恋权情结》，载《本土心理学研究》，1993（1）。

自我保存本能。在性问题上，弗洛伊德发现了人类生活的主要动机。在他看来，人类一些高尚行为也只不过是性冲动的一种升华。这种泛性论的观点并没有严格的科学证据，受到了很多学者的批评。

6. 洛伦兹认为，每种动物都有该物种特有的行为，即其习性，攻击与食、性、逃跑一起构成动物的四种本能，在同类动物和异类动物之间都存在攻击，而且同类之间的攻击行为远远多于异类之间。洛伦兹对心理学的最大影响是提出了关键期这个概念。

7. 马斯洛对于人类行为动机的研究最有影响。他认为人类的动机可以区分为五个层次：生理需要、安全需要、归属和爱的需要、尊重需要、自我实现的需要。它们构成一个有相对优势关系的等级体系，一种需要满足之后，另一个更高的需要就立刻产生，成为引导人的行为的动力，因此，人很难得到完全的满足，总是处在不断的追求之中。

8. 赫茨伯格提出了双因素理论，又称激励保健理论。令员工感到不满的，大都属于工作环境或工作关系方面的因素，这些方面如果达不到员工可接受的最低水平，就会引发员工的不满情绪。但是，具备了这些条件并不能使员工感到被激励。这些没有激励作用的外界因素称为“保健因素”。能够使员工感到非常满意的因素，大都属于工作本身或工作内容方面，这些因素的改善，能够激发员工的热情和积极性，称为“激励因素”。

9. 奥德费提出 ERG 理论，试图对马斯洛需要层次论进行改进和发展。他认为人们的核心需要有三个方面，分别是生存需要（E，existence）、关系需要（R，relatedness）和成长需要（G，growth）。与马斯洛的需要层次论相比，ERG 理论对于三种需要之间的关系提供了一个更加动态的观点。

10. 麦克利兰认为，在人的生存需要基本得到满足的前提下，人最主要的需要有三种：成就需要、权力需要和亲和需要。他认为，了解和掌握这三种需要，对于管理人员的培养、使用和提拔均具有重要意义。

11. 麦奎尔对人类的动机进行了非常细致的整理和分析。他从两个维度来对动机分类：一个是内在中心—外在中心维度，另一个是认知取向—情感取向维度。对于理解或解释人类行为，麦奎尔罗列的动机清单相当有用。

12. 费斯克认为，人类行为受到五种核心社会动机的驱动。这些动机是：寻求归属、相互理解、寻求控制、自我强化和安全可信。

13. 通过大量的实证研究，赖斯提出了 16 种基本欲望理论，他发现，人们行为的各种动因都可以归纳为 16 种基本欲望和价值观——权利、独立、好奇心、容忍、有序、储备、荣誉、理想主义、社交、家庭、身份、复仇、浪漫、吃、健身、安宁。16 种基本欲望的不同组合造就了人们的不同个性。

14. 美国心理学家德斯和瑞恩提出自我决定理论，认为人是积极的有机体，具有先天的心理成长和发展的潜能。自我决定的潜能可以引导人们从事感兴趣的、有益于能力发展的行为，人们对自我决定的追求构成了人类行为的内部动机。自我决定理论强调自我在动机过程中的能动作用，认为人的自我决定能力在于能够灵活地控制自己和环境之间的相互作用，同时也强调了社会环境对人的潜能发挥的重要影响。自我决定理论有多个分支，主要有基本心理需要理论、认知评价理论、有机整合理论和因果定向理论。

15. 社会动机的内涵和表现形式，受到个体所生活的社会文化情境的影响，打上了文化的烙印。例如：中国人具有比较高的社会取向成就动机；中国传统文化注重关系与和谐，使中国人往往表现出更高的亲和动机；传统中国人存在一种“恋权情结”，其本质是对权力的崇拜和趋从。

## 基本概念

动机　社会动机　成就动机　亲和动机　权力动机　内在动机　外在动机　过度辩护效应　自我实现的需要　“焦虑—亲和”假说　自我决定理论

## 复习思考题

1. 说明内在动机与外在动机的关系。
2. 有什么办法可以保护人们的内在动机，使之免受社会奖励机制的损害？
3. 谈谈你对马斯洛的需要层次论的看法。
4. 讨论个我取向成就动机与社会取向成就动机的区别。
5. 谈谈你对权力的看法。

## 推荐阅读书目

［美］马斯洛．动机与人格．北京：华夏出版社，1987.

［美］戈布尔．第三思潮：马斯洛心理学．上海：上海译文出版社，1987.

［英］麦独孤．社会心理学导论．杭州：浙江教育出版社，1997.

余安邦、杨国枢．成就动机本土化的省思//杨中芳、高尚仁．中国人、中国心——人格与社会篇．台北：远流出版社，1991.

吴江霖等．社会心理学．广州：广东高等教育出版社，2000.

Fiske S T. Social beings：A core motives approach to social psychology. New Jersey：Wiley & Sons Publishers，2004.

Fiske S T. Social beings：Core motives in social psychology. New York：Wiley，2010.

Kornadt H J. Social motives and their development in cultural context//Lonner W J，Dinnel D L，Hayes S A，Sattler D N，eds. Online Readings in Psychology and Culture（Unit 15，Chapter 6）（http：//www. wwu. edu/～culture），2002.

Forgas J P，Williams K D，Laham S M. Social motivation：Conscious and unconscious processes. New York：Cambridge University Press，2005.

# 第六章

# 社会感情

# 第一节
# 社会感情概述

感情是人类社会生活中非常重要的心理现象，它更多地体现了人们对客体觉知的过程。社会感情是体现社会群体所共有觉知过程的一种社会心理现象。无论是感情，抑或是社会感情，都与人类的生活休戚相关，是非常值得我们研究的。但是由于“感情”这一概念所涉及的内涵比较复杂，很难廓清一些相关概念的界限，因此，心理学界对感情问题一直少有研究，三十多年来，不断有心理学家开始关注情绪和情感的研究，加上研究方法的某些突破，推进了这一领域的研究和人们对感情心理的认识。

然而，对于社会感情的研究，却仍然没有多大的进展。在一些教科书里，基本上是直接从情绪或情感那里移植过来，当作社会情感这一概念来使用的。实际上社会感情这一概念有它特定的研究范围和内容，是不能够完全等同于情感或情绪的，虽然它们之间有一定的联系。

## 一、社会感情的概念

社会感情是伴随整个社会心理过程产生的主观体验和心理感受。从人的自然属性与社会属性相统一的本质看，人的感情就是社会感情。

社会感情由社会情绪与社会情感构成，两者既有区别又有联系。

在历史上，曾把情绪和情感统称为感情，既包括感情发生的过程，也包括由此产生的种种体验。现代心理学中，人们分别采用个体情绪和情感来表达感情的不同方面。

情感是同情绪相联系又相区别的概念。从广义而言，它与情绪一样也是人对客观事物的态度体验。从狭义而言，它又不同于情绪，是和人的社会性需要相联系的一种较复杂且又较稳定的态度体验。例如，道德感、审美感、理智感、爱与恨的体验等。①

传统观点认为，情绪和情感的区别主要表现在三个方面：

（1）从需要角度看，情绪是和有机体的生物需要相联系的体验形式，如喜、怒、哀、乐等。情感是同人的高级的社会性需要相联系的体验形式。如与人交往相关的友谊感，与遵守行为准则规范相关的道德感，与精神文化需要相关的美感

---

① 参见朱智贤主编：《心理学大辞典》，498页，北京，北京师范大学出版社，1991。

与理智感。

（2）从发生角度看，情绪发生较早，为人类和动物共有，无论从种系或个体发展来看，情感体验都发生得较晚，是人类所特有的，是个体在社会化进程中发展到一定阶段才产生的。

（3）从稳定性程度看，情绪永远带有情境的性质，而情感有可能既具有情境性又具有稳定性和长期性。稳固的情感体验是情绪概括化的结果。①

## 二、社会感情的特点

社会感情与情感相比较而言，具有群体性、共同性、社会影响力等特征。

### （一）社会感情具有群体性特点

社会感情不同于个体性感情，最重要的一点就是它的群体性。社会感情不是个人的感情好恶，不是个人独自的心理体验。它存在于特定的社会群体内部。有时甚至是全社会性质的或全民族所共有的。群体有大小之分，有类别差异，小到家庭情绪、团队激情，大到民族感情。虽然，社会感情也是由每个群体成员的个人感情构成的，但绝不是将所有的群体成员的个人感情简单相加，社会感情不等同于感情，而是群体成员之间相互作用的结果，也是大家共同“塑造”的包含了相互影响力的结果。

### （二）社会感情具有共同性特点

社会情绪的爆发，社会情感的形成，往往由特定的社会事件所引发，并产生相同或相似的心理刺激和应激反应，心理刺激源、应激反应形式都是比较一致的，是群体所共有的。社会情绪发展的方式也是在相互作用中交织在一起的。心理活动的指向性是基本一致的。社会情绪因其气氛感染，表现为情绪兴奋性的整体提高和降低而具有共同特点；而社会情感则因为群体成员的归属感以及价值观的相互认同而具有某种一致性。因此，与感情不同，社会感情不是纯粹个人的心理活动。

### （三）社会感情总体上来说，大多数都具有较大的社会影响力

社会情绪的产生，往往影响比较普遍，涉及的人群范围比较大。社会情感的形成，则更加具有深层和持久的影响力。这一点也是与个人感情不同的地方。个人感情的表达，不论是喜是悲，是爱是恨，都是个人自身的心理体验。其影响力也只局限于个人本身及其相关的人周围，有些虽然有较大的影响，但总体上来说，就其社会功能而言，都不如社会感情的影响力大而普遍。因此，无论是积极的还是消极的社会感情，就其社会功能而言，都是不可忽略的。

---

① 参见沙莲香主编：《社会心理学》，1版，158～160页，北京，中国人民大学出版社，2002。

## 三、社会感情的作用

社会感情在社会生活中的作用，主要有三点。

### (一) 社会感情对社会行为起发动作用，使行动活性化

行为的发动总是处于一定的感情状态。情绪状态好，常常是充满热情，人的干劲最容易鼓舞，效率也高；反之，情绪状态不好，则懒于动弹，做起事来也有气无力。良好的情绪状态能够提高行为效果水准，欠佳的情绪状态则会降低行为效果水准。因此，是否能唤起人们的良好情绪对于工作的成败具有举足轻重的作用。

### (二) 社会感情对社会行为起定向作用，稳定行为方向

高尚的社会情感和平静的社会情绪，会使人们专心致志于某种目标，为实现既定目标去努力；处于不安、危险和恐惧状态下的行为，其方向往往不集中。这从另一方面表明社会感情稳定方向的作用。在处理危机事件时，首先就要稳定人们的社会感情，才能迅速控制局势，防止损失的继续。

### (三) 社会感情对人际关系起纽带作用

人际关系的建立靠沟通。沟通又分为两种：一种是信息沟通，如开会、讨论、书信、电话等；另一种是感情沟通，如问候、祝愿等。信息沟通是载体，传递着人们的感情，感情沟通隐藏于信息沟通之中，来往于人与人之间。信息沟通必须包纳感情才能更深入、更牢固可靠。无论哪一种沟通，社会感情总是包含于其中，对人际关系起纽带作用。①

## 四、社会感情的形态

黄希庭、秦启文提出，社会感情的存在形态可以从纵横两个角度来看。

### (一) 横向角度

从横向角度看，社会感情有两种状态：一种是短时期起作用的情绪状态，包括激动、热情、应激等；另一种是持续起作用的情感状态，包括道德感、理智感和美感。这两种形态是相互贯通、相互作用的。情感作为隐藏在内的意识活动，无时无刻不通过情绪表达出来，而情绪作为消解或表达内心不快或愉快之感的外露心态，无时无刻不表达着情感，两种形态在实际过程中是交叉相融的。

心理学界通常把人类的情感分为三类：道德感、理智感和美感。

---

① 参见孟昭兰：《情绪心理学》，北京，北京大学出版社，2005。

1. 道德感

它是人们根据一定的道德标准评价自己或他人时所产生的一种情感体验。若认为自己和别人的思想言论、行为举止符合社会道德标准就会产生积极、满意、肯定的体验，否则则产生消极、否定的体验。道德感（moral feeling）属于社会历史范畴，遵循的是善与恶的评价标准。不同的时代、不同的社会环境、不同的民族，对道德评价的标准也是不同的。道德感的表现形式有：幸福感、荣誉感、自尊心、责任感、义务感、友谊感、爱慕感、仇恨感、人道主义情感、社会道义感、爱国主义与国际主义情感等。

2. 理智感

它是人对认识活动评价时产生的情感体验，它同人的认识活动的成就获得、需要和兴趣的满足、对真理和未知的探索，以及思维任务的解决相联系。理智感（rational feeling）在认识活动中的表现形式有：对新事物的好奇心与新异感，对解决问题的成就感与欣慰感，对未知事物矛盾的质疑感与惊讶感，对探求真理的信念感和执着感，对科学的热爱，对偏见、迷信、谬误的憎恨感等等。

3. 美感

它是人对客观事物或对象的美的特征的情感体验，它是由具有一定审美观念的人对外界事物的美进行评价时产生的一种肯定、满意、愉悦、爱慕的情感。审美就是对美丑进行鉴赏，只有通过认识、评价、鉴赏活动才能产生美感。由于每个人的审美需要、审美标准和审美能力以及文化背景不同，对美感的体验也是不同的。任何事物都有它的内容和形式，而内容和形式有一致的地方也有不一致的地方，因此，美感虽然由事物的感性特点或外在的形式所引发，但也往往受到其思想内容的限制，因此，美感常常同道德感密切相关。

## （二）纵向角度

从纵向角度看，社会感情是由不同层次构成的感情系统，即内心感情→感情移入→人际感情→群体感情→民族感情→宗教感情。

1. 内心感情

一个人的内心感情是十分微妙的，对主体的所有刺激，都能引起内心的种种反应。从最简单的物质生活到崇高的精神世界，都有相应的感情体验。身体健康、工作顺利等，就会觉得生活充满了阳光；反之，婚姻破裂、工作受挫等就会精神颓废，觉得人生无趣。以强者的心态去奋斗或用弱者的自卑来维持现状，会有截然不同的感情状态，这都是内心感情的不同表现。

2. 感情移入

这是把自己的感情移至自然物、文学艺术作品或人等对象中去加以感受和体验，或者对他人的感情予以理解、分享、分担。感情移入实际上是主体按照内在感情尺度感知客体的一个过程，表明感情不仅存在于主体内部，而且能够与客体相通，转移到客体中去。感情也能指向一个非现实的对象，比如遐想、憧憬、幻想等。

3. 人际感情

这是对对方产生的感情体验，它的特点是面对许多人，喜欢谁、不喜欢谁，带有选择性和指向性。人际感情首先表现为共感，就是对方的感情在自己身上得到同样的反应。例如：看到对方伤心、流泪，自己不禁难过，跟着痛苦；对方兴高采烈，自己也不由得眉开眼笑。共感的结果是共情，所谓共情，不仅是把对方的感情作为自己的感情去体验和感受，而且自己也具有对方的那种感情。

4. 群体感情

这是在人际感情的基础上形成的规模稍大的感情现象，是群体成员对特定事件的共同体验和感受。它的基本特点是，通过群体成员的直接影响，在耳目能及的范围内相互影响。人们通过相互作用，直接传消息、送情报，使某种共同的动因在多数人中间迅速地得到大范围传布。在大场合下，还会借助广播喇叭、录音机等载体散布情绪，使在场成员听得更清、看得更真，增强感情影响力。群体感情的相互影响和它所造成的影响力叫感情感染。感情感染是群体行为形成和扩大的重要心理因素。

5. 民族感情

这是社会感情的一种形式，它是以民族传统为核心而建立起来的民族之情。民族感情是构成民族特质的要素之一，深厚的民族感情，对于团结全民族成员为了一个共同的目标而努力奋斗起重大作用。我国政府成功地申办了 2008 年奥运会，就是充分利用了中华民族的民族感情，在全国发起支持申办奥运的热潮，向全世界展示了中华民族对奥运的热忱，也反映了日趋强盛的中华民族对奥运的期盼。

6. 宗教感情

宗教由观念、感情和活动构成。宗教感情是宗教统合体的三根支柱之一。宗教感情是对非现实的力量、对人格化了的神之爱。它在本质上是神人合一的虚幻的主观体验。宗教感情的核心是爱和憎，其产生是由恨到爱，由对邪恶、残酷的憎恶，到对救世主的爱。

# 第二节 社会感情的理论

## 一、社会感情的心理学观点

诚然，感情与社会感情是紧密相关的，但感情不能等同于社会感情，其最大的差异在于社会感情的非个体性特点。如果把人类感情的社会属性作为社会感情，那是指个体的社会性感情，在这个意义上说，人的感情都是社会感情。但是作为社会心理学的研究范畴，主要是指群体的共同性感情。它是社会群体内部普遍存在的，能够相互传染，并具有一定社会功能的、群体共有的心理体验和社会知觉。

## 二、社会感情的哲学观点

古今中外的哲学家曾经对情感现象进行过许多讨论，而现代西方哲学中的现象学和存在主义也保持了这个传统，其中最有代表性的是德国天主教哲学家马克斯·舍勒（Max Sheller，1874—1928）。

舍勒认为，人在根本上是一种精神性的存在，是通过爱的方式突破其生物学限制而达于其存在的本然的。舍勒一生对人类情感进行现象学分析，其中“爱”和“恨”是一对关键性的范畴，而怨恨则是他重点探讨的情感。[①]

舍勒认为，“怨恨是一种有明确前因后果的心灵自我毒害。这种自我毒害有一种持久的心态，它是因强抑某种情感波动和情绪激动，使其不得发泄而产生的情态，这种强抑的‘隐忍’力通过系统训练而形成”[②]。

在现代社会，怨恨的产生，首先是因为终极现实的崩塌。现代人宗教形而上学的绝望是产生向外倾泻精力的无止境活动渴望的根源和发端。也就是说，宗教信仰或者终极道德价值的崩溃导致了人的心理失衡。

在舍勒的分析中，提到了怨恨产生的社会机制，即追求平等和比较。平等理念的普遍被接受是怨恨心理产生的前提。对于个体来说，如果没有意识到与他者的平等状态，他就不会将他人作为与自己相比较的对象。天赋人人平等的社会原则在理念上取消了等级制度观念的正当性，激发了每一个体或群体、阶层产生属于自己的但却是在社会攀比中选定的社会权利欲求。现代社会更加容易产生怨恨，因为无论是政治意识形态还是法律都强调人人平等，而实际上却又存在着形形色色的不平等。

但是，即便存在着平等的期待和不平等的现实之间的鸿沟，还不足以构成怨恨，因为怨恨的产生还必须有一个中介或条件，即无能感。受到伤害，由于无能和软弱，或者由于恐惧和害怕，不能直接表现出反应冲动，包括必须压抑伴随的愤怒情绪，则这种隐忍就容易酿成怨恨，而且越是长期置身于受伤害的处境，越是觉得这种处境非自己所能控制，则怨恨就越深。

比较产生怨恨。怨恨是价值比较的行为和结果。比较的差异程度决定怨恨的强度。由于软弱，比较者不会付诸实际的报复行动，不断地比较，使比较者不断地怨恨，比较主体最终成为怨恨者。怨恨者就此获得了固定的怨恨场域并将目光放大到怨恨对象所属的整个阶层。

---

① 参见李骅：《马克斯·舍勒怨恨理论述评》，载《北京化工大学学报》（社会科学版），2009（3）。

② ［德］马克斯·舍勒：《资本主义的未来》，北京，三联书店，1997。

虚弱产生怨恨。虚弱是怨恨的根源。在这里，比较和虚弱最容易结合。越是虚弱就越易于比较，越比较就越怨恨。现代平等观念模糊了人的差别、忽视了个体差异，这就使主体最易于、最敏锐地进行多方面的比较，当平等的理念和不平的现实进行比较时，怨恨随之而生。

社会结构产生怨恨。人是天然的社会动物，必然扎根在一定的社会政治结构之中。一个相对公平、公正的社会人的怨恨较少，反之则怨恨丛生。法国大革命对平等的诉求就是典型的例子。

个人生活处境产生怨恨。恶劣的生存环境，令人绝望的无边苦难，先天地具有触发怨恨的功能。主要包括物质上的如身体状况欠佳、经济的困顿等和精神上的如知识的欠缺、心理的虚弱等。这些典型的“境遇”往往带有一分“怨恨危险”。譬如作为弱势群体的妇女、丧失地位和权力的老人、地位为儿媳所取代的婆婆等等。

怨恨可能产生“怨恨批评”。根据舍勒的观点，一种持久的社会压力越是被感受为一种“宿命”，也就越是不能产生切实改变这种状况的力量，进而越是可能导致缺乏任何积极目标的不分青红皂白的批判。没有积极目标的、不分青红皂白的“怨恨批评”，并非真想消除不良现象，只是以此为借口，而且，对于所抨击的状况的任何改善，不仅不能令人满意，反而只能导致不满，因为它们破坏了谩骂和否定所带来的不断高涨的快感。怨恨批评不会对内在价值和品质做出任何的肯定、赞赏和颂扬，仅是一味地否定、贬低、谴责。

## 三、社会感情的社会学观点

1. 社会感情的突生属性

斯蒂文·戈登（S. Gordon）认为，社会感情在社会学研究与心理学研究中的区别，关键在于感情的突生属性，所谓突生属性是指只有在人与人发生关系或者当个人的心理或行为同他所处的社会文化结合时才能显示出来的那些特点，而这些特点是无法还原到个人的或生理的基础上去的。戈登认为，感情的突生属性可以表现在四个方面：

（1）来源。社会学家在研究感情时要考察感情的来源。一般而言，社会感情来源于社会关系，而个体情绪来源于个体生理。库利就曾经提出，爱情是一种来自人际交往中的相互吸引关系，而不同于来自生理快感的性快乐。同样，怨恨是社会感情，而狂怒是个体情绪。这种研究方法把有关固定的、天生的情绪结构的假定减少到最低限度。社会学家研究的是，例如作为社会情感的羞愧感是怎样通过社会过程与生理反应、身体姿势和其他因素的相互影响而产生的。

（2）时间。这一突生属性涉及的是感情维持的时间幅度。在持久的社会关系中，以前的互动以及对该关系未来进程的预期影响着感情。像爱和恨这样的社会性情感超越单一的情境，而且反映社会关系在时间上发展着的属性，与此相反，狂怒、惊奇或惊骇等则被限制在强烈唤醒的情境以及其短暂的刺激上。

(3) 结构。社会感情的诱因是以社会力量而非心理力量维持的。例如，妒忌的结构或模式是在社会方面被建构起来和有意义的，它可以在不同个体身上伴有不同的心理动力和动机，一个人的妒忌可能因为害怕失去伴侣，而另一个人的妒忌则可能由有关朋友的压力引起的。但是，作为社会感情的妒忌的结构性并非来自这些不同的心理因素，而是来自社会力量和社会因素。

(4) 变化。社会感情并非固定在先天的人性之中，而是在对于社会互动以及文化规范和信念做出反应时具有变化性。也就是说，人们是按照社会的事件、关系和价值去识别它们并采取相应行动的，他们可以怀疑感情和改变感情，以及如何解释感情的表达。例如，我们能够唤起爱、内疚和同情这样的社会感情，或者努力去削弱其强度。

2. 社会感情的整饰化

在社会生活中，人们依据社会关系的规范要求或者出于策略性的考虑，有意识地控制（唤起、压抑和改变）自己的某些情感的现象，称为社会感情的整饰化。例如，当一位妻子发现自己对丈夫的爱情在衰减时，她可能增加爱情表现以掩盖感情失落，或者她可能通过考虑丈夫的品德来再生其爱情感受，这就是社会感情的整饰化。下面我们就来看一下感情整饰的表现形式及功能。

感情整饰的重要内容是表情整饰。表情整饰是指有意图地展示不同于内部感情的姿势的过程，其目的是塑造我们自己的某种公众形象，或者遵循相关情境的文化规范要求。表情整饰是通过社会化的过程学习而来的。成年人一般都能根据情境要求采取适当的情感表现方式，例如即使在内心悲伤时，仍然能够保持笑容。

感情整饰是指我们改变对某种关系的解释，也可以改变我们的身体感觉及对别人的反应。帕森斯（T. Parsons）的模式变项中的“情感性和情感中立”，涉及的就是个体和群体在确定社会行动时面对的选择：在一个社会情境中，应该投入什么情感和投入多少情感才是适当的。而社会文化设定了一种“感情规则”，它们为某种情境和关系大体上规定了适当的感情。

戈登认为，社会感情的整饰化具有一定的群体功能，它可以加强群体的运行功能。这表现在三个方面：首先，感情整饰可以允许行动具有连续性。例如，表现的控制在妇科检查中抑制了潜在的尴尬；平静的嗓音音质和程序化的姿势抑制了焦虑，赋予互动以一种常规的、技术性的意义。其次，感情整饰可以建立群体团结。妒忌的破坏性后果普遍地由禁止妒忌的信念系统加以控制，并由减少妒忌条件的规范加以控制。这些规范要求可使令人妒忌的商品被藏起来不让人看到，要求人们对别人的好运气表示服气等等。最后，感情整饰可以指出地位差异。社会地位高者具有从下属那儿引起肯定性姿势并抑制其敌对表现的能力。微笑在地位等级制度中一般是上级的表示，标志令人愉快的、平等的关心并暂时地掩盖地位差别。①

① 参见［美］莫里斯·罗森堡、拉尔夫·特纳主编：《社会学观点的社会心理学手册》，607页，天津，南开大学出版社，1992。

## 四、社会感情的情感社会学观点

近年来，情感已成为社会学中一个相对新颖的主题。学者们对情感的研究兴趣日益浓厚，相关的论文和书籍也越来越多，情感社会学理论初见端倪。①

事实上，许多古典社会学家与当代的社会学家在其理论建构中都曾提及情感。从孔德、涂尔干、韦伯、库利到西美尔、舍勒、帕雷托、罗斯，从埃利亚斯、曼海姆、弗洛伊德到马尔库塞、弗罗姆、吉登斯，他们在研究自己思想的主题时都会把情感作为重要参照对象来研究。当然，这些社会学家对情感的分析是在其特定的研究背景下产生的，并未对情感做过系统的研究。

20世纪后半叶以来，社会学理论发生了一个重大转变——从重视“硬变量”的研究转向重视“软变量”的研究。结果是，情感作为一个独立的主题，进入了社会学家的研究视野。社会学家逐渐认识到，情感对人们社会生活的影响是无法否定的，情感因素成为社会学家研究社会和社会关系的聚焦点。三十年来，社会学家们着重从三个方面对情感做了系统的社会学研究。

（1）情感的社会根源。社会学家不把情感视作一种纯粹的生理现象，他们认为绝大多数的人类情感都源于真实的、期望的、想象的或回忆的社会关系的结果。

（2）情感的社会化。情感的社会知识在社会化过程中依赖于情感词汇与情感观念，并受到外部宏观因素的影响。

（3）情感的社会后果。对情感的管理与控制也不仅仅是个人互动意义上的，它还可能影响到社会控制与社会团结。社会学家们把情感概念与过程应用在诸如越轨与社会控制、婚姻与家庭、性别角色、群体团结、精神健康和分层等领域。②

郭景萍的研究提出了以下主要观点：

（1）社会学视情感为一种“主观社会现实”，因此与哲学和心理学研究情感有着不同的视野和研究方法。

（2）情感秩序是社会秩序的基础，情感是社会行动的直接动力，因此情感能回答社会为什么是可能的这一社会学的中心问题。

（3）情感是一种对待人或事物的价值倾向，它们处于人类存在的核心。情感虽然是人的自我感受，但情感是在社会互动关系中被体验到的，情感的培养是一个社会化与制度化的过程。

（4）情感具有正功能和负功能，因此对情感必须进行合理的社会调控，以维持社会的和谐。构建社会的情商力与个人的情商力是情感社会学的重要研究

① ［美］乔纳森·特纳、简·斯戴兹：《情感社会学》，上海，上海人民出版社，2007。

② 参见王鹏、侯钧生：《情感社会学：研究的现状与趋势》，见社会学人类学中国网/文章·争鸣，2006-12-29。

课题。[①]

从以上描述可见，心理学、哲学心理学、社会学界对于社会感情的研究还处于非常零乱、分散的状态，还没有较为系统的见识，这也是我们研究起来比较困难的地方。目前比较可喜的是，结合中国文化的特点，在一些特定的具体的社会感情方面，已经有学者进行了探索性的研究。因此，我们也试图从一些较为具体的社会感情出发，结合中国当代社会现实，针对当代中国人的社会感情特点及心理现象进行分析。

# 第三节 社会情绪

## 一、社会情绪

什么是社会情绪？有学者把社会情绪作为与基本情绪相对应的概念来界定，主要源自心理学家阿道夫斯（Adolphs）。他认为，情绪可以分为六个复杂程度依次增加而又连续统一的层次：行为状态、动机状态、心境、情绪系统、基本情绪和社会情绪。社会情绪是人类区别于其他物种的一个显著特征。“社会情绪依赖于情境，并要求个体对自身在社会情境中的处境和状态有更加广泛的表征。社会情绪有调节社会行为的功能。它不仅对单个个体，还常常对个体所处的社会群体产生广泛的影响”，“社会情绪大致可以分为三类，即自我意识情绪、自我预期情绪、自我依恋情绪”[②]。我们在这里所说的社会情绪不是这个意义上的。

我们认为社会情绪是指人们对社会生活的各种情境的知觉，通过群体成员之间相互影响、相互作用而形成的较为复杂且又相对稳定的态度体验，这种知觉和体验对个体或全体产生指导性和动力性的影响。就其构成而言，社会情绪首先是群体成员对客观事物的共同的态度体验和相应的行为反应。从情绪表现来看，至少是群体成员比较一致的情绪爆发。尤为重要的是，社会情绪具有很强烈的群体情绪认同。“指的是在某一群体中，一个人或一些人由于不同的原因，在一定程度上与其他人有着心理上的联系，产生同情，并在情绪上引起共鸣的一种状态”[③]。任何一种社会情绪，都可以通过人们相应的行为表现来构成。

---

① 参见郭景萍：《情感社会学——理论·历史·现实》，上海，上海三联书店，2008。

② 徐晓坤、王玲玲、钱星、王晶晶、周晓林：《社会情绪的神经基础》，载《心理科学进展》，2005（4）。

③ 张润泽、杨华：《转型期乡村治理的社会情绪基础：概念、类型及困境》，载《湖南师范大学社会科学学报》，2006（4）。

情绪与社会情绪既相互联系又有所区别。情绪是人的个体的心理活动和态度体验，即使相关的高级情绪带有更多的社会性特点，那也是以个体为知觉主体的。而社会情绪是建立在情绪的基础之上的，离不开个体的知觉与体验，但这种知觉与体验必定是受到特定群体中成员的相互影响和相互作用而“再加工”的产物。

因此，基于情绪的两极性特点，社会情绪也具有两极性。在动力性方面，可以分为积极社会情绪和消极社会情绪。积极社会情绪也可称为正向社会情绪，是指人们（群体成员）的积极、乐观、健康、向上的心态，是某一特定社会事件的发生符合某一特定群体成员的共同愿望和需求时，所产生的积极、肯定的社会性情绪反应。比如：当“神舟5号”、“神舟6号”载人飞船发射成功时，举国上下欢呼雀跃；当北京申办奥运会成功的消息公布时，国人都兴奋激动，情绪高昂。消极的社会情绪也称为不良社会情绪[①]，主要是指群体成员的心理体验和行为反应呈现出消极、负面的状态。比如，由于股市走势较长时间低迷，许多股民被套牢，又看不出有任何反弹的迹象，在这种情况下，股民群体中就会弥漫着诸如社会焦虑等低迷的社会情绪。再比如，当一群农民工去讨要工钱而未果并受到打骂等侮辱欺负时，就会惹了农民工群体的“众怒”，常常会引发流血冲突事件。还有一些集体上访事件中，上访人员本身所积压的失望、愤怒、不公平感等消极情绪会在大家集聚在一起时得到强化和蔓延，最终由于接待人员或某个领导干部言语不慎、处置不当而导致大规模的群体性事件。社会情绪在强度上也有强、弱两极，如群体集会或发生群体性事件时，初期会产生窃窃私语，继而产生群体骚动，从而一发不可收拾。社会情绪的激动性，如从高兴、欢呼到狂欢等。

社会情绪的形成、发展受到多种因素的影响，诸如社会文化环境、政治经济体制发展水平、科技发展等等。而社会情绪的积极与否、稳定与否都将对整个社会的健康发展、对社会的和谐发展产生既直接又长远的影响。社会是一个有机体，其健康的发展需要各个组成部分能够和睦共处，如此才能称之为和谐社会。因此，关注社会情绪，适当疏导负性的或过激的社会情绪，管理和控制不良社会情绪，是建设和谐社会的关键之一。

## 二、社会激情

社会情绪通常表现为民族情绪、群体情绪、集群情绪等。换句话说，社会情绪的孕育和发生，往往容易在各种群体内部，如民族群体、农民工群体、下岗职工群体、大规模裁员中的群体等。

其中，社会激情是社会群体爆发出的一种强烈的社会情绪，它受到特定社会事件的刺激，从而导致社会中大多数人或某个社会群体的共同情绪的爆发。由于社会激情的爆发具有一定的社会性或群体性，因此，社会激情容易受到群体特性

① 杨华认为，不良社会情绪又可分为逆向社会情绪、中性社会情绪和异向社会情绪。

的影响，即在群体内部互相感染、模仿等而得以强化，它所持续的时间会比个人的激情要长久一些，强烈程度也更大一些。

社会激情可以分为积极的社会激情和消极的社会激情。前者对社会的稳定和发展具有推动和促进作用；后者则往往对社会的稳定具有巨大的消极影响，甚至破坏作用。

在正常的社会环境里，也会因为某种谣传而形成社会恐惧。这是由于人们长时期在一个相对平稳与平和的环境中生活，一旦遇到突如其来的危难，其情感就会处于一种大起大落的状况，出现许多在平时未曾出现的情感问题。

2003 年 SARS 爆发初期所产生的社会恐慌，造成社会极度紧张和焦虑情绪，形成所谓“非典恐惧综合征”。随后，2005 年所爆发的禽流感也在部分人群和地区造成了社会恐惧。

## 三、集群情绪

集群情绪是伴随集群行为出现的一种群体情绪，如群体性事件中的群体情绪、突发性社会事件中的群体情绪等。

集群行为是在特定情形下所发生的一种非组织的、超常规的、难以预测的群体行为，在这种行为过程中所形成的情绪常会导致一定时期内的社会失范与混乱，所以这一特定的社会情绪一直是社会心理学研究关注的焦点。其主要观点包括集体恐惧、集体敌视、集体欢乐这三个方面。

### （一）集体恐惧

集体恐惧是指集体面对突发痛苦和巨大不幸的预料和经验而产生的范围广泛的情绪。约翰·洛夫兰德（J. Lofland）认为，集体恐惧产生的原因大致有三个方面：真实的或虚假的危险、环境或社会灾难、环境或社会的趋向。[①] 具体而言，集体恐惧可以细分为以下几种主要情绪：

（1）恐慌。例如，人们从着火的剧场里恐慌地逃走。这种恐慌产生于对危险的某种反应，以及对人群情境中他人正以一种恐惧不安的方式行动这种知觉所做出的反应。

（2）恐怖。例如，被恐怖主义组织当作人质的人群，特别是乘坐飞机受劫持的人群，他们因此变成了满怀恐怖的人群。

（3）惊恐。例如，一群人由于自然灾害而陷入困境，但不是他人以暴力行为引起的。由于矿井塌方、机械故障、未曾料到的暴风雨（雪）而陷入困境的小群体即是突出的类型。

### （二）集体敌视

集体敌视是指群体对某一对象在思想上或原则上的对抗、反抗或抵制。与它

---

① 参见［美］莫里斯·罗森堡、拉尔夫·特纳主编：《社会学观点的社会心理学手册》，435 页。

相关的术语是仇视、憎恨等。比如我们日常所说的“家仇国恨”、“同仇敌忾”等就是表达这样一种集体敌视的社会情绪。

集体敌视可以分为三个层次：第一个最低层次是符号性的，即人们用说话和行动传达他们的不快。例如，文字宣言、对人群的讲话、抗议游行和集会、嘲讽、辱骂等。第二个层次所针对的是现实的和个人的财富，如没收物品、抢劫、抵制商品、罢工、占领或接管场所、毁坏物品或场所等。第三个层次是最高层次的，针对其他人的身体，如俘虏、攻击以及杀害等。

在集体敌视的实践中，大致有五种情形：第一种是公民们对个体，如暴力攻击和无产者私刑；第二种是公民们对公民们，如政治摩擦和狂热爱好者的暴力；第三种是公民们对机关，如抗议和少数民族聚居区骚乱；第四种是机关对个体，如保守派的私刑；第五种是机关对公民们，如官方的暴乱。

### （三）集体欢乐

集体欢乐是指人群由于福利、成功或好运气，或者得到某人所希望之物的前景而唤起的情绪。相关术语包括快乐、喜庆、愉快、欢心、欢乐、狂喜等。这种集体欢乐是集体性的，包括面对面的互动或者同时关注同一目标的分散在个体中的情绪，以及个人兴趣变成群体兴趣而产生的群体情绪。集体欢乐包括以下几种主要类型：

（1）着迷的神圣性的集体欢乐，这包括着迷的动乱、着迷的机会、着迷的会众。着迷是一种“超出力行和自我控制的范围”的状态，与“压倒一切的情绪、狂热的喜悦”和“强烈的情绪激动”有关。

（2）虔诚的宗教性的集体欢乐，包括愉快的心境、虔诚的人群。如在传教士发动的信仰复兴主义活动中，精心细致的计划被推出，集结的人群以有秩序的方式在情绪上被唤醒。在唱歌和鼓掌的形式下，出现了某种观众参与，但是很少有放纵性行为。

（3）非宇宙性和非宗教性的情绪现象，包括狂欢的人群和激动的人群，在这里恰当的形容词是高兴、欢乐、欢欣、激动和狂欢等等。[①] 开会的人群的典型场面是：成千上万的人在大街上一个钟头又一个钟头、一天又一天地跳舞以及欢跃。例如，巴西每年春天连续六天的狂欢节活动中整个城市的人都在大街上来来往往地疯狂跳舞，通宵达旦。能够说明激动的人群的例子是摇滚乐队的演出，整个体育馆的人们都在喝彩、唱歌和欢呼。

## 四、社会情绪的管理

这里所说的社会情绪指的是整体的社会情绪，或者说泛指覆盖全社会范围的群体情绪，也可以是指国家或民族的情绪。所谓管理，主要是指控制与疏导。

---

① 参见［美］莫里斯·罗森保、拉尔夫·特纳主编：《社会学观点的社会心理学手册》，454 页。

## (一) 社会情绪的管理

积极的正向的社会情绪对整个社会的发展和稳定具有一定的促进作用，也是构建和谐社会的重要元素。政府如果能够经常激发民众的正向社会情绪，或者利用一些社会事件，进行正面的引导，就能使社会正气得以弘扬，人民保持健康的精神意识和情绪，能够在一个和谐的社会氛围里生活和工作。比如，激发民众的爱国热情，激发社会的良知，倡导文明礼貌的社会风尚，鼓励努力工作、勤劳致富的社会理念等等。

消极的社会情绪对社会的发展具有负向的影响力，因此要加以控制使其不得蔓延，或加以疏导而不至于酝酿集聚成为社会动荡的源泉。

如何控制和疏导消极的社会情绪呢？

(1) 对于社会突发事件的预警机制要加强对于这种社会情绪的观察和调查，保持其敏感性，使社会情绪得以体察和识别。

(2) 政府建立和完善与民众的沟通机制。既然执政党政府代表广大人民的利益，那么就应该最大限度地听取人民群众的呼声和要求。要做到这一点，最重要的就是要具备沟通机制和沟通渠道。这是一个社会和组织能够健康的“安全阀”。如果这个通道被堵塞了，民众的声音没有得到反馈，就不能解决民众的疾苦，也就非常容易引发社会矛盾，破坏社会和谐。

(3) 从民众的角度来说，公民都负有社会情绪的自我管理的责任。因此，应该提倡“社会情绪学习”(social emotion learning，SEL) 的观点。社会情绪学习或社会情绪教育是由“社会情绪教育中心”(centre of social emotion education，CSEE) 最早提出来的。这是一所非营利的国际组织，成立于 1996 年。其主要任务是透过教育研究和训练来培养孩子们对社交和情绪的学习。他们的使命是让所有孩子得到技能、知识、健康、爱心、负责任及有收获的生活。在过去二十年美国中小学已经投入许多教案来提升社会胜任感，以预防社会情绪及健康问题，这些教案包括品格教育、偏差行为防治、健康药物及性教育、暴力防治、家庭生活教育、道德和多元文化价值教育。

我们在这里想把这个概念做一些扩展，不仅仅是从孩子们的教育来实施，而是希望作为全社会的情绪教育，每个公民都应该对自己的情绪及表达负起责任来，从而形成一种良好的社会风气。

## (二) 网络情绪型舆论的管理

随着信息技术的日益发达，网络社会也日益发展。根据 2010 年的中国互联网络发展状况统计报告，我国网民规模已经突破 4 亿。另据总部在美国旧金山的市场调查公司 Media-Screen Netpop 在 2007 年的调查，67%的中国网民至少拥有大专学历。2009 年，中国互联网普及率达到 26%，超过世界平均水平；网络议题更加广泛；互联网已经成为新闻舆论独立源头之一。虽然几家数据颇不一致，但我们可以大致判定，热衷于在网络上议论时事的人，多数受过良好的教育。但年轻人胸怀理想主义却容易说话欠考虑，有时确实会发出过激的议论。

前些年，曾引发了一场“警惕网络情绪型舆论”的讨论，这说明了一个新的社会情绪现象，即网络情绪型舆论。其实网络情绪型舆论说的虽然是舆论，但这种舆论是带有情绪化的。而我们关心的是在网络社会中的情绪控制问题。网络舆论的一个可贵之处在于能够传达民意。民意是整个社会的普遍意识。民意的表现形态通常有潜舆论、显舆论和行为舆论这三种。其中，潜舆论是低水平的民意或处于形成时期的民意，表现为人民群众一致的内心活动。这时，民意处于一种社会情绪状态。情绪型舆论是公共意见倾向的征兆，是一个极好的研究显示公共意见倾向的窗口，但缺少理性和清晰度的激愤的社会情绪，容易产生非理性的社会仇视心理。2010 年《社会蓝皮书》发布暨中国社会形势报告会提出，网络非理性情绪呈蔓延之势，需加强引导和管理。①

中国社会科学院社会学所研究员单光鼐指出，在 2009 年群体性事件和其他一些突发事件中，现场民众和网民非理性情绪抬头，有蔓延趋势。网络的匿名性特点，推波助澜，把集体无意识的心理带到网络行为中来，因为它可以匿名，可以不负责任，可以随心所欲。作为一种匿名化的交流手段，在网络上发帖和跟帖，基本上可以直抒胸臆，表达自己的不满和怨恨。而唯恐天下不乱的看客心理，又可使非理性情绪发挥得淋漓尽致。专家提醒还要注意“群体极化”现象，即群体中已存在的倾向性通过相互作用而得到加强，使一种观点朝着更极端的方向转移，容易造成群体激化，并可能发展为人身攻击，甚至威胁社会正常秩序。如果对非理性情绪型舆论引导不力或出现引导失误，可能导致社会的不稳定②。因此，加强网络舆论引导，抑制非理性和极端言论势在必行。③

对于网络情绪型舆论的管理和控制，主要可以从政府的管理职能着手，包括网络立法、网络道德重建等，也应该从媒体的社会责任着手，包括培养论坛的意见领袖、强化“网络把关人”意识、连通传统媒体，采取对网络舆论进行选择、放大等措施。④

## （三）组织情绪的管理

组织情绪的管理主要是指在组织社会中群体情绪的管理，具体而言，实际上是一种工作情绪的管理。比如，企业员工的情绪管理、事业单位职工的情绪管理。

在传统观念中，组织往往将工作中不带有情绪作为对员工良好表现的规范，而员工在工作中的情绪也是被压抑的。最近十多年来，人们才重新重视情绪在工作中的作用，最有代表性的就是最新的领导理论——变革型领导理论。

---

① 参见刘阳：《互联网成为舆论新载体》，载《人民日报（海外版）》，2010-01-05。

② 参见彭鹏：《网络情绪型舆论的调控》，载《军事记者》，2004（7）。

③ 参见刘阳：《互联网成为舆论新载体》，载《人民日报（海外版）》，2010-01-05。

④ 参见彭鹏：《网络情绪型舆论的调控》，载《军事记者》，2004（7）。

早先，美国心理学家萨洛维（P. Salovey）和梅耶（J. Mayer）教授在吸收认知心理学、情绪心理学以及教育学的研究成果的基础之上，提出了情绪智力的概念，《纽约时报》专栏作者戈尔曼根据情绪智力理论，撰写《情绪智商》一书，对情绪智力理论加以通俗化的诠释。

此外，在管理学领域，本斯（Burns）于1978年首先提出变革型领导的概念，1985年，巴斯（Bass）进一步对魅力型领导与变革型领导加以区别，认为变革型领导除魅力而外还具备两种素质，即智力刺激和个体化关怀。在此基础上，安斯坎莱西（Ashkanasy）和特斯（Tse）以情绪智力为出发点，对变革型领导者如何在工作中管理情绪进行了分析。他们认为情绪智力在组织中具有渗透性的影响。

变革型领导与交易型领导相比较而言，交易型领导把大多数管理者和雇员之间的关系视为一种讨价还价的关系。而变革型领导者则持有培养雇员对集体任务的认同的观点。变革型领导者倾向于具有一系列与情绪智力有关的特定技能。变革型领导者表现出三种行为，即远景（vision）、设计框架（flaming）和印象操纵（impression management）。变革型领导者对员工的管理在本质上可以说是一种情绪管理，变革型领导者"倾向于坦诚地对待自己的情感，对下属表现出共情，激起他人的情绪承诺，保持自己的情绪稳定，并通过对他人心境和应激的管理促进他人保持情绪稳定"①。可见，一个组织如果采用变革型领导方式，那么也就意味着该组织是在实施组织情绪管理。

相关的理论与实践都证明，变革型领导管理模式对提升组织的绩效有很大的作用。在具体的组织情绪管理方面，可以从两个方面着手。

1. 从组织层面进行管理

从组织层面进行情绪管理主要是指从组织层面有系统、有计划、全面地进行情绪管理。包括组织文化、组织结构、领导者等要素都应该建立组织情绪管理的机制。

在组织内部设立EAP（employee assistance program）。EAP直译为员工帮助计划。最早在美国开始实施，它是由企业为员工设置的一套系统的、长期的福利与支持项目。通过专业人员对组织的诊断、建议和对员工及其直属亲人提供的专业指导、培训和咨询，旨在帮助解决员工及其家庭成员的各种心理和行为问题，提高员工在企业中的工作绩效。截至1994年，世界财富500强中，有80%以上的企业建立了EAP。日本企业在应用EAP时创造了一种被称为"爱抚管理"的模式。一些企业设置了放松室、发泄室、茶室等，来缓解员工的紧张情绪；制订员工健康修改计划和增进健康的方案，帮助员工克服身心疾病，提高健康程度；设置一系列课程进行例行健康检查，进行心理卫生的自律训练、性格分析和心理检查等。② 中国有着独特的文化传统和社会、经济现实。对于中国企业

---

① ［新西兰］K. T. Strongman：《情绪心理学——从日常生活到理论》，233页，北京，中国轻工业出版社，2006。

② 参见周志成、朱月龙：《员工帮助计划（EAP）——提高员工绩效的有效途径》，载《中国人力资源开发》，2004（4）。

来说，员工酗酒、吸毒、滥用药物、艾滋病、性骚扰等问题并不特别突出，而压力、情绪和心理问题却十分明显。因此，结合中国社会的文化和心理特征，运用EAP技术，加强组织的情绪管理，尤为重要。

组织情绪管理的具体步骤包括：设计情绪管理系统，建立员工情绪档案，开展谈心活动，让员工参与关键事件决策，分析情绪管理案例，评估情绪管理结果。

2. 从员工层面倡导自我管理

组织层面上所采取的各种情绪管理的措施和方法，更多的是营造一种氛围，创造一种良好的组织环境，使员工可以在一个健康的组织中工作，从而减少各种压力所带来的情绪困扰，能够心情愉悦，有效地工作。但是任何情绪的管理和控制都不能脱离个人的主观生理和心理控制。员工也应该从自身的角度学会适度的情绪控制，学会自我管理。员工通过学习和培训，能提升自我修养，提高境界，对事物形成比较客观的看法，遇事能够冷静合理地处理，避免因一时冲动而造成对他人的伤害或者自我伤害。

# 第四节 社会情感

## 一、社会情感

社会情感是以社会情绪为基础的。社会情感作为社会感情的一部分，同样是社会群体所共同具有的，对事物稳定、深刻、持久的体验和感受。社会情感与社会情绪既有联系又有区别。社会情绪是社会情感的基础，社会情感通过社会情绪来表达，并且深刻地影响着社会情绪的变化与发展。

某种特定的社会情感的存在或演化，实际上都是社会价值选择的结果，也和人格特征的沉淀相关。所以，社会情感的形成或沉淀，往往能反映一个社会的公共价值观念，同时也能预测一个社会在道德、价值方向上的发展、变化趋势。所以，研究社会情感的具体特点和走向，探究其根源，了解其发展脉络，估计其社会影响力，是非常有意义的。

社会情感往往和社会文化连接、交织在一起，带有民族文化的特点。因而，有些社会情感是带有传统文化特征的，是带有历史感的。从文化延续的角度来看，社会情感在某种意义上也就是民族情感，或者说民族情感是社会情感的一种形式。

## 二、中国人的社会情感

### （一）中国人的羞愧感

许多学者提出，东西方文化的一个普遍性的差别在于羞愧感[①]和内疚上，中国社会被说成是以羞愧感为取向的。早在 1946 年，本尼迪克特（R. Benedict）就提出了“羞愧感文化”和“内疚感文化”之间的区别。羞愧感文化是使用外在的认可或来自外界的惩罚来规范人的行为，而内疚感文化是使用心理内在的认可或来自心灵内部的惩罚来规范人的行为。东方文化是羞愧感文化，羞愧感是对他人批评的一种反应。一个人因受到公开嘲笑与摒弃，或者自以为受到嘲笑而感到羞愧，因此羞愧感成为强大的外在约束力。

羞愧感其实是人类共有的一种情感，但是羞愧感的意义、前提、实际的体验以及随之而来的行为趋势却存在着巨大的文化差异。西方文化与东方文化对羞愧感的理解存在巨大的差别。中国文化中羞愧感的重要性是与儒家占主导地位的社会道德思想相联系的。儒家思想既把羞愧感定义为一种情绪，也将其定义为自我检查的能力，它能推动个人做出符合社会以及道德要求的行为。儒家思想重视羞愧感的作用和力量。在中国文化中，如果一个人没有羞愧感，那么这个人就是没有道德的。因此，羞愧感对中国人来说不仅是一种情绪，也是品德好的标志。

语义学的实证研究也为羞愧感的作用提供了佐证，谢费（Shaver）及其同事通过分析英语、意大利语、汉语和印尼语中情绪词汇的组织，发现当被试按一些基本的情绪语系将情绪词汇予以分类时，只有中国人把羞愧感（包括内疚感、窘迫感）归为额外的一类情绪，即在中国羞愧感是一个基本的情绪语系。王（Wang）和费舍尔（Fischer）为汉语中内疚感、羞愧感和窘迫感列了一百五十多个种类的词汇，但是仅仅有一部分能用英语表达。这说明在汉语中羞愧感的含义比英语中的 shame 的含义要丰富得多，而且与地中海区域的荣誉文化中的羞愧感比较类似。[②]

在中国人的羞愧感中，很重要的两个相关概念是“面子”和“脸”。一般而言，“面子”表示一种威信，通过生活中的成功和炫耀而取得的名声。“脸”则表示自我的道德性格获得社会的认可，失掉它将使你在社区中不可能有效地行使职能。[③] 过分重视“面子”和“脸”的文化观念，导致中国人容易产生过度的羞愧感。[④]

中国的社会学者或社会心理学者，如金耀基、黄光国、翟学伟等展开了对中

---

① 以前的文化人类学研究多使用“羞耻感”，近来的心理学研究多使用“羞愧感”，两者是近义词，本章作者统一使用“羞愧感”，因为“羞耻感”差不多可以看作更严重的“羞愧感”。

② 参见竭婧、杨丽珠：《羞愧感文化差异研究综述》，载《中国健康心理学杂志》，2007（6）。

③ 参见［美］M. H. 邦德主编：《中国人的心理》，242 页，昆明，云南人民出版社，1990。

④ 参见黄光国、胡先缙等：《面子——中国人的权力游戏》。

国的本土概念——“脸面”、“人情”的富有特色的研究，尽管他们所做的并非纯粹的情感研究，但是他们所分析的“脸面”、“人情”以及“羞耻感”对华人行为的影响是情感的跨文化研究方面的重要成果。尽管几位学者的侧重点有所不同，但他们均把“人情”与“面子”作为理解中国人社会行为的重要概念。①

对“脸面”的分析可以说明，羞愧感对中西方社会行为产生了不同的影响，在西方它会导致拟剧论指出的行为与自我控制，而在中国却会导致复杂精致的“面子功夫”。

## （二）中国人的幸福感

1. 幸福感的定义

幸福感包括认知成分和情感成分。从这个意义上说，幸福感是一种主观感情。与此同时，追求快乐是人的基本需求，快乐情绪是最基本的情绪体验。基于快乐这一基本情绪，可以派生出多种复合情绪，总体上可以归纳为两种，即快乐的情绪状态和快乐的情感。而快乐的情感是个体在各种社会关系与社会过程中产生的具有社会性的情感。这种情感反映了个体对社会环境中的人或事物的积极的与肯定的感情关系。因而，从这个意义上来讲，它正是一种社会性情感。幸福感是一种积极向上的体验，它大致可以从满意感、快乐感、价值感三个方面来加以把握。

幸福感具有三个鲜明的特点：一是主观性。它是指幸福感的评价完全是依据个体的主观体验。二是整体性。它是指幸福感是一种综合的评价，是包括个体的全部生活质量在内的总体满意感。三是相对稳定性。它是指幸福感的评价不是一时的心血来潮的情绪体验，而是相对持久和稳定的、变化并不频繁的情感体验。即使受到一时的刺激产生消极的情绪体验，等情绪过后仍然会恢复到原有的幸福感的评价水平。

2. 文化与幸福感

大量的研究显示，东西方文化群体的幸福感水平不同，对幸福感的认知也不同。西方文化群体倾向于把幸福看成是个体的内在体验，而东方文化群体则倾向于从幸福的外在标准，如健康长寿、行为符合社会规范等来评价。有研究表明，“东方文化群体特别是中国文化群体更多关注自己在社会生活和工作中可能的过失和不足，这种倾向有助于集体取向文化群体减少自大自满、减少冲突和协调人际关系”，但“它又可能导致东方文化群体产生过多的忧患意识、较少的积极情绪，从而导致他们的幸福感水平显著低于西方文化群体”。此外，情感压抑取向与幸福感呈显著负相关，即情感压抑倾向越高，幸福感水平越低。“在中国传统文化中，儒家的中庸之道长期以来深入人心，成为中国人性格的一个核心成分。中国传统文化强调情感，特别是消极情感的抑制，情感的表达要含蓄”，“因此，

① 参见金耀基：《金耀基自选集》，上海，上海教育出版社，2002；翟学伟：《中国人行动的逻辑》，北京，社会科学文献出版社，2001。

我们相信东方文化群体较低的幸福感水平与其传统文化中压抑情感与中庸主义的倾向有关”①。

中国人是一个比较乐天的民族，持有“知足者常乐”理念的中国人，对于幸福的理解也带有特定的文化烙印。此外，我们正处于一个快速发展的时代中，社会环境的变化必然会影响到人们对于幸福感的体验。近些年来，一些学者从不同的角度、分不同的人群对中国人的幸福感进行了专项调查，调查结果在一定程度上揭示出中国人的幸福感的现状和特征，可以帮助我们理解中国人在现代的幸福感。实际上，中国人的幸福感确实在发生着变化。由于经济发展速度过快，社会变革力度较大，出现了一些矛盾和悖论现象。一方面，国家的国内生产总值增长很快，人们的收入水平和生活水平都得到了巨大的改善，物质条件与过去相比要好得多；但是另一方面，人们对于生活质量等普遍感到不满足，牢骚满腹。一方面，技术和经济的发展使得空间距离越来越近；但是另一方面，人们却感受到人际的疏离和隔膜。一方面，体验到物质财富的极大丰富；但是另一方面又体验到精神生活的单薄与贫乏等等。这一切都说明，物质、金钱并不是获得幸福感的主要因素。中国社会正处在转型时期，人们能否获得幸福感将会直接影响到整个社会的发展进程，因为所有努力都是为了能够感到幸福，幸福本身就是生活目标。

## 延伸阅读

### 中国人的怨恨感

很多中国学者都注意到，当代中国社会在取得巨大发展成就的同时，滋生和郁积着一些的怨恨情绪，且有可能导致侵犯行为和社会冲突现象。

从改革初期的嫉妒到后来的怨恨，再到最近的愤怒，中国社会经历了一系列的情感演变。作为竞争的动力，嫉妒曾经发挥了特有的历史作用。但随着社会固化，怨恨成为一种主导性的情绪氛围。怨恨批评随之盛行。② 而中国人情绪方面的最新发展是愤怒。

在改革开放初期，第一种引起广泛关注和议论的主要情绪是嫉妒。嫉妒情绪被人指认出来，成为一些不良现象乃至越轨行为的原因。嫉妒在20世纪80年代初期开始爆发，因为习惯了平均主义和“大锅饭”的中国人突然面对贫富差距，发现自己的身边冒出了“万元户”，心理难免失去平衡，就出现了一些如往养鸡专业户的鸡舍里投撒农药、把养鱼专业户的鱼塘掘开放水等“红眼病”行为。

虽然当时嫉妒之风盛行，但是真正严重的侵犯和攻击行为却并不多见。原因在于，原有的社会结构逐步松动和变化，有能力的人可以通过自己努力取得成

① 郑雪等：《幸福心理学》，146页，广州，暨南大学出版社，2004。

② 参见成伯清：《从嫉妒到怨恨——论中国社会情绪氛围的一个侧面》，载《探索与争鸣》，2009(10)。

就；而在原有价值观念的惯性之下，大多数中国人还是恪守“财不外露”的传统，财富差异因而没有通过刺眼的方式构成社会羞辱的体验，甚至嫉妒可以转化为人们勤劳致富的行动动力，而非破坏性的根源。

但是，时至今日，随着中国社会的利益格局相对固定化，社会差异的显明化，个人向上流动的机会受到抑制，嫉妒则有可能带着敌意而爆发，甚至可能发生质变。从嫉妒到怨恨，中间也有一些过渡状态，比如近年来流行的一个词语，就是“郁闷”。郁闷是一种心情压抑的状态，是找不到出路、看不到希望的反应。郁闷久了，难免愤懑，滋生怨恨。这都是社会结构的产物。

在现实权威的压力之下，这种不满和痛苦缺乏有效的正式表达渠道，但是通过现代网络形式可以诉诸言辞，并且快速传播到整个社会，这就是怨恨批评。任何一个浏览过网上言论的人，都不难发现随处可见的怨恨批评的现象。在很多网站上，经常可以看到骂声一片，一些网民并非出于对公义的追求，而只是用恶语表达心中的愤恨。

中国人越来越易怒，经常群情激奋，并且这种愤怒有群体性特征，反映了群体仇恨的各种侧面。在怨恨心理的支配下，人们开始试图寻找一个个“敌人”来发泄自己的不满。“贪官”、“富二代”、“外国人”等就自然而然成为攻击的对象。[①] 人们“仇官”、“仇富”、“仇外”的情绪蔓延至社会的每一个角落，“羡慕嫉妒恨”成为国民的口头禅。

这里值得注意的有几点：首先，现在社会仇视心态的对象正在扩大化，过去人们仇视的只是奸商和贪官，但近年来仇视对象开始指向整个“官员”和“富人”群体，甚至还延伸到了所谓体制内人员，如警察、法官、教师、医生、红十字会工作人员等等。其次，网络与社会化媒体的普及，使这种社会情绪具有很强的传染性。怀有仇视与不满的主体不再是少数人，而是扩散到多数人，弱势群体在抱怨，一些既得利益群体也在抱怨。最后，这种情绪带有了仇恨和敌意的意味，不但诉诸网络言论，还经常落实到具体行动上，甚至不分青红皂白针对全社会和所有人。

从 2008 年开始，网络披露了一系列“仇官”案件，例如 2008 年 7 月 1 日发生的“杨佳袭警案”，2010 年 6 月 1 日发生的“朱军杀害法官案”。而 2010 年 10 月 16 日发生的“李刚事件”，则成为网络“仇官”运动的一个小高潮。“仇官”情绪引发了民众对公权力机关的强烈不满，甚至触发了群体性事件，威胁到了社会的稳定。2013 年 6 月 13 日，南宁交通事故引发群体性事件，情绪激动的民众烧毁肇事车辆，掀翻警车。贪污腐败、官商勾结、权力寻租、官员家属胡作非为、官员不作为或乱作为等等，是“仇官”情绪蔓延的主要原因。

2011 年 6 月，郭美美多次在微博上发布其豪宅、名车、名包等照片炫富，在网上引发众怒，还引发了人们对慈善公益组织“中国红十字会”的质疑，郭美

---

① 参见王海洲：《想象的报复：西方政治学视野中的“怨恨”》，载《南京大学学报》（人文社科版），2007（6）。

美几乎成了“炫富”的代名词。2014年7月9日，郭美美因参与赌球被警方拘留审查，网络上民众一片欢呼。[①]“仇富”情绪的背后，是富人的过度炫富，财富来源不合理和为富不仁以及国人爱面子、爱炫耀的陋习。这种陋习古已有之，西晋就有王恺、石崇斗富的故事。人们看似在“仇富”，其实是在仇“不公”。一些富人的财富来源不合理，公众普遍的疑问是：“富人的钱，赚得干净吗?”人们仇恨的，是通过权力腐败、非法渠道攫取财富的人。

“仇外”的问题最早是随着中日“钓鱼岛”冲突和“砸日本车”而出现的，进而逐渐发展为对“外国灾难”幸灾乐祸甚至仇视在华外国人。2012年5月，一名英国人在北京宣武门附近猥亵一名中国女孩，被一名中国小伙制止并暴打，网民对其一致“叫好”。“仇外”情绪的背后，是中国自1840年以来被侵略的屈辱历史的记忆，以及随着国家富强而日益高涨的民族主义思潮。值得注意的是，“仇外”和“仇富”的指向也有一定的重叠。反日游行中砸车的行为，既是“仇外”行为，同时也是“仇富”行为。事实上，很多愤怒的游行者在几近“匿名”的游行中，是在以爱国的名义发泄生活中的不满。

当前，一些中国人在很多场合极易愤怒，抱怨的情绪随时随地就会发作。目前，中国社会正体验着怨恨所制造的事端：从没有直接利益关系的群体性冲突事件[②]，到各种恶意犯罪，甚至是带有危害公共安全的恐怖主义性质的犯罪。2012年3月，哈尔滨一家医院的医生被砍身亡；2013年高考期间，湖北钟祥发生了高考监考老师遭围堵的事件。[③] 2013年6月7日，厦门街头一辆公交车突然爆炸起火，47位乘客丧生。经调查，犯罪嫌疑人是因为悲观厌世而泄愤纵火。“厦门公交纵火案”留给我们深刻的思考：为何仇恨和愤怒的社会情绪如此普遍、离我们如此之近、危害如此之大。

那么，泄愤事件是不是中国独有的社会现象呢？其实仇恨的社会情绪在世界各地都有。2011年，美国纽约千名示威者试图占领华尔街，他们要反对美国政治的权钱交易、两党政争以及社会不公正；2008年日本东京一名25岁的男性因厌世情绪，在秋叶原街头疯狂砍人，造成7死10伤。因此横向看，泄愤事件在全球范围都在发生，只不过中国近年来的泄愤事件呈多发、频发态势。

或者，泄愤事件是中国当前的时代特有的吗？其实不然，在中国古代就有“仇富”和“仇官”的心理，不过这种仇恨的对象主要是贪官和奸商。在古代封建社会，人们一直有对过分的权力和财富拥有者的仇恨，因此大家会对《水浒传》中绿林好汉杀富济贫的行为拍手称快。[④] 在近现代，中国也曾经经历了“仇富”、“仇官”的过程。“革命”本身就是革掉富人、官员的命，把财富分给穷人，

---

① 参见搜狗百科词条：郭美美，见 http：//baike. sogou. com/lemma/default/ShowLemmaDefault. e; jsessionid=470E066277B229EAE14AF51D3BFF00A1. n2? sp=l123532&syn=%E9%83%AD%E7%BE%8E%E7%8E%B2。

② 参见毛刚强：《无直接利益冲突与社会极端情绪》，见三农中国。

③ 参见赵新利：《愤怒的中国人》，见日本新华侨报网。

④ 参见上文。

把权力还给民众。因此纵向看，在古代和近现代都有“仇官”、“仇富”和“仇外”的情绪，只是在当前中国转型期，中国的愤怒与仇恨情感更为普遍，泄愤事件更为频发，呈现一定的时代性特征。

无论古今中外，“仇富”、“仇官”一般都是与社会正义相关的。一项调查显示，绝大多数的中国民众认为当前最严重的社会问题是“腐败”和“贫富分化”。这是“仇官”和“仇富”的原因所在。正如“羡慕嫉妒恨”这句流行语所体现的，表面看仇恨源于羡慕和嫉妒，深层看仇恨源于社会不公平。

目前中国人的怨恨是有社会结构背景的，主要有以下几个方面：一是目前的社会转变造成贫富悬殊的状况，多数人感到社会地位下降和相对剥夺感。二是人们将财富形成的原因，归因于官员对富人的照顾和富人对官员的贿赂，而非勤劳合法致富。三是口惠性的平等和实质性的等级，依然存在，任何一个受过平等启蒙的人，遭遇这种情形的时候，内心难免受到伤害而又无法发作，结果自然导致无意识的怨恨不断萌生。最后，面对复杂的社会体制问题，即使是受过高等教育的人也觉得单个行动者根本就没有解决之道，久而久之这就被体验为一种宿命而生成怨恨。①

现在，愤怒与仇恨的负面情感，正游荡在部分中国人的心灵深处。人们期待的是权力分配、财富分配和国际秩序方面的公平、正义。其实发达国家在现代化过程中都经历过类似的情况。比如美国在1870—1925年因社会矛盾多而频繁引发暴力事件，但是他们幸运地迈过了这个坎，而一些拉美国家却失败了。唯有理性、科学、平和的阳光，才能驱散愤怒与仇恨，塑造健康的社会情感。

### 中国人的烦躁感

中国当前典型的社会心态之一，是急躁和不耐烦。很多评论说，现在中国人太焦急了，没有耐心，总想走捷径，烦躁症正渗透到社会的各个角落。②

中国人曾经很有耐心，没有时间观念。19世纪末，美国传教士雅瑟·亨·史密斯曾写过一本书《中国人的性格》，他专门用了一个章节来写中国人对时间的漠视。史密斯观察到，中国人行动缓慢，缺乏时间观念。虽然中国人不停地劳作，实际上却是在不停地浪费时间，他们一点也不担心做无用功或者返工。史密斯说的有一定道理，因此这本书引起中国知识分子的广泛重视。辜鸿铭、林语堂都曾经作出回应，而鲁迅则一直遗憾没有人翻译这本书。

几十年后，史密斯提到的“盎格鲁—撒克逊人式的急躁”就变成中国人的“经常性急躁”。鸦片战争后中国历经屈辱，每位现代中国人都希望在短时间内走完西方上百年的现代化历程。自五四运动起，启蒙者们对中国的现状恨之越深，

① 参见成伯清：《怨恨与承认——一种社会学的探索》，载《江苏行政学院学报》，2009年总第47期。

② 参见赵新利：《急躁的中国人——中国社会情绪之“急”》，见大公网。

对改变现状的速度也就期之越烈。杜威发现了中国人的急躁，他曾说："这场（五四）运动具有急功近利的特征。"可惜，接下来中国一直处在持续不断的战争和动乱之中。

到了新中国成立后，中国人的时间观再次提速。中国人希望自己的国家这一次能够利用社会制度的优越性，赶英超美，快速崛起。"一万年太久，只争朝夕"，类似口号响彻全国。"大跃进"和"大干快上"，成为时代的关键词。然而，欲速则不达，中国并没有快速发展起来，反而陷入了全面停滞甚至后退。饱受打击后，中国人又成为"漠视时间的民族"。一名在改革开放前曾多次到过中国的日本老人事后回忆说："当年在中国学会了一个词，就是'溜达'。"他认为这个词代表了一种传统而懒散的生活。

中国实施改革开放后，"把耽误的时间抢回来"再一次变成全民族的心声。深圳出现了一条改变中国人观念的口号："时间就是金钱，效率就是生命。"从那以后，中国真正进入社会经济发展的快车道，此后诞生了三天盖一层楼的"深圳速度"，全中国各种类似奇迹如雨后春笋般层出不穷。1 300 多公里的京沪高速铁路从开工到试运营只花了两年零七个月，这被称为"中国速度"。

"速度战"在中国取得令人惊叹的成果，中国的高速铁路"5 年就走完了其他国家 40 年走过的路"。在短短数十年时间内，中国贫穷落后的面貌得到了很大改善，取得了其他国家上百年的进步。今天的中国已经成长为世界第二大经济强国，中国人的生活节奏也逐渐快了起来。

但是近年来，很多中国建筑工程违反施工程序，追求提前完工，终于酿成事故，造成人员伤亡，引起社会广泛关注，也让国内外舆论开始质疑"中国速度"。2011 年 7 月，云南某地公路试通车第二天就坍塌，调查显示该工程存在"赶工期"的问题。"中国速度"的代表——中国高铁，事故频发，被迫降速。

中国人的时间观，自近代以降历经三次提速，已经停不下来了。"大跃进"思维的残存，体现了整个中国社会的浮躁心态和功利化倾向。在外媒眼中，中国人做事要名利双收，理财最好能一夜暴富，结婚要有现房现车，最好 35 岁功成名就然后退休……事实上，快节奏以及强调"快"成为一些中国人现代生活的标志。"中国人现在已经成了世界上最急躁、最没有耐性的地球人。"①

近一段时间，中国的一系列社会焦点事件成为世界热议的话题。例如：很多地方车辆闯红灯现象普遍，"中国式过马路"已经引起广泛关注；企业主投身"来钱快"的行业；很多企业一味抄袭、山寨；演员、模特为了成功而甘被"潜规则"；干部希望得到"火箭式提拔"；学生考试作弊、伪造证件；大学教师学历造假、学术腐败。人们不愿意正常排队，总是寻找捷径插队。捷径心态让人们失去耐心，变得急功近利、心态浮躁。

中国社会和中国人必须要慢下来吗？可能未必，因为生活节奏快是现代社会

---

① 陈漠：《急之国——中国人为什么丧失慢的能力》，见共识网。

的一个普遍现象。英国一项研究称，全世界都在进入“快生活”状态，全球城市人走路速度比10年前平均加快了10%，而其中位居前列的都是经济迅猛发展的亚洲城市。高速发展阶段在全世界范围内具有普遍性，如果没有这样的发展阶段，任何一个国家都不可能取得辉煌的经济成就。法国《费加罗报》曾刊登过一篇社论，认为“中国人面临的问题正是欧洲人梦寐以求的”。虽然中国的“快生活”让许多中国人感到疲惫和困惑，但对于为“失速”而担忧的西方国家来说，“快生活”成为一种可望而不可即的目标。日本几十年前也经历过快速度带来的“生长痛”[①]，当年日本很多人患有胃肠疾病，快生活的负面影响被突出报道。但是从20世纪90年代开始，整个日本突然经济停滞，失业人口增多，“慢”下来的日本人痛苦不堪。

另外，中国社会不但“慢”不下来，而且一段时间内还会继续快速发展。首先，中国已经启动了现代化和市场化，现在中国的各方面建设与发达国家仍有巨大差距，老百姓有改善生活的强烈要求，这是中国社会快速发展的内在动力。法新社曾引述经合组织和世界银行的报告称，在未来的10年中，中国可能会继续大踏步前进。其次，在一个13亿多人口的国家，中国社会经济保持快速增长是正常而且值得珍惜的事情，是避免失业“成为一个巨大问题”的必不可少的条件，也是继续深化改革的条件。再次，那些认为中国应当放缓发展节奏来解决社会问题的主张有失偏颇，不能把个别行业的问题视为整体社会的问题，应该在发展中解决问题。最后，很多学者比喻说，目前的中国就像正在快速成长的青少年，出现一些毛躁的问题，不完全是快速成长的错，而是社会各方面的发展并未协调的问题，如速度和公平的问题、食品安全问题等。中国没有对这些问题做好思想准备。

为什么焦急和不耐烦成为中国人的社会心态？因为中国就处于这样的历史阶段，想慢也慢不下来，紧张的快生活是中国这代人避免不了的命运。

人们的烦躁症，来自社会结构的不稳定和社会分配的不公平。美国《侨报》称，中国社会资源紧缺引发争夺，分配不平衡带来倾轧，这是时代加重的烦躁症。既然可以快，就决不能慢。有了比较，就有了烦躁。[②] 生活越现代化，烦躁情绪就越重。无论排队还是插队，都是为了确保自己不被社会抛离。捷径心态的背后，是社会制度的漏洞，是游戏规则缺失或者规则执行监管缺位。

扭转急躁情绪，需要时间，也需要办法。中国处在快速发展的转型期，人口众多，各种公共资源严重不足。在这个意义上说，急躁情绪是特定历史时期的产物，需要更好的发展和足够的时间来缓释。急躁情绪也需要拿出对策来解决。这些问题的解决，还要依靠严格执行的制度、公开公平的规则。久而久之，才能形成理性平和的社会心态。

急躁的社会心态问题已经引起国家层面的高度重视。2011年“两会”时公

---

① 《外媒评中国人生活节奏加快：焦急成为社会心态》，见新浪网。

② 参见赵新利：《急躁的中国人——中国社会情绪之“急”》，见大公网。

布的《国民经济和社会发展第十二个五年规划纲要》指出："弘扬科学精神，加强人文关怀，注重心理辅导，培育奋发进取、理性平和、开放包容的社会心态。"所谓"奋发进取、理性平和"的政策目标，针对的正是当前急躁的社会情绪。可以发现上述中央文件中，既有"注重心理辅导"的表述，更有"弘扬科学精神"的字样。

当然，也有学者认识到，1949年后的六十年中，中国的经济基础和社会结构都发生了巨大的变化。经过六十年的变迁，中国人的价值观与社会心态变得越来越理智和成熟，越来越开放和多元，越来越主动和积极，也越来越具有全球意识。[①] 对于上文提到的社会问题和消极情绪，应该都可以看作前进中遇到的困难，由此中国人的心理承受力和应对能力也将越来越强。我们相信，在中华民族伟大复兴的进程中，道路是曲折的，前途是光明的。

**本章要点**

1. 社会感情是伴随整个社会心理过程产生的主观体验和感受。社会感情由社会情绪与社会情感构成，两者既有区别又有联系。社会感情与感情相比，具有群体性、共同性、社会影响力等特征。

2. 社会感情的理论，是指学术界对感情概念所作的理论性与系统性的解释，包括心理学的观点、社会学的观点、哲学的观点和情感社会学的观点。

3. 社会情绪是指人们对社会生活的各种情境的知觉，通过群体成员之间相互影响、相互作用而形成的较为复杂且又相对稳定的态度体验，这种知觉和体验对个体或全体产生指导性和动力性的影响。社会情绪具有很强烈的群体情绪认同。

4. 社会激情是社会群体爆发出的一种强烈的社会情绪，它受到特定社会事件的刺激，而导致社会中大多数人或某个社会群体的共同情绪的爆发。社会激情包括积极的社会激情和消极的社会激情。

5. 社会集群情绪包括集体恐惧、集体敌视和集体欢乐等情绪表现。

6. 社会情绪管理，包括社会情绪的管理、网络情绪型舆论的管理、组织情绪的管理等。

7. 社会情感是社会群体所共同具有的，对事物稳定、深刻、持久的体验和感受。社会情感以社会情绪为基础，与社会情绪既有联系又有区别。

8. 由于中国社会文化和当前中国社会转型的影响，中国人在羞愧感、幸福感等情感上有突出的特征。

9. 幸福心理由多种心理因素相互联系构成，是一个比较复杂的心理体验。幸福感是一种积极向上的体验。

---

① 参见周晓虹：《中国人社会心态六十年变迁及发展趋势》，载《河北学刊》，2009（5）。

## 基本概念

社会感情　社会情绪　社会激情　集群情绪　社会情感　网络情绪型舆论　民族情感　羞愧感　幸福感　怨恨

## 复习思考题

1. 试述情绪和情感的区别。
2. 试述社会感情的作用。
3. 试述社会感情的形态。
4. 试述社会感情的理论观点。
5. 试述集群行为中的社会情绪。
6. 试述近现代中华民族情感的演化历程。
7. 社会情绪管理包括哪些内容？
8. 试述中国人的羞愧感。
9. 你如何评价现代中国人的幸福感？
10. 你如何评价当前中国人的社会心态？

## 推荐阅读书目

[美] 莫里斯·罗森堡，拉尔夫·特纳．社会学观点的社会心理学手册．天津：南开大学出版社，1992.

[美] 乔纳森·特纳，简·斯戴兹．情感社会学．上海：上海人民出版社，2007.

郭景萍．情感社会学——理论·历史·现实．上海：上海三联书店，2008.

[新西兰] K. T. Strongman. 情绪心理学——从日常生活到理论．北京：中国轻工业出版社，2006.

孟昭兰．情绪心理学．北京：北京大学出版社，2005.

蔡秀玲，杨智馨．情绪管理．合肥：安徽人民出版社，2001.

[美] 丹尼尔·戈尔曼．情感智商．上海：上海科学技术出版社，1997.

黄光国，胡先缙等．面子——中国人的权力游戏．北京：中国人民大学出版社，2004.

[美] M. H. 邦德．中国人的心理．昆明：云南人民出版社，1990.

[美] 克劳德·史坦纳．别再闹情绪．桂林：广西师范大学出版社，2001.

彭泗清．超越焦虑．上海：上海三联书店，2000.

郑雪等．幸福心理学．广州：暨南大学出版社，2004.

# 第七章

# 社会态度

# 第一节
# 社会态度及其形成

## 一、社会态度

### (一) 态度概念的提出

态度成为社会心理学中引人注目的概念，是从托马斯（A. Thomas）等人1918年的移民研究开始的。他们在研究波兰移民问题时，为了说明社会环境的变化对个人行为的影响、社会与个人之间的关系，假定了态度这个概念。他们认为态度是“动作的趋向”。米德（G. Mead）认为态度是“行为的发端”。法利斯（Faris）认为态度是“一种未完成的动作”①。当时正是麦独孤的本能说受到挑战的时期，因此，态度概念的提出受到不少心理学家的欢迎，自此以后，态度这个概念便成了社会心理学中的一个基本概念，并且得到了瑟斯顿（L. L. Thurstone）等人的实际应用。但在当时也出现了滥用态度概念的现象，致使G. W. 奥尔波特1935年提出警告，认为必须尽量缩小态度概念的使用范围。

### (二) 态度的定义

F. H. 奥尔波特1924年在《社会心理学》中提出，态度是“在神经肌肉系统中布置好的对于反应的预备”。他认为任何动作在发动之前必有一种精神定向，作为动作的预备，比如赛跑者出发之前静候枪声时的神经准备，就是态度。1935年，G. W. 奥尔波特在《社会心理学手册》中论述态度问题时，给态度下过一个定义，他认为，态度“是这样一种心理的神经的准备状态，它由经验予以体制化，并对个人心理的所有反应过程起指示性的或动力性的影响作用”②。这个定义被社会心理学界誉为态度的经典定义。G. W. 奥尔波特这个态度定义的突出特点是：首先，他把态度规定为一种潜伏在内部的准备状态；其次，态度这种准备状态既是心理的，又是神经的，把态度过程与神经活动过程统一起来，这反映了G. W. 奥尔波特作为实验社会心理学者的视野特点；最后，态度是由经验组织起来的，是体制化了的准备状态，态度之所以能够指示或推动所有心理反应，就在

---

① 孙本文：《社会心理学》，188页。

② 转引自沙莲香：《社会心理学》，239页，北京，中国人民大学出版社，1987。

于它自身的这种经验性和组织性。

G. W. 奥尔波特的态度定义使当时的社会心理学耳目一新，在他之后，人们对态度概念做过各种规定，但是，基本上都是对他的概念做具体解释或对态度的构成做结构分析。

孙本文在《社会心理学》一书中指出："态度是未发表的内在行为，是外在行为的发端与预备，有进行完成的倾向。"他认为任何一种行为都可分成前后两个阶段，前一阶段是预备的性质，是内在的，后一阶段是完成的性质，是外表的。态度必定属于内在阶段，一经向外发表，便非态度了。因此，孙本文同意托马斯和瑟斯顿的看法：态度一词几乎包括全部人生的决定因素，即一个人对于任何题目的倾向、感情、成见、偏见、观念、畏惧、恐惧、信念等的总体。[①]

结合各种定义的共同点提出本书关于态度的定义：所谓态度是指人们对一定对象相对稳定、内部制约化的心理反应倾向。

态度是一种心理反应倾向、一种特殊的心理过程。对父母有对父母的态度，对孩子有对孩子的态度，对朋友有对朋友的态度，对不善者有对不善者的态度，都是对一定对象的心理反应倾向。这一点，态度同其他心理过程是一样的，但又与其他心理过程不同，它带有反应的倾向性。对父母是尊重，对孩子是爱护，对朋友是推心置腹，对不善者是防备，对于情况不明的对象是中立。这里的心理反应"倾向"与 G. W. 奥尔波特的"准备状态"相类似，都表示心理的行为指向性。值得注意的是，在 G. W. 奥尔波特的定义中，态度不是心理反应本身，而是对心理反应的一种规定，实际上是指一种心理定势。

态度是内部制约化的心理过程，是在其他心理过程基础上对认知、情感、动机各种过程的配置，其间有着制约关系，组合而成。因此，态度作为"心理反应倾向"，包括不同的内容，有以认知和情感为主要内容的价值倾向，有以动机和情绪为主要内容的动机倾向。帕森斯曾把行为倾向概括为价值倾向和动机倾向，也说明了态度的综合性。G. W. 奥尔波特提出的态度的"指示性、动力性影响作用"，也包含了价值的和动机的这两种意思。

态度是相对稳定的心理反应倾向。心理反应倾向有各种形式，本能反应有倾向性，但是就本能的某种先验性而言不是态度，态度是后天形成的。比如，谈话过程中对身边事物的瞬间注意，走路时对于迎面而来的熟人点头，挤车时对簇拥的人群无意中的情绪表示，虽然都带有反应的倾向性，但都构不成态度。态度是一种持续的心理状态，带有一贯性和稳定性。态度是对一定对象的心理反应倾向，就是说，态度总是针对一定对象的，对象不同，态度不同。对父母的态度，不同于对兄妹的态度；对朋友的态度，不同于对陌生人的态度；对工作的态度，不同于闲暇中聊天时的态度等等。如果把自己作为对象，则是自己对自己的态度，叫作自我态度。

---

① 参见孙本文：《社会心理学》，188 页。

## （三）态度的特点

这里主要从态度与其他社会心理过程的区别来分析态度的特点。

1. 态度具有统合性

态度这种心理过程不出现在过程的开始，它在其他内在过程的基础上形成，是对其他心理过程的统合。不论认知，还是感情，抑或动机，在态度这个心理过程中是作为整体起作用的，是整体性心理活动。因此，人们的心理活动表现为一定的态度时，已经不是哪一种心理过程的表现，而是全部心理过程的具体表现。

2. 态度具有媒介性

态度作为一种综合的心理过程是行为的准备阶段，使行为与心理过程吻合。被评价为有意义的工作，也就有兴趣、有热情去做；认为没有意义的事情，就不会去做。行为与心理状态吻合、协调，才会坚持做一件事。在实际生活中，违心地做某件事是有的，但是，在这种情况下，一方面行为者的内心是不愉快的，甚至是苦恼的，另一方面，这种与心不吻合的行为，又是迟早会改变的。总之，态度是一个人的心理世界与外部表现之间的中介过程，态度是行为的准备或潜在行为。

3. 态度有压力，具有压迫性

态度总是指向并倾注于某个对象，因此，态度会给对方造成心理压力。态度和蔼、真诚、坦荡，会使人有安全感并亲而近之；相反，态度圆滑、缺乏诚意，会使对方有危机感并疏而远之。态度压力是态度变化的心理因素之一。

4. 态度是一元的，并呈现一定的强度状态

它表现为从正到负的连续状态，态度的变化也沿着这种从正到负的链条进行，态度的这种一元连续状态与人格统一性分不开。由于态度是一元连续的，它才可观察、可测定。在实际研究中的态度尺度或态度评价（如用＋3,＋2,＋1,0,－1,－2,－3表示），就是根据态度的这个特点制定的。比如，非常同意、比较同意、无所谓、不同意和绝对不同意的设定。

## （四）态度的社会本质和分类

态度的社会本质是讲态度在本质上是社会的。这里有两个含义：一是态度的对象在本质上是社会的，是社会生活。即社会生活中的种种现象、种种领域、种种事件等等。有些场合，可能不是社会生活本身，而是自然环境，比如诗人对风光景色的赞美态度，看上去不是针对社会生活中的事情，但是，此时的风光景色已经同社会生活有着种种联系，变为社会生活环境，诗人对风光景色的感受是他对生活感受的特种状态，是对生活的“移情”，或者态度“投射”。二是态度的主体在本质上是社会的，态度主体不论是个体还是群体，都有着各种各样的社会关系，而社会态度是在关系互动中形成的。有些场合，看上去是个体独居时的态度。比如，“自闭”，不与他人往来，又比如，一个人喝闷酒，对酒当歌，等等。但是，这种“孤立”状态的背后，仍然是社会关系在起作用，是对社会关系的一

种逃脱。自己对自己的态度，不仅是在人际互动中形成的，而且是对社会生活所形成的社会态度在自己心理活动中的某种再现。从态度的实质看，社会心理学中的态度概念，是在社会态度的意义上使用的，有时用态度而不用社会态度概念分析问题，也是指社会态度。

对社会态度分类，历来有不同的方法。比如，F. H. 奥尔波特分为普遍的和特殊的两类。普遍的态度是指与他人联系的对人态度，以区别与个人独居时的态度；特殊的态度是指由于对象的不同而有不同的态度，比如在教堂中的态度与在大街上或在联谊活动中的态度不同。孙本文则分为个人的和团体的两类。个人的态度又分为普遍的和特殊的；团体的态度因团体的性质而有不同，比如地域别、家族别、民族别、阶级别、宗教别、职业别、两性别、年龄别等。

这两种分类，各有特点。F. H. 奥尔波特是依据事物的共性与个性、普遍与特殊的属性进行态度分类的。从共性、普遍性看，事物之间相互联系，个人与他人相互联系，在这种联系中建立对人的态度，有普遍性、共性的一面；从个性、特殊性看，普遍联系中的事物又各有特点，对各有特点的事物之态度又有特殊性、个性的一面。F. H. 奥尔波特关于态度分类的基点是个体。孙本文在态度分类中，将 F. H. 奥尔波特的普遍态度和特殊态度都作为个体态度的不同表现，同时又将个体置于群体之中，提出群体态度（团体态度）类型；不同的群体，有不同的群体态度。孙本文的态度分类，实际上是依据社会结构的层次特性的一种分类。从社会结构的层次特性看，个体和群体处于不同的层面。个体与个体相互联系，构成群体；个体与群体，有联系，又有区别；个体态度与群体态度有联系，又有区别。从个体与群体的关系看个体，又称之为社会个体，个体态度是社会态度的一种形态。

## （五）个体态度和群体态度

1. 个体态度

个体态度包含两方面的意思：第一，就态度主体而言，是指社会个体，是有着社会关系的个体，就此而言，个体态度即是社会个体态度；第二，就态度主体与态度对方的关系而言，作为态度主体的社会个体，是和其他社会个体发生联系的，即社会个体对社会个体的相互关系，是“对子”关系，不是小组内的关系，或其他群体内的关系，是在这种个体对个体的“对子”关系中所形成的态度，属于个体层面上的态度。

2. 群体态度

群体态度是指群体中多数成员或全体成员对某一事件的共有态度。群体成员是一个个个人，无论对待什么事情都会各有看法、各持己见，这些属于个人见地、个人看法的态度，不是群体态度，而是个体态度。除了成员个人的见解、看法外，相互之间还有共同的看法、见解，这些共有的东西属于群体态度。群体生活内容和方式，尤其成就目标的相关性或共有性，决定了成员之间态度上的某些共同性。如果群体成员之间没有态度上共同的一面，大家都各持自己的观点，自行其是，那么，群体的目标达成和成员的共同利益就会受到损失。依照群体内共同利益驱动原则，成员间某些共有的态度会在客观上自动形成，或者会在某种中介的调节作用下达成态度一致。对于有组织群体，比如企业、事业单位、政府机关、决策群体等，成员间的共同态度，对于群体生命力及其深入发展，是十分重要的；在出现成员态度相互对立或群体态度分裂的场合，群体指导者的影响作用或者中介作用又很重要。对于大众传播领域中受众群体而言，在某些事件上的共同态度，是传播者对传播效果的追求；如果受众态度很不一致或者与传播者行为意图相对立，表明传播效果甚少或无效，传播者必须改变传播行为方式。

3. 个体态度与群体态度的关系

个体态度与群体态度有联系又有区别。个体态度是群体态度的基础，群体态度是在个体态度的基础上，由个体间的互动而产生出的共同态度，没有个体基础，群体态度便是“空中楼阁”，空洞无物。群体态度是由个体态度中共有的部分构成的。

群体态度又区别于个体态度，群体态度一经形成，与个体态度中共有的部分相比，具有了新的、个体态度不曾有的特点。这些新的特点主要是：第一，群体态度通过一致赞成或一致反对、积极支持或消极对抗等态度表现形态，能够促进成员彼此认同和达成共识，产生“心心相印”之感或“志同道合”之感，从而，从群体态度中获得力量；第二，群体态度由于其共同性而具有心理压迫力，这种心理压迫力对个体态度有改造作用，尤其是个体所喜欢的群体，一旦形成一种群体态度，生活在其中的个体更愿意接受这个群体态度的影响，甚至改变个体态度，以保持个体态度与群体态度的一致性。

## 二、态度构成

### （一）罗森堡和霍夫兰的态度三要素说

在 G. W. 奥尔波特 1935 年的定义之后，学者们对态度下过好多定义，做过很多解释。其中，影响较大的是霍夫兰（C. I. Hovland）和罗森堡(M. J. Rosenberg）的态度三要素说（见图 7—1）。态度三要素说的主要观点是，态度是按照一定的方式对特定对象的预先反应倾向。这种预先反应倾向由三种要素构成：感情、认知和行为。态度是刺激（态度对象）与反应（生理的、心理的、行为的）之间的媒介变量，刺激和反应分别为可测的独立变量和从属变量。①

霍夫兰和罗森堡有关态度的理论，突出的是态度反应的预先倾向，由此，他们在态度定义中提出了态度的三要素观点，这就是态度由认知、感情和行为构成。②

① 参见［美］霍夫兰：《社会心理学》，92～93 页，广州，广东教育出版社，1988。

② 参见上书，92～93 页。

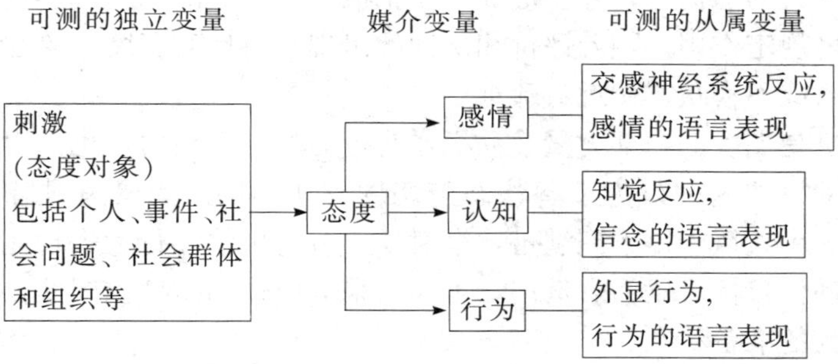


**图 7—1 态度三要素说图示**

这种态度三要素说是 G. W. 奥尔波特有关态度定义的展开，对态度研究具有重要的促进作用。这一学说的优点主要有如下两个方面：一是三要素说中提出的三种变量及其相互关系，有利于态度测量和态度控制研究。三要素说把 G. W. 奥尔波特的心理上、生理上的“准备状态”表述为刺激、反应之间的“媒介变量”，而刺激和反应都是可观察、可测定的。因此，态度这个媒介变量可以通过对刺激和反应这两个变量的测定分析它的状态、变化等。二是三要素说把 G. W. 奥尔波特的“心理上、生理上”这个提法明确为感情、认知、行为三个成分。这种规定，有利于人们对态度的理解，态度是一个复合的而非单一的心理过程。

## (二) 社会态度构成的综合因素

但是，三要素说也有其缺点，它把态度与行为相提并论，混淆了心理过程与行为的界限。罗森堡等人受当时耶鲁大学人际关系研究所教授霍尔（C. L. Hall）的新行为主义影响很深。霍夫兰作为该研究所的一个成员，曾亲自参与了霍尔行为理论的全部研究工作，态度构成三要素说实际上是新行为主义基本理论在态度研究中的应用。

如果我们把上述态度构成中的行为一项排除，就剩下认知和感情两个心理成分。人们都知道，社会心理过程还包括动机，那么，动机在态度构成中占有何种地位，它该不该是态度的一个构成成分呢？我们通过前面对动机的分析，可以看出，动机是行为的内在动力，也是对行为的一种准备。因此，在分析态度构成问题时，既不可以把动机与行为等同视之，用行为取代动机，也不可以把动机从态度的构成中排除。态度既然是一种综合性心理过程，就应该把动机包括在内。社会态度是由社会认知、社会感情和社会动机构成的。另外，在讨论态度构成问题时，还必须看到法律观念、道德观念、人生观和世界观等高层次意识对态度的影响作用。

三种心理成分与态度的关系如下。

（1）认知和感情是反应中情境规定的主要因素。认知的情境规定作用，主要表现在对态度对象的评价和判断上，当一个人把自己的态度对象或生活环境评价为无意义的或无法发挥自己能力的时候，就会觉得没有必要付出一定代价去追求，他的态度是消极的、否定的。只有在把态度对象或环境评价为有意义、有可能发挥自己能力的前提下，才会形成一种积极的、肯定的态度。感情作为内心体验，也起情境规定作用，随着评价和认知的出现，感情对态度对象起人际距离调整作用，喜欢或不喜欢、接近或疏远等等。

（2）动机是态度的内部力量。动机作为行为的内在动力，也是对行为的一种准备状态，动机的这种行为准备状态与态度有所不同。动机是对态度的一种发动，比如，一个人欲求得不到满足，会对妨碍者有供给性行为表现，如果态度对象所选择的动机目标可以为之借用，可能会采取协作的态度。因此，动机和态度一起形成行为的准备状态。

关于态度的三要素，我们也可以用下面的例子进一步说明。某大学学生自治社团发起一项校园禁止吸烟运动。在运动推行之前先举办一项态度调查，借以了解同学们对校园禁止吸烟一事是否支持。假设调查结果发现有75%的人支持，有25%的人反对，然后由两派学生各推选代表举行座谈，让他们分别说出支持与反对禁止吸烟的理由。支持者的说法可能是：（1）他知道吸烟是危害健康、浪费金钱、酿成火灾等的重要原因。（2）他自己不喜欢吸烟，也讨厌遭受二手烟的侵害。（3）所以他支持禁止吸烟运动。反对者的说法可能是：（1）他认为吸烟是个人自由，而且吸烟利多害少；吸烟除利于交友外，还有提神醒脑之效。（2）他自己爱好吸烟，也喜欢与同好者分享吞云吐雾的快乐。（3）所以他反对禁止吸烟运动。

现在，我们抛开习惯本身的好坏不谈，只从两派学生对同一问题的态度看，无论支持者还是反对者，在他们各自所持的态度中，均含有三种成分：（1）他们之所以支持或反对，是以他们对问题有所知为基础的。这在心理学上，视为态度的认知成分（cognitive component）。（2）他们之所以支持或反对，是根据他们对事物的情绪体验而决定的。这在心理学上，视为态度的情感成分（affective component）。（3）他们对校园禁止吸烟运动一事的支持或反对付诸行动，不仅在调查上选填支持或反对，而且在座谈会上也采取同样行动。这在心理学上，视为态度的行为成分（behavioral component）。以上三种成分说明了态度的性质。根据这三点性质，我们即可对态度一词给予以下的界定：所谓态度（attitude），是指个人对人、事、物以及周围世界，凭其认知及好恶所表现的一种相当持久一致的行为倾向。由此解释，任何一种态度，都是因对象而引起的，都是有组织的，而且也都是表现于行动的。

态度是主体对特定对象所持的评价和行为反应倾向。主体的特定对象是其周围的各种事物，如组织、工作、领导、社会事件等等。评价和行为反应倾向也是多种多样的，如接近或背离，拥护或反对，喜欢或憎恨，积极或消极等。个人对人对事的态度不同，就会在行为上产生明显的个体差异。例如，制定的各种具体的规章制度，有的成员持赞成的态度，因而在行为上就会积极响应；而有些成员对此持不赞成或无所谓态度，在行为上就会抵抗或消极应付。由此可见，一个人的态度会对其行为产生动力性和指导性的作用。因为态度依赖行为来表现，而行为又往往融于态度之中。但是在有的情况下，态度和行为不符甚至完全不一致，这往往是主体处于特定的情境之中造成的。

## 三、态度功能

### (一) 功能主义的观点

为什么我们选择甲种态度而不选择乙种态度，研究者们已从几个角度进行了探讨。功能主义从需要动机角度认为，我们选择的是符合特殊心理需要的态度，人的态度主要为态度主体的心理功能服务。

根据美国学者丹尼尔·卡兹（D. Katz）的观点，态度有四种功能。

1. 调适作用

个体为了适应社会和组织环境，在其中生存、发展，获得接受和承认，必须判断所接触事物的价值，决定对其的行动，并且预先做好行动的准备。态度正好能够在这方面发挥作用，帮助个体适应他所在的组织和社会生活环境。在这个过程中，个体也往往通过表达社会公认的态度，从周围人那里获得有利于个体生存发展的反应。这种功用表达了按照全社会或整个组织重视的目标，获得奖赏、赞许、认可或实现某种特定目标的观点。可见，态度的这种调适作用兼有工具性功能和反应性功能。态度调适作用的另一方面，是保证个体与他人间互动的顺利进行。这包括一个人可以通过言语或行动表明自己的态度，使他人理解并据此调节本身的行动，以避免他人对自己盲目碰撞，保证与他人或组织的关系融洽。

2. 自我防卫作用

这个作用具有深层的心理学意义。个体通过态度保护自己和自己的自我形象，这些态度被用来减少焦虑并使情绪冲突转移方向。卡兹认为，我们怎样看待自己，这是一个具有严重后果的问题。否定自我形象的人可能会对几乎所有人产生敌意；感到卑下的人，对待别人会持高高在上的态度，以支撑他的自我。由此看来，组织维护好成员个体的形象以及对成员个体的尊重显得特别重要。

3. 价值表现作用

通过态度的价值表现作用，个体实现自己拥有的价值的自我表达。公开的表达和信奉的知识是个体价值观念表达的主要保证。在这种情况下，对个体的奖赏可能不只是得到社会的支持，而更主要的是巩固个体自我概念中比较积极的方面。然而，自我概念也会受到以文化为基础的成见的影响，例如对组织的看法等。进一步说，在价值表现方面，态度有可能来自自尊和一种肯定的自我形象。一种态度可能是一种中心价值体系和表现或是一种说话方式的表现。比如，某人会说："我就是这种人，我就赞成这个。"又如，那些认为自己公正开明的人可能认为公平是组织对成员的最大保障，他不会计较他是否从中得到什么好处；办事公道的人满足于个人办任何事情都公道，这也许就是对自己的奖赏，同时他也希望他所在的组织也是办事公道的。这并非说许多人不受任何事物支配，就可以维护和坚持自己的信念和态度，但最初的动机或许只不过是一种感受到的道义而已。

4. 态度的知识作用

态度的这个功能是指人们在对世界的知觉中，寻求一定程度的可预见性、一致性和稳定性。知识代表态度的认知部分，这种认知部分给实践以意义和指导。根据卡兹的看法，每个人都想理解和支配自己的生活空间。人们从电视和报纸得到的知识和偶然觉察到的许多零碎知识汇集为一个知识整体。于是这个空间世界就更能够理解了，人们获得了应付新经验的向导。

上述这些功能也可能以一种相互联系的方式同时起作用，但有时一个特定的功能具有特别重要的意义。例如，在组织中，价值表现作用对个体人格与组织整合的意义特别重要。

### （二）社会态度对社会生活的统合、离合和调和作用

态度的社会作用是态度对社会生活的反馈功能。人们对社会事件的态度，一般来讲，总的有三种。

（1）积极　　接近　　赞成

（2）消极　　远离　　反对

（3）中立

三种态度对社会生活的反馈作用不同，通常第一种起统合作用，第二种起离合作用，第三种则起调和作用。在一个复杂的社会事件中，三种态度是同时并存的。有些人持第一种态度，另一些人会持第二种态度或第三种态度，但是，对社会事件起作用的是多数人的态度。如果多数人持第一种态度，则对有关事件的解决起统合作用；如果多数人持第二种态度，对这个事件的解决则有离合的作用；如果多数人持中立态度，即不表态，对于维持现状有利。比如，在赌博饮酒现象较多的社会环境中，人们易养成赌博或饮酒的习惯，因为社会上对赌博或饮酒是持赞成态度的。可见，每个人习惯的养成与其所处的社会态度环境有密切关系。同样，如果在旧社会，人们对包办婚姻持反对态度，这种现象就会较少地在社会上继续存在。又如，计划生育政策的实施，是发生在人们对人口的生育数量和质量感到不满意并感到严重影响社会经济发展的时候。所以说，科学的态度可以起到社会管理的“晴雨表”作用。因此，正如孙本文先生所指出的，一些社会问题，其发生枢纽即在态度。有些制度无论是如何之不实用，假使社会上人们对之不觉得不满意，即在态度上不反对，那便不会有问题。这样一些现象，都说明社会态度对于社会生活的反馈作用是很大的。

## 四、态度形成

社会态度是习得的，有一个形成的过程。一种态度形成后，又会不断地变化，形成新的态度。态度形成和态度转变的过程是一致的。新态度的形成，同时是原有态度的转变。

由态度中所含的三种成分看，我们可以了解，任何一种态度的形成，都是从这三方面逐渐学习而成的。不过，根据我们前面所讨论的学习原理来看，一个人态度的形成，未必经过同样的历程。有些态度是经由先行动而后认知的历程学习的。儿童们的态度，多半是在先行而后知的历程中养成的。对宗教信仰的态度，很多人之所以在态度上信奉基督教，乃是由于出自宗教家庭，自幼跟随父母上教堂做礼拜而养成的。在行动中先养成习惯，而后再从宗教活动中学到教义并与教友建立社会关系，进而增加了态度中认知与情感两种成分，最终形成个人对宗教的态度。如果以学习原理来解释，此种态度学习，可视为操作条件学习过程：个体先出现自发性反应，随之因反应后的奖惩而产生后效强化作用，最终保存下了这一反应。此种态度学习，也可视为社会学习过程：个体对成人行为进行观察模仿，随之因模仿而获奖励的社会增强作用，最终加强了这种行为。当然，也有很多人到成年或老年才开始信奉宗教。如以学习原理来解释，成年以后的信奉宗教者，其态度的形成多始于认知：先是在观念上接受了宗教，然后再开始参与宗教活动，最后从信仰中获得心灵上的依靠，因而增加了对宗教的感情。

## (一) 社会态度形成的研究

自从 1918 年托马斯正式使用态度概念之后，关于态度的形成和转变，一直是社会心理学家所关心并注意研究的重要问题之一。20 世纪 20 年代中期和 30 年代，社会心理学家在论述态度现象的时候，就已经涉及态度的形成过程。F. H. 奥尔波特 1924 年的《社会心理学》一书，专有一章讲述社会态度与社会意识，其中涉及了态度的形成，在社会行为一章中有模仿与暗示两节，也涉及了态度的形成，并谈到暗示与模仿在态度形成中的作用，他甚至把暗示定义为“态度之操纵”，又说“由暗示所造成的运动倾向，我们可称之为态度，在日常生活中，态度之形成都像这样”。例如，关于我们的容貌、态度或习惯，若朋友有一种暗示，可以决定我们的反应，向着新暗示的方向有一种固定的反应态度。所以，顽皮的儿童不论他怎样顽皮，只要我们会说话，都可以说服他，使他对有关他行为的暗示——规规矩矩有一种屈服的态度①，就是说，暗示对态度有一种操纵作用。

F. H. 奥尔波特在给态度下定义时说过，态度由经验积累而成。他在说明态度形成和变化时，又提出几种形成方式：把许多类型相似的特殊反应综合起来，即经验的累积；正负未分化的反应对某种特殊对象形成一种特殊反应倾向，即分化；由外伤经验构成的歪曲心理倾向凝固起来，即某种特殊反应倾向凝固；模仿或获得既成的态度，即模仿或学习。对此见解，不同的学者有不同的解释。

凯尔曼（Kelman）曾提出与此有关的对社会影响的三种反应：服从、同化和内化。服从是一种公开的态度表达，但私下并没有接受，它可能是一种社会便利手段。同化是指个体因为与他人或群体有关，从而接受这个人或群体的态度，

---

① 参见［美］F. H. 奥尔波特：《社会心理学》，2 版，272 页，上海，商务印书馆，1937。

这已接近于个人自己的态度。内化指的是个体响应他人的影响，完全接受他人的态度，这种态度不再只是一种公开的表示，而已成为现在个体自己观点的一部分。据此我们可以通过精神与行为的转换和行为对精神的强化的图示来进一步说明这一过程（见图 7—2）。

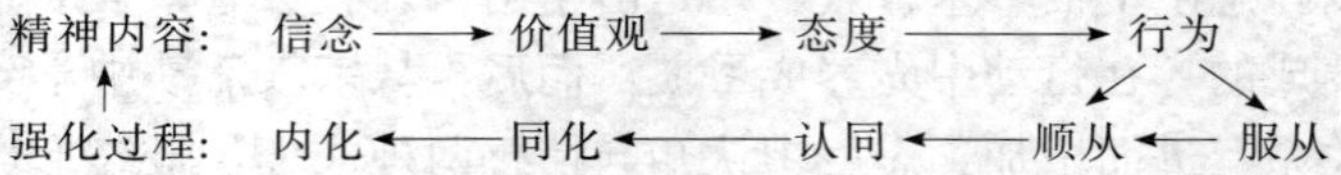


**图 7—2　精神与行为的转换和行为对精神的强化的图示**

如图 7—2 所示，如果行为阶段上表现为冲突，那么由外来刺激产生的行为对精神的强化作用则可能中断在态度阶段之前，更达不到价值观阶段和信念阶段进入精神内容；如果行为阶段开始表现为服从规范然后顺从，接下来经恰当的方式就有可能进入认同态度阶段，再适宜地强化后可能进入同化的价值观阶段，接着持续地积极强化则达到内化进入信念阶段，形成精神内容中稳固的结构部分。

从上述过程可以看出，信念与价值观是态度的基础，而信念和价值观又是行为的服从或顺从强化为认同（早期作用甚大），经同化达到内化形成。它们的内在联系还可以通过考察态度的三种成分来进一步理解。态度的三个组成部分是：相信—不相信的认知部分，喜欢—不喜欢的感情部分，以及与态度一致的行为准备状态的行为部分。“偏见是错误的”这种信念是一种价值取向，这样的观点是态度的认知成分。它为态度中更关键部分态度的感情成分奠定了基础。感情是态度的情绪或情感部分，它可以反映在下面的陈述中：“我不喜欢张×，因为他对外地人有偏见。”最后，情感能导致行为结果。态度的行为成分指对某人或某事以一定的方式行动的倾向。所以，接着上面的例子，因为我对张×的厌恶感情，以至于我可能选择躲避他。与价值观不同的是，一个人的态度不大稳定；但是其不稳定的范围是超越不了价值的疆界的。也就是说，在不违反其价值观的情况下，发生态度的变化。在态度与价值将要发生冲突时，态度服从价值，但也不排除个别情况。一个人在特定情境的压力下，表现出的态度可能与他的内在价值取向不一致，对这个人来说是比较痛苦的。因此，我们可以说，态度是由价值定向的，而价值则由信念导出，是信念的象征指号表达，信念是一个人长期所处的文化育成的。

## （二）影响社会态度形成的方面

态度是后天获得的，这一点在社会心理学研究中，没有什么异议；态度是在社会生活中形成、由社会事件引起的，这也是社会心理学中多数人的观点。问题在于，社会事件是如何引起态度的。

1. 经验的内在参照系作用

人们对事实或事件的态度是在经历了一个过程之后出现的，这个过程，首先在内部展开，就是先有对事实的认知和经验事实的积累。从态度形成的内在过程看，经验的作用是首要的。

经验起着内在参照系作用（见图 7—3）。某种社会事实一旦被人们察觉之后，一方面，每种知觉都以经验形式积累于内部，另一方面，过去的经验事实（过去的事件多为主观经验）又会成为与新经验进行比较的标准。经过这种比较，如果发现新、旧经验大同小异，那么，过去的看法、头脑中的经验事实立即浮现出来，影响对当前事实或事件的看法；如果发现新旧两者区别较大，过去的看法、经验会从另外一个不同的角度影响当前的看法。利用经验进行比较，又是内部经验分化的过程，就是已有的经验体系分化为对特殊对象的反应。

**图 7—3　经验起着内在参照系作用图示**

2. *群体规范的外部参照作用*

对某种社会事实或社会事件的态度不仅仅是，或者说，关键不是经验和经验累积的结果，经验再多也只是个体内部过程，态度的形成还必须有外部参照作用。人们关于某个事件的态度，在没有参照系的情况下，仍然是潜在状态，尚说不清楚究竟是什么态度。比如，一个班集体对班主任老师为人的态度，学生们可能有各种看法，但在他们没有用一个公认的标准去衡量这种看法时，就连学生们自己也不明确他们的看法究竟属于什么，弥漫于学生之间的看法、感情，对于学生自己来说是浑然的；若他们有了标准，他们中的某种看法逐渐成为公认的并接受下来的看法、观念等，成为他们遵循的东西，这就是群体规范。

某种群体规范的形成是群体成员之间相互作用、相互影响的结果。社会心理学者谢利夫（M. Sherif）1935 年做过一个暗室中自动光点位置判断的实验。他发现，被试单独对光点位置所做的判断和两三个人甚至再多些人一起做的判断明显不同。在前一种情况下，被试把本来不动的光点判断为运动光点，在后一种情况下，由于每个人都受到他人判断的影响，被试之间的判断标准逐渐接近，相互间的差别逐渐缩小。这个实验本来是用来证明群体规范的形成的，但也可用来说明态度的形成。在群体成员相互作用的过程中，各种分散的、不同的看法和判断渐渐收敛，最后形成群体判断框架。在纽科姆的均衡理论中，也有过类似现象，不过，纽科姆是用“极端化压力”说来证实群体态度是由成员间的相互影响造成的，每个成员都尽力使自己的看法最大限度地符合共同看法。这种使自己的观点和看法尽量趋同的过程，就是态度形成的过程。这两个实验都揭示了一个道理，就是群体中每个成员的看法、判断、观点，都是一个由无序到有序的过程，即有序化和收敛的过程。犹如磁场的磁力线，犹如人山人海中的人流，犹如忙忙乱乱中从早到晚的安排，都有一个磁力线一样的秩序状态。沿着磁力线能找出某种方向，顺着人流能走出胡同、找到路口，跟着夜间汽车尾灯组成的“火舌”，能走在一条马路上。可见，群体中关于某个社会事件的态度，是在群体互动中自然而然融合而成的，互动过程是态度形成的必要条件。

3. 同化和内化的机理作用

同化和内化都是接受社会影响的心理过程，但是，受影响的程度和深度不同。同化是指把别人的看法、观点、判断等行为方式吸收过来，看成自己的东西。这种心理过程，在弗洛伊德的精神分析理论中又叫同一视或表同。比如，去武汉蛇山旅游，为了表明此地之好、去得有意义，便说：崔颢在此写过《黄鹤楼》，被人们推崇为题黄鹤楼的绝唱。这里就有表同的心理作用。表同或同一视能使个人有一种自我扩张感，借他人之“光”，表现自己某种不同寻常之处。同化是一种不知不觉起作用的心理过程，还没有把社会影响与自己的价值体系同一起来，是尚不深入的过程。内化是在同化的基础上，把接受的观念变为自己的价值观并自我认知，是态度形成的深刻的心理过程。总之，同化和内化是态度形成的心理机制，没有这个过程，任何外来的社会影响都不会转换成态度。凯尔曼的三阶段说，其意义不在于提出了几个阶段，而在于他一方面看重社会事件中社会关系对态度形成的影响作用，另一方面看重态度形成的心理机制作用。

# 第二节 态度变化理论

关于态度变化的理论较多，从知觉研究理论到动机研究理论、认知科学理论，甚至群体研究的交换论、公平理论等等，都在态度变化研究中占有重要地位，成为态度变化理论的重要内容。这一方面说明态度变化研究的复杂、涉及面大，另一方面说明态度变化研究还有相当大的潜力，有待更深入的研究。总的来看，在态度变化研究中影响较大并有发展余地的理论有若干，下面主要介绍认知理论和信息理论。

认知理论中的平衡理论、和谐理论和不协调理论对态度变化研究的贡献最为突出。

这三种理论都被称为认知协调理论，这种概括，是出于对平衡、和谐、不协调三个概念的共同点的理解，认为这三个理论揭示了认知领域中的一种共同现象，三个理论建立在对认知现象的共同解释的基础之上。平衡、和谐、不协调这三个概念所概括的共同认知现象是，任何人的思想、信念、态度、行为都具有组织化倾向。一个做教师的人一般不会去败坏教师的称号，一个吸烟者不会宣传吸烟对身体有害，人们总是采取妥当的或有意义的方式，自行调整自己的态度和行为。美国社会心理学者萨杰克在解释平衡、和谐、不协调这些概念时，使用协调性这个概念，并认为人的内部的协调状态如同自然现象在混沌之中通过偶然机会形成有序、同一、协调一样，不过是宇宙协调的特殊表现。人的协调是人的一种合理性，为了达到协调状态同时又会出现不合理性、出现不协调状态，比如，吸烟会致癌等等。从上述三个概念的共同点可以看出，认知理论对态度变化的共同解释是，由于认知、态度、行为协调一致是人的正常状态、人之合理性，为了达到协调状态，不可避免地出现不合理性、出现矛盾，因而，产生一种改变不协调状态的心理压力，这个压力便是态度改变的内部原因。

## 一、平衡理论

平衡理论是海德于 1944 年提出的。这一理论的特点，是在揭示态度改变的规律时，比较注重人与人之间在态度上的相互影响。海德指出，在人们的认知系统中，存在着某些情感或评价之间趋向于一致的压力。他认为，人们的认知对象范围很广，包括外界的一切事物、世界上的各种人、各种观念，这些对象有些是有联系的，有些则没有直接联系。有联系的两个对象组成的整体叫单元，单元内的两个对象，由于类似、接近等而结成的关系叫作单元关系。人在与对象发生心理上的联系时，都会对对象产生一定的评价和情感，他把这叫作感情关系。单元关系和感情关系相联系，就形成了特定的模式和结构。比如，一个人与他们朋友及朋友的穿着，如果发生感情关系，就形成了一个模式（见图 7—4）。P 代表个人，O 代表有关系的某人，X 代表有关系的某物、某现象或某观点。他认为三者之间的关系存在着两种情况：一类是不平衡状态。如果个人对单元中两个对象的态度是属于同一方向的，如一个人喜欢 O，则对 O 的穿着也感到欣赏，另一个人讨厌 O，则对 O 的朋友也不喜欢，这时，个人对单元的知觉与对单元内两个对象的感情关系相协调，认知体系便呈现平衡状态。相反，当个体对单元的知觉与对单元内两个对象的感情关系矛盾时，其认知体系便呈现不平衡状态。海德认为，根据 P、O、X 三者之间的感情关系（好—坏，喜欢—不喜欢），可以推论出八种状态，其中四种是不平衡的，四种是平衡的。

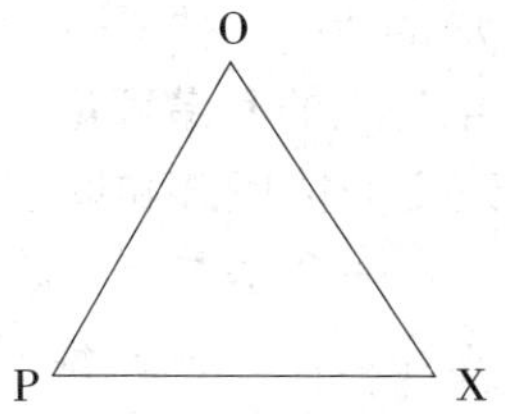


**图 7—4　P—O—X 模式**

由图 7—5、图 7—6 可以总结出两条规律：（1）平衡结构必须是三角形三边符号相乘为正。（2）不平衡结构必须是三角形三边符号相乘为负。例如，P 为学生，X 为汽车，O 为 P 所尊敬的师长。如果 P 喜欢汽车，听到 O 也喜欢汽车，则 P—O—X 模式如图 7—7 所示，P 的认知体系呈现平衡状态。如果 P 喜欢汽车，而 O 不喜欢汽车，则 P—O—X 模式如图 7—8 所示，这样，P 的认知体系便呈现不平衡状态。

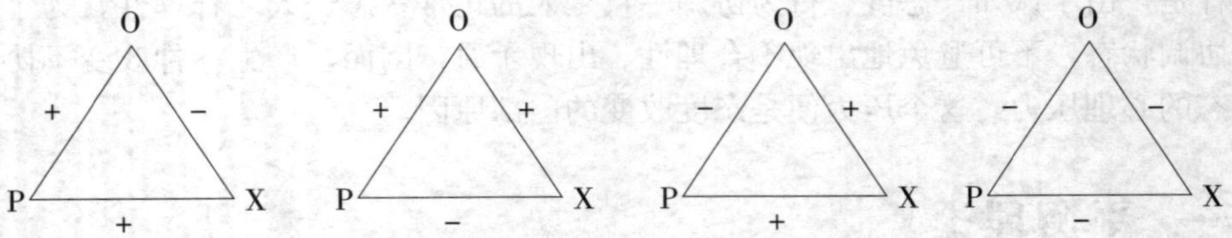


图 7—5 P—O—X 模式不平衡结构

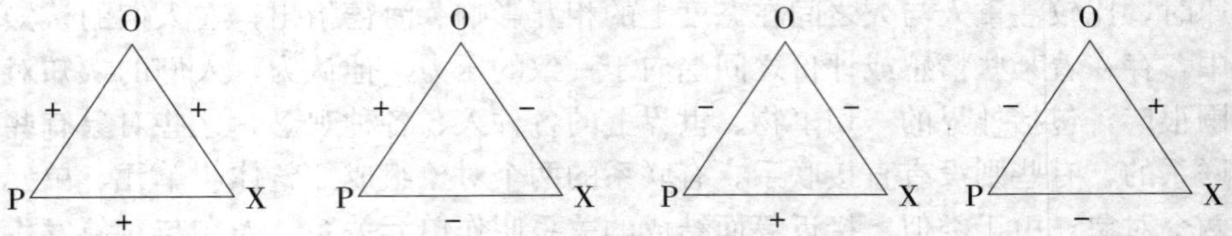


图 7—6 P—O—X 模式平衡结构

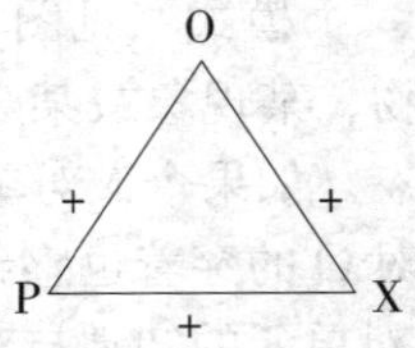


图 7—7 例一图

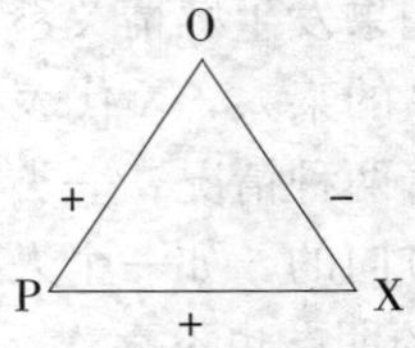


图 7—8 例二图

## 二、和谐理论

与海德的平衡理论有关的另一种探讨，是奥斯古德和塔纳鲍姆（R. H. Tannenbaum）在 1955 年建立的和谐理论。这个理论可以说是平衡理论的扩展，可以直接地应用于态度改变的情境。和谐理论的总原则认为，一致性原则支配所有人的思维。他们指出，在一个基本态度改变的情境中有三种成分，每一种成分都与评价有关。这三种成分是：（1）其他人；（2）这个人所表示的态度；（3）他自己对所表示的意见的感情。和谐理论认为，这三种成分的三种评价之间有两个负号，就决定了和谐状态，不和谐就会产生某种压力而趋于一致，这与平衡理论是相似的。但是与平衡理论不同的是，和谐理论考虑到了每一评价的强度。例如，对于某一对象，可以有点喜欢，也可以非常喜欢，这就是情感评价的程度不同。和谐理论预计，每一成分改变量的大小，将与这一成分的相对强度成反比。强度越大，则改变越小。

和谐理论是在改变态度的工作中运用较多的一种理论，特别是在预测信息交流者对于改变态度的效力中。

## 三、认知不协调理论

如何改变人的态度，一直被认为是重要的问题。教育上的辅导、政治上的宣传、商业上的广告，以至于所有大众媒体所传播的信息，其主要目的即在希望改变人的态度。已经养成的态度能改变吗？

从前文所述态度中的三种成分看，如个人对某一事件的态度，在认知、情感与行动上三者和谐一致，那么他的态度是不会改变的；在此种情况下，别人无法改变他的态度，也无法强制他改变态度。以前面所举的大学中反对禁止吸烟运动者为例，如他们既喜欢吸烟（情感加行动）又认为吸烟利多害少（认知），要他们改变态度支持禁烟，那是办不到的。就是这个原因，所以很多染上吸烟习惯的大学生不肯戒烟。

在心理学研究上，解释个人态度改变或不改变的理论，一般采用调和论（consistency theory）的观点。认为个人的态度与其行为两者调和一致时，态度不会改变，两者失去调和一致时，态度就可能会改变。例如，在会议桌上某人对某项议案本来持反对意见（态度），可是在最后表决时，却举手赞成（行为）。如此，态度与行为失去一致，即使他最后的举手是迫于情势，但如果私下问他时，他可能真的改变了原来所持有的态度。因为，如不改变原来持有的态度，他将对自己的举手行为无法自圆其说，感到尴尬。如此看来，态度可以支配行为，而行为也可以决定态度；前者是因为调和一致而维持既有的态度，后者是因为要恢复失去的调和而改变了原先的态度。

根据上述调和论的观点，美国社会心理学家费斯廷格（Festinger），提出了一项解释态度改变的重要理论，称为认知失调论（cognitive dissonance theory）。按认知失调论的解释，任何时间只要个人发现有两个认知彼此不能调和一致时，就会感觉到心理冲突，因冲突而引起的紧张不安，转而形成一种内在的动机作用，促使个人放弃或改变这一认知，而迁就另一认知，借以消除冲突，恢复调和一致的心态。费斯廷格所指的认知，并不只限于前述的调和论者所指态度内三成分中的认知，而是泛指所有包括认知成分的思想、观念、态度、行为等等。

为验证认知失调论是否确能解释一般人态度的改变，费氏从事过一项著名的实验（1959）。该实验以大学男生为被试，每人轮流进入实验室，从事一种事前并不知情的单调乏味的工作，历时一小时（工作内容是将盘中 12 个汤勺一把一把拿出，然后再一把一把放回去）。结束后，研究者要求被试出门告诉在外等候者（事实上是助理员）说“工作非常有趣”，并按两种标准付给被试报酬：一半人付给 1 美元，另一半人付给 20 美元（当时 20 美元是较大数目），但是被试彼此之间并不知道报酬有差异。到此为止，由实验情境的设计，使被试在心理上产生了两种认知：其一是他知道工作是单调乏味的，这是他真实的认知。其二是他对别人说工作是有趣的，这是他因接受了报酬不得不这样说。接下来，另一实验者私下询问每一被试，要他们坦白表示工作是否有趣。按常理推断，接受高额报酬的人应该说假话才是。但是，实则不然，接受 20 美元的被试多数表示工作无趣，承认他告诉别人的话是假的；接受 1 美元报酬的被试，多数仍表示该工作有趣，维持他们出门后告诉别人的他对工作的态度。此一结果使费斯廷格的理论获得了支持。

以上实验结果所显示的意义是：当前后两个认知不一致时（工作乏味但得说有兴趣），将在心理上产生认知失调而促使个人改变其中之一，从而维持其态度的一致性。实验结果发现，得 1 美元报酬者态度有所改变，原因是认知失调大，只好放弃了自己对工作感到乏味的认知，对别人说假话，从而维持自己在别人面前态度的一致性。得 20 美元报酬者的态度没有改变，原因是因接受高报酬而使认知失调减少，若改变自己态度硬说工作有趣，那无异于显示自己受金钱的影响而没有主见。

显然，人在很多社会场合中，其态度改变与个人之维持面子和自尊有关。而且，当个人态度改变或维持不变时，为了保持心理上认知一致，个人常对自己的作为进行辩解。假设有甲、乙两位议员候选人先后登门拉票，而你对他两人的才能均缺乏印象。后因两人均当面向你发表政见，故而都当面承诺投票给予支持。如果投票前甲候选人向你施贿，最后你将选票投给何人？如按认知失调论推论，你的选票将投给乙候选人。原因是，你曾当面承诺支持乙候选人，最后投他一票，这表示言行一致，最后不会使你在心理上留下认知失调。固然，你也曾当面承诺支持甲候选人（这是认知之一），可是你自知收他贿赂（认知之二），如决定投他一票（认知之三），那可能变成被人收买而投票，投了甲的票反会感到不安（第二、第三两认知失调）。弃甲投乙，纵使你未实践对甲的承诺，你也会为自己辩解，而稍感心安。

费斯廷格的认知失调论，不但可用来解释态度改变的原因，而且也可用来帮助人由消极的态度转变为积极的态度。例如，身为教师如在行为上自认“我尽心尽力教学生”（认知之一），而在态度上则认为“教师是没有前途的职业”（认知二），如此，态度与行为之间构成认知失调，除非改行转业，否则难以避免心理上的冲突不安。如果不能改变行为（教书），则改变态度（如自认教师是神圣的职业，教育天下英才是人生至乐），这是恢复心理调和一致的唯一途径。人不能改变现实，改变态度去面对现实，是维护心理健康的不二法门。人生在世，苦乐并非是截然不同的两件事；如果视辛苦为有价值之事，辛苦之中自将产生乐趣。像此种在心理上改变态度以适应现实困境的积极心态，在心理学上称为辛劳观（effort justification）。

## 四、信息理论

霍夫兰的信息传递理论为社会心理学的态度研究作出了重大贡献，他关于信息传递与态度变化的理论，主要体现在 1953 年他和凯利等出版的《信息传递与说服》一书中。他认为，在信息传递过程中，影响态度变化的主要因素有：发信者提供信息的信度、信息传递的内容结构和收信者特点、收信者参与传递活动等。

（1）信度对态度变化有影响。霍夫兰等人提出信度高比信度低更能引起态度的变化，他们做了这样一个实验：用生物医学杂志和大众月刊杂志向被试宣传抗阻剂的效用，然后测定被试在接受宣传之后的态度变化。在实验前，先对两种杂志提供的消息信度进行测定，有 81%到 95%的被试对前一种杂志提供的消息评价为可信的，有 1%到 21%的被试对后一种杂志提供的消息评价为可信的。在被试接受宣传之后发现，前一种场合，有 23%的被试态度发生了变化，后一种场合只有 6.6%的被试态度有变化。

（2）霍夫兰等还进行了一项关于信息传递的内容结构对态度变化影响的实验研究。信息传递的内容结构有两种：一种是只有一种意见的单一传递，另一种是包括反面意见在内的全面传递。他们将这两种内容结构不同的信息传递录在磁带上，让被试听录音，然后测定被试的态度变化。实验结果发现了这样几种情况：被试的立场与信息传递的内容一致的时候，更多的是接受单一传递；在文化教育水平低的被试中，单一传递更有效；在文化教育水平高的被试中，全面传递更有效，全面传递的说服效果，即使受到反宣传的影响，也还在起作用，就是说，全面传递的说服方式有抵制反宣传的效果。

（3）除此之外，霍夫兰等人还发现，当被试积极参与传递活动时，所得到的效果比单纯听广播要好。比如，在收听广播宣传的同时，组织小组进行讨论和评价，宣传内容更容易被接受，宣传效果更好。

霍夫兰说服性传递研究对态度变化研究的重要意义在于，他把复杂的态度变化放到程序化了的信息传递模式中去考察、去理解，这样，也就使复杂的问题简单化了：主体和客体（态度对象）在信息传递过程中，由于反馈的作用，双方共处于同一种回路中。这样，反馈回去的内容、信度和信息传递的方式方法，对群体在某个事件上的态度变化也很起作用。①

# 第三节 态度的应用研究——工作态度

## 一、工作态度及其种类

每个人都有不同的工作轨迹。有的人成为公司里的核心员工，受到老板的器

① See C. I. Hovland, L. L. Janis & H. H Kelley, *Communication and Persuasion*, Yale University Press, 1953.

重；有的人一直碌碌无为；有的人牢骚满腹，总认为与众不同，而到头来仍一无是处；有的人为自己的工作感到快乐、充实等。众所周知，除了少数天才，大多数人的禀赋相差无几。那么，是什么在造就我们、改变我们？是“态度”！工作态度是指组织成员内心的一种潜在心理倾向，是个人的能力、意愿、想法、感情、价值观等，在工作中所体现出来的外在表现。

一个人可以有几千种态度，这里主要表述的是与工作相联系的态度。这些与工作有关的态度包括持有的对工作环境方面的积极的和消极的评价。组织管理中这方面相关的研究集中在三个方面：工作满意度、工作投入和组织承诺。

（1）工作满意度。工作满意度指个人对其所从事的工作的一般态度。一个人的工作满意度水平高，对工作就可能持积极的态度；对工作不满意的人就可能对工作持消极态度。当人们谈论员工的态度时，更多的是指工作满意度。事实上，这两个名词经常交互使用。因此，学者们认为工作满意度是非常重要的。

（2）工作投入。工作投入是组织管理中较新的概念。尽管对于这一名词的定义尚没有达成一致的意见，但是有一个操作定义是：工作投入测量的是一个人在心理上对其的工作的认同程度，认为其绩效水平对自我价值的重要程度。工作投入程度高的员工对他们所做的工作有较强烈的认同感，并且真的很在意他们所做工作的类型。人们发现，工作投入程度高与缺勤率低和流动率低相联系。不过，相比缺勤率来说，工作投入似乎对流动率提供了更稳定的预测，它可以解释流动率中16%的变化。

（3）组织承诺。组织承诺是指员工对于特定组织及其目标的认同，并且希望继续拥有组织成员身份的一种状态。所以，高工作投入意味着一个人对特定工作的认同，高组织承诺则意味着对其所在组织的认同。与工作投入类似，研究表明组织承诺与缺勤率和流动率呈负相关。

## 二、工作态度与工作效率

在工作态度与工作效率的研究中，人际关系学派曾经根据霍桑实验等研究，提出高度的工作满意度导致较高的工作效率的假设。学者赫茨伯格也以职工的“满意—不满意”作为工作效率的指标，提出双因素理论。但是在以后较全面和更深入的研究中发现，由于许多中介变量的影响，工作态度与工作效率的关系比较复杂。

布罗伊菲尔德（A. H. Broyfield）和克罗克特（Crockett）对此问题进行了多年的研究，结果发现：对工作感到满意的员工，其工作效率可能很高；但对工作持消极态度、感到不满意的员工，工作效率也可能很高。就是说，员工对工作所持的态度与工作效率之间并无一定的关联。

劳勒（Lawler）和波特（Porter）研究了工作满意和工作效率的关系。他们认为，满意和工作效率之间存在着第三个变量即奖励的作用。他们的实验证明，高工作效率导致奖励，而公平的奖励引起工作的满意，因此可以认为高工作效率导致了满意的态度。为此，两位研究者提出了工作效率与满意的关系模型（见图7—9）。

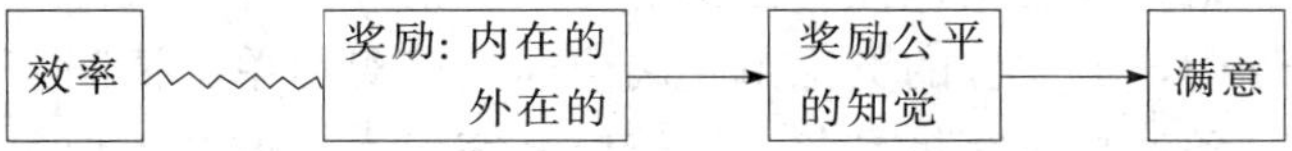


**图7—9 工作效率与满意的关系模型**

这个模型说明，内在的（来自工作活动本身的，比如对工作性质的感觉，对其职业的感觉）和外在的奖励（不仅是奖金）及对这种外在奖励是否公平的知觉，决定了工作效率与工作满意的关系。

## 三、工作满意度

“工作满意度”是使用最广泛的术语之一。随着经济全球化趋势的逐渐形成，我们比以往任何时候都更强烈地意识到，企业组织不仅要追求效率和利润最大化，也要追求员工满意度的最大化，达到以利益为中心和以人为本、高满意度的双重管理目的。

工作满意度是员工对自己工作喜欢或不喜欢的情感和情绪。同时，工作满意度也是生活满意度的一个组成部分。工作满意度的提高会促进生活满意度的提高，反过来，生活满意度的提高也会促进工作满意度的提高。

### （一）性格与工作满意度

为了进一步分析内控与外控性格、乐观与悲观性格与工作满意度之间的关系，有人专门做了一个研究。该研究得出如下结论。

1. 内控与外控性格与工作满意度之间有显著相关

研究结果表明，性格越倾向于外控的人，工作满意度越低；性格越倾向于内控的人，工作满意度越高。

内控者倾向于内归因，即将产生结果的原因归结为自己的内部因素，如行为、技能、努力的程度等，认为成败主要取决于自己。而外控者更容易将产生结果的原因归结为外部因素，如社会背景、任务难度等，认为成败主要取决于外在环境。

性格越内控者越依靠自己的能力和努力工作来体现自己的价值，对上司没有依赖感，内控者善于正确处理上下级关系，也更容易得到上司的帮助和提挈，因此其对直接上司的满意度比外控倾向的人更高。

在工作与生活中，人们对成绩的正确归因，是激励主体积极主动地工作、学习并不断进步的重要条件。国外研究证明，内控者更能有效地将自己的注意力集中在任务本身的特点上，能更多地进行自我调节，并表现出处理问题的更高技能。内在控制力强的人，能较积极地追求有价值的目标，较多地投身社会活动，求知欲强，更灵活，更有主见。

2. 内控与外控性格对职位和工作报酬的满意度存在交互作用

研究结果还表明，在性格内控的被试群体中，低职位员工对工作报酬的满意度高于高职位员工，在性格外控的被试群体中，情况正好相反。

在企业运作中，低职位的员工由于岗位职责相对简单、清晰，工作内容很具体，达到目标的条件相对容易具备，比较容易完成本岗位的工作目标，得到自己那份薪酬并不难。同时，在低职位群体中，内控者易于正确定位，能够理解薪酬水平高低完全取决于自己的业务水平，由于自己的能力有限，所以对薪酬的期望值较低，也就容易对工作报酬达成较高的满意度。

而有内控倾向的高职位者由于自己的能力较强，岗位工作的涵盖面更广，涉及的领域更宽，对工作报酬会有更高的期望，因此对工作报酬的满意度不会太高。

3. 乐观与悲观性格与对同事关系的满意度呈显著的正相关

研究结果表明，乐观主义与工作总体满意度没有相关。这是由于乐观主义与工作满意度是两个不同范畴的概念，前者相对泛化，后者相对具体，它们的相关性随着情境的变化会有较大的随机性。但是在同事关系的满意度方面，性格悲观的人的满意度要低于性格乐观的人。

这是由于性格乐观的人有较高的期望值，并愿意付出更多的努力来达成自己的期望，工作积极主动，在处理同事关系方面也有更高的积极性；而悲观的人则相反，期望值较低，总是处于被动状态，因此性格悲观的人对同事关系的满意度低于性格乐观的人。

4. 乐观与悲观性格和年龄在对同事关系的满意度上存在交互作用

研究结果表明，在悲观的被试群体中，高年龄组员工对同事关系满意度高于低年龄组员工，在乐观的被试群体中，低年龄组员工对同事关系满意度高于高年龄组员工。

这是由于悲观的人期望值低，与同事的人际关系的改善主要通过相处时间的增加而得到更多认可，是被动的。低年龄组员工与同事相处时间较短，得到的认可较少，所以在悲观的被试群体中，高年龄组员工对同事关系的满意度高于低年龄组员工。在乐观的被试群体中，与同事的人际关系的改善主要是通过积极主动的沟通来得到的，在这方面，低年龄组由于年龄的原因，在与人交往方面比高年龄组更积极主动，更具有活力。因此，在乐观的被试群体中，低年龄组员工对同事关系的满意度高于高年龄组的员工。

以上研究表明，性格是影响工作满意度的一个重要因素，在今后的人员招聘、考核、分配等人力资源活动中，应对员工内控与外控、乐观与悲观等性格因素给以足够重视，以提高员工的工作满意度。

## （二）影响工作满意度的要素

大量调查事实证明，态度影响员工的满意度，两者具有强烈的正相关关系。具体来说，员工满意度受下述因素影响：

（1）心理挑战性工作。即提供员工发挥能力与作用的机会。特别是中等强度的挑战性工作，对人最有利。

（2）公平报酬。分配制度和晋升制度公正明确。不仅仅是实际上的所得，还包括职工公平的感觉。

（3）支持性的工作环境。包括物理环境（如工作场所的安全、舒适、较少的干扰等）和社会环境。

（4）融洽的同事关系。包括上下级之间关系的协调，特别是友好与善解人意的主管。

（5）工作与人性格匹配。能使员工发挥自己的特长，技能得到充分施展。

## （三）员工对工作不满意的反应[①]

员工可以通过各种方式来表达他们的不满意。例如，员工可以抱怨、反抗、窃取组织的财产或者逃避工作中的一部分责任，这些做法比辞职更普遍。图 7—10为我们提供了两个维度下的四种不同的反应。这两个维度是：一是建设性和破坏性，二是积极性和消极性。

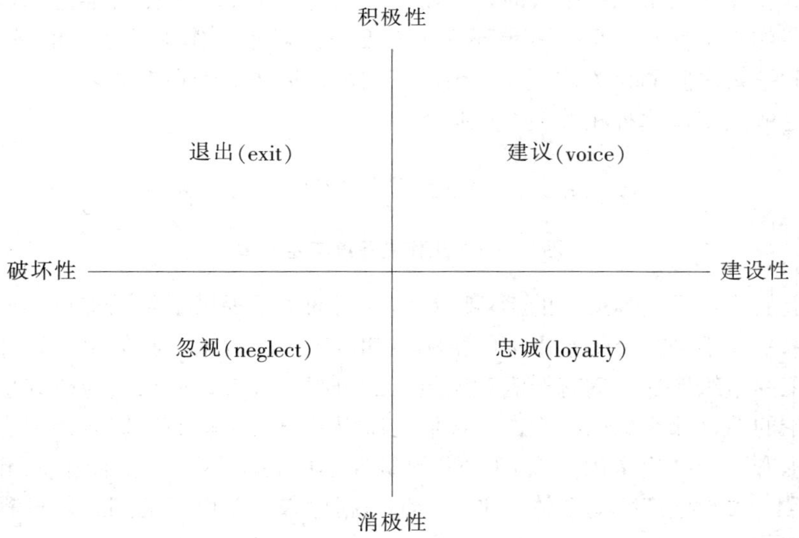


**图 7—10 对工作不满意的反应**

（1）退出（exit），离开组织的行为。包括寻找一个新的职位或者辞职。

（2）建议（voice），采取积极性和建设性的态度试图改善目前的环境。包括改进的建议，与上级讨论所面临的问题和某些形式的工作活动。

（3）忠诚（loyalty），消极地但是乐观地期待环境的改善。包括面临外部批评时为组织说话，相信组织及其管理层会做出正确的事。

---

① 参见［美］斯蒂芬·P·罗宾斯：《组织行为学》（第 7 版），156 页，北京，中国人民大学出版社，1997。

（4）忽视（neglect），消极地听任事态向更糟糕的方向发展。包括长期缺勤和迟到，降低努力程度，增加错误率。

## （四）工作满意度与其他变量间的关系

管理者对工作满意度的兴趣，集中在工作满意度对员工绩效的影响上。研究人员已经认识到这种兴趣，所以我们发现大量研究的设计意图是用来评价工作满意度对员工的生产率、缺勤率和离职率的影响。

1. 工作满意度与生产率

对有关研究进行的一项细致的考察表明，如果满意度与生产率之间有积极关系的话，那么这种相关也是极低的——微弱到＋0.14左右（见图7—11）。但是，如果引进中介变量后，那么这种关系就可能改善。尤其是当员工的行为不受外在因素控制或限制时，这种相关性将会更高。举例来说，一个从事与机器步调同步工作的员工，其生产率将更多地受到机器速度的影响，而不是其工作满意度水平的影响。同样，证券经纪人的生产率受到证券市场运行的限制。当股票市场上升和交易量增加时，不管是满意度高的经纪人还是满意度低的经纪人都将获得更多的酬金。相反，当市场不景气时，经纪人的满意度水平也不太可能意味着太多的东西。工作水平似乎也是一个重要的中介变量。对于工作水平较高的员工来讲，满意度和绩效之间的相关比较高。因此我们可以期望对于在专业技术、监督和管理岗位上的人来说这种相关关系更强。

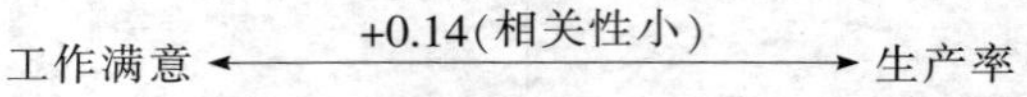


图7—11 工作满意度与生产率

最近的一项研究为最初的满意度和绩效间的关系提供了新的支持。如果在组织整体水平而不是在个体水平上收集满意和生产率的数据，我们发现，拥有高满意度员工的组织比那些拥有低满意度员工的组织更有效。如果其他研究也能重复这个结论的话，那么可以这么说，我们之所以还没有足够的证据支持“满意导致生产率提升”的结论是因为我们过去的研究集中在个体水平上而不是组织水平上，而且，关于生产率的个体水平上的测量指标未能全面考虑到工作过程的复杂性和交互作用。

2. 工作满意度与缺勤率

我们发现在满意度和缺勤率之间存在着一种稳定的消极关系，但是这种相关仅达到中等水平，通常小于＋0.40（见图7—12）。尽管一般认为不满意的员工更可能缺勤，但是其他因素影响着这种关系并减少了相关系数。例如，组织为那些自由休病假的人提供福利实际上是鼓励所有的员工包括满意度非常高的员工去休假。如果这些休假没有任何惩罚的话，你会在温暖的夏季多休几天。与生产率一样，外部因素也能减小这种相关性。

3. 工作满意度与离职率

研究发现，工作满意度与离职率之间也是负相关的，而且这种相关比我们发

工作满意 ←— +0.40 —→ 缺勤率

**图 7—12 工作满意度与缺勤率**

现的满意度与缺勤率之间的相关程度更高（见图 7—13）。但是其他因素，如劳动力市场的状况、改变工作机会的期望、任职时间的长短，都对真正决定离开自己目前的工作岗位有重要的限制作用。

工作满意 ←— − —→ 离职率

**图 7—13 工作满意度与离职率**

## 四、心理契约

心理契约是在交往双方认知了对方的身份后，形成一致认同的行为规则。心理契约属于自生自发的互动规则。比如，我和甲都是部落一般成员，部落头领分配猎物的时候，如果分给甲一个，我想肯定我也会被分到一个。这里没有明文规定，只是心理上所考虑的，对应地，部落头领也是这样考虑的。

人们的社会化过程中早期经验强化后内化形成的惯性会参与成人后个体对事物的认知、情感和行为意向过程。我们认为，这个行为惯性就是“心理契约”建立的基础。

社会互动有赖于基本心理契约的建立，且人与人之间的心理契约正是建立在双方之间对于对方认同一致性的认定之上。也就是说，只有当我们对于他人过去、现在及未来的行为模式有相当程度之稳定性的把握时，我们才能够知道下一步要如何与其互动。

### (一) 心理契约的概念

契约最初是合约、合意，双方都同意未来在这个事情上要这样做，不能那样做。这种沟通的建立在当时是相当激动人心的，也就是说这是人与人之间达到了某种共识，这在整个人类精神生活史上都是巨大的进步。所以，对于某件事情人与人之间的心理默契应该是“契约”的最初状况。双方在某件事情上能达到相互心领神会，这应该是契约的最初形态。以后有了言语，便产生了口头契约，像梅因所说的合意、协议（口头）①。当然在这个阶段前，无声语言的交流中，非言语的诸种形式如身势语言（身体语言）的契约应该也存在。在生产经济活动中，它用共同认可的交易、交换表示；在习惯法中，按梅因所讲，是心头约定，是一种习俗。②换句话说，更近似于心理上在交往上的相互认同。

①② 参见［英］H. S. 梅因：《古代法》，39 页，北京，商务印书馆，1959。

我们描述的契约的中心特征是，虽然契约因其形式和性质而有所不同，但是它们有一个共同特点，即都是“交互认同”的。这是全部契约的基本特质。同时有的人也概括为，在理论上，至少是可商谈的和完全自由地进入。但这也因不同国家和不同历史阶段而有所区别，如中国古代不同身份之间，西方中世纪的贵族与他们的臣民之间，奴隶主与奴隶之间，都有其特定的契约，两方面有权利和义务的约定，尽管是不公平不合理的（现在看来），但是他们天生就进入了这种契约关系，在任何情况下，都可以从他们的父辈那里继承这个契约。

现代生活中我们为契约性的责任和义务所包围，尽管契约概念不是新的东西，但是，现代社会和技术的复杂性意味着我们所涉及和关联的契约含义在大量地增长。我们随时有可能是一个购物者和借物者，于是我们也就进入了契约关系。例如，我们与电信局的契约是正式的特定的，电信局应该不间断地提供通信设备为我们所用，而我们应该定期交纳通信费用。如果通信费没能按时交纳或通信设备没有保障通信，都要履行契约的责任。再如，如果朋友从你那儿借了一本书，你可能没有考虑你已经定下了“契约”。这个不确定的原因是这种契约的条件是非正式和不特定的。然而，进一步考虑和考察，这类契约也是很清楚的。借给朋友一本书意味着帮了他一个忙。反过来，一般来说这个朋友有责任和义务进行回报，有机会要帮你一个忙。如果这本书由于某种原因，较长时间没还，内疚感通常由朋友内心中产生，而且你作为物主很可能找到一个理由，以后不再借给他（那个朋友）书了。这“借书”的例子明显带有心理契约的成分。

显然，契约未必仅仅涉及物品或服务的交换，这种相互交换也可以发生在非有形的物品和服务上，而且，也许正是后者更重要地影响着人们如何感觉行为的规则与取向。

所以，成员之间契约关系的形成，与他们之间心理契约状况密切相关。沙因（Schein）认为，把契约概念引入心理学领域进行详细讨论的首先是阿基里斯（Argyris）。沙因认为，心理契约可以定义为：在每个组织成员之间、各种管理者之间和组织内的其他人之间始终运作着的不成文的规定的期待。①

在沙因的定义中，这些期待当然可以体现在经济利益方面，诸如收到薪水反过来为之工作。然而，与经济相对，心理契约的本质是关注无形的期待，是心理层面上的东西。

直到近些年，罗休（Rousseau）和合作者鲁宾孙（Robinson）下了一个更确定的心理契约的定义。他们认为心理契约不仅指期待而且含有允诺的和相互的（交互、互换）责任和义务。尽管这两个概念被看作是相关的，但是被察觉或领悟的责任和义务在罗休看来比那些期待影响更大。因此，当这些责任和义务被打

---

① See P. Makin, C. Cooper & C. Cox, Organizations and the Psychological Contract, *The British Psychological Society*, 1996, pp. 2-9.

破时，相比期待被打破，人们会引起更多的情感上的反应并产生更强烈的失望感觉。[①] 与此同时，被打破的责任和义务导致愤怒（气愤）的感觉和对个体与组织关系的重新估价。

我们可以从经济契约和心理契约的内容和过程上区别两者特征。如表 7—1 所示，内容关注交换什么，过程通常关注如何交换。

**表 7—1　两种契约的内容与过程比较***

| 内容 | | 过程 |
| --- | --- | --- |
| 经济方面 | 金钱 | （惩罚）纪律上的程序 |
| 心理方面 | 额外努力的回报 | 商谈的权利 |

* 表中所列各项均为举例说明。

资料来源：P. Makin，C. Cooper & C. Cox，Organizations and the Psychological Contract，*The British Psychological Society*，1996，pp. 2 - 9.

表 7—1 中的内容并不意味着全部，只是提供了例子。显然，任何雇佣契约特征都是工作与金钱的互换。然而，那里也有其他契约方面的内容。假日和病假的待遇等也含在其中。有关过程方面，许多雇佣契约包含纪律处理方面或对组织的抱怨方面。这关注的并不是具体内容而是它如何被解决的过程（这些过程也许部分或全部为成文法规所限制）。

像经济契约一样，心理契约也可分为关注内容和过程两个方面。然而，通常这可能被认为，经济契约更大地强调内容方面，而心理契约更强调过程方面。心理契约关注的是个体与组织的关系，而不是处理事务。正像我们知道的，人们希望被对待和如何被对待的方式可能极大地影响着他们工作的方式。正如沙因所说："尽管它处于不成文的形式，但是心理契约是一个强有力的组织行为的决定因素。"[②]

期待和义务（责任），不论是经济上的还是心理上的都是双向度的。个体有期待，组织对个体也有期待，如表 7—2 所示：

**表 7—2　个体期待与组织期待的比较***

| 个体期待 | | 组织期待 |
| --- | --- | --- |
| 经济上 | 金钱 | 工作 |
| 心理上 | 体贴回报 | 成员的公民资格 |

* 表内所列各项均为举例说明。

资料来源：P. Makin，C. Cooper & C. Cox，Organizations and the Psychological Contract，*The British Psychological Society*，1996，pp. 2 - 9.

在心理契约和经济契约间还有一个重要差异，这个差异是一个核心问题。正式的雇佣契约通常相当稳定，很少有改变。然而，心理契约则处于一个不断变化

① See P. Makin，C. Cooper & C. Cox，Organizations and the Psychological Contract，*The British Psychological Society*，1996，pp. 2 - 9.

② Ibid.

的状态和修订状态。如我们所知，事实上，工作组织方式的任何改变，不论是物质的还是社会的，都对心理契约有重要影响。人们在一个组织内度过了较长时间，心理契约覆盖面势必扩张（展）。含蓄的相互期待和责任义务也将覆盖在越来越多的雇员和组织的关系中。

在理论上，心理契约不同于库利所说的"同情"，同情中有心理契约，但同情中当时的情境往往是其首要要素，而并没有心理契约那样的相对稳定性、持续性。心理契约也不同于舒茨所说互动中的"互为主观性"，互为主观性确实有心理契约的存在，但仍然更多的是当时的"此情此景"，强调的是"在场"。而心理契约包含的范围更广一些，它是一种稳定的、带有理性和价值理性的"心理自然法典"。心理契约的性质近似于态度，但态度往往是单向的，指某个人对某人某事的看法，而心理契约则是双向的，双方基本认同的行为规则观念，可以说近似库利所说的"同情"在时间维度上的延续。

心理契约与人际的信任有联系又是区别。人际的信任可否继续，与双方的心理契约形成有重要关系。而心理契约与人际的信任最大的不同是，心理契约不管对对方的信任度如何，我这样做了，对方就应该那样做，这里似乎有个"模糊的函数关系"，它的建立不是以相信为基础的而是以规范为基础的。而且心理契约有递进性，例如如果我是 A 对方就应该是 B，如果我是 C 对方就应该是 D。心理契约在递进性过程中的内容未必都在现存的规范内，但却是以规范为基础的。这里的规范往往指习俗、道德和价值取向。

心理契约的存在与运作，一方面作为社会通用的观念体系存在于成员的潜意识结构中，另一方面又作为个体成员的心理意识结构随着环境和对象而发生变化。

综上所述，心理契约的实质是成员之间在心理层面上共享的、比较一致的互动行为规则。这些规则表现在成员的认知、情感和行为意向过程中。

## （二）心理契约的应用研究

麦肯锡咨询公司的一份研究报告显示：1996—2003 年，世界上 200 家大型高科技企业战略性人才的年平均流失率为 18%，三年后仍留在原企业的员工比例仅约 55%。高科技企业中员工的忠诚度之所以如此低，原因固然很多，但与高科技企业中员工心理契约的破裂（breach）和违背（violation）所造成的组织文化的"硬伤"是密不可分的。

### 1. 组织管理中心理契约的三层含义

可以认为，心理契约是存在于组织与成员之间的，被双方感知的内隐的一种价值期待。这一界定包含了三层含义：(1) 既然是契约，就应该是双方之间签订的。(2) 既然是心理的，就应该是雇佣双方默认的、内隐的交易（心理互动）。(3) 心理契约除了包含经济利益以外，主要是为促进员工实现个人追求、社交欲望，保持良好的团队关系和工作氛围，最终形成组织文化——共同愿景和共同使命及共同价值观。

基思（Keith）和纽斯措姆（Newstrom）等将心理契约定义为员工对于组织

心理层次介入的情况。[①] 员工愿意作出贡献并保持忠诚度，但相对地也会向组织要求超越经济性的报酬，例如安全、受尊重、良好的人际关系及组织的支持。因此，组织必须兼顾员工经济上与心理上的期望，以确保员工的高满意度、高绩效并使其愿意留在组织中。图 7—14 说明了员工与组织的契约关系。

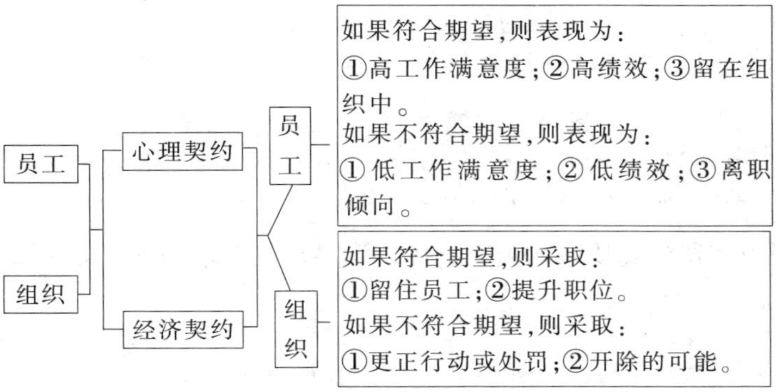


**图 7—14 员工与组织的契约关系**

资料来源：Davis Keith & Newstrom，*Human Behavior at Work*：*Organizational Behavior*，Eight Edition，McGraw Hill，1989，p. 47.

2. 组织管理中心理契约的功能

心理契约具有三大功能：（1）减少员工与组织彼此之间不安全的顾虑。由于不是所有关于雇佣关系的可能性事项都会出现在正式的契约上，员工与组织均会存在顾虑，而心理契约正好填满了这个缺口。（2）心理契约会塑造员工的行为。由于员工会权衡其对组织的责任与义务和组织对他们的责任与义务之间的差异来调整行为，以作为产出标准的基础。（3）心理契约会使得员工感受到其在组织中的影响，员工能明了自己在组织中被组织期望的角色。[②]

3. 心理契约的模型

罗休指出个人的心理契约模型在建立时，有两个操作型过程：从组织或社会标准和个人的内在诠释、个人倾向与个人的解释，来解读外部信息和社会因素。[③] 个体接收到信息后，个人倾向会影响内在信息的编码，社会因素会影响内在信息的解码，最后才形成个人的心理契约的编码，如图 7—15 所示。

心理契约也是建构于诱因与贡献的交换关系上的（见图 7—16）。个体与组织之间具有相对等的特性，当个体作出贡献或努力工作完成组织目标时，组织也相对地提供个体想要的诱因，以吸引员工作出贡献。一份重要的调查报告指出，

---

① See Davis Keith & Newstrom，*Human Behavior at Work*：*Organizational Behavior*，Eight Edition，McGraw Hill，1989.

② See L. McFarlane Shore & L. E. Tetrick，The Psychological Contract as an Explanatory Framework in the Employment Relationship，*Trends in Organizational Behavior*，1994，pp. 91 - 109.

③ See Denise M. Rousseau，*Contract Making*，*Psychological Contracts in Organizations*：*Understanding Written and Unwritten Agreements*，Thousand Oaks，Sage Publications，1995.

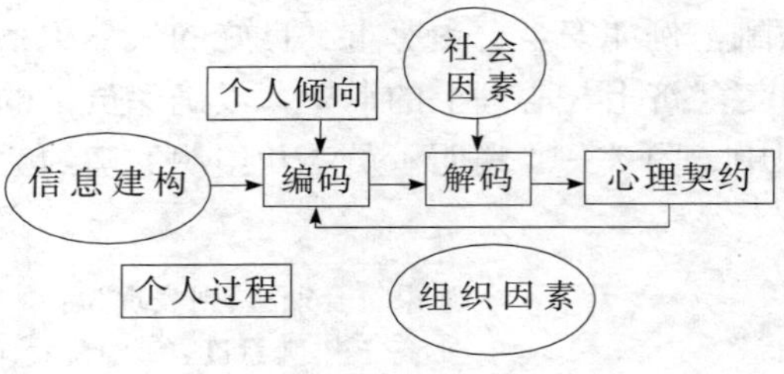


**图 7—15 建立个人心理契约的过程**

资料来源：Denise M. Rousseau，*Contract Making*，*Psychological Contracts in Organizations*：*Understanding Written and Unwritten Agreements*，p. 33.

组织若想吸引和留住高质量的员工，提供满足员工需求的诱因非常重要。

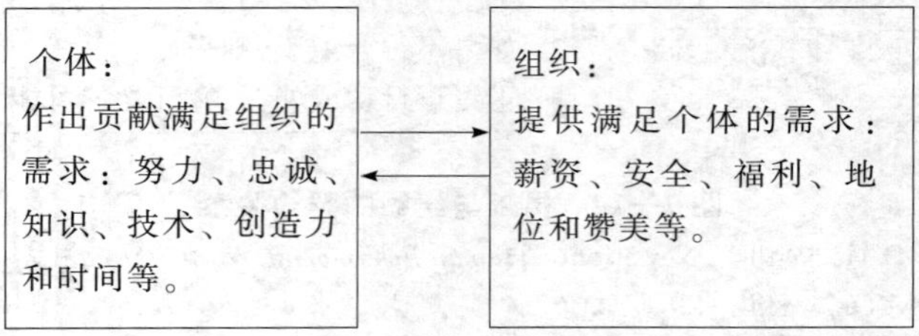


**图 7—16 组织诱因—员工贡献模型**

资料来源：Gregory Moorhed & Ricky W. Griffin，*Organizational Behavior*，Fifth Edition，Boston，Houghton Mifflin，1998，p. 89.

4. 组织管理中心理契约的违背

心理契约本质上是一个认知的模型，并且注重心理平衡的环境。① 如果员工个体的知觉感到组织所提供的诱因条件不能够有效实现，那么这将会使员工的行为产生“平衡”、“放弃”和“修改”个体的心理契约等三种知觉后果。②

心理契约的违背除了造成员工在经济交换关系中不公平的感觉之外，也会在其社会交换关系中对其关系性契约下的社会情感产生影响，比方说信任、信念等。③ 因此员工就不再觉得应该对其雇主忠诚或者付出角色外的表现等，因为这些都不再有价值。④

当组织与员工任何一方无法履行义务时，心理契约就会被违背。当这样的情形发生时，造成的后果不只是期望无法达到的问题，更会伤害组织与员工之间的

① See Denise M. Rousseau，*Contract Making*，*Psychological Contracts in Organizations*：*Understanding Written and Unwritten Agreements*，Thousand Oaks，Sage Publications，1995.

② See Rene Shalk & Charissa Freese，*New Facets of Commitment in Response to Organizational Change*：*Research Trends and the Dutch Experience*，Vol. 4，1997，p. 115.

③ See Ian R. MacNeil，Relational Contract：What We Do and Do Not Know，*Wisconsin Law Review*，1985，pp. 483 - 525.

④ See Sandral Robinson，Matthew S. Kraatz & Denise M. Rousseau，Changing Obligation and the Psychological Contract：A Longitudinal Study，*Academy of Management Journal*，Mississippi State，1994.

关系。① 心理契约建立在“信任”的基础上，而这样的伤害一旦发生将是难以弥补的。负面的影响会使得信任、忠诚与组织承诺都降低。② 沙因指出心理契约的违背会导致员工的不安、罢工与离职。③

在一个针对 MBA 毕业刚进入公司的员工的研究中，发现 54.8%的受访者心理契约被违背。同时研究也显示，心理契约的违背与员工的满意度、信赖感和留在组织的意愿都呈负相关，而与离职率呈正相关。④

鲁宾孙提供了一个实证的支持，其认为契约被违背比未达到期望所造成的反应更为强烈而且对组织更有害。⑤ 当契约中的一方认为另一方没有履行好其义务时，心理契约的违背便由此产生，如此将非常有可能影响或破坏已经建立的关系，进而对组织造成更大的伤害；然而，当员工知觉到他们的雇主违背了承诺的诱因时，员工会保留他们对组织的贡献。⑥

沙因认为心理契约的满足状态与离职倾向呈显著负相关。鲁宾孙和罗休研究发现心理契约的违背与员工的信任、工作满意度、组织满意度及留职倾向为负相关，而与离职为正相关。⑦该研究也显示已离职者的心理契约破坏程度高于尚未离职者，即心理契约的破坏与离职为正相关。基思和纽斯措姆的心理契约与经济契约的交换模式显示，如果员工对组织的期待不符合员工的需求，则员工可能会产生比较低的工作满意度、绩效，甚至离职。⑧ 斯蒂尔（Steel）和奥瓦勒（Ovalle）研究发现，离职倾向与真正的离职有高度的正向关系。⑨

## （三）建立良好心理契约的途径

1. 组织公正

首先是组织公正，要做好分配公正和程序公正。由心理契约之角度分析公正（justice）理论的重要性，似乎是近代学者研究的方向。公正理论是关于激励方式中如何分配的基础原则，以及分配原则是否被人们认知为公正。公正理论不只

---

① See D. M. Rousseau, Psychological and Implied Contracts in Organizations, *Employee Responsibilities and Rights Journal*, 1989, 2 (2), pp. 121 - 139.

② See Margaret A. Lucero & Robert E. Allen, Employee Benefits: A Growing Source of Psychological Contract Violations, *Human Resource Management*, 1994, 33 (3), pp. 425 - 446.

③ See E. H. Schein, *Organizational Psychology*, Englewood Cliffs, Prentice-Hall, 1980.

④⑦ See S. L. Robinson & D. M. Rousseau, Violating the Psychological Contract: Not the Exception but the Norm, *Journal of Organizational Behavior*, 1994 (15), pp. 245 - 259.

⑤ See S. L. Robinson, Trust and Breach of the Psychological Contracts, *Administrative Science Quarterly*, 1995 (41), pp. 574 - 599.

⑥ See S. L. Robinson & E. W. Morrison, Psychological Contracts and Organizational Citizenship Behavior: The Effects of Unfulfilled Obligations, *Journal of Organizational Behavior*, 1995 (15), pp. 245 - 259.

⑧ See D. Keith & J. Newtrom, *Organizational Behavior: Human Behavior at Work*, New York, Wiley, 1997.

⑨ See Robert P. Steel & Nestor K. Ovalle, A Review and Meta-Analysis of Research on the Relationship between Behavioral Intentions and Employee Turnover, *Journal of Applied Psychology*, 1984, 69 (4), pp. 673 - 686.

牵涉分配什么，研究范围亦包含分配决策制定时是否公正。公正的规范被破坏而产生的影响，组织研究中的事实能予以证明。组织公正与心理契约之间关系是很明确的。组织公正主要包括薪资公正及升迁公正。而薪资公正及升迁公正所探讨的分配与程序也采用“公正”一词。

组织公正性越高，无论是分配公正还是程序公正，皆能对员工满意度和行为产生正面的影响。当员工心理契约达到平衡时，员工不会产生心理契约被违背的感受，也不会调整自身的行为以减少被违背的感受，故不会减少对组织的贡献或付出。在员工心理契约达到平衡时，组织绩效将会比员工心理契约被违背时更高。

2. 对员工的尊重

员工受到尊重，自尊心便会提高。有较高自尊心的员工，往往容易与组织形成良好的心理契约关系。

3. 良好的职业生涯指导

组织生涯发展是组织生涯管理和个人生涯计划相结合所产生的结果。应把个人的生涯计划和组织的生涯管理两者结合起来，通过组织内生涯发展系统以达到组织人力资源需求与个人生涯需求之间的平衡，创造一个高效率的工作环境。职工培训配合生涯设计是加强员工成就感和工作满意度、对组织忠诚度，阻止人才外流的好办法。

4. 企业文化建设

以人为本的现代企业文化，指的是现代企业的文化价值观应建立在注重人的能力的充分发挥这一基石之上，企业的一切经营管理活动都围绕如何正确发挥人的能力而进行。以人为本的管理，就是方便被管理者的管理，就是发挥员工潜质的管理。

5. 恰当的激励方式

建立心理契约要认识到员工的特定需要和有效的激励方式。人类的行为是一个可激励的系统，借助于心理的方法，对人的行为进行研究和分析，并给予肯定和激励，使有利于生产、有益于社会的行为得到社会的承认，使其强化，形成良好的氛围，这样就能维持其动机，促进这些行为的保持和发展，维系员工良好的心理契约。

## 五、组织承诺[①]

研究表明，组织承诺是组织发展动力的重要结构部分。作为工作态度之一的组织承诺的水平主要受其主体的价值取向和组织中的激励机制强化的影响。其中价值取向是主体人格特质和组织文化确定形成的，而主体人格特质和组织文化又体现了其所从属的民族文化精神特征。这种稳定的、可承继的、长久积淀在组织

① 参见郭玉锦：《组织承诺及其文化因素》，《哈尔滨工业大学学报》（社科版），2002（2）。

成员意识中的精神气质特点，无时无刻不影响着现代组织中成员的组织行为方式，尤其表现在组织承诺的强度和向度上。探讨组织承诺的概念对组织的忠诚模式，在员工中试图发展较大的承诺强度并使员工们共享组织的信念和价值，揭示文化因素对组织承诺影响的内在机理，对组织理论的发展和本土组织理论的发展，都有重要的意义。

## (一) 组织承诺的含义

在讨论组织承诺的含义时，有必要概述一下有关概念。

(1) 工作承诺（work commitment 或 job commitment），指成员对自己所从事工作的一种热衷态度。它与工作满意度和工作投入有着密切关系。有关工作承诺的研究主要集中在成员的工作价值观、职业发展、个性特征（相对于职业的）、工作责任心、组织认同和对社会的态度等。这些研究表明，工作承诺的培养、激发和保持，已成为人力资源管理的重要部分。

(2) 工作满意度（job satisfaction），指个人对其所从事工作的一般态度。一个人工作满意度水平高，对工作就可能持积极态度；对工作不满意的人，就可能对工作持消极态度。

(3) 工作投入（job involvement），是组织行为学中较新的概念，是指成员对其本职工作的积极主动态度和热爱迷恋程度。工作投入测量的是一个人在心理上对其工作的认同程度，认为绩效水平对自我价值的重要程度。在早期，弗鲁姆（Vroom）认为它是一种内在激励。洛代尔（Lodahl）和基吉纳（Kijner）把它看成是对工作的认同和价值观的表现。后来，人们将其视为一定的工作态度。1976年塞尔（Sale）和霍斯科（Hosck）对各家之言做了总结，并以因素分析获得了工作投入的三个关键因素：其一，主动参与精神；其二，工作是生活的核心兴趣；其三，工作绩效在人的自我概念中居核心地位。

他们认为工作投入是以认知、感情和行为三者为基础的复杂概念。工作投入程度高的员工对他们所做的工作有强烈的认同感，并且真的很在意他们所做的工作类型。

(4) 组织承诺（organizational commitment），在组织心理学（或组织行为学）中指组织成员的一种工作态度。通常定义为：成员对特定组织及其目标的认同，并且希望维持组织成员身份的一种心理现象，即指成员对组织的忠诚性、认同（可）程度及参与程度。上述的前三个概念（工作承诺、工作满意度和工作投入）都是对具体的工作而言的，而组织承诺则针对成员对组织的向度上。不难看出，它比以上几个概念更具综合性。需要指出的是，组织承诺可能完全与工作满意度无关。例如，护士也许真的喜欢她们做的这种工作，但是不喜欢她们工作的医院，这导致她们中有些人去寻求其他医院中相似的工作。再如，酒店里的服务员喜欢他们所工作的酒店，但是，却不喜欢在桌边等候这种工作方式。这些现象说明了组织承诺这个概念与上述相关概念有联系但又有所不同。它们之间没有完全的线性关系。同时表明这个概念在组织理论及其实践中有其独特的结构和功能。

## （二）组织承诺概念的三个组成部分

组织承诺这个概念从 20 世纪 60 年代初由贝克尔（H. S. Becker）提出后，许多学者对组织承诺的内涵和外延提出了各种各样的说法。这些定义由梅耶（J. P. Meyer）和阿伦（N. J. Allen）整理如下，并分为三部分。

1. 感情取向

个体对群体在感情上的忠诚（Kanter，1968）。

个体对组织的一种态度或取向，将其认同联系依附在这个组织上（Sheldon，1971）。

组织目标和个体目标整合为和谐一致的过程（Hall，Schneider & Nygren，1970）。

一个组织的信徒，从自身感情上忠于组织的目标和价值，忠于其相关目标和价值的角色，忠于这个组织；而不是单纯的工具性（Buchanan，1974）。

个体认同和投入一个特定组织的相对强度（Mowday，Porter & Steers，1982）。

2. 成本权衡

在继续留在组织的获益和离开组织的成本之间权衡后，愿意留在组织中继续工作的意向（Kanter，1968）。

个人与组织交易成本权衡后的一个结构现象（Hrebiniak & Alutto，1972）。

随着员工对组织的投入增加而使其不得不继续留在该组织的一种心理现象（Becker，1960）。

3. 义务或道德责任

承诺行为是社会性接受行为，这种行为超越了与承诺的目的相关的、正式的、规范性的期望（Wiener & Gechman，1977）。

以一种适合组织目标和利益的方式进行的行为，这种行为带有全部内化的规范性压力（Wiener，1982）。

接受承诺的雇员从伦理道德上考虑留在公司，忽视工资、多年来给予其的地位晋升和满意度（Marsh & Mannari，1977）。

4. 组织承诺的结构

主体：组织承诺的主体应包括组织内的任何一个成员。这里分三个方面：(1) 组织最高管理者；(2) 中层管理者；(3) 组织的一般成员。以往研究多集中在组织的一般成员的组织承诺方面。

客体：组织。

## （三）组织承诺的三种形式

承诺表现性质（nature of commitment）一般有三种形式：感情承诺、继续承诺和规范性承诺。

从研究的角度，梅耶认为，把这三种承诺视为组织承诺的组成部分而不是组织承诺的类型更为恰当。因为一个成员与其组织的关系可以反映在这三种承诺的各种水平上。例如，一个成员可能感到对一个组织的强烈的忠诚（或依恋感）和要留下来的责任感；而另一个成员可能喜欢为其组织工作而且也认识到从经济角度看很难离开组织；还有的成员可能体验到一个值得考虑的责任需要而留在组织中。这样作为研究者或实践者可以从三种承诺形式的全部水平清楚地理解一个成员与其组织的关系。

1. 感情承诺

它是指成员在感情上认同组织、投入组织和依恋组织，成员带着强烈感情承诺（affective commitment）继续工作在组织中，因为他们想这样做。也就是说，成员对组织所表现的忠诚并努力工作，主要是由于对组织有深厚的感情，而非物质利益。但是这种感情承诺是依靠工作本身特性、组织管理特点、组织内的人际关系、组织可靠性和公平性以及个人在组织中的重要性等因素强化形成的。其特点是具有波动性。可呈高强度，但在低水平时，当有继续承诺或规范性承诺的负面作用时，可能会降低原有的承诺强度。艾森伯格（R. Eisenberg）则根据互惠规范和交换理论提出，关键在于成员所感受到的来自组织的关心和支持。肖尔（L. M. Shore）和韦恩（S. J. Wayne）的研究也发现，成员感觉到来自组织的支持越大，越是利他主义者或越是顺从，则感情承诺的水平就越高。

2. 继续承诺

它是指成员意识到一个“交易”，要考虑离开组织是否划算。比如成员最初进入这个组织时与该组织所形成的关系就是这种承诺。成员要在继续留在组织的获益和离开组织的成本之间权衡后，表示愿意留在组织中继续工作。这是因为他们需要这样做。而且在组织中工作时间越长，其继续承诺（continuance commitment）水平越高，不愿意放弃既得利益。这方面更多的研究指出，有的成员为了不失去已有的位置和多年投入所换来的福利待遇而不得不继续留在组织内。影响继续承诺的因素主要有受教育的程度、所掌握技术的应用范围、改行的可能性、个人对组织的投入情况、福利因素、居住时间长短、个人特性等。这种承诺有一定的稳定性特点。但是如果对于这个交易成员觉得划不来或应得利益没有兑现，那么其承诺强度就会降低或产生离开组织的意向。

3. 规范性承诺

它是指受长期形成的社会责任感和社会规范的约束，成员为了尽自己的责任而留在组织内。持有高水平规范性承诺（normative commitment）的成员感觉到他们应该留在这个组织内。其影响因素主要有对组织承诺的规范要求、成员的个性特征、所接受的教育类型等。这种承诺的特点是相对持续性，与上述两个比较更受价值规范影响。

## (四) 组织承诺指向

组织承诺指向（focus of commitment）是指成员向谁承诺。研究发现，承诺指向不同其强度也显著不同。比如，成员可能只对其车间主任有高水平的承诺而对所在组织有较低水平的承诺。中层管理者可能只对高层领导者有高强度承诺而对组织却呈低水平的承诺。高层领导者可能对组织呈零承诺或只有继续承诺。贝克尔和比林斯（Billings）提出了组织承诺指向的四个层面：

（1）局部承诺成员忠诚于他们的直接上司（或领导）和所工作的群体。

（2）高位承诺成员忠诚于组织的最高管理者和该组织。

（3）完全承诺成员既有局部承诺也有高位承诺。

（4）零承诺成员既不显示局部承诺也不显示高位承诺。

中国组织中成员的组织承诺显著特征如下：

（1）表现在忠诚和承诺上仍然是更多地指向雇主个人（和他的家族）而不是抽象的组织整体。在国有企业和事业组织中承诺指向各层管理者。这一特征的深层心理是对权威人格的依赖，有的组织成员称其组织的领导为“大哥”。

（2）感情承诺普遍且水平往往高于另外两种承诺。在中国的现代化进程中，仍然留有较浓的礼俗社会特点，情感维系人与人的关系，主要表现在家族亲情、乡土亲情和群体亲情上。后者是前两者的外化。

（3）一般成员的局部承诺水平高于高位承诺。可谓“县官不如现管”。

（4）非正式群体的作用。成员对其所参与的非正式群体的感情承诺水平较高，通常超过对其所在正式组织的组织承诺。每个人都有人际交往的“圈子”，“圈子”中能较充分地表现自我。但仍可能对其所在的组织有较高水平的继续承诺。

（5）组织承诺边界不清。如组织中最高管理者对其上一级机构的组织承诺往往高于对其所在组织的组织承诺（如企业对其所在地区的政府机构）。

## 第四节 态度和行为

通常情况下，人们的态度决定他们的行为。比如，虔诚的基督徒会表现得很诚实、节俭、富有同情心。再如，歧视拉美裔的人不太可能将自己的孩子送到一所拉美裔学生占绝大多数的学校去读书。对态度研究的兴趣主要源于态度影响行为这一假设。

但是在许多情况下行为并不必然与态度一致。例如，开会投票的时候，自己从心里并不同意选那个人，但还是举手投了赞成票。这时我们的行为与我们的态度并不一致。有时，我们看到我们不喜欢的人也与之微笑并且打招呼说你好。这是为什么呢？什么情况下我们会这样，什么情况下我们不会这样呢？这是一个态度与行为的一致性问题，本节我们会有针对性地讨论这个问题。因为我们不能对全部现象作出解释，只能有选择地说明某些现象。

态度对行为的影响程度已经成为态度研究的争论焦点。下面的一个经典研究案例可以为我们提供更清晰的思考空间。

## 一、经典研究案例[①]

【理论假设】在1930—1933年，拉皮尔（La Piere）与一对年轻的中国夫妇四处旅行。“这对夫妇很有风度、富有魅力，并能很快赢得那些有机会与他们打交道的人的钦佩与尊重。”那时，在美国人们对亚裔存在着严重的偏见与歧视。在这次旅行开始后不久，当他们一行三人在一个小镇的一家最好的旅馆与服务员打交道时，拉皮尔心中甚是担忧，因为“在这个小镇上，当地人对东方人存在很狭隘的偏见”。令他们吃惊的是，服务员立即礼貌地接待了他们。拉皮尔继续叙述道：“两个月后，当我再次沿此路线旅游时，我给这个旅馆打了个电话，问他们是否愿意接待‘一名重要的中国先生’，对方的回答却是个毫不含糊的‘不’字，这件事激发了我的好奇心并使我着手进行这项研究。”

与那些为人普遍接受的观点相反，拉皮尔的研究的理论假设是：人们的社会行为与他们口头表达的社会态度很少具有一致性。换句话说，人们的言行并不一致。

【方法】这项研究分两部分进行。第一部分着重探讨真实的行为，第二部分是评估与其相关的假设性态度。

真实行为阶段：拉皮尔与他的中国朋友两次开车沿太平洋海岸线周游美国，旅游线路总长度约为1.6万公里。仔细研究拉皮尔的文章后我们发现，他此次旅行的目的并不是为了研究态度，他在旅行中对态度和行为的关系的关注纯粹是一种巧合。拉皮尔并没有告诉这对中国夫妇，他对他们每到一处所受到的接待都进行了详细的观察记录。他解释说，如果他们知道了详细情况，就会变得不自然，并改变自己的行为，这样就会降低研究的效度。在1930—1933年，他们共住过67家旅舍、汽车旅馆和“旅行者之家”，在184家饭店和咖啡馆用过餐。拉皮尔一直对旅馆接待员、男侍者、开电梯的工作人员以及女服务员对中国夫妇的态度与行为，进行准确而详细的记录。为了防止因自己的出现使这些人的反应有所改变，拉皮尔经常让中国夫妇订房间、买食宿用品，而他自己则负责照看行李，并且总让他们先进入餐馆。稍后，我们将对这对中国夫妇所受到的礼遇进行详细的讨论。

假设性行为阶段：在研究的第二部分中，拉皮尔给所有他们到过的地方寄了一份问卷，问卷与真实访问之间有6个月的时间间隔。他对于这种间隔的说明是：他希望让中国夫妇访问的影响得以消退。

---

① 参见《态度与行为的关系》，见 http://www.chinadmd.com/file/xsiwuzuvowzx66r6oizcriwu_1.html。

问卷感兴趣的主要问题是："你愿意在自己的旅馆或餐厅接待中国客人吗?"餐馆、咖啡馆共返回 81 份问卷，旅馆返回了 47 份问卷，回收率为 51%。为了进一步确保问卷的回答没有直接受到中国夫妇访问的影响，拉皮尔同时让另外 32 家旅馆和 96 家餐馆对同样的问卷作出回答，它们与中国夫妇访问过的餐馆、旅馆在同一地区。

在将近 3 年之后，拉皮尔终于有了确切的资料以对社会态度与社会行为进行比较。

【结果】拉皮尔称，在 251 个他们曾光顾过的旅馆和餐馆中，他们只受到过一例由于他的这对同伴是异族所带来的冷遇。这次唯一的冷遇发生在加利福尼亚的一个小城镇。根据拉皮尔的描述，这是一家非常简陋的汽车旅馆。业主来到汽车旁，看了一下车里的人说："不，我不接待日本人。"除了这次不愉快的经历外，他们在其他地方都受到了中等或中等以上的待遇，尽管有时待遇有变化，也是因为人们对中国夫妇的"好奇心"所致。拉皮尔解释说，在 1930 年，除了太平洋沿岸地区、芝加哥和纽约外，大部分美国人几乎没有与亚洲人在一起的经历，也许他们从未见过亚裔人。拉皮尔对他与中国夫妇所受到的服务进行了等级评定，除了极少的几个地方，其他所有地方的接待与他们所预期的一样或更好。如果他单独出去，情况也不过如此。

6 个月后，那些寄往他们曾经访问和未曾访问过的地方的调查问卷所得的结果是，几乎所有的拉皮尔与中国夫妇到过的旅馆、餐馆、咖啡馆、旅行者之家（超过 90%）都回答说他们将不会接待中国人。另外，来自他们未到过的地区的回答，其分布状况实质上也是一样的。这就表明，研究结果并没有受旅行者最近造访的影响。相反，回答"是"的问卷来自一个小旅馆的管理人员，"她附了一封热情洋溢的信，信中描述了去年夏天，她与一位中国先生及他可爱的妻子在一起时的美好情景"。

心理学家对拉皮尔的研究的反应就像一名运动员在极富挑战性的比赛中的反应一样。这种反应表现在三个方面并引发了大量的研究。第一，针对拉皮尔的研究结果，有一些强烈的批评意见；第二，研究者开始试图解释为什么对态度的评估不能预测个人真实的行为；第三，行为科学家试图发现在何种条件下，态度才能可靠地预测行为。

对拉皮尔研究方法的一种批评意见是，以一封信中对简单的是非问题的回答为基础，不能有效测量个人对某一群人的态度。例如，答卷人大脑中对"中国人"形成的表象，也许与他们实际遇到的这对中国夫妇完全不同。另一种批评意见是，在他们 3 个人访问过的地方的人中，只有半数对问卷作出了回答，也许那些花时间回答问卷的人正是对亚洲人有极端偏见的人。还有一种批评意见是，6 个月后，对问卷问题作出回答的人也许已不是他们曾经遇到的那些人了。

总之，拉皮尔这个结论已经遭到了广泛的批评，这种批评认为研究结论低估了态度与行为之间的一致性。

实际上，后来的研究表明态度和行为之间的一致性还是很高的。① 但是，在不同的情境下，一致性的程度会发生变化。近年来，有大量的研究对决定态度与行为一致性程度的条件进行了考察。现在人们认为，稳定的态度、重要的态度、容易提取的态度、由直接经验形成的态度、人们很确定的态度、在认知与情感上有很高一致性的态度，是最能预测行为的态度。② 下面就对其中的部分特点进行讨论。

## 二、态度的强度

态度表达的可能是正向的，也可能是负向的，还可能某两个人的判断完全相同，但是他们的“强—弱”程度却不同，这种情况下则可以说这两个人态度相同，而态度强度不同。而同样的态度，强度大的更容易引发相应的行为。

法兹奥（Fazio）从另一个角度来理解态度和行为的关系。他认为态度强度决定了态度是否被激活，进而形成内部的驱动力，并且这种强度决定了这种驱动力是否进一步引发相应的行为。他发现与经验相关的记忆形成的态度容易提取，引发相应行为反应的时间间隔要短。所以他认为可提取性强的态度是行为的影响因素，而这种可提取性就是态度强度的一个指标。

态度强度的影响因素有很多，其中归纳得比较全面并且普遍被接受的是七因素说。③ 七因素说认为影响态度强度的七个因素是：（1）重要性；（2）可接受性；（3）坚实的知识；（4）细节的呈现；（5）确定性强，记忆容易提取；（6）评价的极端性；（7）不冲突。如果这些强度够大，则会引发一定的行为，并且相应的行为不易改变。同时，这些态度强度对行为的作用都是不一样的。

态度强度不仅直接与行为相关联，同时也可以作为态度的方向性和行为之间的中介，态度越强烈，行为出现的可能性就越大。④ 这个理论的研究还是延续了态度强度和行为的直接关联，也有大量的实验支持了态度强度与行为的直接关系，因此这个理论成为态度行为关系理论中另一个较好的理论。

日常生活中，人们看到态度和行为之间能保持高度的一致，其中一个重要条件是这个态度是强烈而清晰的。态度强度被认为是态度耐性和有效性的体现，通常高强度态度能够帮助个体抵御说服信息，保持较高的行为一致性。强烈的态度往往是稳定的、会造成重要后果的，这些态度往往是对个人而言非常重要的，对这些问题个人有非常确定的感受。这样的一些态度通常经由直接经历形成，因而

---

① See S. J. Kraus, Attitudes and the Prediction of Behavior: A Meta-Analysis of the Empirical Literature, *Personality and Social Psychology Bulletin*, 1995 (21), pp. 58 - 75.

② ［美］泰勒等：《社会心理学》(第 10 版), 171 页。

③ See G. Y. Bizer & J. A. Krosnick, Exploring the Structure of Strength-Related Attitude Feature: The Relation between Attitude Importance and Attitude Accessibility, *Journal of Personality and Social Psychology*, 2001, 81 (4), pp. 566 - 587.

④ See J. R. Priester et al., The A2SC2 Model: The Influence of Attitudes and Attitude Strength on Consideration and Choice, *Journal of Consumer Research*, 2004, 30 (4), pp. 574 - 588.

是很容易被提取的。[①] 而日常生活中那些态度和行为不一致的情况往往出现在强度较低或模糊的态度上。

而且，研究发现，任何有助于强化态度的事情都会增加态度和行为的一致性。其中知晓态度客体信息量的多少就是我们掌握的有关态度对象的情况，也与一致性相关。比如，科格林（Kallgren）和伍德（Wood）发现，了解环保信息多的学生，他们的环保行为与他们对环保态度更为一致。[②] 另外一种强化态度的途径是复述实践与态度一致的行为，当人们想起并表明自己态度的时候，态度与行为之间的一致性就更高，这可能是因为这样做有助于强化态度。[③] 研究表明，强烈的态度往往是与价值或信念紧密联系的态度，也就是说，这些态度与人们拥有的价值观念和相关信念紧密结合在一起。因此，这样与价值或信念联系紧密的态度应该能较好地预测行为。与此观点一致的是，坚信素食对人类存续有益者的态度与不怎么相信素食有益者的态度相比，在是否素食方面，态度与行为的一致性上有更高的相关。

没经历过的事情似乎与我们相对遥远，我们不怎么在意；在某个问题上的直接个人经历使得我们更多地思考和谈论它。所以，当我们在态度对象上有直接经验时，与仅仅从别人那里听说或仅仅从书面资料中读到有关的信息，更能导致态度和行为之间的一致性。[④] 关于这方面，瑞根（Regan）和法兹奥的研究证实了这一点，他们以住房短缺时期的康奈尔大学学生为被试，实地考察中发现，许多大一新生不得不在秋季学期的开始几周里住在临时住房里，通常就是在宿舍的休息室里搭一张简易的床。和那些立即就得到了长期住房的学生不同的是，他们切身经历了住房短缺。研究人员测量了学生对住房危机的态度以及他们对采取可能的行动的兴趣，比如说签名并散发请愿书，加入相关的委员会以研究这个问题等。亲身经历了危机的学生，其态度和行为联系非常紧密。与此相反，那些仅有“二手”体验的学生，比如说只是和朋友谈及过这个问题，或只是从学生报纸上看到这场危机的有关消息，其行为和态度并不总是相关。[⑤]

态度强度的另一个影响因素是人们是否在某个问题上有既得的或私人的利益。斯维克（Sivacek）等人用最小饮酒年龄的问题证实了这一点。[⑥] 1978 年密歇

---

① See J. A. Krosnick et al., Attitude Strength: One Construct or Many Related Constructs? *Journal of Personality and Social Psychology*, 1993 (65), pp. 1132 - 1151.

② See C. A. Kallgren & W. Wood, Access to Attitude-Relevant Information in Memory as a Determinant of Attitude－behavior Consistency, *Journal of Experimental Social Psychology*, 1986 (22), pp. 328 - 338.

③ See R. H. Fazio et al., Attitude accessibility, attitude-behavior consistency, and the strength of the object-evaluation association, *Journal of Experimental Social Psychology*, 1982 (18), pp. 339 - 357.

④ See S. J. Kraus, Attitudes and the Prediction of Behavior: A Meta-Analysis of the Empirical Literature, *Personality and Social Psychology Bulletin*, 1995 (21), pp. 58 - 75.

⑤ See D. T. Regan & R. Fazio, On the Consistency between Attitudes and Behavior: Look to the Method of Attitude Formation, *Journal of Experimental Social Psychology*, 1977 (1), pp. 3, 28 - 45.

⑥ See J. Sivacek & W. D. Crano, Vested Interest as a Moderator of Attitude-Behavior Consistency, *Journal of Personality and Social Psychology*, 1982 (43), pp. 210 - 221.

根州的一项投票议案，主张将法定饮酒年龄从 18 岁提高到 21 岁。可以设想的是，年龄小于 21 岁的年轻人比大于 21 岁的年轻人在这个问题上涉及了更多的个人利益。实际上，那些有自身利益涉及其中的人对这个议案的态度与他们的行为（自愿去召集选民）之间有更密切的联系。

与态度的强度紧密相关的一个概念是重要性。重要的态度是那些反映了个人基本的价值观念、切身利益或个人重视的对他人或群体（即参照群体或参照个人）的认同的态度。[①] 这些态度不为说辞所动，同时和个体的行为有密切联系。[②]

## 三、态度的稳定性和可提取性

研究表明，与不稳定、不容易从记忆中提取的态度相比，稳定的态度容易记忆，更能预测行为。[③] 当人们对某个事物或现象的态度不稳定时，他们当前的态度比他们几个月或几年前所持的态度更能预测行为。事实上，你很难在一个大学生大一和大四时对各种职业的评价和其职业发展计划之间找到密切的联系。因此，在当前时段同时对该大学生的态度和行为进行测量，那么其态度和行为之间的相关性会较高，二者的一致性会达到最大化。

与此同时，时间间隔会淡化态度和行为之间的相关，因为态度在变，同时改变的还有人和情境。比如一个 25 岁的女子说结婚后不想要孩子，这个态度并不一定与她 30 岁时的行为一致。她的态度会有所改变。测量态度和测量行为之间的时间间隔越长，它们之间的联系也就越少。所以当我们评价一个人是否言行相关或一致的时候，千万不要把行为与两年以前说的话进行对比。因为事情很可能已经变了。

容易从记忆中提取的态度对行为的影响更大。[④]决定态度是否容易被提取的一个首要因素是：态度的表达频率。例如，假设你的学校减少了评分等级，而你认为这种评分系统的变化不公平。如果你有很多机会来表达你的态度，那么当你和一个教授谈论评分问题的时候，这种态度很有可能会影响交谈中你的行为；如果你没有机会表达自己对评分政策的态度，你在交谈中就可能不会受评分政策的影响。[⑤] 经常表明自己的某种态度，这种态度就会变得更加强烈。[⑥] 因此，如果

① See D. S. Boninger et al., Origins of attitude importance: Self-Interest, Social Identification, and Value Relevance, *Journal of Personality and Social Psychology*, 1995 (68), pp. 61 - 80.

② See J. R. Zuwerink & P. G. Devine, Attitude Importance and Resistance to Persuasion: It's Not Just the Thought That Counts, *Journal of Personality and Social Psychology*, 1996 (70), pp. 931 - 944.

③④ See S. J. Kraus, Attitudes and the Prediction of Behavior: A Meta-Analysis of the Empirical Literature, *Personality and Social Psychology Bulletin*, 1995 (21), pp. 58 - 75.

⑤ See R. H. Fazio, How Do Attitudes Guide Behavior? R. M. Sorrentino & E. T. Higgins (Eds.), *The Handbook of Motivation and Cognition: Foundations of Social Behavior*, New York, Guilford Press, 1986, pp. 204-243; R. H. Fazio, On the Power and Functionality of Attitudes: The Role of Attitude Accessibility, A. R. Pratkanis, S. J. Breckler & A. G. Greenwald (Eds.), *Attitude Structure and Function*, Hillsdale, NJ, Erlbaum, 1989, pp. 153 - 179.

⑥ See J. W. Downing et al., Effects of Repeated Expressions on Attitude Extremity, *Journal of Personality and Social Psychology*, 1992 (63), pp. 17 - 29.

你有多种机会来表达对评分政策的态度，在这个过程中你对这种态度的感受就会越来越强烈。容易提取的态度也会被视作重要的态度。[①] 也就是说，你表达某种态度的机会越多，你就越会认为这种态度对你而言非常重要。[②]

容易提取的态度之所以会对人们的行为产生如此强烈的影响，原因之一是只要态度对象在环境中一出现或被提及，那么关于它的态度就会自动被激活。比如，一旦看到对论文的评分，你就会自然而然想起你对评分政策的态度。[③] 不过，研究表明不单是容易提取的态度，很多态度都会在态度对象出现时被自动激活。[④] 这个发现意味着我们的很多行为受到态度的指引，尽管经常是无意识的。

## 四、其他特点

### （一）态度对象

有的时候，态度和行为之间的差异不是由态度的特点造成的，而是由将定情境下具体的态度对象的特点决定的。具体而言，存在一种“典型效应”（typicality effect）[⑤]，即人们对某个社会群体的态度更能预测他们对该群体典型成员表现出的行为，而对该群体的非典型成员，人们表现出的行为不一定与他们的态度一致。比如，如果哈洛德对同性恋有恐惧感，那么他会回避一个年轻的、带女人气的男助教，因为后者看起来像一个典型的同性恋。但是，如果一个男人是学校运动场上的体育健将，喜欢和他的朋友一起喝啤酒，即使哈洛德知道他是个同性恋，和他打交道也不会让哈洛德感到有什么不舒服的地方，因为他的上述行为不像哈洛德心目中的典型“男同性恋”的行为。

罗得（Lord）和他的同事用两项很有趣的研究证明了这一假设。在每项研究里，他们首先测量被试对目标群体的刻板印象；然后，向被试呈现目标对象，这个对象要么符合目标群体的特征，要么不符合，让被试回答自己会对目标对象表现出什么样的行为。第一项研究考察了普林斯顿大学的男生对同性恋的态度。[⑥] 研究者向男大学生描绘了一个具体的人“约翰”，这个人正在考虑转学到普林斯

---

① See N. J. Roese & J. M. Olson, Attitude Importance as a Function of Repeated Attitude Expression, *Journal of Experimental Social Psychology*, 1994 (30), pp. 39 - 51.

② See J. Blascovich et al., Attitude Accessibility as a Moderator of Autonomic Reactivity during Decision Making, *Journal of Personality and Social Psychology*, 1993 (64), pp. 165 - 176.

③ See R. H. Fazio, How Do Attitudes Guide Behavior? R. M. Sorrentino & E. T. Higgins (Eds.), *The Handbook of Motivation and Cognition: Foundations of Social Behavior*, New York, Guilford Press, 1986, pp. 204 - 243; E. R. Smith et al., Accessible Attitudes Influence Categorization of Multiply Categorizable Objects, *Journal of Personality and Social Psychology*, 1996 (71), pp. 888 - 898.

④ See J. A. Barht et al., The Generality the Automatic Attitude Activation Effect, *Journal of Personality and Social Psychology*, 1992 (62), pp. 893 - 912.

⑤⑥ See C. G. Lord et al., Attitude Prototypes as Determinants of Attitude-Behavior Consistency, *Journal of Personality and Social Psychology*, 1984 (46), pp. 1254 - 1266.

顿。在介绍约翰的时候，研究者要么把他描绘成一个典型的同性恋形象，要么描绘成一个不那么像同性恋的人。被试对约翰的行为倾向如何呢？他们愿意带他参观校园，把他介绍给自己的朋友，或周末让他去自己家里玩吗？如果约翰很像一个同性恋的话，被试表达的助人倾向与他们对同性恋的一般态度更一致；如果约翰不像一个同性恋的话，被试表达的助人倾向与他们对同性恋的一般态度之间的关系就没那么密切了。

## （二）态度的突出程度

在多数情境中可能有几个态度都和某一行为相关。比如在升学考试中作弊，可能是由于对诚实的不重视，也可能是因为太想进法学院。学校主管决定禁止一个同情同性恋权利的人在高中学生大会上演说，可能是因为他不喜欢在学校里出现争执，也可能是因为他厌恶同性恋。行为与某具体态度之间是否一致的一个重要决定因素是相关态度的突出程度。

如果某个具体的态度很突出的话，它更可能和行为有紧密的联系。为了证明这一点斯奈德（Snyder）等人设计了一个模拟审判情境，让被试审理一桩性别歧视案。[①] 在“态度突出”的条件下，他们引导被试在审理案件前先花几分钟去整理自己对扶助行动（affirmative action）的看法，从而使被试对扶助行动的态度变得突出。在“态度不突出”的条件下，被试事先并不知道案件涉及扶助行动。当态度变得很突出的时候，它与被试对案件的判决结果有很高的相关。当态度不突出的时候，对扶助行动的态度与判决结果之间没有密切的关系。

当态度不是很强烈的时候，态度的突出程度显得尤其关键。当我们持有某种强烈的态度的时候，可以设想的是，它不用被强制性地引起我们的注意，就能与行为有较强的相关。博吉达（Borgida）在明尼苏达大学发生停车位短缺期间对学生进行了研究。[②] 经常开车去学校的学生受停车位短缺的影响比其他学生更大，因为他们要么得花很长的时间来寻找车位，要么会收到更多的罚单。研究者认为，惯于每天用车的学生有更强烈的态度，因为他们对于停车位短缺有切身的体会。他们让每组被试中的部分学生听一段对话，对话中有对停车问题的抱怨，以此使得被试对停车问题的态度变得更突出。其他人听到的对话则是有关暑期工作计划和手球式壁球的优点。只有对那些在停车位问题上没有什么体验的学生——他们可能也是在这个问题上态度最微弱的学生，凸显停车问题的谈话才增强了态度与行为之间的一致性，即他们愿意在校报的一张反映停车问题的整页广告上签名。

剖析得更深一点，当态度中的情感成分（即议题唤起的感受）变得突出时，情感成分对行为的影响会变大，当认知成分（即个人对态度对象的信念）变得突

---

① See M. Snyder & W. B. Swann, Jr., When Actions Reflect Attitudes: The Politics of Impression Management, *Journal of Personality and Social Psychology*, 1976 (34), pp. 1034 - 1042.

② See E. Borgida & B. Campbell, Belief Relevance and Attitude-Behavior Consistency: The Moderating Role of Personal Experience, *Journal of Personality and Social Psychology*, 1982 (42), 239 - 247.

出时，认知成分对行为的影响会更大一些。① 不过，如果情感成分和认知成分一致时，哪一个更突出是无关紧要的；当两者之一被突出时，两者都会与行为高相关。②

## （三）情境压力

日常生活中，只要人们从事某种外部活动，就既受到态度的影响，又受到情境的影响。二者经常在个体头脑中博弈，如果情境压力很大，态度对行为的决定作用就不如情境压力小的时候那么大。在拉皮尔的研究中很容易看到这一点。穿着体面、外表令人起敬的人要求住店，是很难拒绝的，尽管店主歧视他们的种族。③ 如果法律规定旅店的房间应该出租给任何要求住店而且能负担房费的人的话，外界压力就更大了。

情境压力对态度的影响是如此之大，以至于人们有的时候会根据不同的情境发展出对同一态度对象截然不同的态度。例如，明纳德（Minard）发现，西弗吉尼亚煤矿中白人矿工在井下时会平等对待黑人矿工，但是当他们在外面的世界相遇时，却会把他们看成是下等人。④ 通常，我们会对一个社会目标形成由情境决定的态度，导致了我们的态度与行为之间的差异，而这种差异实际上可能反映了由情境决定的多重态度。⑤

总之，有时候态度和行为密切相连，有时候却不是。表 7－3 中列出了一些重要的影响因素。

**表 7—3　　有利于态度和行为保持一致的条件**

| |
|---|
| 态度很强烈 |
| 　无冲突的态度 |
| 　一致的情感和认知成分 |
| 　有关态度对象的信息 |
| 　在态度对象上的直接个人经历 |
| 态度有跨时间的稳定性 |
| 态度与行为直接相关 |
| 态度是突出的 |
| 没有导致冲突的情境压力存在 |

资料来源：［美］泰勒等：《社会心理学》（第 10 版），175 页。

---

① See M. G. Millar & A. Tesser, Thought-Induced Attitude Change: The Effects of Schema Structure and Commitment, *Journal of Personality and Social Psychology*, 1986 (51), pp. 259 - 269.

② See M. G. Millar & A. Tesser, The Effects of Affective-Cognitive Consistency and Thought on the Attitude-Behavior Relation, *Journal of Personality and Social Psychology*, 1989 (25), pp. 189 - 202.

③ See R. T. La Piere, Attitudes vs. Actions, *Social Forces*, 1934 (13), pp. 230 - 237.

④ See R. D. Minard, Race Relations in the Pochontas Coal Field, *Journal of Social Issues*, 1952 (8), pp. 29 - 44.

⑤ See A. R. McConnell et al., Within-Target Illusory Correlations and the Formation of Context-Dependent Attitudes, *Journal of Personality and Social Psychology*, 1997 (73), pp. 675 - 686.

## 五、态度与行为的理性模型

在态度与行为关系的研究中，加入意图作为中介变量是一大改进，意图这个变量可以作为态度的一个内部的驱动过程，形成一定的驱力，同时又可以作为行为的准备状态。因此这个框架最重要的部分就是把一种稳定的心理趋向，转化为内在的活动，从而与外在的活动有一个联系，如果没有内在的活动过程，没有这种内在准备状态，那么行为的产生就没有一定的动力，因而也就不能轻易产生。所以意图作为中介变量会使得态度和行为的关系更加紧密。

人作为社会的成员会受到很多外在环境的影响，所以态度和行为也就不可能像反射那么简单，有什么样的输入就有什么样的输出。态度和行为之间并不是简单的一对一的关系，除了中介变量以外，还有大量的其他的环境变量，或者是心理变量在直接或间接地起作用，态度与其他变量协同作用于行为，比如现在人格、重要他人的态度、社会准则、自我效能感、前经验、习惯等等都可以与态度一起协同影响行为。

现在得到普遍认可的涉及中介变量和其他的影响变量的理论是理性行为理论和计划行为理论。计划行为理论是对理性行为理论的扩展，它们都是解释态度与其他变量共同作用于行为意图，进而作用于行为的过程。

### （一）理性行为理论

菲什拜因（Fishbein）和阿耶兹（Adzen）在 1975 年提出了理性行为理论（theory of reasoned action，TRA）：对特定行为的态度（AB）和主观基准（SN）两者结合起来决定行为意图（BI），而行为意图导致有意志力的行为（B）。这个理论认为行为意图是态度和主观的标准衡量的结果，即人依据理性的对特定事物的态度来做内部的判断，依据社会的标准来权衡，判断和权衡后才会形成接下来的行为。所以他们认为许多社会性的突出的行为是带着一定的特殊目的有意做出的，所以要预测一定的行为，首先要确定这个行为意图的强度。这个理论的优势就在于考虑了人有社会角色这样一个特殊的因素。

该理论算是最具影响力的态度与行为关系理论，其中尝试分析有哪些因素决定了态度与行为的一致性。该理论的前提假设是：我们根据有意识的意向行事，而有意识的意向是对行为的潜在效果和他人会对我们的行为作何感受进行理性计算之后形成的。图 7—17 描绘了理性行为模型（reasoned action model）。

理性行为理论的核心是个体的行为意向能预测其行为。如果一个妇女说她想通过避孕药来避免怀孕，与没有这种想法的人相比，她更可能会这样做。行为意向本身有两个主要的预测变量：对行为的态度（她是否认为吃药对她来说是一个积极的做法?）和主观的社会规范（social norms）（别人觉得她应该怎样做，对此她有何知觉：她的伴侣希望她这样做吗？她的教会怎样想？她的妈妈呢?）。个人对自身行为的态度可以用期望—效价框架来预测：对每个可能结果的渴望乘以

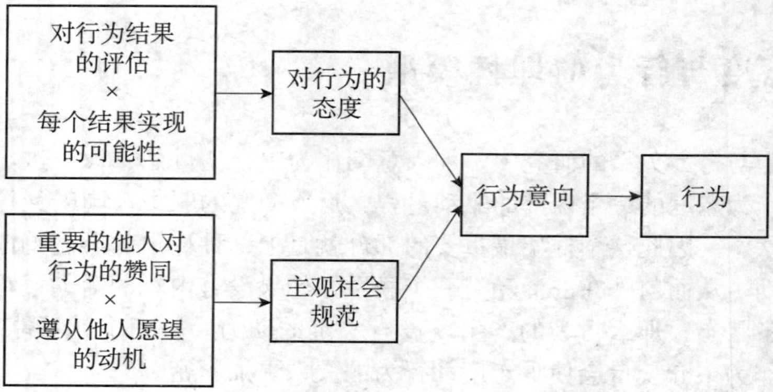


**图 7—17　个人行为决定因素的理性行为模型**

资料来源：［美］泰勒等：《社会心理学》（第 10 版），176 页。

其权重即该结果发生的可能性。举一个例子，对这个妇女而言，避孕极其重要（对结果的渴望），而避孕药又几乎百分之百地可以让她不怀孕（发生的可能性），避孕药可能有轻微的、让人不适的副作用，但这些副作用不会对服用者产生影响。主观的社会规范的预测方式如下：对重要他人期望自己如何行事的知觉，乘以其权重，即遵从这些期望的动机。比如说，她的丈夫很想让她吃避孕药，而她想取悦他；她所在的教会强烈反对服用避孕药，但她认为教会的观点已经过时，而且不再介意教会的想法。

理性行为模型受到众多心理学家的推崇，一方面因为它使人显得很有理性，另一方面因为它把态度视为决定行为的核心因素。它的另一个优点是简洁：用很少的变量就可以解释各种行为。所以它得到了广泛的应用。一个简单的例子是曼斯蒂尔（Manstead）和其同事所做的一项研究。[①] 他们试图预测怀孕妇女究竟愿意用母乳喂养婴儿还是用牛奶喂养婴儿。在分娩之前，研究者测量了孕妇的行为意向（是否想用母乳喂养?），对该行为的态度（她是否认为母乳喂养能加强母子的情感联系，这种联系有多重要?）和主观社会规范（孕妇的丈夫、母亲、密友和医生更偏好哪种喂养方式，她有多强的动机遵从他们的愿望?）。研究者发现，理性行为模式能很好地预测后来的行为。这些态度与分娩后实际的母乳喂养行为达到 0.77 的相关，这是一个很高的相关值。这个模型还被用来成功预测了其他的很多行为。

显然，没有完美的模型。这个模型有什么问题呢？该模型的吸引力和独特之处主要来自意图决定行为的这个理念。仅就其中的一点而言，每个人都知道，良好的意图并不总是足够的，有时我们没有足够的能力或资源做自己想做的事情。因此，有人建议在模型中加入一个变量——知觉到的对结果的控制能力。[②] 斯奇

① See Manstead et al.，Predicting and Understanding Mothers' Infant-Feeding Intentions and Behavior：Testing the Theory of Reasoned Action，*Journal of Personality and Social Psychology*，1983 (44)，pp. 657 - 671.

② See I. Ajzen & T. J. Madden，Prediction of Goal-Directed Behavior：Attitudes，Intentions，and Perceived Behavioral Control，*Journal of Experimental Social Psychology*，1986 (22)，pp. 453 - 474；T. J. Madden，P. S. Ellen & I. Ajzen，A Comparison of the Theory of Planned Behavior and the Theory of Reasoned Action，*Journal of Personality and Social Psychology*，1992 (65)，pp. 458 - 468.

夫特（Schifter）和阿杰恩（Ajzen）的研究是对这个观点的一个支持。[①] 他们在研究中发现，在有减肥意向的女生中，只有那些相信自己能够控制体重而且只要努力就能成功减肥的女生，才会真正实现减肥的目标。对那些觉得自己无力减肥的女生，减肥的渴望对行为的影响很小。对这个问题的研究综述确证了这一点[②]，即在这个模型中增加控制知觉，提高了模型对意图与行为关系的预测能力，尤其是当行为本身带有潜在的控制问题的时候（比如减肥或戒烟）。增加了知觉到的对结果的控制能力之后的修正模型被称为"计划行为理论"。

然而，有些没有包含在这个模型中的因素，比如外界的限制条件和机会、知觉到的易感性和恐惧等，对态度与行为之间的关系也有重要影响。博伊德（Boyd）和万德斯曼（Wandersman）（1991）就性交中使用安全套的意向对190名大学生进行了访谈。完成最初的问卷填答3个月后，对这些人进行了电话回访，以记录他们在这段时间中使用安全套的频率。尽管行为意向能很好地预测报告的安全套使用频率，知觉到的易感性和对艾滋病的恐惧也是重要的预测变量。有可能安全套的可获得性以及是否愿意购买也是不容忽视的原因。因此，人们可能想用安全套，但当他们需要的时候，可能却得不到；或者他们不想用，但是因为安全套很容易得到，而且他们的伴侣坚持要用，结果他们就用了。

对于行为希求程度的态度并不总能控制行为。以前的行为或习惯对以后行为的影响，比态度更强大。在一定程度上，人就是一种习惯动物。例如，一位母亲喂养第一个孩子的方式会影响她喂养第二个孩子的方式，而不论她或她的所有朋友以及家人认为的正确喂养方式应该是如何的。[③] 在一个可能与很多读者有关的研究中，阿杰恩和麦登（Madden）发现，不管大学生当前对于出勤持什么态度，以前的听课习惯都是大学生未来出勤情况的最强的预测变量。[④]

最后，有时我们很难找到一种行为意向测量方法，这种方法完全独立于当事人对于行为的态度以及实际的行为。有时，测得的行为意向与对行为的态度很接近。问一位孕妇是否想用母乳喂养孩子，与问她是否觉得母乳喂养好是一样的。在这样的情况下，态度能更有效地预测行为意向而非实际的行为。这样的话，把行为意向作为一个独立的因素考虑，不会加深我们的理解。尽管有这些局限，计划行为理论仍有助于我们澄清态度在决定行为的过程中扮演的角色。

---

① See D. E. Schifter & I. Ajzen, Intention, Perceived Control, and Weight Loss: An Application of the Theory of Planned Behavior, *Journal of Personality and Social Psychology*, 1985 (49), pp. 843 - 851.

② See T. J. Madden, P. S. Ellen & I. Ajzen , A Comparison of the Theory of Planned Behavior and the Theory of Reasoned Action, *Journal of Personality and Social Psychology*, 1992 (65), pp. 458 - 468.

③ See A. S. R. Manstead et al. , Predicting and Understanding Mothers' Infant-Feeding Intentions and Behavior: Testing the Theory of Reasoned Action, *Journal of Personality and Social Psychology*, 1983 (44), pp. 657 - 671.

④ See I. Ajzen & T. J. Madden, Prediction of Goal-Directed Behavior: Attitudes, Intentions, and Perceived Behavioral Control, *Journal of Experimental Social Psychology*, 1986 (22), pp. 453 - 474.

## （二）计划行为理论

也有很多研究认为，行为人不总是理性权衡后才决定采取某一种行为。首先自动化的行为是不需要理性的行为意图的，而是在潜意识中完成的，比如吸烟等重复习惯化的行为就很少需要理性的行为意图，而且这样的无意识的行为在生活中占有很大的比重。只有当人们面对新鲜或逆境的情况，他们才会转向理性的行为意图。同样，情绪类的反应也不需要理性的行为意图，很多都是自发形成的。其次，一个行为能否成功不仅仅依靠个人的期望或意图，而且还依靠一些非动机性的因素，比如机遇、信息技术能力等等。[①]

所以阿杰恩在 1990 年提出了计划行为理论（theory of planed behavior，TPB）。他认为行为人不总是通过理性的分析，进而形成行为意图，才决定用最好的行为的。[②] 多数时候，人们依靠其自动激活的态度或信息在头脑中的组织形式，以及外部资源、机遇和内部的情绪去决定其行为，因此他在理论框架中又加上了“行为控制的感知”（PBC）这个影响因素。如果用回归的数学形式表现，则表现为以下形式：

$$BI = w1\ AB + w2\ SN + w3\ PBC \quad (1)$$

$$B = w4\ BI + w5\ PBC \quad (2)$$

其中 w1、w2、w3、w4、w5 可以看作回归系数。

社会行为控制的感知（perceived behavior control，PBC）是这个理论的一个改进之处，与班杜拉的自我效能感比较类似，它的含义是对一件事情的难易的感知，同时考虑到个人的技能、资源以及机遇而去做一个特定的行为。华莱士（Wallance）等人的研究认为当人面对强的社会压力和对行为控制的难度的感知时，那么态度和行为的关系为 0.40，可是如果社会压力和行为控制的难度的感知减小一个标准差，那么态度和行为的关系会降低到 0.30，这可以在一定程度上说明社会行为控制的感知的重要性。[③] 同时，社会行为控制的感知在潜意识和情绪反应等情况下可以不经过行为意图，直接作用于行为。

这两个理论不仅仅涉及意图这个内在的准备状态，同时还加入了与外在环境交互的作用。人生活在社会中就不可避免地受到外在人际的影响，并且还有环境因素比如机遇等等的影响，内在的不可控因素也非常多，比如情绪、能力等等，这些可以成为增强或减少态度对行为的影响程度，同时更重要的是，计划行为理论揭示了人在无意识或没有内在驱力的情况下做出的一些行为，所以这个理论的应用范围更加广阔。

---

① See M. Peach et al., Beliefs Underlying Employee Readiness to Support a Building Relocation: A Theory of Planned Behavior Perspective, *Organization Development Journal*, 2005, 23 (3), pp. 9-23.

② 参见段文婷、江光荣：《计划行为理论述评》，载《心理科学进展》，2008，16（2）。

③ See S. D. Wallace et al., Which Behaviors Do Attitudes Predict? Meta-Analyzing the Effects of Social Pressure and Perceived Difficulty, *Review of General Psychology*, 2005, 9 (3), pp. 214-227.

## (三) 计划行为理论模型的修正

现在很多研究在应用计划行为理论研究的同时，也对计划行为理论作了一定的修正。康纳（Conner）和诺曼（Norman）等人增加意图的稳定性、行为的稳定性以及对过去的行为的感知等因素，以计划行为理论为基本框架来研究饮食行为和健康行为，发现意图的稳定性和行为的稳定性等因素加入到这个框架中能够提高变异的解释能力，使这个框架的解释力更强：稳定的行为意图和行为高相关，同时过去的行为与现在的行为相关程度较低；而不稳定的意图和行为低相关，同时过去的行为和现在的行为关系紧密。[①] 这个模型的修正加入了纵向的时间因素，这也在一定程度上克服了计划行为理论随着时间变化稳定性不够的问题。

海格（Hagger）等人通过细分和解析影响因素使计划行为理论达到更好的解释能力。[②] 在研究中，他们把态度分解为情感性态度和工具性的态度；"控制"因素取代"行为控制的感知"，并进一步区分为行为控制的感知和自我效能感；而"主观规则"则被"规则"这个统称取代，并包括法制规则和描述性规则。而特拉菲穆（Trafimow）等人则把行为控制的感知细分为感知到的能力和感知到的困难，结果证明通过这样的细分能够很好地提高模型的解释能力。[③]

更多的修正和改进则是针对不同的研究内容加入其相关的影响变量或者限定研究情境来达到提高模型解释力的目的。佩恩（Payne）等人加入"工作压力"这个变量来研究运动和健康饮食。[④] 凡德尔兹（Van der Zee）和巴克（Bakker）等人通过结构访谈研究结果和非结构访谈研究结果的对比，揭示了计划行为理论在特定的情况下——结构访谈的情况下更加有效。[⑤]

我们可以看到对计划行为模型的修正还是以态度和行为之间的关系为基础，主要是从纵深两个方面展开的，纵向是加入了时间因素，而横向则是把影响因素再细分，这使得它的范围更加广阔，而且解释力不断增强。

**本章要点**

1. 态度的含义。所谓态度是指人们对一定对象相对稳定、内部制约化的心

---

① See M. Conner et al., The Theory of Planned Behavior and Healthy Eating, *Health Psychology*, 2002, 21 (2), pp. 194 - 201.

② See M. S. Hagger & N. L. D. Chatzisarantis, First and Higher-Order Models of Attitudes, Normative Influence, and Perceived Behavioural Control in the Theory of Planned Behaviour, *The British Journal of Social Psychology*, 2005, 44, pp. 513 - 536.

③ See D. Trafimow & J. H. Trafimow, Predicting back Pain Sufferers'Intentions to Exercise, *The Journal of Psychology*, 1998, 132 (6), pp. 581 - 593.

④ See N. Payne et al., The Impact of Job Strain on the Predictive Validity of the Theory of Planned Behaviour: An Investigation of Exercise and Healthy Eating, *British Journal of Health Psychology*, 2005, 10, pp. 115 - 132.

⑤ See K. L. Van der Zee et al., Why Are Structured Interviews so Rarely Used in Personnel Selection? *Journal of Applied Psychology*, 2002, 87 (1), pp. 176 - 184.

理反应倾向。

2. 态度的构成。态度三要素说将G. W. 奥尔波特的“心理上、生理上”这个提法明确为感情、认知、行为三个成分。这种规定，有利于人们对态度的理解：态度是一个复合的而非单一的心理过程。

3. 态度的功能。根据卡兹的观点，态度有四种功能：（1）调适作用；（2）自我防卫作用；（3）价值表现作用；（4）知识作用。

4. 态度的形成。凯尔曼曾提出与此有关的对社会影响的三种反应：服从、同化和内化。

5. 态度变化理论。按认知失调论的解释，任何时间只要个人发现有两个认知彼此不能调和一致时，就会感觉到心理冲突，因冲突而引起的紧张不安，转而形成一种内在的动机作用，促使个人放弃或改变认知之一，而迁就另一认知，借以消除冲突，恢复调和一致的心态。费斯廷格所指的认知，并不只限于前述的调和论者所指态度内三成分中的认知，而是泛指所有包括认知成分的思想、观念、态度、行为等等。

6. 工作态度是指组织成员内心的一种潜在心理倾向，是个人的能力、意愿、想法、感情、价值观等，在工作中所体现出来的外在表现。

7. 行为有时与态度一致，有时和态度无关，当态度坚定、稳定、易提取、与行为有明确的相关而且与之冲突的环境压力小的时候，态度和行为的一致性会很高。

8. 理性行为模型认为，行为意向控制行为，而行为意向又由对行为的态度和主观社会规范所决定。

### 基本概念

态度　服从　认知失调　工作态度　心理契约　组织承诺

### 复习思考题

1. 怎样理解态度的三要素？
2. 态度如何形成？
3. 态度的功能是怎样的？
4. 如何理解费斯廷格的认知不协调理论？
5. 工作态度在组织绩效中起到了什么作用？
6. 如何理解心理契约？
7. 大多数时候我们的态度直接决定我们的行为，但有时却不是。什么时候我们的态度和行为最不可能一致？为什么？

### 推荐阅读书目

杨国枢等．社会及行为科学研究方法．10版．台北：东华书局股份有限公司，1987.

［美］阿伦森．社会心理学入门．北京：群众出版社，1985.

［美］J. L. 弗里德曼，D. O. 西尔斯，J. K. 卡尔史密斯．社会心理学．哈尔滨：黑龙江人民出版社，1984.

Adams J S. Toward an understanding of inequity. Journal of Abnormal and Social Psychology，1963（67）：422－436.

Adams J S. Inequity in social exchange//Berkowtiz L，eds. Advances in experimental social psychology. New York：Academic Press，1965. 267－299.

Alexander S，Ruderman M. The role of procedural and distributive justice in organizational behavior. Social Justice Research，1987（1）：177－198.

Argyris C P. Understanding organizational behavior. Homewood，Dorsey Press，1960.

Baker G P，Jensen M C，Murphy K J. Compensation and incentives：Practice vs. theory. Journal of Finance，1998（43）：593－616.

Balkin D B，Gomez-Mejia L R. New perspectives on compensation. New Jersey：Prentice-Hall，1987.

Bateman T S，Organ D W. Job satisfaction and the good soldier：The relationship between affect and employee，Citizenship. Academy of Management Journal，1983（26）：587－595.

Blau P M. Exchange and power in social life. New York：Wiley，1964.

Brockner J. Low self-Esteem and behavioral plasticity：Some implications for personality and social psychology//Wheeler L，ed. Review of Personality and Social Psychology，1984（37）：1732－1741.

Brockner J. Self-Esteem at work：Research，theory and practice. Lexington，Mass：D C Heath & CO，1988.

Campbell D T，Fiske D W. Convergent and discriminant validation by the multitraitmultimethod matrix. Psychological Bulletin，1959（56）：81－105.

Coopersmith J. The antecedents of self-esteem. San Francisco：Freeman，1967.

Deutsch M. Equity，equality，and need：What determines which value will be used as the basis for distributive justice. Journal of Social Issues，1975，31（3）：137－149.

Donald R C，Emory C W. Business research methods. 5th ed. Richard D，Inc，1995.

Dornstein. Perceptions regarding standards for evaluating pay equity and their determinants. Journal of Occupational Psychology，1985，58：321－330.

Emerson R. Social exchange//Rosenberg M，Turner R，eds. Social psychological perspective. New York：Basic Books，1981.

Epstein S. The stability of behavior：On predicting most of the people much of the time. Journal of Personality and Social Psychology，1979（37）：

1097－1126.

Folger R，Greenberg J. Procedural justice：An interpretive analysis of persionnel systems//Rowland K，Ferris G，eds. Research in personnel and human resources management. v 3，1985. 141－183.

Folger R，Konovsky M A. Effects of procedural and distributive justice on reactions to pay raise decisions. Academy of Management Journal，1989（32）：115－130.

Gelfand D M. The influence of self-esteem on rate of verbal conditioning and social matching behavior. Journal of Abnormal and Social Psychology，1962（65）：259－265.

Gouldner A W. The norm of reciprocity：A preliminary statement. American Sociological Review，1960（25）：161－178.

Graeme Martin，Harry Staines，Judy Pate. Linking job security and career development in a new psychological contract. Human Resource Management Journal，1998，8（3）：20－40.

Graham J W. An essay on organizational citizenship behavior. Employee Rights and Responsibilities Journal，1991（4）：249－270.

Greenberg J. Employee theft as a reaction to underpayment inequity：The hidden cost of payouts. Journal of Applied Psychology，1990（75）：561－568.

Greenberg J. Organizational justice：Yesterday，today，and tomorrow. Journal of Management，1990（16）：399－432.

Guzzo Richard A，Noonan Katherine A，Elorn Efrat. Expatriate Managers and psychological contract. Journal of Applied Psychology，1994，79（4）：617－626.

Hellriegel D，Slocum J W，Jr，Woodman R W. Organizational behavior. St. Paul：West Pub Co，1989.

Hezberg F. One more time：How do you motivate employees. Harvard Business Review，1968. 53－62，90.

Herbert G，Heneman K. Pay satisfaction，research in personnel and human resource management. v 3，1985. 115－139.

Homans G. Social behavior：Its elementary forms. New York：Harcourt，Brace，& World，1961.

Katz D. The motivational basis of organizational behavior. Behavioral Science，1964（9）：131－146.

Katz D，Kahn R L. The social psychology of organizations. New York：Wiley，1966.

Katz D，Kahn R L. The social psychology of organizations. 2nd ed. New York：Wiley，1978.

Keith D, Newstorm J W. Organizational behavior: Human behavior at work. New York: Wiley, 1997.

Keith D, Newstrom J W. Human behavior at work: Organizational behavior. 8th ed. McGraw-Hill, 1989.

Kickul J. (In press). When organizations break their promises: Employee reactions to unfair processes and treatment. Journal of Business Ethics.

Konovsky M A, Folger R, Cropanzano R. Relative effects of procedural and distributive justice on employee attitudes. Representative Research in Social Psychology, 1987 (17): 15-24.

Korman A K. Hypothesis of work behavior revisited and an extension. Academy of Management Review, 1976 (1): 50-63.

Kotter J P. The psychological contract: Managing the joining-up process. California Management Review, 1973 (15): 91-99.

Lawler E E. The design of effective reward systems//Lorsch J W, ed. Handbook of Organizational Behavior. New Jersey: Prentice-Hall, 1978. 255-271.

Lerner M J. The justice motive: Some hypotheses as to its origins and forms. Journal of Personality, 1977 (45): 1-52.

LeTourneau B, Fleischauer A. What physicians want. Healthcare Executive, 1999, 14 (3): 10-15.

Leventhal G S, Karuza J, Fry W R. Beyond fairness: A theory of allocation preferences//Mikula, ed. Justice and social interaction. New York: Spring-Verlag, 1980. 167-218.

Levinson H. Men, management and mental health. Cambridge, MA: Harvard University Press, 1962.

Lucero Margaret A, Allen Robert E. Employee benefits: A growing source of psychological contract violations. Human Resource Management, 1944, 33 (3): 425-446.

MacNeil Ian R, Relational contract: What we do and do not know. Wisconsin Law Review, 1985: 483-525.

Maslow A H. A theory of human need. Psychological Review, 1948 (80): 370-396.

McFarlane Shore L, Tetrick L E. The psychological contract as an explanatory framework in the employment relationship. Trends in Organizational Behavior. v 1. 1994. 91-109.

Meyer J, Allen N, Smith C. Commitment to organizations and occupations: Extension and test of a three-component conceptualization. Journal of Applied Psychology, 1993 (78): 538-551.

Milkovich G T, Anderson P H. Management compensation and secrecy. Personnel Psychology，1972（25）：293－302.

Milkovich George T，Newman Jerry M. Compensation. 3rd ed. Homewood，IL：BPI/Irwin，1990.

Mobley W H. Intermediate linkages in the relationship between job Satisfaction，and employee turnover. Journal of Applied Psychology，1997（62）：237－240.

Mobley W H，Horner S O，Hollingsworth A T. An evaluation of precursors of hospital employee turnover. Journal of Applied Psychology，1978（63）：408－414.

Morrison D. Psychological contracts and change. Human Resource Management，1994（33）：353－372.

Morrison E W，Robinson S L. When employee feel betrayed：A model of how psychological contract violation develops. Academy of Management Review，1997（22）：226－256.

Nanette Fondas. Feminization unveiled：Management qualities in contemporary writings. Academy of Management Review，1997，22（1）：257－282.

Northcraft，Neale. A management challenge//Organizational Behavior. The Dryden Press，1994. 400.

Organ D W. Organizational citizenship behavior：The good soldier syndrome. Lexington，MA：Lexington Books，1988.

Organ D W. The motivation basis of organizational citizen behavior. Research in Organizational Behavior，1990（12）：43－72，92.

Pierce J L，Gardner D G，Cummings L L，Dunham R B. Organization-Based self-esteem：Construct definition，measurement，and validation. Academy of Management Journal，1989（32）：622－648.

Pierce J L，Gardner D G，Dunham R B，Cummings L L. Moderation by organization-based self-esteem of role condition-employee response relationships. Academy of Management Journal，1993（36）：271－288.

Rene Shalk，Charissa Freese. New facets of commitment in response to organizational change：Research trends and the Dutch experience. v 4，1997. 115.

Robert A Baron，Donn Byrne. Social psychology—Understanding human interaction. Allyn and Bacon，Printed in the United States of America，1994.

Robinson S L. Trust and breach of the psychological contracts. Administrative Science Quarterly，1996（41）：574－599.

Robinson Sandral，Kraatz Matthew S，Rousseau Denise M. Changing obligation and the psychological contract：A longitudinal study. Academy of Management Journal. Mississippi State，1994.

Robinson S L，Morrison E W. Psychological contracts and organizational citizenship behavior：The effects of unfulfilled obligations. Journal of Organizational Behavior，1995（15）：245－259.

Robinson S L，Morrison E W. Organizational citizenship behavior：A psychological contract perspective. Journal of Organizational Behavior，1995（16）：289－298.

Robinson S L，Rousseau D M. Violating the psychological contract：Not the exception but the norm. Journal of Organizational Behavior，1994（15）：245－259.

Roehling M V. Critical issues in the meeting of the academy of management. Cincinnati，1996.

Rousseau D M. Psychological and implied contracts in organizations. Employee Responsibilities and Rights Journal，1989，2（2）：121－139.

Rousseau D M. New hire perceptions of their own and their employer's obligations：A study of psychological contracts. Journal of Organizational Behavior，1990（11）：389－400.

Rousseau D M. Contract making，psychological contracts in organizations：Understanding written and unwritten agreements. Thousand Oaks：Sage Publications，1995.

Rousseau D M，Greller M M. Human resource practices：Administrative contract makers. Human Resource Management，1994（33）：385－401.

Rousseau D M. Psychological contracts inventory technical report. Pittsburgh：Carnegie Mellon University，2000.

Schein E H. Organizational psychology. Englewood Cliffs：Prentice-Hall，1980.

Schermerhorn J R，Jr. Management. New York：John Wiley & Son Inc，1996.

Shore L M，Barksdale K. Examining degree of balance and level of obligation in the employment relationship：A social exchange approach. Journal of Organizational Behavior，1998（19）：731－744.

Singer M G，Tang T L P. Factors related to perceived instrumentality. Journal of Collective Negotiations，1996（25）：271－286.

Smith C，Organ D W，Near J P. Organizational citizenship behavior：Its nature and antecedents. Journal of Applied Psychology，1983（68）：453－463.

Steel Robert P，Ovalle Nestor K. A review and meta-analysis of research on the relationship between behavioral intentions and employee turnover. Journal of Applied Psychology，1984，69（4）：673－686.

Thibaut J，Walker L. Procedural justice：A psychological analysis. Hillsdale，NJ：Lawrence Erlbaum Associates，1975.

Wallace M J，Jr，Fay C H. Compensation theory and practice. 2nd ed. Boston，Massachusetts：Pws-Kent，1988.

Walster E，Walster G W，Berscheid E. Equity：Theory and research. Boston：

Allyn and Bacon，1978.

William L J，Anderson S E. Job satisfaction and organizational commitment as predictors of organizational citizenship behavior. Journal of Management，1991，17 (3)：601－617.

# 第八章

# 群体心理

群体心理大致有三种形式：一是社会群体的群体心理，是指社会中的某一群体或组织的心理；二是集群心理，当我们把临时聚集的人群看作一个群体，考察这个集群的心态过程时，我们称之为一种集群心理；三是民族心理，它限定为一个人类共同体在同质文化下的相似心理活动倾向。

# 第一节 社会群体概述

## 一、社会群体及群体特征

社会群体是社会协作的产物，它是一种极为普遍的社会现象，涉及人类生活的各个方面，有政治群体、工作群体、娱乐群体、朋友群体等。一个人可以同时参加几个群体。他可以是家庭成员，又可以是工作群体的成员；可以参加工会组织，又可以归属于某个党派。由于群体在社会上占有重要的地位，因此引起了多种学科对它的兴趣，如社会学、医学、心理学、教育学等，都对它进行了广泛的研究。而社会心理学以其独特的研究方式，使自己同上述学科区别开来。它着重于探讨群体与个人之间的相互影响、相互作用的关系，群体心理的基本特征，个人在群体的情境下心理活动的规律等等。并认为群体是这样的一些人，他们在一定的空间和时间内相互作用，直接或间接地使有效的相互作用在持续性、广泛性和融洽性上达到密切的程度，并自身形成一个内部准则，指导价值的实现。

从以上定义出发，不难看出群体具有以下特征：（1）群体必须首先是一群人，家庭、小组、公司、国家、民族都可以是一个群体；（2）群体存在着一个结构，比如角色分工；（3）有一定的目标；（4）群体成员要明确意识到自己是属于某个群体的，以及群体的界限；（5）要有共同的价值和规范。

## 二、群体心理效应

在现实生活中，我们常常可以看到一个人单独表现的行为，与在群体中表现的行为是不一样的。这是群体心理存在的结果。人们在群体中相互作用，相互影响，就产生了群体心理，如群体需要、群体规范、价值、情感等。它们都对个人的行为起到制约作用，每个群体都有这种心理特征。不同的群体有不同的心理特征。典型的群体心理，表现在参加群体的成员的“我们”的情感上，也就是用“我们”区别于其他群体的心理构成。“我们”的情感，就反映了群体成员对共同心理的意识。每个成员参加群体，首先都感到自己与共同心理有从属关系，只有接受了这种共同心理后，才能取得群体成员的资格。

群体心理虽然是由每个成员的心理构成的，但不等同于个人心理，也不是个人心理特征的简单相加，而是每个成员个人心理特征的综合和概括，是成员间不断相互作用的结果。整体不等于个体之和，但却由个体表现出来。群体心理来源于个人心理，它是其成员所共有的东西。

群体心理的存在对于个体有着重要的意义。个体的社会化、个体自我的形成，都是在这种群体心理的影响下进行的。个体心理也是在群体心理的制约下获得的。因为社会是一个宏观环境，对个体而言，是一种抽象的关系。而群体是一种微观环境，对个体而言，是一种具体的关系。社会要把每个生物人塑造成社会人，就要通过群体这种微观环境发生作用。因此，群体心理自然会对个性的发展产生影响，并部分地成为个体心理特征。在现实生活中，群体是多样的，个体要生活在许多群体之中，这样就造就了个体心理的丰富性，并使个体得到全面的发展。

概括起来，群体心理对个体的作用，主要表现在三个方面：

1. 群体归属感

这是个体自觉地归属于所参加群体的一种情感。有了这种情感，个体就会以这个群体为准则，进行自己的活动、认知和评价，自觉地维护这个群体的利益，并与群体内的其他成员在情感上发生共鸣，表现出相同的情感、一致的行为以及所属群体的特点和准则。例如，一个大学生在社会上表明自己身份时，总是说我是某个学校的，到了学校，则强调是某个系的和某个班级的。这种表现学校、系、班级身份的意识，就是归属感的一种具体表现。群体的归属感，由于群体内聚力的高低不同，其表现的程度也就不同。群体内聚力越高，取得的成绩越大，其成员的归属感也就越强烈，并以自己是这个群体的成员而自豪。所以，先进群体成员的归属感比落后群体成员的归属感要强烈。另外，一个人在一生中可以同时或先后参加几个不同的群体，他对这些群体都会产生归属感，而最强烈的归属感是对他生活、工作和其他方面影响最大的那个群体。一般来说，人们对家庭的归属感要比对工作群体的归属感强烈得多。

2. 群体认同感

群体认同感，即群体中的成员在认知和评价上保持一致的情感。由于群体中的各个成员有着共同的兴趣和目的，有着共同的利益，同属于一个群体，于是在对群体外部的一些重大事件和原则上，都自觉保持一致的看法和情感，自觉地使群体成员的意见统一起来，即使这种看法和评价是错误的，不符合客观事实，群体成员也会保持一致。例如，某个成员与群体外的他人发生意见冲突，那么群体内的其他成员就会与本群体的这个成员的意见保持一致，认为他说得对而批驳对方。

一般来说，群体中会发生两种情况的认同：一是由于群体内人际关系密切，群体对个人的吸引力大，在群体中能实现个体的价值，使各种需要得到满足，于是成员主动地与群体发生认同，这种认同是自觉的。另一种认同是被动性的，是在群体压力下，为避免被群体抛弃或受到冷遇而产生的从众行为。这后一种认同是模仿他人，受到他人的暗示影响而产生的，尤其是在外界情况不明，是非标准模糊不清，又缺乏必要的信息时，个人对群体的认同会更加容易产生。

3. 群体的促进和干扰作用

在现实生活中我们常常可以看到，个人单独不敢表现的行为，在群体中则敢于表现，一个人在独处时很少做的事情，在群体中却做了。这就是说，个人在群体中变得胆大起来。这是由于归属感和认同感使个体把群体看作强大的后盾，在群体中无形地得到了一种支持力量，从而鼓舞了个人的信心和勇气，唤醒了个人的内在潜力，做出了独处时不敢做的事情，并且当群体成员表现出与群体规范一致的行为，做出符合群体期待的事情时，就会受到群体的赞扬，从而就使个体感到其行为受到群体的支持。这种赞扬和支持，主要体现在个人的心理感受上，一个动作、一个眼神、一种表情，甚至仅仅是同伴在场，都可以成为促进作用而被个体体会到，从而强化其行为。

然而，群体的这种鼓励作用，并不是等同地发生在每个成员身上，有的受到的支持力量较大，有的则较小，还有的则感受不到支持，甚至还会产生干扰作用。因此，一个群体能否对其成员产生促进作用，要受成员个人一定条件的制约。

## 三、群体分类

群体是各种各样的，每一种群体的性质、结构、作用和活动方式各不相同。为了研究的方便和进一步认识群体的这些现象及其规律性，就需要根据一定的标准，把群体分成若干种类。由于研究的角度不同，感兴趣的问题不同，所以对群体划分的标准也不同。目前比较有影响的分类，有这样几种。

1. 统计群体与实际群体

这是根据群体是否真实存在而划分的。所谓统计群体，是指实际上并不存在，只是为了研究和分析的需要，把具有某种特征的人在想象中组织起来，成为群体。这种群体主要存在于统计学中，如老年群体、青年群体等。实际群体，是指在一定空间和时间范围内存在的群体。这类群体有着明显的界限和实际的交往，如部队的连排班、学校的班级等。下面所述的主要是实际群体。

2. 正式群体和非正式群体

这是根据群体的构成原则和方式划分的。正式群体是指有着规定的正式结构，其成员有固定的编制，并占据着所规定的地位，扮演着安排好了的角色的群体，如政府、机关、学校、班级等。非正式群体是指自发形成的，成员间的关系没有明确的规定，并且带有明显的情感色彩，即以个人的喜爱、好感为基础而建立起来的群体，这种群体可以是合法的，也可以是非法的，如朋友群体、流氓群体、黑社会群体等。

3. 大群体和小群体

这是根据群体规模划分的，所谓大群体，是指人数众多、成员间只是以间接方式联系在一起，没有直接的社会交往和互动的群体。大群体一般分为两种：一种是在历史过程中形成的，在社会上具有一定地位，并长期存在的群体，如阶级、民族等；另一种是为着某个临时目的而暂时联合起来的群体，如观众、听众等。所谓小群体，是指人数较少，成员间有面对面的直接接触和互动的群体。在这种群体中，成员间的关系比较密切，交往比较频繁，心理感受也比较明显。社会心理学对小群体的探讨比较深入，研究成果也比较丰富。

## 四、群体凝聚力

群体成员对规范的遵守，除因群体压力外，还有群体成员之间的感情和人际关系。这种感情和人际关系表现在群体中，就会影响群体的凝聚力。群体凝聚力，实质上是群体对成员，成员对成员的吸引力，它对于群体的存在、活动，有着重要的作用。

### （一）群体凝聚力含义

群体凝聚力（group cohesiveness）是指多数群体成员凝聚为一体，合力于群体或组织目标活动的心理结合力。群体成员之间的相互作用和感情，对于群体任务的完成起着重要作用。我们常常看到，有些群体中意见分歧，关系紧张，矛盾较多，不能很好地完成任务；有些群体意见比较一致，关系融洽，相互合作，任务完成得好；有些群体成员之间相互友爱，以作为群体的一员而自豪，对群体工作有强烈的责任感和义务感，这种群体具有有力和积极的群体规范。群体的这种对成员的吸引力，在社会心理学中称为群体凝聚力（也称内聚力）。

群体凝聚力既指群体成员与整个群体的吸引程度，又包括群体成员之间的吸引。当这种吸引达到一定强度，而且群体成员资格具有一定的价值时，我们就说这是个具有高凝聚力的群体。群体凝聚力是心理学上的“力”概念，即成员们在心理上结合起来的心理力。这种心理结合力是在围绕群体目标达成的活动和人际关系中表现的，它的表现形式为态度和行为。但首先是态度，因为即使群体凝聚力较低的群体，在某种特殊压力下也会有一种“貌合神离”式的集体行动。只有群体内部领导和成员、成员和成员之间相互沟通和理解，相互关切和支持，相互间心理距离较近，能够相互吸引，才能有表里一致的团结行为。

### （二）群体凝聚力的规定要素及条件

群体凝聚力是由群体特性和成员特性规定的。从群体特性来看，群体有力量把成员积极地组织到群体的目标达成活动中去，群体对其成员，具有较高程度的吸引力；从成员特性看，成员对其群体所具有的吸引力给予感受和反应，从而愿意参与群体活动。

由此可见，群体凝聚力的条件要素主要是由群体及其成员两个方面构成的。从群体方面看，主要给其成员提供需要满足和分配公平，以及良好的气氛、群体的知名度等条件。一个群体要能够满足其成员的多种需要，提供给他们必需和比较充裕的物质、精神生活保障，但其中重要的是，群体在满足需要的手段和方式上提供一个平等、公平的环境氛围和构造一整套良好的激励机制。比如，在利益分配原则、晋升机会和奖励制度上，如何做到按劳分配、机会均等和奖惩分明。这样，才能在成员心目中有一种公平感。良好的群体气氛是在群体办事公道，遵章守法处理内部关系中产生的。因此，良好的风气、良好的环境气氛，有利于凝聚力的形成。群体在社会上的地位和知名度代表着该群体的社会资源和势力状况，因此，一个群体在社会上占有重要地位，为社会所公认，会增强其成员的群体荣誉感和群体成功欲望。总之，群体在总体上更多地代表本群体成员利益并在为其谋利益的活动中不断达成群体目标，这是凝聚力形成的根本条件。

从成员看，成员的价值观是在个人生活中逐渐形成的。对于一件具体事物，个人价值观作为评判标准，理应与群体价值观，尤其是与群体目标达成上的价值观一致，这是群体精神整合的微观基础或保证。因此，群体成员在群体生活中努力养成与群体成就目标相一致的价值观念是该群体内部凝聚力形成所不可缺少的条件。成员在群体目标达成上的价值观念的一致性，会增加相互之间的类似感和共同工作的兴趣，也有利于凝聚力的形成。

### （三）群体凝聚力与工作效率

心理学家早在 20 世纪 30 年代就认识到，要提高生产效益，就必须重视改善群体成员之间的关系。这方面不少的研究说明，高凝聚力的群体中，成员的士气和满意感都比较高，凝聚力将有益于群体任务的完成。然而，进一步的研究表明，群体凝聚力与工作效率的关系并不如此简单，需要考虑其他因素的作用。

社会心理学家萨赫特的重要实验，对于我们理解和分析凝聚力与工作效率的关系是比较有启发意义的。他在严格控制条件下检验了群体凝聚力和对群体成员的诱导对于工作效率的影响。实验的自变量是凝聚力和诱导，因变量是工作效率。除了设立对照组进行对比以外，萨赫特把实验组分为四种条件，即高、低凝聚力和积极与消极诱导。实验条件如图 8—1 所示。

| | | 群体凝聚力 | |
|---|---|---|---|
| | | 高 | 低 |
| 诱导 | 积极 | 高凝聚力积极诱导 | 低凝聚力积极诱导 |
| | 消极 | 高凝聚力消极诱导 | 低凝聚力消极诱导 |

**图 8—1 凝聚力与诱导的实验条件**

凝聚力的高低由指导语控制；诱导则主要是指以团体其他成员的名义写积极和消极的字条给被试，积极的诱导要求增加生产，消极的诱导则要求减慢完成任务的速度（限制生产），实验的工作任务是制作棋盘。实验分两个阶段，前 16 分钟没有进行诱导，被试只收到中性的字条，后 16 分钟每组都收到六次诱导的字条，实验结果如图 8—2 所示。在实验第二阶段（后 16 分钟），两种诱导产生明显不同的效应，极大影响了凝聚力与工作效率的关系。无论凝聚力高低，积极诱导都提高了生产率，而且高凝聚力组生产率更高；而消极诱导则明显降低了工作效率，高凝聚力组的工作效率更低。

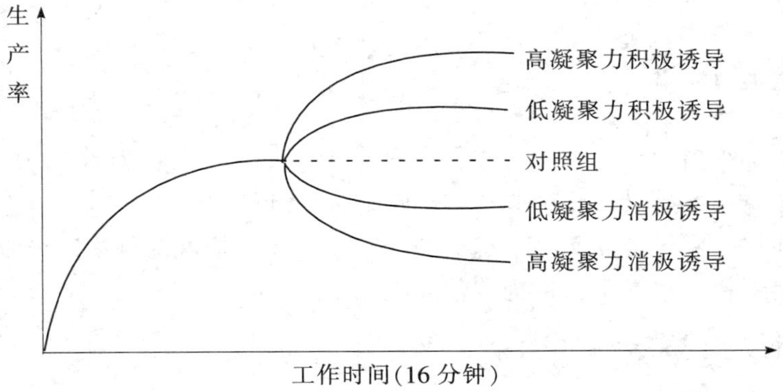


**图 8—2　萨赫特实验有关凝聚力与生产率关系的结果图示**

这个实验的结果还说明高凝聚力条件比低凝聚力条件更受诱导因素影响，在积极诱导条件下，高凝聚力组生产率更高。

这个实验和其他一些研究都证明，群体凝聚力越高，其成员就越遵循群体的规范和目标。因此，如果群体倾向于努力工作、争取高产，那么群体的生产率就更高。可是，要是凝聚力很高，群体却倾向于限制更多的生产，甚至与其他群体闹摩擦，那么就只会大大降低生产率。可见，群体规范是决定群体凝聚力与工作效率关系的重要因素之一。

同时，这些实验和研究告诉我们，对群体的教育与引导是关键的一环，而不能只从加强成员之间的感情来提高凝聚力。因此，更重要的是，管理者必须在群体凝聚力提高的同时，加强对群体成员的思想教育和指导，克服群体中可能出现的消极因素，这样才能使群体凝聚力成为促进生产率的动力，使群体向正确的方向发展。

## （四）群体凝聚力的测定

要了解和分析一个群体的凝聚力的高低，可以进行心理学测量。测定凝聚力有几种方法。例如，可以请群体每一成员评定自己对其他各成员的感情，然后把这些评定加在一起。又如，可以让群体成员评价整个群体或他们的归属感。这些评定需要采用心理量表，本章后面将有介绍。心理学家多伊奇曾提出一个计算凝聚力的公式，这个公式可以用于实际测定：

$$\text{群体凝聚力}=\frac{\text{成员之间相互选择的数目}}{\text{群体中可能相互选择的总数目}}$$

另外，莫雷诺（J. L. Moreno）的社会测量法也可以测定群体的凝聚力强度。

# 第二节 几种群体现象

## 一、社会促进

社会心理学研究发现，在一个人从事某项活动的时候，如果有其他人在场，他就会感到有一种刺激，这种刺激会影响他的活动效果，在一些场合会促进活动的完成，在另一些场合反而会干扰活动的完成。我们把这两种情况分别称为社会促进和社会干扰，也常常合称为“他人在场”。

### （一）F. H. 奥尔波特的研究

社会促进是群体影响效果实验中最早发现的群体心理现象。早在 1898 年，美国社会心理学家特里普利特（N. Triplett）在考察自行车选手的骑车速度问题时发现，选手们在有伙伴的情况下，比单独一个人骑车速度快。1920 年 F. H. 奥尔波特搞了另外一个实验：让 9 名被试在不与别人竞争的正常情况下，对内容相同的短文写出反驳意见。结果发现：从完成作业的数量上看，6 个人一起做比个人单独做效果好，3 个人单独做比集体做效果好；从完成的质量上看，个人单独做比一起做效果好。如表 8—1 所示，F. H. 奥尔波特把作业质量分为三种类型：第一种是感情性的反驳短文，讲不出多少道理，基本上是感情用事；第二种是引用权威观点加上实例，没有独立见解；第三种是抓住要害、反驳有力、思路清晰。三种作业难度很不同，难度最小的第一类作业，多数人（6 人）在共同场合下完成得好。难度最大的第三类作业，多数人（6 人）在单独场合下完成得好。第二类始终居中。这说明社会促进现象是有条件的，在只求数量不求质量的工作中，社会促进作用显著。在难度大的工作中，社会促进现象是不明显的，或者是不存在的。

**表 8—1　　F. H. 奥尔波特关于社会促进的实验结果**

| | 作业数量 | 作业质量 | | |
|---|---|---|---|---|
| | 反驳的论点数 | 反驳类型① | | |
| | | 1 | 2 | 3 |
| 共同做作业时能很好完成作业的人数 | 6 | 6 | 4 | 3 |
| 单独做作业时能很好完成作业的人数 | 3 | 3 | 4 | 6 |

①反驳类型：1. 感情性的议论，不是从正面进行反驳；
2. 引用权威者论证，运用具体事例进行反驳；
3. 从正面反驳对方主要观点，条理清楚、说服力强。

社会促进的生理机制是，别人的工作表现和动作可以转换为自己的外界刺激，从而引起自己同样的或相似的心理反应和动作表现。比如，看到别人手的动作很灵巧，会立即想到自己手的动作，并依照别人的动作来修正或加速自己的动作，于是，别人的灵巧动作起到了刺激作用。另外，在有别人在场的条件下，别人的观察起社会评价作用，能提高自我评价能力。

他人在场既能产生社会促进作用，又能产生社会干扰作用，这种相互矛盾的作用曾经使许多研究者大惑不解，以至于丧失了继续探讨这个问题的勇气。直到20世纪60年代中期，扎荣克（R. B. Zajonc）提出了优势反应强化说，才找到一条协调上述矛盾的道路。

### （二）扎荣克的研究

扎荣克研究发现，有他人在场产生的是社会促进作用还是社会干扰作用，取决于个体从事活动的性质。他由学习理论中的动机原则想到，一个人在动机很强烈的时候，他的优势反应能够很轻易地表现出来，而较弱的反应会受到抑制。所谓优势反应，是指那些已经学习和掌握得相当熟练，成为不假思索就可以表现出来的习惯动作。如果一个人从事的活动是相当熟练的，或者是很简单的机械性动作，则他人在场使之动机增强，表现更加出色。相反，如果他所从事的活动是正在学习的、不熟练的，或者需要费脑筋的，他人在场使之动机增强，反而会产生干扰作用。扎荣克的这一理论可以用图8—3表示。

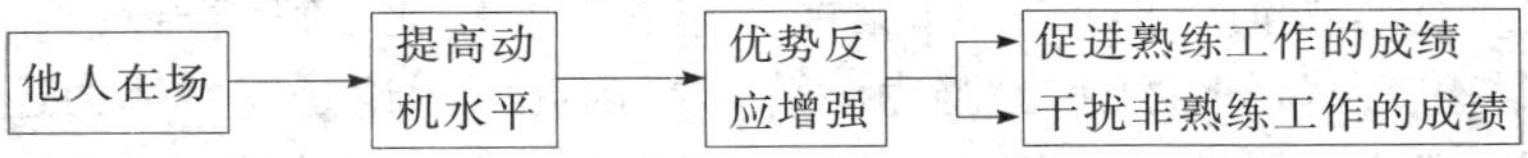


**图8—3　他人在场对人的活动的影响作用**

一个让学生学习词汇的实验也证明了这一理论。研究者让大学生默记难易不同的两类双音节词，一类是诸如熟练—灵活、荒芜—不结果这样的关联词，另一类是诸如贫困—发脾气、荒芜—最重要这样的非关联词。首先由学生单独默记，然后在有他人在场的条件下默记。结果发现对第一类词，他人在场时默记效果好；对第二类词，单独默记效果好。很明显，默记关联词比较容易，默记不关联词比较难。前者属于熟练工作，后者属于非熟练工作。

现在大多数学者都倾向于用扎荣克的优势反应强化说解释社会促进和社会干扰现象。但是总的说来，这方面的研究还很不够，还需要进一步进行实验和理论上的探讨。

## 二、社会赋闲

社会赋闲（social loafing）也称为社会赋闲作用或社会逍遥，是指个人与群体其他成员一起完成某件事情时，或个人活动时有他人在场，往往个人所付出的努力比单独时偏少，不如单干时出力多，个人的活动积极性与效率下降的现象，另外也叫作社会干扰、社会致弱、社会懈怠。德国心理学家马克斯·林格尔曼

（Ringelmann）于 1913 年做了一个拔河比赛的实验[①]，他要求被试分别在单独的与群体的情境下拔河，同时用仪器来测量他们的拉力。结果发现随着被试人数的增加，每个被试平均使出的力减少了。换句话说，一个人拉时平均出力 63 公斤；三个人的群体拉时，平均出力是 49 公斤；八个人时是 31 公斤。按常理推断，如果个人单独之最大拉力平均为 100 单位，那么两人合作拉绳时，就应该会有 200 单位的力量，但实验结果却显示：两人合作拉绳时，只拉出两人应出力总和的 93%（186/200＝0.93）；三人合作拉绳时，却只拉出三人应出力总和的 78%（235/300＝0.78）；八人合作时，差距更为明显，只有八人应出力总和的 49%（392/800＝0.49）。在林格尔曼的拉绳实验中，发现群体中每个人的平均贡献随着参加人数的增加而减低，此即所谓的林格尔曼效应。

这种个人在群体中的努力程度因为动机不足而导致个人在群体工作的贡献度比个人单独一人时低的现象，称为动机损失（motivation losses）。[②] 这种导致团队绩效表现下降的动机损失称为社会赋闲，即个人在团队中的工作贡献比单独一个人工作贡献更少的一种现象。而乔治（George）则将社会赋闲定义为个人在团体工作中会有降低工作努力的倾向，个人在团队工作时所付出的努力比自己单独工作时要少。[③] 大部分的学者在他们的研究报告当中，称此现象为社会赋闲。卡拉乌（S. J. Karau）和威廉姆斯（K. D. Williams）对社会赋闲行为进行了后设分析，从该研究中可以发现，社会赋闲效应会发生在各种不同性质的工作中，如耗费体力之工作（拔河、拍手）、知觉性工作（警戒作业、解谜语）、评价性工作（评选文章）以及认知性工作（脑力激荡）。[④] 因此，无论是花费体力还是脑力的工作类型，只要是属于付出努力的工作，都会有社会赋闲的情形产生。此外，不论是男性女性、年龄大小或文化同异，只要是采取团队的运作方式，都会产生社会赋闲的行为。拉坦内等人认为该不良现象存在于日常生活中，不但会造成团队效率降低，还会浪费社会资源。[⑤]

社会心理学家通过研究已经证实，出现社会赋闲的原因是，个人的评价焦虑减弱，使个人在群体中的行为责任意识下降，行为动力也相应降低。拉坦内（1979）及威廉等人（1981）的研究都发现，如果让被试相信，自己的行为效率可以被鉴别出来，或是对个人行为贡献单独进行测量，则即使与群体一起完成一项工作，也不再有社会赋闲作用存在。单独测量使人们保持了足够的被评价焦

---

① See M. Ringelmann，Recherches sur les moteurs animés：Travail de l’ homme，Annalesde l’ Institut National Argonomique，2e srie，12，1913，1 - 40.

② See B. Latane，K. Williams& S. Harkins，Many Hands Make Light the Work：The Causes and Consequences of Social Loafing，*Journal of Personality and Social-Psychology*，1979，37（6），pp. 822 - 832.

③ See D. R. Comer，A Model of Social Loafing in Real Work Groups，*Human Relations*，1995，pp. 647 - 667.

④ See S. J. Karau& K. D. Williams，Social Loafing：A Meta Analytic Review and Theoretical Integration，*Journal of Personality and Social Psychology*，1993，65（4），pp. 681 - 706.

⑤ 参见李沛庆：《社会赋闲意向与社会赋闲关系之研究》，载《商学学报》，2009（17）。

虑，因而行为的动机也得到激发。20 世纪 80 年代中后期的进一步研究表明，群体共同完成一项工作并不必定导致“浑水摸鱼”式的社会赋闲现象。通常是在某些情境下容易出现社会赋闲情况；而在某些情境下倾向于较少出现社会赋闲现象。比如，在群体成员之间关系密切、工作本身具有挑战性或能激发人们的潜质、以群体整体成功为目标的团队协作等情形下，人们较少出现社会赋闲行为。

## 三、从众

### （一）从众现象

从众，是指他人从事某一活动自己也去从事这一活动。按群体中多数人的意见行事，自己不另搞一套。

社会心理学指出，个体在群体中常常会不知不觉地受到群体的压力，而在知觉、判断、信仰以及行为上，表现出与群体中多数人一致的行为倾向，这就是从众现象，或称为从众行为。应该明确，从众现象是一种较普遍存在的心理现象。它是一种直觉的心理反应，不能与丧失立场、没有原则这些问题混为一谈。

通常来讲，社会规范代表团体中大家所认可的行为标准；某种行为标准一经众人认可，即成为社会规范。社会规范建立之后，对团体中的成员，在行为上即具有约束作用；个人在团体中的活动，如按照社会规范行事，行为表现符合众人所认可的标准，即称为从众（conformity）。由此可以看出，规范是代表众人观点的客观行为标准，从众则代表个人的心理倾向。团体成员的从众行为，对团体性活动是有利的；因为多数成员有从众倾向的团体内，因意见不合而产生冲突的发生率，将会降低。而且，有很多传统的习俗和流行的风尚，都是靠社会从众心理维持和推动的。然而，如果社会规范僵化，使团体成员由从众变为盲从，则对团体与个人均有不良影响。这就是心理学家所要研究的问题。

### （二）谢利夫的实验研究

为测量群体对其成员的影响，谢利夫（1963）让被试独坐在一个黑暗的屋子里，盯着一个固定的亮点看。在这种情况下，尽管亮点实际上一直固定未动，但看起来好像在轻轻地移动。然后，被试被要求报告他们所估计的亮点移动的距离。几个回合后，被试的估计开始相对固定——其中一个被试说是两英寸，另一个说是三英寸，等等。然后，这些被试被放到一个小群体中，实验重复进行。他们被要求重新估计亮点移动的距离，但这一次，允许每个被试听到群体其他成员的估计。谢利夫发现，成员的个人估计开始向一个外显的群体规范集中。最后，每个被试又一次被单独测试。这时被试是与群体规范一致的，而不是回到他们原来的估计。

谢利夫的研究有力地支持了这样的观点，即小群体成员倾向于通过确定对现实的共同观点来减少情境的模糊性。成员内化了群体的共同观点，甚至在离开群体后还继续持有这种观点。

## (三) 阿希的实验研究

美国心理学家阿希（1952）在五十多年前进行了一项从众心理实验研究。图8—4为该研究设计的情境之一。A与B为两张卡片，卡片A上画一条直线，卡片B上画三条直线，其中间一条线与卡片A上的线等长。参加实验者7人均为大学生，其中只有1人为真正被试，其余6人全为事先安排好的同谋者，只有被试全然不知。实验进行时，由实验者出示两张卡片，然后由左端起，要参与者依次选答卡片B上哪条直线的长度与卡片A上的线等长。假如第一人故意选3来回答，被试在表情上会显得惊奇；假如接下去数人均故意选3回答，被试的惊奇的程度就随之减低。等轮到被试自己回答时，他迟疑一下，居然也跟着别人选择不正确的答案。研究者采用不同组别、不同人数，重复多次实验，结果发现：(1) 当被试只有一人（没有同谋者）时，都不会选择错误答案（都选2）。(2) 当被试在众人都选择错误答案时，平均有37%的被试也会跟着做出错误的决定。(3) 事后询问被试选错答案的原因时，都回答受团体压力的影响，不得不跟别人一致。

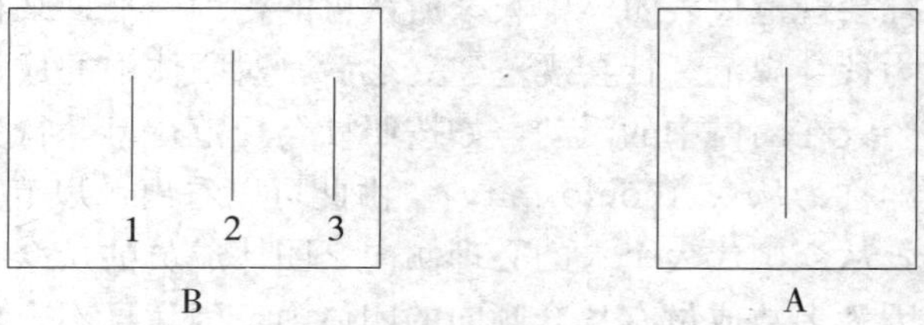


**图8—4 从众心理实验图示**

## (四) 实验研究的意义

上述实验结果所显示的重要意义是：在认知判断的情境下，个人的选择将受团体压力的影响；是非对错如此明确的事例（图中直线长短）尚且如此，在暧昧情境之下，又怎能避免盲从而不受误导呢？

上述从众心理，正表示个人行为受别人影响而使其独立性与自主性降低的现象。其实，这只是人性脆弱的一面，个性比较独立的人，在认知判断上未必全然从众，上述实验中就仍有多数被试不盲从。此外，也许有的人在某些方面较为随和，在另外一些方面较为独立。以下我们所介绍的一种新的理论，可以说明当个人遇到团体压力或别人影响而感觉自由受到威胁时，在心理上产生反感，继而在行为上表现出反从众的倾向。例如，你在百货公司选购一件衣服，衣服本身的质料款式都合你意，只因数位服务员过分殷勤，使你产生反感，结果你可能拒绝了这次交易。心理学家称此种现象为心理反感（psychological reactance）。反感的产生，乃是因团体压力或别人影响而致使自由受到威胁，因而产生一种维持自由的内在动机，最终促动表现于外的反感性行为。此一理论称为反感论（reactance theory)。心理上的反感未必强烈地表现在行动上，可能只表现出对别人的一种消极性冷淡反应。为父母者过分保护子女的爱心和善意，难免使子女觉得自由受到威胁，可能就会产生心理反感。朋友与爱人之间，当一方过分殷勤，希望奉献一切并占有对方时，也可能使对方觉得自由受到限制而生反感心理。

## 四、破窗效应

### (一) 破窗效应的由来

美国心理学家菲利普·津巴多（Philip Zimbardo）于 1969 年进行了一项实验，他找来两辆一模一样的汽车，把其中的一辆停在加利福尼亚州帕洛阿尔托的中产阶级社区，而把另一辆停在相对杂乱的纽约布朗克斯区。停在布朗克斯的那辆，他把车牌摘掉，把顶棚打开，结果当天就被偷走了。而放在帕洛阿尔托的那一辆，一个星期也无人理睬。后来，津巴多用锤子把那辆车的玻璃敲了个大洞。结果呢，仅仅过了几个小时，它就不见了。

以这项实验为基础，政治学家威尔逊（James Q. Wilson）和犯罪学家凯林（George L. Kelling）提出了一个"破窗效应"（break pane law）理论，该理论认为：如果有人打坏了一幢建筑物的窗户玻璃，而这扇窗户又得不到及时维修，别人就可能受到某些暗示性的纵容去打烂更多的窗户。久而久之，这些破窗户就给人造成一种无序的感觉，结果在这种公众麻木不仁的氛围中，犯罪就会滋生、猖獗。[①] 此理论认为环境中的不良现象如果被放任存在，会诱使人们仿效，甚至变本加厉。以一幢有少许破窗的楼房为例，如果那些窗户不被修理好，可能将会有破坏者打碎更多的窗户。最终他们甚至会闯入楼宇内，如果发现无人占用那里，也许就住下来或者在里面放火。再如，一条行人路上有些垃圾堆积起来，不久就会有更多的垃圾堆积在那里。

### (二) 破窗效应的某些表现

我们日常生活中也经常有这样的体会：桌上的财物、敞开的大门，可能会使本无贪念的人心生贪念；对于违反公司程序或廉政规定的行为，有关组织没有进行严肃处理，没有引起员工的重视，从而使类似行为再次甚至多次重复发生；对于工作不讲求成本效益的行为，有关领导不以为然，下属员工的浪费行为就得不到纠正，会日趋严重。

有一家百来号人的企业，公司规定上班时间必须配戴工牌。虽然制度上规定，如果发现不戴工牌，每次罚款 20 元，最初一两个员工没有照做，但并没有引起管理层重视，没有严格执行该项规定，一个月以后，不戴工牌的员工由最初

---

① See James Q. Wilson & George L. Kelling, Broken Windows: The Police and Neighborhood Safety, *The Atlantic Monthly*, 1982, March.

的一两个发展到几乎一半的员工都不戴工牌，员工对此事抱着“可有可无”的态度，在这件事上管理层没有“令行禁止”，反而一再纵容，严重影响了公司士气和员工的精神面貌。

在管理实践中，管理者必须高度警觉那些看起来是个别的、轻微的，但触犯了公司核心价值的“小的过错”，并坚持严格依法管理。“千里之堤，溃于蚁穴。”不及时修好第一扇被打碎玻璃的窗户，就可能会带来无法弥补的损失。

在日本，有一种称作“红牌作战”的质量管理活动。日本的企业将有油污、不清洁的设备贴上具有警示意义的“红牌”，将藏污纳垢的办公室和车间死角也贴“红牌”，以促其迅速改观，从而使工作场所清洁整齐，营造出一个舒爽有序的工作氛围。在这样一种积极暗示下，久而久之，人人都遵守规则，认真工作。实践证明，这种工作环境的整洁对于保障企业的产品质量起到了非常重要的作用。

### （三）破窗效应的启示

从破窗效应中，我们可以得到这样一个启示：任何严重的事情，都是从最初的不经心而慢慢铸成的。任何失范行为都是在一定的附加条件铺垫下形成的。人们容易接受社会感染，或者接受某些暗示，做出自己没有感觉到严重性的事情来。

一面墙，如果出现一些涂鸦没有清洗掉，很快，墙上就布满了乱七八糟的东西。城市中，街口转角若有一包垃圾在地上，不多会儿，那个地方就堆上了许多垃圾。一个很干净的地方，人会不好意思丢垃圾，但是一旦地上有垃圾出现之后，人就会毫不犹豫地往那里扔垃圾，丝毫不觉羞愧。

心理学家研究的就是这个临界点：地上究竟要有多脏，人们才会觉得反正这么脏了，再脏一点也无所谓；情况究竟要坏到什么程度，人们才会自暴自弃，让它烂到底?

任何所谓的坏事，如果不给诱因条件，而进行正确引导说教，情况就会好很多。比如，城市环境卫生方面的问题，可以应用破窗效应理论，先改善使人乱扔垃圾的条件，使人们不易乱扔垃圾，接着卫生便会有所好转，市容便会整洁。

## 五、服从

在他人要求你做某事时，即使你不太愿意，但终究还是做了，这就叫作服从。

### （一）阿尔波特的现场研究

美国学者阿尔波特（F. Alpert）通过观察汽车司机遵守交通规则和工人上班迟到的状况，发现多数人有服从规范和遵从众人的习惯，他把这种行为称作惯例行为。1934 年，他和他的学生在十字路口进行观察，看汽车司机在红灯亮了以后，是否立即停车。他共观察了 2 019 人次，发现红灯亮了后立即停车的有1 594 人次，占总人数的 75.6%；见到红灯亮了减速慢行的有 462 人次，占总人数的 21.9%；见到红灯亮了后略微减速的有 42 人次，占 2.0%；见到红灯亮了后仍然照行不误的有 11 人次，占 0.5%。这说明，人们一般是按照规范和惯例行事的。

### （二）米尔格拉姆的服从实验

1963 年，社会心理学家米尔格拉姆（S. Milgram），首先在报纸上登广告，请人们报名参加一项心理学实验。结果有 40 个居民应招，他们都是 20 岁到 50 岁之间的男性，从事各种不同的职业。他们被告知说，将要参加一项研究惩罚对于学习效果的影响的实验。他们两人一组，被带到实验室，用抽签的办法确定一个人扮演老师，另一个人扮演学生。老师的任务是朗读配对的关联词，学生则需要记住这些词。然后，老师提出某个词，让学生从给定的四个词中选择一个正确的，如果选错了，老师就按电钮电击学生。实际上，每组被试中只有一个是真被试，另外一个是实验者的助手。在抽签时，总是十分巧妙地让真被试抽到当老师的签，而助手则充当学生。

“老师”坐到一台巨大的吓人的控制台前，那上面有 30 个电钮，每个电钮上都标有它所控制的电压强度，从 15 伏依次排列到 450 伏。电钮四个一组，共分七组零两个，各组下面分别写着：弱、中、强、特强、剧烈、极剧烈、危险的字样，最后两个电钮用 XXX 表示。首先，实验者请“老师”接受一次 45 伏的示范电击，虽然实验者说这是很轻微的，然而，“老师”已经感到难以忍受。“学生”被带到另一间房子里。实验者说，为了防止他中途逃走，必须用绳子把他拴在椅子上，又在他胳膊上绑上电极。“老师”和其他人看不到这个“学生”。他们之间通过有线通信，保持联系。

在实验过程中，其中的“学生”多次出错，“老师”在指出他的错误后，随即给予电击。开始电击时，“学生”发出呻吟声，随着电压增高，“学生”叫喊怒骂，而后哀求讨饶，再后又猛击桌子，踢打墙壁，最后停止叫喊，似乎昏厥过去了。在整个实验过程中，实验者不断地督促“老师”说：“你必须继续下去，必须予以电击。”实验者还说，一切责任由他承担，与“老师”无关。

在这种情况下，有 26 个被试（占 65%）服从了实验者的命令，虽然他们听到“学生”在叫喊哀求，表现出极大的痛苦，但是还是按照实验者的命令，不断地加大电压等级，直到 450 伏。有一个文质彬彬的被试，在实验进行到 21 分钟时，内心冲突十分厉害，浑身抽搐，张口结舌，嘴里说着：“让我们停止实验吧！”但是，他还是服从了实验者，把实验进行到最后。当然，也有 14 个被试（占 35%）进行了种种反抗，拒绝执行命令，认为这样对待一个无冤无仇的人太不人道了。实际上，充当“学生”的那个人，并没有受到任何电击，他的呻吟、喊叫等动作，都是事先安排好了的，并且录了音，实验时只是播放录音而已。这样可以使所有“学生”的反应都标准化。对于这一切，“老师”统统被蒙在鼓里。

### （三）对实验的分析评价

米尔格拉姆的服从实验，在西方学术界引起了强烈反响。一方面，有人认为，这个实验赤裸裸地暴露了人的服从的特性，因而人们要问：对于那些奉命去屠杀无辜者的刽子手，是否可以减轻罪责？如果这样，刽子手可以否认自己的道义责任，认为只是执行了上级给他们的命令而已。另一方面，有人猛烈抨击这个实验，认为命令被试电击无辜的陌生人，会使被试体验到极大的良心谴责，蒙受心灵上的痛苦，使之心理和生理上受到摧残。因此，这种实验是违反道德的。

进一步的研究证明，人们不会无条件地服从权威的一切命令。在涉及政治、道德等问题的时候，是否服从权威，绝不单纯地取决于服从心理，而是取决于人的价值观和政治立场。有人选取处于不同道德发展水平阶段的被试，发现道德水平越高，越可能拒绝服从电击的命令。重复米尔格拉姆实验的人证明，处在柯尔伯格道德发展水平第三、第四阶段上的人，有12%拒绝电击“学生”，处在第五、第六阶段上的人，75%的人有拒绝行为。在现实生活中常常可以看到，命令一个道德水平很高的人去做不道德的事情，是行不通的。

# 第三节 集群行为

## 一、集群行为

集群行为，是一种在人们激烈互动中自发的无指导、无明确目的、不受正常社会规范约束的众多人的狂热行为。集群行为对应的英文为 collective behavior，在中文文献上一般译成“集体行为”、“集合行为”等，这里采用集群行为。

集群行为不同于群众运动和群众活动，具有以下几个特征：

（1）自发性。就是说，集群行为并不是有预谋的，而是一群人受到某种刺激后，自然哄起的行为。它既无组织，又无领导，而且活动也无计划，无法预料其发展的趋势。只是一群情绪激动的人聚集在一起，竞相做出某种行为。

（2）狂热。这种行为的每个参加者情绪都异常激动，处在狂热之中，行动完全被激情所支配。没有方向，没有目的，而且缺乏理智的考虑，大家聚集在一起，相互发泄，相互刺激，狂呼乱喊，盲目行动，完全不考虑其行为的后果。

（3）非常规。行为往往不能受正常社会规范的制约，肆意践踏和破坏社会准则。他们的行为不受理性指导，而是完全凭借个人的一时心血来潮，做出各种违反常规的行为，扰乱社会秩序。

（4）短暂。这种行为，由于是一时情绪冲动产生的，因此，不会长久。它往往在大家发泄了内心的积怨，减轻了心理紧张后即告结束，就像旋风一样。如果持续下去被人利用，成为有组织、有目的的活动，那就不再是集群行为，而是群众运动了。

## 二、集群行为的过程

集群行为作为一种众多人的一致行动，它的前提是要许多人，为一个共同感兴趣的问题而聚集在一起，并发生直接接触。这种接触是紧密的，能够产生激烈的互动，容易造成思想和情感的一致。而且目光限制在狭小的范围内，不易接受其他刺激，不去考虑有关的事情。这样就为集群行为的发生奠定了基础。

集群行为的发生，首先是高度的刺激和暗示。一大群人聚集在一起，注意力集中在共同关心的问题上。这时，意外的事件一发生，高度刺激就打断了人们的正常秩序，于是人们情绪激动起来，产生感情冲动和狂热。在这种高度情感的支配下，人们的理智被冲淡了。此时，他们便会积极地寻求暗示，不假思索地加以模仿，并把激动的情绪发泄出来。这就像一个受惊的人，对危险迹象特别敏感，一旦受到将被拯救的暗示，便会做出强烈的反应。同时情绪的激动和热烈也容易限制人们的眼界，置其他刺激于不顾。在这样的高度暗示下，个人便失去了批判的能力，变得完全不考虑行为的后果了。

其次是情绪感染。在人群密集的场合下，人们的距离非常近，因此，情绪极易被感染，并且感染的传递也非常迅速。这种感染多以循环式和连锁式进行。循环式反应，指的是一个人的行为激发了他人的情绪，使他人激动起来，他人的活动反过来又感染自己加剧原来的行为，甚至会激起更强烈的情绪爆发。比如某甲情绪很激动，面红耳赤，呼吸急促，而某乙看到后受到感染，也激动起来，表现出欢呼、激愤等。当某甲看到某乙后，又反过来感染自己，加剧了自己的情绪激动而感染更多的人。连锁式反应，指的是一个人的情绪感染了另一个人，另一个人又感染了他人，这样接二连三，使整个在场的人都受到感染而激动起来。比如，当一个人因激动而喊出一句口号时，附近的他人也跟着喊，起初是几个人喊，以后逐渐感染，最后成为聚集者的一致口号。在集群行为中，这种情绪感染相互刺激，相互强化，传遍整个人群，直到达到狂热的状态。

最后是情绪激发。情绪感染使整个人群激动起来，热烈的气氛笼罩着整个群体。这种情绪达到一定状态就会爆发出来，表现出一定的行为，如狂呼乱喊，手舞足蹈等。在这时，人群当中的每一个成员的感情都充分地发泄出来，形成一个狂热激动的人群。大家有着共同的信念、价值和态度，表现出一致的行为，而且这种行为在情绪的支配下，将冲破现行规范的约束，做出一些违反常规的事情来。而在整个人群的情绪发泄完以后，激动的情绪就会平息下来，人们也恢复了常态。至此，集群行为宣告结束。

在集群行为发生的过程中，有两个重要的机制：一是情绪感染，二是模仿。

情绪感染是一群情绪激动的人的举动，吸引了原来无动于衷的旁观者，使他们的情绪也激动起来，关注所发生的事情，并参加到激动的人群中去，从而把整个一群人的情绪统一起来。情绪感染还会使人感情冲动，丧失理智，削弱个人的责任感和社会控制，破坏现有的社会规范，表现出一些过火的行为来。

模仿是再现他人的行为，在集群行为中大家相互模仿，从而发生共同的行为。一人叫喊，应者云集；一人上去，众人蜂拥而上。总之，模仿使整个人群产生一致的行为。因为人们在突然事件前不知所措，无计可施，只好模仿他人，看到别人怎么做，自己也跟着响应，这样集群行为就产生了。

由此可见，没有情绪感染，就不能使人群的情绪激动；没有模仿，就不会有人群的共同行为。因此情绪感染和模仿，在集群行为中起着重要的作用。

## 三、集群行为的理论

### （一）反常行为理论

该理论认为集群行为是这样产生的：首先要有一群人聚集在一起，当然既不能太多，也不能太少，以达到无法辨认其地位和角色，又能直接互动为佳，而且这些人必须受到心理刺激，并产生感染，使感情达到所有参与者所共有的顶点，个人感到自己成了身份不明的人，从而产生消除社会约束力的效果。接着高涨的情绪爆发出来，并转变为行动。研究者认为，行为的发生是由于参加者感到打破社会规范，做出反常行为，会获得在场人的赞许，同时个人作为群体的一部分做出的反常行为，可避免责罚。也就是说，个人感到和在场的人群精神一致，不会承担责任，这样就免除了自我罪恶感，于是放纵自己，抛弃通常的社会控制。这样的社会情境为破坏性的行为提供环境，最后必然导致集合在一起的许多人以同样的方式做出反应，爆发集群行为。

### （二）紧急规范理论

研究者们认为，集群行为的发生，是在场的人群发现了指导他们的行为规范，这样才使整个人群的行为统一起来。这样的规范并不是平常的社会规范，而是在人群情绪激动的紧急场合下不知所措而临时出现的，它指导人们做出应付当时意外情境的行为。比如，在正放电影的影剧院里突然起了火，观众一时不知怎么办，这时如果有人向出口跑去，他的行为就会成为指导其他人行为的一种规范，人们都学着他向出口跑去。他们认为，这种紧急规范一旦被参加者所察觉，就会对他产生一种压力，使其执行。

紧急规范理论认为，集群行为的发生并不仅仅在于情绪感染和模仿，而且在于参加者的认知，人们认知到了在紧急情况下的行为规范，并用共同知觉来代替感情的扩散。但是，这种理论并没有解释清楚是什么因素导致紧急规范的出现，为什么总出现破坏性规范，而不出现其他规范等问题。

## 四、去个性化

群体活动中有一种“去个性化”的现象存在，这种现象在集群行为中表现得尤为突出。比如，在球场上球迷闹事等。

为什么人们不顾社会准则而做出这样的事情？正像前面我们已经讲过的，群体对个人会产生促进作用，使个人在群体中做出他单独时所不敢做的事情来。在群体的保护下，个人甚至会违反在正常社会情境下的社会准则，做出事后感到惭愧和后怕的事情来，这种现象被社会心理学称作去个性化。

“去个性化”一词来自西方社会心理学的著作中，它表示个人在群体中会不顾及自己的行为，而与群体活动表现一致，并不是说群体把个体的独特个性给去掉了，可是从字面上看往往容易产生这样的误会，认为群体使个人丧失了个性。

上面例子中的一些人，之所以会做出这种行为，社会心理学认为这是由于人们在众人之中失去了理性，放弃了对自己行为的控制。这时他能忽视社会规范，肆无忌惮地破坏社会准则。所以，去个性化，就是个人在群体中丧失了对自我的控制，失去了个体感，与群体同一起来。这种去个性化现象，在群体破坏性行为中表现得最为典型。许多社会心理学家认为，它是反社会行为的一个原因。

去个性化的程度，在各种群体中是不同的。一般来说，组成群体的成员越多，去个性化的程度也就越高。而群体的去个性化程度越高，其成员的行为就越自由，也就越不受约束，所造成的破坏性就会越强。

去个性化的研究首先开始于费斯廷格，他和他的同事们在 1952 年设计了一个这样的实验：让一群人批评他们的父母。不过，有一组具有高辨认性，他们在课堂上进行这种行为；而另一组具有低辨认性，他们在一间昏暗的教室里进行这种活动，并且每个人都套上布袋装，把自己掩盖起来，使他人无法辨认。费斯廷格认为，小组成员越是被认不出来，对个人的约束性就越少，去个性化程度就会越高，从而就敢于批评自己的父母。实验结果证实了这一点：低辨认组的被试对父母的批评较多，而高辨认组的被试对父母的批评较少，且不激烈。

事隔 18 年后，美国社会心理学家津巴多继续对去个性化的问题进行研究。他认为，去个性化是一种过程，在这种过程中，一系列先前的社会条件在人们对自我和他人的知觉中变化，使正常情况下受约束行为的控制降低，从而表现出平常被压抑的行为，如欢乐、悲切、热爱等强烈的情绪感受，以及愤怒、敌视、破坏等反社会行为。

津巴多以女大学生为研究对象进行了实验，观察她们在去个性化情境下以及可辨认性情境下电击陌生人的行为。被试多为犹太人。在实验过程中，每四个人为一组，有的在去个性化的情境下作业，有的在可辨认的情境下作业。在可辨认的情境下，被试在胸前都戴上标有名字的名片。进入实验室后，相互打招呼。在给她们讲解工作方法及过程时，实验者还有礼貌地称呼她们的名字。房间里的灯非常亮，被试彼此看得清清楚楚。而在去个性化的情境下，每个被试都套上一件布袋装，只露出鼻孔和眼睛，相互之间也不做介绍，身上也没有姓名标签，实验者更不称呼她们的名字，而且实验是在昏暗的条件下进行的。

被电击者是两位女性，在电击之前被试要听一段录音，这段录音是实验者与两个电击者的谈话。其中一个听起来是举止文雅、助人为乐的女人，她的工作是教育智力迟钝的儿童，并且正在资助她的未婚夫攻读医科学校。另一个听起来是使人讨厌的、以自我为中心的女人，并且她还表示特别讨厌犹太学生。

在实验阶段，每个被试通过单面镜可以看到被电击者受电击的痛苦挣扎。不过被电击者只是在表演，实际并没有受到电击。每个被试都有 20 次电击目标的机会。在进行第十次电击时，被电击者“痛苦”地挣脱了绑在她身上的皮带，实验者见到以后再把她们绑好，以便进行后 10 次电击。

实验结果发现，去个性化和可辨认性的两组被试都顺从实验者的指示，电击目标，但两组电击程度却有很大的差别。去个性化的被试平均电击 900 时距，而可辨认性的被试则平均电击 470 时距。在被电击者挣脱绑带之后，可辨认性的被试对那个讨人喜欢的电击目标电击时距减少，而对那个令人讨厌的电击目标的电击时距则增加了。但是在去个性化的环境下，不管目标任务是谁——令人喜欢的还是令人讨厌的，被试给予的电击都持续地增加了。

由此可见，尽管是一些女学生，但在别人认不出来的情况下，也会做出一些攻击别人的行为。难怪津巴多写道：“这些可爱的、平时态度和顺的女大学生用电流电击别人，几乎一有机会从不放过，有时时间达到了她们被准许的最大范围。她们根本不管自己的同学也是个很好的女孩子，本不应该受这样的罪。”①

津巴多不仅在实验室里，而且在现场实验中验证了群体中去个性化的现象。他认为，在城市人口密集地区比在稀疏地区存在较高的去个性化，即会有较多人做出一些违反社会准则的行为来。

津巴多和他的助手在纽约大学的一个闹市区，放置了一辆看来被抛弃的汽车，并拿掉了汽车内贴在玻璃窗上的行车执照，还打开了汽车引擎的盖子。26 小时后，这部汽车很快被拆毁了，凡是容易拿走的汽车零件，如电瓶、冷却器、空气清洁器、收音机、扫雨器、汽油桶、轮胎等都被拿走了。研究者用望远镜在远处观察，发现偷汽车零件的人都是一些衣着整洁的人，有时甚至全家出动，母亲望风，父亲与儿子一起偷拆零件。虽然有时候过路人停下来望一望，但是并没有人去询问和干涉。而在一个人口较少的城市，汽车则没有被拆掉。

由此可见，在人口密集的城市也能造成去个性化的环境，使个体“胆大妄为”。为什么在群体中会产生去个性化现象？一般认为有三个原因：

（1）匿名性。个体在群体中时，肆意地破坏社会准则，是因为个体觉得自己是一个匿名者，外人不知道自己的真面目，因而，做出违反社会规则的行为不会被人发现，或不会追查到自己而受谴责，这样就助长了个人的冒险心，做出了平常不敢表现的行为。比如，前述实验中的被试，掩盖着面貌，身上没有姓名标

① 转引自［美］克特·W·巴克：《社会心理学》，175 页，天津，南开大学出版社，1984。

签，并且在昏暗中操作，就是匿名性。再比如，有的国家的防暴警察，他们穿着同样的衣服，拿着同样的武器，并用保护性面罩遮住面孔，使人们无法辨认他们。因而他们也就产生了匿名感，可以出手镇压或强行驱散肇事者、集会者。

（2）丧失了责任感。一个人在单独行动时，往往能从伦理的角度考虑自己的行为，尽力避免受到舆论的谴责或法律的制裁。可是在群体中，其成员就会感到反社会行为是以整体出现的，责任职能落实到群体身上，或者分散在每个个体身上，而单个人不会承担群体行为造成不良后果所招致的谴责。于是，个人在群体中就不像单个人时那样具有强烈的责任感了。与此同时，在进行群体活动时，个人总觉得“法不责众”，即使惩罚也只能是惩罚群体，而不会惩罚个人。因为个人活动的责任是由群体来负担的，这样个人的责任心就大大减少，对自己做出的行为当然也就更加不负责任，以至于胆大妄为，无法无天。

（3）群体的淹没性。在群体中，成员的活动往往并不是以个人的身份出现的，而是具有群体的意义，是以群体的形式出现的，这样群体就淹没了个性，成员的自我被融化在群体中，与群体同一起来。而且群体成员越是无个性特征，他们的情绪、思想和活动就越一致，自我的感觉就越少，从而行为也就越缺乏自我的控制。相反，如果个体单独行动，由于没有群体的融化，个性就明显地突出出来，并且很容易被他人知觉，于是个体就会非常注意个性的意识，保护自我，不倾向于做出不负责任的行为来。

了解群体的去个性化现象，对于把握群体的活动是很重要的。特别是对防范群体因一时激动而产生的破坏行为，具有一定的意义。关于如何防范群体的去个性化现象，在上面介绍它产生的原因时，实际上已经暗示了，这里就不再赘述了。

# 第四节
# 网上群体及其极化现象

在互联网时代，涌现出新的群体现象，如在博客、微博、微信、QQ或人人网等网上社区中，上网者经常与网上的他人互动交往，并自然形成网上人群集合，比如娱乐类网民或聊天交友类网民，还有共同在一起下棋或共同在一个BBS论坛上讨论问题的人等，他们之间经常持续交往，共同参与讨论感兴趣的话题或网上活动。这些都是网上构成的社会群体。

## 一、网上群体与现实群体

网络社会的发展，为现实社会的人们提供了新的互动环境与空间。人们在新的互动环境以网结缘和因网结缘，形成网络社会群体。网络社会群体既是现实社会群体的延伸，又不同于现实社会群体。这里的所谓“延伸”，是指在技术发展的平台上又涌现出人们互动结群的“空间”，似乎多出一个交流空间。所谓“不同”是说，虽然网上社会群体具备了上述社会群体的大部分特征，但是在互动环境和特征强度上都有所不同。

在共同认知上，戚攻和邓新民认为，网络社会群体与现实社会群体在四个方面上表现不同。①

第一，与现实社会群体相比，网络社会群体内部成员之间的相互认知度和认同感较差，而且，某一群体内部的成员也很难被其外部社会成员所明确感知和认同。这是由于网络社会的虚拟性，允许网络群体成员采用“匿名”方式交往与互动，即在法律与网络社区规范允许的范围内“虚拟”或“虚假”造成的。

第二，网络社会群体成员之间的交往，远不及现实社会群体成员之间紧密和持续，相反，却在更大程度上具有非持续性和非紧密性的特征。虽然也有人认为，某些网络社会群体成员间的交往相当紧密，但在总体上讲，非紧密交往至少在目前是占主导地位的。这是由于人们在网际网络中可以同时多处注册，因而人们可以充分地利用网际网络提供的“自由”，使进出某个网络社区或群体成为再自然不过的事情。

第三，网络社会群体成员更多地不具有共同的身份。或者说他们的所谓“共同身份”，与现实社会群体的“共同身份”的含义有着明显的区别。如果说，在网络社会中的一群人，他们因“网缘”而有“共同身份”，那么这种所谓“共同身份”，用“上网者”三个字来表述，应是比较确切的。而这恰恰不是他们现实生活真实身份的延伸，也不是经典社会学理论所表述的“共同身份”的含义，它是由网络社会交往环境的特征“刻画的”。为此，在这些上网者之间，将很难培养起他们共同的价值取向和团结感。

第四，在网络社会群体中，其一部分成员是为了完成“共同的工作”或追求“共同的目标”，如中国的所谓“红客联盟”；但另外的一部分人却未必明白自己“要做什么”，或“为什么这么做”；甚至还有相当多的人在某个群体中，与该群体其他成员的工作与目标恰恰相反，如一般的上网者、“黑客”等等。

## 二、网上群体特征②

网上社会群体可能有两种目的来进行网上交流：（1）把网上交流当作工具，为某种目的而与网上的符号和人沟通；（2）把网上沟通本身当作目的，就是说，

---

① 参见戚攻和邓新民：《网络社会学》，社会群体章节，成都，四川人民出版社，2001。

② 参见郭玉锦和王欢：《网络社会学》（第二版），网络群体章节，北京，中国人民大学出版社，2010。

网上沟通给人带来愉快和充实。

## （一）亲和性

现实中的社会群体都是由众多的个体间的社会联系所组成的。这些联系，无论是强联系（strong ties）还是弱联系（weak ties），基本上都需通过身份等社会面貌实质性的接触才得以维持。然而，网上群体中个体的交往缺少这些方面的条件，社会面貌的接触极其有限。这是因为网络社会中的高度弹性与匿名性等特性所致。但是正是这些特点，可能使上网者在无须顾虑隐私会暴露的情况下，更有意愿积极与人“交心”以换取他人对等的回应，进而可以参加任何网上群体。所以上网者参与网上群体的自由性和自主性比较强，上网者可依照自己的意愿，决定何时加入或何时退出某一网上群体。另外也有研究指出，网民本身所具有的一些特殊的倾向，也是使得网络上的社会群体得以维持的主要因素。例如，网民之间惺惺相惜的亲近感，往往是彼此之间相通的共同兴趣使然。另外，上网者往往同时也有“愿意相信陌生人”的倾向①，因为电脑网络的高度匿名性与随时可从麻烦（如果有的话）中抽身的特性，促使上网者较有意愿提供意见或帮助陌生人，进而与其他上网者建立联系。

## （二）交往空间大

网上群体超越时空，扩展了人际互动的空间和场域，在北京也可以与广州或上海的人结成群体，这在现实群体中是很难突破的。而且网上群体不因现实中地理位置的因素而中断互动频率。网上群体角色和社会关系的简单化，使人与人之间的互动和人际关系减少了某些障碍，现实中的等级观念、身份属性等等在网上较少被考虑，这样就提高了人与人之间交往互动的真诚度，而减少了交往延迟和过多考虑的因素，从而提高了沟通效率和双向获益的强度。

由于网络社会具有拓展现实社会交往空间和时间的特性，因而大量的现实社会组织能利用它，而且现实社会中的个人也同样能通过网络和网络社会互动环境获取资源与扩大各种交往。

上网者在电脑网络中找到“知音”的机会，可能远远超过传统社会。② 网上社会所提供的“无限”交往与互动的生活空间，既能满足社会成员个人的文化和心理需求，又能满足其个人的物质需要和寻求更多个人发展机会的需要。当现实社会成员以个人身份，加入网络社会中的某个网络社区或群体（登记），并保持一段时间的交往与互动时，网络社会群体便出现和产生了。虽然个人从自身需要出发与某类网络社区成员或网络群体保持互动关系，有时未必能形成完全共同的利益与价值目标，但是，上网者们已经形成了一个群体，且在发挥着群体的各种功用。

---

①② 参见吴齐殷：《电脑架构的社会网路：社会学研究的新领域》，见 www. chinasociology. com。

## （三）成员自由度大

在网络社会群体中，“明确的成员关系”方面不像现实社会群体中那么清晰确定，只能是经常互动的一组上网者，其关系就是“网友关系”，相互之间并没有明确的责任和义务来约制其行为。而且，网上群体成员在不同网络社区中能否“持续地相互交往”，由特定的网络社区所能提供的“信息”和与其他上网者的关系程度是否能满足该上网者的持续需要来决定。所以网上某些群体的凝聚力不是那么强，缺少获得“资源”而形成的各种约制条件。如果参与网络互动的社会成员仅仅是为了获得各自需要的信息，往往获得某种“满足”后，便可能随即离开；另外，当群体成员不能在社区或群体中获得某种“满足”时，也同样会离开，甚至长期不回头。同时，参与网络互动与交流的社会成员，比在现实社会状态下有更多的“自主性”作出判断和更大的“自由度”作出选择。

# 三、网络群体极化现象①

群体极化是指群体成员中，原已存在的倾向性得到加强，使一种观点或态度从原来的群体平均水平加强到具有支配性地位的现象。按照群体极化假设，群体的讨论可以使群体中多数人同意的意见得到加强，使原来同意这一意见的人更相信意见的正确性。这样，原先群体支持的意见，讨论后会变得更被支持；而原先群体反对的意见，讨论后反对的程度也更强，最终使群体的意见出现“极端化”。如图 8—5 所示，按照群体极化假设，群体讨论会使群体的态度倾向朝向两极方向运动，使原来不同意见之间的距离加大。

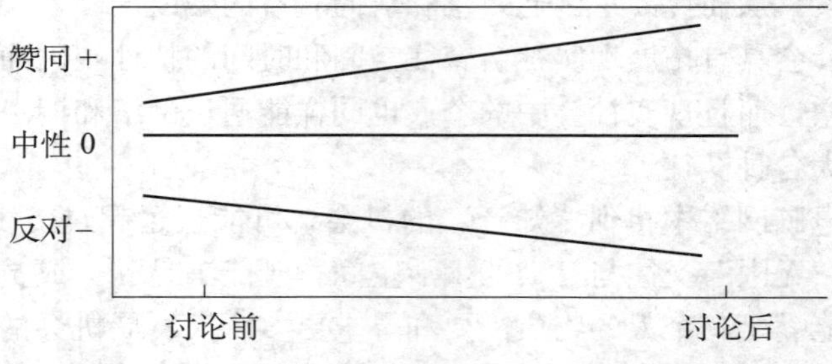


**图 8—5　群体极化假设预言的群体讨论对群体态度倾向的影响**

资料来源：［美］戴维·迈尔斯：《社会心理学》（第 8 版），223 页，北京，人民邮电出版社，2006。

研究发现，网络中时常会出现这种现象，在网络的讨论中，上网者针对一个议题，开始讨论的时候观点有分歧、立场多元，在一段时间讨论后，渐渐地趋向一个极端或者两个极端“共识”。不同的是，在中间过程中仍然多元观点并存，

① 参见郭玉锦和王欢：《网络公共领域建构研究》，北京，北京邮电大学出版社，2014。

只是到了后来，某些网络的议题讨论才出现极化现象。这些极化现象越到讨论的后期越坚挺，不易变动。

## （一）网络中群体极化行为

因为一方面各网络群体往往只链接与自己的价值取向、观点、意见等相一致的网站、网页或论坛等，另一方面，在论坛或社区中，兴趣爱好比较相近的网民更容易聚集在一起，逐渐形成意见团体，这样就容易造成视野狭隘和群体极化。由此产生的民意往往会是自发性的“局部民意”或者“狭隘民意”。桑斯坦认为，造成群体极化的原因是团体内的“协同过滤”所造成的竞争观点的缺乏。“真实世界的互动通常迫使我们处理不同的东西，虚拟世界却偏向同质性，地缘的社群将被取代，转变成依利益或兴趣来结合的社群。”① 这种“集合”式的“网络民意”，极易使网民们做出错误判断和极端行为，网络民意群体极化导致的严重后果不容轻视。

勒庞在《乌合之众》一书中指出，“所有的群体都是一样的，群体就像是一个活的生物，它有自己的感情，有自己的思想，这种群体中的共同的感情和思想，就是所谓的‘群体心理’。‘群体心理’是不可靠的，是暂时的，一旦构成群体的人群四分五散，每个人立即恢复到了自己以前的状态，但在群体中，他的个性却消失了，不见了，这时候他的思想与感情所表达的与群体的思想感情完全一致”②。

群体虽然由个体组成，但是具有相对的自我独立性，有着自身的行为规范、方式和感情，它并不会因为其中一个个体的改变而有所改变。相反，一旦个体融入到群体之中，个体反而会被群体同化。例如，网络中的群体讨论明显使中国学生对就业的积极态度变得加强，也使他们原来对美国人的消极态度强度变得更大。在网络论坛上，大中学生讨论艾滋病议题，考察并总结他们在讨论前后艾滋病偏见的变化，结果表明，高偏见组与低偏见组的态度差异在讨论后的确变得更大。高偏见组讨论后变得偏见更大，而低偏见组讨论后也变得偏见更小。群体极化发生的首先原因，是信息的影响，其次是感染。

网络中的群体极化现象可能会出现单方向极化现象，即指向一种观点或态度，甚至排斥其他观点的出现，以强势突出在话语体系中。这是一种共识的单方向极化现象。另一个网络中特殊的群体极化现象是多元群体极化，形成多数个“群体思维”式的多方向群体极化。比如在非政府组织的论坛或志愿者组织的论坛等常见这样的态势。

网络中的群体极化现象显现出的自身特点是：第一，精神亲和力，没有见面，但精神上有较高的黏度，大家认为自己的观点与群体的观点有些相似，该观

---

① ［美］凯斯·桑坦斯：《网络共和国——网络社会中的民主问题》，47页，上海，上海人民出版社，2003。

② ［法］古斯塔夫·勒庞：《乌合之众：大众心理学研究》，2页，北京，新世界出版社，2010。

点众望所归，彼此感到很受鼓舞。第二，共鸣引发兴奋，情绪高昂，情绪化程度越高，群体极化强度越高。第三，网络群体极化的特定走势，常常是一个极端倾向。开始可能是多元的，后来形成两极，到后期可能就会趋向一个极端了。第四，网络中的极化现象也会出现“拐点”，这种极化现象的“拐点”多半是因为论据充分的帖子所起到的转折作用。

与现实社会比较，网络中的极化趋势更加突出。美国芝加哥法学院讲座教授凯斯·桑斯坦认为，“群体极化的概念极其简单：团体成员一开始就有某种倾向，在商议后人们朝偏向的方向继续移动，最后形成极端的观点”[①]。他担忧“网络对许多人而言，是极端主义的温床，因为志同道合的人可以在网上轻易而且频繁地交流沟通，但听不到不同的看法。持续暴露于极端的立场中，听取这些人的意见，会让人逐渐相信这个立场。各种原来无既定想法的人，因为他们所读（信息）的不同，最后会各自走向极端，造成分裂的结果，或者铸成大错并带来混乱”[②]。此后，美国心理学家萨拉·凯拉尔在研究中发现：群体极化现象不仅存在于现实中，而且同样存在于网络中。并且拉塞·斯皮司与其同事也通过研究证明：网络中的群体极化现象更加突出，大约是现实中面对面时的两倍多。[③]

## （二）网络群体极化行为中的拐点

当群体中一种观点获得了最好的支持解释时，某些群体成员会被说服，从而改变观点，转向这种有说服力的观点，使这一观点在群体中出现极化。辛茨（Hinsz）等人近年的研究证明，论据是使某种态度在群体中被极化的主要因素。

由网上考察我们可以看出，从事件产生到最终群体极化达到高潮的过程中，有这么一个拐点，这个拐点是整个群体行为发生质变的一个转折点，群体行为从这里真正走上了极化的道路。这个拐点出现的时间，我们认为是意见领袖帖出现的那一刻，在意见领袖帖出现以后，网络上的群体成员受到的这么一种暗示的感染和信息协同过滤的作用，迅速扩散到整个群体。当这种暗示在群体心中不断地加深时，这种暗示于是便变成他们心中固有的想法，在这样一种暗示感染的情境下，群体极化便如火山喷发一样瞬间被推上了高潮，对这个社会产生了重要的影响。

勒庞在《乌合之众》中认为，“群体比个人更有力量，但是群体的表现是极不稳定的，而个人无论是智力还是能力方面，总是维持在一个平均的水平线上的；群体的行动是受感情激起并主导的，这种感情的强弱程度，直接决定着群体的行为能力。群体能够干出什么来，取决于影响群体的暗示具有何种性质。如果这种性质是积极的、进步的、有意义的，那么群体的表现就会是相应的积极进步而有益的。反之，如果主宰群体行为的暗示是负面的心理能量，那么群体的表现

---

① ［美］凯斯·桑坦斯：《网络共和国——网络社会中的民主问题》，47页。

② 同上书，51页。

③ 参见［美］Patricia Wallace：《互联网心理学》，88页，北京，中国轻工业出版社，2001。

就会是非常可怕的——如果把群体比作是同一个人，那么这种主宰群体行为的暗示力量就好比是人的思想，如果这人的思想是善良的，那么这个人必然是善良的，反之亦然”[①]。由此我们可以看出群体行为是有利有弊的。

事实上，当我们仔细考察网络讨论时，我们可以看出群体极化的过程中存在一个拐点，其中是意见领袖帖把群体行为引向群体极化的状态，导致网络乃至现实生活中的矛盾爆发。但是，通过分析发现，这个拐点可以以另外一种状态来表现。

在实际状况中，我们可以说，如果在这个拐点上，出现了一个更加理性的帖子（或者是与前面的帖子意见相左的帖子或状态），群体可能就不会走向极化的状态，抑或是群体可以在此暗示下更加理性，转向另一个方向。而且，在拐点之前，所有的帖子都是朝着一个趋势发展的。从第1个帖子开始，到第50个，到第100个，再到第n个，网上出现的大部分是相同的声音，但当出现了意见相左而且较为理性的帖子时，也就是意见领袖帖，情况便发生了变化，后面的帖子不再是朝着同一个方向发展了，而是朝着多方面发展，出现了各种声音，使得网民们可以从中进行自己的思考，从而更加清晰理性地去看待所发生的事件。

这一情况在“金庸去世”的假新闻这一事件中体现了出来。2010年，“金庸去世”的谣言最早在百度贴吧以“求证帖”的形式出现，这一帖子出现后，无数网友震惊、猜测，纷纷求证；相关讨论在1小时内超过5万条，后被网友转发至人人网和微博中。几经转载，就从当初的求证，变身成了新闻，并有微博传言说金庸因中脑炎合并胼胝体积水于2010年12月6日19点07分，在香港尖沙咀圣玛利亚医院去世。但是，该消息出现后不到20分钟，有人就通过微博辟谣，批评造谣者“太不专业”。很快，经香港记者向金庸本人求证，“金大侠”身体无恙，而且据说这是金庸该年第二次“被去世”。[②] 从这个事件可以看出，在广大网友还在对这一事件热议的时候，微博辟谣的帖子成了意见领袖帖，使网友们能够理性地看待这一网络事件，如果没有微博辟谣的帖子，任由网络群体继续热议下去，这一事件一定会引起网络上的轩然大波，甚至出现网络极化的现象。

正如勒庞所说，“或者只需要一句悦耳的言辞——它必须具有影响性的暗示效果，又或者是一个足以唤醒群体的形象，就能够影响到群体的行为让他们表现得完全是另外一副样子”[③]。

由此，倘若政府有关部门和一些网民能够在适当的时候发出有利于事情合理发展的意见领袖帖，对网络环境将有着很大的积极作用。

## (三) 群体化行为在网络中的作用

(1) 网络中舆论的影响面将大范围地扩大。由于网络群体的自由性和多元

---

① ［法］古斯塔夫·勒庞：《乌合之众：大众心理学研究》，18页。

② 参见 http://www.ccdy.cn/zhuanti2010/wenhuatop10/2010—12/27/content_734018.htm。

③ ［法］古斯塔夫·勒庞：《乌合之众：大众心理学研究》，13页。

性，网络中群体的成员来源因此也非常广泛，造成了网络的覆盖面不会因为性别、种族、阶层和国籍等等许多因素而局限在某一方面，这就使得网络舆论相比于传统舆论的传播具有更加广泛的群众基础。

（2）网络中舆论扩大影响的时间很大地缩短了。由于网络的即时性，致使网络舆论有时几乎达到了共振共生的程度，而且增加了公共事件对受众的冲击程度，再加上多样性和复杂性的传播途径，把受众联结在一起，像各主干道同时联结着交通枢纽，四通八达，各种意见能够同时通向这个交通枢纽，形成强大的合力。

（3）网络群体对事件的发展起着强劲的推动作用，促使社会各方面力量对其进行关注和发生作用，甚至有可能引起一定的网络群体极化。

可以说，不管是积极还是消极方面，网络群体极化都表现了其强大的助推作用，而且事件的处理结果都会受其影响，这不是现实社会中的群体能够轻易表现出来的。正如凯斯·桑坦斯所说，“事实上群体极化让许多重要的价值得以实现，包括公民权运动、反奴隶运动以及两性平权运动。上述运动就当时看来都显得极端，他们通过团体内部的讨论，结果当然变得更加极端；但极端结果不该只得污名。如果更多传播选择能产生更多极端主义，对社会终究有好处”①。可见，群体极化的作用并不仅仅是消极的。

# 第五节 民族心理研究

## 一、早期民族心理研究

从社会心理学的形成过程看，民族心理研究是其最初取向之一，但是，随着社会心理学研究的发展，其他学派兴起，与之并行，相互争论，相互促进，使社会心理学得以不断发展。

### （一）“民族心”说

民族心理研究最早是从19世纪末期德国民族心理学派开始的。1895年，拉扎劳斯（M. Lazarus）和施坦泰尔（H. Steinthal）把当时的语言学和民族志资料同心理学研究结合起来，创办了《民族心理学和语言学》杂志，声称创立了一个

① ［美］凯斯·桑坦斯：《网络共和国——网络社会中的民主问题》，53页。

民族心理学派。但是，对民族心理现象进行系统研究的，却是心理学家和哲学家冯特，他于1879年在莱比锡创建了世界上第一所心理学实验室，门下集合了一大批弟子，从事感觉心理生理学、精神物理学等领域的实验研究，取得了很多研究成果。为了公开这些研究成果，1881年创办了《哲学研究》杂志。冯特晚年全力从事民族心理学研究，1900年开始陆续出版了《民族心理学》10卷本。他深受黑格尔的影响，认为民族共有一种融化在民族本性中的精神。这种精神是一个民族心理过程的承担者、实体，就是说，民族心不存在于个人心理过程中，不是用个人心理能够说明的，而是存在于一个民族的语言、风俗、神话、艺术、法律等文化现象中，只能到这些民族共有现象中去寻找。冯特作为一个有开创性的心理学家，对“民族心”的解释有合理之处，看到了一个民族在其发展中所形成的共同心理特点和对民族文化发展的影响。他的民族心理研究，为人们解释人类心理现象，找到了一条比较广阔的出路，在相当大的程度上，把个体心理现象同群体心理现象统一起来。

## （二）群体心理论

继德国民族心理学派后，法国群体心理学派发展起来。塔尔德的模仿说、涂尔干的社会事实论，都从不同的侧面提出并研究了群体心理现象。塔尔德主张群集心，涂尔干主张“集体意识”，这是两种针锋相对的观点。前者极力主张个人之间的模仿作用，并以此反对涂尔干的“集体意识”理论。涂尔干在其理论中力图论证超越于每个个人精神的“集体意识”是社会事件的原因。《自杀论》一书是涂尔干“集体意识”理论的精彩运用，他认为任何一种自杀都源于“社会事实”，而这种社会事实就是涂尔干所说的集体意识，是由思想、感情、行为方式、制度、思潮、舆论等价值观点、社会规范构成的意识总体。可见这两种观点都有重大缺点，塔尔德用神秘的外在力量说明群体心理现象，涂尔干把超个人的精神实体混同于群体心理。

在法国群体心理学派中对群体心理研究影响最大的是勒朋。1895年勒朋出版《群众心理学》，比较集中地研究了群体心理现象，并用法国大革命时期群众运动的例子论证他的观点。勒朋认为，如同个人有精神一样，群体也有精神，这就是群体精神，他叫“群体心”。所谓群体心是指不受个人意识支配的精神体，这种精神体笼罩着群体行为，具有匿名性、情绪感染性及暗示感受性。群体是受群体心支配的感情现象，任何一个人，只要在群体之中就失去理智，盲目随从群体精神，而难以控制和制止；当个人不在群体之中时，是冷静的、遵从理性的、富有建设性、创造性的。他认为，迄今的文明是由少数有知识的贵族创造的，而这个少数的有知识的贵族远离群体。显然，勒朋是站在少数贵族的立场上反对法国大革命、贬低群体现象的。但是勒朋看到了存在于个人与社会之间的广大群体领域，以及在这个领域中的群体心理现象及其某些特点，应该说，这是他对群体心研究的独特贡献。

早期群体心理学派的另一个代表人物是英国心理学家麦独孤，他的立足点不同于勒朋，后者主张非理性的群体心，麦独孤则主张非理性的个人。但是，他和勒朋一样，都承认群体心现象的存在。麦独孤认为，群体行为是许多个人集合在一起时所形成的精神的或心理的力量结合，这种结合所产生的群体特性是个体所没有的，是超越于个体的。麦独孤的这种观点，后来遭到了美国社会心理学家F. H. 奥尔波特的批评。

## 二、集体无意识理论

瑞士心理学家荣格（C. G. Jang）创造性地发展了弗洛伊德的无意识理论。他认为人类精神由若干不同的彼此相互作用的系统和层次组成，包括意识、个人无意识和集体无意识。意识是人心中能够被个人直接知道的部分。荣格用“个性化”这个术语表示意识过程，意识的个性化产生了自我。在荣格那里，自我被视为自觉意识的组织，是一种结构，由能够自觉到的知觉、记忆、思维、情感等组成。某种观念、情感、记忆或知觉，如不被自我承认就不会进入意识领域。

荣格说的个人无意识是指所有那些微弱得不能达到意识，或者微弱得不能存留在意识之中的体验。集体无意识与个人无意识不同，它的存在并不取决于个人后天的经验。个体无意识由那些曾经一度被意识到后来又被忘却了的心理内容所组成，而集体无意识的内容在人的整个一生中却从未被意识到。集体无意识是一个储藏所，它储藏着所有那些通常被荣格称为原始意象（primordial images）的潜在的意象。这些意象是人从他的祖先那儿继承来的。这种意象的继承并不意味着一个人可以有意识地回忆或拥有他的祖先所拥有过的那些意象，而是说，它们是一些先天倾向或潜在的可能性，即采取与自己的祖先同样的方式来把握世界和做出反应。由此，荣格认为，从个体出生的那一天，集体无意识的内容就给个人的行为提供了一套预先形成的模式，而后天经历和体验的东西越多，所有那些潜在意象得以显现的机会也就越多。教育和学习越丰富，也就越容易使集体无意识在各个方面得以个性化。

荣格的集体无意识是通过文化传统和历史遗传形成的一种认知潜在状态。其有争议之处，是当他把原始意象视为从原始祖先那里继承并“深深地镂刻在人的大脑之中”时，有着一种先天论的倾向。但是，集体无意识的提出，却有着重要意义。集体无意识实际上是人类文化通过一代代人遗传而形成的、在群体生活的深层起作用的无意识现象，它和一个民族的文化精神分不开。比如“恻隐之心，人皆有之”，在中国人的道德行为中不假思索就自然而然地起作用，是中国文化的仁爱精神通过几千年历史遗留给中国人的。

荣格在无意识研究上的重要贡献在于他提出两个基本概念并对之做了多方面的论证。一个概念是在分析个人无意识时提出的，荣格认为，个人无意识有一种重要而又有趣的特性。那就是，一组一组的心理内容可以聚集在一起，形成一簇心理丛，他称为“情结”，并通过语句联想测验，证实了“情结”的存在。另一个概念是集体无意识。霍尔（C. S. Hall）把这两个概念的提出看作荣格成为“20世纪最卓越的学者之一”的重要原因。

而荣格集体无意识分析中的精彩之处是对原型的分析。集体无意识的“原型”具有群体认知模式作用及结构作用。在荣格那里，集体无意识的内容就是原型，即最初的模式的意思，所有与之类似的事物都模仿这一模式。这个模式“是某种类型的知觉或行为的可能性”，“必须通过后天经验来显影的底片”。荣格说：“人生中有多少典型情境就有多少原型，这些经验由于不断重复而被深深地镂刻在我们的心理结构之中。”① 这就是说，原型是一种知觉模式，由于后天经验的作用而“嵌入”心理结构，由此，原型不仅是一种潜在的认知模式，而且是嵌入心理结构中起结构作用的东西。

集体无意识的原型模式及结构作用，在荣格的无意识分析中，表现在原型对情结的作用上。事实上，原型乃是情结的核心。原型作为核子和中心，发挥着类似磁石一样的作用，它把与它相关的经验吸引到一起形成一个情结。情结从这些附着的经验中获取了充足的力量之后，可以进入到意识之中。原型只有充分形成了情结和核心，才可能在意识和行动中得到表现。② 这里，荣格提出原型—情结—意识的转化。原型之所以有可能最后转化为意识，内在根据在于模式和结构作用，外在条件在于经验即人生经历、社会生活空间的事件。

这样，集体无意识作为群体认知的一种潜在状态即无意识状态，是建立在原型这种知觉模式及结构的基础上的，这表明任何一种认知状态（包括无意识这种潜在的认知状态）都是有结构的。结构合理，会带来认知优势，群体认知的优势以群体结构为前提。换句话说，任何群体心理都有可能受到上述原型的作用和影响。这种原型对分析一个民族的心理和精神活动倾向有着重要的意义。

## 三、社会无意识理论

弗罗姆与荣格都是新弗洛伊德主义的代表人物，弗罗姆在弗洛伊德个人无意识的基础上，提出了社会无意识概念。社会无意识是指一个社会的大多数成员共同的被压抑的意识领域，是这个社会不允许其成员们意识到的内容。③ 弗罗姆指出，社会无意识是通过社会过滤器形成的。每一个社会，通过自己的生活实践和联系的方式，通过感情和知觉的方式，发展了一个决定认识形式的体系或范畴，这就是社会过滤器。社会过滤器是一种社会认知框架，由社会结构决定，促使该社会的成员在认知时选择性地注意到什么，不注意到什么。社会过滤器由三个部

---

① ［美］霍尔等：《荣格心理学入门》，39～47页，北京，三联书店，1987。

② 参见［美］霍尔等：《荣格心理学入门》。

③ 参见［美］弗罗姆：《在幻想锁链的彼岸》，93页，长沙，湖南人民出版社，1986。

分构成：第一个部分是语言通过它的词汇、语法和句法，通过固定在其中的整个精神来决定哪些经验能进入我们的意识。第二个部分是逻辑学，也就是一种特定的文化中直接指导人的思维的规律。例如，形式逻辑会排斥悖论逻辑和辩证逻辑，而将矛盾心理即一个人在同一时间体验到爱和恨判定为荒谬的，结果使很多人很难意识到自己的矛盾心理。第三个部分是由社会的禁忌组成的，它宣布某些思想和感觉是不合适的、被禁忌的、危险的，并且阻止这些思想和感觉达到意识层次。

弗罗姆认为，从形式上讲，什么是无意识，什么是意识，取决于社会结构以及这个社会所产生的认知方式。但是未来是光明的，一旦人认识到在背后支配着自己的那些力量，如社会结构、社会无意识和社会过滤器等等，人就能把自己从一个被动的状态转变成自由、自觉、自为的人，并以本来的真实的样子去认识自己、他人和世界。

## 四、中国民族心理研究

中国民族心理研究多从文化的视角考虑，中国人民大学的沙莲香关于中国人民族性的研究，努力把这方面的研究从哲学和文化哲学中脱离出来，积极地采用了社会学和心理学的实证方法，由此使中国民族心理研究实证化，不仅停留在解释学的方法论的层面上。她的《中国民族性》（一）和《中国民族性》（二）以及近年来的著作如《中国人百年》，都表现了这种学术思想。其中关于中国人的双重认知取向观点指出，中国人在认知特点上表现出双重性，即当个人表达对A事物的观点时是一种看法，而说到别人对A事物的观点时，却是另一种看法。比如，当研究者问甲，在一般情况下你对你的上司是顺情说好话的吗？甲会回答："不，不是的，我还是怎么考虑的就怎样说。"当被问道："你的其他同事对他们各自的上司，一般都是顺情说好话的吗？"甲会回答："基本都是。"如果以相同问题向乙、丙和丁提问，回答的基本与甲相同。

关于民族心理的研究，沙氏提出一种方法论角度，认为："中国文化中的人性有双重含义。'人本'意义上的人性，是本于天的'天性'，具有先验性，人生而俱有，'性相近'也；'人文'意义上的人性，是本于仁的'仁性'，为后天习得，'习相远'也。"① 双重意义的人性，参见图8—6。

"中国文化赋予人性以双重特性，是'天性'与'仁性'的统一。人性的这种双重特性，决定了己与仁的不相分离，己与关系息息相关。己是仁的载体，又是关系的载体，这一点，对于'己'来说，已经在所难逃了。'己'要终生扮演关系角色。"②

沙氏的上述观点提出了一个共有模式，这不仅是中国人的模式，而且也是任

---

①② 沙莲香等：《中国人百年——人格力量何在》，89页，北京，新华出版社，2001。

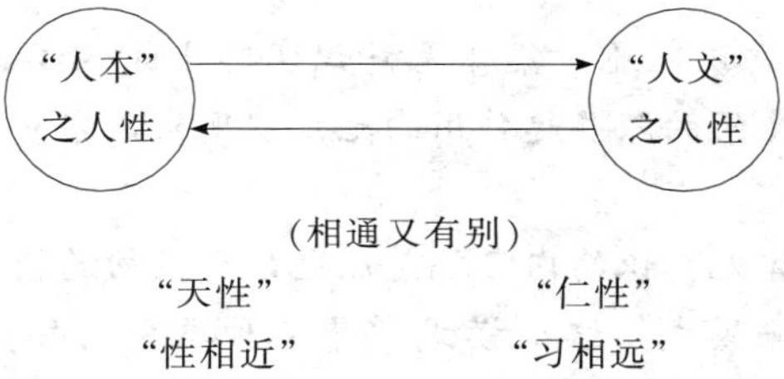


**图 8—6 双重意义的人性示意图**

何民族共同体心态的共有模式。进一步讲，一方面，一个民族的心理都有"人本"之人性，而且任何民族的心理都有相似的人本之人性；另一方面，各个民族都有各自的"人文"之人性。二者相互作用生成一个民族特有的心理。这一观点充分说明了人本与人文既相通又有区别的关系。

**本章要点**

1. 群体心理的研究范畴，通常包括三个方面：民族心理、集群心理和某一社会群体的心理。

2. 凝聚力分析。群体凝聚力越高，其成员就越遵循群体的规范和目标。因此，如果群体倾向于努力工作、争取高产，那么群体的生产率就更高。可是，要是凝聚力很高，群体却倾向于限制更多的生产，甚至与其他群体闹摩擦，那么就只会大大降低生产率。可见，群体规范是决定群体凝聚力与工作效率关系的重要因素之一。

3. 社会促进中的他人在场。扎荣克研究发现，有他人在场是产生社会促进作用还是社会干扰作用，取决于个体从事活动的性质。他由学习理论中的动机原则想到，一个人在动机很强烈的时候，他的优势反应能够很轻易地表现出来，而较弱的反应会受到抑制。所谓优势反应，是指那些已经学习和掌握得相当熟练，成为不假思索就可以表现出来的习惯动作。如果一个人从事的活动是相当熟练的，或者是很简单的机械性动作，则他人在场使之动机增强，表现更加出色。相反，如果他所从事的活动是正在学习的、不熟练的，或者需要费脑筋的，他人在场使之动机增强，反而会产生干扰作用。

4. 服从。米尔格拉姆的服从实验赤裸裸地暴露了人的服从的特性。但是，人们不会无条件地服从权威的一切命令。在涉及政治、道德等问题的时候，是否服从权威，绝不单纯地取决于服从心理，而是取决于人的价值观和政治立场。有人选取处于不同道德发展水平阶段的被试，发现道德水平越高，越可能拒绝服从不道德的命令。

5. 去个性化。研究发现，在城市人口密集地区比在稀疏地区存在较高的去个性化，即会有较多人做出一些违反社会准则的行为来。

去个性化现象一般有三个原因。(1) 匿名性；(2) 丧失了责任感；(3) 群体的淹没性。

6. 荣格的集体无意识理论。集体无意识实际上是人类文化通过一代代人遗传而形成的、在群体生活的深层起作用的无意识现象，它和一个民族的文化精神分不开。

在荣格那里，集体无意识的内容就是原型，即最初的模式的意思，所有与之类似的事物都模仿这一模式。这个模式“是某种类型的知觉或行为的可能性”，“必须通过后天经验来显影的底片”。

7. 弗罗姆的社会无意识理论。社会无意识是指一个社会的大多数成员共同的被压抑的意识领域，是这个社会不被其成员们意识到的内容。弗罗姆指出，社会无意识是通过社会过滤器形成的。每一个社会，通过自己的生活实践和联系的方式，通过感情和知觉的方式，发展了一个决定认识形式的体系或范畴，这就是社会过滤器。社会过滤器是一种社会认知框架，由社会结构决定，促使该社会的成员在认知时选择性地注意到什么，不注意到什么。社会过滤器由三个部分构成，第一部分是语言，第二部分是逻辑学，第三部分是由社会的禁忌组成的。

8. 任何一个民族心理都是“人本”之性和这个民族“人文”之性的综合。一方面，一个民族的心理都有“人本”之人性，而且任何民族的心理都有相似的人本之人性；另一方面，各个民族都有各自的“人文”之人性。二者相互作用生成一个民族特有的心理。

**基本概念**

群体心理　凝聚力　从众　服从　去个性化　集体无意识

**复习思考题**

1. 简述他人在场对个体活动的干扰与促进作用。
2. 简述从众与服从的过程机制。
3. 如何理解去个性化？
4. 试比较荣格的集体无意识理论与弗罗姆的社会无意识理论。
5. 简述中国文化里人本意义的人性观与人文意义的人性观之间的关系。

**推荐阅读书目**

[美] 阿伦森．社会心理学入门．北京：群众出版社，1985.

[美] J.L. 弗里德曼，D.O. 西尔斯，J.K. 卡尔史密斯．社会心理学．哈尔滨：黑龙江人民出版社，1984.

沙莲香．社会心理学．2 版．北京：中国人民大学出版社，1997.

全国十三所高等院校《社会心理学》编写组．社会心理学．天津：南开大学出版社，1990.

时蓉华．社会心理学．上海：上海人民出版社，1986.

沙莲香．中国民族性．一，二．北京：中国人民大学出版社，1989—1990.
沙莲香．中国人百年——人格力量何在．北京：新华出版社，2001.
郭玉锦．网络社会学．北京：中国人民大学出版社，2005.
戚攻．论社会转型期对非正式群体的引导与控制．理论与改革，2000（4）．
［美］波普诺．社会学．沈阳：辽宁人民出版社，1987.
［英］达尔文．人类的由来．北京：商务印书馆，1983.
Robert A Baron，Donn Byrne. Social psychology—Understanding human interaction. Allyn and Bacon，Printed in the United States of America，1994.

第九章

# 传播与社会心理

传播是人类社会生活中的最基本行为，没有传播，人类社会活动就无法进行，人类社会也就不可能延续至今，传播是人类社会活动的基础。

# 第一节 社会心理是传播活动的基础

## 一、传播活动

### （一）传播及其社会心理意义

传播（communication）是通过语言、姿态、表情等各种符号传递或交换知识、意见、感情、愿望等信息的社会行为。传播试图与他人分享消息、思想和态度，建立与他人的认同和共鸣。这种传递和交换的反应过程就是传播行为，在这种传播行为中互动各方始终伴随着一种社会心理活动。

美国社会学家、社会心理学家库利在1909年出版的《社会组织》一书中就已经对传播做出了明确的界定，他认为，传播"指的是人与人关系赖以成立和发展的机制——包括一切精神象征及其在空间中得到传递、在时间上得到保存的手段。它包括表情、态度和动作、声调、语言、文章、印刷品、铁路、电报、电话以及人类征服空间和时间的其他任何最新成果"①。从他的解释中，我们看出，他强调传播是人类关系的基础，是以符号为媒介的，在这个过程中，包括表现和传递两种意义。表现和传递本身就是人通过对信息、符号的认知、理解，转化为态度和行为的过程，这个过程是人的心理活动的过程，是人对信息刺激所做出的物理和心理的反应。

传播学大师施拉姆（W. Schramm）提出，"研究传播学其实就是研究人：研究人与人，人与他的团体、组织和社会的关系；研究人怎样受影响，怎样互相影响；研究人怎样报道消息，接受新闻与知识，怎样受教与教人，怎样消遣与娱人。要懂得传学，应先了解人与人怎样建立关系"②。而人与人建立关系的基础就是人的心理互动。由此可见，传播活动本身就是人的社会心理活动。

我们从不同的解释中，归纳出了传播概念的几个特点。

（1）传播是在两种状态下进行的：一是在人类的社会互动中进行，没有人类的社会互动，也就没有传播行为。社会互动是人的心理活动的外在表现，因此，

---

① C. H. Cooley, *Social Organization*, Schocken Books, New York, 1909, p. 61.

② ［美］W. 宣伟伯（W. 施拉姆）：《传媒信息与人：传学概论》，4页，北京，中国展望出版社，1985。

传播是人类社会活动的基础，而人的心理活动的外在反应就是传播行为。二是在人类社会关系中进行，传播和社区一词有共同的词根，“这并非偶然。没有传播，就不会有社区；没有社区，也不会有传播”①。社区是以一定地理区域为基础的社会群体，社会群体是指通过持续的社会互动或社会关系结合起来进行共同活动，并有着共同利益的人类集合体。社会的活动和发展正是在这种有着持续的社会关系和共同利益的集合体中进行的，因此，传播是在人类社会的社会关系中进行的，人们的社会关系、社会角色、社会地位，以及人格特征直接影响并作用于传播活动，这就是人的社会心理对这些社会活动的主体反应。

（2）传播是信息的传递和共享，而信息的传递和共享是建立在双向互动，以及对于信息符号的共同理解基础之上的。没有这个基础，很难实现真正意义上的传递和共享。理解是人们传递和共享的基础，而理解是建立在人们认知基础上的心理反应，这种反应转化为人的态度和行动，即双方的传递和共享活动。

（3）传播是在一个复杂、多变的动态过程中进行的。在这个过程中，活动的主体是人，人的行为受其社会文化，社会环境，个人的情感、动机、需求、态度等多方面的影响和作用，因此，人在传播活动中的所作所为以及各种反应，直接影响着传播活动。

从以上三个特点中我们可以看到社会心理在传播活动中的地位与作用，这恰恰说明了社会心理因素是人类传播活动的基础。

## （二）社会心理在不同传播类型中的表现

传播的基本类型有四种。

（1）自我传播，又称人的内传播，是指个体对信息的自我加工过程，可以采用自我对话的心理过程，就像我们常说的“苦思冥想”、“扪心自问”、“自言自语”等自己同自己的对话。这是个体内部的信息传递及其心理过程。

（2）人际传播，是指信息在社会个体之间的传播行为，在这个过程中，人们彼此保持着一定的人际距离并发生相互影响与作用，例如流言、民谣等。它不是通过大众传播媒介的传播，也不是通过有组织的传播，而是在人与人之间的传播，它是社会传播的基本行为。

（3）组织传播，又称组织沟通，是在组织内部的信息传递活动，它包括组织与成员、成员与成员之间的消息传递活动，也包括组织与成员、成员与成员之间的情感和角色的沟通和传递活动，其目的在于提高组织的效率。

（4）大众传播，大众传播由一些机构和技术构成，由专业化群体凭借这些机构和技术，通过诸如报纸、广播、杂志、电视、电影等技术手段向社会大众传递信息的活动。其特征就是面对着较大数量的、异质的和匿名的受众群，信息是公开、快速、同时到达的传播活动，其传播者是一个组织，需要庞大的经费支持这

---

① ［美］W. 施拉姆：《传播学概论》，3页，北京，新华出版社，1983。

个复杂的机构运作。①

从上述四种传播类型来看，人的自我传播是传播的基础，任何信息的传递都是在这个心理互动的基础上完成的，因此，无论何种形式的传播都是在人的心理作用下进行的。

## (三) 社会心理在传播过程中的作用

人类的传播活动是一个复杂的系统，有着独特的结构。传播活动不仅内部各要素之间彼此相互作用、相互影响，而且传播活动本身还不得不置身于社会的大系统之中，因此，社会文化、社会心理不可避免地影响着人类的传播活动，这一点我们可以从传播过程及传播系统结构中清晰地看到。

让我们看以下几种主要的传播过程模式，并从中找出在人类的传播过程中人类的社会心理对它的作用。

美国著名的传播学者拉斯韦尔（H. Lasswell）最先提出了传播的过程模式，他认为在传播过程中有五种基本要素，即谁（who）、说了什么（says what）、通过什么渠道（in which channel）、向谁说（to whom）、有什么效果（with what effect），由于这五个要素均有以 W 打头的疑问词，因此，人称“5W”模式。

有人把拉斯韦尔的传播过程称为单向直线模式，这种传播过程模式的问题在于将传播活动中互动双方的一方看作是主动的，而另一方则看作是被动的。这种模式不仅忽略了受传者的社会心理，以及他对传播者所能产生的心理互动和影响，而且还忽略了社会文化等要素，即场对传播过程所产生的影响。

此后，美国著名的传播学大师施拉姆提出了大众传播过程模式。这个模式体现了大众社会的传播的特点，即传播是在一定的场域中进行的，而且是双向的，互动的，彼此相互关联、作用的。在传播过程中，传播参与者是互动的双方，彼此均受到个人、所属群体、社会等诸多因素的影响，将社会心理看成是影响传播活动的重要因素。

在传播过程的研究中，德国学者马莱茨克提出了大众传播过程的系统模式（见图9—1）。马氏的研究把传播看作包括社会心理因素在内的各种社会影响力交互作用的“场”。在这个场中，人与情境、人与信息彼此相互作用影响着，我们可以从中更清楚地看到社会心理因素对传播活动的影响和作用。

马莱茨克提出，在传播过程中对传播者和受传者的影响和制约因素分别是：(1) 就传播者而言主要包括：传播者的自我印象、人格结构、所属群体、社会环境、所属组织、信息内容、媒介机构、受众对信息的反馈所产生的约束力等。(2) 就受众而言主要包括：受传者的自我印象、人格结构、所属群体、社会环境、信息内容的效果或影响、对媒介的约束力等。这些因素一是人的社会心理因素，二是社会环境因素，两种因素在不同的场合对不同的行为发挥着各不相同的作用与影响。

---

① See C. R. Wright, *Mass Communication: A Sociological Perspective*, Random House, New York, 1959, p. 15.

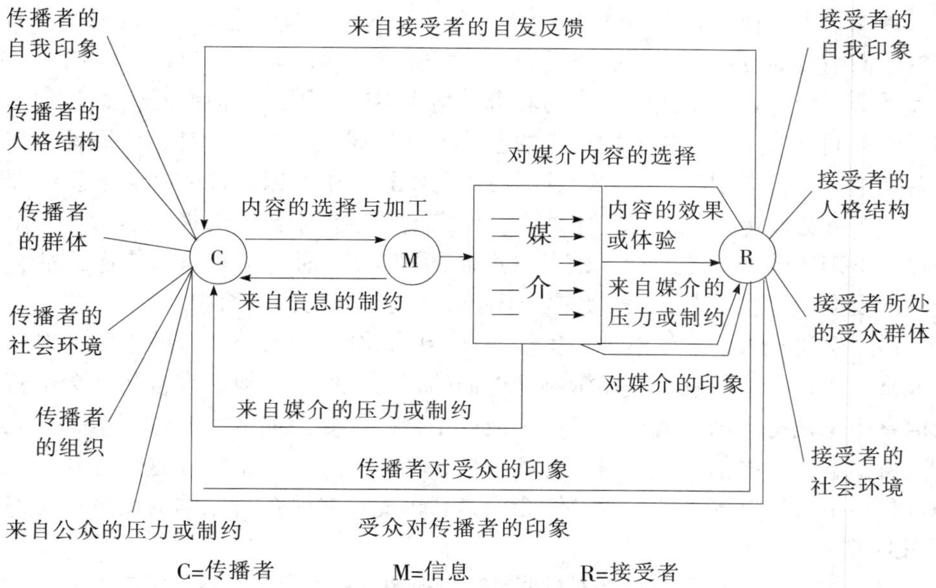


**图 9—1　马莱茨克的大众传播过程系统模式**

资料来源：［美］丹尼斯·麦奎尔、斯文·温德尔：《大众传播模式论》，56 页，上海，上海译文出版社，1987。

对媒介和信息的影响和制约因素来自两个方面：一方面是传播者，传播者对信息内容的选择和加工，受传播者自身诸多因素的影响，而这种选择和加工最终将影响或制约着信息的传递；另一方面是受传者，受传者对媒介内容的接触选择，基于其自身的社会背景、社会需求、心理需求，同时，媒介在其心中的印象、地位，也直接影响制约着信息的接收。

由此可见，在传播过程中，传播活动的主体——人，无论是传播者，还是受传者，他们的人格、认知、情感、动机、行为等因素在传播活动中相互关联、相互作用，影响和制约着媒介和信息，最终影响着传播的整个过程。因此，可以说，社会心理是传播活动的基础，影响和制约着人类的传播活动。

## 二、信息接收过程中的社会心理作用

就传播行为而言，其整个的传播过程是一个十分复杂的结构体系，是特定的社会结构场域中的活动，因此，整个传播活动是社会结构、场域结构、人们心理结构相互作用下的产物。作为传播活动主体的人，即传播者和受众，他们是传播行为中两个终端并相互影响着的人们。然而在这个过程中，传播者和受众双方彼此在心理上、行为上存在着很大的区别，这种区别恰恰形成了两者在不同的心理作用下的不同行为反应。让我们看看传播者和受众彼此之间各自的心理反应及其行为差异。

首先，由于传播者和受众获取信息的方式不同，对信息源的认知心理不同，自然他们的行为反应也不同。就是说，虽然社会环境因素和信息同时作用于传播者和受众，但是，由于他们各自的职责、角色不同，因此，他们对信息刺激的敏感程度不同，信息源对他们所产生的影响力度强弱也就不同。对于传播者（在此主要是指大众传播现象）来说，其职责就是将社会中数以万计的社会信息（即刺激）按照社会政治、经济、文化、大众的需要，进行采集、选择，然后经由个人的加工整理，转变为新的社会信息（即新的刺激），通过媒介途径传递给社会大众（即受众）。他们的信息直接来源于社会，是信息的原本面貌。

而对于受众来说，虽然他们生活在社会中，社会中纷繁复杂的事物会对他们的人格、心理产生影响，进而影响到他们的行为，但是，他们直接从社会中获得的信息毕竟是有限的，他们更多的是通过中介手段，诸如从媒介、组织、他人那里获得信息，这些信息是经由人为的选择、加工而传递出来的，这个选择、加工的过程夹杂着许许多多的人为及社会因素，因此，自然会与原本的信息效力产生不同的影响。

其次，传播者和受众双方对信息源所采取的态度不同。就传播者而言，他首先需要的是事实，需要通过各种渠道搞清楚事实真相，然后加以报道。因此，传播者往往要积极、主动地去采访信息源，调查核实信息。例如，某煤矿发生爆炸事故，记者的职责是调查核实，通过调查事故原因、伤亡人数、处理办法等，证实事实，报告事实。这种职责要求他们由自己高度敏感的眼光（认知）、强烈的社会责任感（动机）、对社会大众的深情厚爱（情感），构成他们的态度，转化为他们的职业行为，去传播信息。

而受众绝不会自己去调查、采访信息源，更不可能直接从政府的有关部门那里获得证实。社会上无数的信息先是由传播者去选择、加工，再制作成媒介符号，向外传递时还会有各种各样的噪音干扰因素，最后形成新的信息到达他们中间。这些信息一旦抵达他们中间，他们就会认定这是事实。因为，对受众而言，一方面媒介事实就是一个对现实社会的“拷贝”，虽然它不是现实本身，但是，由于受众无法直接获得社会现实，因此，也只好将这些从媒介中得到的现实“拷贝”当作“现实”。另一方面，他们认为，经过了一层层过滤网严格的选择和加工，最终到达他们那里的信息一定是与他们关系最紧密、最重要的。因此，他们授予媒介以信息权威，他们会相信这些权威，有着对权威的服从的心理过程。所以，社会公众对是否是事实有这样的口头禅，就是“电视台播了”，“报纸上都发了”。因此，由于信息源的差异，以及他们对信息源认知、态度等心理的影响，他们的行动自然也就会受到“拷贝”的支配。

其实，信息传递的每一过程都会使原信息受到损失，它就像一个拥有多层过滤网的沙漏，漏下去的信息越来越少，因此，由于传播者和受众两者从信息刺激源头就存在的差异，即不同的信息来源，不同的信息渠道，不同的信息品质，不同的对待信息的态度，自然也就形成了不同的认知，由此引发出一系列不同的心理及行为反应。正像有的学者所说的那样，“传播者是以接受物质世界为主，而受众则是以接受媒介世界为主”[①] 的，这就是差异，这些差异自然会形成不同的心理及行为反应。

## 三、信息理解中的社会心理作用

传播者和受众对信息接收处理的心理不同，他们的行为反应也就不同。从心理学角度来说，对信息的接收是人的物理刺激和心理刺激感觉的过程，也就是理解，在传播学上称之为解码。这个过程是一个十分复杂的过程，人们往往把以往的看法当作常识，并根据常识去认识新的事物，做出新的判断。因此，人们眼中的“外在世界”与个人理解（即心理印象）之间有相当一致的对应关系，也就是说，人们的理解受愿望、需要、态度、动机及其他心理因素的影响，这就是选择性理解。

在选择性理解的基础上，同时存在着其他的选择性特征，即选择性接触、选择性注意、选择性记忆。选择性接触指的是人们在接触信息时，总是愿意接触那些与自己原有态度相一致的传播信息，进而避免接触与自己意见不相符合的传播信息，因为，这样做会在受众心理上产生不和谐状态，这种不和谐状态会产生心理上的不舒服，因此，人们会努力减轻这种不和谐，以达到和谐。为了避免这种不和谐现象出现而导致心理上的不和谐，人们所采取的最有效的措施就是积极地避免接触不和谐的信息。这样就出现了选择性接触。虽然学者们对这个提法也有争议，但是，美国学者科顿（J. L. Cotton）对选择性接触研究的评审中总结性地提出，“几乎每一个研究均发现了显著的选择性接触的效果”[②]。

选择性注意是指人们无法事先决定信息的内容，因此，人们总是倾向于关注信息中那些与自己固有观念、态度、行为相一致的，或是自己需要的、感兴趣的信息，这既是一种认知和谐心理因素，又是一种文化期待现象。例如：求职的人们关注职场上的问题，以便于对自己的求职做出正确的选择；考大学的人们关注热门职业的走向，以便于确定自己报考的大学专业；医生关注疾病、疫情等情况，以便于提高自己的技术与做好对流行病的预防；政治家们关注世界各国的政局变化，以便于调整本国的政策、外交策略等。人们无论从事什么职业，都会根据自己的需求、愿望去选择注意信息。

选择性记忆则是指人们在信息传播过程中，愿望、需要、态度及其他心理因素影响他们对信息的记忆，也就是说人们很容易记住那些他们自己感兴趣的、一致的、需要的信息，进而忘却那些自己不感兴趣的、不需要的信息。在记忆过程中，人们对信息的记忆是在其心理作用下形成的不同的行为反应。就像有的人会“一朝被蛇咬，十年怕井绳”，而有的人则被人们称作“不长记性”的人；有的人

---

① 刘京林：《大众传播心理学》，28～29页，北京，北京广播学院出版社，1997。

② ［美］沃纳·赛佛林、小詹姆斯·坦卡德：《传播理论——起源、方法与应用》（第4版），80页，北京，华夏出版社，2000。

天性乐观，在他的记忆中处处都是愉快、美好的事物，而有的人的记忆处处是事情的负面效应，由此他会感到人生、社会冷漠、灰暗。这就是人们选择性记忆心理作用的结果。

这种选择的过程被视为“四道围墙的防御，最外层的防御是选择性接触，接下来的是选择性注意，然后是选择性理解，最里层的是选择性记忆”①。这四道防御线，是传播主体——人在自己心里建立起来的，它意味着无论是传播者，还是受众，对相同的信息刺激会有不同的接触、注意、理解和记忆的过程，因此，也会产生不同的反应，这就是人的不同心理作用的结果。

就传播者而言，他们有选择性特性，他们要用高度敏感的眼光去收集与整个社会运行、社会各阶层的民众普遍相关的信息，发挥他们“守门人”的作用，以及传播的社会导向功能，向社会全体民众传递信息。因此，传播者在信息报道过程中，主要是从整个社会的角度去思考问题，选取信息，报道信息。传播者对待信息传播的选择性决定着他们的传播行为，他们的不同态度、动机将引发不同的传播行为，必然也会产生不同的传播效果。有人提出“预防接种”理论，该理论认为，人对自己所处的现实社会需要有较好的了解和认知，只有这样人们才能够更好地去按照现实社会环境来调整自己的行为。就好比人不可能生活在无菌的环境中，他的每一次疾病都会产生抵御这种疾病的抗体，或者他可以为了预防疾病事先接种疫苗，以增强身体对疾病的免疫功能，一旦他获得了一定的免疫力，就可以更好地抵御疾病对他的侵扰。人类社会也是如此，如果人们不能从媒介世界中了解真实的社会，一旦有一天发现社会事实与自己认知、期待的现实相悖的话，他就会在毫无精神和物质准备的前提下，手足无措，无法直接面对，造成重大的心理创伤。相反，如果我们让人们切实地了解他们所处的实际社会环境，增强人类对各种侵害的抵御能力，那么，人类社会就会更有效地运作发展。这种预防接种是由传播活动来完成的。因此，不同的心理影响着传播者对信息的选择。

对于受众来说，首先他们具有比较明显的选择性特征，这种选择性特征影响了他们对信息的接触、注意、理解和记忆，而受众对待信息的选择性是存在差异的，这就是个体之间差异性的影响。差异性主要是指个人之间的人格差异，以及由此而引发的对待信息的认知、动机和态度的差异。例如，有一则消息，报道了一个罪犯等在银行门口，用砖头砸人进行抢劫的事件。当记者采访时，罪犯竟然说这个手段是从前一天的报纸上学来的，因为，前一天的报纸上报道了一个这样的事件。为什么其他受众没有这样学习，这样模仿，这样去做？这就是人格差异导致的对信息处理上的差异。虽然，模仿、学习是每个社会公众都具有的特性，但是，个人的差异性决定了他们会模仿、学习不同的知识、技能。

其次，受众需要了解他们的生存环境，需要通过媒介学习他们所应拥有的常识、技能，以及获取社会成员的资格，因此，这种需要就成为他们在传播活动中的心理基础，促使他们积极地介入到传播活动之中，这就是他们的心理动力，是

---

① ［美］沃纳·赛佛林、小詹姆斯·坦卡德：《传播理论——起源、方法与应用》（第4版），79页。

他们的主观能动性反应。

再次，受众的态度影响着传播活动。受众根据以往的经验，常常对媒介授予一定的权威性，他们将媒介视为自己的眼睛，通过媒介“拷贝”现实社会，并形成自己对社会的认知影像。这种权威性作用十分明显，在多数情况下，媒介“在告诉它的读者该怎样想时并不成功，但它在告诉它的读者该想些什么时，却是惊人地成功”①。例如，近年来媒介上报道的与人们生活密切相关的食品质量问题越来越多，诸如“疯牛病”、“口蹄疫”、“瘦肉精”、“地沟油”，以及各种蔬菜水果农药含量超标、各种肉类和水产食品抗生素超标、“毒大米”、“苏丹红”，以及“三聚氰胺”等等消息引起了社会公众的关注，成为社会公众最担心的质量问题。这不能不说是媒介在引导公众想什么、关注什么方面所取得的成功。这种成功源于媒介传播者的引导，源于受众授予媒介的权威性，源于社会公众对从媒介世界中“拷贝”出来的现实社会的认知和反应。然而，一旦媒介世界与现实社会出现差距，就会给社会公众造成一种虚拟的假象，这种假象直接影响着公众对现实社会的认知和反应，进而造成社会的混乱。

最后，受众的情绪直接影响着信息传播中的认知、理解和反应。有实验表明，当人们处于不同的情绪心境状态时，对相同的信息会做出不同的反应。例如，心理学家将不同心境的人们放置在各种危险现象之中，让他们对这些危险现象做出判断。结果表明，人们的不同情绪对相同的现象会做出不同的判断。当受众心境不好时，就会将这些现象看成是极有可能发生的危险事情。例如，在美国的“9・11”事件之后，芝加哥发生了一起酒吧踩踏的伤人事件，该事件成为美国有史以来踩踏事件死伤人数最多的一次，究其原因，和“9・11”特定时期带给人们的心理及情绪反应密切相关，特殊时期的场域气氛，强化了人们的心境、情绪以及由这种心境、情绪而引发的对信息的误判。这就是人的情绪对信息反应的影响。

综上所述，我们可以得出一个结论，传播者和受众对信息的选择性特性决定着他们对信息做出不同的处理。各自的需要是他们获取信息的动力，情绪影响着他们对信息的认知和反应，以往的常识就是他们认知事物的态度，这种态度决定了他们的行为。因此，传播者和受众彼此间存在着人格差异和认知差异，存在着不同的需要和动机，使他们对信息形成不同的态度，产生不同的行为。这就是社会心理在传播活动中的影响与作用，它促成了传播者和受众在传播活动中的积极互动，形成了传播者和受众对传播信息的不同行动反应。

## 四、传播效果中的社会心理作用

受众首先对暴露出来的信息进行接收，也就是获知，将获知的信息形成认识，这是受众的认知层面，它是信息传递的基础，没有这个层面，信息传递就不

① 转引自刘京林：《大众传播心理学》，127页。

复存在，也就不会对受众产生影响。然后就是情感层面，也就是受众对这个消息喜欢与否，持什么样的态度，有什么感受，这是由受众个体差异，以及选择特性的差异所决定的。最后是受众的动机层面，也就是受众的需求是什么，为什么，其目的是什么等，这种动机决定着受众所采取的态度，以及由态度决定的相应的行为反应。这个过程体现了受众心理对其行为反应的作用，也是传播效果研究的三个不同的心理层面，即认知、态度和行为，其中认知、态度又受到情感、动机的影响。

实际上，在人的心理作用下传播出现以下三种结果：

（1）对受众造成心理暗示。这种暗示引导着受众按照传播者的意图去认知、去思考、去行动。因为，传播者（媒介）以告诉受众“想什么”的方式来把受众的注意力吸引到特定的问题上，而受众又基本上是从“媒介世界”来认识他们所生存着的“现实社会”的。因此，凡是媒介涉及的信息必定是重要的、紧密相关的，必将引起受众的关注和警觉，这种被传播学家称为媒介的议题设置的功能，实际上就是心理学上的暗示，传播者在暗示受众，“你该想什么”，“你面临什么问题”，这种暗示就是传播者与受众心理互动的结果之一。

一些广告实际上就是采用暗示心理来影响受众的。例如国内常常有这样的广告语：“孩子要聪明，请服用……”，“听说你孩子最近学习成绩提高很快，对，都是使用了……”，“（产品）成功人士的选择”。这几则广告都是在暗示人们，要想让孩子聪明、要想让孩子提高学习成绩、要想成为成功人士就得使用广告中提到的产品。

因此，传什么，怎么传，无论是传播内容、传播表现形式，还是传播时机、强度，都需要斟酌把握，它们都会对人们的心理产生不同的暗示作用与影响。

（2）情绪感染。2010 年 2 月，山西人民“等候地震”的传播现象，就是人们在信息不明的情况下、在对地震有着强烈恐惧感的情况下、在一些人们纷纷采取躲避或逃离行动的感染下，形成了强烈的恐惧情绪感染力，造成山西省一半民众在寒风中“等候地震”的现象。

（3）造成受众态度的改变。在传播过程中，受众通过接收他人的信息，在与传播者以及受众彼此之间的心理互动影响下，改变了自己的态度，产生心理上的服从效果。这就是人们在心理作用下所产生的传播效果。心理学家从信息传递的方向，即单向的还是双向的，信息源的地位等方面做了许多的实验，结果都证实了一点，那就是在对信息接收过程中心理作用产生态度改变这一事实。对于这个问题，有专家认为，人是聪明的、具有批判力的思考者，只要给予充足的信息，就可以对它们做出明智的决定，因此，人是理性的。也有专家认为，人是非理性的，是不爱思考的生物，其信念很容易受周围人的影响，并且人类对现实的理解受他们欲望的摆布。人类理性与非理性之争，是要说明人类是怎样改变态度的。心理学家卡兹认为，对于这个问题要从环境以及当事人的心理动机等因素来考虑。他主张，态度的形成和改变，都必须以态度服务于人格需要的功能角度来理解。功能不同，态度改变的条件和技巧不同，即使是同样的态度也可能基于不同人的不同心理动机。由此可见，传播的最终效果就是态度的改变，而态度改变则是人的心理作用的过程。

总而言之，人类的心理活动自始至终地作用于人类的整个传播过程，因此，传播是心理学研究的一个不可或缺的领域。

# 第二节 舆论、谣言、民谣与社会心理

人类社会的产生、延续和发展是在人类的传播活动中实现的，而舆论、谣言、民谣等是人类语言化传播现象之一，是一种无组织群体里的意见表达和信息传递，既然是一种信息表达与传递，自然也是一种社会心理现象。因此，舆论、谣言、民谣等是社会心理学研究的课题之一。

## 一、舆论及其形成

舆论是大众社会普遍存在的社会心理现象，因此，这种现象无论对个人，还是对群体社会都会产生一定的影响和作用。

### （一）舆论的概念

由于舆论是大众社会普遍存在着的一种社会现象，因此，引起了学术界的广泛关注。但是，各学科对此又有着互不相同的认知和解释。政治学和历史学关注的是舆论对于决策的影响，心理学关注的是公众意见表达的心理过程，社会学关注的是舆论的社会化作用，社会心理学则从知觉、感触角度来解释舆论。

所谓“舆”，即“公众”，“论”，即“意见”。舆论就是通常人们说的“公论”、公众意见，是指在大家共同关心的有争议的问题上多数人意见的总和，是社会上的众人对于某些社会事件的一致反应和判断，是具有代表性的综合性的意见。[①] 舆论的特性正如我国著名的社会学家孙本文先生在他的《社会心理学》一书中所概括的四个特点：

（1）舆论如果是社会上多数人共同的意见，则具有社会力量，可以制约个人行为。

（2）舆论既然是共同的意见，则必有一致的看法，这种一致的看法是由不同意见最后演变而来的，是各种意见的综合体。当社会上发生某一重大事件时，人们总会纷纷发表各自的意见，最后形成一种比较一致的意见。

① 参见沙莲香：《社会心理学》，2版，286页，北京，中国人民大学出版社，1998。

(3) 舆论有时是一种合理的判断，有时则纯粹是感情所为。对它的判断需要视情境而定。有的情境可以引发人们冷静的思考、充分的讨论，形成一致意见；有的情境可以引发人们感情冲动，形成共同看法。

(4) 舆论是属于全体的意见、多数人的意见还是少数人的意见，主要根据意见本身的力量。有力量的意见即使是少数人的主张，也可以成为舆论，人们有从众的心理倾向，也有众从的心理倾向。一般舆论的形成，开始往往来自少数人的意见，经过相互讨论、交流之后，得到多数人的赞同。因此，某种意见只要经过社会上有力量、有影响的少数人的号召，无形中就会成为社会上的主要意见。[①]

由此可见，孙本文先生在强调舆论的共同性、大多数人介入的同时，还强调了即使是少数人的意见，只要它有力量，也可以影响或左右大多数人的意见，使少数人的意见转变为多数人的意见。他还指出舆论的判断要视情境而定，其意思是说，舆论和舆论场有着紧密的关联，场的环境、气氛、条件，以及场中的人所处的心理状态都影响着舆论。由此可见，舆论是人们对某一信息符号的心理作用过程，是人们对信息的感知、态度及其行为结果。

## （二）舆论的形式及形成过程

舆论的主体是社会公众，而且是社会上相当多的人，他们是舆论的承担者。舆论的客体是公众关注的事件、问题、人物、观念等。舆论本身是汇集到一起的公众的意见、态度。

舆论的形式基本上有两种，即显在性舆论和潜在性舆论。前者指的是通过多数人明确的语言或态度表现出来的舆论。它包括两种表达形式：一种是自上而下的表达方式，即政府部门或其他有组织的群体，通过大众传播媒介或会议、文件等形式向社会公众进行宣传、引导，制造某种舆论。另一种是自下而上的表达方式，它往往是社会公众通过大众传播媒介或集会、结社、论坛等形式来表达他们的意见、思想和情绪，这种表达制造了舆论。潜在性舆论是指那些没有公开表示，只是在亲人、熟人范围之间谈论、散布的意见、思想和情绪。这种舆论主要是对一些社会风气、社会问题、政府的方针政策等表示不满，发发牢骚，有明显的情绪性。

总之，无论是显在性舆论，还是潜在性舆论，都是从现实社会影像拷贝中所得出的意见和思想，它们彼此相互关联。有时潜在性舆论为显在性舆论提供情况、线索，即小范围谈论传播的话题或引起有关部门或群体的注意，或越传范围越大，逐渐引起社会多数人的关注，使之成为社会公开讨论、关注的话题，最终变为显在性舆论。有时潜在性舆论直接采取公开表达形式，将意见、思想表达出去，成为显在性舆论。由此可见，舆论是一种社会心理力量，它对大众的社会生活起着十分重要的影响和作用。

舆论的形成是由一个潜在状态到显现状态的过程。首先是舆论客体的存在，

---

① 参见孙本文：《社会心理学》，207页。

即社会公众所关注的事件、问题等出现。这些社会事件、问题作为舆论客体表现为一种信息、符号发出来。其次是主体对舆论客体所形成的认知，即社会公众对客体产生认知，这种认知在各种不同的动机、情感等心理因素的作用下转化为态度，态度再转变为各种行动。此时，认知、动机、情感等心理活动都还属于个人的心理活动和反应，只有经历了将个人的意见、思想在人们当中进行表达、交流、传播之后，才可能最终成为舆论，这就是舆论形成的第三步，即舆论本身，它是将个人的意见表达出来，在人们中间彼此交流、传播，使众多的个人意见在表达与交流中汇集，并趋于一致。这种在个人以及公众彼此之间的心理作用影响下汇集并趋于一致的公众意见，即舆论本身又会反过来作用于客体，这样舆论在其客体和主体之间的互动媒介——人的心理因素的作用下最终形成。

舆论形成的最终标志是社会的公认，因为舆论的形成经历了一个将众多的个人意见交流、汇集，最终趋于一致性的过程。因此，它具有权威性，它能够逐渐地被社会公众接受、服从、采纳。它是社会公众在社会生活中自发产生的，并互有影响的主体反应。在社会心理的作用下，舆论形成并发挥着对社会公众的导向、约束、压力等心理效应。

## 二、谣言

谣言作为舆论的形式出现，西方人把它称为“智力口香糖”，也就是说它是很多人感兴趣的话题。既然是很多人感兴趣的话题，自然也是一种极为普遍的社会心理现象。

### （一）什么是谣言

谣言，英文为rumor，意思是谣言、谣传，或传闻、传说等。《韦氏大辞典》对谣言的解释是：谣言是一种缺乏真实根据，或未经证实、公众一时难以辨别真伪的闲话、传闻或舆论。孙本文先生称之为“无根之言，或传闻未实之言”。由此可见，我们说，谣言是一种来路不明的、传无根据的言论，是某些人或团体、组织、国家，根据特定的动机和愿望，散布一种内容没有得到确认的、缺乏事实根据的、通过自然发生的、在非组织的连锁性传播通路中所流传的信息。

谣言作为舆论形式出现，自然也是一种信息传播的过程，因此，它实际上也是一种心理作用的过程。G. W. 奥尔波特和波斯特曼在对谣言的研究中提出：谣言有两个重要的基础，其一是重要性，其二是模糊性。重要性是指人对自己的生存环境非常关心，因为，环境影响、制约着他们的生活和工作，所以，环境对于他们是至关重要的。正是这种人类对自己生存环境重要性的关注，致使人们不断地积极主动地去了解环境，以便于调整自己的行为，更好地生活和工作。为此，人们会去积极主动地认知环境中一切与之相关的信息。模糊性是指人们时常不能够及时、准确地获得其生存环境中的真实信息，人们不得不想方设法通过各种渠道去探求信息，无论信息是否可靠、是否真实。如此下来，许多不真实、不客观的信息就会乘虚而入，得以传播，甚至获得人们的信赖，造成社会公众认知上的混乱，同时也弥补了人们的心理需求。G. W. 奥尔波特将这种现象用一个公式表示出来：谣言的强度＝事情的重要性×情况的模糊性。因此，重要性和模糊性是谣言的基础。在“非典”期间，广州市民对第一次听到该疾病传言时的反应就说明了这一点，其中半信半疑的占 56.6％，确信不疑的占 20.5％，说不准的占 4.8％，而基本不相信和毫不相信的分别占 10.1％和 8.0％，一共不到 20％的比例，低于确信不疑的人数。在传言的归因方面，一半以上的人们将原因归结为事实不清，即模糊性。原因按照比例分别为：政府没有及时发布病情的真实情况 32.6％，新闻媒体没有及时报道病情的真实情况 23.5％，两者相加达 56.1％，其余分别为奸商故意造谣，以便哄抬物价 23.5％，市民素质低，不能明辨是非 19.5％，其他 0.8％。[①] 由此可见，一方面是生命对人们极其重要，而疾病正威胁着人们的生存或健康是一个客观事实，另一方面是没有及时确切的消息或事实，使人们无法形成正确的判断。于是，就形成了广州“非典”期间流言传播非常严重的现象。

## （二）谣言的产生及其传播

孙本文先生认为，谣言产生的原因有三：其一是社会发生变故，其二是社会面临危机，其三是社会内部结构紊乱。社会发生变故、社会面临危机、社会内部结构紊乱，这三种现象均表现为社会的不稳定。社会的不稳定更容易造成信息渠道的不统一、不畅通、不确定，致使社会公众对自己的生存环境表示担忧、焦虑，甚至是恐慌。社会公众的这种心理状态就成为谣言产生和传播的温床。人们在各自不同的心态作用下，发布谣言，相信谣言，被谣言所迷惑。这三个原因可以说是谣言产生的社会原因，而这些社会原因最终引发出来的人们一连串的心理反应才是谣言产生的根本。

例如：2010 年 2 月，由于听信“地震”传言，山西太原、长治、阳泉等地数百万群众从 20 日晚至 21 日凌晨走上街头，在寒冬中“等待地震”，度过了一个不眠的混乱之夜。山西地震局官网一度瘫痪。此次“等候地震”，是流传四十多天的地震谣言最终发酵的结果。谣言是该事件的导火索，然而，民众对谣言的社会心态就像是个炸药包，是否爆炸取决于导火索引线在燃烧过程中是否会被各种因素阻断，一旦不能阻断就会迸发出此次百万人在寒风中“等候地震”之场景。

这里我们以社会心理学的原理结合一位太原市民恐慌的 12 个小时分析一下谣言在民众中引发的心理反应。

（1）20 日晚 8 点左右接到朋友发过来的信息传言：“家人们，明天早上 6 点以前榆次太原地区有地震，请大家一定要注意，并转告身边的朋友们，切记!!!”

---

① 参见严三九、徐晖明：《广州非典型肺炎事件中的流言传播调查》，载《华东师范大学学报》（哲学社会科学版），2004（3）。

(2) 晚 8 点到 12 点做好防震准备，然后睡觉。准备一暖壶开水和几包方便面放在床头边。把手机电池也更换了，预备真有地震了，手机还能派上用场。随后，找了 4 个啤酒瓶，分别倒置在家里的桌子上、窗台上、地上、床头。就这样，“紧紧张张地到了夜里 12 点没事，稀里糊涂地就睡着了”。

(3) 21 日凌晨 3 点 50 分，被电话惊醒，邻居敲门相告。着急与亲人、朋友联系。“睡到半夜家里电话突然响了，是同住一个小区的二叔打来的，说是他邻居叫他们起床说有地震，叫我们也赶紧起床，一看表是凌晨 3 点 50 分，我们几个赶紧穿衣起床”。“这时门铃响了，开门一看是邻居”，好心的邻居也是通知他赶紧起床，“说 4 点到 6 点有地震”。此时，手机网络繁忙，无法使用手机与外界联系。

(4) 21 日凌晨，“大概 4 点半左右，听见外面挺乱，趴在窗户上一看，院里的人满了，就连汽车有的都发动起来了”。这时，他的舅舅、哥哥也从太原家中打电话来（座机有时还能通），催着赶紧下楼，于是，未敢磨蹭，提着暖壶就往下走。此时，“所有的人都起来了，站在大街上，呼喊、敲门互相告知邻居。有的人已经在宽阔的田野上烧起了火堆”。

(5) 一直不停地拨打女友的电话，但始终杳无音讯，急得像热锅上的蚂蚁，冷汗都出来了。“一直折腾到 6 点半，才又回到楼上睡了会儿。”

(6) 21 日凌晨 5 点半，山西省地震局要求火速进行辟谣。早 6 点 20 分阳泉地震局网站转发山西省地震局紧急公告：“近日有地震”的传言，请大家不要信传。保持正常生活、生产秩序。根据《地震预报管理条例》，只有省政府才能发布地震预报，其他任何单位、个人都无权发布（但是，此时的官方网站因流量过大，几乎瘫痪）。

(7) 21 日上午 9 点多，终于和“失踪”的女友联系上了，“心里的一块石头总算落地了”。

(8) 21 日下午 4 点 30 分，获知了第二条官方信息，是 10086 发来的短信，是辟谣短信。让大家不要相信“近日有地震的传言”，并告知只有省政府才能发布地震预报。

从这位山西市民“等候地震”的经过看，从 20 日晚 8 点多获得消息，到次日 9 点多钟和女友联系上，经历了 12 个小时的恐慌、焦虑的煎熬“等待”。到 21 日下午 4 点收到正式的手机短信辟谣信息，整整经历了近 20 个小时。虽然，网络信息早在 5 点半左右就要求发布，阳泉地震局网站 6 点 20 分才发布了该消息。但是，因为网络的瘫痪，真实信息几乎无法传递出去，告知民众。在这 20 多个小时中，人们的心理反应是什么？又如何解释？

(1) 该短信使民众在“心理预期”作用下开始于恐慌中“等候地震”。“心理预期”作用，是指早先流言在持续传播的影响下此刻在民众心里发酵。早在 2010 年 1 月初，由于山西某地开展地震预防演练活动，随即在民间就开始流传有关山西地震的各种传言。2010 年 1 月下旬，山西运城市发生了 4.8 级地震。此时的短信不仅让民众获知了“地震的具体时间”，而且与之前的地震传言，以及确曾发生过地震的事实恰好吻合。民众心理上一直持续着的“心理预期”得到验证。于是，数百万民众陷入到一种慌乱和不安之中。

(2) 信息无法获得证实，增加了传言的模糊性。地震传言已经在民间传播了四十多天，虽然有一些相关部门的辟谣，但是，其公信力受到怀疑，没有能够打消民众的担忧。加上 20 日、21 日夜晚当天，有人前往广场旁公安局等政府部门值班室核实消息，都未果。

(3) 环境场域事实发挥着强化作用，感染着在场的人们。具体表现为：各方地震信息的汇聚，包括朋友的短信告知、亲友的电话催促、邻居的敲门告知，周围环境场域的事实，诸如楼前空地聚集着大量的慌乱人群，有人拎着一些食品，有人前去购买食品，还有人把车开出来，或排队加油或随时准备开车逃离，加上手机网络的拥堵，诸多现场符号就像是一味强化剂，不仅强化了信息内容，更加剧了民众的恐慌心理，这种恐慌与害怕有着十分强大的传染力，感染着在场的人群。

(4) 地震是一件“人命关天”的大事。因此，事件的重要性促使民众予以高度重视，强烈反应。一位市民说：“我是个理性的人，但我不敢拿生命开玩笑。”相信大多数民众都是像这位市民这样怀着“宁可信其有”的念头采取了“等候”行动。

(5) 想象力与投射加重恐慌与害怕。一是人们对于 2008 年汶川地震的情景记忆深刻。二是对山西省长期开采煤矿，地下被挖空的想象加重产生地震危害程度的恐惧。正如该市民所说：“想一想都很怕。”所以，还是认真准备起来。

这次“等候地震”的行动，正好符合谣言强度公式，即谣言强度＝事情的重要性×情况的模糊性。人命关天是事情的重要性，信息无法获得证实则是事情的模糊性，而社会环境场域中的紧张、害怕、混乱等情绪反应在多数民众间相互感染着。因此，就出现了一个地震谣言，忽悠了百万山西民众在寒冷的夜晚“等候地震”。曾有网友戏称：“哥等的不是地震，而是辟谣公告。”2 月 25 日警方宣布抓捕到了谣言制造者。①

这是典型的谣言对民众所造成的心理恐惧反应。而谣言的制造者或一时心血来潮，寻求刺激，或宣泄不满，嫉妒他人，报复他人。谣言在制造者和受众之间有着各自不同的心理作用，表现出不同的行为反应。

除此之外，谣言的产生还表现为信息传递者在传播过程中的个人加工差异。有时，一个信息往往会因为某些个人的心理原因，或夸大其词，或炫耀自己，或随意猜测，或投人所好，使信息成为被他加工再造的新信息。每经过一次加工，就会出现一个新的信息，最终导致信息出现重大的偏差。心理学家荣格认为，谣言的传播是以宣泄和表示焦虑与仇恨为基础的。这种宣泄、焦虑与仇恨的心态，以及个人的人格差异，始终影响着信息的传播，自然也就会影响着再次的被

---

① 参见张磊、谷岳飞：《山西百万人信传言“等地震” 警方追查造谣者》，载《扬子晚报》，2010-02-22；于松：《山西地震谣言发酵月余 大学生发帖传谣成导火索》，载《东方早报》，2010-02-25。

认知。

因此，每一个信息都是在不同的心理作用下传出的，同样也会引发出社会公众不同的心理反应。社会公众对环境信息了解的心理需求，所受社会事件的情绪刺激，以及彼此之间对此事的心理感染为谣言提供了较好的传播条件和传播环境，使谣言得以传播，发挥效力。

### （三）谣言的影响

谣言对社会及其民众来说，其负面影响更值得人们给予关注。因为，谣言在民众心中所生产的负面效应常常是难以估量的。鲁迅先生曾把谣言比作“杀人不见血的武器”①，可见其作用。谣言容易产生负面效应的心理原因如下：

（1）虽然说谣言是来路不明、无事实依据的信息。但是，它却有着一股难以想象的力量，这种力量致使社会公众在缺乏信息来源时，会抱有一种强烈的“宁信其有，不信其无”的心态。这种心态不仅成为谣言滋生和传播的温床，而且严重地影响着人们的判断能力，造成认识混乱，乃至行为偏离。

（2）谣言的传递对社会、对社会公众会造成巨大的压力，压力就像是一种瘟疫，迅速在全社会蔓延，在公众心里产生感染力、共鸣心，影响着社会的运行和发展，也影响着人们正常的社会生活以及身心健康。社会学家科塞把社会比作高压容器，里面的压力必须得以释放，否则压力就会对他们造成巨大的破坏。人也如此，压力使社会公众心理受到扭曲，难以承受，直至崩溃。

（3）谣言一旦产生，就会以一种令人难以置信的速度在社会公众中间传播开来，成为人们茶余饭后的“话题”，而且传播范围非常广泛。“话题”一旦传播起来，就难以停止，而且时间持续较长。越是辟谣，就越激发起人们的好奇心，以及逆反心理，强化了“话题”的重要性。此次山西民众“等候地震”，信息无法证实、人们纷纷到广场空地等候、网络忙碌等各种环境场域要素的作用，加之民众的想象力和投射心理，无不起着强化民众“心理预期”、感染民众紧张害怕情绪的作用。可见，谣言一旦产生，就会被迅速传播，而且难以停止。尤其在网络社会中，自媒体常常成为不确定信息的发布渠道，干扰着人们对事物的认识与判断，正可谓人们常说的：网络信息“假亦真时真亦假”。

## 三、民谣

民谣也是舆论的一种，是社会大众以丰富通俗的语言、幽默诙谐的表达形式抒发对社会事情、问题等社会现象的意见、观点和态度。俗话说：“上山下水问渔樵，要知民意听民谣。”可见，民谣是舆论的一种表现形式。就拿现今社会大众非常关注的食品安全问题来说吧，在 2008 年年底的“三聚氰胺”事件之后，百姓开始流传着这样一段民谣，题目叫“中国人在食品中完成了化学扫盲”。内

---

① 《鲁迅全集》，第 4 卷，595 页，北京，人民文学出版社，1981。

容是：

**中国人在食品中完成了化学扫盲**

从水产品中我们认识了甲烷，从大米里我们认识了石蜡，从火腿里我们认识了敌敌畏，从咸鸭蛋里我们认识了苏丹红，从火锅里我们认识了福尔马林，从银耳、蜜枣里我们认识了硫黄，从木耳里我们认识了硫酸铜，今天三鹿又让我们同胞知道了三聚氰胺的化学作用。

外国人喝牛奶结实了，中国人喝牛奶结石了。日本人的口号是“一天一杯牛奶，振兴一个民族”；中国人的口号是“一天一杯牛奶，震惊一个民族”！

这段文字里，清楚表露着广大民众对中国食品安全的担忧。人们以这种传播形式，将内心的焦虑与担忧传递出去，它客观地反映着广大民众对现实社会生活的真实感受。

再如，人们对看病难，收费高，编出了“挂号的时间——最长，诊断的时间——最短，收费的项目——最多，会看病的人——最少”的顺口溜。

又如，中小学生面对应试教育，以及社会、学校和家长多方面的压力，也不得不借助改编歌曲或童谣唱出反映他们自己心声的校园民谣。例如：“书包最重的人是我，作业最多的人是我，起得最早、睡得最晚的，是我是我还是我。”

这样的民谣可以说举不胜举，它是人们对社会现实生活的认知与感受的结果，是人们内心情绪的表达，它真实地反映了社会民众心中的呼声，表达了他们对社会现象的看法、态度，是民众情绪的暗示。因此，人们常常把民谣称作社会的晴雨表，它的流传内容、流传方式、流行速度与社会现实运行密切相关。民谣就是这样，以普通百姓自己独特的方式，借助中国语言之魅力，自发地传递他们对社会现象的反应的信息，并在社会上形成共鸣，促使其扩散、传播。它时而以涓涓细流的方式在民众中缓慢地传递着，时而像洪水暴发那样席卷着整个社会。

现如今，人们又开始借助现代通信设备——手机，以手机短信的方式，通过编码、解码来传递着人们的所思所想，反映着人们的心情、心态和心理感受，既是调侃娱乐，又是文字游戏，是一种心情、思想的分享与传播，却客观地反映出了社会现实。

例如，一条送给当代紧张、劳累的人们，题目为“笑口常开”的短信是这样写的：

笑……是我送给你的礼物要记得用，口……是叫你别乱吃东西懂得照顾身体，常……是要你有空时常常想起我，开……是希望你永远开开心心我就放心！

另一条反映社会现实问题的短信写道：

加班出汗的是穷人，打球出汗的是富人；写材料的是穷人，念材料的是富人；欠个人钱的是穷人，欠公家钱的是富人；吃糖的是穷人，尿糖的是富人；娶媳妇的是穷人，找情人的是富人；耕种土地的是穷人，买卖土地的是富人；老婆兼秘书的是穷人，秘书兼老婆的是富人……

从这样一些简单的文字中，我们看到了人们的感受及心理。它让人们开心，注意身体，彼此相互想念……同时它让人们在短信的传递过程中，倾诉对社会现实感受的心声。总之，是一种心情、一种祝愿、一种述说。它以其丰富多彩的内容、快捷便利的手段促进了人们彼此之间的情感互动与心理传递，形成了一个传播分享的特殊场。

## 四、舆论、谣言、民谣的社会心理研究

舆论、谣言、民谣都是社会公众用言语谈论那些与他们密切相关的、让他们感兴趣的、能够引起社会公众共鸣的话题，这些话题是社会公众对一些社会现象的看法、态度，它们基本上以非正式的传播为主要通道，传递着这些公众言论及其相关信息，是社会民众的社会心理反映。对于舆论、谣言、民谣的社会心理学研究主要有以下几种。

### （一）理解、认知过程中的个人心理差异

舆论、谣言、民谣是一种语言传播，在传播过程中首先遇到的是人们对这些信息的认知和理解。个人的不同心理状态直接影响着对信息的认知和理解。对于这种现象心理学家 G. W. 奥尔波特做出了两点解释：一是再传播者会按照自己的心理需求或认知理解删除信息中他认为是不合理的部分，使信息变得更具重要性或故事性，这样既便于传递，也更加吸引他人。G. W. 奥尔波特把这种现象称为“削平”[①]，即削去不合理的部分。二是接受者再传递时同样也总是按照自己意愿对信息进行加工整理，保留了他自己认为是有益的、有关的信息部分。G. W. 奥尔波特称这种现象为“磨尖”。这样经过多人多次的“削平”与“磨尖”的过程，原信息或被强化、突出，或面目全非，与之前截然不同。保留下来的信息被人们认为是可信的、重要的。信息经历了这个传播过程之后，无形中起到了强化信息内容的作用。可见，话题的制造与传播就是在这样的心理作用下循环往复地进行着，从而形成舆论、谣言、民谣等不同形式的舆论。

### （二）记忆误差的心理现象

舆论、谣言的产生还有人们自身心理特质的原因，其心理原因主要表现为：舆论、谣言的产生源于人们对信息的认知、记忆、理解等方面的不足，或者是偏差。这些因素直接作用于人们，形成人们心理反应的差异。首先表现为记忆误差。英国心理学者巴特利特在有关记忆的研究中发现，记忆内容在经过几个

---

① 参见［美］G. W. 奥尔波特：《谣言及其传播分析》，见周晓虹主编：《现代社会心理学名著菁华》，250～254 页，南京，南京大学出版社，1992。

人再生再现之后，竟然会面目全非。他以古埃及的一个图形为原型，让测试者认知，然后再传播出去，这样一个一个地传递下去，所得出的结果（见图9—2）证实了谣言在人们的认知、传播过程中的差异。因此，舆论、谣言正是在这种由于社会原因引发出来的人们的心理变故，即对社会环境的担忧、焦虑、恐慌等心理状态，以及由于信息传播者个人的心理所好等的影响下产生的。

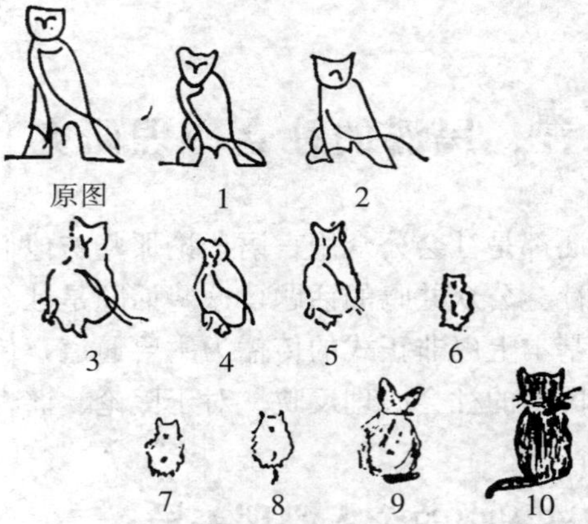


**图9—2　人的记忆变化**

资料来源：沙莲香：《社会心理学》，北京，中国人民大学出版社，1987。

## （三）沉默的螺旋

德国社会学家伊丽莎白·内尔-纽曼（Elisabeth Noelle-Neumann，又译诺埃勒-诺依曼）教授于1974年提出了“沉默的螺旋”理论[①]，以此来解释舆论传播过程中的社会心理现象（见图9—3）。伊丽莎白·内尔-纽曼“沉默的螺旋”理论的三个假设是：

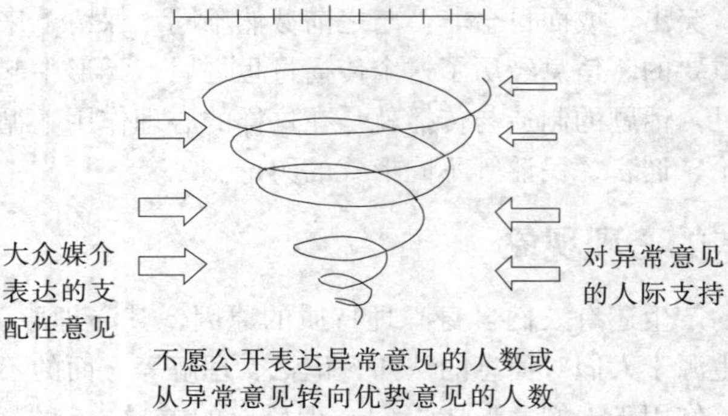


**图9—3　沉默的螺旋**

① 参见［美］丹尼斯·麦奎尔、斯文·温德尔：《大众传播模式论》，92页。

（1）个人意见的表达是一个人对自己环境进行观察之后所做出的判断，这个过程是人的社会心理过程。因为，人作为社会动物，有群居、合群之本能。人们不断地寻求着与自己生存环境相协调的状态，也就是说要在环境中获得对自己意见的支持，避免出现与环境的不和谐，甚至是处于孤立的状态。这种心理促使人们在表达自己意见之前首先要观察周围人的态度、意见，然后决定是否表达自己的意见。用察言观色来决定自己的行为取向，以便于尽量使自己保持与多数人的一致。一旦发现自己处于少数派，就阻止自己的意见表达，使自己保持沉默。这是人们对环境压力的屈从，进而转向沉默或附和。这是人的社会心理过程。

（2）意见的表达和“沉默”的扩散是个螺旋式的社会传播过程。伊丽莎白·内尔-纽曼认为，个人具有一种准统计学的感觉官能，这种官能能帮助他们确定“哪些观点和行为模式是他们的环境所允许和不允许的，哪些观点和行为模式越来越强，哪些越来越弱”①。也就是说少数人的“沉默”会造成另一方意见优势的增强，优势的增强反过来更加促使少数人的“沉默”。如此反复，就形成了螺旋式过程。伊丽莎白·内尔-纽曼认为，舆论、流行或时尚的形成，都存在着“沉默的螺旋”的机制，它在现实社会中的表现就是“一边倒”现象和“关键时刻的雪崩现象”，这些现象都是“沉默的螺旋”这一机制作用的结果，实际上也是人们的社会心理在社会传播过程的反应。2010 年年底香港特别行政区的整改方案投票之前，特区政府就充分发挥了媒体优势，促使“沉默”的大多数香港市民发言，将他们的心声表达出来，以便于促使整改方案的通过。

（3）大众传媒在舆论的传递过程中扮演了十分重要的角色。它是营造“意见环境”的信息源泉之一，而“意见环境”影响制约着人们对环境的认知、理解，进而影响他们的行为。人们在环境压力、惧怕孤独的心理作用下，不得不改变自己的意见，屈从于大多数人的意见，以便于寻求安全感，由此形成了“劣势意见的沉默”，以及“优势意见大声疾呼”的螺旋式扩展过程。伊丽莎白·内尔-纽曼认为，大众传媒的三个特质就是累积性、普遍性、共鸣性。累积性是对于人的认知领域的作用，就像我们常说的“谎言说上一百遍也成真”，这就是累积的心理效应。普遍性是人的从众心理作用，因为人们害怕孤独，寻求与大众一致。共鸣性是在认知、从众的心理作用下产生的一致性反应，其效力就在于减弱人在认知、理解过程中的选择性。可见，舆论是在“认知、判断、意见、行动”的心理过程中产生的。当然，这种心理过程并不是绝对的，要客观地予以理解和分析。

---

① 转引自［美］沃纳·赛佛林、小詹姆斯·坦卡德：《传播理论——起源、方法与应用》（第 4 版），298 页。

# 第三节
# 时尚、流行与社会心理

## 一、时尚、流行的特点

时尚和流行在英语中是同一个词，即 vogue，也有人使用 fashion，被视为一种流行性的行为模式。《中国大百科全书·社会学卷》将时尚和流行做了相同的解释，即流行是一种普遍的社会心理现象，指社会上新近出现的或某权威人物倡导的事物、观念、行为方式等被人们接受、采用，进而迅速推广以至消失的过程。又称时尚。[①] 美国学者金布尔·杨（J. Young）指出："时尚可定义为目前广泛使用的语言、时兴式样、礼仪风格等行为表示方式和思维方式"[②]。孙本文认为，"所谓时尚即一时崇尚的式样。式样就是任何事物所表现的格式。……只要社会上一时崇尚，任何有式样可讲的事物，都可以称为时尚"[③]。也就是说，时尚不仅是人的行为模式，而且还包括物的形状模式。日本学者藤竹晓认为，"时尚不仅是某种思潮、行为方式渗透于社会的过程，而且，通过这种渗透过程，时尚队伍的扩大，还包括不断地改换人们价值判断的过程"[④]。从这些界定中，我们可以概括出时尚的三个基本内涵：其一，是对某种生活模式或标本的随从和追求，它们涉及的范围非常广泛，有各种各样的时尚或流行现象，例如，歌曲、词语、色彩、服装、发型、行为等等。其二，它是被相当多的人随从和追求的东西，也就是说只有当相当多的人都采取某种行为或生活方式时，才可以称之为流行，例如：白领为减压开始"乐跑"；年轻人都说"人的一生要有一次说走就走的旅行"，于是去西藏、丽江等地。其三，它是一个时期内的社会现象，过了这个时期之后就不再流行。流行达到高潮时会出现"热词"，例如"返城"、"下海"、"下岗"、"超女"、"不差钱"、"周一见"、"打老虎"等。因此，我们说时尚、流行是指在一定的时期里，相当多的人对特定的趣味、语言、思想和行为等各种模型或标本的随从和追求。

时尚的特点表现为：

（1）标新性。人们对新近出现的事物的随从或追求总是以新、奇、特为标准

---

① 参见《中国大百科全书·社会学卷》，170 页，北京，中国大百科全书出版社，1991。

② J. Young，*Social Psychology*，New York，1951，p. 141.

③ 孙本文：《社会心理学》，334～335 页。

④ 转引自周晓虹：《时尚现象的社会学研究》，载《社会学研究》，1995（3）。

的，只有新、奇、特，才能显示出人们的“入时”、与众不同，这是时尚、流行的基础。就像时下流行的跨界、混搭一样，在2006年春节联欢晚会上首次出现了美声唱法与原生态唱法的组合，即戴玉强、吴雁泽和阿宝组合，2009年再次将民族唱法与流行唱法组合，即宋祖英和周杰伦组合，2010年出现将民间艺术二人转形式及演员植入电影的现象，这些都是一种标新性的尝试。

（2）时效性。既然是“入时”，那么就有个时间的问题，新、奇、特是有很强的时效性的，随着时间的长短来判断事物的新、奇、特，时间长了，就失去了新的意义，一旦人们见得多了，也就司空见惯了。例如，在博客流行之后，2010年流行微博，2011年又流行微信。因此，时尚是短暂的，有着一种过时不候的意义。就像时下流行的一句话：“你out了。”恰好说明了时尚的时效性特征。

（3）个性化。时尚行为反映一种思想、意识、行为，时尚发起者的主旨是通过时尚来展示个性，突出个人特点。因此，现代社会更是时尚的社会。

（4）消费性。时尚、流行讲究新、奇、特，因此，为了追求它，人们会不惜代价、成本，通过消费来达到这个目的，而一旦达到了这个目的，又会因大众的随从而放弃它，再去寻求新的消费，达到新的时尚、流行的目的。这样周而复始，造成巨大的浪费。

（5）周期性。时尚、流行虽然时间很短，但是又往往会出现周期性的反复，经过一段时间之后，又会回过头来再次成为时尚、流行，这是它的运动规律。

时尚现象表现在三个层面上：一是观念层面，或精神领域的时尚，包括大众的思维方式、感受方式、社会思潮、新的学术观点，以及其他与人类精神文化有关的时尚现象，像流行歌曲、畅销书、流行哲学等都属于该领域的时尚。二是行为层面，包括游戏、体育活动、旅游、休闲等，行为的流行往往是以群体行为的形式出现的，例如，泡吧、网络游戏、广场舞、自助旅游等。三是器物层面，以衣、食、住、行等方面的器物流行为主，例如，唐装、中国结、手机、hip-hop服装及饰品等。这三个方面的时尚也多与名人相互联系。例如，姚明成功进入美国的NBA之后，不仅使姚明成为国人心目中的偶像或明星，也推动了中国的篮球运动，使许多青少年开始认识篮球，热爱篮球，并投身于篮球运动中。与此同时，美国的NBA伴随着姚明大举进入中国的市场，姚明就像个窗口，不仅让国人认识了NBA，也让许多美国人认识了中国，也促使了篮球与美国的篮球文化在中国的年轻人当中流行起来。再如，博客的流行不仅增加了一些人的名气，像徐静蕾等娱乐明星，而且也带动了博客的流行。现在许多人见面后不再是留电话或地址，而是留博客、MSN进而是微博、微信。由此可见，新的事物层出不穷，变化快速，成为流行。

## 二、时尚、流行的产生与传播基础

时尚的产生有三个基本的前提条件：

（1）物质生活的丰富是时尚产生的最基本条件。一方面，如果人们物质生活条件困难，连最基本的温饱问题都没有解决的话，那么，人们的时尚创新的欲求、动力以及条件就无从产生，又怎么满足他的时尚追求呢？另一方面，时尚本身是一种消费，因而只有在物质生活丰富的前提基础上，才有可能凭借其物质实力去追求、实现时尚，毕竟物质是基础。因此，自古以来，时尚都是从物质条件丰富、经济发达的国家或地区或人群中首先兴起的，然后在得到社会大众的认同之后，逐渐流行辐射到周边国家、地区或社会大众之中。从古代文明历史——以中国、印度、古巴比伦向周围地区的传播发展，到中世纪社会思潮的影响——从意大利的文艺复兴扩展到欧洲及其他地区，以及当代世界服装时尚——以法国为中心向世界流行传播。无论哪个层面的时尚都是如此，它是以一些发源地为中心，向周边推广传播的。

（2）随着社会生产力水平的提高，人们物质生活条件得到了改善，出现了闲暇，闲暇也是时尚产生的一个重要的前提条件。美国著名的社会学家凡勃伦（T. B. Veblen）在他的《有闲阶级论》一书中，把时尚当作有闲阶级的垄断物，认为社会上层阶级在财富丰富之后，出现了大量的闲暇，闲暇提供了时尚的时间条件。凡勃伦认为，社会上层阶级出自差别化和在炫耀地位、财富、闲暇等动机的驱使下去追逐时尚。在讲到衣着时尚时，他指出，衣着“除了能够证明穿的人财力雄厚、可以任意花费以外，还可以证明他（她）并不是一个要依靠劳力来赚钱度日的人，衣着作为社会价值的一种证明的作用就会大大提高”①。“并不是一个要依靠劳力来赚钱度日的人”，意味着他们有时间、有闲暇，因此，可以去追求时尚。

（3）与社会大众传媒的发达程度密切相关。大众传媒增强了视觉效果，加快了传递速度，扩大了传播范围，开拓了时尚创新的视野，促成时尚的流行、普及。因此，人们的物质生活丰富，闲暇出现，以及大众传媒的发达就成为时尚产生和发展的重要的前提条件。

时尚有着它自己的发展模式，实际上是一种信息传播过程，即“缓慢地兴起，逐渐积累能量，然后发展到顶峰，势头逐渐衰落直至彻底消失”②。时尚一开始处于一种缓慢地兴起、积累时期，即上升时期，包括两个阶段，一是标新，二是检验。社会中少数人的标新创意，或媒介的精心策划，为社会大众提供了时尚、流行的信息，并不断地强化这些信息，对社会大众形成认知刺激。然后引发社会大众的注意、认同，并采取相应的尝试行为。时尚本身的内容——信息内容影响着时尚高峰期能否到来，公众的反应——对信息刺激的反应是对这种时尚能否被接受的最好检验。一旦通过检验，就会进入下一个阶段，即高峰阶段。这个阶段是时尚普及推广的阶段，即人们对信息传递所做出的行为反应。时尚推广普及范围的大小，时间的长短，关系着高峰期何时到来，持续多久的问题。过度的普及就会失去时尚的本来意义，使之变得庸俗，遭到人们的厌弃，此时这种现象

---

① ［美］凡勃伦：《有闲阶级论》，124页，北京，商务印书馆，1964。

② ［美］詹姆斯·S·科尔曼：《社会理论的基础》，254页，北京，社会科学文献出版社，1990。

就会迅速消失。

在通常情况下，时尚的传播过程呈现出两种形式：一种是自上而下的瀑布式传播，即从社会上层的精英开始向社会下层的普通人传播流行，正像凡勃伦所说的它是由社会上层阶级创造提倡，而社会下层随从的社会现象；另一种是从个人内部向外部转换，即通过人们内在心理领域的活动之后，转换为人们的外向具体行动，这是人们通过对时尚信息的认知，形成自己的态度，直至采取行动的全部心理反应。但是，在现代社会中，由于大众传播、交通、网络等现代化发达的科学技术手段，社会生产力水平的提高，以及人们社会生活的多样化发展，时尚传播由纵向的传播过程转向平行式的横向传播过程。这种转变说明时尚产生源头拓宽了，越来越多的人有可能成为时尚的倡导者。而传播出现了平行式的流向，体现了现代社会人们的平等，以及社会交往的扩大。

## 三、时尚的心理机制

时尚的心理机制主要有：

（1）人类本能地具有对新鲜事物的渴望，以及对陈旧事物的厌弃的基本的心理倾向。麦独孤在1908年出版的《社会心理学导论》一书中就曾经将“求新”本能和“好奇”情绪、“反感”本能和“厌恶”情绪列为人类主要的本能和基本的情绪。① 社会心理学家威廉·托马斯（W. Thomas）也提出了人类对于“新鲜经验的欲望”是人的最主要的四大基本愿望之一。②另一位美国社会心理学家博格达斯（E. S. Bogardus）提出时尚是人类“追求冒险和新奇经验”的冲动作用。③ 由此得出，人类的求新、求奇、冒险，以及厌恶陈旧的心理使人类对时尚情有独钟，时尚成为人类本能驱使的行为之一。也正是因为这种心理机制造成了时尚的独特性，即“标新”、“入时”。

（2）人类的“伸张自我”、“表现地位和个性”的冲动、“希望自由和进步”的冲动④是人们热衷于追求时尚的心理机制之一。因为，时尚有助于增添人自身的吸引力，帮助人们实现那些“在生活中未能实现的愿望”，并借此机会向社会展示自己，以获得社会的认同。这是每一个孩童都知道利用的人类本能的“自我表现”⑤。当然这种“伸张自我”、表现个性、追求自由的愿望，每个人的表现是不一样的。有的人表现在服装、服饰上的夸张；有的人表现在行为举止上的反叛；还有的人表现在将自己的内在感受拿出来与他人分享上，例如，随着网络的流行，网络上出现了许多新鲜事物，人们将自己的日记挂到网络上去，日记中记载了各种个人方面的内容，甚至是那些常常被认为是最个人隐私的部分内容，让

---

① 参见［英］麦独孤：《社会心理学导论》，译序，8页。

② 参见［美］威廉·托马斯：《不适应的少女》，3页，济南，山东人民出版社，1988。

③④ 参见周晓虹：《时尚现象的社会心理学分析》，载《社会科学战线》，1994（5）。

⑤ ［英］麦独孤：《社会心理学导论》，译序，8页。

大众一起浏览、分享。近年来，在《美国偶像》的影响下，中国各地电视台纷纷推出了《超级女声》、《中国好声音》等各种选秀节目，还有真人秀《爸爸去哪儿》。这些节目能够使这么多的民众参与、关注，在很大程度上就是一种全民造星运动。人们将自己的梦想、愿望投射到这些草根出身的明星身上，借以实现自我，伸张自我。种种事例无外乎是想让人们关注自己，伸张自我，表现个性，或者追求自由而已。因此，人们常常通过追求时尚来炫耀自我，伸张自我，实现自己优越于他人的自我感觉和欲望。

(3) 大众的模仿心理与趋同心理也是人们追求时尚的心理机制之一。模仿是人类有意或无意地对某种刺激做出相类似反映的行为模式，是“人的一种自然倾向”，正像古希腊哲学家亚里士多德所说的“人之所以异于禽兽，就是因为善于模仿”[①]。法国社会学家塔尔德在《模仿的规律》一书中，提出了时尚是模仿的结果，是人们在受到强大的“向上意识”的支配作用下采取的模仿行为，是自上而下的纵向传播过程。与此同时，美国心理学家班杜拉（A. Bandura）结合人类的认知过程，提出了学习理论，认为人类通过后天的学习，在受到社会榜样力量的影响下，学习模仿，使时尚被社会大众接纳，并得到最终的传播推广。除了人类模仿的心理机制影响外，麦独孤认为，人类有着合群的本能、服从的本能，这也是时尚的心理机制之一。合群、服从这样的本能是社会大众，也即时尚的赶潮者们为了求得与周围人们保持一致，而不得不选择的服从或从众行为。因为，时尚是一种社会力量，这股力量会对人们形成无形的压力，是人们难以抗衡的压力，因此，人们为了求得与大众的一致，也会先后步入赶潮者的行列，成为时尚推波助澜的大众力量。不过，对于时尚而言，模仿可以使某种时尚得以流行传播，同时，也使该时尚随着大范围的模仿流行而消失。这就是大众的模仿心理与时尚的独特特征这两者之间发生了相互作用进而产生的效应，模仿与时尚两者彼此伴随、此消彼长。

综上所述，时尚产生的心理动机是人类借助时尚行为来获得社会的认同，表现自己，满足人类的“虚荣心”，以及寻求并享受“刺激”的心理愿望。而时尚的推广流行是由于人类模仿、从众、趋同、服从、自我防御的心理作用。因此，只要具备一定的条件和环境，时尚就会成为普遍的社会现象。从某种意义上讲，时尚也是一种传播活动，是由时尚主体——人的心理活动作用而形成的。当然，对于时尚的社会作用，我们要做具体的客观分析，不能一概而论。

## 四、微信：一种时尚的生活方式

微信是一个为智能终端提供即时通信的应用程序，以智能手机为载体，通过网络快速发送语音短信、视频、图片和文字等信息，具有分享信息、交友、商业服务等多种功能。自 2011 年元月推出之后，到 2013 年 11 月注册用户量已经突

① 伍蠡甫主编：《西方文论选》，上册，55 页，上海，上海译文出版社，1979。

破了 6 亿[1]，微信被人们接受并使用的流行速度之快令人难以置信。如果说，传播是人类社会生活中最基本的行为，那么，微信作为“一种生活方式”的创新应用，多方位地满足了现代人沟通互动的心理需求，对现代人类的社会生活带来较大的冲击。

## （一）微信：人性化的一种“玩”媒体

马歇尔·麦克卢汉认为，媒介塑造和控制着人类的联结方式、行动的规模与形态。媒介发挥着一种中介作用，是人体的延伸。手机的出现让人类将说话与走路这两种交流方式结合，而微信的即时、简单、全景等特性，让人们实现了指尖与嘴巴同时传播出信息的愿望，让人们实现了眼睛与耳朵随时随地可以获得愉悦的愿望。微信传播的不仅有图片，更有视频或声音；不仅有他人信息的转发传递，更有自己制作并上传的音乐与视频。让自己对信息发布与浏览保有自主权，既可以表达、分享自己的感受与态度，又可以屏蔽自己厌恶的信息或朋友。让朋友们在自主性“玩”中实现良好的互动与交往，既满足个体的自我表达需求，又满足大家的娱乐、围观的好奇心。

## （二）微信：实现了虚拟与现实世界的对接

互联网技术的发展让人类进入了移动时代，不仅帮助人们实现了跨时空的联系与互动，还创造出了虚拟空间，让人们有机会和陌生人建立联系与互动，建构出多样性的虚拟空间关系，这种关系更多是以“弱关系”为基础建立起来的人际关系。而微信中的人际关系则有 73.49%的是源于手机通讯录，从微信的用户人际交往频率上看，有 82.93%的人与现实中的好友交往，排在第一位，高出第二位通过 QQ 交往的 71.95 个百分比。[2] 可见，这是一种主要建立在熟人关系基础上的“强关系”交往。因此，我们说微信实现了虚拟与现实世界的“无缝对接”，实现了在熟识、信任基础上的交往。

## （三）微信：满足现代人人际交往的心理需求

现代社会的生活节奏越来越快，工作压力越来越大，流动性越来越强。人们不得不疲于应对生活或工作中不断出现的新关系、新现象、新事物；而老关系、老现象、老事物随之被淡漠、疏远，甚至遗忘。于是，现代人的孤独与陌生、紧张与焦虑等负性情绪体验增强，人与人之间的联系沟通也就越来越少，出现了社会原子化现象。

在数字化时代，新媒介的不断创新也是一把双刃剑。美国学者克莱·舍基提出“湿世界”概念。在他看来，未来的世界是湿的，可以借助社会性软件，增强人与人之间的黏性。微信，恰好就是这样的社会性软件，它克服了时空障碍，

---

① 参见 http：//baike.baidu.com/view/5117297.htm？fr=aladdin。

② 参见詹恂、严星：《微信使用对人际传播的影响研究》，载《现代传播》，2013（12）。

将人与人、人与群体之间的关系更紧密地“黏合”起来，建立起以不同的关系、兴趣，甚至是消费需求为纽带的稳定群体或圈子，形成人与人、人与群体之间的频繁互动与联系。微信为个体提供了“再部落化”的手段与平台，使个体不再孤单，只要你想，基本上都能够找到属于自己的“群”或“圈子”。例如，笔者大学同学毕业之后各奔东西，虽每十年一聚会，但大多数同学之间的往来或见面少之又少，甚至是三十年消息全无。2013 年年初，我们建起了微信群，全班有 2/3 多的人加入。大家一起用文字、照片、视频、贺卡等多种形式表达相互的问候，一起忆往事、谋聚会。微信将这些三十年的老关系又黏合在一起，既满足人们的社交需求，又可以维系或深入发展关系。

## (四) 微信：创造一种生活方式

从 2011 年微信推出以来，微信在手机用户中的渗透率高达 55%。“今天，你微信了吗?”不仅是一句广告语，更是一种新的生活方式。例如，现在很多人已经用微信取代手机短信，甚至是很多电话、视频也被微信取代，因为，微信使用起来不仅经济实惠，还不受场地限制，只要有手机信号或网络信号，无论室内室外都可以联系；还可以记录信息，使接收者不被打扰。再如，很多人随手拍照记录下即时空间场域中发生的各种事实，然后用微信发送到朋友圈，与大家分享，微信传递大有取代电脑传递的趋势。再如，微信可以提供售后服务。笔者家的跑步机曾出现故障，客服人员就用微信遥控指导笔者检查各个可能发生问题的部位。发现都无法解决之后，他才亲自上门检查，最后决定更换零部件。信息报告给维修更换零件的发货方后，发货方在发货之前来电话要求给他们提供一些损坏部位的照片并用录像记录下噪音声响，用微信即时发给他们。也有组织开始尝试微信营销。可见，这种即时、全景的传播方式将会越来越多地被运用到商业服务等领域。此外，还有政务微信。截至 2014 年 3 月底，政务微信总量已经超过 5 000个，覆盖我国 31 个省级行政区及港澳两个特别行政区[①]，成为政府与民众沟通的新平台，力争实现“零时差”、“无距离”的有效沟通，从而阻断谣言，树立政府“威信”。

综上所述，微信之所以能够创造一种生活方式，在一段时间内成为一种流行文化符号，除了具有新颖、奇特以及自我表现等多种时尚符号特质之外，更主要的是微信作为新媒体，最大限度地满足了使用者在信任基础上的人际交往、情感交流、自我展现、知识与信息获取、娱乐等多种心理需求。

**本章要点**

本章主要讲述了传播活动中的社会心理现象，其中包括宏观的传播活动，以及舆论、谣言、民谣、时尚等具体的传播行为。其主要内容如下：

---

① 参见《中国政务微信已超五千 75.46%主要分布区县级以下》，载《中国青年报》，2014-07-17。

1. 社会心理是传播活动的基础。第一，我们从传播概念、特征、过程中阐述人的社会心理活动情况。就传播概念而言，传播本身是信息的分享与传递，而信息的分享与传递是人的认知、情感、态度、行为等心理活动的反应过程。因此，传播本身就是人的社会心理活动。

第二，人的差异性，包括人的人格、职责、所处的社会地位等方面，信息源的差异，即是原本信息，还是拷贝信息，都会影响人们对信息的认知、接受，自然就会对即使相同的信息也存在着不同的社会心理反应。

第三，人的选择性心理，即选择性接触、选择性注意、选择性理解、选择性记忆都会影响着人们对信息的处理。

2. 舆论、谣言、民谣本身也是传播活动，是人们对社会事物、问题的看法、态度的语言表达行为，是最贴切地表达人类社会心理活动的传播行为。它们在人类个体心理差异、记忆误差、态度，以及群体压力等心理因素的作用下活动。

3. 时尚是人类追求独特、标新立异、冒险创新、自我表现、自我满足、社会认同以及模仿、趋同、服从的心理反应。

## 基本概念

传播　共享　自我传播　人际传播　组织传播　大众传播　传播者　受众　选择性　差异性　拷贝　舆论　谣言　民谣　沉默的螺旋　时尚　流行　微信

## 复习思考题

1. 人的社会心理在传播活动中是怎样表现的？
2. 如何理解人的选择性心理？
3. 大众传播媒介对人的社会心理影响是什么？
4. 简述社会心理对舆论、谣言的研究。
5. 民谣是如何反映人们的社会心理的？
6. 时尚的社会心理机制是什么？

## 推荐阅读书目

沙莲香．传播学．北京：中国人民大学出版社，1990.

吴江霖，戴健林．社会心理学．广州：广东高等教育出版社，2000.

［英］戴维·莫利，凯文·罗宾斯．认同的空间：全球媒介、电子世界景观与文化边界．南京：南京大学出版社，2001.

［美］沃纳·塞佛林，小詹姆斯·坦卡德．传播理论——起源、方法与应用（第 4 版）．北京：华夏出版社，2000.

［美］丹尼斯·麦奎尔，斯文·温德尔．大众传播模式论．上海：上海译文出版社，1987.

郭庆光．传播学教程．北京：中国人民大学出版社，1999.

刘建明．舆论传播．北京：清华大学出版社，2001.

［美］凡勃伦．有闲阶级论．北京：商务印书馆，1964.

# 第十章

# 经济心理

经济行为是人类社会最重要的一种社会行为，对经济利益的追求是人类最基本也是最重要的一种追求。司马迁早在汉代就指出："夫神农以前，吾不知已。至若《诗》、《书》所述虞夏以来，耳目欲极声色之好，口欲穷刍豢之味，身安逸乐，而心夸矜铣能之荣使，俗之渐民久矣。虽户说以眇论，终不能化。"（《史记·货殖列传》）而在现代社会中，经济活动更是人类社会生活的中心内容。或许正因为如此，在现代社会科学中，经济学在各种社会科学中成为显学。

但是，在现实生活中，纯粹的经济行为是比较少的，即使有纯粹的经济行为，也是以一定社会的、心理的背景为基础的。所以早期的经济学家对经济学的界定都比较宽泛，如马歇尔认为："政治经济学或经济学是一门研究人类一般生活事务的学问；它研究个人和社会活动中与获取和使用物质福利必需品最密切相关的那一部分。因此，一方面它是一种研究财富的学科，另一方面，也是更重要的方面，它是研究人的学科的一个部分。"① 即使只以纯粹的经济行为为对象，研究者往往也持一种很谦虚的态度，认为纯粹的经济行为的研究只是对整个经济活动进行研究的一部分，如"现在，经济学特别关心的生活的一面，就是人的行为的最深思熟虑，且在他未做一事之前总是先考虑它的利害得失的一面"②。所以要对经济活动进行深入的分析，尤其是对真实生活中的经济行为进行研究，就必须拓展研究的范围，不能仅仅停留在理性决策的问题上。

# 第一节 经济心理概述

## 一、经济心理的概念

所谓经济心理，就是经济行为的心理准备状态及对经济活动的主观体验，在现实生活中表现为经济行为的动力与阻力，正是基于这种心理背景与心理过程，我们的经济行为才可以被理解，才具备实际的意义。

在这里，经济行为是指在某一经济事件中，从不同的选择中选择一种行为方式，它既可以是积极的作为状态，也可以是消极的不作为状态。例如，同样一群具有汽车购买力的人，在是否购买汽车的问题上，有的人选择马上购买，这是一种经济行为，有的人却选择持币待购，这也是一种经济行为，更有一些人压根就没有购车的打算，这也是一种经济行为。经济心理的研究，就是要探索这种不同

① ［英］马歇尔：《经济学原理》，上册，23页，北京，商务印书馆，1981。

② 同上书，46页。

行为选择背后的心理原因，以及同样经济行为选择的心理感受上的差异，或者对同一经济行为所赋予的不同意义。

经济行为的选择包括有意识的和无意识的两方面。有意识的经济行为就是意识到自己在做出某种经济选择，并多少意识到某些有限的交替关系。如决定购买某一品牌的汽车，就不能再购买其他品牌的汽车，决定在股票上有一定数量的投资，就不能用这笔资金进行国库券的投资。一种经济选择，可能有很多种替代的选择，我们至少考虑到其中的有限数量的替代选择，并在这不同的选择中选择一个自认为满意的选项。这一寻求满意答案的过程是一个复杂的知觉、记忆与推理的认知过程，所以有意识的经济行为通常需要我们的控制性思维。

而无意识的经济行为就是我们出于文化熏陶与习惯的原因，不假思索而做出的经济选择，我们一般日常经济行为中有很多都属于这种类型。因为不同的人通常有不同的习惯，不同的群体通常在不同的文化中成长，所以人们往往有一些不同的心理图式，从而导致在经济行为选择上的不同倾向，或者给同样的经济选择赋予不同的意义。所以，经济心理的研究不仅要研究控制性的认知过程，还要分析不同的社会文化背景下各种不同的基本经济观念与经济心理图式。

任何一门单一的分支学科，所处理的都只是复杂社会经济事件中的某一个侧面，正如熊彼特（J. A. Schumpeter）所说的："社会过程实际上是一个不可分割的整体。在它的洪流中，研究工作者的分类之手人为地抽出了经济事实。把一个事实称为经济事实这已经包含了一种抽象，这是从内心上模拟现实的技术条件迫使我们不得不作出的许多抽象中的头一个。一个事实决不完全是或纯粹是经济的，总是存在着其他的——并且常常是更重要的——方面。"① 正因为处理的只是一个侧面，所以必须明确这一侧面与其他侧面之间的关系，在比较中确立这一侧面在整个对事件的了解中所起的作用，然后保持各个侧面之间的相互合作，这就是潘光旦先生所提出的解决学科分派的治标的方法。

## 二、经济心理研究的发展历程

### （一）滥觞时期

1. *塔尔德之前的经济心理学启示*

除了各种哲学中关于人的基本"人性"的一些假说之外，早期一些比较科学的，到现在为止都被经济学、社会学等学科奉为经典的论述，都涉及经济心理的问题。如亚当·斯密（Adam Smith）作为古典经济学的创始人，不仅写了《国

① ［美］熊彼特：《经济发展理论——对于利润、资本、信贷和经济周期的考察》，4页，北京，商务印书馆，1991。

富论》，还以毕生精力写了《道德情操论》，在两书中，都没有后来的“理性经济人”的概念。亚当·斯密所说的理性，实际上是一种一致性理性，即他所谓的“同情”，从而认为人们判断的形成具有很大的主观性，而不是一种客观“算计”后的结果。在涉及对未来的预期时，亚当·斯密更是提出人们普遍存在“轻视危险和奢望成功的心理”，这种心理的直接结果就是看好彩票而轻视保险的作用，间接结果就是对一切经济活动包括职业的选择，都有激进与保守的两种张力，而这正好成为后来经济心理研究中的一个永恒话题——创新或企业家精神的问题。如边沁就认为，人们对效用的评价，在很大程度上是由人们的主体状态所决定的，而不是由外在刺激的实际状态决定，或至少不是完全由外在客观刺激所决定的，这一论断又为奥地利学派所发展，这一主题延续到现在，发展成为主观幸福感的研究，也是当前经济心理研究的一个重要领域。

2. 塔尔德与经济心理学的创立

根据阿尔布的说法，塔尔德（1843—1904）是经济心理学的真正创始人，因为他在1902年出版了两卷本的《经济心理学》，这是塔尔德在法兰西学院讲课的讲稿基础上修订而成的。该书的基本目的就是希望改写当时的政治经济学，要突出经济现象的主观方面，修改经济学中对人类心理过于简单的假设，从而使对经济现象的解释建立在真实的人的心理基础上，而不是建立在简单的甚至是扭曲的人类心灵之上。虽然塔尔德以简单的模仿律来解释大部分社会行为，从而最终并没有真正实现他的初衷，但这种抱负成为后来经济心理研究的一个普遍趋势。

3. 塔尔德的《经济心理学》之后

在此之后，经济心理学的研究并没有获得太大的发展，主要是因为当时以涂尔干为代表的社会学主义占了优势，欧洲对“社会事实”的兴趣更浓厚，相反，对主观方面的考察就比较少。但也不是完全没有关于经济心理的讨论，如社会学家马克斯·韦伯（Max Weber，1864—1920）和帕累托（V. Pareto，1848—1923）都有过相关的论述。韦伯对宗教伦理的讨论，在最终的意义上是一种经济心理的讨论，正如他自己说的，“我们要研究的并非仅仅是作为一种认识手段的神学大纲式的伦理理论，而是扎根于各种宗教的心理与实际联系中的行为的实际动力”[①]。而这种动力就是一种心态：“‘心态’——在这种场合即对世界的实际态度——的基本特征，在其发展过程中，无疑受到政治与经济命运的影响，但是，根据那些可以算作其固有规律性的作用，这些心态特征也积极参与了阻碍，很难说不是这样。”[②] 并在此基础上进一步提出了心理预期及预期时限的概念，认为预期与预期时限是上述“心态”的核心内容，很大程度上决定了经济行为的选择。帕累托的贡献最直接的就是根据他著名的剩余物的概念，将人们对待不确定性的态度分为两个理想类型：定期储蓄的享用者和投机者，前者

① ［德］马克斯·韦伯：《儒教与道教》，5页，北京，商务印书馆，1995。
② 同上书，301页。

厌恶不确定性，后者追求并充分利用不确定性的好处，这也就是人们在不确定性情境下行为选择的谨慎与冒险的问题，这一区分的维度不仅影响了熊彼特等人关于创新的研究，而且直接与当前最活跃的关于不确定性的经济心理研究有关。

## （二）发展时期

经济心理学在20世纪中期得到了一些发展，从原来哲学式、文学式的研究转向了真正的实证研究，并获得了一些看得见的成果，使得该领域的研究开始引起人们的注意，这主要有考托瑙、迪希特、雷诺等的贡献，以及欧洲经济心理学实验室的建立。

1. 考托瑙的研究

考托瑙（G. Katona，1901—1981）作为一位教育心理学家，信奉格式塔心理学，1938年移居美国后，受经济学的影响，开始对商人进行研究，并在1950年到1972年间，在密歇根大学同时开设了经济学和心理学讲座，力图将两个领域的知识结合起来。1951年他出版了《经济行为的心理分析》一书，这是继塔尔德以来最重要的经济心理学研究。作为一名实证主义者，他一方面拒绝了以往的哲学式研究，在方法上主张用民意测验的方法来搜集一手的资料，另一方面将勒温的拓扑心理学应用到经济行为的分析中来，将“期望”作为研究的一个主要方向，并制定了消费者的情感指标体系（1952—1954）。而拉扎斯菲尔德则认为应该把研究的重点放在人们的经济习惯上，并进而从社会学的视角来分析这些习惯的社会阶层、文化类型等差异，从而在更客观的层面上来分析人们的经济心理。

2. 迪希特的研究

而与考托瑙同时代的奥地利学者迪希特（E. Dichter）走的则是相反的一条路，他将弗洛伊德的精神分析法用于经济行为的分析，采取的方法是对从少量消费者那里搜集来的资料进行深层次的解释。迪希特在1946年出版了《动机的研究》一书，他认为人们的购买动机一般都是无意识的，往往都与力比多的冲动有着千丝万缕的联系，也就是说消费行为往往并不是一种理性的行为选择，这就与我们一般的经济学假设相差很远。迪希特的研究跟弗洛伊德的研究遭遇一样，虽然在实践中很受欢迎，但在大学体制内的影响并不大。然而他这种不同的研究方法在后来的研究中还是有很大影响的。

3. 专业杂志和实验室的成立

稍后的一段时间里，经济心理学在欧洲得到了比较大的发展，其中最值得一提的就是法国经济心理学实验室的创立和荷兰《经济心理学杂志》的创刊。法国经济心理学实验室是在法国“经济心理学小组”的基础上发展而来的，该小组受当时欧共体委托，定期提交有关的报告，它由经济学家、心理学家、社会学家、生理学家、数学家、人类学家等构成。自1968年开始，该小组从法国财政部独立出来，于1972年在阿尔布（P. Albou）的领导下，建立了经济心理学实验室。随着欧洲经济心理学的快速发展以及多次研讨会的召开，最终，荷兰在1981年创办了第一份专业杂志——《经济心理学杂志》，以此为中心，形成了一个以欧洲为主体的研究团体，一直延续到今天。

### （三）当代的前沿研究

当代经济心理学的研究，实际上可以分为欧洲和美国两种不同的传统。欧洲的研究大都明确冠以经济心理学的名称，研究团体主要是以《经济心理学杂志》为中心的，对该团体的研究方向与主要议题，我们可以从该杂志自创刊到现在的主要文章中去发现，主要集中在这样一些主题：消费问题、对货币的态度（包括储蓄）、信息在经济行为中的作用、与税收相关的心理研究、经济社会化、风险及其选择、经济行为的性别差异等。从方法上来说，虽然主要是以心理学的方法或视角为主，但也有社会学、人类学的方法与视角，而心理学的视角也以多种心理学理论为指导，而不是像以美国为主的研究那样以认知这一单一的视角为主。

以美国为中心的一些研究（包括加拿大、澳大利亚等），基本形成了一个明确的研究视角与方法，即从认知的角度对真实生活中的经济行为进行实证研究，并与现实的经济活动广泛展开合作，无论是在经济学界还是心理学界都有广泛的影响。虽然这一研究群体往往并不冠以经济心理学的名称，但其研究都是以经济行为的主观层面为研究对象，强调心理学对经济学的重要修正作用。虽然也有少数的经济学家参与其中，但主要是一些心理学家。其中最典型的就是以 2002 年诺贝尔经济学奖的获得者卡尼曼（D. Kahneman）为中心的研究群体。[①]

## 三、经济心理研究的主要内容

在经济心理学的发展过程中，形成了一些特定的研究主题，虽然这些主题之间具有很紧密的联系，但毕竟也具有相对的独立性，以至于不同的学者在研究中各有侧重。下面简单介绍一些主要的研究主题。

### （一）经济心理的背景——基本经济观念的研究

虽然按照经济学的一贯看法，人们在经济选择过程中会根据已经获得的信息进行理性的计算，以便做出一个最佳的选择，并且我们的认知心理学也认为决策的过程是一个信息的加工过程。但几乎所有的心理学研究都表明，我们知觉外在世界是按照我们特定的心理图式进行的，不可能做到完全的客观认知与理性计算。

---

① 该群体的研究几乎都是从认知的角度出发的，对真实社会中人们的行为选择进行研究，揭示出了真实生活中一系列行为选择的心理规律，从而对新古典经济学的一些基本前提提出挑战。当然，对这一研究倾向往前追索，至少可以追索到 2002 年刚去世的另外一位诺贝尔经济学奖获得者——赫伯特·西蒙（H. A. Simon）的有限理性理论。具体的介绍可以参考［美］赫伯特·西蒙：《现代决策理论的基石》，北京，北京经济学院出版社，1989。D. Kahneman，*Judgment under Uncertainty*：*Heuristics and Biases*，New York，Cambridge University Press，1982. D. Kahneman & A. Tversky (Eds.)，*Choices*，*Values and Frames*，New York，Cambrige University Press and the Russell Sage Foundation，2000.

而这种心理图式的来源，主要就是人们生活的经历，这种经历既包括个人对一事一物的短时间内的经历，也包括一个人一生的经历，更包括了超越个人一生的他的生活环境，或者说他所属的群体的长期历史经验，即所谓的传统。而作为传统的长期经验，总是与特定的群体联系在一起的，不同的群体之间难免就有了差异，所以在这个意义上来说，经济心理必然也就是社会心理的有机组成部分。

一个群体的基本经济心理图式，就是我们通常讲的基本经济观念，如经济生活在所有社会生活中的地位的问题，对财富的获取、处置方式的基本态度的问题等，这些都是具体经济心理展开的基础，或者说基本背景。在经济心理学发展的早期阶段，有大量的著作都是围绕这些基本问题而展开的，如韦伯对理性资本主义精神的探讨，帕累托对保守与冒险的探讨等。

如果说当代经济心理学对这些问题的探讨有什么区别的话，那么就是过去的研究更倾向于从静态的角度出发，寻求不同民族、不同群体的基本经济心理特质，而当代的研究更多从动态的角度出发，或者从长期的立场来研究经济基本观念的变迁，或者从短期的立场来研究人们经济观念的社会化过程与具体的途径。不仅当代很多跨文化的比较社会心理学的研究为此作出了大量的贡献，而且现在正在蓬勃发展的本土心理学运动也为揭示这些基本经济心理图式作出了巨大的贡献。

### （二）决策问题——经济心理的认知研究

从决策的角度来看，任何经济行为的选择都是建立在一定的认识基础上的，按照新古典经济学的说法，是在各种不同的选择中挑选出最佳选择。毫无疑问，现实生活中的大部分经济行为，都是我们经过思考后的结果，只是这种思考究竟在多大程度上是接近“最优选择”的，一直是经济心理学关心的问题。

正如前面提到的，从亚当·斯密开始，就对人们如何感知外在事件给予了足够的关注，如斯密认为人们在某些情况下对机遇所寄予的希望远远大于对风险损失的评价，也就是说对机遇比对风险更敏感。而对决策问题的研究，随着赫伯特·西蒙对认知问题的高度重视，以及他对经济行为的同样重视，心理学对决策问题的探讨进入到一个新的阶段，心理学的研究也开始真正为经济学界所重视。西蒙提出了有限理性的理论，即在真实的经济生活中（当然也包括其他社会生活），因为人们获得的信息的有限性，以及人们心理资源本身的有限性，他们做出的决策只是一个相对满意的决策，而不是最优决策。

在西蒙有限理性的基础上，现代经济心理学对决策问题的研究在美国成为主流，而且绝大部分都是从认知的角度进行研究的，在研究的方法上既有传统的实验室的研究，也有对真实生活中人们经济行为的考察。其中最为著名的就是卡尼曼[①]、特维斯基（A. Tversky）等人的前景理论（prospect theory）[②]，其基本假

① 普林斯顿大学教授，因“不确定性条件下的决策研究”获得2002年诺贝尔经济学奖。

② See D. Kahneman & A. Tversky (Eds.), *Choices, Values and Frames*, New York, Cambrige University Press and the Russell Sage Foundation, 2000.

设就是人们所面临的是一个具有不确定性的环境，并揭示了人们在这样的环境中所做出的决策通常都遵循哪些原则，在这些基本原则的基础上又容易产生哪些认知上的偏差，从而直接影响到现实生活中的经济选择，这样也就解释了大量传统经济学所无法解释的现象。这一研究方法也直接影响到了经济学的研究，如实验经济学、行为经济学的兴起，在方法上实际上就受到心理学对经济行为的认知方面研究的影响。

经济心理学认知层面的研究的潜力是很大的，随着对真实经济生活中行为选择的考察越来越深入，对经济行为的理解将越来越符合客观实际，经济学与心理学在这一领域的研究界限也将越来越模糊。

### （三）信任——经济制度的心理基础研究

人类对不确定性世界的认知总是有限的，毕竟，要对现实生活中的所有行为选择都进行认真的信息搜集、整理到最后得出推论，做出决策，是不可能的，事实上，在现实生活中，我们更多的是按照约定俗成的习惯或制度办事，这不需要花费太多的心理资源进行信息的加工与选择的权衡。但是我们凭什么将钱放在银行里，而不担心五年以后这笔钱可能只有原来价值的一半甚至更少呢？或者更直接一些，我们凭什么放心地借给朋友一笔数目不小的钱呢？因为信任。

这里所谓的制度是广义上的制度，就是大多数人自愿的行为模式，虽然狭义上的制度往往是自上而下制定的，但也必须考虑到自下而上的自愿遵守问题，如果不为大多数人遵守，这样的制度最终要么流于形式，要么靠很大的代价强制执行，而这样都会导致真正起作用的制度在暗中实行，这就是我们通常所谓的“潜规则”，也就是人们在行动的层面上认同的规则，经济心理学研究的正是这种在真实经济生活中起作用的规则，尤其是这种规则的心理基础——信任的品质与模式的问题。

信任现在是多学科共同关注的一个领域，社会学、经济学以及心理学，都给予了足够的重视。作为经济心理学，考察的是信任对于经济增长的作用问题，不同社会的信任模式对经济发展的影响问题，以及影响信任达成的条件问题等等。如根据对囚徒困境的研究，心理学的研究表明信任可以成为一种有效的社会资本，可以使人们的决策在总体上达成一种效益最大化的结果；而不同社会的信任模式则导致经济发展的不同模式甚至不同速度，如是以家庭或家族为特点的特殊主义信任模式，还是以普适性为特点的普遍主义信任模式，就会导致在企业规模、管理模式等各方面很大的差异。

### （四）创新——企业家精神的经济心理分析

信任所解决的是常规性的问题，即在通常情境下，我们应该采取何种行为，这确实具有方便性，但它并不是解决新问题的良好方法。也就是说，当我们面临不确定性的时候，按照大多数人的做法来做，是比较经济的、在很大程度上是有效的做法，毕竟，根据进化心理学的解释，多数人的行为方式是自然选择的结果，是最具有适应性价值的。

但通常有效的方式并不意味着总是有效，所以要真正地有效应对，彻底有效的方法就是在不确定性的情境下追加信息的搜索，信息获得越多，就越可能降低不确定性的程度。这虽然理论上可行，但在实际生活中却是不可行的，因为对信息的搜索本身是需要代价的，当代价足够大时，进一步搜索信息就不经济了，更何况，对于未来的信息，即使有足够的时间也是无法完全掌握的。所以，这就需要在不确定性的条件下做选择，就如熊彼特所说的，“就像军事行动，即使可以得到的全部数据并不在手边，也必须从一定的战略位置去采取一样，在经济生活中，即使在没有得出要做的事情的全部细节时，也必须采取行动”①。而这种行动的选择，并不是建立在完全有把握的基础上的，所以就具有风险性，对风险的承受能力，敢于大胆做出一个决策，这也正是企业家精神的基本素质之一，凯恩斯将它称之为 animal spirits，表示一种不需要太多认知理由支持的经济冲动。

经济心理学从帕累托开始就一直关注这样的问题，力图找到一些影响这种精神的因素，并讨论将这种精神维持在何种水平上才是最佳的选择。而且在此基础上形成了考察投资问题的一个基本研究视角——谨慎—投机维度的研究，进一步将这一维度扩展到不同群体、不同民族的比较研究中去。有的学者更进一步讨论不同群体对不确定性本身的容忍程度问题，以考察不同群体在行为选择上的差异，典型的就是霍夫斯坦德（G. Hafstede）的跨文化比较研究，他用于衡量不同文化差异的四个标准之一，就是容忍不确定性的程度。②

## （五）消费者心理学

或许是由于现代化大生产的原因，销售问题是我们时代的主要问题，相应地，关于消费的研究成为各种经济行为中首先需要加以考虑的问题，所以对于消费者心理的研究也自然成为经济心理学的一个主要领域，甚至有很多研究者直接将经济心理学等同于消费者心理学。③

以消费行为为中心，就可以展开很多相关的研究，如广告说服的策略、销售中的推销技巧等，甚至随着所谓“大众消费社会”的来临，通过消费的方式与心理进一步研究整个社会的心态与走势、社会的结构与分层等。

## （六）经济心理病理学

所谓经济心理病理学，也就是相对于经济行为的常态来说，可能存在一些非常态的经济行为，正如我们的变态心理学一样，这里的常态与变态也是相对的。

---

① ［美］熊彼特：《经济发展理论——对于利润、资本、信贷和经济周期的考察》，95页。

② 参见［荷］霍夫斯坦德：《跨越合作的障碍：多元化与管理》，北京，科学出版社，1996。

③ 参见［日］饱户弘等：《经济心理学：销售与广告心理学》，北京，中国商业出版社，1987。该书将经济心理学的研究对象界定为研究消费行为或购买行为。

例如，常态的经济行为应该是一种交换，任何事情都有成本，但如果打破这一基本原则，如偷窃、贪污等，就可以说是变态的。而之所以说是相对的，是因为对任何规则都很难有一个截然的界限，如偶尔在公共财物中揩点油，就不一定是一个很严重的问题，尤其是在某些文化中，多少是一种默许的行为。但并不是说所有的不符合常态的行为都是病态的经济行为，实际上我们上面提到的创新性行为往往也是不符合常态的，所以还得加上另外一个条件，这就是经济心理学家阿尔布所说的，一般的社会团体认为是令人遗憾的、有罪的、危险的或者有害的那些经济行为。①

根据荷兰《经济心理学杂志》，最近二十年来，欧洲最关注的经济心理病理现象，主要有偷税漏税的经济心理分析、员工忠诚问题的经济心理分析、群体之间与阶层之间的经济公平问题的经济心理分析、移民问题的经济心理分析、经济焦虑与恐慌的经济心理分析等。

当然，以上只是一个大致的介绍，实际上经济心理学的研究领域非常广泛，凡是经济行为的主观层面的研究都可以称得上是经济心理学的研究。

# 第二节 经济心理研究的前沿成果

关于经济心理的研究，到目前为止形成了哪些得到广泛认可的成果？下面做一个简单的介绍，希望通过对这些成果的总结与展望，一方面可以看到经济心理研究的良好应用前景，一方面可以看到经济心理研究对传统新古典经济学的挑战，从而展示出社会心理学研究在人类行为研究中举足轻重的地位。

## 一、经济行为的认知基础：日常思维与控制性思维

我们所面临的世界是纷繁复杂的，充满不确定性，但在现实的日常生活中，我们不可能对自己所遇到的所有问题都进行彻底的信息搜集，然后反复权衡不同信息的价值，最后做出一个非常客观冷静的结论。这就是社会学家涂尔干和人类学家马林诺夫斯基反复论证的一个问题：科学无论如何昌明，都不能全部解决现实生活中的问题，人类行为中有很大一部分无法通过科学来解决。当然，社会学家和人类学家最终要论证的是，科学不能完全解决现实生活的问题，所以才需要信仰。

在心理学领域，虽然也完全同意社会学家和人类学家关于科学局限性的结

① 参见［法］保罗·阿尔布：《经济心理学》，157～158页，上海，上海译文出版社，1992。

论，但并不仅仅求助信仰（虽然信仰可能也是一个重要因素），而且在一个更广阔的视野下思考这一问题，比较一致的看法是：人类思维分为日常思维和控制性思维两种，前者是无意识的、不带意图的、自然而然的并且不需要努力的思维，后者是有意识的、有意图目的的、自发的以及需要付出努力的思维，可以近似地将两者划归为直觉思维和逻辑思维。卡尼曼等人干脆将这两种思维方式称为系统一和系统二，认为系统一的思维是快捷的，系统二的思维是缓慢费力的。

现实生活中，我们的绝大部分时间都以日常思维方式应付复杂的外在世界，如在路况很好的路上驾驶车辆、确定一个声音来自哪里、体悟到他人语气的不友善、推门进屋马上意识到大家正在谈论你等等，我们不需要刻意去搜索信息并绞尽脑汁去思考，同时并不影响我们对自己判断的信心。但有时候也会以控制性思维的方式来行事，比如，在闹市区跟踪某个人、在大脑中不断回味某人的话语以判断他是否不高兴、在拥挤的停车场停车、寻找某篇文章的论证逻辑等等，这往往需要保持高度的注意力。一般来说，当日常思维出现错误，明显出乎我们的意料时，我们就容易启动控制性思维，进行逻辑归因，或者需要专门的控制性思维的活动。

对于两种思维之间的区别，目前比较具有说服力的观点还是西蒙的看法：直觉思维（日常思维）就是一种识别行为。他用国际象棋来进行说明，即象棋大师往往只要短暂一瞥，就知道下一步走哪里是最合适的，虽然他会再仔细权衡（控制性思维），但绝大多数情况下，最后走的都是第一感觉的那一步棋。西蒙认为这就是头脑中长期储存了各种棋形以后，可以针对当前的局势进行再认，就像我们在街上碰到一个朋友，马上能够叫出他的名字一样。这就说明，两种思维之间没有绝对的界限，关键取决于日常思维的品质，如果我们闻见狭隘，直觉判断可能就很差。卡尼曼在此基础上进一步指出，直觉思维的可靠与否，取决于两个因素：一是可预测的、有足够规律可循的环境；二是通过长期训练学习这些规律的机会。

在对经济行为的研究中，传统经济学更多的是将经济的主体假想为具有控制性思维的人，虽然现实生活中我们大多数时候都不是那样的。而经济心理学的研究，首先就承认存在这两种思维方式，并且承认日常生活中的人更多采取的是日常思维（直觉）方式。这就是理性经济人和现实生活中的人的区别，要研究现实的经济行为，选择现实生活中的人无疑更科学一些，毕竟，理性经济人只是一个极端的理想类型。这一基本的前提，导致了在研究方式上、研究结论上的诸多不同，修正了一些传统经济学的假设，为经济心理学的研究开创了一片新的天地。

## 二、价值对行动的意义：效用的重新诠释

### 1. 从客观价值到主观效用

物质财富与人的行为决策之间的关系，首先引起注意的是物质财富客观价值

的大小。一般而言，客观价值越大，对行为者越有意义，越能够激发人的追求动机，但是，同样数量的物质财富对于不同的人来说，其刺激量是不一样的，比如同样 10 000 元钱，对于穷人和富人来说，其意义就相差比较大。所以才有伯努利的期望效用理论的产生，他认为财富变化的心理反应与已经积累的财富数量成反比关系，甚至精确地提出，效用是关于财富的对数函数。通俗地说，就是给一个每月 5 000 元收入的人增加 500 元的工资，其效用相当于给一个每月 10 000 元收入的人增加 1 000 元的工资的效用。进而对于不确定性问题，认为效用就是对不同概率结果的期望价值，比如，90%的概率得到 1 000 元，其期望价值就是 900 元。所以期望效用理论成为后来决策理论的基础，即认为理性的人应该考虑目标值及其概率。这种观点虽然也承认边际效用递减，但对于不确定性事件的选择，不能接受现实生活中真实选择的检验，于是卡尼曼等人提出了一个新的理论：前景理论。

2. 前景理论

针对伯努利的期望效用理论，卡尼曼等人提出了一些该理论无法解释的现象。比如，在下列两个选项中，你更倾向于选择哪一个：A. 90%的可能得到 1 000元，10%的可能什么也得不到；B. 肯定获得 850 元。根据大样本实验，大多数人都倾向于选择 B，也就是选择回避风险，但根据期望效用理论，应该选 A 更符合理性，因为 A 的期望效用是 900 元。同时，面临损失时，又出现另外的情形。比如，在下列两个选项中，你更倾向于选择哪一个：A. 90%的可能损失 1 000元，10%的可能什么也不损失；B. 肯定损失 880 元。而实验显示，大部分选择 A，也就是更多的是选择冒风险。

于是在大量实验的基础上，卡尼曼等人提出了前景理论，用简单的图形表示如下（见图 10—1）。

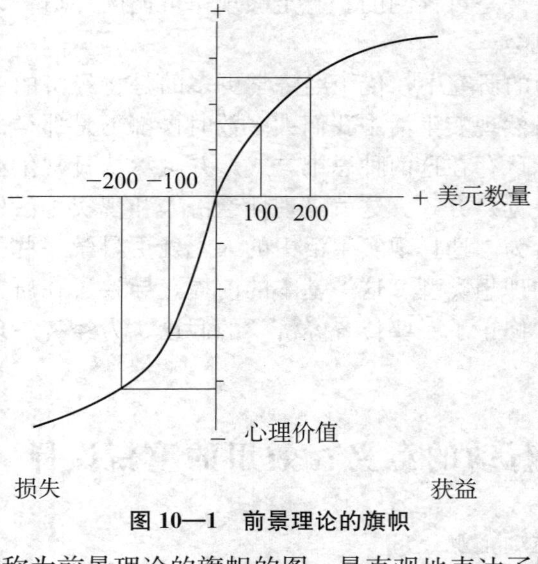


**图 10—1 前景理论的旗帜**

这幅被卡尼曼称为前景理论的旗帜的图，最直观地表达了风险厌恶的一般趋势，而在现实生活中，大部分时候面临的选择都是喜忧参半的，那么我们在面临得失的时候，就势必不符合期望效用理论。具体来说，可能存在下列一些现象：

(1) 禀赋效应。市场的力量并不能对那些使用某件物品的所有者（卖家）发挥作用。也就是说，人们对自己拥有的东西，如果要出售的话，其定价往往远远高于市场的价格。因为根据损失厌恶的倾向，放弃一件属于自己的东西，造成的痛苦很大，所以相对定价就很高。哪怕这种拥有只是很短的时间，也会有这样的倾向。一个实验是这样做的：将实验对象随机分为三类：卖方，可以得到一个印有自己大学校徽的杯子（当时的市值是 6 美元），并以自己愿意的价格出售；自由选择者，或者选择得到一个杯子，或者选择得到一笔自认为与杯子价值相当的钱；买方，需要用自己的钱去购买他人手中的杯子。实验结果是：卖方的平均出价是 7.12 美元，选择者平均 3.12 美元，买方平均出价 2.87 美元。人们在放弃自己拥有的东西时的不情愿，就像婴儿看见自己的玩具被拿走一样。

当然，禀赋效应有一个附加条件，那就是这里的物品是指拥有者不是用来交易的物品，如果是专门用来交易的物品，则不具有禀赋效应。这一效应虽然不具有普遍性，但生活中确实到处存在，可以解释很多经济心理现象，比如一些收藏品的价格不断攀升，赔偿损失的纠纷中双方很难达成一致等。而要克服禀赋效应，就需要将所有的物品视为商品，视为流通中的物品，也就是像商人那样思考。

(2) 参照点与损失估计。既然人们对损失更敏感，那么选择何处作为收益与损失的临界点就很重要，上述禀赋效应是将现状作为零点，事实上将来的目标也可能成为参照点，没有实现目标就是损失，超过目标就是收益，人们对没有实现目标的损失的厌恶，比想要超过目标的愿望更为强烈。人们通常设定一些短期目标，然后努力去实现，但并不一定要去超越，人们在实现一个短期目标后往往不再那么努力了，而这样做可能是违背经济逻辑的。典型的例子是费孝通讲述的昆明人力车夫的干活方式，客源多的时候，价格上扬，所以拉半天就不拉了，因为半天就可以赚到原来一整天才能赚到的钱数。而这种现象在现代的纽约居然也同样存在，纽约的计程车司机往往也给自己设定一个目标，一天赚多少钱，于是出现了下雨天一车难求，天气好的时候计程车又到处晃悠揽客、空烧汽油的情况（因为下雨天打车的人更多，司机们更早更快地就可以达到自己的目标）。而按照理性经济人的行为方式，应该选择天气好的时候多休息，下雨天尽量多工作。

参照点的选择与损失的估算直接相关，这也就可以考察各种经济现象，比如公司降低员工的工资公平吗？商人涨价合理吗？公平问题很大程度上是人们对利益进行衡量的时候，选择的参照点是什么的问题。进一步而言，研究显示，当事人面临不公平而进行反抗时，很容易引起无关人员的同情，从而出现群体性利他惩罚，相反，我们的头脑在奖赏无私慷慨的行为时，并不像在惩罚自私吝啬行为时那样实在，这又属于得失之间的不对称。这也就可以理解为什么我们社会中对于慷慨的英雄行为难以形成确实的认同，而对于不公平的事情则很容易形成激烈的群体性事件。

（3）可能性效应与确定性效应。卡尼曼等人的研究发现，人们对小概率事件的重视程度超过实际应该重视的程度，而对几乎肯定的大概率事件的重视程度小于应该重视的程度，前者称之为可能性效应，后者称之为确定性效应。他们专门研究了不同概率在人们决策中的权重（见表 10—1）。

**表 10—1　　客观概率与主观决策权重**

| 可能性（%） | 0 | 1 | 2 | 5 | 10 | 20 | 50 | 80 | 90 | 95 | 98 | 99 | 100 |
|---|---|---|---|---|---|---|---|---|---|---|---|---|---|
| 决策权重 | 0 | 5.5 | 8.1 | 13.2 | 18.6 | 26.1 | 42.1 | 60.1 | 71.2 | 79.3 | 87.1 | 91.2 | 100 |

很显然，对小概率事件的权重远远超过了客观的概率。实际上，更小的概率更容易被赋予不恰当的决策权重，所以人们对彩票才会那样趋之若鹜；而几乎肯定的大概率事件往往被赋予的决策权重又明显偏低，这大概是因为人们对很有把握的事情也要额外付出一些代价以求万无一失。而在现实生活中，绝对肯定或者否定的事情往往比较少，这就意味着我们的行为选择存在很大的举措失宜的可能。

结合上述损失厌恶，卡尼曼等人进一步提出了人们在现实经济选择中的四种偏好模式（见图 10—2）。

| | 获益 | 损失 |
|---|---|---|
| 大概率事件<br>确定性效应 | 95%赢得10 000美元<br>害怕失败<br>风险回避<br>接受于己不利的解决方式 | 95%损失10 000美元<br>希望避免损失<br>冒险<br>拒绝于己有利的解决方式 |
| 小概率事件<br>可能性效应 | 5%赢得10 000美元<br>期待大赢<br>冒险<br>拒绝于己有利的解决方式 | 5%损失10 000美元<br>害怕巨大损失<br>风险回避<br>接受于己不利的解决方式 |

**图 10—2　四种偏好模式**

左上角讨论的是人们觉得未来将获得一大笔收益时，会选择风险回避，愿意接受比预期值少的确定收益，以保万无一失；左下角讨论的是典型的彩票购买行为，彩头越大，人们越是趋之若骛，而忽略概率很小这一事实，手中有彩票，心中就充满希望，这也说明不切实际的梦想，往往是需要代价的；右下角讨论的是典型的保险购买行为，人们愿意支付比期望价值更高的价格买个“心里踏实”，保险公司就是利用这种溢价来赚取利润的，所以有句话说，卖保险的都是有钱的人，买保险的都是没钱的人；右上角讨论的是人类的一种不幸处境，即面临一些都不好的选择的时候，我们往往会孤注一掷，宁愿选择几乎肯定会使事情更糟的选择，以求换取避免损失的渺茫希望。

## 三、重估人类的能力：经济心理的深层研究

随着科技的发展，人类对于自己的信心确实是越来越强了，但是，只要涉及决策，就是面向未来的，我们在做出决策时，往往都是信心满满的，无论是普通人在日常生活中，还是专业人员在他们的专业领域中，都有一种“世界在我的掌控之中”的感觉。从西蒙开始，就反复提出这个问题：我们反躬自问，是否真具有这样的能力呢？虽然这个问题具有冒犯人类尊严的嫌疑，但确实是一个非常重要的问题，西蒙给出的答案是人类只具有有限理性，尤其是在信息搜集上不完备，在信息处理上不能全盘考虑，在时间上只能一时考虑一事。最近的很多研究都表明，实际上我们确实不具有这样的能力，至少是在很多领域、很多时候不具有这样的能力。

1. 过分自信

心理学家和行为经济学家通过很多实验，证明人们通常都具有过分自信的倾向，夸大自己控制事物的能力。比如，当被问及自己的驾驶水平属于“高于平均水平、平均水平、低于平均水平”时，82%的大学生选择了“高于平均水平”，而在校园外的调查，这一比例达到90%。同样，投资者对自己所选股票的收益预期，高于市场平均水平。不仅一般人士如此，专业人士往往也容易高估自己的能力，比如投资顾问、市场分析师、规划人员等。

实际上，很多行业的预测是很难的，比如股票投资。卡尼曼受华尔街一家投资公司的邀请，对该投资公司的25位高级投资顾问进行分析，但分析出的结果是，他们的业绩与他们的技能全然没有关系，也就是他们的投资行为近乎抛硬币，全靠随机规律支配。进而发现，虽然这些专业人士也认为自己的业绩没有太大的规律可循，但都否认自己是在靠运气赚钱。所以卡尼曼认为，某些专业领域中形成了过分自信的专业文化背景。

过分自信的原因，主要是将后见之明与预测能力混为一谈。联想作用在于使我们将很多不连贯的事情串在一起，形成一个有意义的世界。对尚未发生的事情，我们在所知甚少或者才见端倪时，就很容易构建出一个连贯的故事，并赋予其意义，但这都是建立在我们最大限度地忽略自己的无知的基础之上的。当一件出乎意料的事情发生时，我们会立即调整自己的世界观以适应这一意外，而将这种调整理解为自己对此事件的预知。一个事件越是不平常，越是出乎人们的意料，就越是让人们有后见之明，比如重大的灾难发生，非凡成就的取得，都容易使人从中发现问题出在哪里，或者成功的英明在何处。这样就催生了很多貌似很内行的人来解说成败的关键，典型的就是商学院的英雄崇拜（如事后将比尔·盖茨作为经典案例进行分析），并以出售英雄为业（号称可以在得失学习中造就英雄）。但这也自然将某些需要作出重要决策的人群置于严峻的考验之下，比如医生、投资顾问、球队教练、

执行总裁、社工、外交家、政治家等，这些人实际上是在代人作决策。由于后见之明的偏见，人们也就将成败全归结到他们身上。比如我们的医患纠纷，就导致医生采取多做检查、多请专家会诊、采取保守疗法等，这与其说是为了病人，还不如说是为了保全医生自己。这是将医疗结果完全与医生技能挂钩的负面影响。这样，我们对于这些行业的从业人员的失败与成功，就应该有一个更为恰当的重新评估。

2. 规划谬误

人们在对某一项目进行规划时，总是不切实际地想接近理想状态，而这种规划本身是可以通过参照同类项目的执行情况而更切合实际的，但现实生活中我们往往并不参照同类项目，或者参照了，还是做出糟糕的选择。小到家庭装修，大到国家的宏大项目，都存在这种规划谬误。比如，一项调查显示，美国家庭对厨房改造费用的平均预估值是 18 658 美元，而实际上最终的平均花费是 38 769 美元。再如，通过对 1969—1998 年全球范围的铁路项目进行评估，超过 90％的项目都高估了新线路的乘客数量，设计者对新项目的乘客量平均高估率达到 106％，平均成本超支 45％。而卡尼曼在以色列主持了一项心理学教育计划，当计划实施一年时，他组织专家组座谈，让他们预估一下完成该计划所需要的时间，结果平均预期为 2 年，短的 1.5 年，长的 2.5 年。然后他问专家组的核心成员，其他类似的项目一般都需要多长时间，该成员尴尬地告知，其他类似项目没有完成任务的占 40％，而时间都在 7～10 年。当再次被问及本课题的专家组成员的水平时，该核心成员说在平均水平以下。可见，我们做规划时往往并不参照类似的案例，更为关键的是，卡尼曼这个小组在得知上述信息的情况下，还是没有放弃该项目，导致最终他们花了 8 年才完成，而此时以色列政府已经没有兴趣实施他们的成果了，实际上也就是最终失败了，用卡尼曼的总结来说：我们选择了非理性坚持，没有终止那个项目，我们因事业心而丢掉了理性。

3. 竞争忽略

由于人的注意力的有限性，往往只关注自己想做的和能做的，却忽视了他人的计划和技能，加利福尼亚理工大学的凯莫勒将这种现象称为“竞争忽略”。在对企业家进行调查时发现，新成立的创新型公司的创办者们认为，自己与公司成功的关联度高于 80％，虽然新公司的成绩更多取决于竞争者、市场变化等。这解释了很多同类项目扎堆上马、电影大片扎堆上映的现象，即使大家旗鼓相当，平均下来，结果还是亏损。

克莱恩认为，克服乐观偏见与过度自信的最好方法，就是他称之为“事前验尸”的方法，即一个组织将要做出一个重要决策但还没有正式下达决议时，召集对此决策熟悉的人开一个简短的会议，在会议之前发表一个简短的演说：设想我们在一年以后的今天已经实施了现有计划，但结果惨败，请用 5～10 分钟的时间写下这次惨败的缘由。当然，我们在群体心理中讲的防止群体性思维的那些策略，应该也是同样有效的。

4. 心理账户

经济心理学的研究发现，日常生活中我们常常将自己的钱分门别类，相当于将钱存入不同的心理账户，比如这个是买汽车的，那个是还房贷的，那个是旅游的等等。这是因为日常思维中，人的大脑不习惯全盘综合考虑，通过这样简单的形式可以使事情得到控制，便于管理。因为眼见为实的原则更为常见地支配我们的思维，控制性思维需要付出努力，通常处于懒惰的状态。心理账户普遍存在于各个方面：比如经济心理学家称之为处置效应的股票交易偏好，即人们总是习惯卖出自己的盈利股、保留亏损股，这是因为对自己买进的不同股票各自设立了心理账户；再如“沉没成本悖论”，即对当前更好的投资项目视而不见，却对亏损账户进行追加投资。

心理账户表明，我们通常情况下并不具有理性经济人的那种通盘考虑的能力，不同心理账户之间缺乏替代性，这对于经济学基本原理之一“人们面临交替关系”就是一个很大的讽刺，因为人们首先并不一定认识到各种替代选择，其次各种选择之间在心理上并不一定就是可以替代的。我们并不是在一个广阔的范围内搜索备选答案，有限的大脑难以达到逻辑一致性的理想状态。

# 第三节
# 中国人的经济心理

## 一、中国人经济心理的社会背景

虽然经济心理的社会背景主要属于经济社会学的研究内容，但为了更好地理解中国人的经济心理，我们需要对传统中国的基本社会背景有个简单介绍，毕竟，从外在环境的社会影响的角度来看，中国人的经济心理与其长期所处的历史环境有着密切的关系。

### (一) 农业经济

中国传统社会，甚至当今中国社会，在很大程度上都具有费孝通所说的乡土性质，而之所以具有这种乡土性质，关键在于中国传统社会是一个以农业占绝对优势的社会，中国传统文明在很大程度上就是农业文明的历史。在对土地和天气的依赖中，中国人的心理节奏便与自然的节奏之间形成一定的合拍，虽然不断地改造自然是人们生产生活实践中的常见现象，但顺应自然往往是更明智的选择。不管外在世界发生如何变化，“布谷屋檐唤早耕，农夫惊起多叹声”的节奏一直延续到清朝。而中原地区之广大，往往使中国人觉得这就是天下，即使还有域外之民，那也是不值一提的夷狄，并不是文明人，其主要原因就是没有农业文化。

农业的最大特点就是稳定，不可能随意迁徙，安土重迁的桑梓情结具有重要的价值，以至于将大量的人口牢牢吸附在土地上。在精耕细作的基础上，也确实创造出了灿烂的文明，以至于这种文明对周边的文明具有极大的吸引力，使周边的其他文明都为它所同化，正如费正清所指出的：无论哪一种文明成分，人种或文化的特征，一进入中国就全部与显然属于中国的生活方式融为一体，受到它的滋养、调节和限制。这也正是我们许多社会学和历史学研究所得出的结论，这就使得这种农业文化的影响范围无限扩大，成为人们的普遍生活方式。

自给自足的农业经济不仅在生活节奏上影响人们的基本经济心理，而且还因为其有限的眼界，导致人们的经济动机或需求维持在一个很低的水平上。1979年的诺贝尔经济学奖的获得者阿瑟·刘易斯就指出过，人们有限的眼界是限制人类想望财富的最大因素之一。①

长期稳定而恬淡的生活，本身无可厚非，但从经济的意义上来讲，势必存在目标单一、视野狭小、进取精神缺乏的不足，以及对急剧变迁的环境适应性差的问题。当然，这种稳定会随着环境的变迁而逐渐改变，但在适应过程中，难免会出现一些举措失当的现象。所以农业经济的背景，还会对中国人的经济心理具有一定的影响，虽然长远看来，随着全球化的进程加快，这种影响最终将逐渐消失。

## （二）差序格局

所谓差序格局是就中国社会的横向结构而言的，这是费孝通先生早年对中国社会横向结构的经典概括，即在个人与他人的关系上，是从自己出发，一圈一圈地往外推的，人际关系也随着愈往外推而愈不重要，最后推到很远的时候，就是无关痛痒的路人了。他认为这种人际关系与西方的团体格局存在很大的差异，也正是中国社会独特性的关键。

当然，按照儒家的说法，这种格局是可以由个人一直向外推出去的，最后推到家、国、天下，但从真实历史的意义上来看，中国人在向外推的过程中，始终没有真正推出去，往往最多也就是停留在家族的层面，至少绝大多数人是这样，于是家族或家庭在中国社会中具有非常突出的地位，所以，中国人的人际关系往往以家族的范围为主。这也就是说，重要的经济合作往往都以家族为界限，一般难以超越这一界限。自己人与外人的区分，导致中国人在经济行为中的一些特定的模式，也形成了一些独特的基本经济心理假设，尤其是后面我们将具体讨论的关于公与私的基本心理判断。

进一步而言，家族本身是一个具有可伸缩性的单位。当它拥有一个强大的核心时，可以将其范围无限扩大，这时强调共同的祖先占据优势，在这个意义上来说，家族本身并不具有规模上的限制；但同时还存在与规模扩大相反的过程——家族中“房”等观念很强，人们都希望为自己的后代着想，尤其是当这种观念占

① 参见［英］阿瑟·刘易斯：《经济增长理论》，28～32页，北京，商务印书馆，1999。

据优势时，必然面临与聚相反的过程——散。这一聚与散的动态变换，既是中国人现实经济生活中的事实，使他们对聚散做了足够的心理准备，也影响到他们在经济合作与冲突中的基本经济心理。

## （三）人口过剩

在一个注重家族的农业社会中，人口的快速增长是情理之中的事情，所以甚至还在战国时代，韩非就意识到了人口呈现几何级数增长的趋势，并已经充分认识到人口增长与生活资料增长之间的不协调。[①] 自此而后，到王充以至洪亮吉，甚至一直到马寅初，都认识到人口问题是中国的一个最重要的问题，人口的过度增长不仅影响到一般社会问题，而且对整个民族性格的形成都产生了深远的影响。[②] 而人口众多，生活资料有限导致的结果就是人口在有限的资源中竞争与淘汰。这样，一方面，生活资源的价值往往极其高昂，从经济学的角度来看，就是财富的重要性极其显著，相应地在人们心理上的位置极其靠前。另一方面，针对大多数人而言，资源的极其有限，使得一般人不可能从非常长远的角度来考虑经济活动的安排，预期时限相对就更短，“夏虫不可语冰”，难以对未来做一个长期的规划。这导致他们在资源的安排上，不可能游刃有余，“长袖善舞，多财善贾”的情形并不多见，对于风险往往非常敏感，缺乏创新，也是很自然的结果。而这两方面相结合——对财富的迫切期望与预期时限的相对短暂，也正积极参与了中国人基本经济心理结构的塑造（参见后面的进一步讨论）。

## （四）社会纵向结构

前面讲的差序格局是针对横向社会结构而言的，然而一个社会的纵向结构往往更具有塑造社会风尚与习惯的作用，往往决定了人们基本的价值观与生活方式，因为对上层社会生活方式的模仿与追求，永远是一个社会得以维持并得以发展的动力所在。

简单地说，自战国后期开始，中国社会是军阀与知识分子联合进行治理的社会，而这种联合在不同的时期有不同的特点。当一个朝代统治的时间比较长时，作为军阀的皇帝往往营造出一个合法继承大位的舆论，使得其军阀的性质不太明显，但当统治时间比较短时，尤其是频繁更替时，其军阀的性质就很明显了，如南北朝时期、五代十国时期。而作为知识分子的群体，差不多是以儒家为主的一个群体，但这个群体在不同时期也有不同的特点，这与选举制度的发展有密切的关系。秦汉时期，这一群体的成分比较复杂，并不是一个纯儒生的群体，只是汉

---

① “古者丈夫不耕，草木之实足食也；妇人不织，禽兽之皮足衣也。不事力而养足，人民少而财有余，故民不争。是以厚赏不行，重罚不用，而民自治。今人有五子不为多，子又有五子，大父未死而有二十五孙，是以人民众而货财寡，事力劳而供养薄，故民争，虽倍赏累罚而不免于乱。”（《韩非子·五蠹》）

② 国内的如潘光旦等人，就认为人口的过分增长导致了中国人口品质在私自与公益的维度上发生了逆向淘汰，即自私的人越来越多；国外的如 E. 亨廷顿（Ellsworth Huntington）认为，中国国民性格形成的主要原因在于人口基于食品不足的自然选择结果。

武以后，儒生的地位开始上升，发展到东汉时期，已经开始形成一个封闭的做官的知识分子群体，即士族；但随着隋唐科举制度的发展，这种封闭的状态开始发生变化，虽然科举制度的社会流动功能并没有想象的那样有效[①]，但总给了社会上一般读书人一些希望，尤其是从北宋开始文人地位的上升，使得科举真正成为一些人的职业，知识分子也正式成为四民之一的士，真正成为最受人尊重的一种职业。从此凡是在这种职业中混到一个功名的人，无论是做了官僚还是没有做官僚，都具备了一种特殊的身份，这就是费孝通先生所说的，“绅士是士，官僚是大夫。士大夫联合成中国传统社会结构中的一个重要层次，就是到现在还是如此”[②]。

当士大夫阶级成为社会上最受尊敬的阶级时，人们只要稍有余力，都会把心思花在做那无涯的状元梦上，“万般皆下品，唯有读书高”，读书具备了很高的社会价值，社会资源的配置就倾向于举业了，因为举业往往直接与权力联系在一起，它本身就可以带来财富。所以正是在这个意义上，很多学者认为，在中国的传统中，“经济人”最有利的做法不是增加生产，而是从已经生产出来的财富中增加他自己取得的份额。而商人在财富上的地位使得士大夫的地位受到威胁，所以商人始终被占了舆论优势的士大夫斥为四民之末。一方面，一些重要商品被国家所垄断，既增加国库的收入，也打击了商人；另一方面，商人要依附于士大夫阶层才能使自己的财富有安全的保证。所以费正清说：“绅士家庭最好的保障并不仅在于依靠占有土地，而是依靠土地所有权和官吏特权的联合。家庭财产本身并不是一种保障，但是家庭成员中的官吏能够保护绅士家庭。”[③] 所以财富或者说代表财富的商人，并没有在中国获得其自主性的地位，真正的民间资本甚至民间社会没有形成。

## 二、中国人的基本经济观念

正如前面所说的，一些具体的经济心理现象，一般都有其潜在的基本经济心理假设，这些习以为常的基本经济心理假设是具体经济行为与心理过程的基础。而对于“利”的基本态度构成了这些基本观念的核心。

### （一）预期时限与理性的不同类型

以一个实际的例子来说明这个问题：东南亚地区的气候使得当地的农民很依赖于雨水，风调雨顺则丰收，雨水不均匀则歉收，本地的地主一般都采取分成地租的形式收税。在殖民者来到这里以后，不满意每年税收的多寡不一，于是采取

---

① 根据费孝通先生的考察，这种流动作用很有限，事实上存在城乡之间、门第之间的巨大差异。参见费孝通：《科举与社会流动》，见《费孝通文集（1947—1948）》，第5卷，北京，群言出版社，1999。

② 费孝通：《皇权与绅权》，见《费孝通文集（1947—1948）》，第5卷。

③ ［美］费正清：《美国与中国》，71页，北京，商务印书馆，1971。

固定地租的形式，而税率的确定，是根据以往多年的征收水平而取平均值，甚至略低于平均值。照理说，这应该不会有太大的区别，但事实是最终导致大规模的农民起义，而抗议的就是这种固定地租的形式。为什么会有这种结果？原来农民基本都生活在贫困线上，他们不能容忍歉收年份的状况，因为采取固定地租的形式，歉收时交了租以后就所剩无几了，这样就完全不可能维持一年的生计，所以他们宁愿采取分成地租的形式，虽然这样意味着丰收的年份要交更多的地租。①

这就说明，面对未来究竟做出什么样的选择才是理性的，在很大程度上取决于我们从多远的未来考虑问题，正如上面地租的例子一样，如果从未来 20 年甚至 30 年考虑，固定地租确实没有什么不好，但若只从未来一年来考虑，则面临很大的风险，所以我们既可以说这些农民目光短浅，也可以说他们很保守，一点风险也不敢冒。但这种指摘是没有用的，因为所有的人都必须考虑生存的问题（现在也包括企业主体），不能因为未来有美好的前景就不顾眼前是否能够渡过难关，区别仅仅在于不同的人可能“生存线”不一样，导致目光短浅或保守的程度有差别，这也就是通常所谓的“长袖善舞，多财善贾”。

而究竟以多远的未来来考虑问题，既与客观的条件约束有关，也与人们的主观心理倾向有关。从客观条件的约束来说，正如前面所分析的，中国在人口过剩的压力下，很少能够以长远的打算来规划生活，中国人的生活与东南亚那些农民的生活状况没有什么区别，也正因为如此，彭尼·凯恩（P. Kane）才提出了中国人生活状况的“水齐脖子理论”，即认为中国农村人口就像一个人长久地站在齐脖深的河水中，只要涌来一阵细浪，就会陷入灭顶之灾。长期客观条件的约束，也可以造成心理上的习惯性反应，从而成为一种相对稳定的心理模式。当然，可能还有其他的条件也影响到主观心理预期的时限。所以理性首先都是适应性的理性，只有当人们在一定程度上超越客观条件的约束，做出大胆的、具有风险性的选择时，才可能存在某种程度上的所谓改造性的理性，两者之间只是程度上的区分，没有绝对的界限。② 但程度上的差异也确实能够导致不同群体的基本经济心理及经济生活的规划。

## （二）中国人对未来的看法

人们对未来的根本看法往往决定了他们安排生活的基本方向，即什么是重要的，什么是不太重要的，以及以什么样的方式来获得重要的东西。中国人对未来的看法在思想上主要受到儒、释、道的影响，其中儒家的影响尤其显著。

儒家对未来采取的基本态度可以说是回避的态度，也就是承认未来世界的不确定性。孔子对未来的基本态度首先是“未知生，焉知死”（《论语·先进》），对

① 参见［美］詹姆斯·C·斯科特：《农民的道义经济学——东南亚的反叛与生存》，南京，译林出版社，2001。

② 马克斯·韦伯就对中国人和西方人做了这样的绝对区分，即认为中国人的理性是适应性的理性，而欧洲的理性是改造性的理性。当然，这可能只是他的一对“理想类型”，是可以理解的。参见［德］马克斯·韦伯：《儒教与道教》，280～300 页。

未来采取避而不谈的策略，实在不得已则坚持“死生有命，富贵在天”（《论语·颜渊》）的说法，也就是说，对未来还是不确定。但他同时强调，虽然个人自身范围以外的富贵穷通自己把握不了，但个人自身之内的道德完善，却完全可以由自己控制，不仅可以自己控制，而且是没有止境的，具有无限的可挖掘空间。所以虽然《大学》提出三纲八目的完人理想，但实际上更多的只关注前四目，即修身的部分，对于后四目，往往稍有留心，就被视为法家，以为不可。既然只有道德修养可以由自己控制，富贵穷通不能自己控制，那么就在心理上减弱了经济行为与经济结果之间的关联度，缺少这种关联度，就导致经济动机的缺乏。所以虽然孔子有“富而可求也，虽执鞭之士，吾亦为之”（《论语·述而》），但因为有一个前提，即富不可求，使得以行动求富的动机不强，以至于后来的儒家一涉及钱粮，就被冠以聚敛之臣、言利之臣的帽子，从汉代的盐铁会议，到王安石的变法，到东林派的空论，甚至到清末的维新运动，都是如此。

儒家中不仅仅孔子坚持这样的观点，后来的儒家大都坚持这样的观点。如在孟子看来，人力不仅不可改变命运，而且还不可预先知之。命运是一种超自然的力量，是神秘的，非人格性的，并认为命运不可改变。“行或使之，止或尼之。行、止，非人所能也。吾之不遇鲁侯，天也。臧氏之子，焉能使予不遇哉?”（《孟子·梁惠王下》）同时孟子也认为，即使是命运也不能控制人的意志和行为，当然这里的意志和行为主要是指加强个人道德修养的意志和行为。再往后，如王充也是持同样看法，到了宋明道学，更是在个人内在的修养上下功夫，即“圣希天，贤希圣，士希贤”（周敦颐：《通书·志学》）的过程。虽然汉代出现天人感应之说，但那只是团体或王朝层面上，而不是个人层面上的，并且一到魏晋时期，人们在王朝层面上对道德定命失去信心，从而转向道家一贯坚持的盲目命运观，在命论方面，魏晋思想家的观点与道家同。唐宋以后，儒家的命运观又恢复到先秦时期，即孔、孟的观点上来。而在实现“完人”或“君子”的理想过程中，自然会有一种副产品，那就是“孔颜乐处”，这就是儒家所追求的一种乐境，就像基督的天堂、佛教的极乐世界、道家的洞天福地一样，只不过“孔颜乐处”并不是一种可以直接追求的目标，而只是一种自然的副产品。

所以儒家对未来的看法就持完全不确定的态度，当然这从认知上来说是最客观的判断，毕竟，对于未来如何，确实是不确定的，也正因为如此，韦伯说儒家实际上是最理性的，没有其他任何宗教的观念有儒家这么理性，中国的学者认为中国思想属于早熟，也就是说在春秋战国时期就达到了一种很理性的程度。我们一般把这种理性称为实用理性，李泽厚先生对实用理性的描述比较形象：“使情感一般不越出人际界限而狂暴倾泻，理智一般也不越出经验界限而自由翱翔。……也排除了反理性主义的泛滥。它以儒家思想为基础构成了一种性格—思维模式，使中国民族获得和继承着一种清醒冷静而又温情脉脉的中庸心理：不狂暴，不玄想，贵领悟，轻逻辑，重经验，好历史，以服务于现实生活，保持现有的有机系统的和谐稳定为目标，珍视人际，讲求关系，反对冒险，轻视创新……”[①] 可以说，实用理性是中国人经济心理的基本前提。

而佛教的基本方法就是“止观”，认为一切事物时时刻刻都在生灭之中，都是靠缘，缘聚则生，缘离则灭，进而认为一切事物都是虚幻的，不足留恋也不值得追求，具体到人生来说，就是轮回的周转，所以要真正达到“极乐世界”，只有跳出这种轮回，完全走出世的路子。虽然这种思想与儒家思想格格不入，但出于各种原因在中国还是具有一定的影响，尤其是在民间生活的层面上，因果报应的观念具有持久的影响。但无论是宏观层面上对“空”的追求，还是生活层面上对“因果报应”的在意，都缺乏对“利”的追求的肯定。

以老庄为代表的道家思想主要是无为，淡泊名利，魏晋玄学发展了道家中不要珍视自己身体的传统，而神仙家则发展了要珍视自己身体的传统，追求长生不老，这就是道教。道教的进一步发展，就产生了大量的巫术性质的东西，这些巫术都以直接满足人们的某种需要作为出发点。这样，道家分化为一是表现为淡泊名利的隐士，二是表现为以非理性的手段追求名利的术士。但两者的共同之处是都没有促进一种对“利”的理想的追求。

所以中国人对未来要么持一种完全不确定的看法，要么以急功近利的方法断定未来是确定的，而且可以通过一定的手段进行改变。对未来完全持不确定的看法，在规划生活时就很难从长远的目标来进行，一般只放在此生的范围内，即使是此生的范围，往往也还是不确定，这样就导致更加缺乏规划的长远性，甚至产生人生如梦、及时行乐、得过且过的情形，所谓“功名富贵无凭据，费尽心情，总把流光误”（《儒林外史》）、“是非成败转头空。青山依旧在，几度夕阳红。白发渔樵江渚上，惯看秋月春风。一壶浊酒喜相逢。古今多少事，都付笑谈中”（《三国演义》）、“兴亡如脆柳，身世类虚舟。……不如且复掌中杯，再听取新声曲度”（《水浒传》）、“……甚荒唐，到头来都是为他人作嫁衣裳”（《红楼梦》）等，成为人们所欣赏的一种高的境界。当然，这种境界往往也是人们对所追求的名利未能如愿时所产生的一种心理反应，毕竟，在对名利急功近利的追逐中，总是要有人遭遇失败的。所以，一般来说，基于中国人通常对未来的上述看法，容易表现为两种极端的取向：急功近利与淡泊名利。当然，两者之间可能也存在某种关系，比如说急功近利往往容易受到挫折，遭遇挫折后转而走向淡泊名利。

## （三）实用理性与“利”的价值

实用理性更具有适应性的倾向，而不是更倾向于改造环境。前者将人自身的价值赋予重要的意义，而外在环境的价值仅仅具有工具的价值，都是提升自己人格品质的手段，都为我所用；后者虽然在最终的意义上也是为了自身价值的提高，但它将改造外在环境当作一个很高的目标，以至于人成为达成这一目标的工

---

① 李泽厚：《中国古代思想史论》，上册，307～310页，合肥，安徽文艺出版社，1999。

具。这种区别也就是韦伯所说的：“没有什么比‘天职’思想更同儒教的高尚理想相抵牾的了。‘君子’是美学价值。因此也不是某位神之‘器’。真正的基督徒，完全的禁欲主义者——不管是出世的还是入世的，则舍此别无他求，因为他的尊严正在于此，因为他正想成为一种理性地改造世界和把握世界的有用的工具。”①

所以在中国人的心理空间中，基本上认为“利”的价值不如“人格”的价值高，如沙莲香20世纪80年代末关于中国人民族性格的问卷调查揭示，有超过70%的人认为人品与知识应该是人生价值中最重要的东西，而只有差不多3%的人认为金钱应该是人生价值中最重要的东西。② 但在现实生活中，“利”的重要性又是不能真正被忽视的，尤其是在一个匮乏的社会中，更是如此。所以虽然从汉代开始就一再打击商人，但商人始终并未真正位列四民之末。同样是在沙莲香的问卷调查中发现，在实际生活中，人们认为他人在人生价值选择上，以人品和知识为最重要的，就下降到16%，而以金钱为最重要的上升到32%，加上以地位为最重要的比例，差不多就到了57%。沙莲香将这种名实的分离解释为自己与他人、应有与实际的差异。中国人对于义利的这种名实分离，实际上也正体现了中国人在实际行动中对利的非常重视。反过来说，对义的名义上的重视，反衬出义的行为的稀少，因为现实中我们对越是稀少的东西，越是在名义上赋予更高的价值。③

这种矛盾的价值观，体现了理想与现实之间的冲突。但这种冲突只有在两者之间出现完全的不协调时才会感受到。一般情况下，人们拥有了理想中的“名”，往往也相应地拥有“利”，或者拥有“利”以后，通过特定的手段而获得“名”，这在中国并不罕见。但有一点是肯定的，那就是财富并不是最终的目的，相应，对财富的追求本身也不能成为一种事业。

## 三、派生出的具体经济心理现象

### （一）中国人的消费原则——量入为出

很多国外的研究都认为，中华民族是一个节俭的民族，人们都以极端的节俭态度应付未来。但这只看到问题的表面，因为他们所考察的中国基本上都是半个世纪以前的中国，当时绝大部分中国人都处于贫困线上下，节俭是无奈之举。只要对各阶层的人进行考察，就可以发现，中国人消费的基本原则是量入为出，对于富有的人来说，量入为出意味着一掷千金、仆从成群，对于穷人来说，就是节俭度日了。

不仅作为当事人的消费者遵循着量入为出的原则，而且社会规范也约束着人

① ［德］马克斯·韦伯：《儒教与道教》，300页。

②③ 参见沙莲香：《中国民族性》（二），119～128页，北京，中国人民大学出版社，2012。

们，认为应该量入为出，人们通常认为同样数额的金钱对于富人和穷人的意义是不一样的，对于同样的服务或物品，富人所支付的往往比穷人更多。如中国的人类学研究表明，占有财富越多的人，他的仪礼的色彩也越重，反过来说，拥有大量文化资本的人又是经济资本的最大消耗者。所以，财富的富有者同时又必须是财富的最大牺牲者（二律背反）。[①]

## （二）投资倾向——保守与激进并存

一些关于中国民族性的研究与议论，往往有这样的矛盾看法：一方面认为中国人是保守的民族，另一方面又认为中国人是爱赌的民族，并且两种观点都有事实做依据。很显然，保守与爱赌是相矛盾的，真正保守的人不可能具有赌徒性格，赌徒也根本不具备多少保守的人格特质。这一矛盾的论述，也正反映了中国人在投资倾向上的两种趋势的并存，即保守与激进的并存。在此范畴上，真正的中庸人格应该是现代经济生活中的理性经济人，但中国人在这一范畴上很少具备真正的中庸人格。

任何投资都是冲着未来的收益的，但未来的收益在客观上是不确定的，投资倾向既受投资动机——人们对利的态度——的影响，又受到他们对未来预期的影响。当动机相当时，人们对预期收益的可能性判断对行为的选择具有重要意义。中国人既受到现实经济条件的约束，又受到以儒家为主的“未来不可预期”的传统观念的约束，导致大部分人都追求“万无一失”的选择。但一些极贫或极富者，往往对经济条件的约束不敏感，如果进而受到不确定性后果中机遇的激励，则往往容易采取冒风险的选择，只是在这些冒险者中，认识水平是不一样的，认识水平高的，容易产生出一些具有现代企业家精神的品质，典型的是徽商、晋商，认识水平不高的，则采取简单的冒险形式，如各种博彩。

## （三）信任问题——有限的范围

基于差序格局的横向社会结构，中国人对他人的信任是有限的，信任的范围主要局限于家庭，或者在此基础上有一些向外的扩展，如家族、乡党等，于是在经济关系中存在很多以家庭、家族、乡党为基础的特殊现象。这样有限的信任，一方面使得经济组织的规模难以扩大（对此，福山有大量的数据加以支持），因为规模的扩大意味着突破熟人的圈子，意味着向现代科层制组织过渡，走向对事不对人的运作方式，而这正是中国人在心理上难以逾越的一个障碍，所以中国真正的民营企业很难完成这种过渡，并且难以维持经济组织的长期延续性。[②] 另一方面，在已有的经济组织中，信任的缺乏，导致监督成本的大大提高，现实社会经济生活中存在的大量不经济的现象，大都与此有关。

---

① 参见罗红光：《道德灵魂的交换——中国北方农村围绕财富的仪礼化分析》，见周星、王铭铭主编：《社会文化人类学讲演集》，下册，689～705页，天津，天津人民出版社，1997。

② 参见［美］弗兰西斯·福山：《信任——社会道德与繁荣的创造》，84～114页，呼和浩特，远方出版社，1998。

## （四）工作中的经济心理——敬业的问题

部分国人存在这样的情况：既然名或者利才是最终目的，那么对于得到名利的手段往往就不会考虑太多，甚至不去考虑手段的问题。具体到工作中，往往只把工作当作一种获得名利的手段，难以把工作真正当作一项事业，于是也就难免在工作中心存侥幸心理，能混则混。笔者在互联网上做了一个调查，题目是“说一句你在职场最深刻的认识”，结果在 8 个月的时间内有 4 万多人浏览了该帖子，回复的超过 1 000 人，根据笔者的统计，其中有超过 80%的人说的都是如何在单位混过上司，获得好评，进而相应地获得好的职务或工资的提升，而体会最深的是把本职工作做好、做踏实的，占的比例不超过 5%。而以认真的态度对待工作，往往还被视为不懂人情世故的人，就是翟学伟所谓的“有脸、无面子”的类型。所以许地山先生在对中国的扶箕迷信进行比较系统的研究后，得出结论：“许多扶箕故事都是反映了我们民族的道德行为与社会政治生活的。士子学未成便要问前程，临考试又想侥幸地预知题目，弄到他日出来做事的时候，遇事存侥幸心，到不可开交时，又推给命运。”① 所以在工作中缺乏敬业精神，可以说是工作中的基本经济心理。

## （五）经济心理的病理学

在这一范畴上，中国人最大的问题就是公私的经济心理问题，即中国人对待公私利益的基本态度问题。就现实生活中表现出来的情形看，贪污成风、揩油成自然、公共精神的缺乏等，都有一个基本的心理前提假设：公共的东西就是没有所有者的东西，没有所有者的东西就是任何人都可以随便占有的东西。于是对于公共物品，要么是先据为己有而后快，要么是糟蹋而后快。这一基本的心理定向，使我们在经济生活中必须注意公私问题的妥善安排，忽视这一倾向往往导致经济活动的失败。

中国人的经济心理是否会随着全球化的过程而同一化，或者说这种特殊性的一面是否会在全球化过程中保持下去？这是一个现实而又有意义的问题，需要做进一步的实证研究，但有一点似乎是肯定的，那就是国际化的影响并不如表面上那样深刻。

**本章要点**

1. 所谓经济心理，就是经济行为的心理准备状态及对经济活动的主观体验，在现实生活中表现为经济行为的动力与阻力。

2. 经济心理学的诞生是以塔尔德的《经济心理学》为标志的，但在此前后有很多经济学、社会学甚至哲学的启发，如亚当·斯密、马克斯·韦伯、帕累托等。经济心理学至考托瑙、迪希特等人而得到一个大的发展，尤其是到《经济心理学杂志》的创立时影响更大。当代的经济心理学研究，一方面以《经济心理学

① 许地山：《扶箕迷信的研究》，117 页，北京，商务印书馆，1999。

杂志》为中心，另一方面以西蒙所开创的以认知、决策为传统的美国式的研究，当前以卡尼曼等为核心。

3. 经济心理学研究的主要主题有：经济心理的背景——基本经济观念的研究、决策问题——经济心理的认知研究、信任——经济制度的心理基础研究、创新——企业家精神的经济心理分析、消费者心理学、经济心理病理学等。

4. 经济心理学的前沿研究，以美国阿莫斯、卡尼曼、凯莫勒等为中心，形成了一个蔚为壮观的研究队伍，很多研究成果得到了心理学和经济学领域的认可，甚至对相关社会科学都产生了深远的影响。总体来说，在延续西蒙的研究思路的基础上，将人们的思维分为日常思维和控制性思维两大类，进而以研究日常思维为主，因为现实生活中的人更多的是以日常思维的方式从事经济活动。首先从得与失的角度重新诠释了效用的概念，并揭示了禀赋效应、参照点依赖、确定性效应和可能性效应等一般倾向；其次从重估人类的能力的角度，研究了过分自信、规划谬误、竞争忽略、心理账户等问题。

5. 中国人经济心理的特殊性首先在于其特殊的社会背景，如悠久的农业文明、社会横向结构的差序格局、人口的过剩、以士大夫为首的社会纵向结构等。

6. 中国人的基本经济观念首先主要在于预期时限的问题，中国以儒家为主的思想影响了人们对未来的看法，认为未来的富贵穷通完全是不确定的，可以确定的只有自身修养的提高，由此发展出来的就是“君子理想”，但“君子理想”与现实生活的张力使得这一理想走向表面化、虚伪化，从而导致在名与利上的名实分离，最终在经济利益的追求上纯粹采取一种实用的态度，只重结果，不重过程。对经济的追求乃至一切职业的追求，都不能成为一种事业，而只能是一种手段。

7. 在这样的基本经济观念的影响下，形成了一些具有中国特色的经济心理与经济现象，如消费上的对量入为出原则的遵循、投资倾向中的保守与激进并存、有限的信任范围、工作中敬业精神的缺乏，以及贪污和揩油等缺乏公共精神的基本心理。

**基本概念**

经济心理　决策　经济观念　差序格局　名利　信任　企业家精神　消费者心理学　经济心理病理学　君子理想

**复习思考题**

1. 如何理解经济心理的概念？
2. 简述经济心理学发展的历程。
3. 经济心理学主要研究哪些主题？
4. 简述中国人经济心理的社会背景。
5. 阐述中国人的基本经济观念。
6. 举例说明中国人的一些特殊经济心理现象。

**推荐阅读书目**

［法］保罗·阿尔布．经济心理学．上海：上海译文出版社，1992.

［美］赫伯特·西蒙．现代决策理论的基石．北京：北京经济学院出版社，1989.

杨国枢．中国人的心理与行为：本土化研究．北京：中国人民大学出版社，2004.

沙莲香．中国民族性．二．北京：中国人民大学出版社，2012.

［美］约翰·诺夫辛格．投资心理学．北京：北京大学出版社，2005.

［德］卫礼贤．中国心灵．北京：国际文化出版公司，1998.

［美］弗兰西斯·福山．信任——社会道德与繁荣的创造．呼和浩特：远方出版社，1998.

［德］马克斯·韦伯．儒教与道教．北京：商务印书馆，1995.

［美］西托夫斯基．无快乐的经济：人类获得满足的心理学．北京：中国人民大学出版社，2008.

［美］丹尼尔·卡尼曼．思考，快与慢．北京：中信出版社，2012.

王登峰，崔红．解读中国人的人格．北京：社会科学文献出版社，2005.

Kahneman D. Judgment under uncertainty：Heuristics and biases. New York：Cambridge University Press，1982.

Kahneman D，Tversky A，eds. Choices，values and frames. New York：Cambrige University Press and the Russell Sage Foundation，2000.

# 第十一章

# 宗教心理

宗教是一种极其古老而又普遍的社会现象，宗教的存在和发展有着深刻的社会根源和心理根源。宗教心理学就是运用心理学的理论和方法来描述、探究及理解人类的宗教活动及其行为表征的一门学科。宗教心理的研究内容包括宗教意识的内容和结构，宗教情感的特点，宗教在个人和社会精神生活中的心理功能，以及信徒的融汇宗教体验、宗教感情和宗教意志的宗教信仰心理状态等等。

# 第一节 宗教的心理学意涵

在人文社会科学领域，定义最纷杂、最莫衷一是的莫过于“宗教”一词。近代以降，神学、哲学、人类学、社会学、心理学等学科均从其所在立场出发提出不同的宗教定义。比较而言，心理学的宗教诠释更强调人的内在经验，更注重分析人类的精神意识与宗教行为之间的关系，更凸显个人及群体在宗教活动中特有的心理现象、宗教对个人心理过程和个性特征发展的影响。

## 一、宗教内涵的语义分析

从历史的角度考察，“宗教”一词最早出现于中国佛教。在禅宗要典《五灯会元》中，“宗教”一词先后出现过十来次。比如《五灯会元》卷二“圭峰宗密师”中“灭度后委付迦叶，展转相承一人者，此亦盖论当代为宗教主，如土无二王，非得度者唯尔数也”；《五灯会元》卷四“长沙景岑禅师”中“我若一向举扬宗教，法堂里须草深一丈。……我常向汝诸人道：三世诸佛，法界众生，是摩诃般若光。光未发时，汝等诸人甚么处委悉？光未发时，尚无佛无众生消息，处得山河国土来”等等，都是将“宗教”作为一个独立的词来使用的，而此处所记载的人和事最早是始于唐代，这亦说明至少在唐代的时候，佛教中就已经广泛使用“宗教”一词了。

但佛教所说的“宗教”一词与我们今天所接触到的“宗教”却并不具有相同的内涵。慧日永明寺智觉禅师延寿所集《宗镜录》卷二十九说：“八万法门，三乘位体，一切圣贤，论其宗教，莫非自心是本”；《宗镜录》卷三十四又说：“佛旨开顿、渐之教，禅门分南、北之宗。今此敷扬，依何宗教？答：此论见性明心，不广分宗判教，单提直入，顿悟圆修。”可见，佛教中的宗、教有所不同，二者并举之时则偏重于指代禅宗的“见性明心”、“单提直入、顿悟圆修”等，与今天所谓“宗教”很不相同。①

① 参见恒毓：《论宗教》，载《世界弘明哲学季刊》，1999年12月。

因此，今天所广泛使用的“宗教”（religion）一词并非来源于佛教典籍，而是来自拉丁文的religio，而religio在拉丁文中有着不同的来源和含义。古希腊哲学家西塞罗（M. T. Cicero）在其著作《论神之本性》一书中使用了拉丁文relegere，其原意为“集中”和“注意”，与宗教挂上了钩；同时，西塞罗还使用了拉丁语动词religere，其原意为“重视”、“小心翼翼”和“认真考虑”，他以此来指涉在神灵崇拜上的严肃认真。以后，罗马修辞学家拉克汤提乌斯（L. C. F. Lactantiu）在其著作《神圣制度》和罗马基督教思想家奥古斯丁（A. Augustinus）在其著作《论神灵的数量》中则使用了religare来表示“宗教”。Religare的本意是“联结”、“结合”、“合并”和“固定”，拉克汤提乌斯和奥古斯丁皆用其指称神人之间、神灵之间的重新结合和联盟。因此，可以说，在西方的拉丁语时代，宗教就是人对神的敬仰和崇拜以及神人之间存在着某种沟通的意思。

在古代汉语中，“宗”的本意是尊祖庙。《说文解字》说：“宗，尊祖庙也。从宀从示”。其基本用法是祭祀。《国语·鲁语上》说：“凡禘、郊、祖、宗、报，此五者，国之典祀也”，其基本内涵是尊崇。所以，在古代，“宗”都是同一定形式的信仰和祭祀活动相联系的。“教”在古代汉语中的本意是“教化”。《说文解字》说：“教，上所施，下所效也”。《礼记·学记》说：“教也者，长善而救其失者也。”《吕氏春秋·简选》中亦有“统率士民，欲其教也”。可见，古代的“教”总是同一定形式的组织体系和思想原则相联系的教化活动。

将西语的religion译为“宗教”二字，乃是中国近代学者借鉴日本汉字的既定译法。据日本《大百科事典》“宗教”条目称，在日本，原也缺乏类似于欧美概括各种宗教的religion这个用法，只有对于特定宗教的术语，例如，称佛教为佛法，称孔子之教为儒教，称国神之教为神道等。明治维新以后，西方科学技术大量传入日本，日本翻译家遂把西方的religion译为日本的汉字“宗教”。中国现代宗教哲学家谢扶雅曾指出：“自海通以后，西学东渐，译名之最不幸者，莫过于‘宗教’二字矣。考今日西方所用Religion一语，与我国所谓‘宗教’者，实大有出入。惟此译名假道日本而入中国，已多历年所，社会上，文字上，沿用既久，虽欲更改，亦故太迟。最初译此字者，不知何人，其根据自在《易经》‘圣人以神道设教’一句；而‘宗’字之渊源，当为《书经·尧典》内之‘禋于六宗’。是则‘宗教’在我国文字上的意义，不过一神或多神之崇祀而已；既不足以概无神之佛教，及介乎有神无神之间之儒教，亦未能包括宗教的神契经验及伦理行为。若求中国辞书中足与Religion相当之名，惟‘道’字勉可充数。道兼涵体用两面，Religion亦具宗旨及方法两面；道可以完全表出个人与宇宙本体之嘘吸关系，同时亦不遗落个人对于社会之活动及适应。”①

① 谢扶雅：《宗教哲学》，204页，济南，山东人民出版社，1986。

## 二、宗教的心理学意涵

从心理层面诠释宗教，可以追溯到近代新教神学家，较具代表性的是施莱尔马赫（F. D. E. Schleiermacher）和奥托（Rudolf Otto）。施莱尔马赫将宗教解释为一种“绝对依靠的感情”（feeling of absolute dependence），而这种感情乃产生于人们仰望天际、审视广袤宇宙时对无限绝对的直觉和感悟，其中充满了惊奇和敬畏，是一种“对无限的感觉和鉴赏”①。施莱尔马赫认为，这种对无限与永恒本体的意识以及由此而致的“绝对依赖感”才是宗教的本质内涵。继施莱尔马赫之后，奥托则在其名著《神圣的理念》（*The Idea of the Holy*）一书中对宗教的“神圣”特性大加发挥，把宗教理解为人“对神既敬畏又向往的感情交织”，强调宗教源自人世对超自然之神圣存在的一种体验和觉悟，他所提出的“神圣”范畴乃一种涉及主、客体交互关系的“超然神圣”（numinos），由超人性“神圣实体”（numen）和世人“对神圣的体验”（sensus numinis）所共构。② 人们对这种无法把握却深感其存在的“神圣实体”既敬仰向往又畏惧害怕，也就是人对“神圣”所具有的“敬畏”（tremendum）和“神往”（fascinosum）之“基本经验”。

“宗教心理学”一词最早由美国心理学家霍尔（G. S. Hall）与其学生斯塔伯克（E. D. Starbuck）提出。斯塔伯克首次把问卷法用于宗教心理研究，并于1899年出版了《宗教心理学》一书。20世纪，宗教心理学的研究取得重大进展，并逐渐形成关于宗教解释的两种路径。一种途径是经验论之行为主义者的观点，他们把宗教看作一整套公认的形态（如祈祷、崇拜、神秘体验等等），把宗教行为看作“刺激—反应”机制的深层结果，认为宗教表现形态不仅不与其他表现人格的形态相分离，而且它们还是有所联系的。

威廉·詹姆斯（William James，又译威廉·詹姆士）作为宗教之经验论者的代表，他将宗教经验研究的主题确定为“个人的宗教”。詹姆斯指出宗教信仰是一个人对生活的“全部反应”，其神秘经验能彻底“极化”人生，因为这类经验来自直觉的本能，即潜意识的深处。詹姆斯认为应该将宗教领域分为两大分支，即“制度的宗教”（institutional religion）与“个人的宗教”（personal religion）。所谓“制度的宗教”注重的是神性，主要表现为崇拜、献祭、神学、仪式、教会等；所谓“个人的宗教”所关心的是人，或者说是人的内在性情构成了兴趣中心，像人的良心、人的美德、人的无助、人的不完善等等。根据詹姆斯的看法，个人的宗教较之于制度的宗教更重要、更根本。他指出，若把制度的宗教作为考察的重点，或仅仅限于这种考察，宗教便只能定义为一种外在的技艺，即如何设法赢得神祇之恩宠；而唯有深入到个人的宗教才能探究到宗教现象的内核。詹姆斯指出所谓“个人的宗教”就是“作为个体的人在孤独中的情感、行为和经验，

① 余秀敏：《文化深层层面的极致》，载《玄奘学报》（人文专刊），2002（4）。

② 参见张志刚：《走向神圣——现代宗教学的问题与方法》，97～99页，北京，人民出版社，1995。

按他们的领悟，使他们自身处于和神圣者（the divine）的关系之中，此一神圣者可能是他们所专注的任何事物”①。西格蒙德·弗洛伊德（Sigmund Freud）则是借助于图腾与禁忌来探讨宗教现象的起源与内涵，他认为宗教起源于将人类共同体加以组织化借此克服儿孙们最初杀害其部落之父的罪恶感（所谓的俄狄浦斯情结）。因此，可以说，宗教出自一种自欺欺人的心理机制，人们借以控制自己的无助感、对犯罪行为的恐惧以及性的能量。在《图腾与禁忌》一书中，弗洛伊德指出，“我可以肯定地说，宗教、道德、社会和艺术之起源都系于俄狄普斯症结上。这正和精神分析的研究中认为相同的此症结构成了心理症之核心不谋而合”②。

宗教心理学关于宗教解释的另一种途径是从人本主义的立场出发，认为“宗教”是人格整合、精神完善、自我升华的基础，是制约人类之整体性或完善性的因素，在此意义上，所谓的宗教并不是要求人们认可某一个具体的神学命题，而是要人们了解宗教对于人类道德与精神的价值。如荣格将宗教视为人的精神生活中不可缺少的部分，他指出，“心灵具有一种宗教功能”③。荣格通过长期的临床治疗发现，宗教观念实际上是人们精神生活中不可或缺的一个组成部分，凭借着宗教观念，所谓历史的连续感才能形成，而相当一部分心理病症患者的病因在于他们丧失了原有宗教信仰的意义和以往使自己成为信徒的那种东西。心理学家弗罗姆认为宗教是一个由群体参与的思想和行为的系统，它给予群体中的个人以方向的范围和信仰的对象。宗教的起源是人的幻想，并且随着社会的发展，宗教也发生着变化。他认为一个为每个人都共有的幻觉就成为一种真实。这种集体的幻觉中最古老的就是宗教。随着社会的连续发展和积累，幻觉逐渐变得比较复杂和比较合理了，而宗教本身也变得比较不同了。弗罗姆认为宗教之于人的生存是一种定型的而精密的答案，由于它可以公开被人分享，并且由于众人可以共同参加宗教仪式，所以即使最低的宗教也会使人产生一种合理感和安全感。④ 心理学家G. W. 奥尔波特在个人宗教意识的基础上论述了人的宗教情感，并提出了“成熟的宗教情操”的概念及其特征，他认为宗教情感达到成熟阶段的重要标志在于自我的统一并导致道德生活及对存在的把握。⑤

伴随心理学家的研究，宗教神学家和超个人心理学亦从人类精神与灵性的层次对宗教的内涵展开探索，进一步丰富了对宗教所具有的心理意义的认识。如德裔美国基督教新教神学家保罗·田立克（Paul Tillichi，又译保罗·蒂利希）以现代神学、精神分析和存在主义来综合清理传统的基督教，他指出：假如从一个特殊的角度——人类精神生活的深层去看待人类精神的话，那么人类精神本身就

---

① William James, *The Varieties of Religious Experience*, Macmillian Publishing Co., Inc., First Collier Books Edition, 1961, p. 5.

② ［奥］弗洛伊德：《图腾与禁忌》，119页，北京，中国民间出版社，1986。

③ Psychology and Alchemy, *the Colleted Works of C. G. Jung*, Vol. Ⅻ, 1967, p. 13.

④ See Erich Fromm, *Psychoanalysis and Religion*, New Haven, Yale University Press, 1950.

⑤ 参见［美］斯特伦：《人与神：宗教生活的理解》，309～310页，上海，上海人民出版社，1991。

表现为宗教。宗教并不是人类精神的一种特殊功能，而是其所有特殊功能的根基，宗教是整个人类精神的底层。何谓“整个人类精神的底层”呢？田立克指出，所谓整个人类精神的底层，就是指宗教所探究的是人类精神生活中终极的、无限的、无条件的方面。田立克指出，“宗教，就该词最宽泛、最基本的意义而论，就是终极的关切（ultimate concern）”[①]。德国宗教哲学家马丁·布伯（Martain Buber）则在《我和你》（*You and I*）一书中阐述了作为“人”的“我”与作为“神”的那“永恒的你”之间的关系问题。他主张“神”作为“永恒的你”而成为信神个人之“我”的倾听者、关注者、拯救者，神在这种内在相遇中是人的知音、挚友、恩师、慈父和救主。“神”与“人”之间“我”与“你”的关系会激起人的内在真情，使人对神倾吐心声、诉说衷肠，在“我”与“你”的相遇、对话和拥抱中，人的宗教信仰达到神人契合、与神为一的境界。

第二次世界大战之后，超个人心理学对宗教的研究也令人关注。超个人心理学在对人类宗教的研究中，有一个特别的支点，即它不仅强调宗教的社会化调节功能，而且更指出宗教所具有的美化生活（或使生活增值）的价值。与传统的人本主义心理学强调科学的意义与价值，强调人际关系的健康发展故而更注重宗教对精神健康的作用相比，超个人心理学因更注重个性发展中精神成长的心理学问题，故而更强调基于宗教价值（内在于或外在于组织化的宗教制度）所形成的与行为相关的思想方法与精神境界。著名心理学家马斯洛在 1969 年发表了一篇名为“Z 理论”的重要论文，重新反省他发展多年的需要层次论。马斯洛认为，人的需要应该分为六个层次：生理需要、安全需要、归属和爱的需要、尊重需要、自我实现的需要、最高需要[②]（超越性与灵性需要）。按照超个人心理学的观点，灵性是指人内在的超理性、超越性或超个人的层次，和生理、情绪及理性层次一样真实，一样属于人的内在本质。灵性未必就等于宗教，但宗教却必然隐含着灵性的内容，或者说宗教是指灵性层次的一种特殊的诠释。[③]

从以上关于宗教的心理学解释中，可以看到：宗教的心理学诠释重视内在经验的解释，强调宗教信仰者个人内在的心理活动在宗教生活中的意义，并把信仰者个人的主观性的宗教感受和宗教体验视为宗教最为根本之所在。

## 三、宗教的心理调适功能

宗教是人类社会的普遍现象，它既是一种特殊的社会意识形态，又是一种特殊的社会实体。宗教之所以能够长期存在，并伴随人类社会的发展不断演变，就在于它具有特定的功能，而宗教的心理调适功能是其功能的重要方面。

### 1. 宗教心理调适的积极功能

宗教从产生之日起，就承担了缓解、调节社会成员紧张心理的功能。古代先

---

① Paul Tillichi，*Theology of Culture*，Oxford，1959，p. 7.

② 该层通常不作为马斯洛需要层次论的必要层次，多与自我实现的需要合并在一起。

③ 参见李安德：《超个人心理学：心理学的新典范》，259～316 页，台北，桂冠图书公司，1992。

民在面对无力控制、掌握的大自然时，创立了宗教，用以提供心理慰藉和安全感。进入现代社会，伴随科技的进步，人类适应自然、改造自然的能力有了很大的提高，但现代社会快速发展，竞争日益激烈，不确定性更加突出，宗教的心理调适功能并没有消失。具体而言，宗教心理调适的积极功能主要体现在：

第一，宗教的心理慰藉作用。宗教，就其本质"是关于超人间、超自然力量的一种社会意识，以及因此而对之表示信仰和崇拜的行为，是综合这种意识和行为并使之规范化、体制化的社会文化体系"①。较之于世俗社会的意义系统，宗教意义由于具有超自然的维度，能够为信仰者提供一种驾驭自身、适应客体的特殊方式，从而帮助信仰者调节内在的冲突，获得心理慰藉。美国宗教学家奥戴曾说："宗教可以使个体和他的群体相协调一致，可以在变幻无常中给他以支撑，在失望中给他以安慰，可以使他归属到社会目标之上，鼓舞他的士气，为他提供认同因素。"② 当人们受到难以理解、无法控制的自然力量和社会力量，如自然灾害、生老病死等的压迫时，会产生物质上、精神上、肉体上的痛苦，产生强烈的被剥夺感；当人们的生理、安全、归属、自尊等需要没有得到满足时，会产生心理上的不平衡。当理智和实践都无法消除这种被剥夺感和不平衡心态时，人们往往会到宗教中去寻找安慰，即把今世得不到的幸福，寄希望于死后和来世，至少通过命定论和因果论接受人生的苦难和不幸，从而获得超脱世俗烦恼的精神支撑和心理平衡。英国著名历史学家汤因比说："逆境的加剧，会使人回想到宗教"，揭示出宗教确实能够为人们提供一种心理慰藉。而马克思所谓"宗教是人民的鸦片"，反映了宗教不仅使人超脱现实，创造出幻想世界，而且使人在幻想中得到寄托和安慰，亦折射出宗教的心灵抚慰功能。尽管这种精神麻醉对于社会变革未必有积极作用，但它毕竟使那些由于种种客观因素而承受痛苦的人们不至于因为生活的压力过大而导致心理崩溃。

第二，宗教的心理治疗功能。伴随现代化的进程，社会问题和社会矛盾越来越复杂，人类的心理健康已成为现代社会不容忽视的问题。宗教与心理健康的关系也逐渐成为宗教心理学最受关注和研究最多的领域。宗教与心理健康的关系是一个相当复杂的问题。从目前积累的研究成果看，多数学者认为信仰宗教有助于提高信仰者的心理健康水平。如心理学家荣格十分强调宗教在维持个人心理健康中的重要作用。在《寻找灵魂的现代人》一书中，荣格热情地探寻宗教在精神治疗中的有益作用。他认为，宗教不仅能治疗个体心灵的痛苦，而且能治疗心灵痛苦引起的肉体疾病，宗教具有治疗功能。近 20 年来，西方宗教心理学的实证研究成果亦证实宗教对心理健康有着积极的影响。如柯宁（H. G. Koenig ）等人综合分析了 2001 年之前关于宗教与心理健康关系的 1 200 篇文献，发现超过 2/3 的研究报告证明宗教与身心健康之间存在显著的正相关关系。③ 具体而言，布里姆

---

① 吕大吉：《宗教学通论新编》，11 页，北京，中国社会科学出版社，2010。

② ［美］托马斯·奥戴等：《宗教社会学》，53 页，北京，中国社会科学出版社，1990。

③ See H. G. Koenig&M. E. McCullough，D. B. Larson，*Handbook of Religion and Health*，New York，Oxford University Press，2001，pp. 531-521.

(A. J. Bream）和比克曼（A. T. Beekman）等学者的研究发现，宗教参与和抑郁存在负相关关系[①]；法尔肯海因（M. Falkenhain）和汉达尔（P. J. Handal）的研究发现，信仰虔敬的个体的焦虑水平显著低于不虔敬的个体，具有内在信仰动机的个体更少地体验到死亡焦虑等[②]；肖（A. Shaw）和约瑟夫（Joseph）等人的研究发现，宗教信仰有助于个体对负面生活经历的心理整合[③]；等等。而宗教之所以具有心理治疗的效果在于：首先，任何宗教均有特定的敬拜仪式。在宗教仪式上，信徒可以通过朝拜、称颂、狂欢等方式，在娱乐神灵的过程中，使自身达到极度愉悦，从而缓解其内心的压抑和倦怠；同时，信徒在神灵面前的祈祷、忏悔乃至哭泣和倾诉，也有助于将不良情绪释放出来。现代生理心理学的研究表明，人的生理活动和心理活动是相互影响、相互作用的，通过修心可以达到修身，亦可以通过修身进行修心。宗教信仰过程中的静默、修持等方式，客观上能够将信仰者的心态调节到一个良好状态，良好的心态影响到生理，使神经、内分泌系统的功能得到改善，以至于在一定程度上能够增强免疫系统活力，并由此减轻甚至消除病痛之苦。其次，宗教社群对信仰者的情感支持具有调节身心健康的作用。宗教具有多重维度，它既是一种社会意识，也是一种社会实体。作为社会实体，宗教组织是构成宗教的基本要素。而较之于一般性的社会组织，宗教组织由于具有内在的道德基础和群体认同，会对信仰者构成一种强大的社会支持力量。而社会心理学的研究表明，良好的社会支持是个体可利用的外部资源，对健康具有保护作用，可以降低心身疾病的发生和促进疾病的康复，这也就是所谓“信仰治疗”。

2. 宗教心理调适的负面影响

宗教的产生、存在和发展变化，有其重要的心理因素，也有相应的心理功能。但宗教的心理功能并非都是积极和正向的。社会学家默顿（P. K. Merton）在其社会分析的理论中曾建立了独创性的“功能分析图式”。他认为，任何一个功能都有其两重性。就宗教的心理功能而言，宗教具有心灵慰藉的功能，宗教信仰在一定程度上还具有心理治疗的功能；但转换一个视角，宗教的心理调节同样蕴藏着消极和负面的影响和作用。

首先，宗教使人相信宿命，逃避现实。一方面，宗教通过对超自然力量的追求，使人们得到心理慰藉，降低精神紧张程度；而另一方面，宗教所谓“前世”、“宿命”、“上帝的安排”等观念，可能使信徒回避现实、逃避现实，诱导出宿命论思想和消极悲观的处世态度，同时，宗教所描述的极乐天国，也可能使信徒沉浸其中，乃至消极地依赖超自然力量，丧失了积极作为和创造活力。弗洛伊德认

---

① A. J. Bream, A. T. Beekman, et al., Religious Involvement and Depression in Order Dutch Citizens, *Soc Psychiatry Epidemiol*, 1979, 32 (5), pp. 284 - 291.

② See M. Falkenhain & P. J. Handal, Religion, Death Attitudes, and Belief in Afterlife in the Elderly: Untangling the Relationships, *J Relig Health*, 2003, 42 (1), pp. 67 - 76.

③ See A. Shaw, S. Joseph & P. A. Linley, Religion, Spirituality, and Posttraumatic Growth: A Systemic Review, *Mental Health, Religion & Culture*, 2005, 8 (1), pp. 1 - 11.

为，宗教阻碍了人的理性能力的发展，宗教信仰者是逃避社会现实的心理不健全者，所揭示的正是宗教信仰的心理消解作用。马克思所谓“宗教是人民的鸦片”，在很大程度上也强调了在宗教里一切矛盾被臆想所消除，现实压迫被精神自由所克服，也就是宗教的“麻醉”作用。

其次，总体上，宗教信仰有助于提高信仰者的心理健康水平，但事实上，宗教与心理健康的关系是一个比较复杂的问题。现代心理学研究成果表明，宗教的心理调适功能能够引起生理上的良好调节作用，从而达到信仰治疗的作用。但同时，宗教的这种信仰治疗也有一定的负面作用，如果过度痴迷宗教乃至“宗教成瘾”(religious addiction)，可能导致人格偏执。因为，就宗教信仰本身的结构来看，它既包含理性因素，又内在地包含着非理性的因素，宗教情绪和宗教激情就是宗教非理性因素的基本表现形式。正如宗教心理学者玛丽·乔·梅多（Mary Jo Meadow）和理查德·德·卡霍（Richard D. Kahoe）所认为的，“宗教的规则会使人的思想洞察力变得狭窄起来”，而“不稳定的社会状况由于不能满足人们的结构要求、生活意义和安定的需要，会助长狂信主义”①。近年来，宗教心理学对宗教与心理健康之间的关系正在做更深入的研究。一些学者认为它们之间是否具有正向相关，取决于“情绪”这个中间变量。另一些学者则强调应从跨文化的视角研究宗教与心理健康的关系。因为，宗教本身是一种文化现象，而文化在宗教信仰形成的过程中也是非常重要的力量；同时，心理健康也只有在一定的文化情境中探讨才有意义。因此，任何宗教与心理健康的研究都不应该脱离文化背景。

# 第二节
# 宗教经验

宗教心理学对人类宗教的研究集中于宗教意识领域，而宗教经验是宗教意识的主要内容之一。宗教经验现象由来已久，在古代，特别是东方宗教中早有记载。如印度教的瑜伽派由静坐而使心与神相结合的经验，我国佛学禅宗的摒弃心中一切念虑、冥然和真如相接的经验都早为人知。然而，把各种宗教经验作为一门学科研究的重要对象和研究课题，则始于20世纪初。威廉·詹姆斯所著《宗教经验之种种》(*Varieties of Religious Experience*)一书最早对宗教经验的心理学内涵进行了描述。威廉·詹姆斯认为宗教经验是人在信仰超自然的神或神圣物时获得的内心感受和体验，它是宗教意识、宗教情绪、宗教情感的综合反映。他特别区分了两种人的宗教经验：其一是那些平常信徒的经验，这些人只是惯常地依照别人传授给他们的宗教信条来生活，詹姆斯称之为“二手货的宗教生活”

---

① 玛丽·乔·梅多，理查德·德·卡霍：《宗教心理学》，561页，成都，四川人民出版社，1990。

(second-hand religious life)；其二是如一些宗教天才或宗教领袖的经验，他们比常人有更敏锐的情感，甚至有一点接近病态，但这正是他所要研究的宗教经验。[①] 随着对宗教经验研究的扩展和深入，关于宗教经验的研究区分出两个层次，即广义的宗教经验和狭义的宗教经验。广义的宗教经验是指宗教徒在信仰和崇拜时的内心感受之体验，狭义的宗教经验是指宗教徒与神直接交往合为一体的神秘主义直觉体验。具体而言，心理学者所观照的宗教经验包括了皈依、祈祷、崇拜及宗教神秘体验。

## 一、皈依心理

“皈依”是宗教心理学被广泛讨论的问题之一。从斯塔伯克和威廉·詹姆斯到现代宗教心理学的研究都在尝试对宗教皈依进行心理分析。但由于皈依本身的丰富性和多样性，使得学者大多只能从某个角度展开研究。

1. 皈依的内涵

皈依为梵文 saranr 的音译，亦称为归依。其含义与“信奉”相同。佛教徒信奉佛、法、僧，称之为“三皈依”或“三归依”。换句话说，皈依也就是要求僧众和信众真心实意地信奉佛，信奉法，信奉僧。基督教称“皈依”为“改心”或“悔改”。

“皈依”（conversion）在西方宗教心理学的研究中是一个颇有争议的概念。其争议的焦点首先集中于对其内涵的多重认识。在西方的脉络之下，皈依可以是指个人参加传统的基督教会，也可以是指从一个基督教会到另外一个基督教会。在一般的情形之下，皈依是指在自己原有的宗教团体的架构下宗教投入的增强，而在大部分学者的研究里则是指从某一个宗教信仰转移到另外一个宗教信仰，或者是从无宗教信仰的背景变成强烈投入到某一个宗教信仰之中。[②] 但皈依在西方文化中还有更深的含义，即指个人重新领略到耶稣基督为救主而有“重生”(born-again)之感的情绪性经验，在这种情况下，皈依被解释为“认同、意义以及生命的彻底重组”，或者是对“最底层的实在（root reality）进行改变的过程”[③]。

鉴于皈依内涵的多重性认识，美国学者蓝波（Lewis Rambo）对其进行了归整，他将皈依分为五种形式：(1) 从没有信仰到接受信仰（affiliation）；(2) 一个人在同一宗派信仰下信仰程度的加深（intensification）；(3) 在同一信仰宗派内改变归属的门派（institutional transition）；(4) 改变信仰宗派（tradition transition）；(5) 放弃信仰（apostasy）。蓝波强调，皈依是一个动态性的宗教变化的

---

① 参见［美］威廉·詹姆士：《宗教经验之种种》，5～6页，台北，万年青图书公司，1960。

② See Chana Ullman, *The Transformed Self: The Psychology of Religious Conversion*, N. Y. and London, Plenum Press, 1989, p. 5.

③ John Lofland & Norman Skonovd, Conversion Motifs, *Journal for the Scientific Study of Religion*, 1981, 20 (4), pp. 373-383, p. 375.

过程，它与人物、事件、意识形态、制度、期望、经验等都有关系。即皈依是一个过程，而不是一个事件；皈依是和许多条件配合的，无法从有关的人际网络、过程和意识形态中脱离开来；影响皈依过程的因素是复杂的、交互作用的、彼此累积的。

2. 皈依过程

关于皈依的发生，神学家与心理学家有着完全不同的解释。大多数神学家均认为皈依的起源与目标是“与神相遇”，他们利用皈依的事实来证明神对个人精神生活的干预，认为皈依的根源和原因似乎是上天对此人的“神赐”。例如，一位笃信天主教的爱尔兰心理学家奥多尔蒂曾指出，虽然皈依有其“自然”的心理方面（即必以个体心理中的重大变化作为先决条件），但不能也不应该只归结于此，因为它的基础是“神赐”，而西方社会的一些皈依研究也似乎证明了这一点。例如，许多西方普通教徒用“神选中了我”来表达其皈依的心路历程，而苏联的学者发现，80％被询问的浸礼会教徒在回答宗教信仰的原因时异口同声地回答说“不是我去找神，而是神召我来”。

皈依是如何发生的？传统的宗教心理学倾向于心理紧张理论，例如，威廉·詹姆斯认为皈依主要是由于心理上的剧烈痛苦、混乱、绝望、冲突、罪恶感和其他类似的心理困扰而引起的。[①] 在当代宗教心理学的研究中，贝特-汉莱密和阿盖尔两人也对宗教皈依问题进行了研究，他们将皈依的理论取向划分为四种主要类型，而这些类型的心理学理论不是将皈依看成是个人认同危机的有意解决方案，就是认为皈依者基本上是那些在人格上较为软弱与脆弱者，甚至是具有病态倾向者，他们拥有较少的人际网络，与家人关系较差。这四种理论取向，几乎都假定了问题的存在以及人的被动性是皈依发生的主要关键所在。[②]

20 世纪 60 年代，宗教社会学家约翰·洛夫兰德提出著名的皈依模型（通称为 doomsday model），洛夫兰德指出皈依的完成包含了七个条件，分别是：(1) 紧张经验的持续；(2) 浸淫在宗教倾向的问题解决观点里；(3) 由此而将自己界定为宗教追寻者（religious seeker）；(4) 在生命的转折点上遇到某一个宗教团体；(5) 与该宗教团体之间形成人际网络或者原本即有此人际网络的存在；(6) 对于该宗教团体的负面阻力并不存在或者其他网络的缺乏；(7) 与该宗教团体展开密集的互动，或是暴露在密集的互动之中。

洛夫兰德的皈依模型实际上可以划分为两个阶段：第一阶段，个体内在的精神紧张与情感困扰及宗教解决策略。洛夫兰德指出，那些成为皈依者的人都曾出现精神上的紧张，如考试分数不佳、失恋、对前途的难以把握等等；他们仍然使用惯常的解决问题与减轻紧张的办法，如心理咨询、沉浸于政治与公共服务等活动。然而，由于心理学的或社会政治的手段未能减轻他们的紧张，他们就开始

---

① See Lewis R. Rambo, Current Research on Religious Conversion, *Religious Studies Review*, Vol. 8, No. 2/ April 1982, p. 153.

② See Benjamin Beit-Hallahmi & Michael Argyle, *The Psychology of Religious Behaviour, Belief and Experience*, London and N. Y., Routledge, 1997, pp. 115-138.

在传统的宗教组织中和阅读有关宗教书籍中寻求宗教的解决办法。第二阶段，外在的机遇与条件的作用与配合。洛夫兰德指出，造成个人在紧张状况之下选择皈依的关键点在于：宗教团体的影响；准皈依者与宗教团体成员之间逐渐培养或业已存在的“感情上的联系”。洛夫兰德认为，皈依正是发生在情境和社会环境的先决条件与个人的心理需要及可受性的某种结合的时候。因此，皈依不是某种突然的、瞬间的经历，而是一个过程，是一个包括许多阶段和从一个程度到另一个程度的前进过程，可以称之为“皈依经历”。洛夫兰德的皈依模型所具有的意义突出体现在注重皈依过程中意义与认同的整合，即将意义的建构融入皈依过程，并凸显出生命危机对于皈依的触发；同时，他强调皈依过程中的互动因素、情境因素和发展因素，特别是当事人的主动性、宗教团体本身的传教策略以及情境三方面的契合，也就是说，只有条件吻合（contingent）者才有可能从潜在的皈依者变成真正的皈依者。①

晚近以来，有关皈依研究的人文化取向愈加浓厚，例如，美国学者蓝波指出，皈依是一个动态性的宗教变化过程，它与人物、事件、意识形态、制度、期望、经验等都有关系，也就是说，皈依是一个过程，而不是一个事件，皈依是与许多条件配合的，无法从有关的人际网络、过程和意识形态中脱离出来。② 宗教心理学家理查森（James Richardson）则提出了“皈依生涯”（conversion career）这样一个概念，即认为皈依不是一辈子一次的单一事件，而更可能是一连串的行为，这也就是要说明宗教信仰是一个人主动追寻的历程，而这种主动追寻历程形成了当事人和宗教团体之间的相互选择，而非单方面的动员或影响。③ 理查森指出，只有肯定皈依过程中人的主动性，才能说明何以那些教育程度较高、经济地位较好者亦会成为宗教团体的成员，特别是那些智识型和实验型的（intellectual and experimental）皈依者更凸现了那些教育程度和社会经济地位良好者“决定成为宗教人”（choosing to be religious）是一种改变生命的主动决定，而他们在皈依之后，信念与行为都可能没有太大的变化。

3. 皈依的种类

关于皈依的分类，古典研究者以显而易见的时间尺度把皈依分成两类：突发性皈依和渐进性皈依。但他们所关注和侧重的主要是突发性皈依。突发性皈依也被有些学者称为“危机型皈依”。相对于本来意义上的或典型的皈依，具有突然性和戏剧性，包含着个人冲突陡然之间得到解决（无论个人是否意识到这个冲

① See John Lofland&Rodney Stark, Becoming a World-Saver: A Theory of Conversion to a Deviant Perspective, *American Sociological Review*, 1965 (30), pp. 862-872; John Lofland, *Doomsday Cult*: *A Study of Conversion*, *Proselytization*, *and Maintenance of Faith*, N. Y., Irvington Publisher, Inc, 1981, pp. 29 - 63.

② See Lewis R. Rambo, Conversion: Toward a Holistic Model of Religious Change, *Pastoral Psychology*, 1989 (38), p. 48.

③ See James T. Richardson, Studies of Conversion: Secularization or Re-Enchantment? Phillip E. Hammond (Ed.), *The Sacred in a Secular Age*, Berkeley and Los Angeles, University of California Press, 1985, p. 108.

突），詹姆斯则称之为“自我投降”（self-surrender）。突发性皈依通过三个主要的特殊标准来体现它的特征：（1）突发性皈依通常是被动的皈依，皈依者突然感到外在于他的力量缠着他，困扰这个人的“他物”突然在危机时刻出现，突发性皈依必然有“他物”的作用，而与特定危机引发相联系的传统理论指出，在这些皈依中，恐惧和忧虑是主要成分。（2）突发性皈依与“他物”的性质密切相关，即一种屈服于他物的行为。当某人服从或接受这种“他物”而非简单地面对或反对它时，皈依便出现了，没有这种接受，皈依就不会出现。（3）突发性皈依趋向于通过强烈的罪恶的情感来体现它的特征。也就是说，突发性皈依是一种摆脱在皈依前就发现的那种无法承受的罪恶感负担的方法。同时，突发性皈依还具有可辨认的阶段：（1）突发性皈依的第一个阶段是内心迷惑不安或心理冲突——部分是有意识的，但大部分是无意识的。这种人十分沮丧或有罪恶感、内疚（不论是真实的或想象中的），感到人格分裂破碎，心中茫然，空虚失望，或者觉得生活完全失去了意义。（2）突发性皈依的第二个阶段是产生一种突然的启迪感或顿悟感，并常常有非常强烈的情绪激动相伴随。这个阶段常常是以高潮式的自我投降为特征。在生活方式的根本转变中，个人世界的中心从自我转到神灵或者新宗教信仰的要求上。（3）突发性皈依的第三个阶段是产生一种和谐、安宁、平静和慰藉的感觉。宗教心理学家还认为，突发性皈依与信仰者的个性具有关联性。如宗教心理学家威廉·詹姆斯区分了宗教皈依过程中“初生”与“再生”的差异。他指出，“初生”的人是通过教化和社会化来接受他们的信仰；而“再生”的人严格来讲则是那些更具忧郁气质的人由于危机而被迫突然地接受或认识一种信仰。宗教学者乔治·科（George A. Coe）在研究中发现，皈依的群体多是敏感的或者情绪化的人占主导地位，在某种特定的气氛下，他们极可能发生突变，而这类群体以女性为主。

宗教心理学的先驱们以及许多现代学者都发现皈依的突发性类型比渐进性类型更为有趣。而多数神学家，尤其是自由信仰的神学家却鼓励那种更具远见卓识，也更加主动自愿并带情感色彩的渐进性皈依形式。宗教心理学家斯塔伯克把这种皈依称作“意志型”（volitional type）的皈依，意即个人意志比在卷入“自我投降”时更为主动和自觉。与突发性皈依相同，渐进性皈依也会导致自己的改变，但它的出现是缓慢的，而且也许不会普遍地与简单的“人生转折”相联系。这种皈依是在毫无危机和强烈情感冲突的情况下出现的一种皈依，是一种稳定的、前进的、缓慢成长的宗教情感，是渐进的唤起。渐进性皈依通常具有三个特点：（1）积极地寻求意义和目的，其重点是有意识地努力寻求个人与群体问题的解决办法。很典型的是，渐进性皈依者始终在努力寻找生命中的更多东西，因而他们不可能体验在确切的时刻诱发皈依过程的外力或他物的意识。（2）渐进性皈依没有情感危机和罪恶感。这种皈依更具认知性，并且包含着目的性的寻求意义或创造新自我的努力。（3）与屈服于突发时刻并接受新的生命不同，渐进性皈依者不断地深化信仰，这种信仰是他们早已认同并接受的。人们无法辨认出他们皈依的准确时间，但却能逐渐了解到皈依者已经或正在变成另外一个人。

## 二、祈祷及其心理效应

“祈祷”一词，是宗教的修持仪式之一。世界上的各个宗教皆有其专属的宗教仪礼，例如，佛教的朝山、伊斯兰教的斋戒、天主教的望弥撒等，唯“祈祷”为一切宗教所遵行。追溯祈祷的根源，举例来说，中国传统民间的习俗，如蜡祭、庆贺等，都含有向神祇祈祷，以除灾增福的仪式，君王也有宗庙祭的活动，以求国泰民安。印度教的吠陀经典、婆罗门教的《摩奴法典》，犹太教、耶稣教的《圣经·旧约》里的“诗篇”，以及伊斯兰教的《古兰经》等，内容皆是歌颂造物者及教徒赎罪与感恩的祈祷文。

1. 宗教祈祷的类型

祈祷在所有文化中都可以发现，虽然不同的宗教关于祈祷的形式与诉求，有不同的内涵，但祈祷基本上被各种宗教所倡导。宗教祈祷大致可以分为以下两大类型：

第一，请愿式祈祷与感恩式祈祷。请愿式祈祷是宗教祈祷中最为普遍的一种形式，疾病、恐惧甚至一些愚蠢的愿望都可能导致请愿式的祈祷；感恩式祈祷是出于对施恩的神圣来源感恩戴德的祈祷，而由于感恩的中心是个人的收获，当个人觉察到创造、秩序和美的神秘来源时，这种感恩会进一步发展为崇拜与颂扬。

第二，客观祈祷与主观祈祷。詹姆斯·B·普拉特（James B. Praat）从宗教心理学的角度将祈祷分为客观祈祷和主观祈祷。客观祈祷是指祈祷者把注意力集中到宗教崇拜对象上，主观祈祷则是指祈祷者面向自我的祈祷。普拉特指出，以自我为中心的主观祈祷是自我限制的并且是于己不利的。从自我本身转到外部，对心灵和个人的成长更为可靠。

2. 宗教祈祷的心理效应

宗教心理学者理查德·德·卡霍和玛丽·乔·梅多认为，没有什么东西比祈祷更能区别信教的人和不信教的人了。威廉·詹姆斯把祈祷称为“宗教的神魂、精髓”，他借用一位通达的法国神学家的说法指出：“宗教是一个在患难中的灵魂与他觉得他自己所依仗的且他的命运所悬的那个神秘的权力接触之交际，一种自觉的有意的关系。祈祷实现这种与上帝的交际。祈祷是实践的宗教，那就是说，祈祷是真实的宗教，使宗教现象与近似它的，如纯乎道德的或美感的情操这一类现象有分别的，正是祈祷。”[①] 宗教学家罗德尼·斯达克（Rodney Stark）指出，祈祷经常是一种分享和情感交换的经历，“祈祷建立人和神之间的情感联结和信心联结”[②]。宗教学者普拉特则指出，“祈祷的心理价值主要归因于一个人相信祈祷所产生的效应是超越心理的——祈祷能改变物质事件、健康、感情以及其他人

---

① ［美］威廉·詹姆斯：《宗教经验之种种——人性之研究》，460页，北京，商务印书馆，2002。

② ［美］罗德尼·斯达克、罗杰尔·芬克：《信仰的法则——解释宗教之人的方面》，134页，北京，中国人民大学出版社，2004。

的行为等等”①。而宗教学者韦瑟黑德（Leslie D. Weatherhead）说：当一个人带着“期待的信任”、“在相信信仰中”祈祷时，就决不能再怀疑信仰的心理效应了。②

# 第三节
# 宗教情感

宗教信仰建立在情感基础之上。也就是说，宗教不是简单地要人们从观念上承认超自然物的存在，而是通过情感，使信仰者从心理上体验到自己与超自然实体的关系。许多理论家在探讨宗教本质时，总是把宗教情感放在十分突出的地位。如哲学家黑格尔认为，“宗教所涉及的与其说是行动本身，毋宁说是人的心情，是心的天国”。伟大导师马克思指出，“宗教是被压迫的生灵的叹息，是无情世界的感情”。恩格斯则指出，“宗教可以在人们还处在异己的自然和社会力量支配下的时候，作为人们对这种支配着他们的力量的关系的直接形式即有感情的形式而继续存在”。从这些论述中，我们可以看到，宗教情感是宗教信仰的重要动力。

## 一、宗教情感的内涵与表现形式

宗教本质上缘自人类的心理情感需求活动，宗教情感具有复杂多样的表现形式，宗教情感具有强大的社会功能。

### 1. 宗教情感的内涵

宗教是观念、情绪和活动相当完整的体系。宗教信仰者对神圣物的信仰，既可以表现为一定的观念形态，也可在情感体验上引起种种反应，激发起宗教情感。宗教情感是与宗教信仰相联系的，是人们对超自然力量及其象征物所产生的一种体验。它是在宗教环境中培植，在宗教礼仪中逐渐熏陶出来的一种特殊心理状态。在整个宗教体系里，从宗教的产生到发展，从宗教信仰的形成到巩固，无不带有宗教情感的因子。所以，宗教心理学家威廉·詹姆斯认为，在宗教里，情感是主要机能，而哲学是次要机能。而新教神学家施莱尔马赫认为宗教不是道德说教，而是直观和情感，强调信仰高于理性，宗教高于道德。他指出，“宗教的真正本质在于它是同宇宙神秘的一体化的神圣环节，宗教想唤起人们对无限的感

---

① J. B. Pratt, *The Religious Consciousness*, New York, Macmillan, 1920, p. 336.

② See Leslie D. Weatherhead, *Psychology*, *Religion*, *and Healing*, New York, Abingdon-okesbury, 1951, p. 26.

应和审度”①。

2. 宗教情感的表现形式

宗教情感作为对超自然力量及其象征物所产生的一种体验，随着宗教信仰对象的不同，其表现形式会有差异。但就其共性而言，典型的宗教情感有六类：

第一，对神灵权威的敬畏感。它是自然力量和社会力量的约束性在人的心目中所产生的反应，它使人自觉不自觉为自己或他人设置各种行为禁忌，并使自己和他人严格地在自然规律和社会法则所限制的范围内活动。

第二，对神灵万能的惊异感。它是自然力量和社会力量的强大性在人的心目中所产生的反应，它是人对巨大的自然力量、壮观的自然景象、神秘的自然变化、复杂的社会现象所产生的惊奇与迷惑，它使人自觉地、积极地听从、服从自然规律和社会法则的安排。

第三，对神灵存在的依赖感。它是人对于自然和社会的依赖性在人的心目中所产生的反应，使人能够积极地维护自然的生态平衡，自觉地、积极地把个人利益与他人利益或公众利益紧密地联系在一起，以增强个人对于社会的凝聚力。

第四，对神灵审判的罪恶感。它是自然法则、社会法律和社会道德规范对于人的行为活动的决定性在人的心目中所产生的反应，使人自觉地用自然法则、社会法律和社会道德规范来检查自己的错误，忏悔自己的恶行，忍受社会的压迫，从而自觉地服从社会利益的需要。

第五，对神灵交往的神秘感和期待感。它是自然力量和社会力量对于人的融合性在人的心目中所产生的反应，它使人自觉不自觉地使自己融入大自然。回归大自然。人本身属于自然界的一部分，人的任何行为归根结底是自然物质的复杂运动形式。人的最初出发地是自然界，最终归宿地也必然是自然界。

第六，对宗教理想的虔诚感。它是人生的价值目的性在人的心目中所产生的反应，它使人的一切行为自觉不自觉地服务于人生的最终价值目的。宗教理想的核心是与神灵合一，灵魂得救，永享天国之乐。由于宗教理想集中了宗教的精髓，体现了宗教信徒的根本追求，因而对教徒的诱惑力最大，最能激发他们的强烈情感和牺牲精神，许多宗教狂热运动往往都是在实现或保卫宗教理想的名义下兴起的。

## 二、宗教情感的发展规律及其特点

宗教是对超自然力量的信仰与崇敬。人们宗教信仰的产生，不仅出于理性的思考，更多是出于情感的需要和向往。宗教情感的发展有其自身的规律和特点。

1. 宗教情感的发展规律

心理学的研究表明，各种不同信仰的宗教徒都有与他们的信仰有关的、内容极不相同的宗教情感状态。但是，虽然具有不同信仰甚至相同信仰的不同个体，

① ［德］F. W. 卡岑巴赫：《施莱尔马赫传》，35～36页，北京，商务印书馆，1998。

其宗教情感复杂多样，各不相同，然而，作为宗教情感本身的发展变化却具有一般的规律性。苏联宗教心理学家德·莫·乌格里诺维奇借助于对基督教礼拜和祈祷过程的分析，将宗教情感的变化发展划分为三个阶段：

第一阶段，宗教情感处于紧张状态，且主要表现为消极性的体验。在宗教情感发展的最初阶段，情感过程的强化程度表现为情感的紧张状态，而宗教情感的心理则主要表现为消极性的情绪体验，如信仰者的忏悔，认罪乃至流眼泪。

第二阶段，宗教情感的高潮状态。宗教情感的高潮状态主要表现为所谓的“圣灵充满”乃至于极端的、近似病态的情绪狂热，甚至出现神秘主义的幻觉、下意识的语言等现象。

第三阶段，宗教情感的相对平静状态。这时，信仰者的心灵清醒、精神放松，人也变得轻松、愉快，积极的宗教情感开始占主要地位。

虽然具有不同宗教的信仰者可能会有不同的宗教情感，即使具有相同信仰的个体也会表现出不同的宗教情感；但是宗教情感作为对超自然指向物的倾向性，其变化发展会显现出一般的规律性。这种规律性可以进一步概括为，在集体礼拜和个人祈祷过程中，消极的情绪体验逐渐转换为积极的情绪体验。这也就是所谓宗教净化的社会一心理机制。

2. 宗教情感的特点

宗教情感是人类情感的一种，它在形式上与非宗教情感具有同一性。但是，宗教情感的指向对象是超自然之物，因而宗教情感具有自身的特点。

首先，宗教情感是对特殊的“宗教信仰对象”的倾向性。对宗教情感特殊性的认识经过了一个发展过程。早期的宗教学者主要从宗教情感的特殊心理内容来探讨，如德国新教神学家施莱尔马赫认为宗教感情是一种“依附感”，奥托认为宗教感情是“神圣的恐惧与赞美”的特殊统一，心理学者沃伯明认为“安全感和强烈的期待感”是宗教情感的最突出特点，心理学者肯理克认为“宗教情感最突出的特点是敬仰，而不是恐惧、爱、悲痛或失望”。晚近以来，学者们逐渐认识到不应该从情感的内容，而应该从其特殊的倾向性上去探讨宗教情感的特点。如威廉·詹姆斯指出：“如果我们同意把‘宗教情感’这一术语理解为在各种不同场合由宗教对象所引起的各种感情（宗教的爱、宗教的恐惧、宗教的崇高情感、宗教的快乐等等）的集合名词的话，那我们认为该术语本身也许不包括从心理学角度看来具有特殊性质的那些因素。但是，宗教的爱只是人人都有的对宗教客体的一般喜爱之情。宗教的恐惧只是人的内心一般的恐惧，是与想到神的惩罚有关的畏惧。宗教的崇高情感是我们于夜晚在树林里或在山间峡谷时常能感受到的一种特殊的战栗，这种战栗正是在这种情况下由于想到存在超自然物而引起的。”[①]这里，詹姆斯强调宗教情感的心理内容不是宗教情感的特点，而认为宗教情感的特殊的“宗教客体”的倾向性才是它的特点。

其次，宗教情感常有一个从消极转为积极的过程。民族学及其他科学的资料

---

① ［美］威廉·詹姆斯：《宗教经验之种种——人性之研究》，23～24 页。

证明，在不同的时代，宗教信仰者的感情和体验的基本发展趋势是由积极的情感，如爱、敬仰、赞美、感恩等取代消极的情感，诸如恐惧、绝望、愤怒等。当然，也有学者对此持有异议，如苏联宗教学者 B. B. 帕夫柳克就指出，教徒“对神的恐惧超过对神的爱……教徒总是想，如果不履行戒律，那么神一定会惩罚他”①。

# 第四节 中国人的宗教心理

宗教是意识形态，亦是社会实体。宗教作为一个文化系统，可以实体化为宗教组织要素，也可以物化为宗教经典、论著、文艺作品和建筑物等等。但宗教这一特殊的社会文化现象所展示的外貌更深刻地对应和表现于人类自身在认知、情感、言语、行动等方面的发展。因为，任何宗教除了以其超验的纬度指向神圣者的王国以外，最终都要落实到人和人的世界。因此，由信徒构成的宗教群体的样态与质素是宗教维系其存在和谋求其发展的结构性的实在要素。研究民众的宗教心理与行为，有助于我们更深刻地揭示和展现宗教之于人类生活的意义。特别是在当代中国社会转型时期，宗教发展显露出许多宗教心理问题，亦需要给予更多的关注和客观的研究。

## 一、中国人宗教心理的研究回顾

关于国人的宗教心理，大体上可以经由西方宗教文化研究的视野和国内学者的研究两个层面予以回顾和总结。

### 1. 西方宗教文化视野中的中国人宗教心理之研究观点

西方宗教得自犹太教—基督教等一神论的传承，其宗教本怀是将人类生活区分为宗教的和非宗教的两大领域，而本质就是区别超越的神和低于神的其他一切存在、区分造物者与被造物者、上帝与世人。基督教的上帝是万能的、唯一的造物主，天地的主宰。同宗教与非宗教、神圣与非神圣的二分法的宗教观相对应，西方宗教建立起一个与周遭社会相对划清界限的区域——教区，其信徒是蒙神圣召唤而聚在一起的人群，并有庞大的宗教专职人员、宗教机关、教堂、修院与神学院等形成一个严密的宗教组织体系。同时，在西方宗教的发展过程中，宗教哲学始终是西方哲学的一部分，西方人常常从哲学的立场、以理性的论证来研究宗教信仰问题，并因此形成系统的宗教理论体系，从而使西方人的宗教信仰具有较

① ［苏］德·莫·乌格里诺维奇：《宗教心理学》，107～108页，北京，社会科学文献出版社，1989。

高的信仰素质。

从西方宗教理论与宗教信仰的模式出发，西方学者在对中国人的宗教信仰心理进行研究时，提出以下观点。

第一，认为中国是一个缺乏宗教信仰的国家，中国人的宗教意识非常淡泊。例如：英国思想家罗素（Bertrand Russell）认为，中国实际上是一个缺乏宗教的国家，中国人注重实用和现世的意义，对于超验的、彼岸的事情存而不论，因此中国人对于宗教缺乏西方人的那种严格和热情①；德国哲学家康德（Immanuel Kant）认为，宗教在中国受到冷遇，许多人不信上帝，即使信的人也很少参加宗教仪式。

第二，认为中国人缺乏宗教感情。例如：法国思想家古伯察（Régis-Evariste）认为，中国人对宗教漠不关心，中国人完全沉溺于世俗的兴趣之中，沉浸在感性的生活之中……中国人在临死时表现出惊人地冷静，没有任何苦闷，平静地走向死亡，也表明他们没有宗教感情；美国学者许烺光（Francis L. K. Hsu）认为，中国人像看待世俗事物一样看待超自然的世界，他们寻找佛或其他一些能够为受难者提供及时帮助的神或神灵，而不去寻找能够指导人们以各种方式、在各个时候拯救全人类的上帝。②

第三，认为中国人的宗教观具有现实性、功利性和契约性的特征。例如：社会学家爱德华·罗斯（Edward Alswarth Ross）指出，中国人在接受宗教之初同任何其他方面一样，追求实用……中国人将菩萨看作世界上获取利益的源泉，他们希望从菩萨那里祈求健康、好的收成、科举考试的成功、经商获利和仕途顺利③；美国宗教社会学家克里斯蒂安·乔基姆则指出，对一个精神性的观念体系的信仰绝对不是普通中国人宗教行为的动力……中国人的确是不注重宗教教义的，他们很少认为信仰某种特定的宗教教义——拒斥所有其他的教义是一件生死攸关的大事……在中国，神与人之间似乎存在着某种契约性的东西，人对神的祈求通常都伴随着某种有恩必报的允诺。④

2. 国内学界对中国人宗教心理之研究

中国学界关于中国人宗教心理之研究，有两种主要的观点。

第一，从中国传统文化的特征出发，认为中国人的人格世界中没有宗教。例如，辜鸿铭认为，“中国人不需要宗教。在中国即使一般大众也并不太看重宗教。对中国人而言，佛寺道观以及佛教、道教的仪式，其消遣娱乐的作用要远远超过道德说教的作用。……而中国人之所以没有对于宗教的需要，是因为他们拥有一

① 参见［英］罗素：《东西方文明比较》，见王正平主编：《罗素文集》，163页，北京，改革出版社，1996。

② 参见沙莲香主编：《外国人看中国人100年》，326页，太原，山西教育出版社，1999。

③ 参见上书，272页。

④ 参见［美］克里斯蒂安·乔基姆：《中国的宗教精神》，185、163页，北京，中国华侨出版公司，1999。

套儒家的哲学和伦理体系，是这种人类社会与文明的综合体取代了宗教”[1]。梁漱溟认为，中国人淡于宗教；钱穆认为，宗教是西方文化体系中的重要一项目，中国文化中，则不自产宗教；作家张爱玲也认为，中国人是没有宗教可言的，中国的智识阶级这许多年来一直是无神论者。

第二，突破西方一神论宗教模式的思维窠臼，独立地考量中国人宗教信仰心理的特征。我国当代宗教学研究者陈荣富认为，衡量一个民族、一个国家宗教信仰是浓厚还是淡薄有一个以什么作为参照系的问题。如果把西方基督教这种具有完整的理论体系、严密的组织、居于专制统治地位的一神教信仰视为“宗教信仰浓厚”，那么汉民族的宗教信仰当然是淡薄的，汉民族的确自古以来缺乏对创造和主宰宇宙万物的上帝的深沉的宗教意识。但事实上衡量一个民族、一个国家宗教信仰是浓厚还是淡薄不能离开其文明程度。宗教既然是对异己的自然压迫和社会压迫的虚幻反映，合乎逻辑的结论是：一个社会越落后，异己的自然压迫和社会压迫越严酷，宗教意识必然越浓厚。从这个意义上来讲，中华民族自古以来灾难深重，严酷的自然环境和残酷的阶级压迫使农民一次又一次地举行起义，中国历史上的农民起义是世界上次数最多、规模最大的。而历史的内在逻辑决定了起义必然以失败而告终。饱尝苦难而无力解脱、走投无路的人民必然产生宗教幻想，希冀通过这种幻想去追寻思想上的安慰和精神上的解脱，以摆脱完全绝望的处境。中国为什么存在众多的民间宗教？各种外来宗教为什么都能在中国生根？根本原因就在于中国是一个宗教意识浓厚的国家，中国有着各种宗教滋生蔓延的肥沃土壤。中国民众尤其是汉民族的老百姓浓厚的宗教意识已经到了见神就拜、见神就信的地步。不论是佛教的菩萨还是道教的玉皇大帝，不论是自家的灶王爷还是村口的土地庙，都是老百姓崇拜的对象，这在世界上的其他地方是很少见的。[2] 当然，当代宗教学者亦认为，中国人在宗教信仰的表达上确实存在着世俗化、外在化、简单化的倾向。唐君毅先生在《中西哲学思想之比较研究集》中曾对中外宗教进行比较，他指出“世界其他有宗教的民族，无不把神人关系看来比人伦关系着重，主张爱上帝的心应过于爱人的心，爱人当为上帝而爱人。然而在中国，则从来不曾有主张爱神应过于爱人，及爱人应本于爱神的学说”[3]。唐君毅先生还进一步指出，“在中国，没有与人隔绝的高高在上的有绝对权利的神的观念。于是，把神视作人一般，因而以人与人交往之态度对神”[4]。中国人在观念上没有把宗教置于支配万物的位置上，参与宗教活动的动机不是出自对崇拜对象的虔敬信奉和对超凡力量的真挚敬仰，而更多地表现为一种世俗的要求与功利目的。费孝通先生在比较中美两国人民的宗教信仰时，曾感慨地说：“我们对鬼神也很实际，供奉他们为的是风调雨顺，为的是免灾消祸。我们的祭祀很有点像请客、疏通、贿赂。我们的祈祷是许愿、哀乞。鬼神对我们是权力，不是理想；

---

① 辜鸿铭：《中国人的精神》，125 页，海口，海南出版社，1996。

② 陈荣富：《比较宗教学》，235～237 页，北京，世界知识出版社，1993。

③ 唐君毅：《中西哲学思想之比较研究集》，247～248 页，台北，学生书局，1988。

④ 同上书，245 页。

是财源，不是公道。”[1]

## 二、中国人宗教心理实证研究成果

关于中国人宗教心理的研究，台湾学者和大陆学者有各自不同的研究，近年来，形成了一些比较系统的实证研究成果。

1. 台湾学者关于宗教心理的实证研究

有关台湾汉族人的宗教信仰心理具有较为丰富的研究成果。戴维·K·乔丹（David K. Jordan）指出华人宗教信仰心理的主轴是“千层派因素”（glyphomancy factor），在此因素的影响之下，华人的宗教信仰呈现出三个特性，即宗教信仰是有条件性的（conditional）、累加性的（additive）、神明互换性的（pantheon interchangeability）。[2] 所谓有条件性是指华人的宗教信仰依附于该宗教或是信仰系统的医疗系统的有效，更确切地说，华人对于宗教系统的判断乃是根据外在的标准而不是根据该信仰系统本身来决定，而其中“医疗”的成功与否是一个人是否认同某一信仰或是宗教实践体系并继续保持忠诚的重要逻辑。所谓累加性是指由于没有任何一个单一的医疗系统可持续获得成功，大部分华人使用多种的医疗或宗教手段，而接受新的信仰不必然是要放弃原有的信仰，两者之间的关系是累加而非替代的。所谓神明互换性则是指一个人不断寻求神的帮助，当某一个神无法实现其愿望时，在亲友的介绍下他可能转而向其他的神求助，当这另外的神应验时，他便向它效忠。杜克（Duke）等人亦曾对台湾民众的宗教信仰认同问题进行研究，发现随着台湾社会现代化的进程，多数民众从一般拜拜的民间信仰转向了制度化的宗教，如佛教[3]；而佛教何以复兴，罗伯特·韦勒（Robert Weller）认为可能部分是因为佛教提供了更平等的机会，如“人人皆可成佛”的教义[4]。罗伯特·W·赫夫纳（Robert W. Hefner）则认为全球化（globalization）运动的扩展，使得地方社区的认同趋于泯灭，或者是新的世界政治经济秩序的形成使得本土认同受到破坏，使得个人的存在尊严与自我认同产生危机，这时，承诺以为个人带来新的尊严的宗教则可能获得那些习于地方性生活方式的民众的追随。[5] 戴维·K·乔丹和丹尼尔·L·奥弗迈耶（Daniel L. Overmyer）则指出，在全球化的趋势之下，宗教作为寻求本土认同的文化素质会有相当的成长，对于

---

① 费孝通：《美国和美国人》，110页，北京，三联书店，1985。

② See David K. Jordan，The Glyphomancy Factor：Observation on Chinese Conversion，Robert W. Hefner（Ed.），*Conversion to Christianity*：*Historical and Anthropological Perspectives on a Great*，pp. 285-303.

③ See James T. Duke，Barry L. Johnson&James B. Duke，Rates of Religious Conversion：A Macrosociology Study，*Research in the Social Scientific Study of Religion*，Vol. 5，1993，pp. 89-121.

④ See Robert Weller，*Unities and Diversities in Chinese Religion*，London，Macmillan，1987，p. 170.

⑤ See Robert W. Hefner，World Building and the Rationality of Conversion，Robert W. Hefner（Ed.），*Conversion to Christianity*，Berkeley and Los Angeles，University of California Press，1993，p. 27.

那些因没有接受现代教育而无法跟随社会现代化步伐以至于无法在社会中获得自尊与相对地位者，“传统主义”（traditionalism）提供另外的一条途径，而在这个世界上宗教是大部分地区提供自尊的替代路径，台湾社会传统佛教的复兴便可能具有这种意味。[①] 曾在台湾从事传教工作的英国牧师穆迪（Rev. Campbell Naismith Moody）一生专研台湾汉族人的宗教心理，特别探讨台湾民众对基督教信仰的接纳情形与理解程度，他认为台湾汉族人对有用的事物（what is useful）特别喜爱，对基督教的福音缺乏兴趣，因为很少人认为自己是“犯大罪的人”，与西方人相比，台湾汉族人普遍缺乏“幽阁意识”，对“罪”的本质丝毫不敏感，在宗教上是强烈的“现世主义者”。[②] 学者杨度堃认为在中国社会，民众信仰的认同与改变是一个平常事件，当某一个神不再灵验或是不再能够帮助当事人解决问题时，当事人便可能转信他神，这种情形可称为“交替神主义”（kathenotheism）。[③] 学者董芳苑认为台湾社会许多民众众神杂拜，有“多重皈依”的现象。[④] 台湾学界近年来对于民众的宗教信仰有一系列的研究，如徐嘉樯的硕士毕业论文《台湾宗教信仰的认同与身份》，从社会学经验调查的普遍困扰入手试图去解析关于宗教信仰的认同与身份问题。他整理了七个实证研究案例（台湾地区社会变迁基本调查第一期、台湾地区社会变迁基本调查第二期、台湾地区社会意向调查研究计划、Value System in Taiwan、台湾大学生的心理求助历程之探讨、个人宗教性——台湾地区宗教信仰的另一种观察、台北市居民文化需求之研究），然后用深入访谈的方式，去了解影响个人宗教认同的因素，并用以说明四种不同取径的宗教分类，建立了一种新的宗教分类模型——佛教取向、道教取向、民间信仰取向以及无信仰取向（其他宗教在此不予判断）。[⑤] 张茂林与林本炫 1993 年的研究报告则试图以信教、信神、拜神来确定“一度称信教”与“二度称信教”进而了解民众的宗教信仰，他们发现中国民众的宗教信仰是“仪式规范”大过“信仰规范”，因此，拜不拜神与一个人是否有宗教信仰、是否是有神论者没有直接关系，也因此可以说如何确定国人的宗教信仰认同存在相当的困难。[⑥] 吴宁远于 1999 年以《由儒家与基督宗教的认同看国人宗教认同之问题》为题也对华人之宗教认同展开研究，他认为由于台湾宗教归属的复杂性，其中包括普化现象、社群力量大于个人、民间信仰的多元性及“仪式规范”大于“信仰规范”，因此应该从宗教信仰、对神的信仰、宗教行为三个方面共同分析来取得有宗教信仰者

---

① See David K. Jordan & Daniel L. Overmyer, *The Flying Phoenix*: *Aspects of Chinese Sectarianism in Taiwan*, Princeton, Princeton University Press, 1986, p. 275.

② See Rev. Campbell Naismith Moody, *The Heathen Heart*, Edinburgh and London: Oliphant, Anderson & Ferrier, 1907, pp. 556－564.

③ 参见杨度堃：《儒家思想与中国宗教之间的功能关系》，见段昌国等译：《中国思想与制度论集》，319～347 页，台北，联经出版事业公司，1985。

④ 参见董芳苑：《探讨台湾民间信仰》，165 页，台北，常民文化事业有限公司，1996。

⑤ 参见徐嘉樯：《台湾宗教信仰的认同与身份》，台中，东海大学社会学研究所硕士论文，1999。

⑥ 参见张茂林、林本炫：《宗教的社会意象：一个知识社会学的课题》，载《中研院民族所集刊》，1993（74）。

的指标。[①] 林本炫的博士论文《当代台湾民众宗教信仰变迁的分析》又在新的资料基础上对当代台湾民众宗教信仰认同的变迁情形进行研究，他指出 20 世纪 80 年代以后台湾社会对宗教的需求突然增大，但当代台湾民众的宗教信仰认同变迁并不能看成是“从无到有”的过程，因为在信仰认同变迁者当中，“从过去的无宗教信仰而成今日的有宗教信仰者”在其中虽然占有四成左右，但更大的部分则属于不同信仰的流动重组，当代台湾宗教认同变迁的流动大致可以分为六种类型：无宗教信仰者流入到佛教，民间信仰者流入到佛教，无宗教信仰者流入到民间信仰，无宗教信仰、民间信仰以及佛教流入到一贯道，无宗教信仰者流入到基督教，基督教流入到佛教。[②] 此外，彭昌义通过对 45 名大学生的深度访谈，发现许多人学佛的背景是由民间信仰或是鸾堂善书过渡而来的。[③] 陈振盛则应用现象学的方法对单一个案进行密集访谈，发现其皈依是在生活实践中重新寻找自我定位的过程。[④] 许惠芳则运用皈依理论以传记分析的方式研究了作家苏雪林皈依基督教的过程。[⑤]

2. 大陆学者宗教心理的实证研究

改革开放三十多年，中国民众对于宗教的兴趣和宗教皈依现象均有所增加。与此相应，宗教学界和心理学界开始关注民众的宗教心理。总的来说，民众宗教心理在以下两个方面形成了比较规范的研究成果。

第一，民众趋向宗教的心理机制研究。综合学者们的研究，民众趋向宗教的心理因素主要有：“挫折心理，寻求转机；逃避心理，寻求慰藉；悔过心理，寻求宽恕；迷信心理，寻求神灵；归属心理，寻求认同；及向善心理，追求超越”[⑥]。2012 年，华东师范大学哲学系刘仲宇教授发布其《当代中国人精神生活调查》研究课题子报告之一《当代中国人宗教信仰》的实证研究成果。刘仲宇教授指出，宗教信仰仍是当代中国人精神生活的重要组成部分。当代中国人宗教需要的产生，信仰选择动机的形成，有一定的心理根源。这种心理根源，表现在宗教领域，便是中国的传统宗教佛、道两教的发展势头日益高涨，这是宗教在当今社会里还能存在与发展的重要基础。

第二，民众宗教认同心理的研究。宗教心理学关于宗教的研究强调宗教信仰者个人内在的心理活动在宗教生活中的意义，而宗教信仰对信仰者最为重要的影

---

① 参见吴宁远：《由儒家与基督宗教的认同看国人宗教认同之问题》，见郑志明主编：《儒家与基督宗教对谈》，嘉义，南华大学宗教文化研究中心，1999。

② 参见林本炫：《当代台湾民众宗教信仰变迁的分析》，台北，台湾大学社会学研究所博士论文，2001。

③ 参见彭昌义：《皈依佛教之深度访谈分析——以大学生为例》，载《应用心理学报》（第二辑），1993。

④ 参见陈振盛：《诠释自我生命经验的断裂与再生：以改变宗教信仰者为例》，高雄，高雄医学院行为科学研究所硕士学位论文，1996。

⑤ 参见许惠芳：《皈依的过程：理论与个案分析》，台北，辅仁大学出版社，1993。

⑥ 马永霞、雒焕国、张海钟：《当代中国学者宗教心理研究成果综述与评价》，载《兰州石化职业技术学院学报》，2012（4）。

响就是信仰成为个体身份认同和建构的一个重要维度。由此，宗教认同是民众宗教心理研究的一个重要视角，也成为宗教学者广泛关注的领域。梁丽萍《中国人的宗教心理：宗教认同的理论分析与实证研究》专著，采用量化与质化相结合的研究策略，对佛教徒和基督教徒的宗教信仰心理进行了实证研究。在量化研究部分，作者借助于《宗教认同趋势问卷》和《宗教认同特征问卷》对100名宗教徒（其中佛教徒与基督教徒各50名）宗教认同的建构过程、宗教认同的面向与层次以及宗教认同的呈现与形塑进行问卷调查。在质化研究部分，作者通过标准化开放式访谈对30名宗教徒（其中佛教徒与基督教徒各15名）宗教认同的建构过程、宗教认同的面向与层次以及宗教认同的呈现与形塑进行分析。通过对问卷调查与个案访谈资料的综合分析，作者将宗教徒的宗教认同过程归纳为三个基本特点：（1）不同宗教信仰类别的宗教徒的宗教认同的差异虽然具有统计学的意义，但其差别主要是由佛教与基督教两种宗教所具有的不同信仰形态造成的，而不同文化程度和不同性别的宗教徒的宗教认同的差异却更具有社会心理学的意涵。（2）宗教徒的宗教认同是一个在自我发现和自我指导中不断建构的过程，其中，宗教教义对于认同的建立起重要的媒介作用，而特定的宗教体验和宗教徒对自身宗教信仰的肯定性评价是认同维持的关键因素。（3）宗教徒的宗教认同包含着一系列的虔敬行为，是一个在自我参与中由外在认同向内在认同逐步演进的过程，宗教认同在一定范围内形塑了宗教徒生活的日常层面和人格世界，并导致“信仰人格”的逐渐萌生。宗教徒的“信仰人格”表现为信仰化的认知与情感方式，表现为以信仰规范为标尺的自我行动督导和人际互动模式，还表现为行为归因的信仰化。可以说，《中国人的宗教心理：宗教认同的理论分析与实证研究》一书对中国社会宗教徒的宗教心理与行为提供了一些新的解释架构。

宗教学者李向平在《伦理·身份·认同——中国当代基督教徒的伦理生活》一书中，以“认信、皈依、受洗”为分析框架，发现信仰选择、个人虔信程度等，是信徒的个人认同，而宗教团体与凡俗社会之间以及与其他社会团体之间的关系互动，则呈现为一种群体间的社会认同。李向平还以浙闽地区佛教徒为样本，研究佛教徒的宗教认同。李向平指出，“佛教徒的宗教认同，大抵上是私人性强而社会性弱、个人性突出而团体功能淡出”①。

另外，吴飞《麦芒上的圣言：一个乡村天主教群体的信仰和生活》、方文《群体符号边界如何形成：以北京基督新教群体为例》、张敏《基督徒身份认同：浙江温州案例》，围绕宗教认同进行了深入研究，对客观、全面地了解和理解民众的宗教心理过程和特征提供了丰富的材料。

### 本章要点

1. 心理学的宗教诠释强调人的内在经验，注重分析人类的精神意识与宗教

---

① 李向平：《“信仰但不归属”的佛教信仰形式——以浙闽地区佛教的宗教生活为中心》，载《世界宗教研究》，2004（1）。

行为之间的关系。宗教不仅作为一整套公认的社会形态对人格的发展产生作用，而且宗教作为人类的精神活动，本身亦反映了人类追求人格完善与心灵升华的倾向。

2. 宗教具有重要的心理调适功能。宗教心理调适的积极功能主要体现在：宗教具有心理慰藉作用；宗教具有一定的心理治疗功能。但宗教的心理功能并非都是积极和正向的。宗教心理调适的负面影响在于：宗教使人相信宿命，逃避现实；如果过度痴迷宗教乃至“宗教成瘾”，则可能导致人格偏执。所以，宗教与心理健康的关系是一个比较复杂的问题。

3. 宗教皈依是宗教心理学研究中是一个颇有争议的概念。皈依可以是指信仰者在自己原有的宗教团体的架构下宗教投入的增强，也可以是指从某一个宗教信仰转移到另外一个宗教信仰，或者是从无宗教信仰的背景变成强烈投入到某一个宗教信仰之中。

4. 皈依模型理论认为皈依的完成包含七个条件：(1) 紧张经验的持续；(2) 浸淫在宗教倾向的问题解决观点里；(3) 由此而将自己界定为宗教追寻者；(4) 在生命的转折点上遇到某一个宗教团体；(5) 与该宗教团体之间形成人际网络或者原本即有此人际网络的存在；(6) 对于该宗教团体的负面阻力并不存在或者其他网络的缺乏；(7) 与该宗教团体展开密集的互动，或是暴露在密集的互动之中。

5. 皈依可以分为两种类型，即突发性皈依和渐进性皈依。

6. 宗教祈祷可以分为两种类型，即请愿式祈祷与感恩式祈祷、客观祈祷与主观祈祷。

7. 宗教情感是与宗教信仰相联系的，是人们对超自然力量及其象征物所产生的一种体验。它是在宗教环境中培植，在宗教礼仪中逐渐熏陶出来的一种特殊心理状态。

8. 宗教情感作为对超自然力量及其象征物所产生的一种体验，随着宗教信仰对象的不同，其表现形式会有差异。但就其共性而言，典型的宗教情感有六类：对神灵权威的敬畏感、对神灵万能的惊异感、对神灵存在的依赖感、对神灵审判的罪恶感、对神灵交往的神秘感和期待感以及对宗教理想的虔诚感。

9. 宗教情感的变化发展大致可以分为三个阶段：第一阶段，宗教情感处于紧张状态，且主要表现为消极性的体验；第二阶段，宗教情感的高潮状态；第三阶段，宗教情感的相对平静状态，这时，信仰者的心灵清醒、精神放松，人也变得轻松、愉快，积极的宗教情感开始占主要地位。

10. 宗教情感的特点是：首先，宗教情感是对特殊的“宗教信仰对象”的倾向性；其次，宗教情感常有一个从消极转为积极的过程。

### 基本概念

宗教的心理学意涵　宗教的心理功能　宗教与心理健康　宗教皈依　皈依模型　突发性皈依　渐进性皈依　宗教祈祷　请愿式祈祷　感恩式祈祷　客观祈祷

主观祈祷　宗教情感

**复习思考题**

1. 说明宗教的心理学意涵。
2. 说明皈依模型的基本内容。
3. 说明宗教祈祷的种类及其心理效应。
4. 说明宗教情感的变化发展规律。
5. 说明宗教情感的特点。

**推荐阅读书目**

[苏] 德·莫·乌格里诺维奇. 宗教心理学. 北京：社会科学文献出版社，1989.

[美] 罗德尼·斯达克，罗杰尔·芬克. 信仰的法则——解释宗教之人的方面. 北京：中国人民大学出版社，2004.

[美] 克里斯蒂安·乔基姆. 中国的宗教精神. 北京：中国华侨出版公司，1999.

[加] 李安德．超个人心理学．台北：桂冠图书公司，1992.

梅多，卡霍. 宗教心理学. 成都：四川人民出版社，1990.

世瑾．宗教心理学．北京：知识出版社，1989.

[美] 斯塔伯格．宗教心理学．台北：桂冠图书公司，1997.

[美] 威廉·詹姆斯．宗教经验之种种——人性之研究. 北京：商务印书馆，2002.

Beit-Hallahmi B，Argyli M. The psychology of religious behaviour，belief and experience. London and N. Y.：Routledge，1997.

Goodnick E R. The psychology of religious experience. New York：Basic Books，1965.

第十二章

# 性别社会心理

# 第一节
# 导论

## 一、为什么要引入性别视角

从社会学的角度看，经过社会化后，人由生物人成为社会人。如果加上性别的角度，人在成长中，其生物性别（sex）也不断具有/被赋予社会的含义，直至形成社会性别（gender），人成为性别人——由男性成为男人，由女性成为女人。本章以社会学为基础，对性别人的社会心理（简称“性别社会心理”）进行探讨。

社会心理学已有百年发展史。其间，尽管存在许多研究方法和理论，诸多流派争论不断，但有两大关键理论主张一直在社会心理学界得到普遍认同。这两大关键理论主张是：

（1）人的行为受到环境，尤其是社会环境的强烈影响。而这一社会环境具有多种形式，包括真实的存在和人们的想象。

（2）以自己所在的社会大背景（social context）为基础，人们对自己所处的社会环境进行构建（construal）和解释。[①]

由这两点出发，在性别视角下，我们可以推论：

（1）人的性别角色行为受到环境，尤其是社会环境的强烈影响。而这一社会环境具有多种形式，包括真实的存在和人们的想象。

（2）以自己所处的社会大背景为基础，不同性别者对自己所处的社会环境进行构建和解释。

事实上，性别作为一种社会历史、社会文化和现存的社会制度（social system）——一种社会大环境，确实极大地影响着不同性别者。人们需要根据性别规范确认自己的性别角色身份和行为，建立与其他性别间的社会联系，如农业文明中的男耕女织、男婚女嫁。而不同性别者确实也会依据自己的性别定位，对自己和他人的性别身份和行为进行构建和解释，乃至对整个社会结构和功能进行构建和解释，如对柔性男子和刚性女子的排斥、职业的性别隔离[②]等。

---

① 参见［美］阿伦森等：《社会心理学》（第5版），2～16页；［美］戴维·迈尔斯：《社会心理学》（第8版），1～7页，北京，人民邮电出版社，2006。

② 社会心理学意义上的“职业的性别隔离”指的是在性别刻板印象的导向下，当某一性别更多地认为/被认为适合从事某一职业、有能力/条件担任某一职务时，职业及职位的性别分布中出现和存在的性别集聚和疏离现象。如炼钢工人以男子为主，纺织工人以女子为主；同为医务工作者，医生以男子占大多数，护士以女子占大多数；在行政管理岗位上，职位越高，妇女所占的比例越低。

只是，在传统的社会心理学领域，性别往往被模式化了，被打上了“天生”和“天然”的烙印；不同性别之间，也往往被割裂成相对立的两部分，如男刚女柔、男强女弱等。妇女、两性人、同性恋者、变性人等弱势性别群体的经验和心路历程更是或被边缘化或遭贬低或处于“失语”、“失声”的状态。一些西方女性主义社会学家曾针对男性主流社会学进行批判：

（1）社会学一向以研究男人为重，并隐含了为男人说话的理论。

（2）将以男人为样本研究的结论推向全体人类。

（3）经常漠视或贬低妇女关切的领域与议题。

（4）在对妇女进行研究时，常常以性别歧视的方式将她们加以扭曲后呈现。

（5）很少将性（sex）和性别（gender）作为重要的解释变量。

（6）从性别的意识形态（ideology of gender）来看，这个世界以特定的方式被加以建构，使得我们以某种假定来解释男女之间的差异。①

这不仅是对妇女的不公平和不公正，也影响了社会学的学科发展。性别心理学家桑德拉·贝姆（S. L. Bem）论及心理学有关性别的研究时指出，心理学对于性别的研究有三个潜在假设：（1）性别极化（gender polarization）；（2）男性利益中心主义（androcentrism）；（3）生物本质主义（biological essentialism）。在这一框架下的分析往往强调性别之间的对立而不是相互的交融，强调个体而不是环境，强调生物基础或早期社会化而不是在社会架构中的当前两性具有的不同和不平等的地位处境。将差异看成是固定的而不是变动的，这无疑是将一个复杂的问题过于简单化了。② 上述西方女性主义者对男性主流社会学和男性主流心理学的挑战也适用于传统的社会心理学。

因此，以性别为视角，融入弱势性别群体的经验和感受，在社会心理学领域进行新的探讨，推进社会心理学的学术空间不断由平面走向多维，学术内容不断从简单走向多样，当是社会心理学界的一大任务。

## 二、性别社会心理学的定义与核心内容

### （一）性别社会心理学的定义

一般认为，社会心理学是“探讨人们的思维、情感及行为如何因他人真实或想象的存在而受到影响的科学研究”。“社会心理学介于两个与它关系最密切的学科——社会学和人格心理学之间。它和社会学一样重视情境和整个社会影响行为

---

① See Pamala Abbott, Claire Wallace & Melissa Tyler, *An Introduction to Sociology: Feminist Perspectives*, Second Edition, London and New York, Routledge, 2005, pp. 9-10.

② See K. Deaux & B. Major, Pulling Gender into Context: An Interactive Model of Gender-Related Behavior, *Psychological Review*, 1987 (94), pp. 369-389. 转引自杨宜音、王甘、陈午晴、王俊秀：《性别认同与建构的心理空间：性别社会心理学视角下的互联网》，见孟宪范等主编：《转型社会中的中国妇女》，北京，中国社会科学出版社，2004。

的方式，但又更重视导致个体易受社会影响左右的心理因素。它和人格心理学一样强调个体的心理，但强调的不是个体差异，而是使大多数人都会受社会影响左右的心理过程。”① 鉴于此，再结合社会心理学的两大核心主张，我们可以将作为社会心理学一个分支学科的“性别社会心理学”（gender studies in social psychology）定义为：探讨拥有某种性别身份者之思维、情感及行为如何受到社会和个体的性别建构、社会的性别结构以及其他性别身份者真实或想象的性别存在的影响并与之互动的科学研究。并且，显然，性别社会心理学研究也有两个关系最密切的研究领域——作为社会学分支学科的性别社会学（gender studies in sociology）和作为人格心理学分支学科的性别人格心理学（gender studies in personality psychology）。介于这两个学术研究领域之间，性别社会心理学与性别社会学一样重视包括历史、文化、经济、政治等等在内的社会大背景和大环境与人们性别行为之间的互动及互动方式，但又更关注性别身份拥有者与社会和他人互动及互动方式选择的性别心理因素；与性别人格心理学一样，强调性别个体的性别心理及形成和存在，但注重的不是个体差异，而是性别身份拥有者与社会和他人互动的性别心理的社会性过程（见表 12—1）。

**表 12—1　　性别社会心理学与相关学科领域的比较**

| 性别社会学 | 性别社会心理学 | 性别人格心理学 |
| --- | --- | --- |
| 探讨社会与不同的性别群体之间的互动及互动方式，研究社会与性别互动的一般规律。 | 探讨性别身份的拥有者与社会和他人互动及互动方式选择的性别心理因素，研究不同性别身份拥有者与社会和他人相互影响和作用的共同的性别心理社会性过程。 | 探讨个体的性别心理及其如何形成和存在，研究性别个体得以与其他性别个体相区别的性别人格特征。 |

资料来源：［美］阿伦森等：《社会心理学》（第 5 版），9 页。

以近年来出现的女大学生就业难现象为例。性别社会学领域较多的研究重点可以是社会的性别结构对女大学生就业行为的建构，传统性别分工规范、市场经济导向、国家政策的短缺等等对女大学生就业的不利影响，以及女大学生因生理特征和知识面、执行能力等的不足导致的职业竞争力不足等。与之相比，性别社会心理学在关注上述议题的同时，会更重视探讨造成女大学生就业难的性别心理因素——作为女性这一性别群体，女大学生如何和为何自认为/被认为更适宜或更应该从事某种职业、在某地就业等而导致就业竞争力减弱，以及这一性别心理如何和为何存在和发生作用。性别人格心理学的研究可能会注重人格特征在女大学生就业难中的决定性作用。与之相比，性别社会心理学虽然也认识到人格特征在女大学生择业及由此产生的就业难中的重大作用，但它更看重的是女大学生作为一个性别群体在择业过程中（包括女大学生择业和用人单位择人）与社会的性别建构、社会结构的性别规范功能进行的心理互动以及过程和结果，以及这一结

① ［美］阿伦森等：《社会心理学》（第 5 版），3、9 页。

果内蕴的对女大学生作为/被作为妇女性别群体中的高学历青年群体和高学历青年群体中的妇女性别群体这一双重性别身份者的价值定位、心理认同等社会心理学意义。

## （二）性别社会心理学的核心内容

在社会心理学的框架内，性别社会心理学包括以下三大核心内容。

第一，有关性别的社会观念。

其中包括：（1）我们对拥有性别身份的自我和他人的感知和认识，我们对性别、性别结构、性别制度、性别身份和性别关系的基本理念；（3）我们对已有的性别、性别结构、性别制度、性别身份和性别关系的判断；（4）基于这一判断和基本信念，我们有关性别、性别结构、性别制度、性别身份和性别关系的态度、呈现和表演。

第二，有关性别的社会影响和回应。

其中包括：（1）源自基因、生物和生理因素的社会影响和回应；（2）基于历史、文化等社会传统的影响和回应；（3）基于经济、政治等社会现实的影响和回应。

第三，有关性别的社会关系。

其中包括：（1）性别偏见和歧视；（2）性别矛盾和冲突；（3）性别攻击和伤害；（4）性别吸引；（5）性别亲密；（6）性别相助和互利；（7）性别沟通和和解；（8）性别和谐。

而这三大内容至少涵盖以下若干重要的观点：

（1）性别存在和活动于一定的社会—文化场域中，且受这一场域的历史和现实因素的巨大影响。

（2）个体对所处的性别背景和环境有自己的构建和解释能力，因此，拥有性别身份的个体所存在和活动的社会场域是其透过自身认知和自身观念而摄取和解释过的社会场域。

（3）性别及其行为（包括性别印象、性别形象等）是社会背景和环境与个体解释力和构建力等两者合力作用的结果。

（4）社会—个体的合力对性别及其行为具有强大的作用力和影响力，不仅可以使之形塑、模式化，也可以对其改型、去模式化直至转型。因此，性别及其行为具有较大的可变性和可变动空间。而性别在此也可以被分解为三个互动因素：一是作为自我的个体，其具有性别自我概念和对情境的活动目的；二是作为他人的个体，其具有性别信念系统和预期；三是可以使性别因素凸显或隐匿的情境。①

（5）性别的社会属性依附于性别的自然属性（基因、生物、生理属性）。同

---

① See K. Deaux & B. Major, Pulling Gender into Context: An Interactive Model of Gender-Related Behavior, *Psychological Review*, 1987 (94), pp. 369-389. 转引自杨宜音、王甘、陈午晴、王俊秀：《性别认同与建构的心理空间：性别社会心理学视角下的互联网》，见孟宪范等主编：《转型社会中的中国妇女》。

时，两者之间相互影响、相互作用：自然因素在社会—文化背景下起作用，社会—文化因素则以自然为基础施加影响。①

正如合适的社会心理学原理可以应用于日常生活一样，合适的性别社会心理学的重要观点也可以在日常生活中加以应用（见图 12—1）。

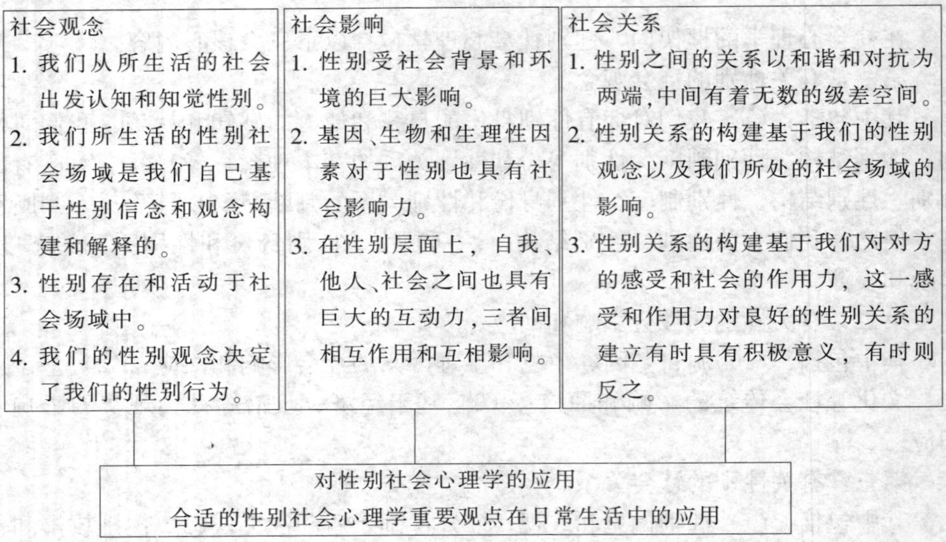


**图 12—1　性别社会心理研究的若干重要观点***

*本图参考了［美］戴维·迈尔斯：《社会心理学》（第 8 版），4 页，“社会心理学中的重要观点”图。

# 第二节 性别社会心理学的研究

作为科学研究的组成部分，学术研究也经常自认为和被认为是纯客观的，学术研究者在研究过程中也经常自认为和被认为是“无价值倾向”或“零价值取向”的。然而事实上，“科学是一项由人构建的事业，个人的观点不可避免地掺杂其中，而这些观点又受制于不同的个人经历。个人经历使人们对同样的问题会有不同的敏感区域”②，进而导致人们在研究课题的建立、研究的设计、研究资料的分析、研究观点的建构与阐释等方面有不尽相同乃至差异极大的倾向。如对

① 参见［美］戴维·迈尔斯：《社会心理学》（第 8 版），125～150 页。

② ［美］玛丽·克劳福德、罗达·昂格尔：《妇女与性别——一本女性主义心理学著作》，35 页，北京，中华书局，2009。

于职业妇女工作家庭双重压力这一社会现象，关注妇女社会职责者会更多地看到家庭重任对职业妇女的身心压力及由此产生的对职业成功的不利影响；关注妇女家庭职责者会更多地看到职业重任对职业妇女的身心压力及由此产生的对妻职母职的不利影响。因此，纯客观的学术研究和“无价值倾向”/“零价值取向”的研究者是不存在的。在进行性别社会心理学议题的研究时，我们必须对一切性别偏见和性别刻板印象保持高度的警觉，注意到已有的研究中存在的对弱势性别群体的歧视、轻视、漠视、忽视和无视，努力减少对不同性别的不公平对待和不公正对待，向以性别平等为基础的性别社会心理研究迈进。

## 一、性别偏见影响问题

要认识到我们在选择和确定研究课题的时候，往往存在着性别偏见的误导，弱势性别群体的经历和经验大多是被遮蔽的。如在进行职业家庭双重压力的研究时，更多的研究者关注的是妇女而不是男子，其暗含的性别预设是职业、家庭职责双肩挑对妇女来说是一个“问题”，而对男子则不是，尽管现实并非如此。又如，有关犯罪心理的研究，往往以男性犯罪者的样本推论总体，其逻辑前提是绝大多数罪犯是男性。但女性的犯罪心理具有自己的特征，因此，即使女犯在犯罪者总体中只占少数，其心理特征也不应被男性犯罪者所替代和遮蔽。再如，尽管同性恋已被排除在“精神疾病”之外，但有关同性恋者的研究仍更多属于“问题研究”，而有关同性恋者的研究绝大多数是针对男同性恋者的。这表明，研究者在确立这类研究题目时，更多地或仍认为同性恋者是“有问题者”，或忽视、无视女同性恋者的存在，这些无疑都是性别偏见的表现。

因此，我们在选择和确定研究课题时，必须努力克服性别偏见的影响，要揭示和显现弱势性别群体被压抑的认知。对此，可以从两个方面入手：一是在先提出一个观点或理论假设，然后进行验证的“求证式”研究时，在观点或理论假设形成后，从其他性别群体的视角和立场出发进行一番检验，以尽量减少性别偏见和强势性别群体的盲点；二是更多地进行“探索式研究”，即提出一个简略的观点，然后在调查研究过程中，用新发现和认识的性别知识和性别经验不断加以补充，甚至予以推翻，重新建构，直至逐渐成为某一较为充分的理论或理论观点。相比较而言，“求证式”研究难免会更多地受制于研究者个人经历和经验，以及前人的研究成果；“探索式”研究更具开放性，有更大的容纳空间，能获得更多的发现，对于性别社会心理学的推进更加有力和有利。

## 二、实效性问题

在进行研究设计时，要注重方式、指标、比较对象等的针对性、适用性和有效性。这一针对性、适用性和有效性与性别相关，也和与性别相交互的其他社会身份，如阶级、民族、职业、受教育程度、婚姻、生育、性倾向等等不可分割。例如，即使在当今中国，用面对面问卷调查的方法进行性行为调查，还是会遭到仍具有较高性羞涩/羞耻感的绝大多数中国人的抵制，而调查中使用的“性高潮”、“性生活”之类的学术用语更会使许多农村被调查者茫然不知所云，在曾进行的有关婚姻家庭的调查中，就不止一次地遇到过被调查者将“性高潮”、“性生活”理解为“建设新高潮”、“农村新生活”加以回答的事例。又如，在以“对国家领导人的知晓度”、“参加选举率”、“向上级领导/部门反映情况”等为指标进行的参政态度和参政行为的研究中，农村妇女大多以低知晓度、低选举度、低反映率而被认为参政态度不积极、参政行为不主动。事实上，在中国社会—文化情境中，妇女，尤其是农村妇女往往以小巷舆论/村庄舆论、闲言碎语、幕后策划、亲情支持、姻亲发动、网络议论乃至“枕边风”的形式积极主动地参政议政，参政实力不可低估。已有的测量指标将“对国家领导人的知晓度”、“参加选举率”、“向上级领导/部门反映情况”等作为常态指标，显然忽视了其对农村妇女的针对性和有效性。此外，某一性别群体的特征是在与其他性别群体的比较中凸显出来的。因此，不同群体间的比较和合适的比较对象的选择也是十分重要的。例如，如果有关少数民族妇女的研究缺少与少数民族男子和汉族妇女的比较，“少数民族妇女心理—行为特征”之类界定的可信度就是比较低的。再如，进行妇女怀孕心理研究时，是以妇女怀孕前后进行比较还是将怀孕妇女与未怀孕妇女进行比较，抑或是以妇女生育前后进行比较，是国别比较还是地区比较，抑或是不同民族间的比较，是不同文化间的比较还是不同文明阶段的比较，如此等等，得出的结论是迥然相异的。如果不对比较对象进行有针对性选择和有效性的限定和说明，研究成果的可靠性也会受到质疑。进一步来看，研究方法、指标、比较对象等的选择和设定、排序，也折射出研究者在该选题研究中的价值定位——何者为重，何者优先。

## 三、方法问题

实施研究过程中，我们在选择某一适宜方法的同时，也要认识到不同方法的长处与短处，尽量使用多样化的方法，扬长避短、取长补短，尽可能有利于更广泛更深入的学术考察和理论探究。尤其是对于长期处于“沉默”状态的底层、边缘、草根性别群体的研究，更需要以性别立场为基础，采用多样化的方法，直至开创一种新的方法。

具体来说，社会心理学的研究方法有三：观察法、相关法、实验法。其具体区别如表 12—2 所示。

**表 12—2　　社会心理学研究方法的区别**

| 方法 | 重心 | 回答的问题 |
|---|---|---|
| 观察法 | 描述 | 现象的本质是什么 |
| 相关法 | 预测 | 如果 X 存在，我们可以预测 Y 吗？ |
| 实验法 | 因果关系 | 变量 X 是变量 Y 的原因吗？ |

资料来源：［美］阿伦森等：《社会心理学》（第 5 版），25 页。

作为社会心理学的分支学科，这三大方法当然也适用于性别社会心理学研究，但我们必须明晰其各自的优势与不足。例如，在一次“中国女性主义者与女同性恋”会议上，一对女同性恋者谈到了她们刚举行过的婚礼。当在场的非女同性恋者提议为这一对“新婚夫妻”祝贺时，她俩认真地纠正道：“我们是一对新娘。”[①] 这无疑打开了在场的不少女性主义者的研究和行动视角，使之得以纠正原有的同性恋刻板印象和同性恋偏见。而这一通过观察法获得的女同性恋行为的知识是难以通过相关法中的“问卷调查”方法获得的。但从另一方面看，“一对新娘”而非“一对新婚夫妻”，只是这一对女同性恋者的配偶观念。如果要了解这一观念是否具有普遍性，个案不能推论总体，必须对女同性恋者和女同性恋配偶总体进行随机抽样调查，才能得出能够推论总体的结论。由此可见，在性别社会心理学研究中：观察法的优势是发现新的/被遮蔽的知识和经验，不足之处是难以推论总体；相关法的优势是能把握总体和整体，不足之处是不同的差异容易被遮蔽，被遮掩的知识难以被发现。

进一步看，对底层、边缘、草根性别群体心理—行为的研究，能不断开拓我们的思考疆界，改善我们的知识结构，充实我们的性别经验库，进而为创造新的研究方法打下良好基础。例如，时为香港科技大学副教授的潘毅博士通过亲自到工厂当“打工妹”，参与、体验“打工妹”的打工生活和心路历史，提出了一个新观点，即梦魇、尖叫是处于社会底层的打工妹的一种进行阶级和性别抗争的次文体。[②] 这不仅为“打工妹”研究提供了一种新的理论观点，也使得“参与法”突破了“旁观者的观察”这一限定，生成出一种新的方法——“如当事人般感同身受”的体验法。

# 第三节
# 性别的存在与呈现

## 一、性别存在

在日常生活中，人们常说，世界上只有两种人——男人和女人。然而，无论是在自然科学领域还是社会科学领域，这一常识都会被认为过于简单和笼统。

科学研究表明，人类的性别存在是十分复杂的。就人——任何个体的性别决

① 这次会议由中国社科院哲学所邱仁宗研究员举办。本章作者参加了这次会议，参与了这一值得深刻反思的过程。

② 参见潘毅：《开创一种抗争的次文体：工厂里一位女工的尖叫、梦魇和叛离》，载《社会学研究》，1999（5）。

定过程来说，它至少包括七个阶段。以纯女性（female）和纯男性（male）为例，这七大阶段如表 12—3 所示。

表 12—3　性别决定过程的七大阶段*

| 阶段 | 女性 | 男性 |
|---|---|---|
| 第一阶段：性染色体 | XX | XY |
| 第二阶段：生殖—性腺 | 卵巢 | 睾丸 |
| 第三阶段：生殖—性腺激素 | 雌性激素 | 雄性激素 |
| 第四阶段：内部附属器官 | 输卵管、子宫 | 输精管、精囊 |
| 第五阶段：外部生殖—性器官 | 阴核、阴唇、阴道口 | 阴茎、阴囊 |
| 第六阶段：性别标签 | 女性 | 男性 |
| 第七阶段：养成的性别 | 女性气质 | 男性气质 |

*原文中第一阶段为“染色体”、第二阶段为“生殖腺”、第三阶段为“生殖腺激素”、第五阶段性为“外部生殖器”。

资料来源：［美］玛丽·克劳福德、罗达·昂格尔：《妇女与性别——一本女性主义心理学著作》，255～256页。

由此可见，人的性别存在至少具有五个维度：（1）基因性别——根据染色体决定的性别；（2）生物性别——根据生殖—性腺激素[①]决定的性别；（3）生理性别——根据生殖—性器官决定的性别；（4）心理性别——根据个体性别的自我认知而决定的性别；（5）社会性别——社会—文化对于不同性别的价值定位、角色分工、行为规范等的规定及人们对于这一规定的内化和内化过程。

就人的性别存在的五大维度而言：

（1）每一维度本身具有相当的稳定性，但并不是一成不变或不可变化的。例如，在一般情况下，男女体内的雌雄激素比例保持某种稳定性，但也会因自然或非自然原因（如人工注射）引起雌雄激素比例水平的变化，进而导致个体第二性特征的变化（如男人乳房泌乳或女人喉结突出）。

（2）每一维度内部存在较大的差异和区别，但并不是不可逾越或截然分开的。例如，一般而言，异性恋者和同性恋者的性倾向完全不同，但在特定的单性别环境中，会出现境遇性同性恋者，而境遇性同性恋者一旦离开这一特定的环境，又会转换为异性恋者。再如，无论男女，都有坚强如钢（被传统文化定义为“男性气质”）和柔情似水（被传统文化定义为“女性气质”）的时候，甚至无论男女的生殖—性腺都分泌雌、雄两种激素，只是比例水平不同而已。对此，中国文化中的“阴阳同体”、“阴阳共生”概念做了最简洁明了的解释。

（3）与科技、文化的变化相伴随，每一维度都处在不断变化的过程中。例如，基因医学的发展使得性别的改变不仅仅是器官、气质特征的改变，甚至可以

① 对于卵巢、睾丸相对应的总命名及分泌的激素、相关联的器官的命名，学术界有“生殖腺”相对于“性腺”、“生殖腺素”相对于“性腺素”、“生殖器官”相对于“性器官”之分。本章认为，以“生殖”命名，偏重于功能，更多地具有工具主义的倾向；而以“性”命名，偏重于感受和体验，更多地具有享乐主义的倾向。因此，此间以“生殖—性”合并称之，以示某种程度的综合。

是性染色体水平上的改变。再如，以蒸汽机为代表的工业革命、以电力的广泛应用为代表的科技革命和以互联网为代表的信息革命，一次比一次更为猛烈地击打着传统性别制度对男女两性的价值定位、角色分工和行为规范，夹着公文包的职场“女强人”和围着围裙的“家庭主夫”逐步扩展了自己的生存空间和社会认可度。又如，随着酷儿理论的出现、发展和传播，同性恋、双性恋、易装者、双性人、变性人等性少数群体的生存逐步趋向常态化。此外，在20世纪90年代初，同性恋也在《精神病诊断大典》中被删除，不再被认为是一种精神疾病——一种病态的、反常的性倾向。

（4）这五大维度间有相当的紧密性和关联性，但并不是不可分割和不可自我呈现的。例如，女性（female）常常与女人（women）、女人味（femininity）、女人行为，男性（male）常常与男人（man）、男子气（masculinity）、男人行为联系在一起。然而，我们可以看到，在摩梭文化中，年长的妇女而不是男人是家庭和社会中的权威人士，其更具果断、刚强、独立等心理特质，而这些心理特质在汉文化中归属于男人。再如，在并不视这个世界为黑与白、男与女、善与恶绝对两分，也不将性别认同、性角色与生物的特征等同的北美印第安社会中，女性较容易扮演传统男性的角色并且如男人般生活：在育空地区（YuKon），拒绝婚姻和生育子女的妇女，常常作男人装扮并参与狩猎活动，苏族（Sioux）的妇女也是如此，她们成为战士并且和女人结婚；在加拿大的卡斯卡族（Kaska）印第安家庭中，父母会将其中的一个女儿抚育为战士，她则会和其他女人发生性行为，并且，如果她与男性发生性接触，则会被认为将破坏她在狩猎中的运气。而事实上，这些扮演成男人并如男人般与女人成婚的妇女并非是西方文化认知中的同性恋者。[①] 摩梭妇女的心理特质和北美印第安妇女的性别行为与主流文化所界定的女性——“女人—女人味—女人行为”——和男性“男人—男子气—男人行为”完全不同，表现出一种较为独立的自我存在和呈现。

进一步看，即使是天然（nature）性别，也不只有纯男和纯女之分。科学研究表明，在基因性别水平上，存在X染色体或Y染色体缺失或多余的少数人群。其中，女性中存在只有一个X染色体的情况，该症状被称为特纳氏综合征（Turner's syndrome），拥有者被归为45，XO类型，她们被定义为女性，但实质上她们只有外部生殖—性器官与女性类似，其在新生儿中的发生率大概在1/2 000～1/5 000。而男子中，存在拥有XYY染色体者和XXY染色体者。一项实验表明，多一条Y染色体的男子并未比多一条X染色体的男子更具进攻性。在生物性别和生理性别水平上，存在患先天性肾上腺皮质增生症（congenital adrenal hyperplasia，CAH）的女性和患雄激素不敏感综合征（androgen insensitivity syndrome，AIS）的男性。其中，前者在出生前受到大剂量男性化激素影响（如母亲为保胎而注射），出生时，性染色体和内部生殖—性器官均属女性，

① 参见［英］薇妮莎·贝尔德：《性别多样化——彩绘性别光谱》，64～66页，台北，书林出版有限公司，2003。

但外部生殖—性器官具有男性化特征，在新生儿中的发生率为 1/5 000～1/10 000；后者出生时内部生殖—性器官与普通男性类似，不完全型 AIS 患儿具有男性染色体模式，但其外部生殖—性器官与女性相似，对睾丸激素完全没有或没有完全的感受性。

用通俗的语言来说，如果存在着纯男人和纯女人的两端，即使用绝对自然性别来衡量，在这两端的中间至少也分布着假男真女性、半男半女性、假女真男性这三种类型的性别（见图 12—2）。

| 男性 | — | 假女真男性 | — | 半男半女性 | — | 假男真女性 | — | 女性 |
|---|---|---|---|---|---|---|---|---|

**图 12—2　自然性别分布图**

可以将纯男性、纯女性称为单性人，将假男真女性、半男半女性、假女真男性称为双性人，而直至今天，在大多数文化中，双性人的生存权利被剥夺，不得不以某种“人造性别”的单性人模式生活于世。20 世纪 90 年代以来，在国际上，双性人的生存权开始被提出，双性人成立了自己的组织，主张废除所有对婴儿的生殖器整形手术①，争取自身的生存和发展权利。

综上所述，人的性别存在至少有五个维度：基因性别、生物性别、生理性别、心理性别、社会性别。人的自然性别的存在，至少有五大类型：纯男性、假女真男性、半男半女性、假男真女性、纯女性。而任何性别维度内部的性别存在，即使是自然性别的存在也受到社会情境和自我构建的共同影响。可见，各类因素的交互影响和作用，使得人的性别存在十分繁复和庞杂。今天，当人们认识到这一点并认同各种性别存在的平等性即各种性别的人生而平等时，一个新的词语——“性别光谱”（a diverse spectrum of sex/gender）就产生了。

“性别光谱”一词的含义为：性别的存在如同光谱（spectrum）一样是一个连续性统一体，其内部是相融的、渐趋的、多样化的、丰富多彩的，没有正常异常、高低贵贱之分，这一术语已被人们开始用来描述、形容人类的多样化性别存在了。

## 二、性别呈现

性别呈现以性别形象和性别想象最为突出。

从人力资源对社会的推动力看，人类社会经历了生殖力社会、体力社会、智能社会这三个阶段。② 其中，在生殖力社会，由于对人力数量的需求和对于生育机制的蒙昧，女人因生殖力优势成为优势性别，有关女人的性别形象和想象是

① 参见［美］玛丽·克劳福德、罗达·昂格尔：《妇女与性别——一本女性主义心理学著作》，271～304页。

② 有关生殖力社会、体力社会和智能社会的划分及性别价值的定位参见王金玲：《性别文化及其先进性别文化的构建》，载《浙江学刊》，2003（4）。

"女神"。不同地区考古发掘出土的相类似的巨乳肥臀女神雕塑像便是一证。在体力社会，随着工具的改进和生育机制的逐渐被知晓，女人因生殖对其体力产生的不利影响，转而成为劣势性别，而男人则凭借体力的优势一跃成为优势性别，"女神"改变性别成为"男神"——有关男人的性别形象和想象，女人则成为柔弱、被动、顺从、善于照料他人的"女奴"——有关女人的性别形象和想象。伴随蒸汽机的一声长鸣，人类社会进入以人的智力和能力为社会推进力的智能社会。就总体而言，不同性别的人智能各有长短，性别难以继续作为判断优劣的标准，从此社会进入了"人"的时代，男人和女人不再以"神"或"奴"的形象出现，也不再被想象为无所不能的"神"或无所能的"奴"。

相较于延续时间最长，但也离今天更远，其影响在今天大多只是以遗迹、残迹、文化基因等的形式发挥着作用的生殖力社会，体力社会离今天较近，甚至不少地区今天仍处在以体力为社会主要推动力的发展阶段，因此，体力社会的性别制度仍在我们的日常生活中发挥着重要作用。体力社会的性别形象和想象作为性别刻板印象出现和存在，是我们有关性别形象和想象的主要模式。从表 12—4 所列当今有关男女两性的常识性角色定位中，我们可以看到体力社会的性别规范拥有的重大影响力。

**表 12—4　　男女两性的性别角色定位**

| | 男 | 女 |
|---|---|---|
| 性别角色类型 | 男人 | 女人 |
| 性别角色价值 | 高 | 低 |
| 性别角色分工 | 以社会为主，生产者的角色 | 以家庭为主，再生产者的角色 |
| 性别角色责任 | 养家、卫国、领导 | 持家、生育、执行 |
| 性别角色形象 | 高大、果敢刚强、独立自信、积极理性 | 温柔低弱、敏感寡断、依赖顺从、感性被动 |

而在心理学/社会心理学有关个人对男女两性的性别刻板印象的调查数据中，我们也可以轻而易举地看到体力社会性别想象的烙印，以及这一烙印的深刻性：一份 20 世纪 60 年代的研究调查和一份 20 世纪 80 年代的研究调查比较显示，历经 20 年，有关男女两性的刻板印象并未发生大的变化（见表 12—5）。

**表 12—5　　有关男女两性的性别印象**

| | 男性 | 女性 |
|---|---|---|
| 20 世纪 60 年代 | 强烈的攻击性 | 喜欢聊天 |
| | 强烈的独立性 | 做事得体、分寸感强 |
| | 情绪稳定、不外露 | 雅淑温柔 |
| | 客观性强 | 对他人的感情十分敏感 |
| | 不易受外界影响 | 虔诚笃信 |
| | 支配感强 | 陶醉于自己的容貌 |
| | 十分爱好数学和科学 | 起居方面清洁干净 |

续前表

| | 男性 | 女性 |
|---|---|---|
| 20世纪60年代 | 在一般情况下能够临危不惧 | 文静 |
| | 好动、竞争力强 | 对安全有强烈的需要 |
| | 逻辑性强 | 欣赏艺术和文学 |
| | 谙于处世 | 善于表达脉脉温情 |
| | 善于经商 | |
| | 直率 | |
| | 路路通 | |
| | 感情不易受打击 | |
| | 冒险精神强 | |
| | 能够果断地做出决定 | |
| | 从不吵吵闹闹 | |
| | 往往以领导者自居 | |
| | 自信心强 | |
| | 对于攻击性行为往往满不在乎 | |
| | 抱负宏大 | |
| | 能严格地区分理智和情感 | |
| | 无依赖感 | |
| | 从不因相貌而自负 | |
| 20世纪80年代 | 进取心强 | 温柔 |
| | 不擅长表达感情 | 爱哭 |
| | 喜欢数学和科学 | 喜欢艺术和文学 |
| | 世俗 | 不说脏话 |
| | 有野心 | 圆滑 |
| | 客观的 | 宗教的 |
| | 有支配欲的 | 对自己的外表感兴趣 |
| | 能干的 | 注意他人的感受 |
| | 逻辑性强的 | 对安全有强烈的需要 |
| | 行动像个领导 | 多话 |
| | 独立的 | 有清洁习惯 |
| | | 依赖的 |

资料来源：有关20世纪60年代的资料来自［美］海登、罗森伯格：《妇女心理学》，85页，昆明，云南人民出版社，1986。原表的标题为："刻板化的个性特征：美国人一般认为以下是男子和女子的性格特征"。有关20世纪80年代的资料来自［美］泰勒等：《社会心理学》（第10版），349页，北京，北京大学出版社，2004。原表的标题为："常见性别刻板印象"，而"男性"和"女性"分别为"典型的男性"和"典型的女性"。

当然，人类社会已进入了智能社会，体力社会的性别标准和规范虽仍具有强大的惯性，但适用性、有效性正在不断下降，与之相伴随，它的合法性和合道德性也受到越来越多的质疑和挑战。在社会变革中，以职业妇女为开端，传统的妇女行为规范和性别形象模式被打开了一个缺口；继而，新中国"铁姑娘"的横空出世，彻底颠覆了传统妇女的行为和形象，开创了对女性形象的新的想象。而近年来，与"硬汉"相伴随，花样男子、中性化的"超男"等在娱乐界的走红则进一步表明，对于男子的刻板性别形象和刻板性别想象也已出现了相当程度的松动，开始了某种转型。

## 三、能否建树新的性别形象和想象

事实上，我们每个人的周围几乎都不乏同时具有男性气质和女性气质者或非男非女气质者。比如，做事果断利索、喜欢独立思考的妇女或会温柔体贴地照顾家人和同事的男人；既爱冒险闯荡世界，又会多愁善感地舞文弄墨的女企业家或既有铁腕又敏感细腻的男领导。而我们自己也常常会在不同的时候或倾向于“女人味”如柔情，或倾向于“男子气”如进攻性强，互联网用户的难以用注册性别来判断现实性别就是最好的证据。于是，一个问题油然而生：一个人能兼具男性气质和女性气质或具有非男非女气质吗？从“性别光谱”概念推论，回答是肯定的。而根据美国心理学家桑德拉·贝姆研制的男女双性化气质量表进行测试所得到的资料，则为这一肯定性回答提供了数据的支持（见表 12—6）。

**表 12—6　　男女双性化气质量表***

| | | | |
|---|---|---|---|
| 1. 自我依赖 | 16. 坚强的个性 | 31. 容易做出决策的 | 46. 具有侵犯性的 |
| 2. 柔顺 | 17. 忠诚的 | 32. 有同情心的 | 47. 轻信的 |
| 3. 乐于助人 | 18. 不可捉摸 | 33. 笃实的 | 48. 无能的 |
| 4. 维护自己的信念 | 19. 遒劲有力 | 34. 自足的 | 49. 像个领导的 |
| 5. 快活的 | 20. 女性的 | 35. 乐于安抚受伤的感情 | 50. 幼稚的 |
| 6. 忧郁的 | 21. 可依赖的 | 36. 自高自大 | 51. 适应性强的 |
| 7. 独立的 | 22. 善于分析的 | 37. 有支配力的 | 52. 个人主义的 |
| 8. 害羞的 | 23. 表示同情的 | 38. 谈吐柔和的 | 53. 不讲粗俗话的 |
| 9. 诚心诚意 | 24. 妒忌的 | 39. 值得喜欢的 | 54. 冷漠无情的 |
| 10. 活跃的 | 25. 具有领导能力的 | 40. 男性的 | 55. 具有竞争心的 |
| 11. 情意绵绵 | 26. 对他人的需求敏感 | 41. 温和的 | 56. 热爱孩子的 |
| 12. 夸耀的 | 27. 诚实的 | 42. 庄严的 | 57. 老练得体的 |
| 13. 武断的 | 28. 乐于冒险 | 43. 愿意表明立场的 | 58. 雄心勃勃的 |
| 14. 奉承的 | 29. 有理解力的 | 44. 温柔 | 59. 温文尔雅 |
| 15. 幸福的 | 30. 守口如瓶 | 45. 友好的 | 60. 保守 |

*具体记分为：(1) 从“从不”为 1 分到“总是”为 7 分，分程度进行计分。(2) 将在第 1、4、7、10、13、16、19、22、25、28、31、34、37、40、43、46、49、52、55、58 条目的得分相加，总分除以 20，这就是男性气质的得分。(3) 将在第 2、5、8、11、14、17、20、23、26、29、32、35、38、41、44、47、50、53、56、59 条目上的得分相加，总分除以 20，这就是女性气质的得分。(4) 如果男性气质得分高于 4.9 分（男性气质尺度的估计中值），女性气质得分也高于 4.9 分（女性气质的估计中值），则属于具有男女双性化气质者。

资料来源：[美] 海登、罗森伯格：《妇女心理学》，73～74 页。

贝姆在调查中发现，在女性被试中，男女双性化气质者和非男非女气质者的比例均近30%；男性被试中，男女双性化气质者的比例近1/3，非男非女气质者的比例为1/4（见表12—7）。

**表12—7　　被试中不同气质者比例分布表***　　单位：%

| | 男女双性化气质 | 男性气质 | 女性气质 | 非男非女气质 |
|---|---|---|---|---|
| 女性 | 27 | 14 | 32 | 28 |
| 男性 | 32 | 34 | 8 | 25 |

* 表中百分比的不足或超过100%为原表如此。

资料来源：［美］海登、罗森伯格：《妇女心理学》，74页。

以此为基础，贝姆提出了在男性化（masculinity）、女性化（femininity）这两个性别类型之外，还存在男女双性化（androgyny）性别类型的观点，这不仅发展了她之前提出的两性气质不是对立的两极而是各自独立的两个维度的理论假设，也"使社会心理学家们认识到，两极化的性别知觉（极化刻板印象）是人们知觉与性别相关的行为的方式，或者说是一种性别图式（gender schema）。极化刻板印象不仅决定了人们会看到什么，也决定了人们不会看到什么"①。

进一步看，可以将男女双性化气质归属于"综合性气质"，将非男非女气质归属于"中性气质"，那么，两者合计，超过了男女两极分化气质者，其所占比例为五成五以上。如果将"男性气质"者中具有一定的"女性气质"的得分者和"女性气质"者中具有一定"男性气质"的得分者——并非是纯粹的"男性气质"或"女性气质"者的比例也计算在内，脱离了纯男性和纯女性的维度，居于这两者之间者所占的比例更大。与"世界上只有男人和女人"的常识相背离的这一真相提示我们：不是现实生活中纯粹的"男人"和"女人"——"非男即女"或"非女即男"者只是少数，绝大多数人的性格和气质为"又男又女/又女又男"或"非男非女/非女非男"，就是以男刚女柔、男强女弱、男独立女依赖、男主动女被动、男有控制欲女有关爱心之类两极分化的性别刻板印象为测量性别气质的标准本身是错误的。如果是前者，那么，即使从以多数为正常的民间常识出发，占人口绝大多数的"又男又女"和"非男非女"者也当是正常者，而"纯男人"和"纯女人"则是不正常者；如果是后者，其本身就表明以性别刻板印象和性别两极化模式作为日常生活中的男女两性的划分标准和行为规范是无效甚至是误导性的。由此，无论是两者中的何者，其结论都是我们可以也能够以"性别光谱"为基础，摒弃性别刻板印象和性别两极化模式，开拓和构筑新的性别形象和想象空间，建树新的性别形象和想象。

① 杨宜音、王甘、陈午晴、王俊秀：《性别认同与建构的心理空间：性别社会心理学视角下的互联网》，见孟宪范等主编：《转型社会中的中国妇女》。

# 第四节
# 性别心理的形成与发展

## 一、性别心理形成的理论

### （一）四种基本理论观点

长期以来，基于性别差异的性别心理及其形成是心理学领域的热门议题，并且各种理论观点之间也争论不断。综合言之，这些理论观点基本上可以分为以下四大流派：心理分析理论、社会学习理论、认知发展理论和性别图式理论。[①]

1. 心理分析理论

心理分析理论（psychoanalytic theory）认为，性别形成源于儿童对女性和男性之间解剖差异的意识与他们强烈的天生的性欲望的结合。按照这种理论，在性心理发展的每个阶段，不同的身体部分产生的快感和儿童对获得这些快乐的企图，对他们的包括性别特质在内的性别人格发展具有主要影响。该理论认为，儿童为异性父母的性所吸引——男孩的俄狄浦斯情结（Oedipus complex，恋母情结）和女孩的厄勒克特拉情结（Electra complex，恋父情结）的过程及结果的不同，导致了男孩和女孩性别心理的不同，以及由此发展的男人和女人心理的性别差异。这一理论所受到的批评有三：一是被认为是具有高度男性偏差的；二是这一理论不能被实验所证实，即不能转译成明确界定的科学测量；三是过分强调性别发展的解剖基础，实际上排除了社会影响。

2. 社会学习理论

社会学习理论（social learning theory）认为，性别发展受社会环境的作用。社会环境影响其他类型社会行为发展的过程，同样可以说明与性别相关行为的发展，特别是儿童获得的与他们的性别相关的行为，因为那些行为更可能被其模仿并与正强化相联系。社会学习的具体途径和方式包括观察学习、强化与惩罚、认知等，自我认知过程以及外部共赏、惩罚和观察都影响到个体有关性别适宜行为和个性特征的形成。社会学习理论概念的可观察性使得已有大量研究对这一理论进行检验，而这些检验结果使这一理论中的某些假设，如男孩和女孩受到成人鼓

① 有关这四大理论的观点参见［美］埃托奥、布里奇斯：《女性心理学》，49～53页，北京，北京大学出版社，2003。

励和强化的行为不同，又如对性别的自我认知会作用于个体的行为，使这一行为产生性别差异等等，得到确认，而在儿童对成人性别行为的模仿是否局限于同性别者等方面，却仍存在着争论。

3. 认知发展理论

认知发展理论（cognitive developmental theory）的主张认为，儿童既非由生物学意愿驱动，也非由外部的奖惩来推动，而是试图理解其生存的社会环境的主动学习者。作为学习过程的一部分，儿童基于性别来组织环境，并发展出有关女性应做什么和男性应做什么的概念。也就是说，儿童主动地寻找有关女性和男性功能的模式和规则，然后遵循这些规则，试图最好地适应社会。对这一理论的一个批评认为，这一理论不能充分解释为什么女孩学会了赏识女性角色，因为女性角色对女性来说往往意味着被压抑、被贬低。另一个批评认为，这一理论没有说明儿童为什么要将性别作为一种重要的分类概念，以更好地把握社会环境——这一理论不能说明为什么性别会超越其他自我的可能范畴，像种族、宗教甚至眼睛的颜色等而占据儿童社会分类原则的首位。

4. 性别图式理论

性别图式理论（gender schema theory）将认知发展理论和社会学习性别理论的主要内容结合在一起，认为在社会期待的基础上，儿童形成与女性和男性相联系的性别特质和角色的概念，然后，他们使用这种信息调节自己的行为，他们的自尊逐渐与他们坚持的这些性别图式相伴随。相较于认知发展理论，性别图式理论的一个优势在于它说明了社会信息是如何影响了性别图式信息的——关于性别的认知概念化发展并非是一个自然的过程，而是由于社会规范和实践强调了性别的重要性，从而使儿童将性别作为加工社会信息的首要方式，而由于这一规范和实践的强度有所不同，个体在理解性别图式及指导自己行为、评价他人行为上也就出现了差异。

从个体心理—行为、人际关系、社会观念等的形成和存在受到社会影响和个人建构这两个维度的作用这一社会心理学基本观点出发，相比较而言，有关性别图式的理论更能有效和适当地解释个体性别心理的形成、发展、存在与变化：在社会提供的性别图式的影响和作用下，人们根据自己认知的性别去构建或重构自己的心理和行为。性别图式不同，人们的性别心理—行为也就不同；性别图式相同但影响和作用不同，人们的性别心理—行为的倾向/固化程度也会不同。而性别图式的缺失，会使个体陷入性别迷惘之中，如在大多数文化中的双性人；性别图式的大变化，也会使性别心理—行为固化程度较高者陷入性别困境或不适之中，如今天中国所谓的“纯爷们”对花样男子的拒斥。

## （二）性别影响的四个观点

在社会心理学领域，有关性别差异的争论一直是一个重大议题。早期，争论的重点是性别差异是先天造成的还是后天造成的，是由于生物原因还是学习形成的。而今天的有关理论和研究已突破了这一简单的两分法，为性别的差异性和相似性的存在提出了更为全面和平衡的解释。学者们认识到，在解释性别差异时，必须考虑到不同性别的生物能力、生理因素、所生存的社会环境和所处的社会—文化大背景，以及生物、生理、社会、文化等不同因子之间的交互作用和影响。因此，对于不同性别之间的不同差异，并不存在一个单一而普适的解释。今天社会心理学领域有关不同性别模式形成和存在缘起的四大观点分别从各自的角度，对生物学、社会化、社会角色、社会情境这四个方面对性别的影响和作用进行了强调。①

1. 生物学的观点

生物学的观点强调性别差异受到不同生物因素的影响，认为那些具有跨文化一致性的性别模式（例如，男性更倾向于身体暴力和社会控制），说明了某些行为的性别差异是基于一定的生物学基础的。对此，其他的社会心理学家并不否认生物、生理因素对于人类性别行为的影响，但更强调社会力量和群体生活背景对于不同性别者基本生物倾向的调整、调整方式和调整力量。例如，在许多文化类型中，男人攻击女人是常见的现象，但在另一些文化类型中，女人更多地具有暴力倾向；还有一些文化类型，其男女两性间很少会发生相互攻击；即使是在具有男人更多地攻击女人现象的文化类型中，在不同的时期，男女间的暴力倾向也不尽相同。② 而即使是基本的生物功能也会受到社会因素的影响而发生很大的变化。例如，妇女的生育功能受社会态度和生育技术/避孕技术变化和发展的影响所发生的巨大的变化，以及这一变化带来的妇女生命周期转型和寿命的延长。

2. 社会化的观点

社会化的观点强调的是人们从童年开始，如何用多种方式进行有关性别的学习，并获得了“性别适当”的行为。在父母基于对男女两性不同期望和标准的鼓励或禁止下，儿童会从事或不从事性别类型化或非类型化的活动；在同伴、同学、兄弟姐妹等同侪群体的影响下，儿童会习得某种性别行为。儿童性别社会化的第三种外部力量是文化。影视剧、广告、文学作品、歌曲、玩具、新闻等等向儿童提供了大量的性别行为信息，供儿童学习和模仿。由于性别经历不同，所积累的性别社会经验不同，所习得的性别规范和知识不同，男女间逐渐形成了某种被社会认为是合适的性别行为、态度、角色心理和人格特征的性别差异，并在以后的成长过程中不断被强化和固化，在成年后的日常生活中一直延续。

3. 社会角色的观点

社会角色的观点认为，人的性别心理和行为受社会角色的影响——每个个体

---

① 有关社会心理学性别差异研究的综述和这四大观点的主要内容来自［美］泰勒等：《社会心理学》（第10版），361～365页。

② 对此，本章作者的一份浙江农村家庭调查的数据可提供佐证。这一在1996年所做的调查发现，因冲突导致的夫妻暴力中，主要为丈夫打妻子的占2/5，妻子打丈夫的占1/10。虽然夫打妻的基本格局未发生变化，但妻打夫者的比例有所上升。参见王金玲：《非农化与农村妇女家庭地位变迁的性别考察——以浙江省为例》，载《浙江社会科学》，1997（2）；《浙江农村妇女家庭地位及变化的性别比较》，载《浙江学刊》，1996（6）。

都承担着某种社会角色，而社会角色对男女两性又有着不同的界定和要求。在社会角色身份的规范和要求下，不同性别的成年人不仅常常会服从与自我性别有关的社会规范并以社会认为适宜的性别方式行事，也会努力将社会规范和要求的“他律”内化为“自律”，成为自我期望和对他人期望的一部分。

4. 社会情境的观点

社会情境的观点提出个体所处的当时的社会情境会对个体的性别行为产生重要影响。这一“情境模型”中最基本的假设是：男人和女人进行大多数社会行为的潜在可能性是一样的，但是受到自我选择、其他人的行为以及情境的影响，现实的行为可能会大相径庭。不少研究也揭示了会对行为的性别差异产生影响的重要性情境因素，如情境压力。

社会心理学的基本观点认为，导致性别差异的原因是复杂的，因此，前述四种关于性别心理—行为的理论观点都是有用的。而本章更多地从以社会学视角探讨社会心理议题出发，倾向于以性别图式理论为依据解释个体心理—行为的性别差异。即本章在认同社会心理学有关性别差异的四大理论观点的同时，更强调：第一，将社会化、社会角色、社会情境综合视为一种社会合力，关注其基于基因性别、生物性别、生理性别的运作、运作过程、对不同性别的影响和作用，以及性别个体对这一社会合力影响和作用的内化和内化过程，在此，将其称为“性别社会化”；第二，将性别个体与这一社会合力之间的主体性互动视为个体的性别构建力，关注其在社会所提供的性别空间中的自我运作和自我调整，以及与社会控制力之间的协商和调适，在此，将其称为“性别表演”。

当然，在现实生活中，“性别社会化与性别表演”大多是交织和纠缠在一起，并非截然两分的，如常见的女孩玩“过家家”游戏和男孩玩“警察抓小偷”游戏就是如此。此间只是为了分析的清晰明了而做了简单的区隔。此外，由于对其他性别研究的总体性缺乏，无论“性别社会化”还是“性别表演”的解释，都只能更多地依据以男女两性为样本的研究，而应有的基于性别光谱的“光谱性解释”不足，这是需要在以后的研究中加以弥补的。

## 二、性别社会化

与社会化为人即由生物人成为社会人相对应，性别社会化指的是一个人由生物人成为性别人及其过程。它包括两个方面：一是社会有关性别的规范和期望对个体的影响和作用；二是个体对社会有关性别的规范和期望的内化。而整个性别社会化过程贯穿于人的整个生命历程之中，是与人的生活相伴的一个终生过程——既作为性别社会化的对象，又作为性别社会化的实施者。

社会有关性别的规范和期望的影响和作用与个体对社会这一性别规范和期望的内化，构成个体性别社会化的塑形机制。这一机制的实施场域包括家庭、学校、社区、职场、社会等，实施者包括家长、教师、同侪群体、邻居、同事/领导、文化等，实施的途径/方法包括玩具、教科书、传媒制品、游戏、语言、行为规则、角色分工、重要的奖励和惩罚等。因此，从某种意义上看，性别心理—行为的形成和发展是性别化的社会制度和社会文化与个体生活理念和行动共同作用的结果。

就社会制度和文化而言，它至少在以下九个方面对性别进行形塑：

（1）性别的社会价值定位与角色规范和期待。即，社会、他人、自我对不同性别及不同性别者的认同和价值定位，对不同性别类型在言谈举止、情绪表达、生理表征等方面的规范和期待，以及性别个体为获得社会的高认同和高价值地位，满足社会和他人的期待而进行的自我实践和实现。当然，在不同的社会发展阶段、不同的文化类型中，不同性别者扮演着或同或异的角色，有着或同或异的社会地位。

（2）性别化的资源配置。即，社会和家庭在进行资源配置和财富分配时存在的性别对待，以及这一对待被社会、他人、个人的合理化和合法化。

（3）性别化的劳动分工。即，对不同性别者在社会生产、家庭劳动、家务劳动、社区工作等方面的制度性安排，这一安排反过来也强化了有关社会—家庭角色—地位评价的性别差异，两者之间形成一条回馈路线。

（4）性别化的家庭和亲属关系。即，在家庭和亲属关系中，不同性别的家庭成员相对于其他成员的权利和义务的一种制度性安排，这一安排反过来也能强化个人声望、家庭权力、家庭利益间的性别差异。

（5）性别化的性行为模式。即，对不同性别者的性欲望和性行为的模式化规范，以及对不同性别在性关系中的权力、权利和义务的规定。例如，在传统文化中，女人的性欲望表达和性行为实践被规定为被动的、羞怯的，否则就会被贬称为“荡妇”，男人对女人有更多的性掌控权。

（6）性别化的个性特征。即，对不同性别者如何行动、如何表达、如何与人相处等等的模式化规范。例如，“男儿有泪不轻弹”与“眼泪是女人的武器”，对于“慈母”与“严父”的不同规范。

（7）性别化的社会控制。即，对符合性别规范的行为给予正式或非正式的鼓励、奖励、表彰、美名化，直至成为模范榜样；对违反性别规范的行为给予正式或非正式的处罚、惩罚、压制、污名化，直至社会隔离和医学治疗的制度化安排。就前者而言，最典型的例子是烈女贞妇牌坊；就后者而言，最典型的例子是在中国古代，三姑六婆因其行为突破了“妇女守于家”的“妇道”，并以自己的行为和外面的信息打开了“大门不出、二门不迈”的大户人家妇女的眼界，有悖“温良贤淑”，而被污名化。直至今天，温柔细心敏感的男子往往被斥为“娘娘腔”，遭人嘲弄。同性恋曾被定义为精神疾病的一种，被施以医学治疗，等等。

（8）性别化的意识形态。即，意识形态领域对性别的角色、地位、作用进行定义、评价时存在的性别对待，以及这一对待的合理化和合法化。例如，在社会主义中国，男女平等是主流意识形态，并是政治正确的表态。但在日常生活中，仍存在“男优女劣”的评价：前者在主流文化中获得高度的合理性和合法性，后者在民间仍被不少人认为是“明确”的。

（9）社会性别化的社会—文化符号。即，在社会—文化情境中呈现的不同符号（包括物质性符号如建筑、器物、文字和非物质性符号如形象、语言、音乐等）的性别差异，以及这一差异在社会—文化情境中的生产和再生产。

而个体则至少在以下有关生活理念和行动的八个方面，进行着性别形塑的自我实践和自我实现。

（1）对于生物性别和生理性别的确认。

（2）对社会性别（gender）身份的确认。

（3）恋爱、婚姻和生育。

（4）性取向。

（5）情感表达。

（6）性别社会化及过程。

（7）有关性别理念的建构、调整和固化。

（8）性别的自我呈现和自我表演。

事实上，在社会影响和自我选择的合力空间中，个体是沿着社会作用力和自我建构力的夹角线行进，实践和实现着性别社会化的（见图 12—3）。

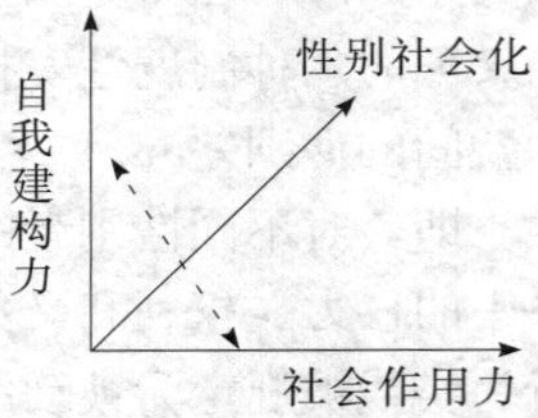


**图 12—3　个体性别社会化行进线图**

当然，由于个体所承受的力的来源、性质、重量的不同，这一夹角线的位置也不尽相同：有的/有时会偏向社会作用力，有的/有时会偏向自我建构力，有的/有时则处于对等位置上。但无论如何，这一夹角线才是个体性别社会化的实际行进线——个体的性别社会化是社会和自我合力的结果，而不是某一单边力量作用的单独体现。

## 三、性别表演

社会学家高夫曼（Erving Goffman）指出，个体的确是角色的创造性执行者。在非常宽泛的意义上可以认为，个体无论何时都扮演一种角色，都是在进行一次特殊的表演。社会生活就是一个剧院，在其中，尽管所有的角色也许看似相同，但表演的水准却有高下之分。因此，他主张一种他称之为拟剧论（dramaturgical）的视角：可将每一个社会情境都看作一个戏剧舞台，行动者在这个舞台上照本宣科地表演着真实生活的戏剧。这一戏剧舞台也有“前台”和“后台”之分。其中，“前台”有三个组成部分：由装置、装饰和道具组成的“场景”，由年龄、性别、种族、服饰等组成的外表，以及发出有关人们内心期望等特定信号的举止。“后台”则是人们可以稍事放松、调整，并准备和操演前台所需的表演的地方。[①] 而“前台”和“后台”都是相对的。例如，相对于社会而言，家庭是“后台”，家庭中相对于会客厅而言，卧室和卫生间是“后台”。

高夫曼的“拟剧论”也可应用到性别与社会心理的观察和研究之中——性别个体在许多时候的确是性别角色的扮演者，并随时随地进行着表演，尽管这一扮演有出色和拙劣之分，这一表演有“依葫芦画瓢”和“富有创意”之分，而且“性别戏剧舞台”也有前后台之分，以及相对应的组成结构和内容的区别。

以拟剧论为视角，将每一个社会情境都看作一个戏剧舞台，我们将进一步发现特定的社会—文化背景和情境下特定的性别表演脚本。这一脚本内容包括：

（1）对不同性别个体的角色分派。例如，今天中国汉民族社会——特定的社会—文化背景中，父亲与母亲的角色一般分别被分派给男人和女人来承担，但如果在单亲家庭——特定的社会情境中，单亲父亲或母亲“既当爹又当娘/既当娘又当爹”的也不在少数。

（2）对不同性别个体包含语言和非语言（如身体表达）在内的角色台词的设定。例如，在西方情人节中，男女恋人以女方送巧克力、男方送玫瑰花为“爱的表意”。

（3）对不同个体进行性别表演的场景设置。例如，从今天中国的电视广告看，以男人为主体的手机广告大多与商务活动相关联，以女人为主体的手机广告则大多以休闲娱乐社交场所为背景。

（4）对不同性别个体进行性别表演的表演程式的规定性。例如，在男人主流文化中，男人的出场被要求强调“力量”，女人的出场则被要求强调“温顺”。又如，在性关系中，表演程式规定为“男追女躲”——男主动女被动。

如高夫曼所说，任何个体在任何时候进行的任何表演，都是一次特殊的表演，性别表演也不例外：尽管绝大多数的性别表演都是根据一定的性别表演脚本、在一定的性别表演脚本的框架内进行的，并可以进行类型化的区分，但因为表演者所处的社会—文化大背景和具体的情境不同，所知晓的相关信息和知识及知晓度不同，表演欲望和自我创造力不同，表演经验和经验积累不同，表演重点不同等等，所以，就性别个体而言，在任何时候所进行的任何性别表演都具有区别于他人、他时、他地的独特性，成为“性别自我表演”。

个体的“性别自我表演”在许多时候具有个体主动性。借用演艺界的话来说，可称之为“本色演出”。而这一个体主动性有的是基于自己的性别信念和对

---

① 参见［澳］马尔科姆·沃特斯：《现代社会学理论》（第2版）30～31页，北京，华夏出版社，2000；［美］乔纳森·特纳：《社会学理论的结构》（第6版），上册，59～79页，北京，华夏出版社，2001。

性别表演脚本及内蕴的性别观念、性别规范（其中有的是传统的，有的是现代的）的认同而进行的自由选择和完全知情选择[①]；有的是在社会化的教化和规训中，"习惯成自然"，受惯性力量驱使；有的则是由于选择区间的缺乏和/或相关信息的不足/误导。例如，"好恋人"角色的需要，使得不论男女，都会在恋人面前表现得温文尔雅、柔情体贴，即使刚在同事那里暴跳如雷、恶言相向。再如，许多女性主义者认为，当强奸被男人认同为展示自己的男子气概、控制妇女的有效手段时，男人对妇女的强奸就不只是为了满足自身的性需求，而更多的是作为一种展示男子气概和掌控妇女力量的表演了：强奸是"男人对付妇女的基本暴力武器"，是"造成妇女恐惧的主要工具"。他"强暴地进入了她的身体，变成了他胜利征服她生命的承载工具，他的优势力量的最终检验，他的男子气概的大获全胜"[②]。而当男人对女人的强奸进入了意识形态领域时，这一强奸行为就不仅让妇女感到强奸的恐惧，而且使妇女处于强奸的威慑之中。即女性主义法学家莎伦·马库斯所说的，使妇女不是处于现实的强奸就是处于强奸的现实之中。而这一现实的强奸和强奸的现实，就是强奸的威慑的存在，男人是强奸者、妇女是被强奸者的角色分派，社会—文化对被强奸妇女的身心压力乃至伤害。例如，污名化，加上有关强奸的场景信息的误导，如妇女经常被告之强奸往往发生在荒野之地、夜晚、由陌生人为之，而事实上，强奸更多的是在房间之中、白天、由熟人为之，使妇女总是处在被男人强奸的恐惧和对荒野、夜晚、陌生男人的恐惧之中。而正是这种对强奸和强奸后果的恐惧令妇女不仅在被强奸时常常惊慌失措、软弱无力，甚至害怕荒野、夜晚和陌生男人，对强奸的反抗也往往是被动的、无力的、惊恐万状的。对此，莎伦·马库斯提出，作为女性的暴力和拒绝视强奸者的身体为有力的真实和真实的有力这一积极的对抗，才能击中强奸文化的心脏。"要建设一个我们不再有恐惧的社会，我们首先必须把强奸文化吓得魂飞魄散"[③] ——只有彻底改写有关强奸的社会—文化脚本，妇女才能真正成为强奸文化的强有力对抗者。

个体的"性别自我表演"在许多时候也是被动、被迫的，借用演艺界的话来说，可称之为"性格演出"。这一被动和被迫，有的是由于相关性别表演脚本的缺失。例如，在否认两性人存在合理性的文化中，未被以手术刀切割成单性人的双性人就往往不知应如何以自己的性别行为做事，而不得不模仿单性别的男人或女人。有的是在包括作为人生情境的社会—文化大背景的压力和具体生活场景的社会—文化规范的压力在内的整个社会—文化压力下的权宜之计。例如，在崇尚

① 就人的行为选择的自由度而言，可分为自己选择（自己在场）、自愿选择（自己同意）、自主选择（自己决定）和自由选择（在充分的选择空间中，由自己做主进行的选择）等四种；就知情度而言，可分为完全不知情、不完全知情、完全知情等三种。最佳的选择应是完全知情的自由选择。

② S. Brownmiller, *Against Our Will*, New York, Simon and Schuster, 1975, p. 14. 转引自［澳］马尔科姆·沃特斯：《现代社会学理论》（第2版），287页。

③ 莎伦·马库斯：《战斗的身体，战斗的文字——强奸防范的一种理论和政治》，见王逢振主编：《性别政治》，34～66页，天津，天津社会科学院出版社，2001。

“男强女弱、男刚女柔”的社会中，女人往往需要也可以通过“柔弱”的表演来打动人心，男人则必须时时展示他的“阳刚之气”，扮演“男子汉大丈夫”的角色。又如，在就业面试时，被试往往会根据考试者的性别，调整自己的表演：或是表现为对妇女尊重和赞同男女平等，或是表现为对权威的服从和对有利于男人的传统性别规范的肯定。有的则是无选择区间的无奈之举。例如，当社会分别以“婚姻家庭成就”和“社会事业成就”为主要标准来衡量妇女和男人的成功与否时，大多数妇女就不得不扮演“贤妻良母”，而不是“社会成功人士”，大多数男人就不得不扮演“社会成功人士”，而不是“贤夫良父”。

而无论是主动作为还是被动作为，在今天的社会中，无论何人，在许多时候，我们都是在“做男人”或“做女人”：从作为主体主动的做，到作为客体被动的做；从乐在其中的积极的做，到无奈何的消极的做；从作为演员的做，到作为观众的做；从作为本色演员的做，到作为性格演员的做。凡此种种，均可以一词以蔽之——“做”。“做”的实质就是表演，尽管我们有时是这样“做”——表演给别人看，观众是他人，有时是那样“做”——表演给自己看，观众是自己，“做男人”或“做女人”的性别表演性质却是明确无疑的。而也正因为“做”是表演，就如同戏剧表演者一样，性别表演者在“做”的过程中也就有了有所作为的空间，可以对性别文化脚本中的角色安排、台词、动作、场景、程式进行某些修改、某些变动、某些突破、某些创新，而这些修改、变动、突破和创新即使是点点滴滴的，最终也会累积和汇聚成一股巨大的力量，改造直至颠覆旧的性别文化脚本，实践和实现新的性别表演，开创一种新的性别文化。

综上所述，社会和个体合力建构了性别心理—行为机制，而这一机制又对个体的性别社会化和性别表演进行导向和规范。从图 12—4 可见，在这一机制中，社会影响力无疑是强大的，但个体的建构力也不可小觑——任何个体层面的心理—行为的变化，都会对这一机制的整体结构产生作用，引起这一机制内部相关内容和结构的改变，直至“牵一发而动全身”。因此，即使是个体，在改善现有的性别文化，创建新的性别制度中，也是大有作为的。

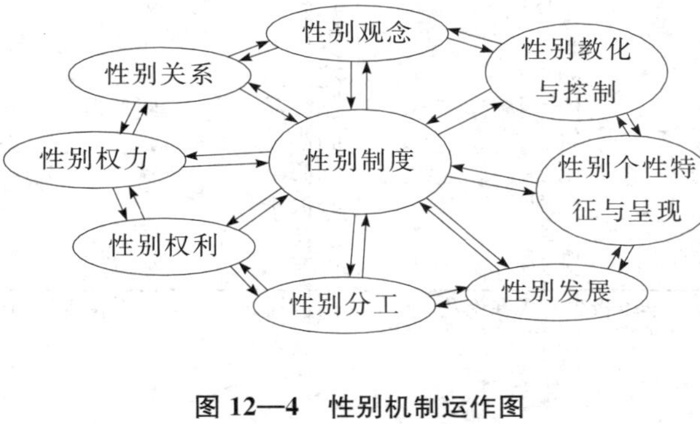


**图 12—4　性别机制运作图**

资料来源：王佐芳、冯媛、李慧英等主编：《社会性别培训手册》，“社会性别运作”图，内部出版。

# 第五节
# 性别社会心理的重构与改建

## 一、性别社会心理的自我重构

从性别的自然属性看，可以较明确地将性染色体为XY，生殖—性腺为睾丸，生殖—性腺激素以雄性激素为主导，内部附属器官为输精管和精囊，外部生殖—性器官为阴茎和阴囊者划归为“男性”；将性染色体为XX、生殖—性腺为卵巢、生殖—性腺激素以雌性激素为主导，内部附属器官为输卵管和子宫，外部生殖—性器官为阴核和阴唇、阴道口者划归为“女性”。但如果将性别视为一种心理现象和社会现象，从“性别人”的角度看的话，男女二元文化中有关“男人”和“女人”的性别刻板印象就有较大的不适用性了。

从妇女社会学课程和工会干部“社会性别意识培训班”上所进行的有关性别印象的“头脑风暴”游戏看①，无论是未踏入社会的学生还是久经职场磨炼的工会干部，对“当你听到‘男人’或‘女人’一词时，想到了什么”的回答大致相同（见表12—8)。当继续追问“是不是所有的男人都这样（如抽烟)”或“是不是这样做的（如抽烟）都是男人”、“是不是所有的女人都这样（如化妆)”或“是不是这样做的（如化妆）都是女人”时，结果完全一致，那些源自性别刻板印象和行为规范的词全被否定了。这表明，尽管人们对于性别的想象力仍处在传统性别刻板印象/想象的框架中，但在实际日常生活中，传统性别形象和行为规范已被大大地突破了。

**表12—8　　有关男人和女人的联想***

| 问题一：<br>当你听到“男人”一词时，想到了什么？ | | | 问题二：<br>当你听到“女人”一词时，想到了什么？ | | |
|---|---|---|---|---|---|
| 刚强 | 吹牛 | 大山 | 柔弱 | 家务活 | 独立 |
| 汽车 | 说谎 | 胸怀宽广 | 势利 | 勤劳 | 三角恋爱 |
| 雄壮 | 干重活 | 酒 | 责任 | 狠毒 | 主内 |
| 勇敢 | 肌肉 | 懒 | 花 | 高跟鞋 | 可爱 |
| 责任 | 父亲 | 传宗接代 | 化妆品 | 叽叽喳喳 | 辛苦 |
| 强大 | 心狠手辣 | 包二奶 | 胆小 | 孩子 | 气量小 |
| 性骚扰 | 聪明 | 花心 | 细心 | 认真 | 勇敢 |
| 强奸 | 总统 | 专制 | 心灵手巧 | 懒 | 听话 |
| 脏 | 小心眼 | 直率 | 生育 | 嘴馋 | 啰唆 |
| 抽烟 | 主外 | 暴力 | 母亲 | 依赖 | 心眼多 |

*工会干部有时候、学生极少时候在论及“男人”时会提到“胡子”、“喉结”。但在论及“女人”时，他们都会提到“月经”、“子宫”。

① 本章作者从2002年开始组织进行工会干部的“社会性别意识培训”。从2004年开始，在浙江师范大学教授妇女社会学硕士生课程，在其间采取的有关性别印象/想象的“头脑风暴”游戏均取得了较好的效果。

由于在现实生活中，并非所有的男人都是“男人”、如“男人”般行为做事（如并非所有的男人都刚强、刚强的都是男人，并非所有的男人都暴力、暴力行事的都是男人……），并非所有的女人都是“女人”、如“女人”般行为做事（如并非所有的女人都柔弱、柔弱的都是女人，并非所有的女人都化妆、化妆的都是女人……），我们不得不说，即使以传统性别刻板印象和行为规范为标准，绝大多数男女在绝大多数时间里也是游离于自我性别固化模式，游荡在男人形象与女人形象、男人行为与女人行为之间的。而且从性别史看，男女二元的性别形象和性别规范自形成以来，也始终更多的是一种“性别标准化要求”而非性别的“标准化存在”，这使得我们更有理由进一步质疑这一固化模式的合理性和普适性，寻找到性别自我变化和重构的空间。

传统男女二元的性别刻板印象和行为规范在日常生活中某种程度的失灵和所受到的挑战在提示这一性别固化模式存在的漏洞和缺陷的同时，也表明作为一种个人心理现象和社会文化现象的性别——性别心理、性别行为、性别特性、性别气质之类——具有较高的柔软性，可在较大的范围内和程度上加以塑造和改变。而在这一塑造和改变中，个人自我重构的能量无疑是极其重要的。

在性别社会心理的自我重构中，自我性别期望的改建是重要基础。传统性别期望的定位包括男高女低、男强女弱、男尊女卑、男优女劣、男主外女主内等，而对这一定位感到压抑、不适者，在这一定位作用下亲受其苦或感受他人受苦者，以及不得不或必须突破这一定位才能谋生存获发展者，往往会生长出不同的自我性别期望，而有了不同的自我性别期望，才能开始不同的性别行为，建树不同的性别形象。例如，台湾大学“性别意识形成历程之研究”项目发现，男子反传统的性别意识形成主要的根源分别是：（1）传统男子角色的束缚与压迫；（2）女子的受歧视与受压迫经验；（3）重视平等价值的成长经验。经过女性主义话语的解读，男子形成的性别意识参与到性别平等运动中。至于男子是否持续参与性别平等运动，则是其对个人利益、关系利益、政治利益这三种利害关系权衡的结果。而对女性受访者的研究发现，男强女弱、男主外女主内、贤妻良母的价值观对妇女的性别心理/行为有较大的影响，要摆脱性别歧视的框框，往往需要女性主义话语的中介力量。而妇女有了新的性别意识之后，一方面变得更有力量，更敢于发表意见、重新认识自己/做自己；另一方面也面临新的压力，需要进行新的调适。① 再如，即使在男权十分强大的中国古代社会，也不仅有花木兰因父老弟幼，替父从军，女扮男装承担家族和国家的使命，而且有武则天自认为比丈夫和儿子更能善治天下，直接以妇女之身和妇女之名夺权，自命为皇帝。

在性别社会心理的重构中，语言的作用也绝不可轻视。在后现代主义社会理论的语境中，话语即权力，而语言是话语的基础构件：在日常生活中，我们用语

---

① 参见毕恒达：《男性性别意识之形成》，载《应用心理研究》（台北），2003（17）；《女性性别意识形成历程》，载《通识教育季刊》（台北），2004，11（1、2）。作者将妇女的“性别意识”界定为：“对于性别的认定、对性别结构的不满，并寄希望集体行动来改善女性的社会处境”。由此可推论其对男子“性别意识”的界定。

言来相互沟通交流，也由语言建构自我、发展认同。因此，语言可以仍然是形塑、呈现、复制传统性别刻板印象和性别行为规范的工具，也可以被改造成为重建性别形象和性别行为规范、重构性别心理的武器。目前学术界认为，语言中对妇女的性别歧视表现在以下三个方面：（1）妇女受到忽视。例如，中文成语中有“天之骄子”之词，而无“天之骄女”之词。（2）名词定义狭隘。例如，英语中的“主席”为“chairman”。又如，中文中“老板”专指男子，其配偶为“老板娘”，女性老板则被称为“女老板”，其配偶的称呼缺失。再如“保姆”专指女子，男性保姆则称之为“男保姆”。（3）妇女遭贬抑。例如，英文中的“mistress”由“女主人、主妇”变成“情妇、妾”。又如，中文中涉及负面情绪及行为的字，多从“女”部，如妒、奸、妄、妖、婪等。性别歧视性的语言“使得使用者不知不觉间支持也强化了性别刻板角色与偏见，而语言本身就是一种宰制、歧视的形式，也是宰制体制共犯结构的一部分”。由此，自 20 世纪 80 年代中期开始，反对语言中的性别歧视和性别歧视的语言的运动逐渐在全球展开，其具体内容包括：（1）避免使用贬低不同性别及性取向的词语或成语/名言；（2）修改排她/他性的字词，或使之中性化，如“postman”改为“postmaster”，“chairman”改为“chairperson”，空中小姐改为空服人员；（3）禁止带有明显性别歧视的评论与笑话；（4）赋贬义词以正面价值，直至使之成为褒义词，如“Queer”原意为“怪异”，现意为“酷儿”；（5）创造具有性别平等意涵的词语，如“贤夫良父”。“语言确实制约了人们对性别的看法与想象，也或多或少地形塑了自我的性别角色与沟通模式。借由有意识的语用与符号使用及创新的语汇，可以减轻社会对男尊女卑及多元性别的歧视”，也可重构直至开创一种新的性别心理。①

## 二、性别社会心理的社会—文化改建

社会心理学认为，社会—文化与个人共同形塑了个体的社会心理。就性别社会心理学而言，与个人的力量一样，社会—文化的力量也是个体性别社会心理形成和发展的一大决定性力量。美国人类学家米德（M. Mead）在其代表作《三个原始部落的性别与气质》一书中，充分分析与揭示了这一力量在个体性别特质形塑过程中的决定性和强大性。

米德在对新几内亚三个原始部落的考察中看到，在阿拉佩什部落，父母双亲的角色都表现为“母性”，男女两性的性别特质都表现为“女性”。“在这个部落中，男人和女人一样地顺从合作、没有攻击性，易于为他人的需求服务。我们也发现，性对这里的男女来说并不是一种强大的驱力。与此相反，蒙杜古马的男人和女人却表现出冷酷残忍，带有强烈的攻击性，情感独特，人格结构中所带有的‘母爱’也是微乎其微的。这里所有的男人和女人几乎都近似于一个人格类型，

① 参见叶德兰：《映现/型塑性别的语言沟通》，见黄淑玲、游美惠主编：《性别向度与台湾社会》，台北，巨流图书股份有限公司，2007。

而这种人格类型在我们社会文化中，只有缺少教养、野蛮暴烈的男子身上才能发现。……而在第三个部落德昌布利，我们又发现了与我们传统文化截然相反的性别态度。在那里，女人占统治地位。她们结成一个牢固的群体，群体团结丝毫不受个人情绪的影响。而男人则很少有责任心，并且多愁善感，易依赖他人"，"尽管那里还存在着形式上的父系社会制度"。据此，米德认为，男女两性人格特征的许多方面极少与性别自然属性本身相关，"就像社会在一定时期内所规定的男女的服饰、举止与生殖性别无关一样"。并进一步指出，尽管社会标准化了的个人差异的起因还需深入研究，但对于这三个原始部落性别与气质的研究使得"我们不得不得出这样的结论：人类的天性是那样的柔顺，那样的具有可塑性，可以精确地并有差别地应答周围多变的文化环境刺激。所以，不同文化成员间的差异，如同处在同一文化内的个体间差异一样，可以完全归因于作用不同的社会条件。尤其个体发育早期的条件作用特别重要，而该作用又是文化机制所决定的。于是，我们说性别标准化了的人格差异也是文化'监制'的。每一代男性和女性都要在文化机制的作用下，适应他们所处的文化环境"①。

米德的这一人类学实证研究的成果发表于 20 世纪 40 年代。在稍后一些时候，女性主义重要代表人物存在主义思想家波伏娃（Simone de Beauvoir）发表了被后人称为"女性主义经典著作"的有关女性气质的思辨性研究之作《第二性》。米德有关"性别气质是文化'监制'的"这一论点与波伏娃的"女人不是天生的，而是形成的（one is not born，but rather became，a women)"② 的名言相互佐证，在说明社会—文化力量对于个体性别心理产生强大的形塑力的同时，也使今天的我们认识到社会—文化在打破原有的模式，改建乃至重塑性别社会心理时具有的强大力量。

从社会—文化角度看，无论是生殖力时代还是体力时代，都是男女截然两分的时代，其推进社会发展的人力资源的性别化——妇女的生殖力或男人的体力决定了这一截然两分的合理性和有效性。进入智能时代后，男女各有长短，人的智能替代了妇女的生殖力和男人的体力，成为推进社会发展的主导性力量，基于妇女生殖力优势或男人体力优势的男女截然两分就难免不断失去存在的有效性和合理性，原先泾渭分明的性别角色、性别心理、性别行为、性别气质等出现了交汇、混合直至互换，甚至原先可以作为最基本标准的生育或器官也正在持续弱化着原有的标准性。在男女之分已日趋模糊，不生育的妇女日益增加，"孕男"开始出现，变性手术大行其道，变性人已时有所见的今天，我们必须承认性别已在社会—文化层面全面进入光谱化存在、光谱化呈现和光谱化表演。

而对于这一性别的全面光谱化，社会—文化影响力无疑是最重要的一个助推器。以妇女为例，在中国传统社会中，妇女统统被认为是"头发长，见识短"。1949 年中华人民共和国成立后，在国家动员下，广大妇女参加了社会劳动，成

① ［美］米德：《三个原始部落的性别与气质》，256～257 页，杭州，浙江人民出版社，1988。

② Simone de Beauvoir，*The Second Sex*，Vintage Books，1989，p. 267.

为工薪劳动者和家庭经济支撑者，妇女的形象从“家庭妇女”转变为“职业妇女”，妇女的自信心得到了很大的提高，男人对女人的能力评价也发生了较大的变化。据第二次中国妇女社会地位调查数据，对“男性能力天生比女性强”一问表示“同意”的被调查者男女人数都只占 1/3 弱。而计划生育国策的推行所带来的生育观念的转变，也使得有关女人的角色界定发生了较大的变化，第二次中国妇女社会地位调查中，对“没有孩子的女人不是一个完整女人”的说法表示“不同意”的被调查者男女比例均为 75%强。[①] 又如，伊斯兰国家中的妇女被认为受到更多性别规范的约束，深居简出；但在战争期间或出于对敌斗争的需要，她们也会频频或被派遣或主动外出作战。再如，在 20 世纪 70 年代，出于某种价值选择，不少出身富贵家庭的妇女参加了意大利和德国的恐怖活动。在恐怖组织成员中，妇女约占一半，妇女担任组织领导职务者与男人的数目相当。“这些妇女较之其男党友会被指责为反常、堕落，然而她们都代表了一种集体意识”，即“女人能干出最肮脏之举，折磨和杀起人来毫不怜悯”，“无论妇女拿起武器的动机是什么，现在我们确信妇女也拥有挑衅的潜能，这一点摧毁了妇女的传统形象”[②]。

就男人而言，康奈尔（R. W. Connell）教授针对欧美男性气质的变化指出，“跨越最近 200 年历史的欧洲/美国男性气质可以广泛地理解为贵族男性气质破裂的产物，它逐渐被新的支配性形式所取代，并衍生出一系列从属性和边缘性的男性气质。这些变迁的原因庞杂晦涩”，但主要原因有三：“女性对性别秩序的挑战，工业资本主义中性别分化的积聚过程，以及帝国的权力关系”[③]。从父亲角色行为的改变看，在西方社会中，照料、抚育孩子曾一直被认为是妇女的特质。但在 20 世纪 60 年代以后发生了很大的变化。“二十年前，在行为科学家眼里，父亲几乎是不存在的种类；当今在美国和其他西方社会，父性研究正在成为一门尖端科学。其主要倾向是对照料后代的能力问题上父母的差异这种假设提出异议。”“在法律方面，70 年代[④]标志着一个重要阶段。美国的很多州已允许在离婚后，父母双方共同抚育孩子。近十年来，负责赡养[⑤]孩子的父亲不断增加。”在法国，“由于来自父亲方面的呼声非常强烈，法官不得不开始重视父、母抚养双方的平等权利”。有关育儿方法的教材也经历了飞速的变化。在 1974 年，作为美国育儿圣经的《如何照料和教育孩子》“在谈及父亲时，还认为他们在抚养孩子方面缺少兴致、才能和责任心”，呼吁母亲们不要强男人所难，须尊重男人们对这事的“典型的男子汉的讨厌”。但在 1975—1976 年，该书作者就改变了观点，“斯波克博士完全重写了多章节……重编了新父性词条：父亲应该从孩子出生时就与母亲一同承担其日常照料，这也是父子、父女沟通的自然（自觉）的办法，

① 参见全国妇联妇女研究所课题组：《社会转型中的中国妇女社会地位》，435、463 页，北京，中国妇女出版社，2006。

② ［法］伊·巴丹特尔：《男女论》，196～197 页，长沙，湖南文艺出版社，1988。

③ ［美］R. W. 康奈尔：《男性气质》，268 页，北京，社会科学文献出版社，2003。

④ 20 世纪 70 年代。

⑤ 此“赡养”一词疑为“抚养”的误译。

跟母亲的情况一样……”[①] 正是在社会—文化强大的影响和作用下，“在大多数西方社会中，母性与父性分界线正逐渐消失。男子开始亲自体验父亲的含义，以及应为孩子做些什么，就如自古以来妇女所做的那样。他们用新父性，证实了他们的抚养能力以及前所不知的女性特征”[②]。而传统的男外女内——“天父地母”的性别二元分工和固化模式也发生了改变。“近几年来，越来越多的男人对他们的天父角色提出了怀疑。有些年轻人正在探求做男人和做父母的新途径。有些年纪大一些的男人，由于对竞争性和侵犯性的天父世界不抱幻想，正在向较温和的方向转化。对男性和父性的一场根本改造正在进行之中。地父意象正在迅速发展成为人们自觉的意识，正在要求人们去探索和获得承认。”[③] 而被著名的心理分析学家、精神病临床教授阿瑟·科尔曼（Arthur Colman）博士和心理学专家莉比·科尔曼（Libby Colman）博士称为“地父地母”式的男人——完全不同于传统“大丈夫”的刻板印象的男人也已出现。

## 三、从冲突走向协调和和谐

男女截然两分的性别文化的一大特征是否认性别存在的多元性，抹杀性别呈现的多样化，它带来的一个不利后果是不同性别间充满矛盾和压抑，导致性别间消极冲突频发不断，性别对立屡见不鲜。

从社会心理学的角度看，男女二元的性别矛盾、压抑和冲突首先表现为自我矛盾、压抑和消极冲突：为了获得社会的认同，表明自己生活的正当性，建树符合社会规范的良好形象，人们往往要求甚至强迫自己符合性别刻板印象，遵守性别行为模式。例如，在群殴案件中，为了表明自己是/已是“男子汉”的男人/男孩总是占据相当比例。又如，与职业男子相比，职业妇女，尤其是工作责任更重、工作任务更繁忙的女领导干部更多地处在对家人的歉疚中，觉得自己不是一个“好妻子”、“好母亲”。再如，男人往往希望别人，尤其是女人把自己看作“一座山”，即使自己实际上只是“一条河”；女人往往希望别人，尤其是男人把自己看作依人的“小鸟”，即使自己实际上是翱翔的“雄鹰”。于是，男人难免经常被斥为不负责任，而女人的“鹰之翅”也大多只能是“隐形的翅膀”。

其次，表现为对他人的压抑、与他人的矛盾和消极冲突。为了表明和固化自己的正确性和正当性，维护自己所扮演的性别形象的良好价值，人们往往会要求甚至强迫别人符合性别刻板印象，遵守性别行为模式。这一要求甚至强迫不仅发生在不同性别之间，也会因担心自我性别形象正当性和良好性的被弱化乃至被颠覆、自己的存在价值被质疑、自我生活质量下降等，在同性别个体之间表现得更为突出和强

---

① ［法］伊·巴丹特尔：《男女论》，198～199页。

② 同上书，197～198页。

③ ［美］阿瑟·科尔曼、莉比·科尔曼：《父亲：神话与角色的变换》，112～113页，北京，东方出版社，1998。

烈。例如，不论男女，都有不少人对“娘娘腔”男人表示反感，而这一反感在男人中会更多地上升为厌恶或表现为厌恶。又如，将“女博士”另类化的不仅有男人，尤其是年轻男性精英，更有年轻男性精英们的母亲——“女博士”潜在的婆婆。而这一与他人的性别矛盾冲突，在许多时候也会发展成为暴力冲突，酿成暴力事件。例如，配偶暴力，为了表现自己的“男子气”而针对妇女的性侵害或同性恋者的性侵害，针对不符合性别刻板印象者的暴力等。台湾就曾发生过具有“女性气质”的男孩叶永志被同学暴力相向，最后莫名而亡的恶性事件。[①]

最后，表现为社会—文化中的矛盾、压抑和消极冲突。为了顺利运行，社会—文化要不断进行各种整合，包括性别整合。而男女二元的“大一统”的性别整合，必然会压抑性别的多元化存在、多样化呈现和多样化表演，由此产生性别矛盾、性别冲突。在今天，虽然社会—文化对于性别的整合已发生了较大的变化，出现了某种程度的转型，但男女二元性别制度的惯性力量依然强大，传统性别刻板印象和行为模式仍具有较大的规范性，人们仍在相当程度上生活在男女二元对立的性别压力和控制中。例如，两性人的存在仍缺乏正当性和合理性，在由手术刀划分出身体上单性别的男或女后，两性人的心理被压制了。又如，大多数同性恋者，尤其是男同性恋者不得不以异性婚姻的形式保障自己同性恋者的身份，而这往往使自己，更使不知情的、非同性恋者的配偶，尤其是同人妻（男同性恋者的妻子）陷入痛苦之中。再如，符合性别刻板印象和性别行为模式者更多地获得了肯定和鼓励，反之，则或多或少会受到嘲讽和指责。在不同的对待中，双方的矛盾冲突日益扩展和深化，成为当今一大社会—文化现象。

在社会心理层面，如何减少/减轻直至消除男女二元对立的性别文化带来的性别矛盾、性别压抑和性别消极冲突？[②] 美国著名女性主义心理学家玛丽·克劳福德（Mary Crawford）教授和罗达·昂格尔（Rhoda Unger）教授、美国著名心理学家阿瑟·科尔曼教授和莉比·科尔曼教授分别从妇女和男子的角度提出了相关的对策建议。

玛丽·克劳福德和罗达·昂格尔在其重要著作《妇女与性别——一本女性主义心理学著作》中提出，妇女可以从以下几个方面入手，建设一个更加美好的未来：

（1）改变自己。以提升自我性别意识（gender consciousness-raising）为基础，重新定位性别价值，重新定义性别期望，重新建树性别形象。

---

① 叶永志是台湾屏东县高树乡“国中”三年级（即祖国大陆的初中三年级）学生，其从小具有女性特质，声音和手的动作像女生，喜欢和女生一起玩，爱做女生喜欢做的事情。在父母和老师心目中，他是一个温柔体贴的男孩，男同学却笑他像女生、很恶心，甚至会在他上厕所时联合起来脱他裤子，说要看看他究竟是男是女。由此，他只能在上课结束前几分钟请假上厕所。2000 年 4 月 20 日早上，他在下课前 5 分钟请假上厕所，却在下课时被同学发现倒卧在厕所里，送医院后因抢救无效，隔日亡故。台湾性别研究界和妇女运动界为此出版了《拥抱玫瑰少年》一书纪念叶永志，而同性间的基于性别刻板印象的性别暴力也引起了全社会的关注（参见苏芊玲、萧昭君：《拥抱玫瑰少年》，台北，女书文化事业有限公司，2006）。

② 有关性别冲突的分析可涵盖政治、经济、社会、法律、文化等诸多领域，而从性别冲突走向协调、和谐的对策也涉及公共政策与法律、资源配置、社会结构与功能、社会变化、权力分布等诸多层面。服从本书“社会心理学”的规定性，本节有关性别冲突和对策的论述只涉及“社会心理”层面。

（2）改变性别关系。认识到性别歧视对妇女的贬低和压抑，打破原有的性别形塑和行为模式，尊重他人的自由和知情选择，建立新型的性别关系。

（3）改变社会。用集体行动来改变权力关系和资源配置中的性别不平等结构，赋权（empowerment）予妇女，进而消除个人基于性别的困难和不幸。

（4）改变语言。从命名、改变命名、赋予原命名以新的意义入手，从有关妇女如何谈论、什么问题可以被命名、谁可以说话、谁可以被听到的讨论到妇女话语权的构建，推进积极的语言变迁，直至形成新的语言。

（5）尊重性别多元化和多样性。认识到性别的存在、呈现和表演的复杂性和差异性，反对任何形式和内容的性别歧视和性别霸权，承认所有性别都有存在、呈现和进行角色表演的权利。①

作为对妇女运动和女性主义的一种回应，20 世纪 70 年代之后，西方出现了男性运动。“在美国，通过自觉团体、发行杂志、举行会议，男人兴奋地讨论另类男子气概的可能、如何与女人/男人发展更为良善的关系、如何表达情感，以及如何终止性暴力。”②

而阿瑟·科尔曼和莉比·科尔曼进一步提出：“在我们的社会中，如果一个男人想要探索一下当地父的可能性，他应当认识到这一角色更多的是与个人选择有关，而不是与天性有关。男人并不缺乏当地父的能力。真正要解决的问题首先是为自己选择好一种意象；其次是不但要接受可能获得的东西，而且也要乐于放弃一些东西；最后是同愿意建立这种选择的伴侣建立良好的关系。”③

相较于上述两部著作的具体操作，坚持性别是一种表演（performativity）的后现代主义思想家、女性主义理论家朱迪斯·巴特勒（Judith Butler）教授走得更远，其观点更具哲学层面的指导意义。她认为：“性别是一个复杂的联合体，它最终的具体形式永远被延宕，任何一个时间点上的它都不是它的真实全貌。……它将是开放性的一个集合，容许多元的交集以及分歧，而不必服从于一个定义封闭的规范性终极目的。”“性别是在时间的过程中建立的一种脆弱的身份，通过风格/程式化的重复行动在一个表面的空间里建制。”④

由此可见，无论是具体的还是宏观的，以性别的多元化存在和多元化呈现为基础，我们都可以创造一个全新的性别自我，建立一种平等合作的性别关系⑤，

---

① 参见［美］玛丽·克劳福德、罗达·昂格尔：《妇女与性别——一本女性主义心理学著作》。以上各点根据该书第 15 章“因我而不同：为了女性更美好的未来”的观点整理提炼而成。

② 毕恒达：“导读”，见［美］肯尼斯·克拉特鲍：《男性气概的当代观点》，台北，女书文化事业有限公司，2003。

③ ［美］阿瑟·科尔曼、莉比·科尔曼：《父亲：神话与角色的变换》，121 页。

④ ［美］朱迪斯·巴特勒：《性别麻烦——女性主义与身份的颠覆》，22、184 页，上海，上海三联书店，2009。

⑤ 对男女合作型关系的建立，理安·艾斯勒（Riane Eisler）有深入的分析和全面的描述。参见［美］理安·艾斯勒：《圣杯与剑——男女之间的战争》，2 版，北京，社会科学文献出版社，1997。该书被学界认为是“自达尔文《物种起源》以来最重要的一本书”。本章将该书对男女两性合作型关系的展望扩展到所有的性别，并建基于平等即所有性别之间平等的合作型关系。

建设一种适宜的性别文化，进而实现性别的全面协调和和谐发展。

## 本章要点

1. 性别是人的基本属性之一，也是人的基本身份之一。因此，将性别（gender）引入社会心理学领域是十分必要的。

2. 与其他社会心理一样，个体性别社会心理的形成、发展、成熟、固化、转变等，也是其所居于其中的社会—文化背景和环境的影响和作用、个体对所居于其中的社会—文化环境的影响和作用等两者共同合力打造的结果。由此出发，性别与社会心理学研究领域至少应包括三大核心内容：（1）有关性别的社会观念；（2）有关性别的社会影响和回应；（3）有关性别的社会关系。至少涵盖以下若干重要观点：（1）性别存在和活动于一定的社会—文化场域中，且受这一场域的历史和现实因素的巨大影响。（2）个体对所处的性别背景和环境有自己的构建和解释能力。因此，拥有性别身份的个体所存在和活动的社会场域是其透过自我认知和自身观念而摄取和解释过的社会场域。（3）性别及其行为是社会背景和环境与个体解释力和构建力等两者合力作用的结果。（4）社会—个体的合力对性别及其行为具有强大的作用力和影响力，不仅可以使之形塑、模式化，也可以对其改型、去模式化甚至转型。因此，性别及其行为具有较大的可变性和可变动空间。（5）性别的社会属性依附于性别的自然属性。同时，两者之间相互影响、相互作用。

3. 人的性别存在至少有五个维度：基因性别、生物性别、生理性别、心理性别、社会性别。人的自然性别的存在，至少有五大类型：纯男性、假女真男性、半男半女性、假男真女性、纯女性。无论在历史长河中还是从现实生活看，或从跨文化的视角出发，性别的存在都是多元化的，性别的呈现/表演是多样性的。而如果可以用一个术语来描述的话，那么，这个术语就是——性别光谱：无论性别的存在还是呈现/表演都是以光谱形式出现的，具有光谱的特征。由此，我们足以质疑男女截然两分的性别类型和男女二元的性别行为规范/模式，挑战其在当今社会的有效性和合理性，建树一种新的性别信念和观念成为必然和必需。

4. 无论男人和女人都不是天生如此，而是在性别社会化过程中成为如此的。而这一男女二元的性别社会化、男女二元的社会—文化背景和环境已对所有性别个体造成了不利的影响，往往使之陷入心理矛盾和困境，使性别关系出现紧张冲突，导致性别的社会—文化环境出现失衡。

5. 社会的发展已从生殖力社会经过体力社会发展到智能社会，而智能社会所具有的性别平等的前提性基础条件使我们可以也能够创造一个全新的性别自我，建立一种平等合作的性别关系，建设一种适宜的性别文化，从而全面实现性别的协调和和谐发展。

## 基本概念

性别　性别意识　性别观念　性别关系　性别社会化　性别刻板印象与性别

偏见　男性化、女性化、双性化气质　性别光谱　性别存在、性别呈现、性别表演　性别和谐

**复习思考题**

1. 用你自己经历的一件事说明人的性别社会化过程。

2. 用你自己的话解释“性别光谱”这一概念。

3. 简述性别图式理论。

4. 拟剧论对个体日常性别行为解释的意义何在?

5. 如果一个男生穿着裙子来上课，你会有何感想和行动? 分析一下这一感想和行动背后的性别理念及其合理性。

6. 对你家中的四位长者（其中两位是同性别者，两位是不同性别者）进行访谈，了解性别身份对其人生的影响。

7. 比较不同性别长者之间、同性别长者之间、你与长者之间的性别经历有何不同，说明社会—文化和个体的合力作用。

8. 根据上述访谈，比较你与家中长者性别观念和行动的相同和相异之处，说明性别观念和行动的可变性和可变动空间。

9. 你认为自己可以为推进性别和谐做些什么?

10. 寻找出三个带有性别偏见/歧视的词或词语/俗语，试着将它们改变成不带性别偏见/歧视的，并在日常生活中加以应用。

**推荐阅读书目**

[美] 弗里丹. 女性的奥秘. 成都: 四川人民出版社, 1988.

[美] 海登, 罗森伯格. 妇女心理学. 昆明: 云南人民出版社, 1986.

[美] 埃托奥, 布里奇斯. 女性心理学. 北京: 北京大学出版社, 2003.

[美] 玛丽·克劳福德, 罗达·昂格尔. 妇女与性别——一本女性主义心理学著作. 北京: 中华书局, 2009.

[美] 米德. 三个原始部落的性别与气质. 杭州: 浙江人民出版社, 1988.

[美] 肯尼斯·克拉特鲍. 男性气概的当代观点: 现代社会中的男人、女人和政治. 台北: 女书文化事业有限公司, 2003.

[美] 阿瑟·科尔曼, 莉比·科尔曼. 父亲: 神话与角色的变换. 北京: 东方出版社, 1998.

黄淑玲, 游美惠主编. 性别向度与台湾社会. 台北: 巨流图书股份有限公司, 2007.

[英] 薇妮莎·贝尔德. 性别多样化——彩绘性别光谱. 台北: 书林出版有限公司, 2003.

[美] 朱迪斯·巴特勒. 性别麻烦——女性主义与身份的颠覆. 上海: 上海三联书店, 2009.

[法] 伊·巴丹特尔. 男女论. 长沙: 湖南文艺出版社, 1988.

[美] 理安·艾斯勒．圣杯与剑——男女之间的战争.2版．北京：社会科学文献出版社，1997.

[美] 卡罗尔·吉利根．不同的声音——心理学理论与妇女发展（32版）．北京：中央编译出版社，1999.

毕恒达．男性性别意识之形成．应用心理研究（台北），2003（17）.

毕恒达．女性性别意识形成历程．通识教育季刊（台北），2004，11（1，2）.

Simone de Beauvoir. The second sex. Vintage Books，1989.

# 第十三章
# 人格培育

成长于素质教育下的青少年常常不知道素质教育的核心是什么，其实，素质教育的核心是人格教育。人格是决定一个人一生如何发展、如何生活的心理品质，它是决定一个人的人生品质的心理特征。例如，乐观人格决定一个人的社会幸福感，对挫折的抗逆力决定一个人的成功与成就水平。由于人格对人生所具有的重要作用，人格培育成为伴随一个人一生的过程，从基础教育到高等教育再到职业生涯，人格培育渗透于生活的各个领域，它起始于家庭，在学校、社会、职业实践中逐渐形成并稳定。瑞士著名心理学家荣格提出了一个至今为人所争议的命题：性格决定命运。积极的人格可以激励人积极奋进，自强不息，完善自我，丰富人生；消极的人格则会使人故步自封，颓废消沉，远离社会，甚至自毁人生。因此，人格决定了一个人的人生轨迹与生命的幅度。生活在现实社会中的个体应具备能够更好地学习成长、生活适应、职业发展、自我完善的心理品质。人格是伴随着人一生而不断成长的重要心理品质，人格的成长意味着一个人心理的成熟。人格是一个丰富而复杂的心理成分，它凝集着自然、文化与社会的元素，人格的塑造与培育是个体心理完善与发展的必要条件。本章将介绍人格的基本特征、人格的差异、人格的培育等内容，读者将从中认识人格发展的规律，提高自我完善与人格塑造的能力。

# 第一节 人格界定

“人格”是我们日常生活中经常使用的词汇，不同领域有不同的理解，如有法律意义上的人格，有道德意义上的人格，有文学意义上的人格，也有社会学意义上的人格。数千年来，哲人、诗人、科学家们用他们各自的理解在诠释着人格。而心理学更多的是从社会中的个体来界定和描述人格特性的。

## 一、什么是人格

“人格”（personality）一词，最初源于古希腊语 persona，此词的原意是指希腊戏剧中演员戴的面具，面具随着人物角色的不同而变换。在文艺复兴时期，一个演员要扮演许多角色，他们以面具来区别其扮演的不同角色，不同面具代表不同的人物性格。这种面具与我国京剧脸谱具有相同之处，例如，红脸代表忠义，白脸代表奸诈，黑脸代表刚强，不同的面具体现了角色的特点和人物性格。在舞台上，一个演员所表现的行为要与所扮演的角色相称。面具规定了或限制了演员的行为。观众从演员的面具上就可以知道他所扮演的是一个什么样的人，是天使还是恶魔，通过角色就能判断并预测其行为。所以，面具代表了一个人所特有的行为模式。例如，天使是仁慈、善良、助人的，其特有的行为模式可以使人们从其行为中，看到它那仁慈、善良和助人的特征。同样，魔鬼也会使人从其行为中看到它那凶恶、残暴的特质。

“人生如戏”，人生舞台常常如同戏剧舞台一样，心理学沿用其含义，转意为人格。这其中包含了两个内容：一是指一个人在现实人生和社会舞台上所表现出来的种种言行，人遵从社会文化习俗的要求而做出的反应。人格所具有的“外壳”，就像舞台上演员根据角色要求所戴的面具，表现出一个人外在的人格品质。二是指一个人由于某种原因不愿展现的内隐人格成分，即面具后的真实自我，是人格的内在特征。无论是外显的人格特征，还是内隐的人格特征，这些描述都仅仅是对人格概念的一种形象化理解。

在科学心理学的范畴中，人格被界定为在自然与社会因素的交互作用下所形成的个体特有模式，这一模式是一个人思想、情感及行为的统一体，它包含了一个人区别于他人的稳定心理品质。所以，个体在社会生活中，对己、对人、对事、对物做出反应时，人格以其独特的心理机制或典型风格，影响着人与环境的交互作用。

## 二、人格特性

人格是一个具有丰富内涵的概念，它包含了人格的复杂特征，反映出人格的多种本质属性。人格具有以下四种本质属性。

### (一) 独特性

人格是独特性与共同性的统一，其中独特性是主要特性，共同性是辅助特性。

“人心不同，各如其面。”这句俗语为人格的独特性做了最好的诠释。一个人的人格是在遗传、环境、教育等先天、后天因素的交互作用下形成的“合金”。不同的遗传、生存及教育环境，形成了人各自独特的心理特点。如有人外向，有人内向；有人友好，有人敌对；有人善良，有人奸恶。环境会使某一人格品质在不同人身上表现出不同的风格。《红楼梦》是集百名人物于一书的古典名著。作者曹雪芹在书中共描写了四百多个人物，且每个人物各具风采。其中，宝玉和众多女性人物的性格各自光彩照人。黛玉的忧郁与聪慧，宝玉的多情与反叛，宝钗的自制与圆滑，湘云的活泼与爽快，凤姐的泼辣与奸诈，探春的刚毅与精干，迎春的懦弱与温顺，惜春的冷漠与疏离，妙玉的清高与孤傲，元春的贤德与哀怨，袭人的奴性与忠诚，晴雯的抗争与刁蛮，平儿的善良与周全，小红的钻营与机灵，尤三姐的刚烈与痴情……大大小小的人物有血有肉，显示出人格的“千姿百态”。

因此，人格心理学家主要关注的是心理功能的差异性。例如，记忆是一种普遍的心理现象，但在每个人身上的表现却具有不同的风格。比如，画家善于形象记忆，数学家善于语义逻辑记忆，演员善于情绪记忆，运动员善于运动记忆。由此可见，在记忆这一共有的心理功能中人们显示出各自不同的特点。人格心理学家注重的就是这些个体的心理差异性，分析人们为什么会表现出这些差异，这些差异表现具有哪些规律，它们会对人们产生什么样的影响，等等。弗洛伊德（Sigmund Freud，1856—1939）及后续研究者们非常重视内隐记忆在心理健康中的作用，特别是童年经历的记忆对其之后生活的影响。人格心理学家不太会去关注记忆加工的过程，如何提高记忆效果这些心理现象的共同规律，但他们会利用这些有关共同规律的知识来分析人们的差异性，他们研究的是记忆的个体加工风格。因此，人格心理学家研究的不是认知过程，而是认知风格。

强调心理的独特性，并不意味着否定心理的共同性。人格心理学也会关注某一文化或某一团体下人们所共有的人格特征，如中国人含蓄，西方人奔放等。人格共同性是指某一文化、某一民族、某一阶层、某一群体的人们所具有的相似人格特征。人类文化学者把同一文化所陶冶出来的共同人格特征称为群体人格。其实，心理机能的共同特征与个体差异是在一个人身上表现出的两种规律，二者相互交织在一起，共性中包含着个性，个性中体现着共性。但是，人格心理学更强调人格的独特性。

### （二）稳定性

人格是稳定性与可变性的统一，其中稳定性是主要特性，可变性是辅助特性。

“江山易改，本性难移”这句话描述了人格的稳定特征。人格的稳定性表现在三个方面：首先，它是指人们经常表现出来的惯常特点，而不是一时性的表现。例如，一个人平时性情温和，偶然暴怒一次。在描述其人格时，不会说他脾气暴躁，仍然认为他是温情和蔼的人。其次，一个人的某种人格特点一旦形成后，就相对稳定下来了，要想改变它，是较为困难的事情。人格是个体内部逐渐形成的一种稳定的结构成分，它是人与外部世界的相互作用中，使客观现实逐渐“内化”成为人格结构的。例如，同样面临挫折情境，人们的反应是不同的，导致的结果也会不同。有的人一蹶不振、灰心丧气，以失败而告终；有的人则自强奋发、不畏艰难，最终成功。这与人的内在稳定的人格品质——挫折耐受力的强弱有关。最后，稳定性还表现在人格特征在不同时空下表现出一致性的特点。例如，一位性格内向的大学生，他不仅在陌生人面前缄默不语，在老师面前少言寡语，在参与学生活动时也沉默寡言。大学四年他一直如此，毕业几年后同学聚会时，他也不会变化很大。人格的稳定性体现了自我的延续性，今天的我是昨天的我的延续，明天的我是今天的我的延续。一个正常人在一天之内可以发生贫富突变，但很难在一天之内发生人格突变。

人格心理学家在强调稳定性时，并不会忽视人格的可变性。但人格的改变与行为的变化是不同的，行为改变是一种外在、表层的变化，人格的改变是内在、深层的变化。例如状态焦虑与特质焦虑：状态焦虑是一时性的焦虑状态，当诱发事件消失时，焦虑就随之消失；而特质焦虑是一种稳定的人格特征，在不同时空其表现形式不同。当他是学生时，他表现为考试焦虑，考前心神不定、忧心忡忡，在考场上无法正常发挥；当他工作时，他对竞争与压力环境有焦虑反应，采取逃避的方式来处理焦虑。在不同情境和不同的时期，他的焦虑反应是不同的，但内在易焦虑的特质并未改变。如果经过心理医生的脱敏治疗，他彻底消除了特质焦虑，这才是一种人格在某种程度上的真正改变。

## （三）统合性

人格是统合性与分离性的统一，其中统合性是成熟特性，分离性是病态特性。

鲁迅说："横眉冷对千夫指，俯首甘为孺子牛。"其中涉及了人格是极其复杂的，人的行为表现出多元化、多层面的特征。人格是由多种成分构成的一个有机整体，具有内在的一致性，受自我意识的调控。

人格的统合性体现在两个方面：一是人格结构的统一。人格表现绝非静水一潭，各种人格结构的组合千变万化，而使人格的表现千姿百态。每个人的人格世界里，并非是由各种特征简单堆积起来的，而是如同宇宙世界一样，依照一定的内容、秩序、规则有机结合起来的一个动力系统。二是人格健康的标志。当一个人的人格结构的各方面彼此和谐一致时，人们就会感觉到心态平和，呈现出健康的人格特征；否则，内心混乱就会使人发生心理冲突，产生各种生活适应困难，甚至出现"分裂人格"。

人格统合性并不与人格的表里不一相矛盾。儿童的表里如一体现了天真无邪，成人的表里如一体现了真诚坦率。但是，社会的复杂性会使人表现得多元化，人可以掩饰自己维护尊严，可以说善意的谎言等，这些都不意味着人的心态不健康，而是社会化的一种表现。

## （四）功能性

人格是功能性与无助性的统一，其中功能性是好的特性，无助性是问题特性。

一位先哲曾说过："一个人的性格就是他的命运。"

人格是一个人生活成败、喜怒爱恨的根源。人格决定一个人的生活方式，甚至决定一个人的命运。人们经常会使用人格特征来解释某人的言行及事件的原因。面对挫折与失败，坚强者发奋拼搏，懦弱者一蹶不振。悲痛可以使某人化为力量奋起，也可以使某人沉湎于消沉。当人格正确发挥其功能时，表现为健康而有力，支配着一个人的生活与成败；而当人格功能失调时，就会表现出软弱、无力、失控，甚至变态。

人格对认知与智力的影响是人格心理学家非常重视的课题，因为它体现了人格的功能性。例如，研究"失败后的成功"这一课题，发现个体对自己能力的反应会影响其能力的发挥。一些研究者总结一系列研究后认为，同样聪明的学生，由于人格不同而在挫折后的问题解决成绩明显不同。控制定向（mastery oriented）的学生倾向于将问题看作一种挑战，在遇到困难时他们更能采取坚持的态度；无助定向（helpless oriented）的学生倾向于自我中伤（self-denigration），产生消极情绪，在困难中屈服。当两组学生面临困难问题时，控制定向的学生能更加专注地思考问题，能对问题提出新的策略；而无助学生则怀疑自己的能力，变得厌烦，产生认知干扰。因此，控制定向的学生会出现“失败后的成功”的结果，无助定向的学生则会出现“失败后的失败”的结果（见表 13—1）。

**表 13—1　　成功者与失败者的人格差异**

| | 成功者<br>控制定向人格 | 失败者<br>无助定向人格 |
|---|---|---|
| 失败归因 | 可变式归因 | 稳定式归因 |
| 激励方式 | 自我激励式 | 自我击溃式 |
| 问题解决策略 | 有效性方法 | 无效性方法 |
| 情绪反应 | 积极情绪 | 消极情绪 |
| 行为结果 | 进取—成功 | 退缩—失败 |

综上所述，人格是一个具有多重属性的系统。人格的独特性、稳定性、统合性与功能性构成了人格的本质特征，也是人格心理学区别于其他心理学领域的标志性特性。

# 第二节 人格差异

人格心理学家关注的是人的心理差异，人格差异是多元化展示的集合。人格是由不同成分构成的一个结构系统，不同成分从不同侧面反映了人格的差异。人格结构系统包括认知风格、气质、性格等成分，这些成分体现了人格的认知差异、生理差异和社会差异。其中，认知风格是体现在认知加工过程中的差异，气质是体现在高级神经活动类型上的差异，性格是体现在社会道德评价方面的差异。

## 一、人格的认知差异

人格的认知差异主要体现在认知风格上，认知风格（cognitive style）是指人们在对事物、现象或人进行认识的过程中，个人所偏爱使用的加工信息方式，也叫认知方式。例如，有人喜欢与别人讨论问题，从别人那里获得启发性信息，有人则喜欢自己独立思考。每个人都有自己所偏爱的认知加工方式。

请看图 13—1，你看到了什么？有些人一眼就看到了鸭子，而有些人则一眼看到了兔子。如果你从左向右去看图片，那么首先感知到的就是鸭子；而如果你从右向左去看图片，那么最先看到的就是兔子。人们对同一事物的不同认知反应就是个体的认知差异。

图 13—1　双关图

认知加工方式的种类是多种多样的，主要的认知类型有以下几种。

## （一）冲动型—沉思型

冲动型与沉思型是两种迥然不同的认知风格。在 20 世纪 60 年代，杰罗姆·卡根（J. Gagan）等人首先提出了这对概念。[①] 人们对问题的思考速度存在着非常显著的个体差异，这种差异就表现为冲动型与沉思型的区别。这种认知风格的差异并不体现在简单的或自动化的任务中，如高年级学生回答"1＋1＝?"这样简单问题的自动化反应速度并不能代表这一认知差异，因为学生仅仅是从长时记忆中提取现成答案，而不需要进行认知加工，所以这种认知差异只体现在复杂的认知加工过程中。

冲动型（impulsivity）认知风格的特点是反应快，但精确性差。冲动型的人面对问题时总是急于求成，不能全面细致地分析问题的各种可能性，不管正确与否就急于表达出来，甚至有时还没弄清问题的要求，就开始对问题进行解答。他们的信息加工策略多使用的是整体加工方式，他们在完成需要做整体解释的学习任务时，学习成绩会更好些。大约有 30％的小学生表现出冲动型特点。

沉思型（reflection）认知方式的特点是反应慢，但精确性高。这种学生总是把问题考虑周全以后，再做反应，他们首先看重的是解决问题的质量，而不是速度。但是当他们回答熟悉的、比较简单的问题时，反应也是比较快的。在回答比较复杂的问题时，沉思型的特点表现得更为明显。沉思型学生的信息加工策略多采用细节性加工方式，所以他们在完成需要对细节做分析的学习任务时，学习成绩会更好些。大约有三分之一的学生属于这种认知风格。

这一认知方式的差异主要反映了人们对自己回答问题有效性的思考程度。但是，并不是所有对问题的快速反应都会伴随错误的出现，也并不是对问题谨慎的解决方式都能产生正确结果。有些人反应既快又准，则不属于冲动型认知方式，

---

① 参见陈英和：《认知发展心理学》，35 页，杭州，浙江人民出版社，1996。

而属于快—正确型认知方式；同样，对于那些反应又慢准确性又差的人，则不属于沉思型，而属于慢—非正确型（见图 13—2）。

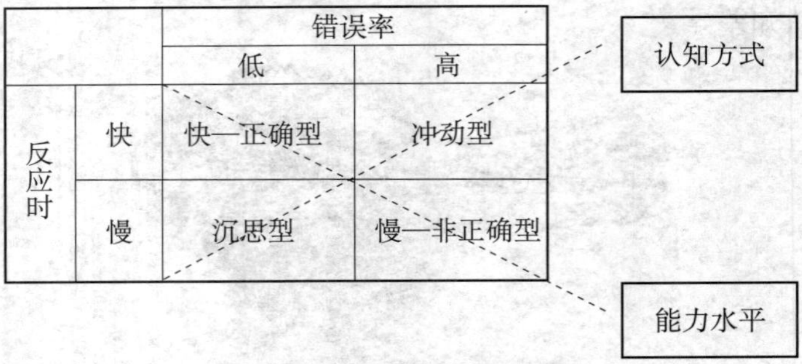


**图 13—2　四种认知类型**

在学习上这两种认知方式也存在着差异。沉思型的学生阅读、记忆能力、推理能力、创造力等方面都表现得比较好。而冲动型学生会出现阅读困难，常伴有学习能力缺失，学习成绩不太好。因为阅读、推理需要细心分辨，粗心大意的学生会处于不利的地位。冲动型学生可以通过训练来提高思考性，如让学生学会注意观察认知对象的细节，并在回答问题之前，对各种可能的答案进行检验。

## （二）同时型—继时型

达斯（J. P. Das）等人（1975）在脑神经研究的基础上，提出了同时性与继时性认知风格。他们认为左脑优势的个体在对信息进行加工时，表现出继时型加工风格，而右脑优势的个体则表现出同时型加工风格。

继时型（successive）认知风格的特点是，在解决问题的过程中，一步一步地分析问题，每一个步骤只考虑一种假设或一种属性，第一个假设成立后再进一步考虑第二种假设，一环一环地推导出问题的结果。每一种假设都有其时间上的先后顺序，他们解决问题的过程如链状，继时型加工中各成分只能是线性关系（见图 13—3）。言语操作、记忆等都属于继时加工过程。一般来说，女性擅长继时加工方式，这也就是女孩子的记忆功能、言语功能比男孩子好的原因之一。“记忆广度”、“发现顺序”是继时型加工的测验项目。

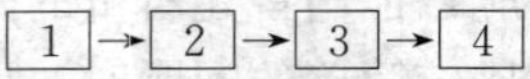


**图 13—3　继时型加工路径示意图**

同时型（simultaneous）认知风格的特点是，在解决问题的过程中，采取宽视野的方式，同时考虑多种假设，并同时兼顾到解决问题的各种可能性。其解决问题的方式是发散式的（见图 13—4）。许多数学操作、空间问题的操作都要依赖于这种同时型加工方式。这也就是男孩子在数学能力与空间能力上优于女孩子的原因之一。“空间关系”、“言语关系”、“类比推理”是同时型加工的测验项目。

这两种认知方式不存在加工水平上的差异，仅仅是方式上的差异。但是，当

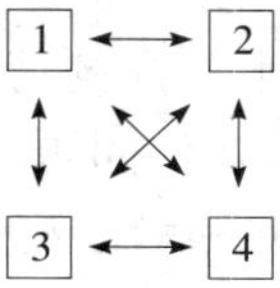


**图 13—4　同时型加工路径示意图**

学习方式与认知方式相匹配时，不同认知方式的优势就能显示出来。当学习材料与学生认知方式相匹配时，学习效果好；反之，当学习材料与学生认知方式不匹配时，学生学习一般都不太好。研究发现高智商的阅读困难的儿童常常出现继时型加工缺陷，对他们进行继时型加工策略训练的结果显示，训练对学习困难的学生是有帮助的，特别是阅读水平的进步。

## （三）场独立型—场依存型

威特金（Witkin）等人在垂直视知觉的一系列研究中，发现了认知方式的个体差异，即场独立型和场依存型的差异。这种差异主要表现在人对外部环境（“场”）的不同依赖程度上。场独立型（field-independent，FI）的人在信息加工中对内在参照有较大的依赖倾向，他们的心理分化水平较高，在加工信息时，主要依据内在标准或内在参照，与人交往时也很少能体察入微。而场依存型（field-dependent，FD）的人在加工信息时，对外在参照有较大的依赖倾向，他们的心理分化水平较低，处理问题时往往依赖于“场”，与别人交往时较能考虑对方的感受。

用隐蔽图形或镶嵌图形测验（embedded figures test）可以有效地测量场独立型和场依存型的人格差异。测验图形是由一种比较复杂的图形构成的，其中隐藏着一个简单的图形。测验时，要求被试迅速地从复杂图形中找出简单的图形（见图 13—5）。

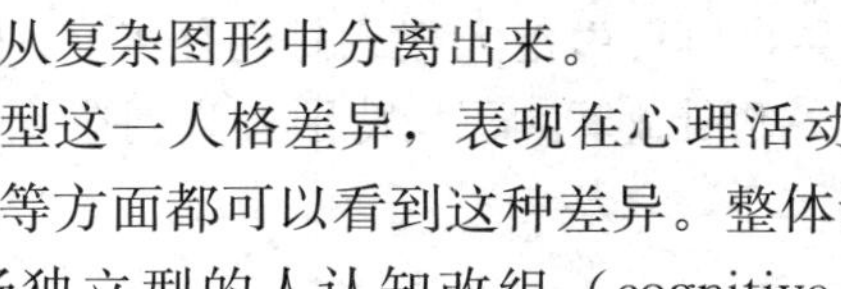

简单图形　　复杂图形

**图 13—5　隐蔽图形测验示例**

在这个测验中，复杂图形就是一个“场”，对简单图形具有掩蔽的作用。场独立型的人能迅速找出简单的图形，说明他的心理分化水平较高，不受或较少受到“场”的影响；而场依存型的人较难找出简单图形，说明他的心理分化水平较低，不容易把简单图形从复杂图形中分离出来。

场独立型与场依存型这一人格差异，表现在心理活动的许多方面，在知觉、思维、学习和人际交往等方面都可以看到这种差异。整体说来，场独立型与场依存型没有好坏之分。场独立型的人认知改组（cognitive restructuring）的能力强，在认知中具有优势；而场依存型的人社交技能高，在人际交往中具有优势。从学习来看，两种认知方式也显示了不同的特点。在解决需要灵活思维的问题上，场独立型的人有优势，他们善于抓住问题的关键性成分，能灵活地运用已有的知识来解决问题。而场依存型的人在解决熟悉的问题时，不会发生困难，但当让他们运用已有的知识去解决没有遇到过的问题时，则难以应付，缺乏灵活性。一些研究还表明，场独立型的学生喜欢学习一般原理，而不喜欢学习一些具体的知识，他们达到概括化的程度比场依存型的学生高，但两者在获得的知识量上没有差异。在学习兴趣和职业兴趣上，两者也表现出明显的差异。张厚粲（1982）的研究表明，场独立型与数学能力之间存在正相关。理科学生更偏向于场独立型，而文科学生偏向于场依存型。场独立型的学生在未来职业的选择上喜欢从事理论研究、工程建筑、航空及艺术等工作；而场依存型的学生则喜欢社会定向的学科与职业。

认知方式可以通过训练而得到改变。威特金的研究结果表明，对儿童进行艺术、音乐和体育训练，能有效地提高儿童的场独立型水平。格劳伯森（Globerson，1985）采取两种不同的训练方式，分别对场独立型和场依存型的 8 岁儿童进行有针对性的训练，结果他们在解决问题的能力上得到了同样的提高。许燕（1982）的研究表明，当教学方式与场依存型学生的认知方式相匹配时，能减轻这种学生在数学学习中的相对“劣势”。

## （四）思维风格

斯腾伯格在总结前人关于思维风格理论与研究的基础上，提出了自己的思维风格的概念和心理自我管理理论（mental self-government theory）。按照斯腾伯格的观点，思维风格是指人们所偏好的进行思考的方式。思维风格不是一种能力，而是一种偏好表达和使用一种或几种能力的方式。心理自我管理理论的核心是，人们在日常生活中，需要对自己的思想和行为进行管理，需要有一个管理机构，这一管理机构发挥功能的不同形式就构成了各种各样的思维风格。这一理论将内在的思维比作一个政府机构，就像政府机构那样具有功能、形式、水平、范围和倾向等方面不同的特点。[①]

1. 心理自我管理的功能

政府具有立法（legislative）、执行（executive）与审判（judicial）三种功能，心理自我管理也有这样三种功能。立法的功能是与计划、形成、创造和想象相联系的；执行的功能是与使用和实施联系在一起的；审判的功能是与判断、评价和比较联系在一起的。这三种功能中哪种占主导地位，就形成了哪种风格。

“立法型”风格的人喜欢创造和提出计划，按自己的思想和观点做事，喜欢自己做出决定，他们不喜欢执行由他人建构好的任务。“执行型”风格的人喜欢按给定了的结构、程序、规则做事，不是特别喜欢创造。他们会很高兴地去做别

① See R. J. Sternberg, *Thinking Style*, Cambridge, Cambridge University Press, 1997.

人要求他们去做的事情，遵循常规。“审判型”风格的人喜欢分析和判断已有的事物和方法，喜欢对规则和程序进行评价。

2. 心理自我管理的形式

心理自我管理的形式也重现了政府的不同形式，即君主专制的（monarchic）、等级制的（hierarchic）、寡头政治的（oligarchic）以及无政府的（anarchic）。君主专制的形式是指只有单一的目标和处理方式；等级制的形式允许有多种目标，这些目标按其重要性可分为不同的等级；寡头政治的形式也允许有多种目标，但每一目标具有同样的重要性；无政府的形式即反对包括政府在内的一切统治与权威，提倡个体之间的互助关系，关注个体的自由与平等，强调个体目标。

具有“专制型”思维风格的人思想简单，在一段时间内只能处理一件事物或一个方面，做完一件事情再做另一件事情，这样的人在处事时不易受到外界的干扰。具有“等级型”思维风格的人可以同时面对多种事物，并把要处理的事物按重要性进行排序，他们有很好的秩序感，处事有条理。具有“平等竞争型”思维风格的人常常面临多种有冲突的目标，常常被多种有冲突的力量所推动。由于他们不像具有“等级型”思维风格的人那样能够对事物按重要性进行排序，因而他们常常在冲突的任务面前，因为不能很好地分配时间、资源等而感到有压力或无所适从。“无政府型”思维风格的人会极其灵活地、随心所欲地工作，他们能在无结构的、没有清晰程序可遵循的环境下表现得最好。

3. 心理自我管理的水平

心理自我管理的水平主要有两种，即全局型（global）和局部型（local）。

“全局型”思维风格的人喜欢处理大的、整体的、抽象的事物，忽视细节。他们喜欢概念化的、观念化的任务。用一个比喻来说，他们倾向于“只见森林，不见树木”。“局部型”思维风格的人喜欢处理具体的、细节的事物。他们比较实际，但看不到全局。他们倾向于“只见树木，不见森林”。

4. 心理自我管理的范围

按照心理自我管理的范围，可分为两种思维风格，即内倾的（internal）和外倾的（external）。

“内倾型”思维风格的人是任务导向的，他们喜欢独立工作，对人际问题不敏感，他们喜欢将自己的智能应用到独立于其他人的工作中。“外倾型”思维风格的人是人际导向的，喜欢与他人一起做事情或在团体中完成工作，他们对人际的问题比较敏感。

5. 心理自我管理的倾向

心理自我管理主要有两种不同的倾向，即保守的（conventional）和自由的（liberal）。

“自由型”思维风格的人喜欢面对不熟悉、不确定的情境，超出现有的程序和规则，对变化的容忍力高。“保守型”思维风格的人喜欢按照已有的程序和规则做事，喜欢熟悉的工作或情境，避免模糊与变化的情境。

以上就是斯腾伯格在心理自我管理理论中划分出来的13种思维风格。斯腾伯格认为，并非每一个人只具有其中一种风格。这些思维风格在每一个人身上都有不同程度的体现，只是各种风格的强度不同。而且，人们在某种思维风格上的强度会随着不同的任务和情境而发生变化。斯腾伯格等人（1992）编制了《思维风格调查表》（thinking style inventory），来测量这13种思维风格。

## 二、人格的生理差异

人格的生理差异主要体现在气质上，气质（temperament）就是我们平常所说的脾气秉性。如“娇”黛玉、“莽”李逵、“灵”燕青、“稳”林冲，这些心理差异就是气质差异。气质是表现心理活动的强度、速度、灵活性与指向性的一种稳定的心理特征。这种人格差异体现了心理活动的动力特征，它给每个人的整个心理活动蒙上一层独特的色彩。人的气质差异是先天形成的，受神经系统活动过程的特性制约。孩子刚出生时，最先表现出来的差异就是气质差异，有的孩子大哭好动，有的孩子平稳安静。盖赛尔（A. L. Gesell）在观察婴儿的心理表现时，发现婴儿的气质表现有三种类型：第一类婴儿表现平静，不着急，慎重对待周围事情；第二类婴儿急急忙忙，注意力不集中，动作伶俐，反应快；第三类婴儿动作不规则，注意力和性情不稳定，但才气焕发。[①]

气质学说最先源于古希腊医生希波克拉底（Hippocrates）的体液说。他认为人体内有四种液体：黏液、黄胆汁、黑胆汁、血液，这四种体液的配合比例不同，形成了四种不同类型的人。约五百年后，罗马医生盖伦（Galen）进一步确定了气质类型，提出人的四种气质类型是胆汁质、多血质、黏液质、抑郁质。虽然，依照体液来对气质类型进行分类缺乏科学依据，但是气质及四种气质类型分类的名称一直被研究者们所沿用，因为在现实生活和文学作品中经常可以看到这四种气质类型的典型人物。如《水浒传》里的“黑旋风”李逵脾气暴躁，气力过人，为人耿直，忠义烈性，思想简单，行为冒失，属胆汁质；而“浪子”燕青聪明过人，灵活善变，使枪弄刀、弹琴吹箫、交结朋友等无所不会，属多血质；“豹子头”林冲沉着老练，身负深仇大恨，尚能忍耐持久，几经挫折，万般无奈，终于逼上梁山，属黏液质；《红楼梦》里的林黛玉多愁善感、弱不禁风、孤僻清高，属抑郁质。

1. 胆汁质

胆汁质（choleric temperament）的人被形容为像“夏天里的一团火”，有火爆的脾气。这种人的情绪爆发快，但又难持久，如同一阵狂风、一场雷阵雨，来去匆匆。这种人精力旺盛，争强好斗，做事勇敢果断，为人热情直率、朴实真诚；但是这种人的思维活动常常是粗枝大叶、不求甚解，遇事常欠思量，鲁莽冒失，做事也常常感情用事，刚愎自用，但表里如一。

---

① 参见高玉祥：《个性心理学》，154页，北京，北京师范大学出版社，2000。

2. 多血质

多血质（sanguine temperament）的人被形容为像春风一样“得意扬扬”，富有朝气。这种人乖巧伶俐，惹人喜爱。他们的情绪丰富而且外露，喜怒哀乐皆形于色，他们那表情多变的脸折射出他们的内心世界。他们喜欢与人交往，有种“自来熟”的本事，但交情粗浅。他们的语言表达力强而且富有感染力。活泼、好动、乐观、灵活是他们的优点。他们思维灵活，行动敏捷，对各种环境的适应力强，可塑性也很强。但是他们气质上的弱点是缺乏耐心和毅力，稳定性差，见异思迁。

3. 黏液质

黏液质（phlegmatic temperament）被形容为虽然像冬天一样无艳丽的色彩装点却“冰冷耐寒”，但也缺乏生气。这种人安静稳重，沉默寡言，喜欢沉思，表情平淡，情绪不易外露，但内心的情绪体验深刻，外表似乎给人以“冷”的感觉，也被称为“热水瓶”，外凉内热。他们自制力很强，不怕困难，忍耐力高，表现出内刚外柔。他们与人交往适度，交情深厚，朋友少但却常有知心朋友。他们的思维灵活性略差，但考虑问题细致而周到，这往往弥补了他们思维的不足。学习接受慢了些，但却很扎实，踏踏实实。但是他们平时总是四平八稳的，所以有时“火烧眉毛也不着急”。这种人的行为主动性比较差，经常是别人让他们去做某事才会去做，而并不是他们不想做。

4. 抑郁质

抑郁质（melancholic temperament）给人以“秋风落叶”般的无奈、忧愁的感觉。这种人情绪体验深刻、细腻而又持久，主导心境消极抑郁，多愁善感，给人以温柔怯懦的感觉。他们聪明而富于想象力，自制力强，注重内心世界，不善交际，孤僻离群，软弱胆小，委靡不振。他们的行为举止缓慢而单调，虽然踏实稳重，但却优柔寡断。

这四种气质显示了人们“四季”般的天性。但是，单纯地属于这四种典型气质之一的人并不多，在生活中，绝大多数人是四种气质互相混合、渗透，兼而有之的。我国一项有关大学生气质的研究结果表明，复旦大学、南开大学、四川大学、第四军医大学、安徽师范大学五所高校的364名大学生中，单一气质的人占34.07%，混合气质的人占65.93%。

气质是人的天性，反映了人的生理特性，无好坏之分，每种气质既有其利的一面，又有其弊的一面。多血质的人虽然灵敏活泼，但却会失于轻浮，学习不踏实、没耐力、行事马虎；抑郁质的人虽然胆小、忧郁，但细心敏锐、见微知著、聪明过人。每种气质都各有利弊，从整体来讲无孰好孰坏的评价。气质只是给人们的人格或行为涂上某种色彩，它不能决定人的社会价值，没有社会道德评价含义。一个学生的活泼与稳重不能决定这个学生为人处世的方向，任何一种气质类型的人既可以成为品德高尚的人，有益于社会的人，也可以成为道德败坏的人，有害于社会的人。气质也同样不能决定一个人的成就价值，在同一社会实践领域可以找到不同气质类型的杰出人物，例如俄国的四大文豪虽属于不同气质类型，却都在文学领域取得了辉煌成就。普希金属于胆汁质，赫尔岑属于多血质，克雷洛夫属于黏液质，果戈理属于抑郁质。同样，在不同的社会实践领域中可以找到相同气质类型的人。例如，果戈理、达尔文、柴可夫斯基虽然都属于抑郁质类型，但他们在不同的领域都取得了伟大成就。所以，任何气质的人，都既可能成为具有杰出才华的人，也可能成为平庸无为的人。

阴阳五行说是中国的气质学说，我国春秋战国时期的著名医书《内经》按阴阳强弱，把人分为太阴、少阴、太阳、少阳、阴阳平和五种类型。太阴之人：多阴无阳，其人格特征是悲观失望、内省孤独、不合时尚、保守谨慎。少阴之人：多阴少阳，其人格特征是冷淡沉静、节制稳健、戒备细心、深藏不露、善辨是非、嫉妒心强、自制力强、耐受性高。太阳之人：多阳无阴，其人格特征是勇敢刚毅、坚持己见、激昂进取、傲慢暴躁。少阳之人：多阳少阴，其人格特征是外露、乐观、机智、随和。阴阳平和：阴阳气和，其人格特征是态度从容、平静自如、尊严谦谨、适应性强。我国老一辈神经精神病学家、中国中医研究院教授薛崇成与助手杨秋莉依据阴阳五行说编制了我国第一个人格测评量表《五态性格测验》(1988)，用于鉴别五种人格类型。阴阳五态性格在医学心理、运动心理、航空心理等领域有广泛应用。

## 三、人格的社会差异

人格的社会差异主要体现在性格上，性格（character）是一种与社会关系最密切的人格特征，蕴涵了许多社会道德含义。性格表现了人们对现实和周围世界的态度，并表现在他的行为举止中，主要体现在对自己、对别人、对事物的态度上和所采取的言行上。

一个人的性格不仅表现在他做什么，而且表现在他怎么做。有的人正直无私，有的人虚伪自私。像这些具有道德评价含义的人格差异，我们都将其归为性格差异。性格不像气质那样具有天赋性，没有好坏之分，它是后天在社会环境中逐渐形成的，是人的核心的人格差异，受人的价值观、人生观、世界观的影响，所以性格具有好与坏之分，体现了一定的阶级性与道德性。热爱祖国、助人为乐、诚实正直、公而忘私、廉洁奉公、见义勇为、自尊自强等体现了好的性格品质；冷酷无情、自私利己、虚伪狡诈、恃强凌弱、唯利是图、退缩怯懦等都是不良的性格品质。在文学书海中，我们经常能看到一个个性格鲜明的典型人物。一部《水浒传》，把一百零八条好汉刻画得有血有肉，个个活灵活现，栩栩如生，使我们读来如见其人，如闻其声，十分惬意。但是，鲜明突出的性格并不等于就是完美、健全的性格。阿 Q 的愚昧、王熙凤的狠毒、堂吉诃德的呆板、葛朗台的吝啬，都是令人生厌的。

德国哲学家斯普兰格（Spranger）在 20 世纪早期曾根据人类的社会文化生活形态来划分人的六种性格类型，这种人格差异是以价值观为划分标准的。G W. 奥尔波特也依据个人倾向于某一领域，相应地把人划分为不同的价值观类型。

(1) 经济型（实用型）。这类人以实用性作为价值判断的指标。各种事物如果无经济价值便无使用的效能了。其生活的目的是获取经济效益。实业家属于这种价值类型。

（2）理论型（科学型）。这类人喜欢探求真理，具有认识客观事物的热情，力图把握事物的本质，重视理论，但在解决生活实际问题时显得无力。哲学家、理论家属于这一价值类型。

（3）审美型。这类人以美作为评价事物的标准。他们不太关注实际生活，沉醉于对自身的主观感受中，其生活目标在于追求美的感受、创造美的事物。艺术家多为这一类型。

（4）宗教型（信仰型）。这类人以宗教信仰作为重要的生活目标，他们相信绝对精神的存在，具有坚定的信念。宗教信徒多为此种类型。

（5）权力型（政治型）。这类人追求权力控制，具有强烈的支配与控制欲望。所有生活领域都服从于其权力意识。

（6）社会型。这类人重视社会价值，以关心他人、热爱社会为己任，投身于社会公益事业，具有献身精神。

在上述六种价值类型中，并非每个人仅单纯具有某一价值类型，只是其中某一价值类型占主导地位。G. W. 奥尔波特（1931，1951，1960）依据这种划分编制了《价值观研究量表》。

在对我国大学生价值观的纵向研究中发现，上述六种价值观具有社会依从性特征，大学生的主导价值观（排位第一的价值观）与社会发展的时代特征相吻合。例如，1992 年邓小平的“南方谈话”开启了经济建设的改革步伐，大学生的价值观也由政治型（权力型）转向实用型（经济型）[①]（见表 13—2）。

**表 13—2　　1984—2014 年大学生价值观的排序**

| 等级排序<br>年份 | 1 | 2 | 3 | 4 | 5 | 6 |
|---|---|---|---|---|---|---|
| 1984 年 | 政治型 | 审美型 | 科学型 | 实用型 | 社会型 | 信仰型 |
| 1989 年 | 政治型 | 审美型 | 科学型 | 实用型 | 社会型 | 信仰型 |
| 1992 年 | 实用型 | 社会型 | 政治型 | 科学型 | 审美型 | 信仰型 |
| 1997 年 | 社会型 | 实用型 | 科学型 | 信仰型 | 审美型 | 政治型 |
| 2001 年 | 实用型 | 信仰型 | 科学型 | 社会型 | 审美型 | 政治型 |
| 2003 年 | 实用型 | 社会型 | 信仰型 | 审美型 | 政治型 | 科学型 |
| 2005 年 | 实用型 | 社会型 | 科学型 | 信仰型 | 审美型 | 政治型 |
| 2007 年 | 社会型 | 实用型 | 信仰型 | 科学型 | 政治型 | 审美型 |
| 2008 年 | 社会型 | 实用型 | 信仰型 | 科学型 | 审美型 | 政治型 |
| 2009 年 | 社会型 | 信仰型 | 实用型 | 科学型 | 审美型 | 政治型 |
| 2012 年 | 社会型 | 实用型 | 信仰型 | 科学型 | 审美型 | 政治型 |
| 2014 年 | 实用型 | 信仰型 | 社会型 | 科学型 | 审美型 | 政治型 |

① 参见许燕：《人格心理学》，北京，北京师范大学出版社，2009。

# 第三节 人格测评

人格差异表现在许多方面，人格心理学家依据人格表现特征的不同、人格层次的差异，运用不同的方法来测验这些人格差异。通过人格测评，既可以了解自我，也可以了解他人。人格测评的方法有很多，这里，我们主要介绍五种典型的人格测评方法。

## 一、自陈法

自陈法是在标准化的技术条件下，对受测者的行为和内部心理变化进行探察和鉴别的方法。主要形式为纸笔测验方法。自陈量表法是被试本人对自己的人格特质予以评价的一种方法。自陈量表通常也称为人格量表（personality inventory）。由于自陈量表所测量的是人格特质，因此在人格理论上，是遵从特质论的。自陈量表通常都由一系列的问题组成，每一个问题陈述一种行为，要求被试按照自己的真实情形来回答。

一个人格量表，可以用来测量单一的人格特质，也可以用来测量多个人格特质。以下介绍几种经典的人格测验。

### (一) 明尼苏达多相人格测验

明尼苏达多相人格测验（Minnesota multiphasic personality inventory, MMPI）是现今国外最流行的人格测验之一，此量表是由美国明尼苏达大学教授哈萨威（S. R. Hathaway）和麦金利（J. C. Mckinley）所编制的，适用于16岁以上、具有小学文化水平以上的群体。该量表内容包括健康状态、情绪反应、社会态度、心身性症状、家庭婚姻问题等26类题目，可鉴别强迫症、偏执狂、精神分裂症、抑郁性精神病等。其中有10个分量表：（Hs）疑病症、（D）抑郁症、（Hy）癔病、（Pd）精神变态、（Mf）性变态、（Pa）妄想狂、（Pt）精神衰弱、（So）精神分裂症、（Ma）轻躁狂、（Si）社会内向。所有题目均采用“是、不一定、否”来回答，题目举例如下：

| | | | |
|---|---|---|---|
| 1. 我相信有人反对我。 | 是 [ ] | 不一定 [ ] | 否 [ ] |
| 2. 我相当缺乏自信。 | 是 [ ] | 不一定 [ ] | 否 [ ] |
| 3. 每隔几夜我就会做噩梦。 | 是 [ ] | 不一定 [ ] | 否 [ ] |

这个测验所重视的是被试的主观感受，而不是客观事实，又因为在编制时采用正常与异常两组对照组为样本，因此MMPI不但可做临床上的诊断依据，而且也可用来评定正常人的人格，使人们对一个人的人格有个概略的了解。

## (二)爱德华兹个人兴趣量表

爱德华兹个人兴趣量表(Edwards personal perference schedule, EPPS)是由美国心理学家爱德华兹(A. L. Edwards)于1953年编制的,是以美国心理学家莫瑞(H. A. Murray)所列举的人类15种需求为基础的,全量表共有225个题目,每个题目通常包括两个以"我"为开头的陈述句,用"强迫选择法",要求被试从两者中按照自己的喜好选出其中的一个。例如:

1. A. 我喜欢结交新朋友。
   B. 当我有难时,我希望朋友能帮助我。
2. A. 在长辈和上级面前,我会感到胆怯。
   B. 我喜欢用别人不太懂其意义的字词。

EPPS的主要功能是通过被试对题目的反应,评定他在15种心理需求上相对于一般人的强弱程度,然后绘出人格剖面图,一个人15项人格的定位状况,便就一目了然了。

自陈量表式人格测验的优点是题目数固定,题目内容具体而清楚,因此施测简单,计分方便。其缺点是因编制时缺乏客观效标,效度不易建立;测验内容多属于情绪、态度等方面的问题,每个人对同一问题常常会因时空的改变而选择不同的答案;使用这种方法时,还难免出现反应的偏向,例如,有些被试对问卷中提出的各种问题总是抱赞同的态度,这种反应偏向影响到对人格做出客观的评定。因此,其信度和效度都不如智力测验。

## (三)中国青年性格问卷

中国青年性格问卷是根据美国心理学家高夫(H. G. Gough)所编制的《加利福尼亚心理调查表》(the California psychological inventory, CPI, 1956)修订而成的。本问卷主要面向青年,尤其适用于大中学生。问卷共由230道题组成,让被试对每一道题给予"是"或"否"的回答。例如:

1. 我通常感到人生很有价值。 是[ ] 否[ ]
2. 我常常厌恶自己。 是[ ] 否[ ]
3. 小时候上学时,我常给老师添麻烦。 是[ ] 否[ ]

本问卷涉及人格4个方面的18个人格变量,如表13—3所示。

**表13—3 中国青年性格问卷的测评内容**

| 序号 | 分量表名称 | 评估内容 |
|---|---|---|
| 第一类:自在性、优越性、自信心及人际适宜性 | | |
| 1 | 支配性(Do) | 领导能力及社会主动性等 |
| 2 | 进取心(Cs) | 积极争取达到某种社会地位的能力 |
| 3 | 社交性(Sy) | 外向性、社交能力及社会参与等 |

续前表

| 序号 | 分量表名称 | 评估内容 |
|---|---|---|
| 4 | 自在性（Sp） | 社会交往情境中的自在性、自尊性、自信心和社交风度 |
| 5 | 自我接受（Sa） | 自我价值感、自我接纳以及独立思考与行动的能力 |
| 6 | 幸福感（Wb） | 烦恼程度、自我怀疑、幻想破灭的情绪干扰程度 |
| 第二类：社会化、成熟度、责任心及价值结构 | | |
| 7 | 责任心（Re） | 认真、负责、可靠等 |
| 8 | 社会化（So） | 社会成熟水平、自我整合程度 |
| 9 | 自制力（Sc） | 自我控制、自我调节、摆脱冲动性和自我中心 |
| 10 | 宽容性（To） | 宽容和接纳他人的程度 |
| 11 | 好印象（Gi） | 力求给人以好印象、关注别人对自己的反应与评价 |
| 12 | 同众性（Cm） | 使个人反应与大家一致的程度 |
| 第三类：成就潜能与智能效率 | | |
| 13 | 遵循成就（Ac） | 在集体创造活动中起积极作用的兴趣与能力 |
| 14 | 独立成就（Ai） | 在独立创造活动中起积极作用的兴趣与能力 |
| 15 | 智力效能（Ie） | 智力效率程度及与智力有关的人格品质 |
| 第四类：智力与兴趣 | | |
| 16 | 心理性（Py） | 对已、对人其内心体验的兴趣与敏感程度 |
| 17 | 灵活性（Fx） | 个人思维与社会行为的灵活性与适应性 |
| 18 | 女性化（Fe） | 个人兴趣与行为方式的女性化成分 |

## 二、投射法

投射测验（projective test）是以弗洛伊德的人格理论为依据的。该理论强调人的行为由无意识的内驱力所推动。这些内驱力受到压抑，不为人们觉察，但却影响着人们的行为。根据这种理解，人们难以通过问题直接了解一个人的情感和欲望，进而对他的人格做出评定。但是，如果给被试一些模棱两可的问题，那么他的无意识欲望有可能通过这些问题投射出来。所谓投射测验，就是根据这种思想设计出来的。

投射测验一般由若干个模棱两可的刺激所组成，被试可任意加以解释，使自己的动机、态度、感情以及性格等，在不知不觉中反映出来，然后由主试将其反应加以分析，就可以推出若干人格特性。以下我们将介绍几种著名的投射测验。

### （一）罗夏墨渍测验

罗夏墨渍测验（Rorschach ink blot test）是由瑞士精神医学家罗夏（H. Rorschach，1884—1922）于1921年设计的，共包括10张墨渍卡片，如图13—6。其中五张为彩色图形，五张为黑白图形。施测时每次按顺序给被试呈现一张，同时问被试："你看到了什么？""这可能是什么东西？"或者是："这使你想到了什么？"允许被试自己转动图片从不同的角度去看。此测验属于个别施测，每次只能施测一人。施测时主试一方面要记录被试的语言反应，一方面还要注意被试的情绪表现和伴随的动作。

**图 13—6　罗夏墨渍测验的图片之一**

## （二）主题统觉测验

主题统觉测验（thematic apperception test，TAT）是由美国心理学家莫瑞编制的。这种测验的性质与看图说故事的形式很相似。全套测验由 30 张模棱两可的图片构成，另有一张空白图片。图片内容多为人物，也有部分景物，不过每张图片中至少有一人物在内，如图 13—7。测验时，每次给被试一张图片，让他根据所看到的内容编出一个故事。故事的内容不加限制，但必须符合以下四点：图中发生了什么事情，为什么会出现这种情境，图中的人正在想些什么，故事的结局会怎样。

**图 13—7　主题统觉测验的图片之一**

主题统觉测验的主要假定是，被试在面对图片情境时所编出来的故事，常会和其生活经验有联系。被试在编故事时，常常会不自觉地把自己隐藏或压抑在内心的动机、欲望以及矛盾，穿插在故事中，进而把个人的心理历程投射出来。因此，通过分析被试编的故事，有可能对他的需要和动机做出鉴定。

投射测验的优点是弹性大，可在不限制被试的状况下，任其随意反应。由于投射测验使用墨渍图或其他图片，因而便于对没有阅读能力的人进行测验，进而推论其人格倾向。

投射测验也有自己的问题：首先，评分缺乏客观标准，对测验的结果难以进行解释。同样的反应由于施测者的判断不同，解释很可能不一样。其次，这种测验对特定行为不能提供较好的预测。例如，测验结果可能发现某人具有侵犯他人的无意识欲望，而实际上，他却很少出现相应的行为。最后，由于投射测验适于个别施测，因而它需要花费大量的时间。这一点不如问卷法优越。

### （三）句子完成法

句子完成法（sentence completion test，SCT）以未完成的句子作为刺激，让受测者自由地给予语言反应来完成未完成的部分。依据受测者的反应内容来推断受测者的情感、态度以及内心冲突等。例如：

“我们的朋友______________________”

“我喜欢的是______________________”

“我是一个____________________的人。”

“别人常说我______________________”

这种言语联想方法起源于德国，最初用于测查儿童的智能，后来美国使用这种方法测查人格。这种方法被广泛地运用于临床预诊。而且它使用比较方便，易于掌握，既可以施测个人，也可以施测团体。

## 三、实验法

社会学习论者强调，如果能将情境中的某种刺激与个体行为反应之间的关系确定下来，那么就可以创造某种情境来预测或监视个体的行为，这就是人格测验中情境测验的设计原理。顾名思义，情境测验就是主试在某种情境下观察被试的行为反应，进而了解其人格的一种方法。情境测验可应用于教育评价、人事甄选，前者如“性格教育测验”，后者如“情境压力测验”，具体介绍如下。

### （一）性格教育测验

虽然学校教育总是教育孩子们要有诚实、合作、友爱、负责等品格，但却很少能借客观的评量工具来鉴定这些品格教育的效果，性格教育测验（character education inquiry）就弥补了这方面的缺憾。举例来说，一次考试结束后，可以将每个试卷复印一份，再发给学生并附上标准答案，要他们自己评卷，打上分数，最后收回试卷，两份对照，就可以测出学生“诚实”的程度，进而了解过去教育的绩效与有待改进的方向。

### （二）情境压力测验

情境压力测验（situational stress test）是特别设计一种情境，使被试产生并面临情绪上的压力，然后由主试观察、记录被试是如何应对的，从而了解他的人格特质。我们用无领袖团体情境（leaderless group situation）测验来加以说明。具体做法是在情境中安置几个互相不认识的人，给他们一项任务，这项任务必须由他们合力完成，如果在规定的时间内没有顺利完成任务，那么每个人都会受到惩罚。被试在这种压力情境下，可能会使其中某人主动出面带领大家完成任务，并得到其他人的支持与合作。由此可以推知某人可能具有领袖的特质。此外，企业界有所谓压力面谈（stress interview），也是一种较为常用的情境测验。机关或公司在人员选拔中所使用的“无领导小组讨论”（见图 13—8）、“文件框测试”如同“实战演习”，也是常用的情境测验。

图 13—8　无领导小组讨论

这种测验重视分析、实验和控制等程序，具有科学性，得到的结果也比较精确且令人信服。但由于研究只重视现实因素，忽略了个体行为经验与遗传因素，因此受到批评。

## 四、自我概念测验

在人格理论中，“自我概念”（self-concept）是“自我论”的中心。在测量自我概念时，不仅要了解个人对自己的看法，还要了解个人的“自我接受”和“自尊”的程度，比较“现实我”、“社会我”以及“理想我”三者之间的关系。目前，心理学家最常用的是下面三种方法。

### （一）形容词列表法

形容词列表法（adjective checklist）是最便利的一种方法。主试先准备一份描述人格特质的形容词列表，如友善的、有野心的、羞怯的、紧张的等等，让被试从表中列举的形容词中选出符合自己真实情况的词语，最后由主试分析，判别被试对自己的评价情况。由于形容词的意义容易带有社会褒贬的性质，也就是说具有社会期望性（social desirability），被试为维护个人自尊，可能不会真实作答。

### （二）Q 分类法

Q 分类法（Q-sort）是由美国心理学家斯蒂芬森（Stephenson，1953）创立的一种测验，以后被广泛应用于研究自我观念、人格适应、身心健康等方面。这种方法是给被试看很多张（如 100 张）描述人格词语的卡片，要求被试按卡片上词语所描述的人格特质与自己进行对照，并分成一到九个等级。根据所排列的描述与适合程度可以测量自我概念。此外，这个方法也可以用来鉴别人格特质的个别差异。

### （三）WAI 方法

WAI 方法是由库恩（Kuhn）和麦克帕特兰（McPartland）在对自我态度的研究中发展出来的。WAI 是英文“who am I”（我是谁）的首字母缩写。该方法操作起来很简单，即让被试对“我是谁?”的问题进行自问自答，自由书写 20 种回答，因此也被称为“二十句测验”。WAI 方法与常用的量表法、Q 分类法等相比较不受文化因素的影响，又能得到被试自发的反应，因此在自我概念的研究中也被广为使用。

## 五、远距离人格测评

远距离人格测评（personality assessment at a distance，PAD）是通过量化或质性的方法，分析显著样本（如政治领袖人物或著名的科学家、艺术家）的言语材料或传记材料，从而推断其认知、态度、动机、情绪或整体人格的特征，并解释或分析他们的行为。

传统人格研究面对显著样本遇到了以下障碍：首先，由于显著样本特殊的身份地位，很难邀请到他们参加传统的心理实验或者测验。其次，即使获得了测量数据，因为伦理限制或考虑社会影响，结果也无法公开。最后，也是最难以逾越的障碍，很多或者说大部分研究者感兴趣的人物已经离世。为了克服传统人格心理学研究方法在处理显著样本时所遇到的障碍，研究者们发展了间接的测评方法。

弗洛伊德对达·芬奇的分析，开创了心理传记研究领域。[①] 推孟通过研究大量信件，推测高尔顿的智商至少为 200。[②] 如高尔顿 5 岁的时候，就写信宣称自己可以阅读任何一本英文书，并懂得大量的拉丁文，熟悉乘法表，可以阅读法文。他 6 岁的时候知道《伊利亚特》和《奥德赛》，并在 7 岁时轻松阅读莎士比亚的著作。美国人格心理学家 G. W. 奥尔波特将日记看作研究人格变化的绝好资料，并将其作为人格理论价值大小的度量。他指出，心理学家总在泛泛而抽象地探讨一般意义上的人格，但是，当试图解释一个活生生的人时才是真正的考验。1965 年，G. W. 奥尔波特出版了《珍妮书信》，书中收集了珍妮在她人生最后 10 年的约 300 封信稿，并附有奥尔波特对书信内容的解释。

# 第四节 人格培养

塑造和培养良好的人格是个体成长与发展的关键。在一个人的人生发展历程

---

① 参见［奥］弗洛伊德：《达·芬奇对童年的回忆》，见车文博主编：《弗洛伊德文集》，第七卷，长春，长春出版社，2004。

② See L. M. Terman, The Intelligence Quotient of Francis Galton in Childhood, *The American Journal of Psychology*, 1917, pp. 209 - 215.

中有许多因素会影响人格的发展，人格的塑造是先天、后天因素共同作用的结果。不同的遗传环境、生存及教育环境，形成了各自独特的心理特点。美国人格心理学家之父 G. W. 奥尔波特有句名言："火可以使黄油融化或使鸡蛋变硬。"在人格培养过程中，既要看到个体的生物遗传影响，也要看到社会文化的决定作用，以及家庭环境、童年经验、学校教育等等的作用。

## 一、生物遗传因素

心理学家对"生物遗传因素对人格具有何种影响"的探讨已持续很久了。由于人格具有较强的稳定性特征，因此人格研究者也会注重遗传因素对人格的影响。

双生子的研究被许多心理学家认为是研究人格遗传因素的最好方法，提出了双生子的研究原则：同卵双生子既然具有相同的基因形态，那么他们之间的任何差异都可归于环境因素。而异卵双生子的基因虽然不同，但在环境上有许多相似性，如出生顺序、母亲年龄等，因此也提供了环境控制的可能性。系统研究这两种双生子，就可以看出不同环境对相同基因的影响，或者是相同环境下不同基因的表现。在双生子的研究方法上使用了遗传率（heritability）。20 世纪 80 年代，明尼苏达大学对成年双生子的人格进行了比较研究（1984，1988），有些双生子是一起长大的，有些双生子则是分开抚养的，分开抚差的时间平均是 30 年。结果是同卵双生子的相关比异卵双生子高很多，分开抚养的与未分开抚养的同卵双生子具有同样高的相关。弗洛德鲁斯（Floderus）等人 1980 年对瑞典的 1.2 万名双生子做人格问卷的施测，结果表明同卵双生子在外向和神经质上的相关系数都是＋0.50，而异卵双生子的相关系数只有＋0.21 和＋0.23。这说明同卵双生子在外向和神经质上的相似性要明显高于异卵双生子，在这两项人格特征上具有较强的遗传性。我国的一项双生子研究历时 20 多年，研究者于 1964 年通过各种生理指标确定同卵双生子 22 对，异卵双生子 18 对，进行了追踪研究。1982 年又对这些双生子进行了明尼苏达多相人格测验，并对每项人格分量表计算了遗传率 H。结果如表 13—4 所示。

**表 13—4　　双生子在 MMPI 中 10 个量表得分的相关系数和遗传率**

| | $r_{M2}$ ① | $r_{D2}$ ② | H |
|---|---|---|---|
| Hy 癔病 | 0.50 | 0.49 | 0.02 |
| Ma 轻躁狂 | 0.24 | 0.01 | 0.02 |
| So 精神分裂症 | 0.69 | 0.01 | 0.02 |
| Pd 精神变态 | 0.02 | 0.08 | 0.07 |
| Pa 妄想狂 | 0.39 | 0.13 | 0.30 |
| Pt 精神衰弱 | 0.49 | 0.09 | 0.44 |
| D 抑郁症 | 0.49 | 0.07 | 0.45 |

续前表

| | $r_{M2}$[①] | $r_{D2}$[②] | H |
|---|---|---|---|
| Hs 疑病症 | 0.56 | 0.17 | 0.50 |
| Si 社会内向 | 0.60 | 0.04 | 0.50 |
| Mf 性变态 | 0.74 | 0.04 | 0.73 |

①$r_{M2}$为同卵双生子的相关系数。

②$r_{D2}$为异卵双生子的相关系数。

资料来源：郑日昌、李德伟：《MMPI中的内外倾量表测试分析》，见中国心理学会编：《医学心理学文集》，54页，1983，10（3）。

对大五人格的遗传性研究发现，同卵双生子的大五人格自陈量表的得分相关系数平均在0.50左右，而异卵双生子的大五人格自陈量表的得分相关系数为0.25～0.3，并认为人们稳定的人格特质中，大约40%是从父母那里继承而来的（见表13—5）。

**表13—5　　大五人格的双生子研究的相关系数**

| | 同卵双生子 | 异卵双生子 |
|---|---|---|
| 外向性 | 0.56 | 0.33 |
| 宜人性 | 0.42 | 0.24 |
| 尽责性 | 0.54 | 0.23 |
| 神经质 | 0.53 | 0.21 |
| 开放性 | 0.54 | 0.35 |

对于正常人大脑的研究也发现了人格与大脑的联系，例如左右半球优势。卡根（Kagan，1994）的研究报告显示，内向的孩子多表现为右脑优势，而那些非内向的孩子则多表现为左脑优势。戴维森（Davidson，1998）在一项个体脑功能单侧优势差异性研究中发现，脑功能的差异与不同的情绪反应有关。例如，让被试看两段能诱发积极情绪和消极情绪的电影剪辑片段，在放映前和观看中分别测量记录被试左右半球激活的情况；同时，让被试报告自己的情绪体验。结果发现，左半球优势与积极情感相关，而右半球优势则与消极情感相关。左半球前部激活水平高的被试对有积极意义的电影片段有更多的积极情绪体验；而那些右半球前部激活水平高的被试则对有消极意义的电影片段有更多的消极情感体验。

上述研究结果显示，人格的许多特性都有遗传的可能性。我们应该如何看待、评价遗传对人格的作用呢？遗传是人格不可缺少的影响因素，但遗传因素对人格的作用程度因人格特征的不同而异。通常在智力、气质这些与生物因素相关较大的特征上，遗传因素较为重要；而在价值观、信念、性格等与社会因素关系紧密的特征上，后天环境因素更重要。人格发展过程是遗传与环境交互作用的结果，遗传因素影响人格的发展方向及形成的难易。随着人的成长，生理遗传因素对人的影响越来越弱，社会因素的影响会越来越占据主导地位。

## 二、社会文化因素

人既是一个生物个体，又是一个社会个体。人一出生后，各种环境因素的影响就开始了，并会作用人的一生。后天环境的因素是多种多样的，小到家庭因素，大到社会文化因素。

"文化对每个人塑造的力量很大。平时我们不太可能看出这塑造过程的全部力量，因为它发生在每个人身上，逐渐缓慢地发生，它带给人满足，同样也带给人痛苦，人除了顺着它走以外，别无选择。因此这个塑造过程便很自然，毫无理由地被人接受，就像文化本身一样——也许不全然是不知不觉的，但却是无可指责的。"① 每个人都处于特定的社会文化之中，文化对人格的影响是极为重要的。例如，在集体主义—个人主义人格维度上，西方文化中的人多偏于个人主义价值观，东方文化中的人多偏于集体主义价值观。社会文化塑造了社会成员的人格特征，使其成员的人格结构朝着相似性的方向发展，而这种相似性又具有维系一个社会稳定的功能。这种共同的人格特征又使得个人正好稳稳地"嵌入"整个文化形态里。社会文化对人格的影响力因文化而异，这要看社会对顺应的要求是否严格。越严格，其影响力就越大。影响力的强弱也视其行为的社会意义的大小。对于不太具有社会意义的行为，社会容许较大的变异；但对于在社会功能上十分重要的行为，就不太容许太大的变异，社会文化的制约作用就越大。但是，若个人极端偏离其社会文化所要求的人格基本特征，不能融入社会文化环境之中，可能就会被视为有行为偏差或心理疾病。

社会文化具有塑造人格的功能，这反映在不同文化的民族有其固有的民族性格。例如，米德等人研究了新几内亚的三个部落的人格特征，她发现来自同一祖先的不同部落各具特色，鲜明地体现了社会文化对人格的影响力。居住在山丘地带的阿拉佩什部落，崇尚着男女平等的生活原则，成员之间互助友爱、团结协作，没有恃强凌弱、没有争强好胜，一派亲和景象。居住在河川地带的蒙杜古马部落，生活以狩猎为主，男女间有权力与地位之争，对孩子处罚严厉。这个民族的成员表现出攻击性强、冷酷无情、嫉妒心强、妄自尊大、争强好胜等人格特征。居住在湖泊地带的德昌布利部落，男女角色差异明显，女性是这个社会的主体，她们每日操作劳动，掌握着经济实权。而男性则处于从属地位，其主要活动是艺术、工艺与祭祀活动，并承担孩子的养育责任。这种社会分工使女人表现出刚毅、支配、自主与快活的性格，男人则有明显的自卑感。②

社会文化对人格的影响力一直被人们所认可，它对人格的形成与发展具有重要的作用，特别是后天形成的一些人格特征，如性格、价值观等。社会文化因素

① [美] L. A. 普汶：《人格心理学》，17页，台北，桂冠图书公司，1995。

② 参见高玉祥：《个性心理学》，15页。

决定了人格的共同性特征，它使同一社会的人在人格上具有一定程度的相似性，如民族性格等。

## 三、家庭环境因素

家庭常被视为人类性格的加工厂，它塑造了人们不同的人格特征。家庭虽是一个微观的社会单元，但它对人格的培育起到了至关重要的作用。一位人格心理学家说："家庭对人的塑造力是今天我们对人格发展看法的基石。"家庭是社会的细胞，家庭不仅具有其自然的遗传因素，也有着社会的"遗传"因素。这种社会遗传因素主要表现为家庭对子女的教育作用，俗话说"有其父必有其子"，其中不无一定的道理。父母们按照自己的意愿和方式教育着孩子，使他们逐渐形成了某些人格特征。

强调人格的家庭成因，重点在于探讨家庭间的差异对人格发展的影响，探讨不同的教养方式对人格差异所构成的影响。西蒙斯（P. Symonds）在《亲子关系动力论》一书中，详细论述了父母对孩子的各种反应（如拒绝、溺爱、过度保护、过度严格）对其人格所产生的后果。他最后得出的结论是："儿童人格的发展和他（她）与父母之间的关系息息相关，这是最重要的一个结论。这意味着当我们考虑亲子关系时，不仅要注意它们对造成心理情绪失调和心理病理状态的影响，也得留意它们与正常、领导力和天才发展的关系。"

孩子的人格是在与父母持续相互作用的过程中逐渐形成的，攻击行为通常得到的是攻击反应，友好行为得到的是友好的回报。攻击型的父母倾向于有攻击型的孩子，父母的行为示范并实施攻击型行为，会使得原本具有攻击性倾向的孩子更容易产生攻击型行为。相反，富于感情的父母将会示范并鼓励孩子采取更富情感性的反应，因此也加强了孩子的利他行为模式而不是攻击行为模式。孩子的人格就是在父母与他们的相互磨合中形成的。

在对"过于保护型"母亲的研究中，除对上述结论加以印证外，还指出了这种母亲在和子女的关系上有三个显著特点：一是与孩子接触太多，不离孩子左右；二是人为地延长孩子的"婴儿照顾期"，把长大了的孩子还视为婴儿看待；三是禁止孩子的独立行为。过于保护型母亲又表现出两种教养方式，这两种不同的方式又导致了孩子不同的人格特点：保护纵容型母亲会使孩子变成"小霸王型人格"，这种孩子表现为冲动、残暴、执拗、支配、自我克制力差、脾气暴躁、提过分要求等，是个被母亲宠坏了的孩子；保护支配型母亲会使孩子变成"温顺的乖孩子"，这种孩子顺从、温和、听话、胆小、整洁、有礼貌、学习勤奋，但是他们可能会竞争力与独立性差、懦弱，男孩子会"女孩子气"。这两类母亲对孩子的教养都造成了孩子的人格弱点，因此家庭教养方式不当，会使孩子形成不良的人格特征。

家庭教养方式一般可以分成三类，这三类方式造就了具有不同人格特征的孩子：第一类是权威型教养方式，这类父母在对子女的教育中，表现得过于支配，孩子的一切由父母来控制。成长在这种教育环境下的孩子容易形成消极、被动、依赖、服从、懦弱，做事缺乏主动性，甚至会形成不诚实的人格特征。第二类是放纵型教养方式，这类父母对孩子过于溺爱，让孩子随心所欲，父母对孩子的教育甚至达到失控状态。这种家庭里的孩子多表现为任性、幼稚、自私、野蛮、无礼、独立性差、唯我独尊、蛮横胡闹等。第三类是民主型教养方式，父母与孩子在家庭中处于一个平等和谐的氛围中，父母尊重孩子，给孩子一定的自主权，并给予孩子积极正确的指导。父母的这种教育方式使孩子形成了一些积极的人格品质，如活泼、快乐、直爽、自立、彬彬有礼、善于交往、富于合作、思想活跃等。

由此可见，家庭是社会文化的媒介，它对人格具有强大的塑造力。其中，父母教养方式的恰当性会直接决定孩子人格特征的形成。父母在养育孩子的过程中，表现出了自己的人格，并有意无意地影响和塑造着孩子的人格，形成家庭中的“社会遗传性”。

## 四、早期童年经验

“早期的亲子关系定出了行为模式，塑成一切日后的行为。”[①] 这是有关早期童年经验对人格影响力的一个总结。中国也有句俗话：“三岁看大，七岁看老。”教育学家陶行知说：“教人要从小教起。幼儿比如幼苗，培养得宜，方能发芽滋长，否则幼年受了损伤，即不夭折，也难成材。”

斯皮茨（Spitz）在对孤儿院里的儿童所进行的研究中，发现这些早期被剥夺母亲照顾的孩子，长大以后在各方面的发展均受到影响。许多孩子患了“失怙性忧郁症”，其症状表现为哭泣、僵直、退缩、表情木然。并且有人提出弃子会使儿童产生心理疾病，孩子会形成攻击、反叛的人格。[②] 受世界卫生组织（WHO）的委托，鲍尔毕（Bowlby）对在非正常家庭成长的儿童和流浪儿做了大量的调查。在提交的《母性照看与心理健康》的报告中，他得出的结论是，儿童心理健康的关键在于婴儿和年幼儿童与母亲建立的一种和谐而稳定的亲子关系。一些国家的调查发现，“母爱丧失”的儿童，包括受父母虐待的儿童，在婴儿早期会出现神经性呕吐、厌食、慢性腹泻、阵发性绞痛、不明原因的消瘦和反复感染，这些儿童还表现出胆小、呆板、迟钝、不与人交往、敌对、攻击、破坏等人格特点，这些人格特点会影响他们一生的顺利发展，使他们出现心理失调、情绪障碍、社会适应不良等问题。

早期童年经验的问题引发了许多的争论，例如：早期经验对人格产生何种影响？这种影响是否为永久性的？我们认为，人格发展的确受到童年经验的影响，

---

① ［美］L. A. 普汶：《人格心理学》，33 页。

② 参见上书，46 页。

幸福的童年有利于儿童向健康人格发展，不幸的童年也会引发儿童不良人格的形成。但二者不存在一一对应的关系，溺爱也可使孩子形成不良人格特点，逆境也可磨炼出孩子坚强的性格。早期童年经验不能单独对人格起决定作用，它与其他因素共同来决定人格。早期童年经验是否对人格造成永久性影响因人而异。对于正常人来说，随着年龄的增长、心理的成熟化，童年的影响会逐渐缩小、减弱，其效果不会永久不衰。

## 五、学校教育因素

哲学家柏拉图说："一个人从小所受的教育把他往哪里引导，就能决定他后来往哪里走。"可见，学校教育对于每个孩子的成长非常重要。学校不仅是孩子们学习文化知识的场所，而且是每个人成长路上必然走过的一段长路，是人格形成的重要教育场所。学校是一种有目的、有计划地向学生施加影响的教育场所。教师、班集体、同学与同伴等都是学校教育的元素。

教师对学生人格的发展具有指导定向的作用。特别是教师，既是学校宗旨的执行者，又是学生评量言行的标准。教师的言传身教对学生产生着巨大影响。每个教师都有自己的风格，这种风格为学生设定了一个"气氛区"，在教师的不同气氛区中，学生表现出不同的行为表现。洛奇（Lodge）在一项教育研究中发现：在性情冷酷、刻板、专横的老师所管辖的班集体中，学生的欺骗行为增多；在友好、民主的教师气氛区中，学生欺骗减少。心理学家勒温等人也研究了不同管教风格的教师对学生人格的影响作用。他们发现在专制型、放任型和民主型的管理风格下，学生表现出不同的人格特点，见表 13—6。

**表 13—6　　教师管理风格对学生言行的影响**

| 教师管理风格 | 学生言行特征 |
|---|---|
| 专制型 | 作业效率提高，对领导依赖性加强，缺乏自主行动，常有不满情绪。 |
| 放任型 | 作业效率低，任性，经常发生失败和挫折现象。 |
| 民主型 | 完成作业的目标是一贯的，行动积极主动，很少表现出不满情绪。 |

资料来源：高玉祥：《个性心理学》，323 页。

教师的公正性对学生有着至关重要的影响。一项有关教师公正性对中学生学业与品德发展的研究，其结果令研究者及教师们大吃一惊。结果表明：学生极为看重教师对他们是否公正、公平，教师的不公正表现会导致中学生的学业成绩和道德品质的降低。"皮格马利翁效应"就说明了每个学生都需要老师的关爱，在教师的关注下，他们会朝着老师期望的方向发展。这种效应就如同古代塞浦路斯的一位擅长雕塑的国王，他把全部精力和期望都投在雕塑美丽少女的形象上，结果雕像真的活了。实验研究表明，在师生关系中也存在这种效应。如果教师把自己的热情与期望投放在学生身上，学生会体察出老师的希望，并努力奋斗。

学校是同龄群体会聚的场所，同伴群体对学生人格具有巨大的影响。班集体是学校的基本组织结构，班集体的特点、要求、舆论和评价对于学生人格的发展具有“弃恶扬善”的作用。

少年同伴群体也是一个结构分明的集体，群体内有上下级关系的“统领者”和“服从者”，有平行关系的“合作者”和“互助者”。这个群体中体现着不同于孩童与成人的少年亚文化特征。离开父母或被父母拒绝是幼童焦虑的最大根源；与幼童不同的是，少年的焦虑不安则来自同辈群体的拒绝。在少年这个相对“自由轻松”的群体中，他们学习实践着待人接物的礼节与群体规范，他们了解了什么样的性格容易被群体所接纳。在这个少年群体中，他们拥戴的是品学兼优的同伴。有人曾做过测验，分析了中学生喜欢哪种性质的学生领袖。结果是他们更喜欢学业优秀、办事老练、具有良好道德的学生领袖，而不是风头十足、具有漂亮仪表以及体育成绩优异的人。他们喜欢有能力、能胜任工作、高智商、精力充沛、富于创造的同伴。在少年期，男孩子比女孩子倾向于更大、更活跃的团体，他们多少会有些无视成人权威的倾向；而女孩子的集体则更显得合作与平和。一般来说，少年同伴群体性质是良好的，但也存在着不良少年团伙，对少年起到了极坏的影响。学生对这种群体要避而远之，学校、家长及社会要用强有力的教育手段来“拆散”他们，防止他们对学校及社会产生不良危害。

总之，学校对人格形成与发展的影响是不可忽视的，学校是人格社会化的主要场所。教师对学生人格发展具有导向作用，良好的同伴群体对人格发展具有“弃恶扬善”的作用。

## 六、自然物理因素

生态环境、气候条件、空间拥挤程度等物理因素都会影响人格。一个著名的跨文化心理学研究实例是关于美国阿拉斯加州的爱斯基摩人和非洲的特姆尼人的比较研究。这个研究说明了生态环境对人格的影响作用。

爱斯基摩人以渔猎为生，夏天在船上打鱼，冬天在冰上打猎。主食肉，没有蔬菜。过着流浪生活，以帐篷遮风避雨。这个民族以家庭为单元，男女平等，社会结构比较松散，除了家庭约束外，很少有持久、集中的政治与宗教权威。在这种生存环境下，父母对孩子的教养原则是能够养成独立生存的能力。男孩由父亲在外面教打猎，女孩由母亲在家里教做家务。儿女教育比较宽松、自由，不打骂，鼓励孩子自立，使孩子逐渐形成了坚定、独立、冒险的人格特征。而特姆尼人生活在灌木丛生地带，以农业为主，种田为生。居住环境固定，形成300～500人的村落。社会结构稳固，有比较分化的社会阶层，建立了比较完整的部落规则。在哺乳期时，父母对孩子很疼爱，断奶后孩子就要接受严格管教，使孩子形成了依赖、服从、保守的人格特点。由此可见，不同的生存环境影响了人格的形成。

另外，气温也会导致人出现某些人格特征的频率提高。如热天会使人烦躁不安，对他人采取负面反应，甚至进攻，发生反社会行为。世界上炎热的地方，也是攻击行为较多的地方。另一项有关的实验室研究也进一步证实了这一点。

自然环境对人格不起决定性影响作用，更多地表现为一时性影响，而且多体现在行为层面上。自然物理环境对特定行为具有一定的解释作用。在不同的自然物理环境中，人可以表现出不同的行为特点。

## 七、自我调控因素

上述各因素体现的是人格培养的外因，而外因是通过内因而起作用的。人格的自我调控系统就是人格发展的内部因素。人格的自我调控系统是以自我意识为核心的。自我意识是人对自身以及对自己同客观世界的关系的意识，具有自我认知、自我体验、自我控制三个子系统。自我调控系统的主要作用是对人格的各个成分进行调控，保证人格的完整、统一、和谐。它属于人格中的内控系统或自控系统。

自我认知（self-cognition）是对自己的洞察和理解，包括自我观察和自我评价，其中自我评价是自我调节的重要条件。自我观察是对自己的感知、所思所想以及意向等内部感受的觉察；自我评价是对自己的想法、期望、行为及人格特征的判断与评估。若一个人不能正确地认识自我，只看到自己的不足，觉得处处不如人，就会自卑，丧失信心，做事畏缩不前，甚至失败；相反，过高地估价自己，盲目乐观，也会导致失误出现。因此，准确地认识自我，实事求是地评价自己，是自我调节和人格完善的重要途径之一。

自我体验（self-experience）是自我意识在情感上的表现，是伴随自我认知而产生的内心体验。当一个人对自己做正向的评价时，就会产生自尊感；做负向评价时，便会产生自卑感。自我体验的调节作用表现在它可以使自我认知转化为信念，进而指导其言行；同时，自我体验还能够伴随自我评价激励积极向上的行为或抑制不当行为。在一个人认识到自己不当行为的后果时，会产生内疚、羞愧的情绪，从而收敛并制止自己不当行为的再次发生。

自我控制（self-regulation）是自我意识在行为上的表现，是实现自我意识调节作用的最终环节。当个体认识到社会要求时，会力求使自己的行为符合其社会准则，从而激发起自我控制的动机，并付诸行动。当一个学生意识到学习对于自己的发展具有重要意义时，会激发起他努力学习的动力，从而在行为上表现为刻苦学习、不怕困难、持之以恒、积极进取。自我控制包括自我监控、自我激励、自我教育等成分。

自我意识是通过自我认知、自我体验和自我控制三个方面来对个体进行调控的。如果自我调控系统功能强大，就会使个体心理的各个方面和谐统一，使人格达到统合与完善；反之，就会出现一些心理问题，甚至心理疾病。所以，良好的自我调控系统是人格健康发展的重要成分。

综上所述，人格是先天、后天的“合金”，是遗传与社会文化等交互作用的结果。在人格的培育过程中，各个因素对人格的形成与发展起到了不同的作用。遗传决定了人格发展的可能性，环境决定了人格发展的现实性，教育起到了关键性作用，自我调控系统是人格发展的内部决定因素。

## 本章要点

1. 人格的塑造与培育是个体心理完善与发展的必要条件。人格是指在自然与社会因素的交互作用下所形成的个体特有模式，这一模式是一个人思想、情感及行为的统一体，它包含了一个人区别于他人的稳定心理品质。人格具有独特性、稳定性、统合性和功能性等基本特征。

2. 人格是由不同成分构成的一个结构系统，包括认知风格、气质、性格等成分，这些成分体现了人格的认知差异、生理差异和社会差异，不同成分从不同侧面反映了人格的差异。其中，认知风格是体现在认知加工过程中的差异，气质是体现在高级神经活动类型上的差异，性格是体现在社会道德评价方面的差异。

3. 人格心理学家依据科学方法来鉴别人格特征差异与表现风格，主要有自陈法、投射法和实验法等。通过这些人格测评方法，既可以了解自我，也可以了解他人。

4. 在一个人的人生发展历程中有许多因素会影响人格的发展。在人格培养过程中，既要看到个体的生物遗传影响，也要看到社会文化的决定作用。各个因素对人格的形成与发展起到了不同的作用，遗传决定了人格发展的可能性，环境决定了人格发展的现实性，教育起到了关键性作用，自我调控系统是人格发展的内部决定因素。人格的塑造就是这些先天、后天因素共同作用的结果。

## 基本概念

人格　人格特性　认知风格　思维风格　气质　气质学说　性格　人格测评　人格培养　自我调控系统

## 复习思考题

1. 什么是人格？人格具有哪些特性？
2. 什么是认知方式？认知方式的差异表现在哪几方面？
3. 气质分为哪四种类型？我们应该如何对待人的不同气质？
4. 人格测评的主要方法有哪些？各有何特点？
5. 试对照各种人格差异的特点分析自己的人格特征。
6. 人格培养的影响因素有哪些？这些因素对人格各起什么作用？

## 推荐阅读书目

黄希庭．人格心理学．台北：东华书局，1998.

［美］L. A. 普汶．人格科学．上海：华东师范大学出版社，2001.

［美］J. M. 伯格．人格心理学．北京：中国轻工业出版社，2000.
许燕．人格心理学．北京：北京师范大学出版社，2009.
［美］大卫·C·范德．人格谜题．北京：世界图书出版社，2009.
许燕．人格心理学．北京：开明出版社，2012.
［美］塞缪尔·巴伦德斯．人格解码．北京：商务印书馆，2013.

# 第十四章

# 心理健康

# 第一节 心理健康概述

## 一、心理健康对人类生存的重要性

俗话说："人为万物之灵。"灵就在于人类具有抽象思维、无限创造性智慧和预见未来的能力，有丰富的情感生活与无限动机欲望的主观心灵世界。当今世界人类拥有的物质财富和精神财富的无限拓展与延伸，充分证明了人类创造智慧的无限性。但与此同时，人类的欲望也在无限地扩展，把自身的创造智慧引入歧途。如果不警觉，将有可能把地球或人类自身引向毁灭。著名的心理学家荣格曾提出警示："人类最大的敌人，不是灾荒、饥饿、贫困和战争等，而是人类的心灵自身。"这就是说人的心理不健康或心灵扭曲，对人类来说将比贫困、灾荒和战争的危害更可怕！当今世界及人类社会历史长河中的无数事例早已充分证明这一点。君不见，第二次世界大战最疯狂的战争制造者希特勒就是一个人格偏离正常、心灵扭曲的人物；而理智和富有创造发明精神的德国日耳曼民族，却在集体无意识的驱动下尾随这个战争狂人发动了一场灾难遍及全球的世界战争。当今人类由于欲望的恶性膨胀，正在制造许多威胁人类自身生存的使地球生态失衡的灾难。显然，只有在人类社会生活中人人都享有心理健康，维护自身的人格健全，避免心灵的扭曲、情感生活的失衡和欲望的恶性扩张，才能保证人类社会以及整个地球的安宁并不断向和谐发展。毫无疑问，心理健康对于作为"万物之灵"的人类来说具有极端重要的意义。

从人类的健康保健事业看，心理健康对人类的重要意义也越来越凸显出来。大家知道，由于 20 世纪人类疾病和死亡顺位的客观变化，在 20 世纪之前威胁人类健康，造成死亡的第一批头号杀手是由生物因素引起的各种流行性急性传染病，如伤寒、霍乱、天花、肺结核等。但进入 20 世纪以后，由于科学特别是医学的高速发展，各种传染病得到了有效的控制。于是由社会心理因素引起的各种躯体疾病如高血压、糖尿病、冠心病、脑血管病和癌症等，即所谓"心身疾病"，迅速上升取代了各种传染病而成为威胁人类健康，造成死亡的第二批头号杀手。随着人类社会的继续快速前进，科学技术继续飞速发展，人类心灵自身遭受的心理压力将无限地增加，这对人类心灵自身会造成难以估量的重大损害。结果是人类心灵自身的疾病，即心理（精神）疾病（主要为抑郁症），将取代各种心身疾病，成为威胁人类健康，造成死亡的第三批头号杀手。显然，维护和保持心理健康对人类的生存和发展具有重大的意义，已经是毋庸置疑的了。

## 二、心理健康的标志

应如何表述心理健康的含义呢？我们认为心理健康指的是个体既能适当地评价自我、接受自我，又能与他人和谐相处；既能适应自己所面临的不断变化发展着的现实环境，又能不断完善和保持自身优良的人格特征；具有良好的自我节制和调控能力，能做到自尊、自强、自立，并在认知功能、情绪反应活动和意志行为方面都能处在比较积极的状态。

人的心理怎样才算是健康的，以什么作为健康的标志，这是一个非常复杂的问题。因为心理健康和不健康之间并没有一条绝对的界线，不像躯体的生理活动如体温、脉搏、血压、肝功能等那样明显，通过各种检查，把结果综合一下就可以知道。要看心理健康还是不健康，正常还是异常，是相当困难的，因为并没有一个公认的、一致的标准。不过，已有许多心理学家从不同的角度对此进行积极的探索，提出了各种观点。

### （一）国外学者对于心理健康标志的观点

1. 美国心理学家马斯洛等人的观点

他们认为衡量人是否心理健康有 10 条标准：

（1）是否有充分的安全感。

（2）是否对自己有较充分的了解，并能恰当地评价自己的能力。

（3）自己的生活理想和目标能否切合实际。

（4）能否与周围环境保持良好的接触。

（5）能否保持自身人格的完整和和谐。

（6）是否具备从经验中学习的能力。

（7）能否保持恰当和良好的人际关系。

（8）能否适度地表达和控制自己的情绪。

（9）能否在群体允许的前提下，有限度地发挥自己的个性。

（10）能否在社会规定的范围内，适度地满足个人的基本需要。

2. 美国人格心理学家 G. W. 奥尔波特的观点

他认为人心理健康的七种标志是：

（1）自我意识广延。

（2）良好的人际关系。

（3）情绪上的安全感。

（4）直觉客观。

（5）具有各种技能，并专注于工作。

（6）现实的自我形象。

（7）内在统一的人生观。

### （二）我国学者一般认同的心理健康的标志

由于社会、文化、风俗等方面的差异，在不同的国家和地区，心理健康的标准也存在差异。我国学者在借鉴国外学者研究的基础上，结合我国的国情和民情，提出适合我国人民特点的心理健康标志如下。

（1）了解自我、悦纳自我。俗话说："人贵有自知之明。"即人要有正确的自我意识。心理健康者能体验到自己的存在价值，既能正确地了解自我、评价自我，又能接受自我。他们对自己的能力、性格和优缺点都能做出恰当的、客观的评价。在努力发掘自我潜能的同时，对于自己无法补救的缺陷，也能泰然处之。能够做到自尊、自爱、自强、自立。

（2）接受他人，善与人处。心理健康的人乐于与人交往，不仅能接受自我，也能接受他人，悦纳他人，并为他人和集体所理解和接受，能与他人相互沟通和交往，人际关系协调和谐。既能与挚友相聚之时共享欢乐，也能在独处沉思之时而无孤独感。在与人相处时，积极的态度总是多于消极的态度，因而在社会生活中有较强的适应能力并获得较充足的安全感和社会支持。

（3）正视现实，接受现实。心理健康的人能够面对现实，接受现实，并能积极主动地去适应现实和改造现实，而不是逃避现实。他们能客观地看待周围事物和环境，并能与现实环境保持良好的接触。他们既有高于现实的理想，又不会沉湎于不切实际的幻想与奢望中。同时，他们对自己的力量充满信心，面对生活、学习、工作中的各种困难和挫折都能妥善处理转危为安。

（4）热爱生活，乐于工作。心理健康的人能珍惜和热爱生活，积极投身于生活，并在生活中尽情享受人生的乐趣。他们还在学习和工作中尽可能地发挥自己的个性和聪明才智，并从工作的成果中获得激励和满足。他们能积极储备知识和经验，以便应对工作中出现的难题或障碍。凭借知识、经验的积累，加之刻苦奋斗、乐此不疲的精神，他们使自己的行为更加有效，工作更加出色。

（5）能适当表达和调控情绪。心理健康的人愉快、乐观、开朗、满意等积极情绪体验总是占优势，虽然有时也会有悲伤、忧愁、焦虑和愤怒等消极情绪体验，但一般不会持久。他们能够保持情绪稳定，心情总是开朗乐观的，同时能够适度地表达和调控自己的情绪。

（6）人格完整和谐。心理健康的人，其人格结构中的气质、能力、性格特征和理想、信念、动机、兴趣、人生观等各方面能平衡发展，人格作为人的整体的精神面貌能够完整、协调、和谐地表现出来。思考问题的方式是适中和合理的，待人接物能采取恰当灵活的态度，对外界刺激不会有偏颇的情绪和行为反应。能够与社会的步调合拍，也能和集体融为一体。

## 三、影响心理健康的因素

影响心理健康、造成心理障碍的因素是复杂、多样的。从生物遗传因素的作用到个体自我心理冲突、不良人格特征、早期教育与家庭环境问题以及应激性生活事件的影响等。当然，概括起来还是生物、心理、社会这三方面因素综合起作用的结果。

## （一）生物学因素的影响

1. 遗传因素的影响

一般说来，人的心理状况是不能遗传的，主要是在后天的社会环境影响下形成和发展起来的。但是，人作为一个整体（包括身心两个方面）与遗传因素的关系十分密切，尤其是人的体形、气质、神经结构的活动特点、能力与性格的某些成分等都受到遗传因素的明显影响。统计调查数据及临床观察经验表明，在精神病患者家族中确有一定的成员患有神经精神病或出现某些异常的心理行为。

2. 细菌、病毒等感染所造成的影响

细菌、病毒、原虫等微生物对躯体或神经系统组织结构的损害，加上感染所引起的高烧、病原体毒性代谢产物的蓄积和吸收、电解质平衡失调、缺氧、血管病变等，均可导致脑功能或脑器质性病变，从而引起人体出现各种器质性心理障碍和精神异常。

3. 化学物品导致的依赖和中毒

某些毒性化学物质侵入人体内，如医用药物中的镇静催眠药、阿托品等，成瘾药中的大麻、鸦片类等，工业废品中的一氧化碳、二硫化碳等，农药中含有的有机磷等，均可影响中枢神经系统，导致意识和精神障碍。

4. 严重躯体疾病或生理机能障碍的影响

某些严重的躯体疾病或生理机能障碍的影响也可以成为心理障碍与精神失常的原因。例如：甲状腺机能混乱，机能亢进时出现敏感、易怒、暴躁、情绪不稳和自制力减弱等心理异常表现；而在机能缺失时，可引起碘缺乏症，对儿童可造成智力发育迟滞，对成人则可引起整个心理活动过程的迟钝，智力受损，性格变得幼稚、保守和狭隘等。老年人的大脑萎缩可造成老年性痴呆症。

5. 颅脑外伤的影响

当颅脑被冲击、跌坠或被炸弹爆破的气浪造成脑震荡、脑挫伤、脑血肿、脑气浪伤时，可引起短暂的或持续的精神障碍，例如意识障碍、言语障碍、人格变化和遗忘症等。

## （二）心理因素的影响

1. 心理冲突

生活是由一系列的机会组成的，关键在于如何把握机会。但很多情况下，人们面临的机会或选择却不止一个，我们几乎每天都面临很多的选择。当做出选择的时候，往往会面临冲突的情境，即做出某一选择，同时又要丢掉另一个选择（或机会）。这就使得在很多情况下做出选择是很困难的。心理冲突往往发生于难以做出选择的情境中。这种冲突情境在很多情况下，都会对个体的心理和躯体健康产生不良的影响。

心理冲突是指个体在有目的的行为活动中，存在着两个或两个以上相反或相互排斥的动机时所产生的一种矛盾心理状态。心理冲突常常会造成动机部分地或全部地不能得到满足，同时也就使动机所指向的目标的实现受到阻碍（即挫折）。所以，动机冲突和挫折是相联系的，它是造成挫折和心理应激的一个重要原因。在日常生活中，心理冲突的现象无时不发生在每个人的身上。例如，一个人对某人不满，但又不想得罪对方，不能表达自己的情绪，想换个工作，又怕失去目前的稳定等等，都是心理冲突的体现。

当个体处于心理冲突时，心理冲突在很多情况下都能很快解决。但当个体的选择对自己的影响非常大，而自己又缺乏主见时，要做出选择就相当困难，甚而会因此产生各种各样不良的躯体和心理反应，从而对心理健康产生有害的影响。

2. 挫折

"人生逆境十之八九，顺境十之一二。"人们在生活的道路上，随时都会遇到难以克服的困难。你乘车去与女朋友约会时因路上交通阻塞而不能按时赴约，考试不合格，毕业后找不到称心如意的工作，职位得不到晋升，无力购置住房，工作中受到批评，亲人突然去世等等，这些大大小小的事件都可能使我们产生焦虑、紧张、失望、沮丧、悲哀、愤怒等不愉快的情绪反应，即所谓遇到了挫折。

一般说来，挫折的压力若尚未超过个体的承受力，则在某种程度上具有积极作用，可以引导个体的认知产生创造性的发挥，提高解决问题的能力，以更好的方法和途径实现动机，达到目标。俗话说，失败是成功之母，一定的挫折是一种磨炼。然而，若挫折过于强烈或承受挫折的能力低，超过了个体的耐受能力，而个体在承受不了的情况下又不能正确对待，则可能引起情绪紊乱、心理失衡，以至于行为偏离，发生躯体及心理疾病。

3. 心理应激（详见第二节）

4. 特殊的人格特征

每个人都有自己独特的人格特征，这在人与人之间是千差万别的，但其中也有共同的方面。它是影响心理健康的一个不容忽视的重要因素。人格特征对于人体疾病，尤其是心理疾病的发生发展和病程的转归都有明显的影响。培养和锻炼健全的人格已成为实施心理卫生，预防心理障碍的一项重要任务。

近代临床心理学研究资料表明，有些身心疾病患者具有特殊的人格特征。现在比较肯定的研究结果有：A 型行为特征被认为是冠心病易患性人格、C 型个性被认为是癌症易患性人格等。

此外，各种心理障碍，特别是神经症，往往都有特殊人格特征。有人将这种特殊人格称为"特殊病前人格"，即某些精神疾病或心理障碍发病前所具有的人格特征。例如：

强迫性精神症，不少患者具有称作强迫性人格的人格特征，其具体表现是谨小慎微、敏感多疑、拘谨呆板、墨守成规、优柔寡断、心胸狭窄、求全求美、顾虑重重、自我克制、苛求自己、责任心过重、缺乏随机应变能力等。

癔病人格，表现为富于暗示性、情绪多变、容易激动、耽于幻想、自我中心、爱表现、喜欢矫揉造作、希望得到赞赏、待人热情、富于同情心等。

有人以癔病为例，研究精神刺激（即应激源）因素和特殊人格特征这两种因素在造成心理障碍过程中所起作用的相互关系，用图 14—1 来表示。图中长方形的一条对角线将其分为两个三角形，上方的三角形表示精神刺激因素，下方的三角形表示特殊人格特征。如果与癔病相联系的人格特征较明显，则只要有较轻微的精神刺激因素即可致病；相反，与癔病相联系的人格特征较不明显，则精神刺激因素较强烈时才会致病。

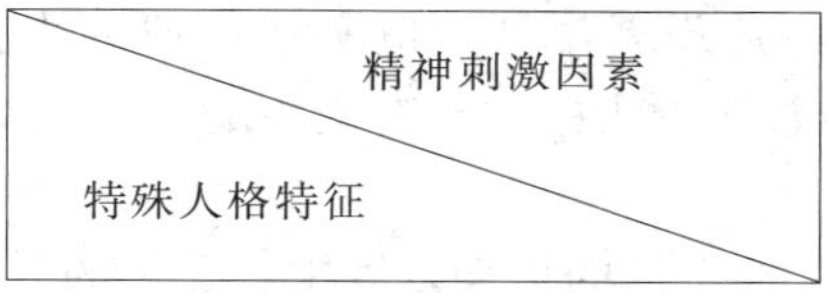


**图 14—1　特殊人格特征和精神刺激因素在心理障碍发生过程中的相互关系**

## （三）社会环境因素的影响

1. 社会文化因素

民族文化、社会风俗、宗教信仰、生活方式等文化因素都与心理问题的发生有着密切的关系。不同的文化和环境背景下所产生的心理障碍的病种、症状、内容和频率大相径庭。文化水平偏低的农村居民或民族中，反应性精神障碍，以及与迷信巫术相连的精神障碍和民间健身术等引起的精神障碍较为常见。文化水平较高的地域居民或民族，则偏执性精神障碍、妄想性精神分裂症、强迫症、神经衰弱等心理障碍较多见。

在某些特定的民族、文化和地域中，可出现一些与文化相关的特殊精神障碍。例如：（1）气功偏差，在我国有许多人热衷于气功治病健身，别有用心者把气功吹嘘到无所不能的地步，因练功引起的精神障碍成了常见病；（2）缩阳症(Koro)，见于中国南方和东南亚各地，患者主要是华人，也有马来人、越南人、印度人等，它是“阳缩入腹中，不治”这一错误观念的病态表现。

2. 早期教育与家庭环境

社会文化因素往往是通过个体所处的群体而发生作用的。在个体的早期发展中，家庭的影响又是起主要作用的。因此，早期教育与家庭环境对心理健康是很重要的影响因素之一。

对个体早期发展的研究表明，那些在单调、贫乏环境中成长的婴儿，其心理发展将受到阻碍，并且会抑制他们的潜能的发展。例如，对婴儿的研究结果表明，那些接受丰富的刺激，受到良好照顾的个体在许多的测验中将渐渐成为佼佼者。相反，一个人如果在刺激贫乏的环境中成长，则往往会对其发展产生消极影响。很多在成人期表现为能力不足的个体往往来自这样的早期环境。

另外，儿童早期与父母的关系以及父母对儿童的态度也是影响个体心理健康的重要因素。这种早期母—婴关系乃至稍后的儿童与父母的关系对个体以后的人际关系和社会适应都有着很大的影响。儿童如果能够在早期与父母建立和保持良好的关系，对其以后的社会适应和人际关系有着积极的促进作用。相反，如果儿童在早期不能建立这种与父母的亲密关系，或者早期与父母分离等都会对他们以后的成长产生消极的影响。

父母对儿童的态度和教养方式也会对个体以后的心理健康产生影响。例如，国外很多学者通过个体早期家庭关系的调查，对恐怖症、强迫症、焦虑症、抑郁症等四种神经症进行的研究表明，病人的父母与正常个体的父母相比，表现了较少的情感温暖，较多的拒绝态度，或者较多的过度保护。中国医科大学医学心理教研室岳冬梅对我国神经症患者早期家庭关系的研究也提供了相同的结果，即“中国神经症患者的父母较正常人的父母有较少的关心和情感温暖，较多的拒绝、否认和过度惩罚”①。

这些研究结果表明，在个体的早期发展中，父母的爱、支持和鼓励容易使个体建立起对初始接触者的信任感和安全感。而这种信任感和安全感的建立保证了子女成年后与他人的顺利交往。而儿童早期的这种信任感和安全感的缺乏会随着儿童的发展逐渐产生一种孤独、无助的性格，难以与人相处，因而容易产生心理异常，特别是人际交往方面的障碍。

对子女的过分保护和过分严厉，同样会影响他们的独立性以及自信心的发展。这样的个体在以后的发展压力也会增加，出现过分的依赖或过分的自我谴责。这些特点都会对心理健康产生不良的影响。

3. 生活事件与环境变迁

生活事件指的是人们在日常生活中遇到的各种各样的社会生活的变动，如离婚、失恋、亲人亡故、失窃、受辱、法律纠纷、被解雇、考试落榜、失学等。生活事件不仅是测量应激的一种方法，也是一项预测身体和心理健康的重要指标。

20 世纪 60 年代，霍姆斯（Holmes）等人的研究工作，把生活事件和疾病关系的探讨推进到一个新阶段。他们曾对五千多人进行详细的调查研究，并据此资料编制了《社会再适应评定量表》（SRRS）。量表中按照紧张生活事件影响的严重程度，按顺序列举了 43 项主要的生活事件，并给出了它们各自的严重性评分，称为“生活变动单位”（LCU）。结果表明，“配偶死亡”最严重，被排在首位，LCU 定为 100。

在对生活事件与心理健康之间的关系进行解释时，一般都认为由于生活事件的出现增加了个体适应环境的压力。换句话说，个体每经历一次生活事件，他都要付出精力去调整由于这一事件的发生所带来的生活变化。例如，结婚就意味着结束单身生活，开始新的家庭生活，而升学、就业、谈恋爱等也会不同程度地促使个体生活的改变。如果生活事件增加，那么个体的生活变化也会增加，个体要

① 转引自王登峰、张伯源主编：《大学生心理卫生与咨询》，17 页，北京，北京大学出版社，1992。

适应这变化了的生活所付出的努力也需要相应地增加。因此，如果在一段时间内发生太多的生活事件，个体的躯体和心理健康状况就很容易受到影响。

除生活事件的影响外，个体所处环境的巨大变迁也会使个体产生心理应激。虽然环境变迁也可以算作生活事件的一部分，但这种变化对个体适应的影响将更加突出。例如，移民研究的结果表明，新到一地的移民与当地居民以及他们原来所在地的居民相比，更容易产生各种各样的躯体或精神的异常。很多刚入学的大学生由于入学前后生活和学习环境的巨大变化（尤其是来自农村和边远地区的学生），在适应新的环境时容易出现各种困难，从而产生各种心理问题。

## 四、心理健康的维护

前面已谈及影响心理健康的因素十分复杂，这些因素来自生物、心理、社会三大方面。因此，维护心理健康和提高心理健康水平，也必须从这三大方面去考虑问题，采取相应的方法和措施，才能达到预期的目的。生活在复杂的社会群体中的个人，难免会发生心理失调，严重时还会产生心理障碍（精神疾患）。因此，如何维护和保持心理健康以及在发生心理失调或精神疾患时，怎样恢复心理平衡，清除心理障碍（精神疾患），对每个人来说，都是一件十分重要的事情。下面列举几个方面，作一分析。

### （一）坚持健康的生活方式

生活方式是指人们在日常生活的活动中所遵循的行为规范，即习惯化了的生活活动形式。人们在日常生活中总是按照一定的方式去生活，这种方式是每个人在自己的生活过程中，为适应社会生活环境的要求，自然而然地形成起来的。不健康的生活方式和不良的卫生习惯会对人体健康带来严重的危害，许多常见病、多发病，如高血压、糖尿病、溃疡病、冠心病、脑卒中，甚至癌症、艾滋病等都与人们不健康的生活方式和不良的行为习惯密切相关，所以这些病也被称为“生活方式病”。一般来说，起居无常、饮食无序、运动过少、吸烟、嗜酒、吸毒和不良性行为等都属于不健康的生活方式和不良卫生习惯。由于这些不健康的生活方式的产生与所谓现代文明社会的发展有关，故有人又把上述种种疾病称为“现代文明病”。相反，健康的生活方式和良好的卫生习惯则有利于促进人的身体健康水平。一般认为，健康的生活方式应包括：首先，起居有常，早起早睡，保持充足的睡眠（每天 8 小时左右）；其次，一日三餐，平衡膳食，每天坚持吃早餐；再次，控制体重，保持在正常水平；又次，适量运动，每周至少有 2～3 次体育锻炼；最后，不吸烟、少饮酒。坚持健康的生活方式能使人身体健康，少患疾病，特别是可以避免罹患上述种种严重的疾病。有了健康的身体，就能给心理健康提供良好的基础。“健康的精神寓于健康的身体”，这是一句有名的西方谚语。诚然，疾病丛生，魂不守舍，精神健康就无从谈起了。

## （二）讲究心理卫生

人们要维护和保持心理健康，提高心理健康水平，也必须讲究心理卫生。心理卫生直到目前恐怕还是一个被人们普遍忽视的问题。所谓讲究心理卫生，指的是人们应如何维护和保持心理健康，提高心理健康水平，知晓避免和减少发生心理失调和精神疾患的原则、方法和措施。

讲究心理卫生，首先要注意用脑卫生。因为大脑是心理的器官，而心理是大脑的功能，如果大脑作为器官受到了损害，它的心理功能也必然要受到危害，这时心理健康自然就难以维护和保持。用脑卫生除了避免物理、化学和生物的有害影响之外，主要是指在使用大脑的时候要讲究科学用脑，就是要劳逸结合，有张有弛，避免大脑的过度疲劳以至于功能衰弱，特别是应有充足的睡眠，以便使劳累一天的大脑有一个及时而有效的修复过程。其次要避免或减少心理失调或精神疾患的发生。心理不健康的突出表现就是各种各样的心理失调和精神疾患的存在。而造成心理失调和精神疾患的因素十分复杂。在我国，人们对心理失调和精神疾患的认识和态度存在着许多误区，因而对一些本来很平常或难以避免的心理失调与精神疾患表现难以接受，讳莫如深。本人一旦出现上述问题常常讳疾忌医；别人对其则避而远之或报以歧视的态度。这对于预防和消除心理失调与精神疾患，维护心理健康都是非常不利的，也是违反心理卫生的基本原则与方法的。讲究心理卫生的一项重要任务就是在心理失调与精神疾患现象一旦发生或有可疑迹象时，要及时寻求心理咨询与治疗专家与精神科医生的帮助，以便尽快消除可能发生的心理失调与精神疾患。

## （三）增强情绪的自我调控能力，及时排除各种负性情绪

人的情绪活动可分为两大类：一是积极的良性情绪，如高兴、愉快、喜悦等。它能为人的中枢神经系统增添新的活力，发挥机体的潜能，改善人的生理心理功能，促进人的心理健康。二是消极的负性情绪，如愤怒、焦虑、恐惧、抑郁等。负性情绪的作用有两面性：一方面可有利于个体为适应恶劣的环境刺激而斗争；但另一方面，负性情绪往往以强烈的激情状态或持久的心境而出现，使人的头脑失去冷静，可能导致意识模糊，或精神颓丧、意志低沉，使观察事物的能力和思维判断能力被歪曲，意志行为反应受到扰乱等，从而影响人的整体心理功能的正常发挥，并使心理健康遭受严重的损害。例如愤怒情绪，它能降低人的理智水平和正常的判断及自控能力，一旦丧失理智就会做出许多过激的行为，以致带来诸多难以弥补的不良后果。显然，这对心理健康是非常有害的。所以，要维护心理健康就要学会情绪活动的自我调控，及时排除各种消极的负性情绪。

## （四）培养和完善健全的人格

人总是按照自己既有的人格来观察外界事物，思考问题，产生相应的态度和情绪体验；同时对外界环境刺激采取一定的应对策略，并做出一定的行为反应。

这样，具备了健全的人格，就能有助于人们正确地评价客观事物，采取恰当的态度，体验正常的情感情绪，做出正确合理的行为反应，因而有助于人们顺利地进行社会交往和人际关系的正确处理，更能有助于人们有效地去适应变化着的社会生活环境，从而不断提高心理健康水平。所以，培养和完善健全的人格，对于心理健康的维护有着极为重要的意义。

### （五）积极参加社会活动，扩大人际交往

人类是一种群体动物，过的是群体生活，每一个人作为社会一员都必须生活在一定的社会群体之中。通过群体的社会生活和交往活动，一个人能与群体中的其他成员或其他社会群体进行交往和联系，特别是与志趣相投的伙伴、朋友、同学和同事在一起，能推心置腹地进行思想沟通和情感交流，这样就能从中得到启发、疏导和帮助。通过积极参与经常进行的社会活动，人际交往得以不断地扩大，不仅可以使人交流经验、增进理解，开阔视野、开阔心胸，还可以取得更多的社会支持，更重要的是，这可以使人感受到与社会集体融为一体、不可分离的体验以及充足的社会安全感、责任感、信任感和激励感，从而大大增强个人对生活、学习和工作的信心和力量，最大限度地减少心理应激和心理危机感。这是人们维护和保持心理健康的最基本、最重要的因素之一。一个离群索居、孤芳自赏、生活在社会群体之外的人，是很难拥有心理健康的。

# 第二节
# 心理应激和应对策略

## 一、心理应激的概念

当今世界，人们处在一种由生活节奏不断加快和知识不断更新所造成的紧张状态之中。难以满足的雄心大志，对成功的渴望和高效率的工作，不顾一切的竞争和频繁的社交活动等等，都会给人们的社会—文化关系增添许多新的难以应付的信息，使人们往往来不及去认识它、把握它并做出相应的适应性调整，因而不可避免地会出现持续的心理紧张。这种为了应付社会情境的迅速改变而出现的心理状态，一方面对适应快速变化的社会情境会有一定的促进作用；但另一方面，当它的产生较为强烈并持续下去时，就会造成心理应激状态并给人们的身心健康带来无法估量的损害。据美国调查统计，人类的十大死因当中，在第二次世界大战前主要是传染病，而在战后，变成与精神因素（也可以说是心理应激）有密切关系的心脑血管病、癌症和意外事故等。可见，既要社会大步前进，科学技术高

度发展，精神和物质生活高度文明，同时又能避免紧张状态或心理应激对人们身心健康的损害，这是当今世界摆在人类面前的具有实践意义和理论意义的重大课题。

今天，心理应激已成为全世界尤其是发达国家人们普遍关注的问题。当然，心理应激并非现代特有，不过随着社会的发展，能引起应激状态的因素越来越多，越来越复杂，也越来越引人注目。因此，全人类都来共同研究这个问题是十分必要的。

心理应激（stress），有人又称为心理压力、紧张状态或紧张刺激等。一般认为心理应激是有机体在某种环境刺激作用下由于客观要求和应付能力不平衡所产生的一种适应环境的紧张反应状态。

一个人在一定的社会环境中生活，总会有各种各样的情境变化或刺激对人施以影响，作为刺激被人感知，或作为信息被人接收（输入），一定会引起主观的评价，同时产生一系列相应的心理生理的变化。通过信息加工过程，就有输出，即对刺激（情境）做出相应的反应。如果刺激（情境）需要人做出较大的努力才能进行适应性反应，或这种反应超出了人所能承受的适应能力，就会引起人的心理、生理平衡的失调即紧张反应状态的出现。当然，这里面情况也是很复杂的，是否会出现心理应激取决于许多变量。其中之一是必须有“应激源”或称“致紧张因素”。但是有了应激源以后却不一定都会产生应激状态，这里又有许多形成应激状态的其他条件在起作用，尤其是主观心理状态作为中介条件的作用。

## 二、应激源

应激源是指机体内、外环境向有机体提出的适应或应付的要求，并可能导致心理应激反应的紧张性刺激物。对人类来说，可以成为应激源的刺激物范围是十分广泛的，除了生物性的刺激物以外，还有心理方面和社会文化方面的刺激物。

### （一）生物性应激源

生物性应激源是借助于人的肉体直接发生刺激作用的刺激物。包括各种物理、化学刺激在内的生物性刺激，如使机体不适的温度，强烈的噪音，机械性损伤，病菌、病毒的侵害等。这类应激源作用的特点一般是首先引起生理反应，然后随着人们对生理反应的认识评价和归因过程，才会导致应激状态。例如，病菌、病毒引起人疼痛、发热、虚弱等症状与体征，人们可能把这些症状与体征看做生病的征兆，并归因于病菌、病毒或有害理化因素侵袭的结果。在这种情况下自然会感到心理紧张，随着病情的加重就相应地出现心理应激反应。

### （二）心理性应激源

心理性应激源主要来源于日常现实生活中经常发生的动机冲突、挫折情境、人际关系失调以及预期的或回忆性的紧张状态。

动机冲突是指人们在日常活动中存在着两个及以上所欲求的而又不可能达到或不能全部达到的目标，而使萌发的动机不能实现或不能全部实现，从而引起心理失衡，成为造成应激状态的心理根源。

挫折情境是指人在为了满足需求，达到某种目标的过程中遇到了难以逾越的障碍，致使目标无法达到，需要不能满足，同时产生紧张情绪体验，从而成为造成应激状态的一个心理根源。人们在日常生活与工作、学习中不仅要满足各种各样的生物性需求，还要满足各种各样的社会—文化性需求，情况是很复杂的。因此每一个人都不会总是一帆风顺，相反，常常要遇到各种困难和障碍。每个人都可能有一部曲折坎坷的生活史，每个家庭都有"一本难念的经"。也就是说，挫折情境在日常生活中是经常发生的。因此，挫折情境就成为一种重要的心理应激源。

人际关系失调是指社会生活中，人与人的相互关系不能协调一致，形成矛盾冲突，从而影响人的心理平衡和情绪稳定。人与人是千差万别的，所谓"人心不同，各如其面"。不仅个体特点，人各有异，而且人的认知水平、意志动机、行为方式、兴趣爱好、道德观念、价值观念、理想和信仰等等都可能各不相同，甚至截然相反。而人们又必须共处于一个社会群体之中，人际关系矛盾也就不可避免，关系失调的现象也是经常发生的。在心理失衡的情况下，也可能造成应激状态。所以，人际关系失调就成为重要的一种心理性的应激源。

人不同于动物，人的心理与行为变化，不仅取决于现实的刺激，人还有极其丰富的记忆资源和非凡的预见性、创造力。因此，除了现实刺激所引起的心理矛盾冲突能构成心理性应激源以外，在人们头脑中产生的回忆性和预期性的或想象中的紧张情境与事件，也能成为心理性的应激源。

## （三）社会文化性应激源

人不仅是一个生物有机体，而且首先是一个社会成员，是生物性和社会性的统一体。作为社会成员，每个人都是一定社会文化关系的产物，也是特定的社会文化的体现者（即主体）。如果一个人对于变化着的社会情境和生活事件，不能通过自身调整进行恰当的有效的适应性反应，那就不可避免地出现种种心理矛盾冲突，从而使人产生应激状态。因此，社会文化因素是造成人的应激状态的最普遍、最重要的应激源。尤其是急剧的社会文化大变动，给人们带来的应激作用是相当普遍，而且十分严重的。在日常生活中，每个人都可能遇到各种各样的生活事件。婚姻或家庭上的问题，如失恋、家庭不和睦、离婚、亲人亡故等；学业或事业上的问题，如面临考试或考试落榜，被辞退，工作负担过重或事业失败等；此外，还有受辱、法律纠纷、经济问题等都可以成为应激源。

除了上述各种应激源以外，还有许多因素也可以成为致应激因素。例如：社会高速发展，人们生活节奏必须加快；科学技术高速发展，知识爆炸性地增加；现代工业化和都市化的发展，人口居住过于集中，交通拥挤。又如，工业化带来的噪音环境，作为应激源，也严重影响人们的身心健康。此外，交通事故和水灾、地震等自然灾害也会给人造成严重的心理应激状态。

## 三、应激中介机制与社会支持

应激源是引发心理应激的必要条件，但还不是充分条件，有了应激源，还需要有中介因素的作用才能决定机体是否会进入应激状态，并做出应激反应。

应激的中介机制是指将有关信息（即应激源、环境需求等）集体传入大脑中枢转变为输出信息（即应激反应）的内在加工过程，这个中间加工过程决定着个体是否会形成应激并做出怎样的应激反应等。在其中起作用的中介因素，包括一系列非常复杂的心理中介活动和生理中介活动。这些因素直接或间接地影响着心理应激反应方式的强度和耐受力，并调节着心理应激和应激反应后果之间的联系。下面简要介绍应激中介机制中比较明显的一些心理中介因素。

### （一）认知评价

应激源或紧张性刺激作为作用于个体的信息，是否会形成应激并做出相应的反应，都要有一个大脑的信息加工过程，在这个过程中起关键作用的中介因素之一是认知评价。所谓认知评价是指个体对应激源（即紧张性刺激如生活事件等）的性质、强度和可能的危害情况等做出的评价。

在日常生活中，人们会遭遇到无数的社会事件，但只有那些经过评估而被个体认定有一定意义和某种利害关系的刺激，才会引起心理应激反应。许多事件原本是中性的，之所以也会引起应激反应，是因为个体对它们所做出的认知评价发生了错误或偏差。即使是强烈的致应激因素，如果做出的认知评价是恰当的、正确的并采取了有效的应对策略，也可以减轻或缓和自身的应激反应，不至于对身心健康带来不利的影响。因此，对于同样的应激源，认知评价的不同可以引发不同的应激反应。

有人认为认知评价可以分为初级评价和次级评价两个步骤。初级评价是个体在某一事件发生时立即通过认知活动判断其是否与自身有利害关系，即通过认知去判断威胁的程度、紧迫性和详细的情节。次级评价是在得到有关判断以后，个体对该事件是否可以改变对个人能力做出评估。此时个体会同时进行相应的应对活动。经过次级评价，个体认为事件是可以控制或改变的，采用的应对方式往往是问题关注指向的。如果次级评价结果为不可改变的，则往往采用情绪关注指向的方式。

认知评价是应激源与个体应激反应之间的中介变量。它帮助人们确定应激情境对个体的威胁有多大，需要怎样来解决，当前有哪些可利用的资源，以及使用什么样的应对策略效果较好等。因此，在心理应激产生的过程中，认知评价扮演着相当重要的角色。

## （二）个性（人格）心理特征

人格是一个人的整体精神面貌的体现，一个人具有怎样的人格就会依据其人格特征去感知和评价外界事物。对问题采用行动策略以及做出相应的情绪和行为反应。因此，不同人格类型的个体，往往在面临应激之时，会做出不同的认知评价，采取不同的应对策略，做出不同的应激反应，甚至可以表现出完全不同的身心反应结果，进而对其身心健康状况会产生完全不同的影响。

一个性格急躁、脾气暴躁的人，倾向于夸大紧张刺激的强度和作用，因而往往做出过度的反应。一个具有乐观主义性格的人就好像戴上一副感知事物的过滤镜，使许多事物和作用情境都改变了色彩，容易看到事情好的方面，有一种强烈的关于好事情一定会发生的期望，并对自己能有效控制事件进程和应对应激要求充满信心。这样的人就能够采用恰当的、正确的应对策略，更能有效地应对应激，减缓或限制不必要的应激反应，消除应激对身心健康的不利影响。相反，一个悲观主义性格的人，往往过多看到事情的不好方面，有着较多的不好事情将要发生的预感，因而，内心有着过多的难以控制时间进程和无法应对应激要求的感受。这样就难免经常陷入较强烈的应激反应状态中，体验更多的消极情绪，从而给身心健康带来不利的影响。

## （三）应对方式

应对方式又称为应对策略，是指个体为了处理（对待）被自己评价为超出了自身能力范围的特定环境要求而做出的不断变化的认知和行为上的努力。应激是机体与环境之间的相互作用过程，在这过程中应对的目标是要处理和解决应激源对个体自身的影响，而不同的应对方式对应激反应的产生和发展起着促进或限制的作用，从而影响着个体的身心健康。因此应对方式被认为是应激事件与身心健康之间的重要中介因素。

对应对方式的研究有两种主要途径。

1. 过程性研究

它的重点在于研究具体应激（如生活事件）作用的过程中个体采用了哪些应对策略，以及这些策略对应激引发的结果（即身心健康）有什么影响。弗克曼和拉扎鲁斯（1985）所修订的应对量表被广泛地应用。他们的研究认为人们的应对方式可分为八种类型：对抗、淡化、自控、求助、自责、逃避、计划和再评价。概括起来又可以分为两大类，即问题关注应对和情境性应对。前者是指直接解决事件或改变情境的应对活动，后者是指解决自身情境反应的应对活动。有人在研究应对方式的效应时认为，在应激可以由行动直接处理时，问题关注指向的应对方式更有效，而在低控制情境时则情境关注指向的应对方式更为有效。看来，目前还难以离开具体情境来评价不同类型应对方式的实际效果。

2. 特质性研究

它的重点在于研究个体存在倾向性的、相对稳定和习惯化了的应对风格。卡沃尔（Carver）等人（1989）编制的应对问卷被称为特质应对方式问卷。其研究表明，不同应对方式与人格特质之间存在着较高的相关。如直接行动的应对方式与焦虑特质呈负相关，而与乐观性、控制感和自尊等则呈很高的正相关。相反，否认和行为解脱式的应对方式则与乐观性、控制感和自尊等呈负相关，而与焦虑特质呈正相关。

国内的研究也证实了人们的应对方式具有倾向性，姜乾金等人（1993）把16种习惯性应对方式分为积极和消极两类。研究认为：积极的应对方式有利于减轻应激反应，有利于身心健康；相反，消极的非适应的应对方式具有增强应激反应的作用，不利于身心健康。

## (四) 社会支持

人类是一种群体动物，每一个人都必须在某种群体（即社会关系网）中生存和生活。在其社会环境中，个体都可受到来自社会关系网中各方面的物质上和精神上的关注、支持和援助，这就是社会支持。每当个体遭遇紧张刺激，特别是面对不幸的情境时，家庭成员、亲友、同事以及社会各方面的关心、理解、支持和援助，便能有效地降低或延缓应激状态的紧张程度（强度），增强个体的适应能力，使其有效地应对应激，平稳地度过应激状态，脱离所遭遇的困境。那些不能很好地利用或感受不到社会支持的个体，即使面对同等强度的紧张刺激，也会在心理上和生理上引起较为强烈的应激反应，难以摆脱困境。

研究证明，社会支持可以起一种屏障作用，防止个体不受应激的消极影响。同时社会支持也可以作为一种有价值的或有益的信息，通过直接的影响而起作用。这样当人们在面临应激源或经受应激之时，只要感受到社会支持，就会增强应对应激的信心和自我效能，并有可能采取积极的应对策略，特别是个体如果处在社会支持系统（网络）的背景下，那么便能与任何支持网络形成一种不断进行交流的关系，就能对那些不管是积极的还是消极的信息进行双向反馈，这样社会支持的效果就更加显著。也有研究表明，社会支持作为应激的中介因素之一，如果与其他因素结合而起作用，就会发挥更大的影响作用。此外，社会支持的作用还要看它的质量如何，支持的质量越高，其作用越明显，如果只是低质量的支持，即便数量大、范围广，其作用效力也有限。社会支持对于某些类型的应激源会显得更为重要，如有残疾子女或精神病人的家庭，有危重疾病（如癌症或艾滋病等）病人的家庭与患者本人都要面对比别人或别的家庭更多的、从未有过的各种应激。社会支持对他们而言，确实是个十分重要的因素。

总之，社会支持给人们提供一个有效应对应激的良好平台，使个人的应对能力得以提高。当应激事件发生时，可以起到降低或缓和刺激强度的作用，同时它能使个体保持良好和平稳的情绪状态，因而对个体身心健康有着良好的保护作用。

## 四、心理应激与人类疾病

著名医学家、科学家、诺贝尔奖获得者杜博斯（R. Dobos）在其《健康与疾病》（1981）一书中指出："现代人已经不那么需要防御食肉动物和蛇，也不那么需要对抗严寒天气、食物缺乏的窘境及其他伤害身体的危险。但他们必须应付的是时刻表、交通、噪声、拥挤、竞争以及其他人为的紧张环境。因此，现代人的生活也紧张得多。""驱车的路上交通堵塞，承担的工作遭受挫折，对于竞争的紧张应付和事业失败的痛苦，同配偶的争吵不休……生活中的应激反应真是形形色色，数不胜数。这些紧张反应像细菌、病毒、营养不良或有害的理化因素一样，能够成为对人类健康的一种挑战。"现代科学技术的高度发展已经使来自人以外的危害健康、造成疾病的各种病菌、病毒以及有害的理化因素能够得以控制、抵御和消除，但是，对于来自人本身的危害健康、造成疾病的社会心理行为因素，到目前为止还基本上处于无能为力的阶段，而且问题表现得越来越突出。这确实是在健康和疾病问题上，现代人类所面临的一个严峻的考验。

人体处于应激状态的各种反应本来是要防止身心受损的，是一种防御性机制。但是如果防御反应不适当，特别是过度反应，往往又危及人的生理生化和心理机能，甚至造成一系列与应激状态有明显关系的疾病，我们称之为"适应性疾病"或"应激状态病"。这些疾病可以发生在人体内的任何一个系统中，例如高血压、冠心病、消化性溃疡、支气管哮喘、糖尿病、斑秃、类风湿性关节炎等，以及某些免疫性疾病、各种癌症和各种神经症。

有人称这些适应性疾病为"现代文明病"不是没有道理的。虽然，自古以来人类就有应激状态存在，并且也有相应的疾病存在，如湖南马王堆出土的一具已有一千多年历史的女尸，经医学鉴定就患有动脉粥样硬化和冠心病，推测可能还有高血压。但是，在古代这些疾病的发病率毕竟是很低的，就是在现在，世界上一些落后国家或较原始的部落这些疾病的发病率也非常低。例如，英国一位内科医生于 20 世纪 30 年代在肯尼亚一个部落开办的医院里，所接触的 1 800 名患者中没有一例高血压。这是因为这个部落过着原始社会的生活方式，人际关系简单，社会文化环境稳定，接触不到现代文明社会生活的各种应激因素。然而，由于现代人类社会的发展，生活紧张，人事日繁，应激因素多种多样，很自然地，因应激状态而引起的疾病与日俱增。日本有人调查过 654 名门诊患者，其中竟有 42.8%属于"应激状态病"。在美国，心脑血管病和癌症从 20 世纪 50 年代起已成为人口死亡的主要原因，有 2/3 以上的人死于这些病。在我国，心脑血管病和癌症的总死亡率在 1957 年是 17.3%，到 1982 年已上升到 64%，已接近于美国的情况。据美国科学家估计，目前造成人类死亡的原因之中，尤其是在发达的工业国家，有 50%～60%的是不良的心理与行为，如 A 型行为（又称易患冠心病行为）、C 型个性（或称易患癌症个性）、吸烟、酗酒、吸毒，以及不良的生活习惯等。而这些不良的心理行为和生活习惯大多是应激状态的反应。因此，应激状态及由此引发的不良心理、行为和生活方式已成为当今社会威胁人类身心健康，造成疾病与死亡的最严重、最可怕的因素。这是现代人类真正的瘟疫。

## 五、如何有效应对心理应激

应激状态是人生中经常遇到的问题，在现实生活中是任何人也无法避免的。强烈和持久的应激状态不仅会影响人的正常生活、工作与学习，而且威胁人的身心健康，可能造成疾病。因此，医学、心理学、社会学、人类学和其他有关的科学都在研究帮助人们应对心理应激的方法。一般认为，要有效地应对心理应激的影响，可从以下几个方面采取措施。

### （一）控制或消除应激源

应激状态总是由于来自社会环境（包括自然环境或心理环境）的应激源强度太大，持续时间过长，或作用的方式特殊，对机体提出了过高或过低的要求，结果超出了其所能承受的程度而引起的。因此，防止心理应激的产生，最理想的方法是控制或消除应激源，要是致应激因素减弱或没有了，心理应激反应自然就不会出现。

首先是改善可能成为致应激因素的社会生活环境。例如，对过度的噪音和温度等，可以通过社会物理工程加以处理，来改善工作条件或改善住房条件，如耳防护器可减少噪音的影响，反射服装能减少温度影响。又如，由于工业化、都市化、人口过分集中化，容易造成交通拥挤、住房紧张，因此，在城市建设规划实施之前，就应考虑到住房建筑的心理卫生和美学质量标准，保留适当的空间。

其次是改善心理社会环境与要求。人在社会关系中常会因社会压力或不适当的要求而产生应激反应。这就需要通过社会工程来加以处理，如重新组织或建立人与人之间的新关系、新环境。特别是家庭关系不协调往往会成为应激源，因此，要帮助家庭成员彼此建立更为有效和良好的关系，即建立与保持一个不至于造成应激反应从而引发躯体和精神疾患的氛围与环境。还可以通过改善工作中或社会中对人的不适当要求和过多限制，从而减少应激反应发生的可能性。例如，从事富于变化、带有刺激性的工作比经常从事千篇一律、令人厌烦的工作所引起的应激反应要少得多。

总之，给人们营造一种良好、宽松的社会心理环境，对于减少应激反应是至关重要的。

### （二）增强主体对心理应激的抵抗能力

人是否会产生应激反应，除了应激源之外，主要取决于人本身的人格特征、行为习惯、个人经验等的不同，即人与人之间存在着的明显的个体差异。因此，同样的应激源，有的人从此一蹶不振，以至于病魔缠身；有的人却由此获得了自我强大的动力，在人生的道路上奋进起来。因此，改善和增强对心理应激的抵抗能力，对于有效应对心理应激是非常重要的措施。

1. 培养良好的人格（个性）

一个人的个性心理特征，不仅影响其对外界事物的认知过程，而且也影响其对应激源的应对效果。因为一个人对外界紧张刺激作用的认知、体验、态度和反应方式都取决于人的个性特征。一个具有良好个性的人能够正确评价客观事物，持有恰当的态度，体验正常的情绪，采取适当的行为反应方式，这样，才能正确对待应激源，增强对心理应激的承受力。这对于控制和消除应激状态是有重大作用的。

2. 加强思想修养、提高认识水平

致应激因素是客观存在，不以人的意志为转移的，但是，采取什么态度、如何对待和处理，却是人们各自的事情。对于思想修养好、认识水平高的人，就能识大体，顾大局，以冷静的头脑分析事物，以稳重的态度对待事物，能正确地权衡利弊得失，保持人际关系的和谐，因此，就能增强对致应激因素的承受能力。

3. 提高实际应对能力

当今社会的发展和科技的进步，都正以惊人的速度前进。人们必须相应地加快步伐，增进技能，扩大知识面才能跟上时代的发展。否则，人们便会处于非常被动的境地，产生心理应激反应的机会大大增加。因此，创造条件，帮助人们不断进行知识更新，开展各种特殊的教育与训练，帮助人们去掌握新的技能，就成为十分必要的事情。例如，对于当前大量增加的面临下岗或已经下岗的人员，如果采取上述的相应措施，将会非常有效地帮助他们应对可能出现的心理应激。

4. 获取社会性支持

每个人都生活在社会群体之中，而且人与人的关系本质上都应该是相互支持的关系，否则，人们会无法生存下来。孤立于社会群体之外的孤独感和失助感是应激反应形成的重要心理根源。当一个人遭遇不幸时，周围的人能向其伸出援手，就能使其尽快摆脱窘境。如果一个人感到失去了与社会的联系和社会的支持，那就表明他已深陷应激状态里去了。所以社会性支持，是人们提高适应和应付应激源能力、控制和消除应激状态的重要措施。

## （三）药物的应用及心理干预

1. 药物应用

主要是精神药物的应用问题。由于药物能选择性地作用于人脑的网状结构和边缘系统，可以调节和控制人的情绪活动，通过情绪的改善影响大脑皮层，从而改善人的认知能力，减轻紧张情绪体验，也就是使人在情绪上和认知上发生改变。例如，由于应激状态所产生的过度的兴奋或抑制使人都不能对外界事物做出恰当的认知评价，精神药物就能将其纠正过来，使其行为更能为社会所接受，这就起到了提高机体适应能力和缓解应激状态的作用。

2. 心理干预

心理干预（或称心理治疗）对于改善和缓解人们的应激状态是很有帮助的。

因为通过心理治疗可以改善人的大脑功能和心理状态，减轻或消除紧张的情绪体验，调整与改善认知功能，恢复正常的心态去面对应激源，从而提高对应激状态的抵抗能力，特别是在紧急或强烈的应激源的作用下，人们处在紧急的应激状态或陷入心理危机之中，就更需要得到有效的心理支持和心理干预了。

# 第三节 心理异常与心理治疗

## 一、心理异常的概念

人的心理活动，无论是正常的还是异常的都是非常复杂的现象，它们的发生、发展和变化都会受到许多因素的影响。正常心理和异常心理之间是一个连续体，它们的区别只是相对的，并没有绝对的界限。关于心理异常问题的看法，经历了一个漫长的发展历程，自古以来就为人们所关心和感兴趣。

现代不同学派的学者基于他们各自的理论，对心理异常的概念提出了不同的看法。心理动力学派如精神分析理论把心理异常看作幼年时期所造成的被压抑到无意识中去的欲望或情绪冲动的矛盾冲突，特别是性欲冲动通过转换性机制而表现出来的一种伪装的显现；行为学派则认为心理异常是一种通过某种特殊的条件反射（行为学习）所获得的异常行为表现；认知心理学派认为人的情绪与行为是受认知过程影响的，特别是不良的情绪与行为就是由于错误的思维方式或不合理信念造成的。

我们认为，心理异常是在大脑生理生化功能障碍和人（主体）与客观现实关系失调的基础上产生的对客观现实的歪曲反映。如果这种歪曲反映导致了人的行为紊乱，并破坏了人的社会适应能力以及认识世界、改造世界的能力，而且又不能用一般常人的方法加以纠正，就会是心理疾患（精神疾病）。心理异常的表现是非常复杂的。从最简单的心理过程如感觉、知觉到复杂的思维、想象活动，从情绪、情感活动、动机和意志行为活动到智力结构、人格特征等各个方面都可以表现出异常。较严重的心理异常症状最常见的有：感知过程中的错觉与幻觉，记忆过程中的遗忘症，思维过程中的妄想和某些言语逻辑障碍，情感过程中的焦虑、抑郁和恐惧，意志行为上的兴奋躁动、动作迟滞或痴呆，人格上的各种形式的人格偏离表现。

## 二、常见的心理异常或障碍

人的心理功能与生理功能一样，有时也会出现异常或障碍，有的人甚至受到长期的折磨而陷入十分痛苦的状态，严重影响了自己的生活、学习和工作。但遗憾的是，他们不知道这是怎么回事，不知道是自己的心理功能出了毛病，因而也不知道如何自我调整或寻求心理医生、精神科医生的帮助。这里我们根据人们日常生活中所常见的心理、行为的异常表现，并参考《中国精神障碍分类与诊断标准》第3版即CCMD-3，世界卫生组织的《国际疾病分类》第10版（1992）即ICD-10，以及美国《精神疾病诊断与统计手册》第4版（1994）即DSM-Ⅳ，把心理异常或障碍划分为六大类别。这是我们所常见的包括精神病在内的心理、行为异常或障碍的表现。

## （一）行为和人格偏离以及不良适应性反应

这一类别包括的心理异常问题较多，其中有行为偏离、人格障碍、性行为异常，以及在应激状态下发生的不良适应性反应行为。这类行为异常问题有的可以是固定的、持续的，有的则是一时性的，其中有不少案例牵涉社会治安或司法问题。由于这类人虽然有心理、行为障碍问题，但并不是精神病，因为他们一般来说智力是正常的，意识是清醒的，而且一般也没有精神失常症状，因此，对自己的行为有责任能力，如果触犯刑律是要负法律责任的。不过，对于这类人，仅用强制性的惩罚手段或简单的劳教措施，通常难以使他们的问题得到纠正，而必须同时使用心理与行为的有关理论与矫正方法进行处理才能取得效果。

1. 行为偏离

这类问题多发生在青少年身上，是指在没有智力迟滞和精神失常症状的情况下而与其所处的社会情境及社会评价相违背，在行为上显著地异于常态，且妨碍青少年对正常社会生活的适应和正常心理功能的健康成长。在刚进入21世纪之时，我国国务院公布的《中国精神卫生规划》（2002—2010）中明确指出，在我国有较严重心理行为问题需要得到帮助的青少年有3 000万人。行为偏离包括学习障碍，怪异的饮食行为，嗜酒与吸毒行为，吸烟行为以及某些过失行为，如敌视权威行为、虐待行为、盗窃行为、诈骗行为、斗殴行为和拉帮结伙行为等。

2. 人格障碍

这种障碍是指明显偏离正常人格，并与他人和社会相悖的一种持久和牢固的适应不良的情绪和行为反应方式。人格障碍一般始于童年或青少年，而持续到成年或终生。一般认为它是在不良先天素质的基础上，遭受环境的有害因素（特别是社会心理因素）影响而形成的。人格障碍通常有不同的表现类型，根据CCMD-3所列举的有偏执型人格障碍、分裂样人格障碍、反社会人格障碍、冲动性人格障碍、表演性（癔症性）人格障碍、强迫性人格障碍、焦虑性人格障碍和依赖性人格障碍等八种类型。

3. 性行为异常

这里指与生殖没有直接联系，寻求性满足的对象和方式与常人不同，且有违反当时的社会习俗而求得性满足的性行为癖好，如易性癖、易装癖、恋物癖、窥阴癖、露阴癖、性施虐癖与性受虐癖等。

4. 不良适应性反应行为

这一类行为问题常发生在青少年身上，特别是那些心理发育不健全，人格发展有缺陷的人，很容易在变化着的或新的环境（包括家庭、学校和社会环境以及自然灾害环境等）中产生不良适应性反应行为，从而影响自身的心理健康，产生身体上与心理上的疾病（如各种心身疾病或神经症等）。

## （二）特殊意识状态

这一类心理异常包括：

（1）催眠状态下或梦境状态下的心理变化。这时的主要表现是意识模糊和意识范围狭窄，并在此基础上产生各种心理变化，只要催眠状态解除，梦境状态结束，心理变化立即恢复常态。

（2）社会交往剥夺和感觉剥夺状态。这时由于大脑失去了适度的兴奋刺激的支持，而造成大脑功能失调，主要表现为注意力涣散，记忆力减退，意志力和自控能力受到严重削弱，思维混乱，情绪不稳，烦躁不安，焦虑压抑或出现孤独感等。

（3）宗教徒的入化状态，气功的销魂状态以及练功者的“走火入魔”状态等。

（4）某些药物如致幻剂或海洛因等毒品作用下所产生的心理行为异常表现。这类心理行为异常表现大多属于正常和变态心理之间的交叉或边缘状态。而且，许多表现都是一次性的，即引起异常表现的药物或毒品只要去除，患者的心理与行为便恢复正常，大多数人无须治疗。

## （三）轻度心理异常

这一类心理异常表现是指人的整体心理的某些方面受到影响，即大脑一般没有组织上的器质性损害，只是在高级神经系统活动方面表现失调。患者心理活动各个方面的协调性受到一定的影响，对周围环境的适应能力有明显的减弱，人际关系处理往往不够和谐，但他们能理解并认识到自己心理失常状态，因而主动寻求改善自身不正常状态的办法和措施。生活能自理，日常工作和社会生活可以正常进行。一些轻度精神疾病，如各种神经症、癔症和轻度的心因性反应症等都属于这一类。

1. 神经症

它是精神病症中最轻而患病率最高的一种常见病，发病的病因与学习、工作负担过重或与精神刺激因素有关。患者对自身的症状具有自知力，并感到十分痛苦，迫切寻求治疗。我国目前神经症有多种类型，如恐怖性神经症、焦虑性神经症、强迫性神经症、躯体形式障碍、疑病症和神经衰弱等。

2. 癔症

它是临床上及日常生活中常见的精神障碍之一，也称为歇斯底里（hysteria）。

癔症的发病有明显的精神刺激因素的作用，而且病人还有人格特征为基础，如感情用事、自我中心、暗示性高、爱幻想、好表现等。癔病的临床症状可表现为心理、神经核躯体多方面功能的异常，症状十分复杂多样，多发生于 16 岁至 35 岁的青壮年，女性多于男性。

3. 轻度心因性反应症

它是指人们在生活、学习、工作或事业上以及人际交往中遭受挫折，在这些精神刺激因素作用下陷入心理应激状态，以至于心理失衡，情绪困扰，表现为焦虑和抑郁情绪反应。这时不仅心理功能普遍降低，而且伴随诸多身体不适感，如感到心悸、胸闷、头晕、头痛、睡眠失调、食欲不振和疲劳乏力等。实际上这是当今人类普遍存在的一种心理异常，是一种尚未达到却已临近抑郁症的不同程度的抑郁情绪状态，是当今社会影响人们身心健康最严重的心理问题，已经引起了世界卫生组织的高度重视。

### （四）心身疾病或称心理生理障碍

这一类异常是指在躯体各器官系统发生病变前后所表现的心理异常现象。它常表现为在应激状态下所出现的某种内在的情绪或动机的冲突，通过心理影响生理的途径，以身体各个器官系统的病变表现出来。因此，在心身障碍发生时，既有躯体的异常，也有心理行为的异常。

所谓心身障碍包括身体各器官系统的心身疾病，如心血管系统的原发性高血压、冠心病、心律不齐等，胃肠系统的十二指肠溃疡、溃疡性直肠炎等，呼吸系统的支气管哮喘等，内分泌系统的甲亢、糖尿病等，泌尿生殖系统的排尿障碍、月经失调、阳痿、阴冷等，皮肤肌肉骨骼系统的荨麻疹、斑秃、神经性皮炎、周身疼痛症、类风湿性关节炎等。

### （五）大脑病患及躯体存在缺陷时所表现的心理行为异常

这一类心理异常又有三种不同的表现：

（1）大脑发育不全时所表现的心理异常。主要是与大脑机能发育不全有关的各种能力的障碍，突出的表现为智力迟滞。

（2）大脑器质性病变时出现的心理异常。脑震荡、脑挫伤、脑动脉硬化、老年性脑萎缩、中毒或病菌和病毒感染都可能造成脑器质性损害，也有可能同时出现心理异常状态。

（3）盲、聋、哑、跛等躯体缺陷时所发生的心理异常。当人的躯体某一部分受到破坏时，受损器官的机能未能恢复，这时，在缺乏适当的教育和训练的情况下，会给患者造成某种程度的心理异常。

### （六）严重的心理异常

这一类是指人的整体心理机能瓦解，不仅心理活动本身的各个方面的协调一致遭到严重的损害，而且机体与周围环境的关系也严重失调。概括起来主要有以下三方面的异常表现：

(1) 病人的反映机能受到严重损害，对客观现实的反映是歪曲的，可出现精神失常现象如幻觉、妄想、思维错乱、行为怪异、情感失常等。

(2) 社会功能严重受损，不能料理个人生活，不能正常处理人际关系和参与社会活动，甚至会给公众社会生活造成危害。

(3) 不能理解和认识自身的现状，不承认自己有精神病，对自己处境完全丧失自制力。各种重性精神病如精神分裂症、躁狂抑郁症和严重的反应性精神病都属于这一类。

精神分裂症是最严重而且常见的精神病，患病率为0.3%～0.7%，发病多在青春期及成年初期，病程多迁延；其发症原因，在遗传、生化、社会心理方面都能找到一定的证据，但到目前尚难确定，这也影响到对该病的诊断和治疗。其症状复杂多样，较常见的有思维联想障碍、妄想、幻觉、情感倒错或淡漠等。精神分裂症可分多种类型，如单纯型、青春型、紧张型、妄想（偏执）型等。

心境障碍（过去称为情感性精神病）主要包括两种：一是躁狂抑郁症，即以原发性情感情绪障碍为主要临床表现，且发作期和完全正常的间歇期反复交替出现的一种精神病。在躁狂发作期表现为语言明显增多，思想奔逸，自我评价过高，情绪极端高涨，行为活动显著增多。抑郁发作期则与此相反，言语明显减少，思维迟缓，自我评价过低，并有自责自卑观念，情绪极为低落，行为活动显著减少，体感不适，并反复出现轻生念头。二是反应性抑郁症，是在长期持续的精神刺激因素作用下而产生的一种心因性精神障碍。主要表现为情绪低落，心情压抑，消沉，沮丧，往往沉湎于难以排解的抑郁心境之中，思考能力和自我评价明显降低，对周围事物和人都缺乏应有的兴趣，觉得生活没有乐趣，对处境无能为力，对前途感到悲观失望。严重时有自责、自罪和厌世观念，并会企图自杀。同时患者常有躯体不适感，如头晕、头疼、胸闷、心悸、食欲不振、全身乏力，以及睡眠障碍等。

## 三、心理治疗的理论和方法

心理治疗是指在良好的治疗关系的基础上，由经过专业训练的治疗者运用心理治疗的有关理论和技术，对求助者（或病人）进行帮助的过程，以消除或缓解来访者的心理问题或心理障碍，促进其人格的健康发展和成熟的过程。

在欧美各国，心理治疗十分盛行，尤以19世纪末兴盛起来的精神分析治疗影响最大，号称心理治疗发展历史上的第一个里程碑。自20世纪六七十年代以来，行为治疗风行起来，超过了精神分析治疗，被誉为心理治疗发展历史上的第二个里程碑。与此同时，人本主义心理治疗逐渐兴起，并迅速扩展，被看作心理治疗发展历史上的第三个里程碑。后来，随着认知心理学的迅速发展，以此为理论基础的认知心理治疗也迅速兴起，特别是与行为治疗相结合形成了认知—行为治疗的理论与方法以后，可能会成为心理治疗发展历史上具有最大影响力的心理疗法。这里就上述心理治疗中最重要的几种理论和方法做一简要介绍。

## （一）精神分析治疗

精神分析治疗是著名的奥地利精神病学家弗洛伊德于19世纪下半叶所建立的一种心理治疗理论和技术。弗洛伊德认为心理障碍产生的根源在于幼年期性心理发育中未能解决的心理矛盾冲突。这种具有强烈情感色彩的欲望或动机被压抑在人的无意识领域中，虽然自我并不能察觉它并认识它，但它并没有消失，而是潜伏着并继续在起作用，给人的心理、意识施以影响，通过心理转换性机制以神经症症状或器官语言、梦及失误等形式表现出来。精神分析治疗要把压抑在无意识中的心理矛盾冲突挖掘出来，剥去其伪装，使其上升到意识中来，并让患者对其有所领悟，在现实原则指导下得以纠正或消除，从而使病情得以治愈。这里简要介绍几种主要治疗方法。

1. 自由联想

这是精神分析治疗的基本技术。在患者进入诊室后让其躺在舒适的躺椅上，然后鼓励患者自由自在、无拘无束地诉说其想要说的话，把积郁于心头的一切想法都说出来。无论是与疾病有关的还是无关的，是重要的、有意义的还是不重要的、无意义的，是自己愿意讲的还是自己不愿意讲的，是符合道德的还是难以启齿的，总之，联想到什么就说什么。同时，也无论这些想法听起来是多么荒唐可笑、不合逻辑、伤风败俗、违反常伦，令人感到琐碎、羞愧、愚蠢、自罪等都要毫无保留地、毫无顾忌地讲出来。在进行自由联想时，治疗者不要随意打断患者的话，只是在必要时给予适当的引导，直到治疗者和患者都认为已经找到了病的根源为止。只要把潜抑在无意识中的、患者自己觉察不到的心理矛盾冲突呈现到意识中来，使病人有所领悟，并进行重新认识、批判和调整，疾病自然就痊愈了。

2. 梦的分析

梦的分析是接触无意识、挖掘被压抑的心理冲突或创伤的一种有效手段。弗洛伊德认为梦包含着两种不同含义或层次的内容，即所谓“显梦”和“隐梦”。显梦是指这些梦境具体内容所代表的无意识的象征性的含义。因此，显梦内容不过是可以察觉出来的“谜面”，而隐梦内容才是虽察觉不到但具有真正意义的“谜底”。治疗者的任务就是从做梦者的表面内容深入到隐含内容，去解释梦中符号，找出它的象征含义，把经过化装变形的梦复原，从而发掘出做梦者潜抑在无意识里的心理矛盾，以便帮助患者正确解决其致病情结。

3. 移情分析

在精神分析治疗过程中，治疗者和患者建立起和谐亲密的关系能大大促进治疗的效果，但由于疗程很长，医患之间的关系会超出理智的沟通或对话，而具有强烈的感情色彩。患者把过去与父母的病态关系转移到与治疗者的关系上来，即患者对自己疾病的关注明显下降，而对治疗者的兴趣渐渐凸显。弗洛伊德把病人的这种表现称为“移情”。如果患者在儿童期对父母是信任的，就会很容易以同样的信任把自己托付给治疗者，表现为对治疗者的钦佩、友好、爱慕或带有性爱的成分，此为正移情；如果病人的双亲是冷漠的、不可信赖的，也会影响病人，导致对治疗者表示怨恨与敌意，此为负移情。治疗者可以透过患者移情的表现，弄清患者幼年期与双亲关系的性质及其对患者的意义。如果治疗者对移情处理得巧妙和成功，可以变成治疗的动力。

## （二）行为治疗

行为治疗又称为行为矫正疗法或学习疗法，是现代心理治疗的一种重要形式。它是在巴甫洛夫（I. Pavlov）经典条件反射原理和美国心理学家斯金纳（B. F. Skinner）操作条件反射原理的基础上发展起来的一整套行为矫正治疗技术。行为治疗与强调无意识作用的精神分析治疗不同，它认为病人症状，即异常的行为或生理功能，是个体在其生活经历中通过条件反射即“学习”过程而固定下来的，这样我们就可以设计某些特殊的治疗程序，通过条件反射的客观方法，即学习方法来消除或纠正病人的异常行为和生理功能。目前，行为治疗的种类和应用范围正在日益增多和扩大，在临床上用于治疗各种神经症和各种心身疾病，也用于治疗各种不良行为问题，如遗尿、口吃、吸烟、吸毒、酗酒、赌博以及各种反社会行为等。此外，艺术表演和体育竞赛领域，以及特殊教育、工读学校、劳教场所等部门也在广泛地应用行为治疗方法。以下简单介绍几种行为治疗方法。

1. *系统脱敏疗法*

由美国心理学家沃尔帕（J. Wolpe）首创，最初用于治疗动物的实验性神经症。[①] 沃尔帕认为人类的神经症也和动物类似，也是由条件反射引起的。他将条件反射方法与雅各布逊（Jacobson）的肌肉放松技术相结合，即当病人产生焦虑性反应的同时，让他产生一个与焦虑相对抗的肌肉松弛反应，这样使焦虑反应的强度也随之减轻。经过多次刺激呈现与肌肉松弛状态的结合，逐步消除焦虑反应（脱敏），以达到治愈的目的。系统脱敏法主要适用于恐怖性神经症。此法的关键在于将各种焦虑反应由强到弱分级排列，松弛反应也逐级系统地与之配对出现，形成交互抑制情境。最先从抑制较弱的焦虑反应开始，循序渐进，最终消除由于条件反射而形成的最强的焦虑反应。

2. *厌恶疗法*

也是采用条件反射的方法，把症状和不愉快的体验结合起来，即利用一种厌恶的或惩罚性的刺激来减少或消除适应不良的行为。主要适应症为药物瘾癖、酗酒、性变态等。以治疗酗酒为例，当病人在酗酒时，使用致吐剂或电击等造成患者对饮酒的厌恶而自动停止酗酒。作为厌恶性刺激，可以是药物、电击等，也可以是想象的厌恶性刺激，都可以矫正不良行为。

---

① See J. Wolpe, *The Practice of Behavior Therapy*, Fourth Edition, New York, Pergamon Press, 1990.

3. 消退训练和强化法

消退训练是阴性强化，即以操作行为来阻止厌恶性刺激的出现，如果出现不良行为即予以惩罚，只有行为良好才可以避免，如治疗遗尿症儿童的电垫方法。强化法是阳性强化，即奖励被试的某种良好的行为。这都是采用操作性条件反射原理，在病人出现良好行为时应该有一种"标记"，凭这标记兑换奖品，从而逐步强化。这种治疗过程也称为代币制法（token-economy）。近些年来，根据这种原则发展出行为塑法（behavior shaping），其关键是如何让患者在现实的生活环境中保持所塑造的行为。这种治疗方法可以改善恐怖症、神经性厌食症、肥胖症及其他神经症的症状，对于孤独症儿童和精神发育不全的儿童亦有疗效。

此外，行为疗法还有：（1）暴露法。即让引起患者焦虑反应的情境反复出现，使其重新体验全部不愉快的经历，使原来引起症状的内部动因逐渐减弱而引起阴性情绪状态或症状逐渐缓解和消失。不过在暴露疗法中，病人会产生较大的精神紧张与痛苦，有时难以坚持下去。（2）示范方法。主要是对儿童治疗时，安排示范，使儿童通过模仿建立自己的习得反应。（3）自我训练法和自我调整法。根据一套特定程序，以一种机体反应去改善另一种机体反应。生物反馈治疗在某种意义上也属于此类。

## （三）人本主义心理治疗

人本主义心理治疗是美国著名人本主义心理学家马斯洛和罗杰斯（L. Rogers）所创立的。始于 20 世纪 40 年代，60 年代以后开始在美国广为流行。人本主义心理治疗强调人的本性自身是一切心理治疗的出发点。它反对把人看成和动物一样的生物体或自然物，而特别强调人的价值和意义，认为任何人在正常情况下都有积极的、奋发向上的、独立自主的和自我肯定的无限的成长潜能，而且每一个人都有可能实现自己的潜能而成为一个具有真实力量和能够自我实现的人。

人本主义心理治疗最有影响的治疗方法是罗杰斯创立的求治者中心疗法。罗杰斯认为，如果一个人的自我成长潜能不能自由地发展，人的自我体验受到阻塞或其一致性被压抑，使成长受到削弱或阻碍，就会发生心理病态。同时他认为，在人的成长过程中，不利的环境条件使人的自我成长倾向受到歪曲和阻碍，形成了心理矛盾冲突，此时，人就会感到适应困难、烦恼和焦虑。因此，他主张由治疗者主动地创造一个良好的环境，在人与人之间建立起无条件的相互关心、相互谅解的关系，并形成真诚相待、设身处地的理解和相互尊重的氛围。这样，就可以使病人察觉并充分释放自己的潜能，在其内心世界里发生变化。例如，由僵化变为灵活，由静态变为动态，由依赖变为主动，由异常转化为正常，并使其潜能得以逐步发挥，从而达到自我实现的目标，起到治疗的作用。

在求治者中心疗法中起主导作用的是患者自己，患者可以自由自在、无拘无束地表达自己的意见、想法、观点和感受。治疗者不必加以解释和劝导，更不予以干涉或控制，只要表示理解、同情和乐于倾听就够了。这样患者就会感到自己是自由的、安全的，再不会有恐惧和顾虑，从而增强自己的信心和责任感，并能够发现自己的问题，进行自我指导、自我克服和自我改善，从而达到治愈的目的。

治疗者与求治者一般每周接触一次，每次 45 分钟，主要方式是会谈。在会谈时，治疗者与求治者相距 1.5 米，中间摆一张小桌子和录音机。第一次，一般为开场式的接触交谈，接着 3 次～5 次为询问性接触。结束时是一次总结性接触，再往后是 1 次～2 次事后接触。出于治疗者的需要，每次会谈都要进行录音。每次接触后，治疗者和求治者都要填写一张治疗过程的问卷。

## (四) 认知心理治疗

认知心理治疗以人的情绪和行为受认知过程影响为理论依据，认为人的不良情绪和行为与不良的认知或错误的思维方式有关。因此，治疗者的任务是与病人一起找出这些不良的认知或错误的思维，并加以纠正和克服，从而使患者的认知和思维回到正确的轨道，更接近于现实和实际，进而使其不良的情绪与行为恢复正常，心理障碍亦逐渐好转。

认知心理治疗的发展历程虽短，但进展却是很快的。目前较有名的认知疗法是艾利斯（A. Ellis）所创的理性情绪疗法以及由贝克（A. Beck）在研究对抑郁症进行治疗的基础上发展起来的认知转变疗法。

1. 理性情绪疗法

艾利斯关于理性情绪疗法的理论认为，人的情绪并不是由某一诱发事件本身所引起的，而是由经历了该事件的个体对这一事件的认知、解释和评价所引起的。这一理论又被称为 ABC 理论。A 是指外来的激发性生活事件；B 是指个体在诱发事件之后的信念系统，即对该事件的想法、解释和评价；C 是指由 B 引起的情绪和行为的结果。艾利斯指出，人们往往认为情绪和行为结果是直接由激发事件 A 引起的，即由 A 引起 C，但实际上，激发事件 A 只是引起情绪和行为的间接原因，唯有 B 才是引起人的情绪和行为反应的直接原因。[①]

理性情绪疗法的治疗过程及其方法，是以改变患者的认知为主要治疗目标的。即改变患者的不合理信念，以合理的信念取而代之；改变不合理的思维方式，以合理的思维方式取而代之。从而达到最大限度地减少由不合理的信念给人们情绪带来的不良影响，以减轻或消除情绪障碍，达到治疗的目的。在理性情绪疗法的实施方面，一般可分为心理诊断、领悟、修通和再教育等四个阶段。

(1) 心理诊断。这是治疗的最初阶段。首先，治疗者要与病人建立良好的关系，以帮助病人建立自信心。其次，摸清病人所关心的各种问题，将这些问题所属的性质及病人产生的情绪反应进行分类，对病人的问题做出诊断。

(2) 领悟。这一阶段要引导病人学习理性情绪疗法的理论，强化他们进行治疗的动机。治疗者要帮助病人达到五个方面的领悟：一是人类情绪的产生是基于

① See A. Ellis, *Reason and Emotion in Psychotherapy*, New York, The Citadel Press, 1962.

科学的规律及与其相关的事件；二是向病人强调人的观点、信念和人生哲学在引发其情绪和行为反应过程中所起的重要作用；三是帮助病人找出造成情绪与行为障碍的不合理信念；四是使病人认识到对自己的心理障碍负有完全的责任；五是帮助病人认识到，只有改变自己的不合理的信念，才能消除情绪障碍。

（3）修通。这是治疗的关键阶段。这时治疗者主要采用辩论的方法动摇病人的不合理信念，使他们认识到那些不合理信念是不现实的、不合逻辑的，也是没有根据的。同时分清什么是合理信念，什么是不合理信念，从而用合理的信念取代不合理的信念。

（4）再教育。这是巩固治疗效果并结束治疗的阶段。这时治疗者要帮助病人巩固在治疗中所学到的东西，以便他们能更熟练地采取合理的方式去思考问题，使其在脱离治疗情境之后能更合理地生活，更少地受不合理信念的困扰。

2. 认知转变疗法

这种心理疗法的理论基础是贝克的情绪障碍认知理论。[①] 他认为心理障碍不一定都是由神秘的、不可抗拒的力量所产生的；相反，日常生活中的平常事件，如错误的学习，依据片面的或不正确的信息做出的错误推论等也会引起心理障碍。贝克指出，抑郁症患者往往因歪曲事情的含义而自我谴责，由于犯了逻辑判断上的错误而形成抑郁，在别人看来不过是一件小事而患者却看作生活已完全绝望的表现，总是对自己做出不合逻辑的推论而用自我贬低的想法去解释所有的事情。

认知转变疗法的过程及技术在于改变患者歪曲的认知，从而改善失调的情绪与行为。其治疗的基本过程如下：

（1）识别自动式思维。是指介于外部事件与个体对事件的不良情绪反应之间的那些想法，表现为患者对自己、对周围世界和对未来三者的消极评价。自动式思维，一般人不会意识到它的存在，因为在个体对某个事件做出反应之前出现的这种想法已成为他们思维方式的一部分了。此外，患者也很少会评价这些想法的真实性，因为他们已经非常相信、熟练和习惯了这些想法，因此，在治疗过程中病人首先应学会识别自动式思维，尤其是那些在愤怒、悲观和焦虑等情绪之前出现的特殊想法。治疗者可用提问、指导病人想象或角色扮演等方式来识别自动式思维。

（2）识别认知错误。为了帮助病人识别认知错误，治疗者应该听取和记下病人诉说的自动式思维以及不同的情境与问题，然后要求病人归纳出一般的规律，找出共性。

（3）真实性检验。即在识别了自动式思维和认知错误以后，运用严格的方法学原则，设计一种严格的测验以检查这些错误认知的真实性，这是治疗的中心环节。首先要告诉病人这些还只是预测、推论或假设，是否合乎逻辑，是否合乎实

---

① See A. T. Beck, *Depression: Causes and Treatment*, Philadelphia, University of Pennsylvania Press, 1967.

际和真有道理还要进行检验和辩论，并鼓励病人对自己的信念进行调查，以验证其正确与否。在患者能够认识和评论这些不正确的自动式思维和信念之时，新的、更接近现实的信念便会逐渐代替了旧的、不真实的信念。随后要求病人按照这些新的认知结构去实践，检验它是否切实、可行。治疗者还要通过给病人布置一定的家庭作业，并让病人反复练习，以巩固重新形成的认知结构。

## （五）其他形式的心理治疗

1. 系统家庭治疗

系统家庭治疗依据“系统论”的观点，来分析家庭系统内所发生的各种现象。即在家庭系统内，任何成员所表现的行为，都会受家庭系统内其他成员的影响，个人的行为影响系统，而系统也影响其成员。这种系统相关的连锁反应，可导致许多所谓的病态家庭现象，而一个人的病态行为，也常因配合其他成员和心理需要而被维持。基于此种观念，系统家庭治疗主张，要改变病态的现象或行为，不能单从治疗个人着手，而应以整个家庭系统为其治疗对象。系统家庭治疗的特点是不太注重成员个人的内在心理构造与状态，而是把焦点放在家庭各成员的人际关系上，主要是通过协调家庭各成员的人际关系，通过交流、扮演角色、建立联盟、达到认同等方式，运用家庭各成员之间的个性、行为模式相互影响互为连锁的效应，改善家庭的心理功能，促进家庭成员的心理健康。

一般说来，较为常见的家庭治疗理论与技术有以下几种：

（1）结构疗法。此方法强调家庭系统积极而有组织的整体性。结构疗法的重点放在家庭的组织、关系、角色与权力的执行等结构上，使用各式各样的具体方法来纠正家庭结构上的问题，促进家庭功能的改善。假如家庭成员之间的角色扮演不妥当，甚至颠倒，包括夫妻、父母、亲子或同胞间，那么治疗的中心则放在角色扮演的纠正上，特别是父母与子女间所产生的三角形冲突与情结，更要纠正改善。

结构疗法要求家庭结构能够不断适应变化的要求，当困境或分歧产生时，必须改变家庭的结构系统。其实施步骤为治疗者假如并为其结构中的一员，经过观察和评估后创造一种能够改变这种结构的环境。具体方法包括重新疏导相互作用、明确分界、制定任务、控制情绪以及提供支持和教育及指导。

（2）行为性家庭疗法。这一疗法的基础是从社会学习理论中引申出来的经验主义方法理论和一些特定的原理。行为性家庭疗法的着眼点放在可观察到的家庭成员间的行为表现上，即建立具体的行为改善目标与进度，充分说明学习的原则，给予适当的嘉奖惩罚，促进家庭行为的改善。

（3）认知家庭疗法。这一疗法的特点在于对家庭问题的本质有动态性的了解，并建立一套有步骤的治疗策略，着手更改认知上的基本问题，以求有层次地改变家庭问题。例如，一个成年的孩子仍依赖母亲，无法独立自主地应付社会刺激。这时，治疗的策略应该先把重心放在如何协助母亲去“放走”自己的孩子，接着试探为何父亲没有发挥应有的作用去协助妻子教育孩子，还可以把治疗的重点移到父母所扮演的角色上或是夫妻之间的情感问题上，以便解决夫妻关系不调使得妻子把感情的重点放在孩子身上，潜意识地希望孩子永远陪伴自己，以弥补心里空虚的问题。认知家庭疗法就是要了解这一切的来龙去脉，并制定出治疗的先后步骤与策略。

另外，家庭疗法还包括交流疗法、心理动力疗法、多维影响的家庭疗法、多家庭治疗以及社会网络家庭治疗等技术，这里就不再一一阐述了。值得注意的是，在家庭治疗时，要考虑其主体文化所强调的人际关系与价值观念，以及社会所期待的家庭关系。同时要以“家庭发展”的眼光来了解家庭的心理与行为的发展，即随着婚姻的关系及子女的出生、成长与分离而经历的各个不同发展阶段分而治之。由于家庭是由一群有特殊关系的成员所组成的，有特别的感情，而且长久生活在一起，其心理治疗与一般心理治疗有所不同，需要注意一些基本的治疗原则：淡化“理由与道理”，注重“感情与行为”；抛弃过去，关心现在；忽视缺点，强调优点；只提供协助、辅导，不代替做重大决定。

2. 森田疗法

森田疗法是日本学者森田正马教授创立的，对神经症治疗效果较好的一种心理疗法。森田认为，神经症患者的所有不适都是一种自我感觉而不是真正的病症。因此，只有“保持原状，顺其自然”，不为其所扰，才能使各种不良感受自消自灭。

森田关于神经症发病的基本理论，简而言之，就是具有疑病素质的人，由于某种契机（疑病体验），把人们普遍存在的一些身心自然现象如用脑过度时的头疼、失眠，与生人交往时的拘谨不安，以及偶然出现杂念、口吃等，误认为是病症，而把注意力集中在这些上面，感觉愈敏锐，“病症”就愈重。这种精神交互作用形成恶性循环，结果成为神经衰弱发作的神经症。森田疗法就是要改善疑病素质，破坏其交互作用，从而使症状消失。

**本章要点**

1. 着重阐述心理健康的含义，列举了心理健康的主要标志，并对于影响心理健康的有关因素，从生物、心理和社会环境三个方面做了较全面的分析和阐明。

2. 着重阐明了心理应激的概念以及可能导致心理应激的刺激条件，即应激源，或称致应激因素。对人来说，致应激因素是相当广泛的，它涉及生物性应激源、心理性应激源和社会文化性应激源等三大方面。关于心理应激对人们身心健康的影响问题，早已受到人们的广泛关注，因为心理应激的影响在严重情况下，可能会成为导致各种威胁人类身心健康和生命的疾病的重要因素之一，如抑郁症、冠心病、脑卒中和恶性肿瘤等。至于应对心理应激的途径及对策，主要从控制或消除应激源，提高人们的抵抗能力，给予药物治疗及心理干预等三个方面进行了阐述。

3. 阐明心理异常的概念，提出了六大类别的心理异常表现，力图把常见的心理异常现象尽揽其中。正常心理与异常心理的区别只是相对的，并没有绝对的界限。目前，心理异常现象已引起人们更多的关注和研究。缓解和消除心理障碍（即心理异常）的主要手段之一是采取各种心理治疗措施，这里简要介绍了当今世界上最有系统性、最有影响力的几种心理治疗的理论和方法，即精神分析治疗、行为治疗、人本主义心理治疗和认知心理治疗等。

### 基本概念

心理健康　心理应激　应激源　应激状态病　心理异常　人格障碍　神经症　心身障碍　精神分裂症　心理治疗

### 复习思考题

1. 如何理解心理健康在人的整体健康中的地位？
2. 心理健康的主要标志是什么？
3. 影响心理健康的因素主要有哪些？
4. 心理应激对人的健康有何影响？
5. 如何有效地应对心理应激？
6. 常见的心理异常有哪些种类？
7. 什么是精神分析治疗？
8. 什么是行为治疗？
9. 什么是认知心理治疗？

### 推荐阅读书目

张伯源，陈仲庚．变态心理学．北京：北京科学技术出版社，1986.

张伯源．医学心理学．北京：中国科学技术出版社，1996.

施承孙．心理卫生与心理咨询．长春：吉林教育出版社，2001.

［美］菲利浦·赖斯．健康心理学．北京：中国轻工业出版社，2000.

［美］菲利浦·赖斯．压力与健康．北京：中国轻工业出版社，2000.

［美］卡尔·R·罗杰斯．当事人中心治疗——实践、运用和理论．北京：中国人民大学出版社，2004.

［美］卡尔·R·罗杰斯．个人形成论——我的心理治疗观．北京：中国人民大学出版社，2004.

孙喜林，荣晓华．现代心理学教程．大连：东北财经大学出版社，2000.

# 第三版后记

第三版是在2006年第二版的基础上修订和补充而成的。读者可以感觉到，第三版作者的写作风格各异而且多姿多彩，作为主编，我对于这种多样的风格愉快地采纳了。

应邀参加本教材写作的作者，都是所在研究领域的专家，有特别的研究经历和突出的研究成绩。在这里祝愿诸位学者日后取得更大的成就。

各章写作分工如下：

沙莲香：第一章导论　社会心理学学科特点；
冯伯麟：第二章研究方法；
彭泗清：第三章人际关系；
郭玉锦、刘翠侠：第四章社会认知；
彭泗清：第五章社会动机；
章军、裴蓉：第六章社会感情；
郭玉锦：第七章社会态度；
郭玉锦：第八章群体心理；
廖菲：第九章传播与社会心理；
王君柏：第十章经济心理；
梁丽萍：第十一章宗教心理；
王金玲：第十二章性别社会心理；
许燕：第十三章人格培育；
张伯源：第十四章心理健康。

**沙莲香**
2011年5月
于万寿园

# 第四版后记

第四版是在2011年第三版的基础上修订和补充的。第四版的第二章研究方法的作者，原为冯伯麟，现为王卫东。冯伯麟教授是心理学和心理学研究方法领域的专家，本教材受惠于冯教授，并在多次的合作中有着莫大的愉快。在征得冯教授的同意之后将重写研究方法这一章的工作交由冯教授熟悉的社会学专业博士王卫东承担。在此，感谢冯伯麟教授。

邀请参加本教材写作的作者，都是所在研究领域的专家，有特别的研究经历和突出的成绩。期待诸位学者日后不断取得新的研究成果。

各章写作分工如下：

沙莲香：第一章导论　社会心理学学科特点；
王卫东：第二章研究方法；
彭泗清：第三章人际关系；
郭玉锦、刘翠侠：第四章社会认知；
彭泗清：第五章社会动机；
章军、裴蓉：第六章社会感情；
郭玉锦：第七章社会态度；
郭玉锦：第八章群体心理；
廖菲：第九章传播与社会心理；
王君柏：第十章经济心理；
梁丽萍：第十一章宗教心理；
王金玲：第十二章性别社会心理；
许燕：第十三章人格培育；
张伯源：第十四章心理健康。

沙莲香
2014年9月
于万寿园

**图书在版编目（CIP）数据**

社会心理学/沙莲香主编．—4版．—北京：中国人民大学出版社，2014.12
新编21世纪社会学系列教材
ISBN 978-7-300-20344-7

Ⅰ.①社…　Ⅱ.①沙…　Ⅲ.①社会心理学-高等学校-教材　Ⅳ.①C912.6

中国版本图书馆CIP数据核字（2014）第282488号

普通高等教育“十一五”国家级规划教材
教育部高等学校社会学学科教学指导委员会推荐教材
北京市高等教育精品教材立项项目
新编21世纪社会学系列教材
**社会心理学**
第四版
主编　沙莲香
Shehui Xinlixue

| | | | |
|---|---|---|---|
| **出版发行** | 中国人民大学出版社 | | |
| **社　　址** | 北京中关村大街31号 | **邮政编码** | 100080 |
| **电　　话** | 010－62511242（总编室） | | 010－62511770（质管部） |
| | 010－82501766（邮购部） | | 010－62514148（门市部） |
| | 010－62515195（发行公司） | | 010－62515275（盗版举报） |
| **网　　址** | http://www.crup.com.cn | | |
| **经　　销** | 新华书店 | | |
| **印　　刷** | 天津鑫丰华印务有限公司 | **版　　次** | 2009年3月第1版 |
| **规　　格** | 185 mm×260 mm　16开本 | | 2015年2月第4版 |
| **印　　张** | 32.25 | **印　　次** | 2021年11月第9次印刷 |
| **字　　数** | 661 000 | **定　　价** | 49.80元 |


**版权所有　侵权必究　印装差错　负责调换**

## 关联课程教材推荐

| 书号 | 书名 | 作者 | 定价 |
|---|---|---|---|
| 978-7-300-17210-1 | 社会学概论新修（第四版） | 郑杭生 | 49.80 元 |
| 978-7-300-25621-4 | 社会研究方法（第五版） | 风笑天 | 65.00 元 |
| 978-7-300-10739-4 | 当代国外社会学理论 | 刘少杰 | 39.80 元 |

## 配套教学资源支持

尊敬的老师：

衷心感谢您选择使用人大版教材！

秉承“出教材学术精品，育人文社科英才”的出版理念，我社为教材打造配套教学资源，帮助老师拓展教学思路，革新教学方式。相关的配套教学资源，请到人大社网站（www. crup. com. cn）下载，或是随时与我们联系，我们将向您免费提供。联系人信息：

地址：北京海淀区中关村大街 31 号 206 室　　龚洪训 收　　邮编：100080

电子邮件：gonghx@crup.com.cn　电话：010-62515637　QQ：6130616/195761402

欢迎您随时反馈教材使用过程中的疑问、修订建议等，让我们与教材共成长。建议一经采纳，即有好书奉送。

如有相关教材的选题计划，也欢迎您与我们联系，我们将竭诚为您服务！

| 选题联系人： | 电子邮件： | 电话： |
|---|---|---|
| 潘　宇 | pany@crup. com. cn | 010-62515634 |
| 盛　杰 | Shengj@crup. com. cn | 010-62513897 |

俯仰天地　心系人文

www. crup. com. cn

中国人民大学出版社 人大社网站

欢迎登录浏览，了解图书信息，下载教学资源